コピーしてすぐ使える

\3分 5分 10分/で できる
算数まるごと5年

わかる喜び学ぶ楽しさを創造する教育研究所
略称 喜楽研

本書の特色と使い方

算数まるごとファックス資料集の初版は，2003 年 4 月に発刊されました。以来，17 年間に 1 年～ 6 年あわせて 21 万部超が発行され，多くの学校現場で活用されました。近年，たくさんの先生方から，「もっと短い時間でできるものを発行してほしい」との声が寄せられ，「コピーしてすぐ使える 3 分 5 分 10 分でできる算数まるごと 1 年～ 6 年」を発刊する運びとなりました。

本書の作成にあたり，2020 年度新学習指導要領の主旨にあわせて，「対話して解決する問題」のシートや，「プログラミング学習」のシートや，「ふりかえり」のシートも掲載しました。また「早くできた児童用の裏刷りプリント」も掲載しています。おいそがしい先生方の一助になることを，切に願っています。

3 分練習シート

計算問題なら，難易度にあわせて，約 4 問～ 10 問程度を掲載しています。

5 分練習シート

計算問題なら，難易度にあわせて，約 6 問～ 15 問程度を掲載しています。

10 分練習シート

計算問題なら，難易度にあわせて，約 10 問～ 20 問程度を掲載しています。

※　文章題や，図形や，量と測定などは，難易度にあわせて，問題数をかえています。
※　時間はおおよその目安です。児童の実態にあわせて，3 分・5 分・10 分にとらわれずご活用下さい。

ふりかえりシート

約 10 分～ 20 分ぐらいでできる「ふりかえりシート」をできる限りどの単元にも掲載しました。

各単元のテスト

『各単元の練習』で学習したことを「テスト」として掲載しました。観点別に分かれています。50 点満点として合計 100 点にして掲載しました。

各単元の算数あそび

迷路など，楽しい遊びのページをたくさん掲載しました。楽しく学習しているうちに，力がぐんぐんついてきます。

対話して解決する問題

新学習指導要領の「主体的・対話的・深い学び」の主旨にあわせて，グループで話し合って，学びを深めたり，学びをひろげたりする問題を掲載しました。授業の展開にあわせてご活用下さい。

早くできた児童用の裏刷りプリント

練習問題をするとき，早くできる児童と，ゆっくり取りくむ児童の時間の差があります。「計算にチャレンジ」「迷路にチャレンジ」というタイトルで掲載しました。

縮小ページ

「141％拡大」と書かれているページは縮小されていますので，B5 サイズを B4 サイズに拡大してご使用下さい。

目　次

分数と小数，整数の関係

分数

分数のたし算

分数のひき算

分数のたし算・ひき算

時間と分数

平均

単位量あたりの大きさ

平行四辺形の面積

三角形の面積

平行四辺形と三角形の面積

台形の面積

ひし形の面積

平行四辺形・三角形・台形・ひし形の面積

※ シートの時間は，あくまで目安の時間です。児童の学びの進度や習熟度に合わせて，使用される先生の方でお決め下さい。

月　　日

整数と小数（1）

名前

1　42.195 という数について答えましょう。

(1) 下の位取り表に表しましょう。

千の位	百の位	十の位	一の位	$\frac{1}{10}$の位	$\frac{1}{100}$の位	$\frac{1}{1000}$の位
			.			

(2) □にあてはまる数を書きましょう。

10が　4　こ　……　40
1が　□　こ　……　□
0.1が　□　こ　……　□
0.01が　□　こ　……　□
0.001が　□　こ　……　□
あわせて　□

(3) 42.195 を式で表します。□にあてはまる数を書きましょう。

42.195＝10×4＋1×2＋0.1×□＋0.01×□＋0.001×□

2　□にあてはまる数を書きましょう。

一の位	$\frac{1}{10}$の位	$\frac{1}{100}$の位	$\frac{1}{1000}$の位
.			
.			

(1) 9.236 ＝ 1 ×□＋ 0.1 ×□
＋ 0.01 ×□＋ 0.001 ×□

(2) 1.703 ＝□× 1 ＋□× 7 ＋□× 0 ＋□× 3

月　　日

整数と小数（2）

名前

1　次の数は，0.001 を何こ集めた数ですか。

(1) 0.003　□こ
(2) 0.01　□こ
(3) 0.2　□こ
(4) 0.48　□こ
(5) 3.709　□こ

	一の位	$\frac{1}{10}$の位	$\frac{1}{100}$の位	$\frac{1}{1000}$の位
(1)	0.	0	0	3
(2)	.			
(3)	.			
(4)	.			
(5)	.			
	0.	0	0	1

2　□にあてはまる不等号を書きましょう。

(1) 0 □ 0.01　　(2) 5.999 □ 6
(3) 0.008 □ 0.01　　(4) 1.902 □ 2

3　□.□□□に，4，1，9，7のカードをあてはめて，次の数をつくりましょう。

(1) いちばん小さい数　□.□□□
(2) いちばん大きい数　□.□□□
(3) 8にいちばん近い数　□.□□□

(141%に拡大してご使用ください。)

整数と小数（3）

名前

1 6.35 を 10 倍，100 倍，1000 倍した数を表に書きましょう。

	千の位	百の位	十の位	一の位	$\frac{1}{10}$の位	$\frac{1}{100}$の位	$\frac{1}{1000}$の位
				6.	3	5	
10 倍							
100 倍							
1000 倍							

2 次の数を 10 倍，100 倍，1000 倍した数を表に書きましょう。

(1) 0.49

	千の位	百の位	十の位	一の位	$\frac{1}{10}$の位	$\frac{1}{100}$の位	$\frac{1}{1000}$の位
				0.	4	9	
10 倍							
100 倍							
1000 倍							

(2) 0.108

	千の位	百の位	十の位	一の位	$\frac{1}{10}$の位	$\frac{1}{100}$の位	$\frac{1}{1000}$の位
				0.	1	0	8
10 倍							
100 倍							
1000 倍							

3 次の数は，7.23 を何倍した数ですか。

(1) 723　　(2) 72.3

(3) 7230

4 計算をしましょう。

① 6.5 × 10　　② 0.13 × 1000

③ 15.5 × 100

整数と小数（4）

名前

1 249 を $\frac{1}{10}$，$\frac{1}{100}$，$\frac{1}{1000}$ にした数を表に書きましょう。

	千の位	百の位	十の位	一の位	$\frac{1}{10}$の位	$\frac{1}{100}$の位	$\frac{1}{1000}$の位
		2	4	9			
$\frac{1}{10}$							
$\frac{1}{100}$							
$\frac{1}{1000}$							

2 次の数を $\frac{1}{10}$，$\frac{1}{100}$，$\frac{1}{1000}$ にした数を表に書きましょう。

(1) 60

	千の位	百の位	十の位	一の位	$\frac{1}{10}$の位	$\frac{1}{100}$の位	$\frac{1}{1000}$の位
			6	0			
$\frac{1}{10}$							
$\frac{1}{100}$							
$\frac{1}{1000}$							

(2) 143.2

	千の位	百の位	十の位	一の位	$\frac{1}{10}$の位	$\frac{1}{100}$の位	$\frac{1}{1000}$の位	$\frac{1}{10000}$の位
		1	4	3.	2			
$\frac{1}{10}$								
$\frac{1}{100}$								
$\frac{1}{1000}$								

3 次の数は，81.5 の何分の一ですか。

(1) 0.0815　　(2) 8.15

(3) 0.815

4 計算をしましょう。

① 24.1 ÷ 100　　② 56.29 ÷ 1000

③ 9.9 ÷ 10

5分

月　日

整数と小数（5）

名前

1　3.197について調べましょう。

(1)　□ にあてはまる数を書きましょう。

3.197は，□ を3こ，0.1を □ こ，0.01を □ こ，□ を7こあわせた数です。

(2)　(1)を式で表します。□ にあてはまる数を書きましょう。

3.197 = 1 × □ + 0.1 × □ + □ × 9 + □ × 7

2　□ にあてはまる数を書きましょう。

(1) 6.049 → 1 × □ + 0.1 × □ + 0.01 × □ + 0.001 × □

(2) 0.728 → 1 × □ + 0.1 × □ + 0.01 × □ + 0.001 × □

(3) 8.056 → 1 × □ + 0.1 × □ + 0.01 × □ + 0.001 × □

(4) 3.002 → 1 × □ + 0.1 × □ + 0.01 × □ + 0.001 × □

(5) 40.41 → 10 × □ + 1 × □ + 0.1 × □ + 0.01 × □

3　次の式に表される小数を書きましょう。

(1) 1 × 5 + 0.1 × 2 + 0.01 × 3 + 0.001 × 7 = □

(2) 1 × 4 + 0.01 × 4 + 0.001 × 4 = □

(3) 10 × 6 + 1 × 8 + 0.1 × 2 + 0.001 × 8 = □

(4) 0.1 × 4 + 0.001 × 5 = □

(5) 0.01 × 3 + 0.001 × 9 = □

月　日

整数と小数（6）

名前

1　次の数は，0.001を何こ集めた数ですか。

(1)　0.8　□ こ　　(2)　0.047　□ こ

(3)　0.01　□ こ　　(4)　2.5　□ こ

(5)　0.7　□ こ　　(6)　0.305　□ こ

(7)　1　□ こ　　(8)　1.054　□ こ

2　次の数を書きましょう。

(1)　0.001を100こ集めた数　□

(2)　0.001を3000こ集めた数　□

(3)　0.001を270こ集めた数　□

(4)　0.1を4こと0.001を6こあわせた数　□

(5)　1を1こと0.001を1こあわせた数　□

3　次の小数を表すめもりに↑をつけましょう。

㋐　4.889　　㋑　4.895　　㋒　4.907

㋓　4.916　　㋔　4.923

（141%に拡大してご使用ください。）

整数と小数（7）

名前

1 次の数を10倍，100倍，1000倍した数を表に書きましょう。

	10倍	100倍	1000倍
① 2.54			
② 0.703			
③ 0.5			
④ 0.79			
⑤ 0.008			

2 次の計算をしましょう。

(1) 1.2×100　　(2) 6.07×10

(3) 3.6×1000　　(4) 0.7×1000

(5) 0.0492×100　　(6) 0.005×1000

3 □にあてはまる数を書きましょう。

(1) 40は0.4を□倍にした数です。

(2) 13.9は1.39を□倍にした数です。

(3) 2.5は0.025を□倍にした数です。

(4) 120は0.12を□倍にした数です。

整数と小数（8）

名前

1 次の数を$\frac{1}{10}$，$\frac{1}{100}$，$\frac{1}{1000}$にした数を表に書きましょう。

	$\frac{1}{10}$	$\frac{1}{100}$	$\frac{1}{1000}$
① 827			
② 24.3			
③ 6.7			
④ 20			
⑤ 8			

2 次の計算をしましょう。

(1) $40 \div 10$　　(2) $0.8 \div 10$

(3) $0.5 \div 100$　　(4) $3.1 \div 100$

(5) $4.2 \div 1000$　　(6) $51 \div 1000$

3 □に10倍，100倍，1000倍，$\frac{1}{10}$，$\frac{1}{100}$，$\frac{1}{1000}$のどれかを入れましょう。

(1) 0.001は1を□にした数です。

(2) 0.6は6を□にした数です。

(3) 0.053は5.3を□にした数です。

(4) 207は0.207を□にした数です。

(5) 0.41は0.041を□にした数です。

(6) 30は0.3を□にした数です。

10分

月　日

ふりかえり
整数と小数

名前

1 5.824の数のしくみについて，□にあてはまる数を書きましょう。

(1) 5.824は，1を□こ，0.1を□こ，0.01を□こ，0.001を□こあわせた数です。

(2) 4は□の位の数です。

(3) 5.824 = 1 × □ + □ × 8 + □ × 2 + 0.001 × □

2 □にあてはまる不等号を書きましょう。

(1) 0 □ 0.001　　(2) 7.998 □ 8

(3) 4.002 □ 4

3 次の数は，0.001を何こ集めた数ですか。

(1) 0.005 □こ　　(2) 0.01 □こ

(3) 0.39 □こ　　(4) 6.2 □こ

4 次の数を書きましょう。

(1) 0.001を11こ集めた数 □

(2) 0.001を250こ集めた数 □

(3) 0.001を9013こ集めた数 □

5 次の数は，0.376を何倍した数ですか。

(1) 376 □　　(2) 3.76 □

(3) 37.6 □

6 次の数は，80.8を何分の一にした数ですか。

(1) 0.0808 □　　(2) 8.08 □

(3) 0.808 □

7 次の計算をしましょう。

① 523 × 10　　② 0.7 × 100

③ 0.47 × 1000　　④ 9.8 ÷ 10

⑤ 5.1 ÷ 100　　⑥ 40 ÷ 1000

(141%に拡大してご使用ください。)

月　　日

整数と小数（テスト）

名前

【知識・技能】

1　次の □ にあてはまる数を書きましょう。（5×4）

(1)　4.329 は，1 を □ こ，0.1 を □ こ，□ を 2 こ，□ を 9 こあわせた数です。

(2)　8.607 = 1 × □ + 0.1 × □ + □ × 7

(3)　0.1 を 2 こ，0.01 を 8 こ，0.001 を 6 こあわせた数は □ です。

(4)　0.01 を 351 こ集めた数は，□ です。

2　次の □ に答えの数を書きましょう。（5×6）

(1)　0.548 を 10 倍した数　□

(2)　0.29 を 100 倍した数　□

(3)　7.2 を 1000 倍した数　□

(4)　3.2 を $\frac{1}{10}$ にした数　□

(5)　8 を $\frac{1}{100}$ にした数　□

(6)　2950 は，29.5 を何倍にした数ですか。　□

【思考・判断・表現】

3　1 4 5 6 9 の 5 まいのカードと小数点を使って，次の数をつくって □ に書きましょう。
ただし，小数点は最後にしないことにします。（5×4）

(1)　いちばん大きい数　□

(2)　いちばん小さい数　□

(3)　5 よりも小さくて，5 にいちばん近い数　□

(4)　4 よりも大きくて，4 にいちばん近い数　□

4　新幹線《しんかんせん》「のぞみ」N700 系《けい》は 16 両編成《へんせい》で，長さは 404.7 m です。$\frac{1}{100}$ 倍，$\frac{1}{1000}$ 倍のも型《けい》をつくります。
それぞれの長さを求めましょう。（5×4）

(1)　$\frac{1}{100}$ 倍

式

答え ＿＿＿＿＿＿

(2)　$\frac{1}{1000}$ 倍

式

答え ＿＿＿＿＿＿

5　マラソンのきょり 42.195km について答えましょう。（5×2）

(1)　42.195 は，42 とどんな数をあわせた数ですか。　□

(2)　42.195 は，0.001 を何こ集めた数ですか。　□

（141％に拡大してご使用ください。）

月　　日

算数あそび
整数と小数 ①

名前

● いちばん小さい数から順番に大きい数へと線で結びましょう。

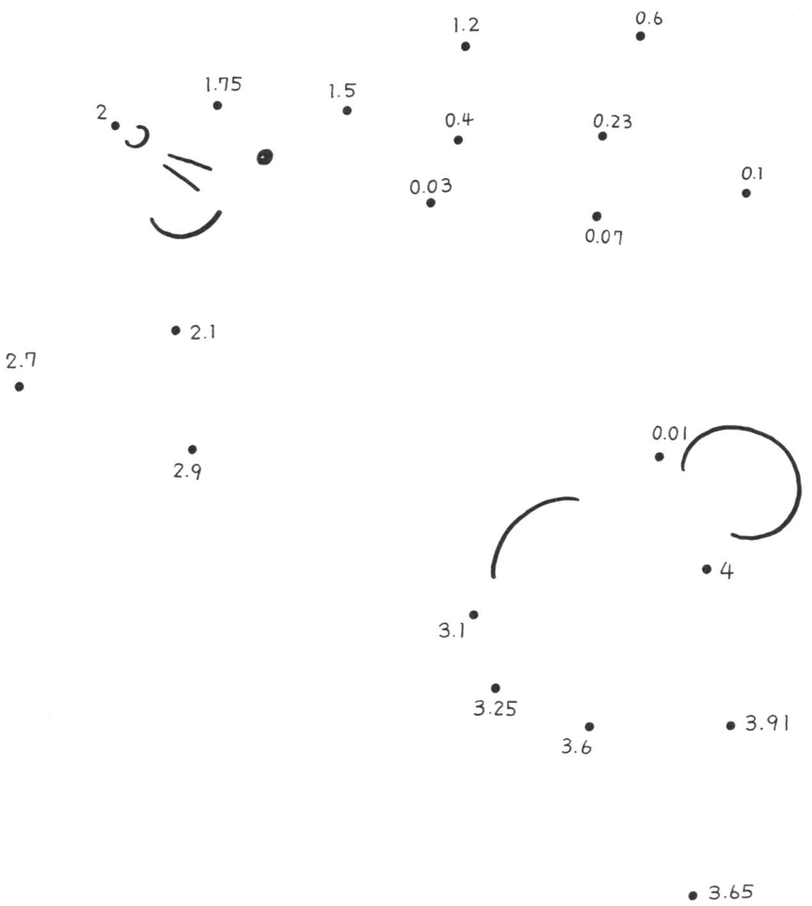

月　　日

算数あそび
整数と小数 ②

名前

● いちばん小さい数から順番に大きい数へと線で結びましょう。

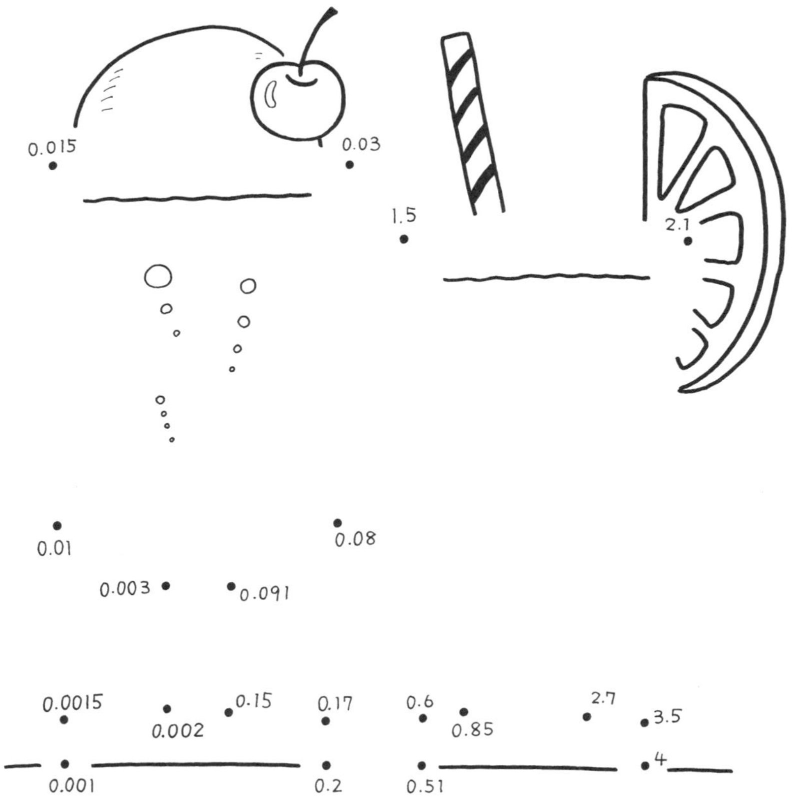

(141%に拡大してご使用ください。)

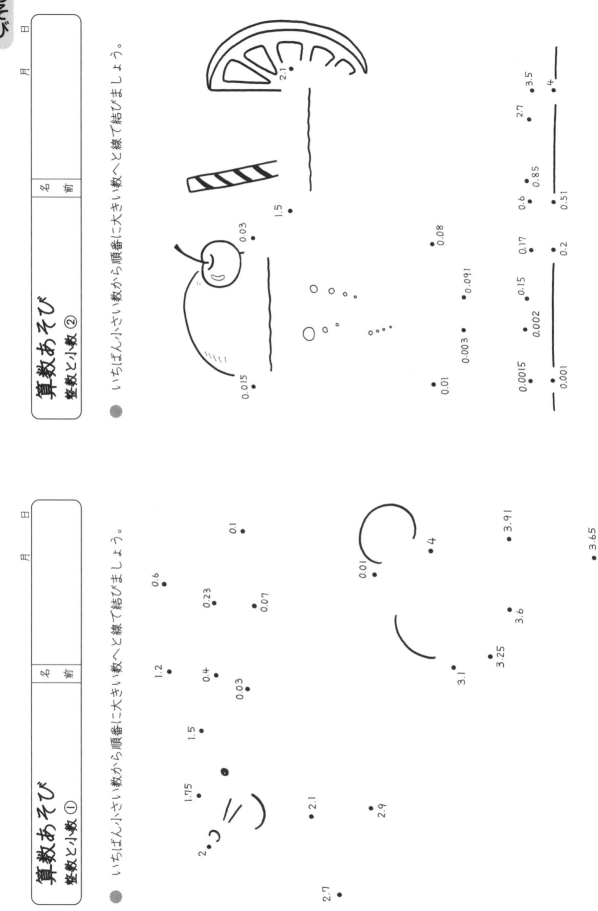

直方体や立方体の体積（1）

名前

● 次の形は $1cm^3$ が何こ分で何 cm^3 ですか。

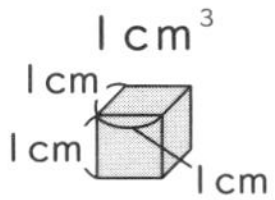

(1) 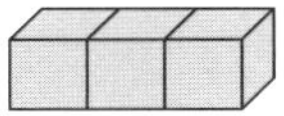

$1cm^3$ が（　　）こ分で

(2) 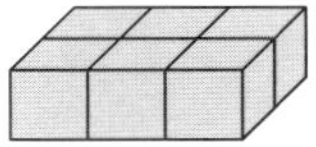

$1cm^3$ が（　　）こ分で

(3) 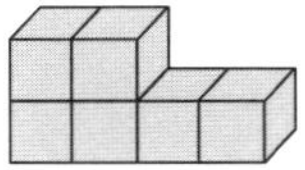

$1cm^3$ が（　　）こ分で

(4) 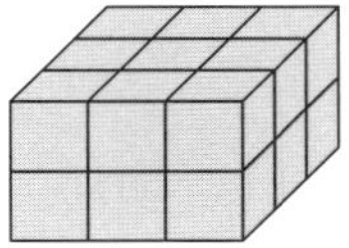

$1cm^3$ が（　　）こ分で

(5) 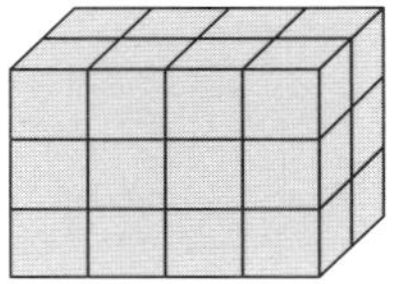

$1cm^3$ が（　　）こ分で

(6) 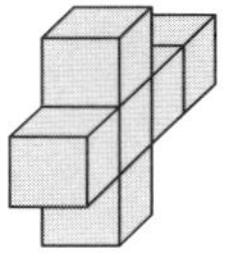

$1cm^3$ が（　　）こ分で

(7) 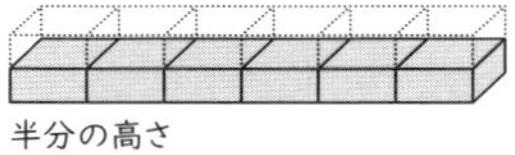

$1cm^3$ が（　　）こ分で

直方体や立方体の体積（2）

名前

● $1cm^3$ のこ数を求める式を書いて体積を求めましょう。

(1) 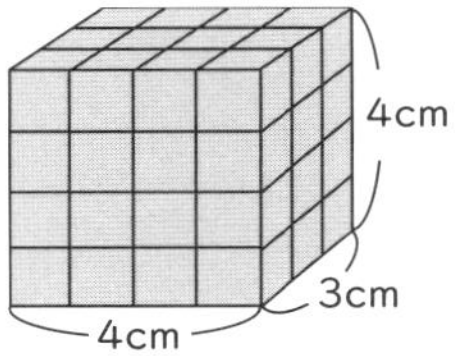

① 1だんめに何こありますか
　□ × □ = □（こ）

② 何だんありますか
　□ だん

③ 全部で何こですか
　□ × □ = □（こ）

答え

(2) 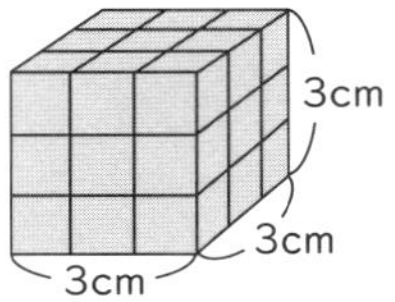

① 1だんめに何こありますか
　□ × □ = □（こ）

② 何だんありますか
　□ だん

③ 全部で何こですか
　□ × □ = □（こ）

答え

(3) 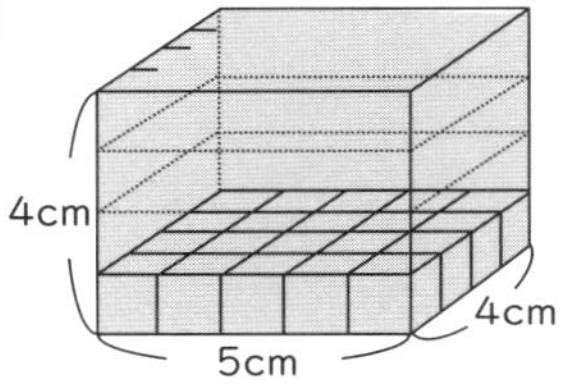

① 1だんめに何こありますか
　□ × □ = □（こ）

② 何だんありますか
　□ だん

③ 全部で何こですか
　□ × □ = □（こ）

答え

(4) 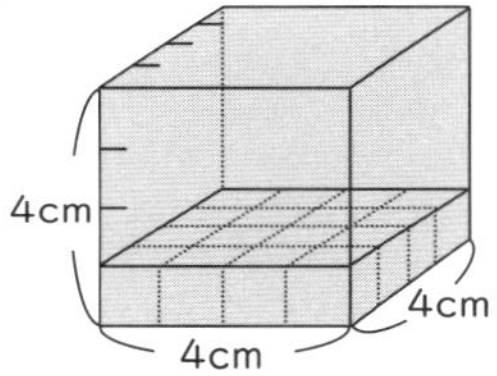

① 1だんめに何こありますか
　□ × □ = □（こ）

② 何だんありますか
　□ だん

③ 全部で何こですか
　□ × □ = □（こ）

答え

月　　日

直方体や立方体の体積（3）

名前

□1 体積を求める公式を書きましょう。

立方体の体積　□ × □ × □

直方体の体積　□ × □ × □

□2 次の直方体や立方体の体積を求めましょう。

(1) 立方体

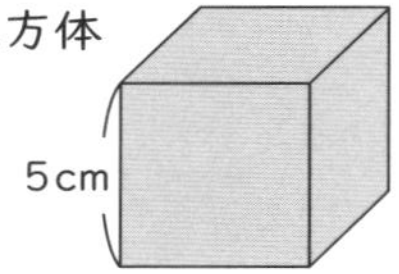

式

答え

(2)

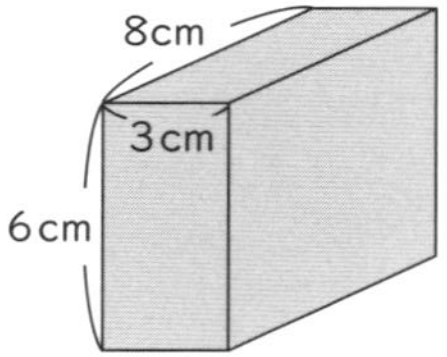

式

答え

(3)

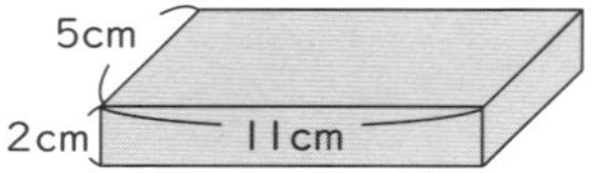

式

答え

(4)

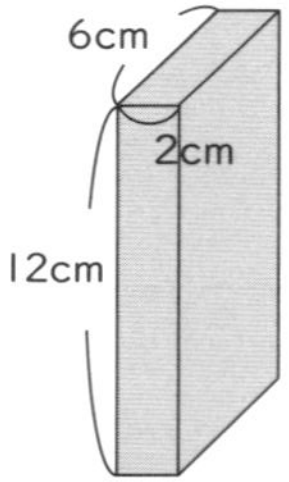

式

答え

月　　日

直方体や立方体の体積（4）

名前

● 次の直方体や立方体の体積を求めましょう。

(1)

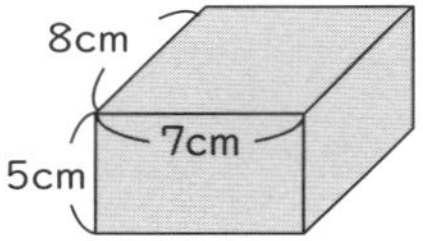

式

答え

(2) 立方体

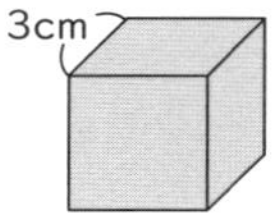

式

答え

(3)

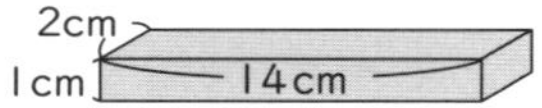

式

答え

(4)

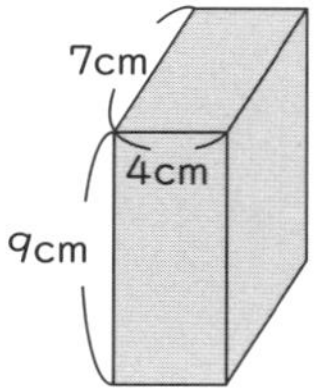

式

答え

(5)

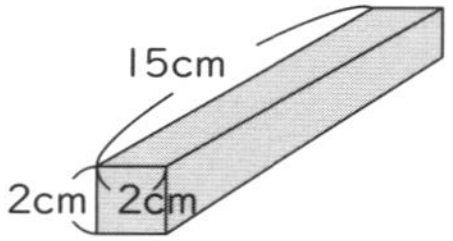

式

答え

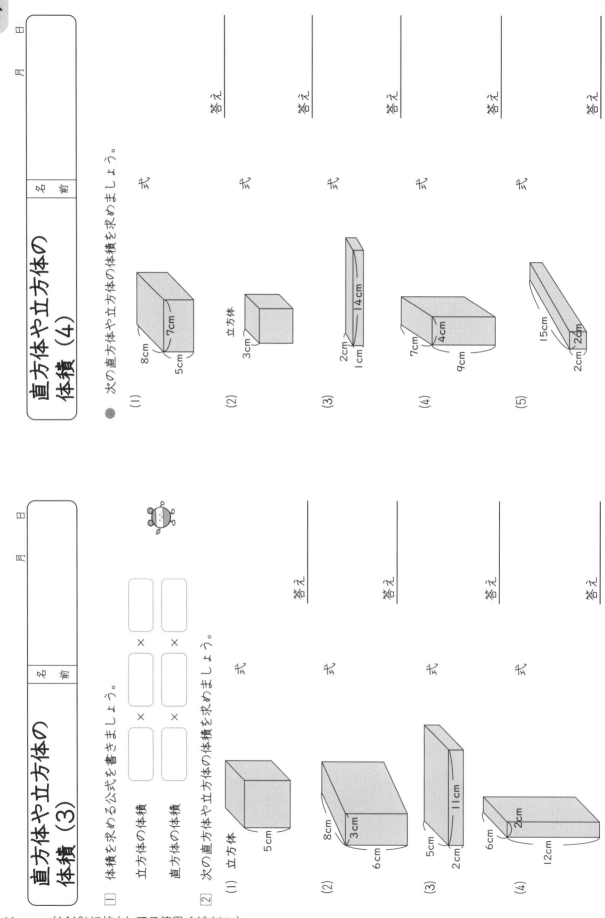

直方体や立方体の体積（5）

名前

● 次の直方体や立方体の体積を求めましょう。

(1) たて 9cm，横 6cm，高さ 5cm の直方体

式

答え

(2) たて 12cm，横 8cm，高さ 4cm の直方体

式

答え

(3) たて 10cm，横 7cm，高さ 14cm の直方体

式

答え

(4) 1 辺が 8cm の立方体

式

答え

(5) たて 20cm，横 35cm，高さ 5cm の直方体

式

答え

直方体や立方体の体積（6）

名前

5分

● 次の直方体の体積は何 cm^3 ですか。m を cm に直して考えましょう。

(1)

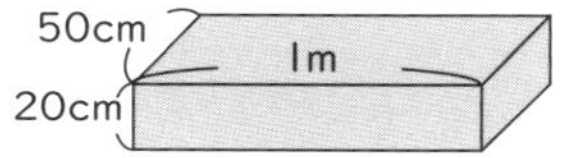

式

答え

(2)

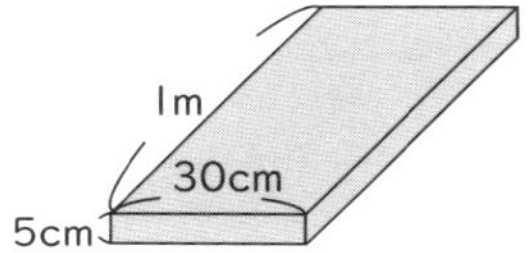

式

答え

(3)

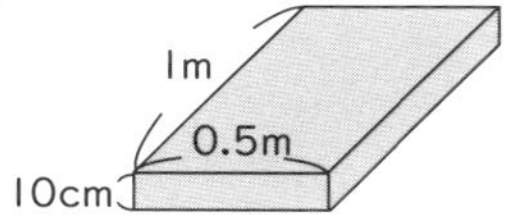

式

答え

(4)

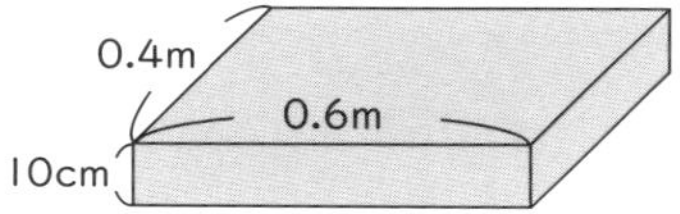

式

答え

(5)

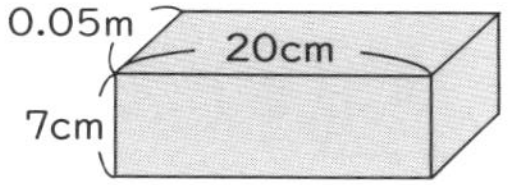

式

答え

(141%に拡大してご使用ください。)

月　日

直方体や立方体の体積（7）

名前

1　たて 6cm，横 5cm で，体積が 120cm³ の直方体があります。この直方体の高さは何 cm ですか。

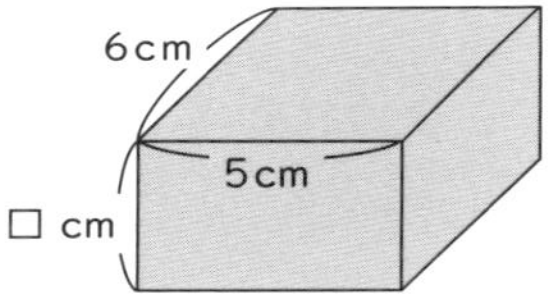

式

答え

2　下の直方体の体積は 768cm³ です。この直方体の横の長さを求めましょう。

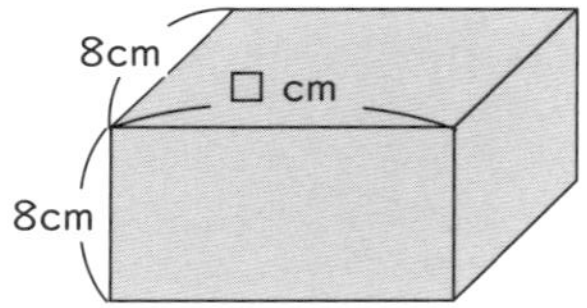

式

答え

3　下の 3 つの立方体や直方体は，すべて同じ体積です。□にあてはまる長さを求めましょう。

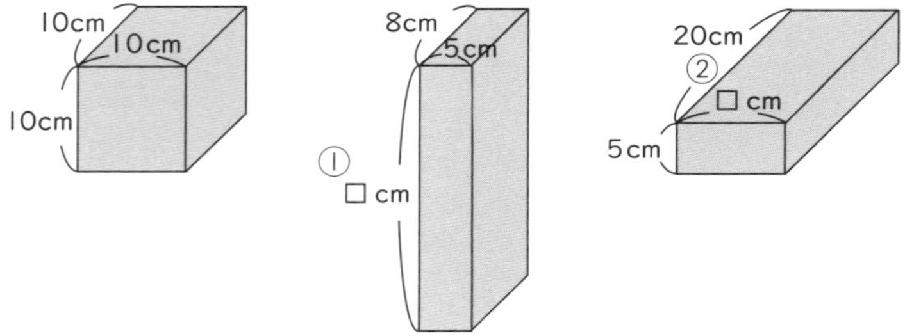

答え　①　　cm，②　　cm

月　日

直方体や立方体の体積（8）

名前

● 次のような形の体積を求めましょう。

(1)

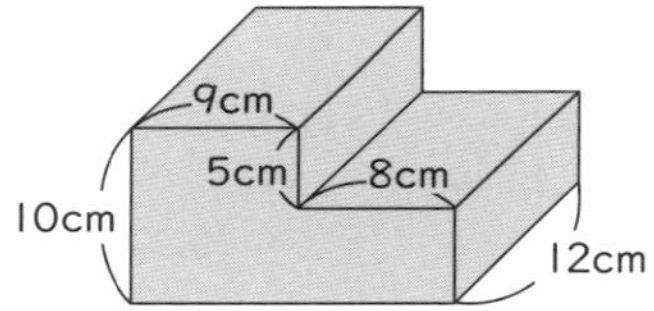

式

答え

(2)

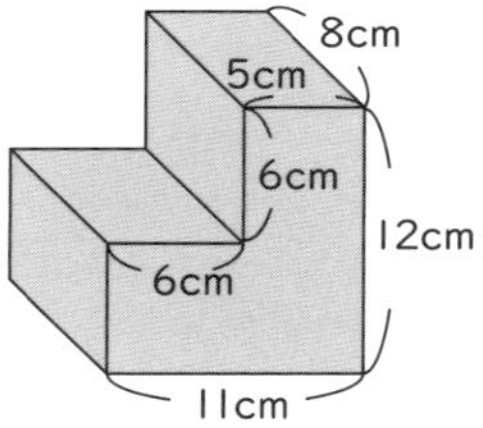

式

答え

(3)

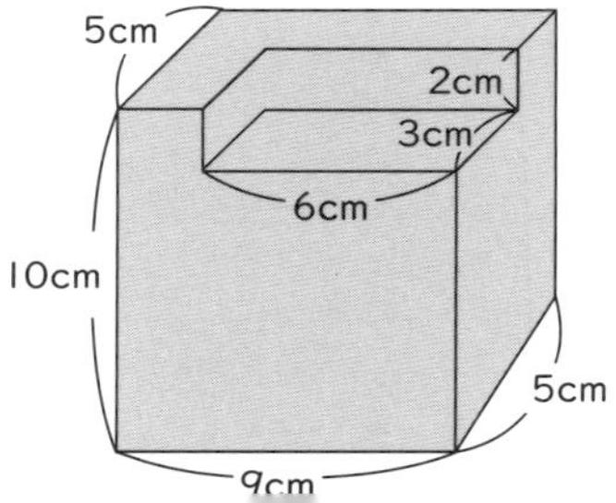

式

答え

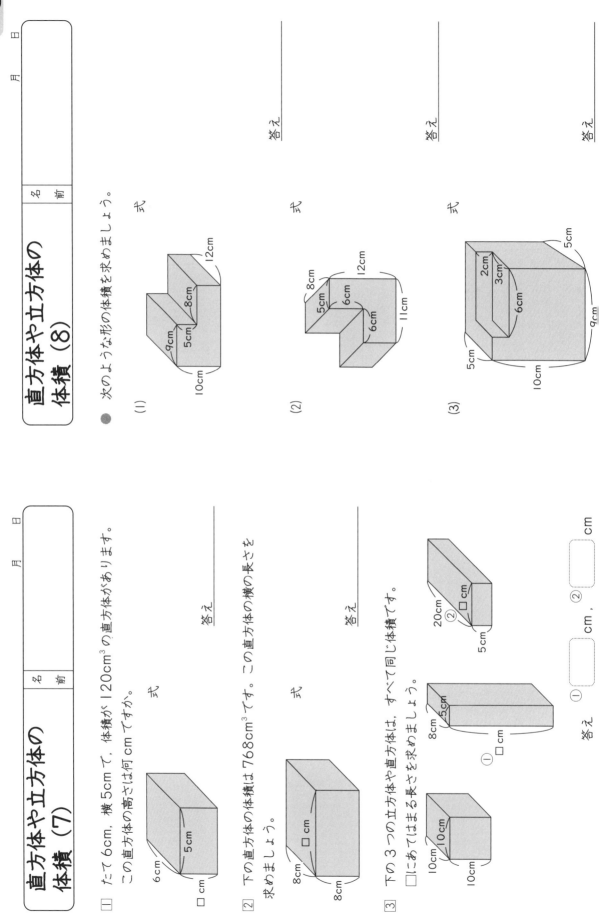

直方体や立方体の体積（9）

名前

[1] 次のような形の体積を求めましょう。

(1)

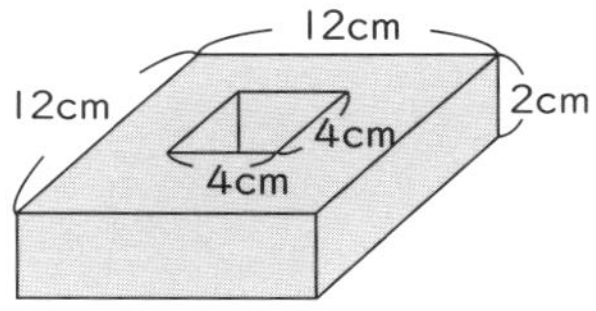

式

答え

(2)

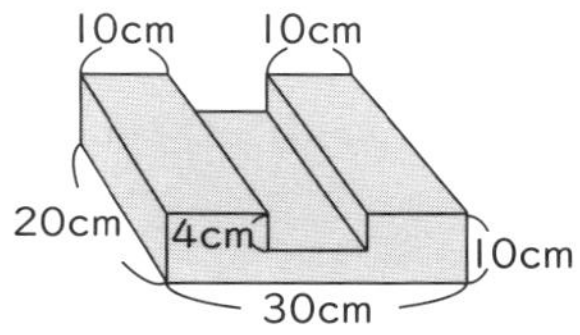

式

答え

[2] 次の展開図《てんかいず》を組み立ててできる直方体の体積を求めましょう。

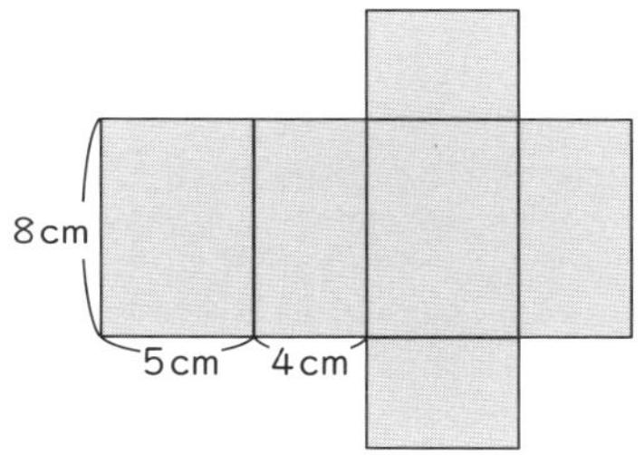

式

答え

直方体や立方体の体積（10）

名前

● 次のような形の体積を２つの方法で求めましょう。

それぞれの考え方と式を書きましょう。

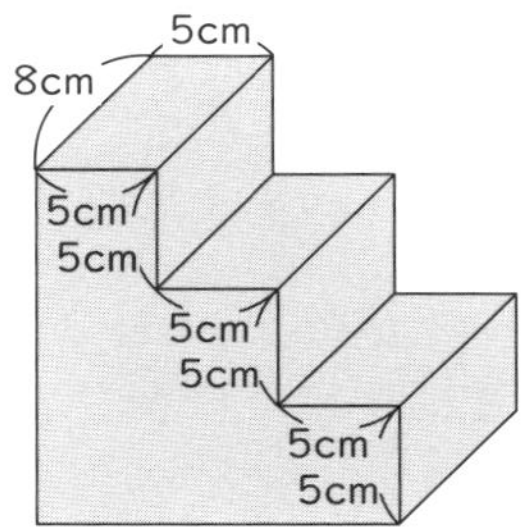

考え方(1)

式

答え

考え方(2)

式

答え

10分

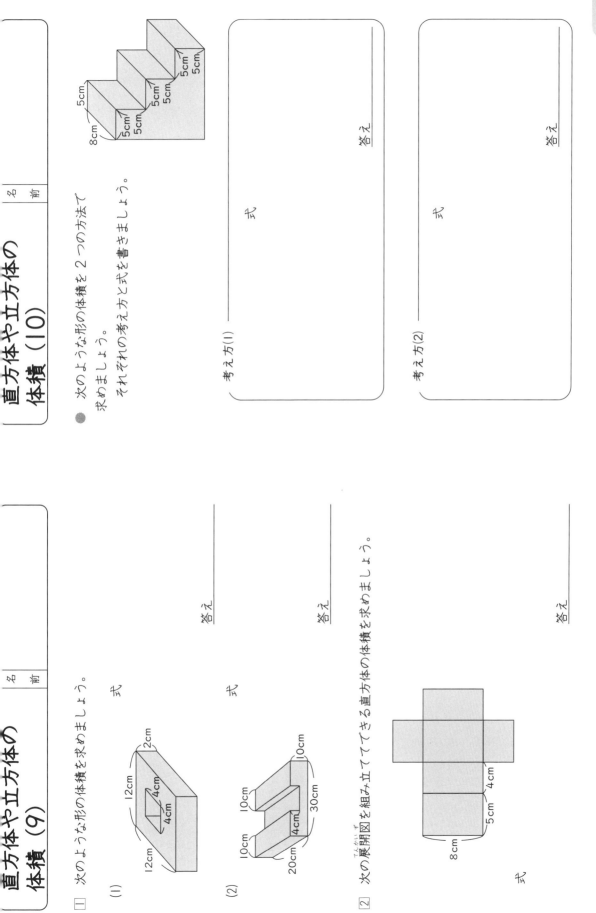

月　日

直方体や立方体の体積（11）

名前

1　$1m^3$は何cm^3ですか。□にあてはまる数を書いて答えましょう。

$1m^3$ = □m × □m × □m

= □cm × □cm × □cm

= □cm^3

2　□にあてはまる数を書きましょう。

(1)　$2m^3$ = □cm^3

(2)　$5000000cm^3$ = □m^3

3　次の立体の体積を求めましょう。

(1)　立方体

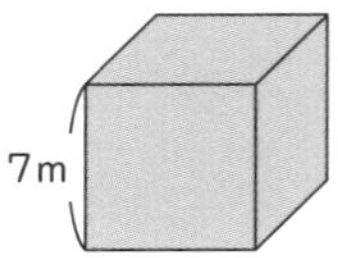

式

答え

(2)

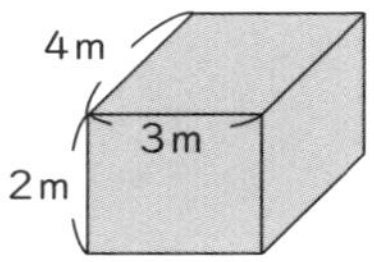

式

答え

月　日

直方体や立方体の体積（12）

名前

1　厚《あつ》さ1cmの板で，右のような直方体の形をした入れ物を作りました。
この入れ物に入る水の体積を求めましょう。

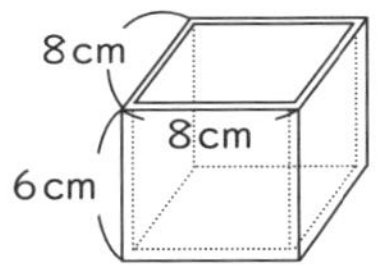

(1)　水が入る内側の長さ（内のり）を求めましょう。
□にあてはまる数を書きましょう。

たての長さ　8 − □ = □(cm)

横の長さ　8 − □ = □(cm)

高さ　6 − □ = □(cm)

(2)　この入れ物にいっぱい水を入れたときの水の体積（容積《ようせき》）を求めましょう。

式

答え

2　右は1Lの入れ物です。内のりは，1辺が10cmの立方体です。□にあてはまる数を書きましょう。

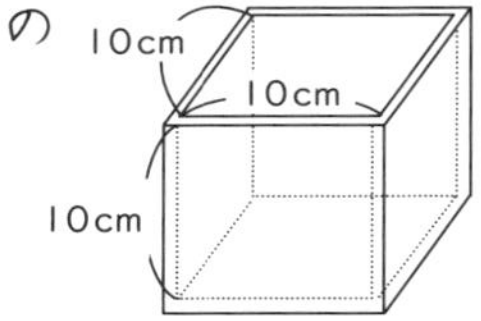

1L = □cm × □cm × □cm

= □cm^3

1L = □mL　だから　1mL = □cm^3

直方体や立方体の体積（13）

名前

● 下の入れ物の容積《ようせき》は何 cm^3 ですか。
また，何Ｌですか。（長さは内のりです。）

(1)

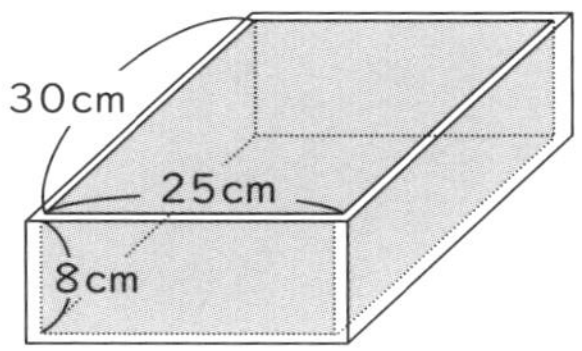

式

答え

(2)

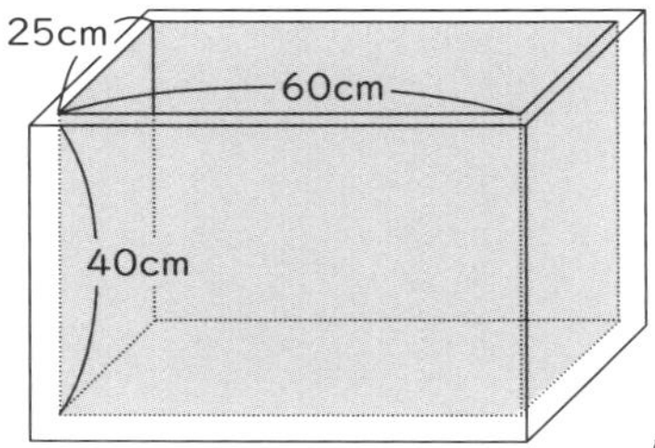

式

答え

(3)

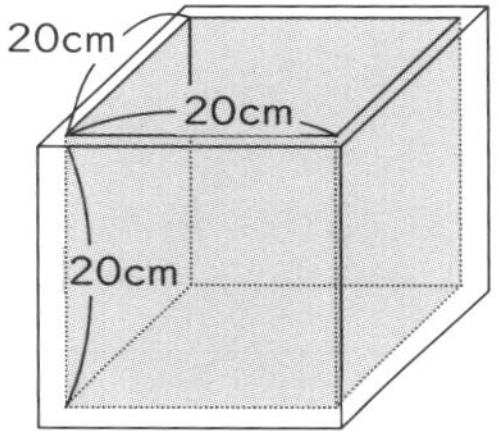

式

答え

直方体や立方体の体積（14）

名前

● 厚《あつ》さ１cm の板で，下のような直方体の形をした入れ物を作りました。容積《ようせき》は何 cm^3 ですか。

(1)

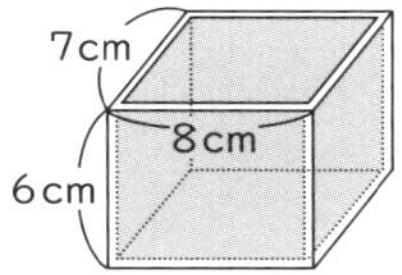

式

答え

(2)

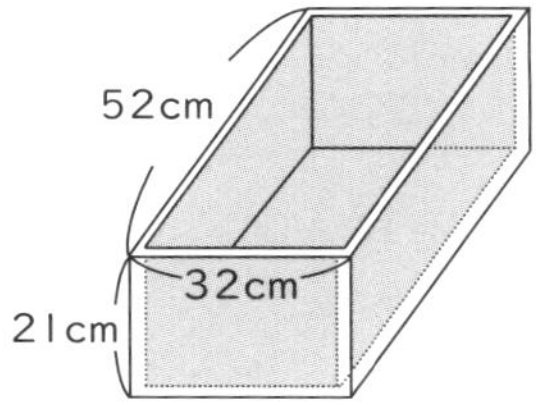

式

答え

(3)

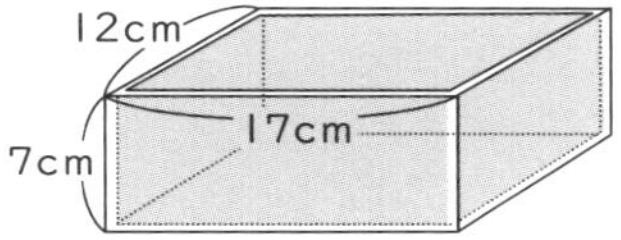

式

答え

5分

（141％に拡大してご使用ください。）

月　日

直方体や立方体の体積（15）

名前

● 長さや面積，体積の単位の関係について □ にあてはまる数を書きましょう。

長さ　1cm → 10cm → 1m

□倍　□倍

面積

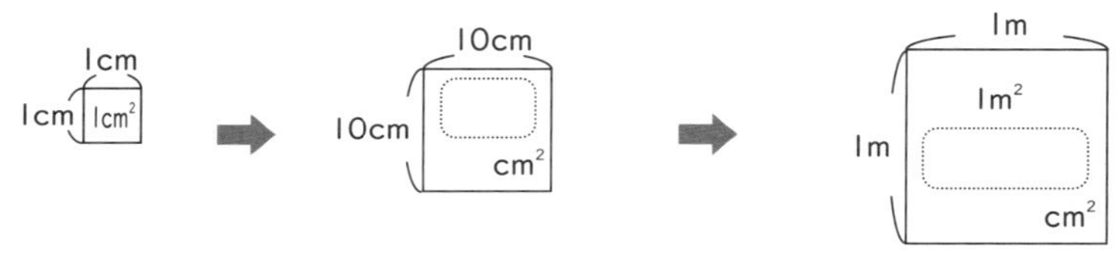

□倍　□倍

体積

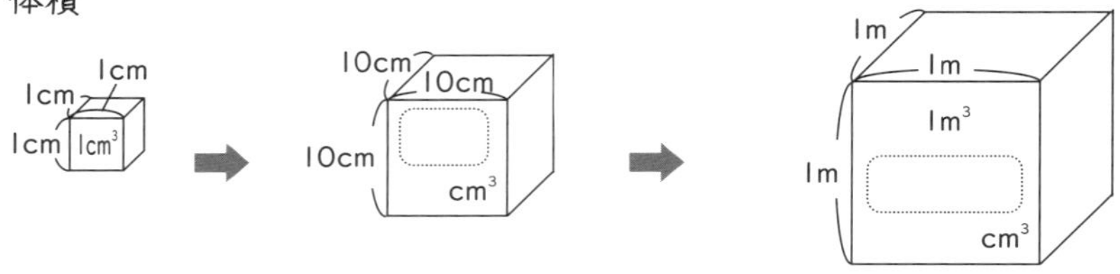

□倍　□倍

かさ　1mL → 1L → 1kL（□）L

月　日

直方体や立方体の体積（16）

名前

● □ にあてはまる数を書きましょう。

(1) 1cm³は，1辺が □ cmの立方体の体積です。

(2) 1m³は，1辺が □ mの立方体の体積です。

(3) 1辺が10cmの立方体の体積は，□ cm³で，□ Lです。

(4) 1辺が5cmの立方体の体積は，□ cm³で，□ mLです。

(5) 1.5L ＝ □ mL

(6) 2L ＝ □ mL

(7) 500mL ＝ □ cm³

(8) 内のりが，たて4cm，横 □ cm，高さ10cmの牛にゅうパックの容積《ようせき》は，200mLです。

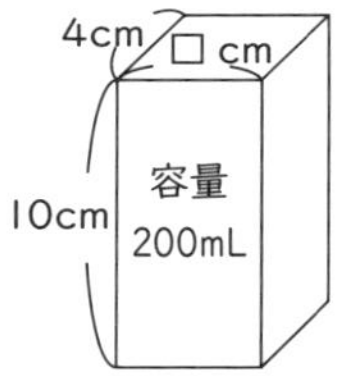

（長さは内のりです。）

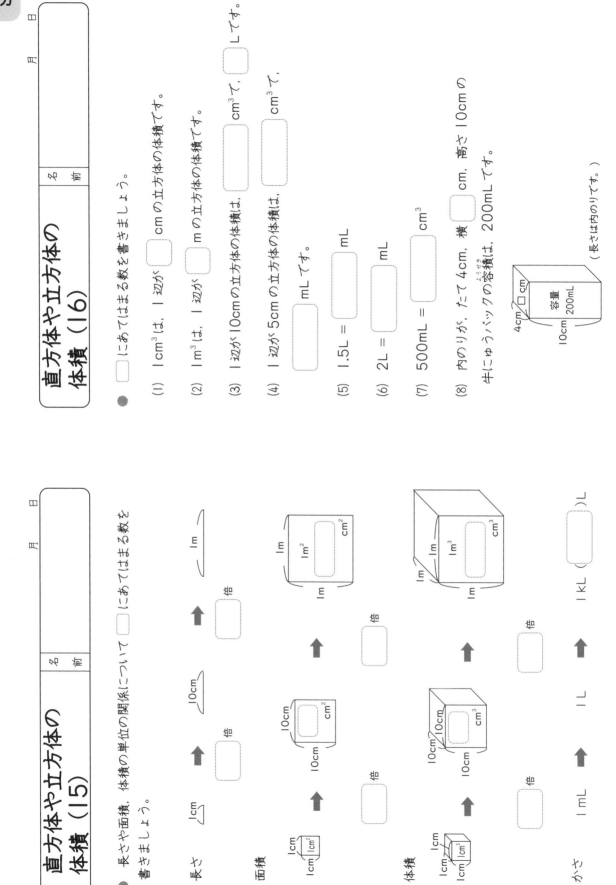

月　　日

直方体や立方体の体積（17）

名前

● 下のように，内のりが，たて 15cm，横 20cm，高さ 10cm の水そうがあります。

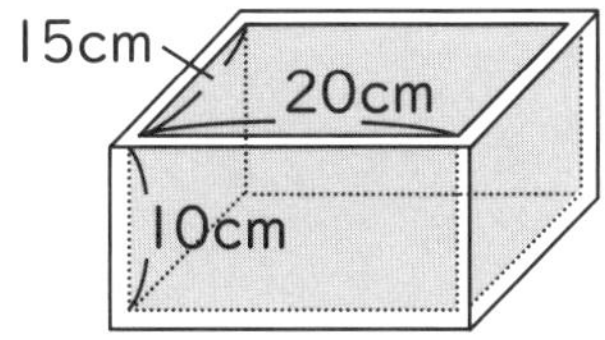

(1) この水そうの容積《ようせき》は何 cm^3 ですか。
また，何Lですか。

式

答え ______________________

(2) この水そうに深さ 5cm の水を入れました。
水の容積は何 cm^3 ですか。

式

答え ______________________

(3) 深さ 5cm まで水を入れた(2)の水そうに石を入れると，
水の深さが 8cm になりました。石の体積は何 cm^3 ですか。

式

答え ______________________

10分

月　　日

直方体や立方体の体積（18）

名前

● 下の図のように，１辺が 20cm の正方形の四すみを正方形に切り取って，入れ物を作ります。容積《ようせき》がいちばん大きくなるのは，１辺何 cm の正方形を切り取ったときか調べましょう。

ただし，切り取る長さは cm 単位で整数とします。

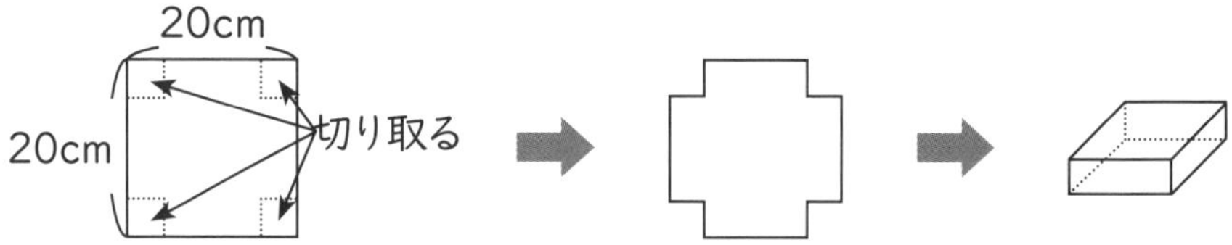

(1) 切り取る正方形の１辺が１cm，2cm，3cm，4cm，5cm のときの容積を求めましょう。

1cm のとき

式　　　　　　答え

2cm のとき

式　　　　　　答え

3cm のとき

式　　　　　　答え

4cm のとき

式　　　　　　答え

5cm のとき

式　　　　　　答え

(2) 容積がいちばん大きくなるのは，１辺何 cm の正方形を切り取ったときですか。

ふりかえり

直方体や立方体の体積

名前

1　次の直方体や立方体の体積を求めましょう。

(1)

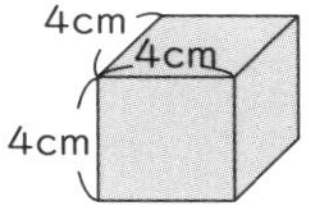

式

答え

(2)

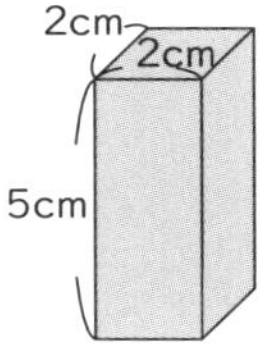

式

答え

(3)

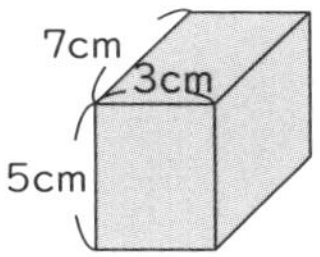

式

答え

2　次の形の体積を求めましょう。

(1)

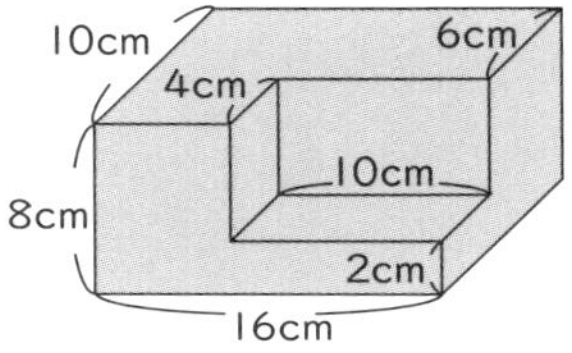

式

答え

(2)

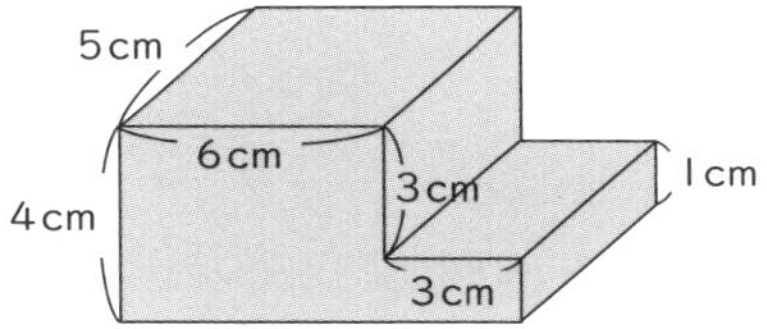

式

答え

3　□にあてはまる数を書きましょう。

(1)　$1cm^3$ ＝ □ mL

(2)　1L ＝ □ cm^3

(3)　1L ＝ □ mL

(4)　$1m^3$ ＝ □ kL

4　下の水そうの容積《ようせき》は何 cm^3 ですか。また，何Lの水が入りますか。

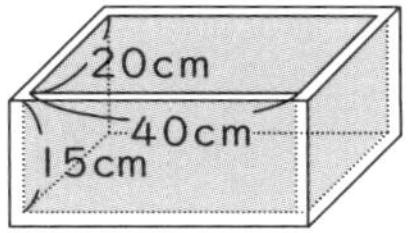

（長さは内のりです。）

式

答え

5　下の直方体の形をした水そうの容積を cm^3 とLで表しましょう。板の厚《あつ》さは 1cm です。内のりの長さを考えて求めましょう。

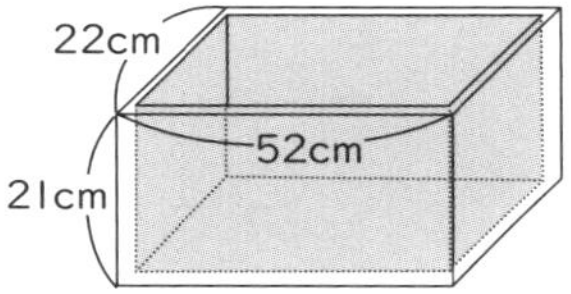

式

答え

10分 ふりかえり

月　日

直方体や立方体の体積(テスト)

名前

【知識・技能】

1　下の図のような直方体の体積の求め方を考えましょう。(5×4)

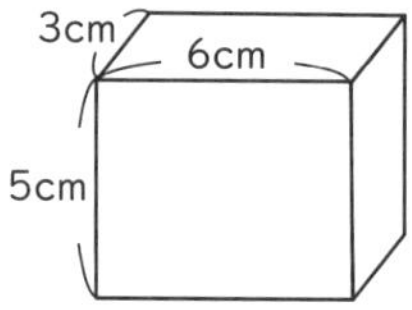

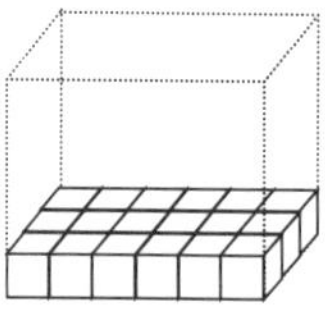

(1)　1だんに，1cm^3の立方体は何こありますか。

□×□＝□(こ)

(2)　何だん積めますか。　□(だん)

(3)　1cm^3は全部で何こで，何cm^3になりますか。

全部のこ数を求める式

□×□×□＝□

答え　　こ，　　cm^3

2　次の直方体や立方体の体積を求めましょう。(5×4)

(1)

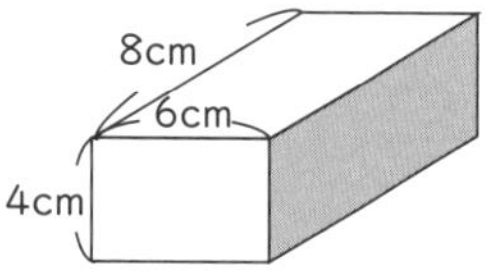

式

答え

(2)

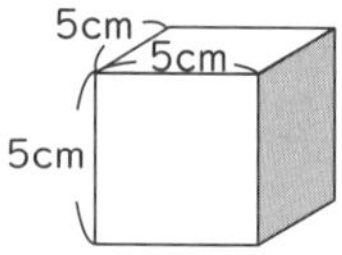

式

答え

3　□にあてはまる数を書きましょう。(5×2)

(1)　1m^3　＝　□　cm^3

(2)　1m^3　＝　□　L

【思考・判断・表現】

4　下の図の立体の体積を求めましょう。(5×4)

(1)

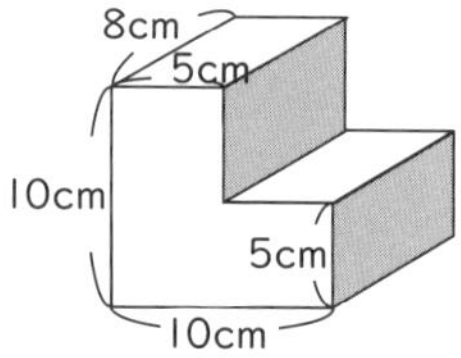

式

答え

(2)

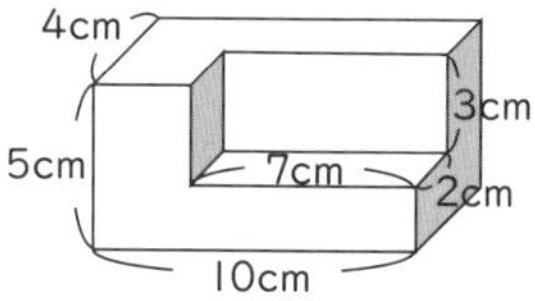

式

答え

5　次の展開《てんかい》図《ず》を組み立ててできる立体の体積を求めましょう。(5×2)

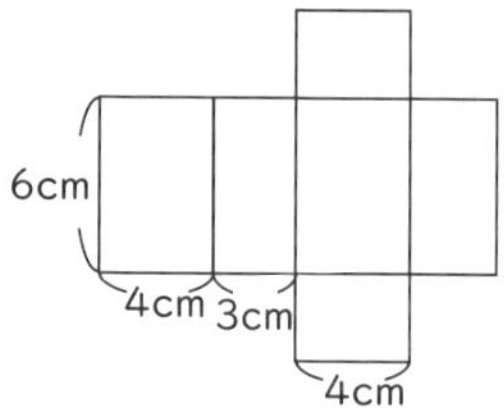

式

答え

6　次の立体の体積を160cm^3にするには，高さを何cmにすればいいですか。(5×2)

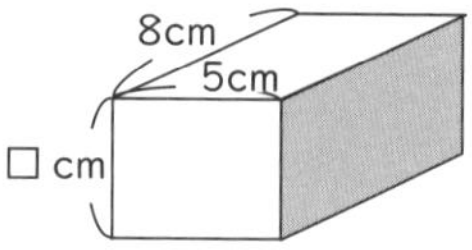

式

答え

7　次の水そうには，何Lの水が入りますか。(長さは，すべて内のりです。)(5×2)

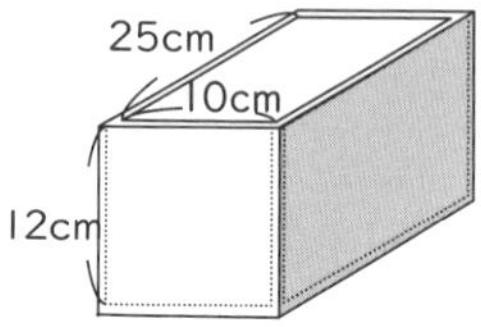

式

答え

(141%に拡大してご使用ください。)

比例（１）

名前

● 下の図のように，直方体の高さが１cm，2cm，3cm，…と変わると，それにともなって体積はどう変わるか調べましょう。

(1) □ の中にそれぞれの体積を書きましょう。

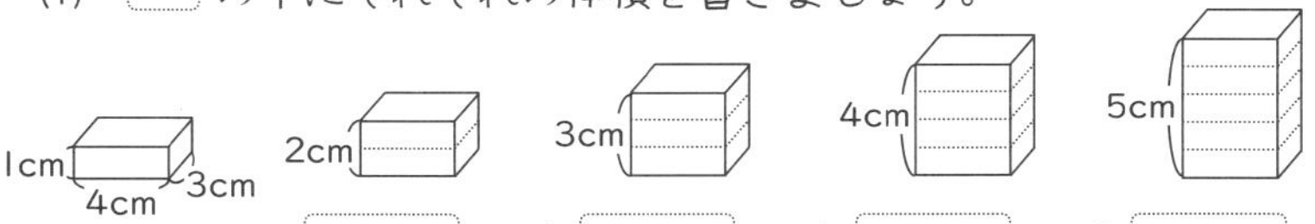

12cm³　□ cm³　□ cm³　□ cm³　□ cm³

(2) 高さ □ cm が１cm，2cm，3cm，…のとき，体積○ cm³ はそれぞれ何 cm³ になるか表にまとめましょう。また，□ にあてはまる数を書きましょう。

３倍（1→3）　÷２（8→4）

高さ □ (cm)	1	2	3	4	5	6	7	8
体積 ○ (cm³)								

□倍（1→3）　÷□（8→4）

(3) □（高さ）が１cm ずつ増《ふ》えていくと，○（体積）はどうなりますか。

(4) □（高さ）が２倍，３倍になると，○（体積）はどうなりますか。

(5) 高さが 20cm のときの体積を求めましょう。

式

答え

比例（２）

名前

● たての長さが 4cm の長方形があります。下の図のように，横の長さを１cm，2cm，…としていくと，面積はどう変わるか調べましょう。

(1) □ の中にそれぞれの面積を書きましょう。

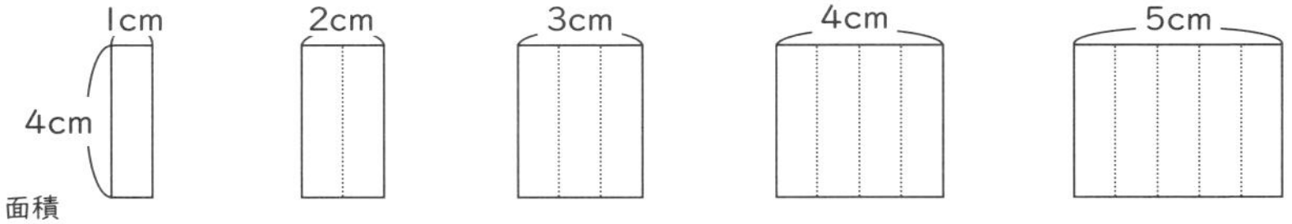

面積
□ cm²　□ cm²　□ cm²　□ cm²　□ cm²

(2) 横の長さ □ cm と面積 ○ cm² を表にまとめましょう。
また，□ にあてはまる数を書きましょう。

÷４（8→2）　２倍（2→4）

横の長さ □ (cm)	1	2	3	4	5	6	7	8
面積 ○ (cm²)								

□倍（2→4）　÷□（8→2）

(3) □（横の長さ）が１cm ずつ増《ふ》えていくと，○（面積）はどうなりますか。

(4) □（横の長さ）が２倍，３倍になると，○（面積）はどうなりますか。

(5) 横の長さが 24cm のときの面積を求めましょう。

式

答え

3分

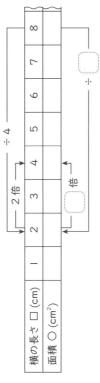

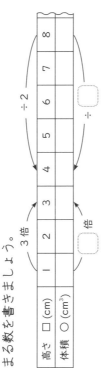

月　日

比例（3）

名前

● 1mのねだんが80円のリボンがあります。
買う長さが1m，2m，3m，…と変わると，それにともなって代金はどう変わるか調べましょう。

(1) □に2m，3mの代金を書きましょう。

1m　80円
2m　□円
3m　□円

(2) 長さ□mが2m，3m，…となると，代金○円がそれぞれ何円になるか表にまとめましょう。
また，□にあてはまる数を書きましょう。

3倍　÷2

長さ □(m)	1	2	3	4	5	6
代金 ○(円)						

□倍　÷□

(3) □(長さ)が1mずつ増《ふ》えていくと，○(代金)はどうなりますか。

(4) □(長さ)が2倍，3倍になると，○(代金)はどうなりますか。

(5) 長さが15mのときの代金を求めましょう。

式

答え

月　日

比例（4）

名前

● ガソリン1Lあたりで15km走れる車があります。
ガソリンの量が1L，2L，3L，…と変わると，それにともなって走れる道のりの長さは，どう変わるか調べましょう。

(1) □に走れる道のりを書きましょう。

1L　□km
2L　□km
3L　□km

(2) ガソリンの量□Lが2L，3L，…となると，走れる道のり○kmがそれぞれ何kmになるか，表にまとめましょう。
また，□にあてはまる数を書きましょう。

÷4　2倍

ガソリンの量 □(L)	1	2	3	4	5	6	7	8
走れる道のり ○(km)								

÷□　□倍

(3) □(ガソリンの量)が1Lずつ増《ふ》えていくと，○(道のり)はどうなりますか。

(4) □(ガソリンの量)が2倍，3倍になると，○(道のり)はどうなりますか。

(5) ガソリンの量が28Lのときの走れる道のりを求めましょう。

式

答え

（141%に拡大してご使用ください。）

比例（5）

名前

● 水そうに１分間水を入れると，3cmの深さまで水がたまります。水を入れる時間を１分，２分，３分，…としていくと，水の深さはどう変わるか調べましょう。

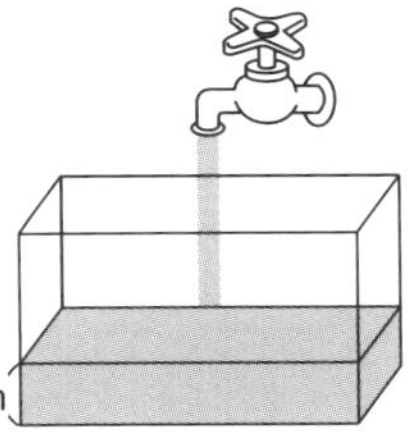

(1) 水を入れる時間□分と，水の深さ○cmを表にまとめましょう。

また，□にあてはまる数を書きましょう。

□倍　÷□

時間　□(分)	1	2	3	4	5	6
深さ　○(cm)						

□倍　÷□

(2) □(時間)が１分ずつ増《ふ》えていくと，○(深さ)はどうなりますか。

(3) □(時間)が２倍，３倍になると，○(深さ)はどうなりますか。

(4) 時間が12分のときの水の深さを求めましょう。

式

答え

比例（6）

名前

● 正方形の１辺の長さを1cm，2cm，3cm，…としていくと，周りの長さはどう変わるか調べましょう。

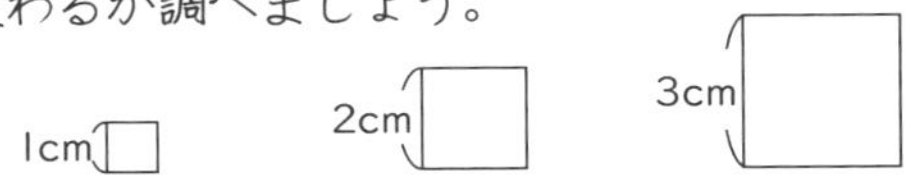

(1) 正方形の１辺の長さ□cmと周りの長さ○cmを表にまとめましょう。また，□にあてはまる数を書きましょう。

□倍　÷□

１辺の長さ □(cm)	1	2	3	4	5	6	7	8
周りの長さ ○(cm)								

÷□　□倍

(2) □(１辺の長さ)が1cmずつ増《ふ》えていくと，○(周りの長さ)はどうなりますか。

(3) □(１辺の長さ)が２倍，３倍になると，○(周りの長さ)はどうなりますか。

(4) １辺の長さが25cmのときの周りの長さを求めましょう。

式

答え

比例（7）

月　　日

名前

1　右の図のように，直方体の高さを1cmずつ変えていきます。直方体の高さ□cmと体積○cm^3の関係について調べましょう。

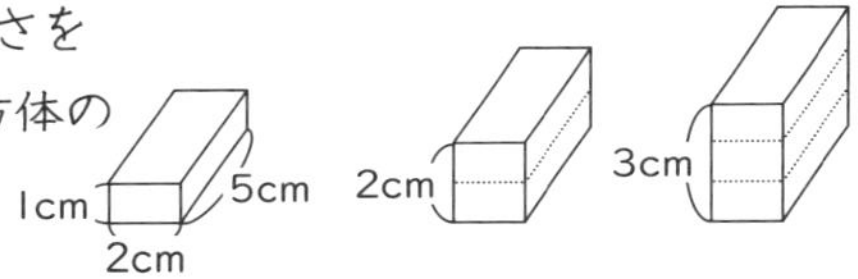

(1)　直方体の高さ□cmと体積○cm^3の関係を表にまとめましょう。

高さ　□(cm)	1	2	3	4	5	6
体積　○(cm^3)						

(2)　□(高さ)が1増《ふ》えると，○(体積)はいくつ増えますか。

(3)　高さが13cmのときの体積を求めましょう。

式

答え

2　たての長さが3cmの長方形があります。長方形の横の長さ□cmと面積○cm^2の関係について調べましょう。

(1)　長方形の横の長さ□cmと面積○cm^2の関係を表にまとめましょう。

横の長さ　□(cm)	1	2	3	4	5	6
面積　○(cm^2)						

(2)　○(面積)は，□(横の長さ)に比例《ひれい》していますか。

(3)　横の長さが20cmのときの面積を求めましょう。

式

答え

比例（8）

月　　日

名前

1　1まい30円の色紙を買うときの，色紙のまい数□まいと代金○円との関係を調べましょう。

(1)　色紙のまい数□まいと代金○円の関係を表にまとめましょう。

まい数　□(まい)	1	2	3	4	5	6
代金　○(円)						

(2)　□(まい数)が1増《ふ》えると，○(代金)はいくつ増えますか。

(3)　色紙のまい数が15まいのときの代金を求めましょう。

式

答え

2　1個《こ》25円のあめを買うときの，あめの個数□個と代金○円との関係を調べましょう。

(1)　あめの個数□個と代金○円の関係を表にまとめましょう。

個数　□(個)	1	2	3	4	5	6	7	8
代金　○(円)								

(2)　○(代金)は，□(個数)に比例《ひれい》していますか。

(3)　あめが12個のときの代金を求めましょう。

式

答え

5分

比例（9）

名前

1 正三角形の１辺の長さを１cm，２cm，３cm，…と変えていきます。

正三角形の１辺の長さ□cmと周りの長さ○cmの関係について調べましょう。

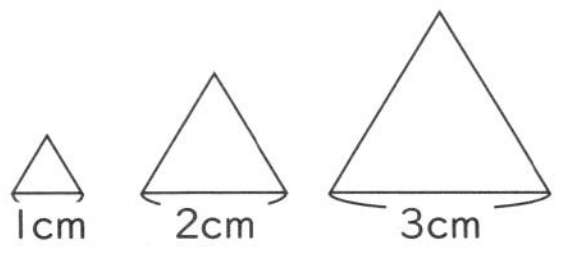

(1) 正三角形の１辺の長さ□cmと周りの長さ○cmの関係を表にまとめましょう。

１辺の長さ □(cm)	1	2	3	4	5	6	7	8
周りの長さ ○(cm)								

(2) □（１辺の長さ）と○（周りの長さ）の関係を式に表しましょう。

(3) １辺の長さが12cmのとき，周りの長さは何cmですか。

式

答え

2 １mの重さが15gのはり金の長さ□mと，重さ○gの関係について調べましょう。

(1) 長さ□mと，重さ○gの関係を表にまとめましょう。

長さ □(m)	1	2	3	4	5	6	7	8
重さ ○(g)								

(2) □（長さ）と○（重さ）の関係を式に表しましょう。

(3) 長さが20mのときの重さは何gですか。

式

答え

比例（10）

名前

1 底辺が4cmの三角形があります。

右の図のように，高さを１cm，２cm，３cm，…と変えていくとき，高さ□cmと面積○cm^2の関係について調べましょう。

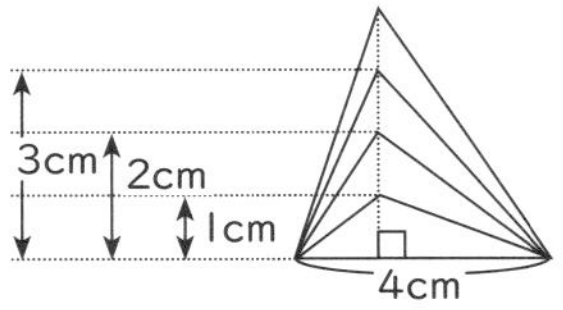

(1) 高さ□cmと面積○cm^2の関係を表にまとめましょう。

高さ □(cm)	1	2	3	4	5	6	7	8
面積 ○(cm^2)								

(2) □（高さ）と○（面積）の関係を式に表しましょう。

(3) 高さが15cmのときの面積は何cm^2ですか。

式

答え

2 １kgのおもりで1.5cmのびるばねがあります。おもりの重さ□kgと，ばねののび○cmの関係について調べましょう。

(1) おもりの重さ□kgと，ばねののび○cmの関係を表にまとめましょう。

おもりの重さ □(kg)	1	2	3	4	5	6	7	8
ばねののび ○(cm)								

(2) □（おもりの重さ）と○（ばねののび）の関係を式に表しましょう。

(3) おもりの重さが30kgのときのばねののびは何cmですか。

式

答え

5分

（141%に拡大してご使用ください。）

月　日

比例（11）

名前

● ともなって変わる２つの量について調べましょう。

(1) 次の㋐～㋒の□と○の関係を式に表しましょう。また，それぞれの□と○について，表にまとめましょう。

㋐ 正方形の１辺の長さ□cmと面積○cm²

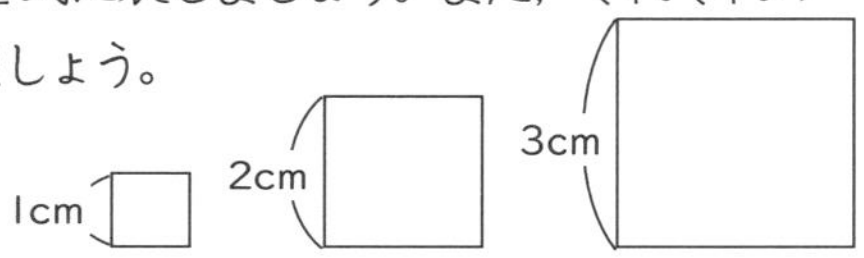

式

１辺の長さ □(cm)	1	2	3	4	5	6
面積 ○(cm²)						

㋑ たての長さが2.5cmの長方形の横の長さ□cmと面積○cm²

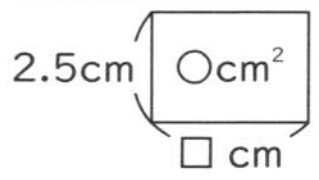

式

横の長さ □(cm)	1	2	3	4	5	6
面積 ○(cm²)						

㋒ 100gの箱に１個《こ》60gのドーナツを入れるときの，ドーナツの個数□個と全体の重さ○g

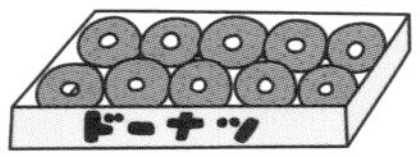

式

ドーナツの個数 □(個)	1	2	3	4	5	6
全体の重さ ○(g)						

(2) ○が□に比例《ひれい》しているものは，㋐～㋒のうちどれですか。

月　日

比例（12）

名前

● ともなって変わる２つの量について調べましょう。

(1) 次の㋐～㋓の□と○の関係について表にまとめましょう。

㋐ １mの重さが25gのはり金の長さ□mと重さ○g

長さ □(m)	1	2	3	4	5	6
重さ ○(g)						

㋑ 30まい入りのシールの，使ったまい数□まいと残りのまい数○まい

使ったまい数 □(まい)	1	2	3	4	5	6
残りのまい数 ○(まい)						

㋒ １本80円のえん筆を買うときの，えん筆の本数□本と代金○円

本数 □(本)	1	2	3	4	5	6
代金 ○(円)						

㋓ たん生日が同じで，年令が３才ちがう妹と姉の，妹の年令□才と姉の年令○才

妹の年令 □(才)	1	2	3	4	5	6
姉の年令 ○(才)						

(2) ○が□に比例《ひれい》しているものは，㋐～㋓のうちどれとどれですか。

ふりかえり
比例

名前

1 右の図のように，直方体のたてと横の長さを決めて，高さを1cm，2cm，…と変えていくと，体積はどのように変わりますか。

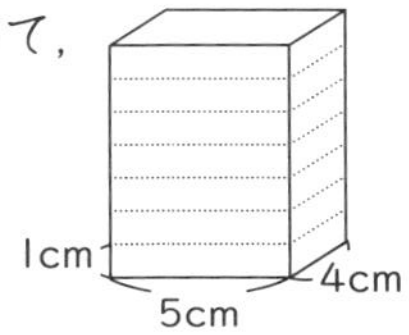

(1) 高さ□cmが1cm，2cm，3cm，…となると，体積○cm^3は何cm^3になるか表にまとめましょう。

高さ □(cm)	1	2	3	4	5	6	7	8
体積 ○(cm^3)								

(2) □（高さ）が1cmずつ増《ふ》えると，○（体積）は何cm^3ずつ増えますか。

(3) □（高さ）が2倍，3倍になると，○（体積）はどうなりますか。

(4) ○（体積）は，□（高さ）に比例《ひれい》していますか。

(5) 高さ（□）が12cmのときの体積（○）を求めましょう。

式

答え

2 1mのねだんが90円のリボンを買います。リボンの長さ□mと代金○円の関係を表にまとめましょう。また，□にあてはまる数を書きましょう。

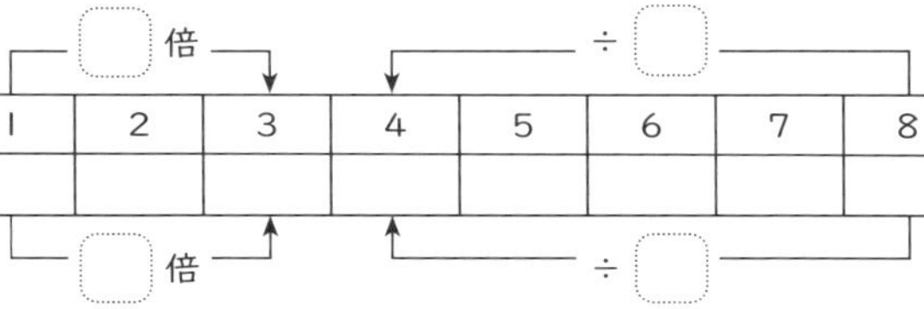

長さ □(m)	1	2	3	4	5	6	7	8
代金 ○(円)								

3 ともなって変わる2つの量について調べましょう。

(1) 次の㋐〜㋓の□と○の関係について，表にまとめましょう。

㋐ 正方形の1辺の長さ□cmと周りの長さ○cm

1辺の長さ □(cm)	1	2	3	4	5	6
周りの長さ ○(cm)						

㋑ 80円の消しゴム1個《こ》と，1本60円のえん筆を何本か買うときの買ったえん筆の本数□本と代金○円

えん筆の本数 □(本)	1	2	3	4	5	6
代金 ○(円)						

㋒ ガソリン1Lあたり12km走れる車の，ガソリンの量□Lと走れる道のり○km

ガソリンの量 □(L)	1	2	3	4	5	6
道のり ○(km)						

㋓ 20個入りのおかしの，食べたおかしの個数□個と残りのおかしの個数○個

食べたおかし □(個)	1	2	3	4	5	6
残りのおかし ○(個)						

(2) ○が□に比例しているものは，㋐〜㋓のうちどれとどれですか。

10分ふりかえり

(141%に拡大してご使用ください。)

月　日

比例（テスト）

名前

【知識・技能】

1 1mが80円のリボンを買うときの，リボンの長さと代金について，次の問いに答えましょう。

(1) リボンの長さが1mから2m，3mになると代金はいくらになりますか。表に表しましょう。(10)

長さ □(m)	1	2	3	4	5	6	7	8
代金 ○(円)								

(2) リボンの長さが2倍3倍になると，代金はどうなりますか。(5)

(3) リボンの長さ□と代金○の関係を式に表しましょう。(5)

　× □ ＝ ○

(4) リボンを15m買ったときの代金はいくらですか。(5)

答え

2 水そうに水を入れたときの水の量と水そうにたまった水の深さについて考えましょう。

(1) 水の量とたまった水の深さを表にまとめましょう。(10)

水の量 □(L)	1	2	3	4	5	6
水の深さ ○(cm)		8				

(2) 水の量□と水の深さ○の関係を式に表しましょう。(5)

　× □ ＝ ○

(3) 水を9L入れると水の深さは何cmになりますか。(5)

答え

(4) 水そうの水の深さが50cmになるのは，水を何L入れたときですか。(5)

答え

【思考・判断・表現】

3 ㋐，㋑，㋒，㋓，㋔のうち，比例《ひれい》しているものには○を，比例していないものには△を（　）に書きましょう。(5×5)

㋐（　）体積が20cm³で同じ形の箱を積んでいったときの箱の数と体積

㋑（　）赤ちゃんが生まれてからの月数と体重

㋒（　）正方形の1辺の長さと周りの長さ

㋓（　）1本80円のえん筆を買うときのえん筆の本数と代金

㋔（　）10mのはり金《がね》を使った長さと残りの長さ

4 2つの量の変化について表を完成させて，下の問いに答えましょう。(5×5)

あ 下のように四角形を作っていくときの四角形の数とぼうの本数

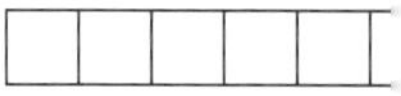

四角形の数 □(こ)	1	2	3	4	5	6
ぼうの数 ○(本)	4	7				

い 厚《あつ》さが5cmの本をならべていくときの本のさつ数と全体の長さ

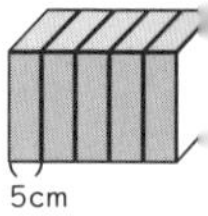

本の数 □(さつ)	1	2	3	4	5	6
全体の長さ ○(cm)						

う たての長さが4cmの長方形の横の長さと面積

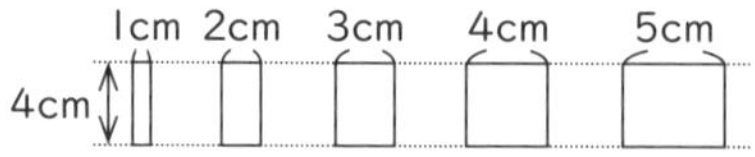

横の長さ □(cm)	1	2	3	4	5	6
面積 ○(cm²)						

(1) あ，い，うで，比例しているのはどれとどれですか。

　と

(2) 比例していると選んだ理由を書きましょう。

（141%に拡大してご使用ください。）

小数のかけ算（1）

整数×小数 ①

名前

● 19 × 3.7 の筆算

かける数が小数のときも，整数のときと同じように計算しよう。

	1	9	→ 小数点より下のけた数（0）
×	3.	7	→ 小数点より下のけた数（1）
1	3	3	0+1=1
5	7		
7	0.	3	← 左へ小数点を 1 動かす

● 次の計算をしましょう。

①

		7	1
	×	4.	2

②

		9	4
	×	7.	3

③

		3	5
	×	6.	1

④

		2	9
	×	5.	8

小数のかけ算（2）

整数×小数 ②

名前

● 次の計算をしましょう。

① 67 × 3.5

② 19 × 5.8

③ 76 × 3.9

④ 28 × 4.6

3分

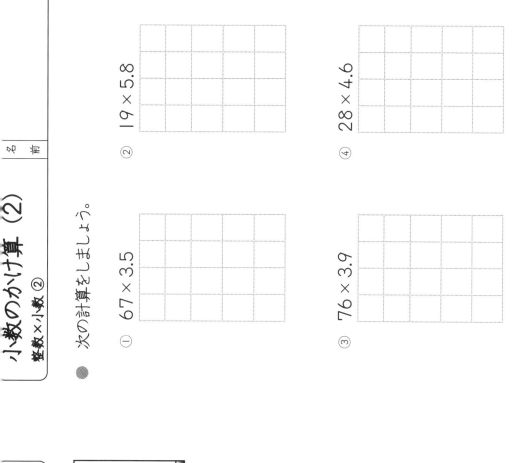

月　日

小数のかけ算（3）

整数×小数 ③

名前

● 次の計算をしましょう。

①

		6	3
	×	5.	9

②

	1	7
×	2.	4

③

		2	8
	×	9.	6

④

		4	6
	×	4.	3

⑤

		7	4
	×	3.	1

⑥

	5	2
×	1.	9

月　日

小数のかけ算（4）

整数×小数 ④

名前

● 次の計算をしましょう。

① 78×2.6

② 59×4.3

③ 82×6.1

④ 26×1.6

⑤ 37×4.6

⑥ 98×1.2

（141％に拡大してご使用ください。）

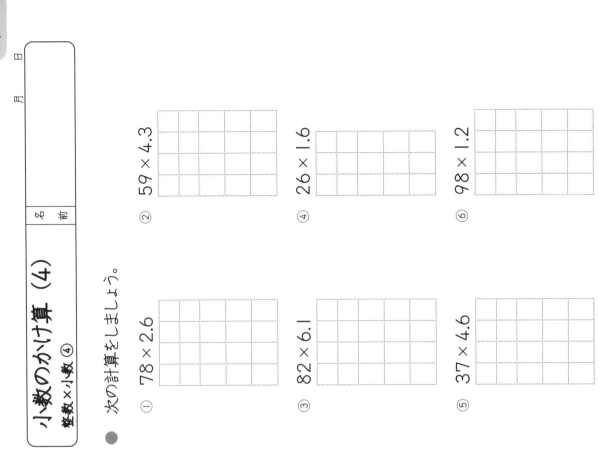

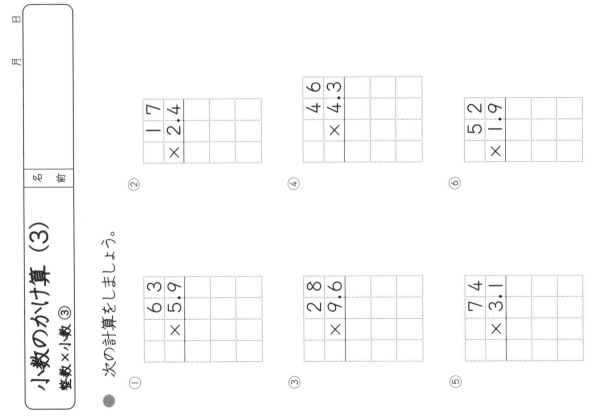

小数のかけ算（5）

整数×小数 ⑤

名前

● 70 × 3.2 の筆算

積の小数点は，かけられる数とかける数の小数点の右にあるけた数の和だけ右から数えてうつよ。

		7	0
	×	3.	2
	1	4	0
2	1	0	
2	2	4.	0

7 0 ⟶ 小数点より下のけた数（0）

× 3.2 ⟶ 小数点より下のけた数（1）

（0+1=1）

小数点よりも下の数が０のとき，０を消しましょう。

2 2 4.0 ⟵ 左へ小数点を [1] 動かす

● 次の計算をしましょう。

①

		5	0
	×	1.	8

②

		6	0
	×	9.	9

③

		8	0
	×	2.	4

④

		3	7	0
	×		6.	1

小数のかけ算（6）

整数×小数 ⑥

名前

● 次の計算をしましょう。

① 40 × 5.3

② 90 × 7.1

③ 50 × 2.9

④ 160 × 4.8

（141%に拡大してご使用ください。）

月　日

小数のかけ算（7）

整数×小数 ⑦

名前

● 次の計算をしましょう。

① 70 × 2.3

② 30 × 6.5

③ 20 × 4.9

④ 120 × 3.4

⑤ 90 × 5.2

⑥ 260 × 3.4

月　日

小数のかけ算（8）

整数×小数 ⑧

名前

● 次の計算をしましょう。

① 50 × 7.6

② 80 × 3.9

③ 60 × 1.8

④ 40 × 5.7

⑤ 310 × 8.5

⑥ 120 × 4.8

（141%に拡大してご使用ください。）

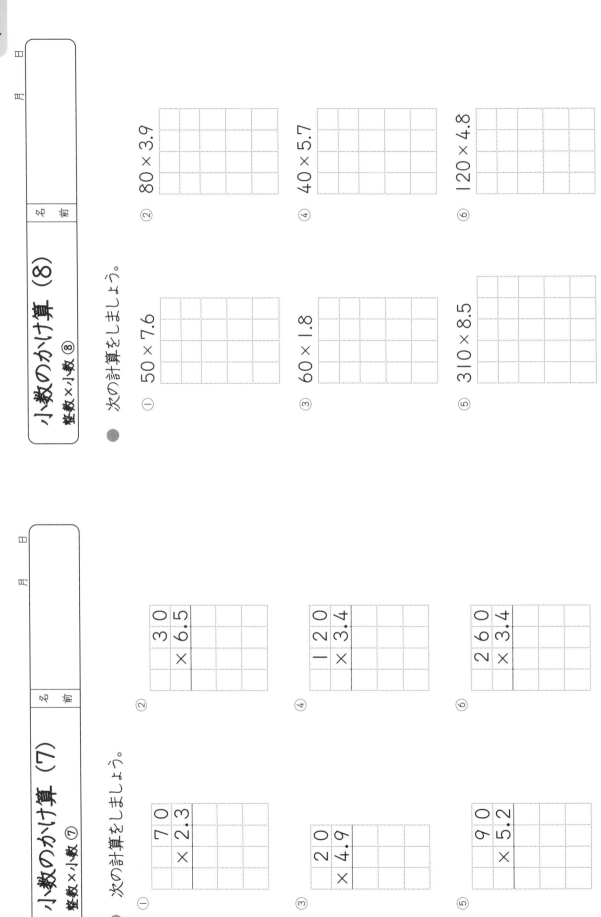

小数のかけ算（9）

小数×小数 ①

名前

● 1.8 × 3.7 の筆算

	1.	8
×	3.	7
1	2	6
5	4	
6.	6	6

1.8 → 小数点より下のけた数（1）
3.7 → 小数点より下のけた数（1）
1+1=2
左へ小数点を ２ 動かす

● 2.47 × 1.6 の筆算

	2.	4	7
×		1.	6
1	4	8	2
2	4	7	
3.	9	5	2

2.47 → 小数点より下のけた数（2）
1.6 → 小数点より下のけた数（1）
2+1=3
左へ小数点を ３ 動かす

● 次の計算をしましょう。

① 4.8 × 9.2

② 5.7 × 2.3

③ 7.39 × 4.4

④ 1.06 × 8.2

小数のかけ算（10）

小数×小数 ②

名前

● 次の計算をしましょう。

① 3.4 × 5.9

② 6.6 × 1.4

③ 2.25 × 7.8

④ 9.13 × 1.5

3分

（141%に拡大してご使用ください。）

小数のかけ算（11）

小数×小数 ③

名前　　　　月　日

● 次の計算をしましょう。

① 3.5×2.3

② 7.4×8.1

③ 1.96×7.2

④ 2.89×5.6

⑤ 3.08×2.9

⑥ 1.54×8.7

小数のかけ算（12）

小数×小数 ④

名前　　　　月　日

● 次の計算をしましょう。

① 2.4×6.1

② 3.6×7.3

③ 6.9×1.8

④ 1.98×3.7

⑤ 5.06×2.4

⑥ 1.17×4.1

5分

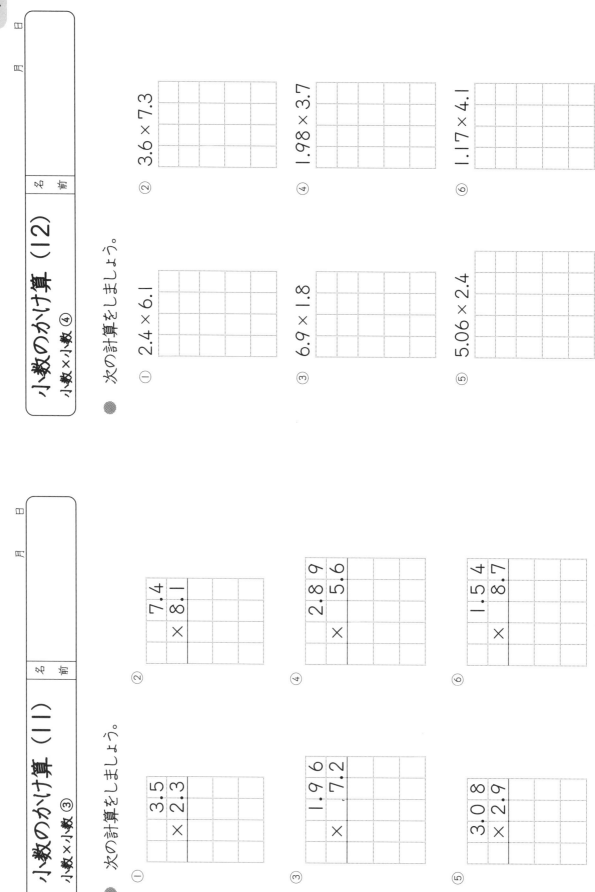

小数のかけ算（13）

小数×小数 ⑤

名前

● 0.4 × 1.5 の筆算

小数点の左に
数字がないときは，
0 を書きたすよ。

	0.	4
×	1.	5
	2	0
	4	
0.	6	0

0.4 → 小数点より下のけた数（1）
1.5 → 小数点より下のけた数（1）
1+1=2
0.60 ← 左へ小数点を 2 動かす

● 次の計算をしましょう。

①

	0.	6
×	3.	5

②

	0.	5
×	1.	2

③

	0.	7
×	9.	3

④

	0.	8	2
×		4.	5

小数のかけ算（14）

小数×小数 ⑥

名前

● 次の計算をしましょう。

① 0.4 × 8.5

② 0.2 × 6.3

③ 0.9 × 1.7

④ 0.25 × 3.8

3分

月　　日

小数のかけ算（15）

小数×小数 ⑦

名前

● 次の計算をしましょう。

①

	0.5	
×	7.6	

②

	0.8	
×	2.5	

③

	0.2	
×	3.5	

④

	0.7	
×	4.1	

⑤

	0.9	
×	6.2	

⑥

	0.29	
×	1.5	

月　　日

小数のかけ算（16）

小数×小数 ⑧

名前

● 次の計算をしましょう。

① 0.3 × 4.7

② 0.8 × 5.3

③ 0.9 × 6.2

④ 0.6 × 1.5

⑤ 0.58 × 3.5

⑥ 0.47 × 8.1

（141%に拡大してご使用ください。）

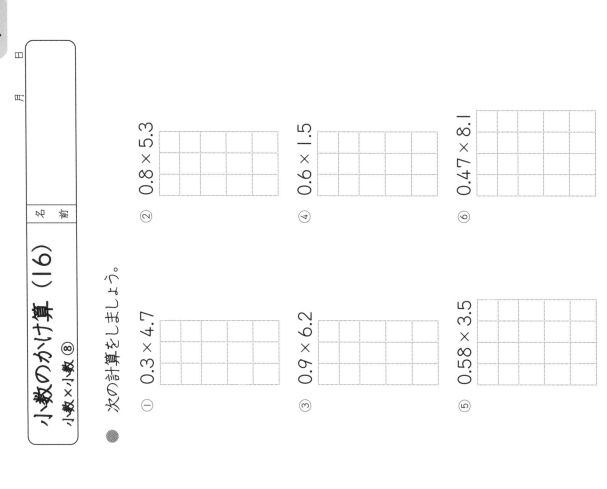

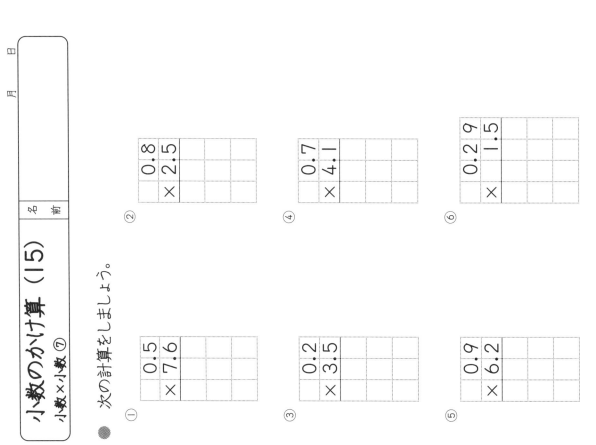

小数のかけ算（17）

名前

小数×小数 ⑨

● 5.2 × 0.3 の筆算

	5	.2
×	0	.3
1	.5	6

5.2 → 小数点より下のけた数（1）
0.3 → 小数点より下のけた数（1）
1+1=2
左へ小数点を 2 動かす

● 次の計算をしましょう。

①

	8	.3
×	0	.5

②

	4	.7
×	0	.7

③

	5	.4
×	0	.2

④

	6	.9
×	0	.8

小数のかけ算（18）

名前

小数×小数 ⑩

● 次の計算をしましょう。

① 9.3 × 0.3

② 7.2 × 0.5

③ 2.6 × 0.6

④ 8.9 × 0.4

3分

月　　日

小数のかけ算（19）

小数×小数 ⑪

名前

● 次の計算をしましょう。

① 3.2 × 0.2

② 1.9 × 0.4

③ 5.7 × 0.9

④ 2.1 × 0.4

⑤ 4.5 × 0.2

⑥ 5.5 × 0.8

月　　日

小数のかけ算（20）

小数×小数 ⑫

名前

● 次の計算をしましょう。

① 8.4 × 0.9

② 2.6 × 0.7

③ 26.3 × 0.7

④ 51.5 × 0.4

⑤ 20.8 × 0.3

⑥ 31.4 × 0.5

（141%に拡大してご使用ください。）

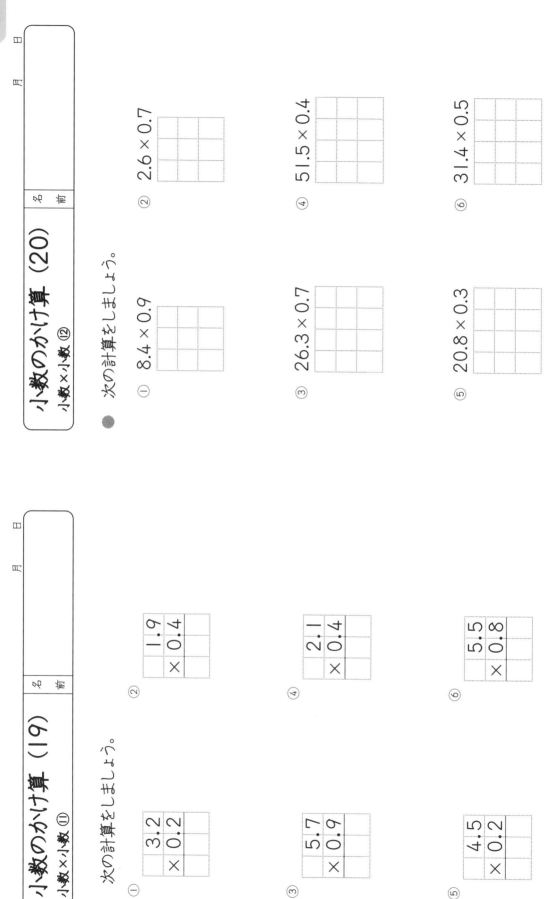

小数のかけ算（21）

小数×小数 ⑬

名前

● 0.6 × 0.5 の筆算

0.30 は小数点より右の 0 は消して，0.3 にするよ。

小数点の左に数字がないときは 0 を書きたすよ。

	0	6
×	0	5
0	3	0

0.6 → 小数点より下のけた数（1）
0.5 → 小数点より下のけた数（1）
1+1=2
左へ小数点を 2 動かす

● 次の計算をしましょう。

① 0.5 × 0.8

② 0.04 × 0.5

③ 0.08 × 0.75

④ 0.65 × 0.14

小数のかけ算（22）

小数×小数 ⑭

名前

● 次の計算をしましょう。

① 0.9 × 0.4

② 0.02 × 0.26

③ 0.24 × 0.95

④ 0.73 × 0.49

3分

小数のかけ算（23）

小数×小数 ⑮

名前　　　　月　　日

● 次の計算をしましょう。

①
	0.4	
×	0.8	

②
	0.0	8	
×	0.5		

③
	0.0	6	
×	0.7	3	

④
	0.0	9	
×	0.8	4	

⑤
	0.6	5	
×	0.3	8	

⑥
	0.7	5	
×	0.9	2	

小数のかけ算（24）

小数×小数 ⑯

名前　　　　月　　日

● 次の計算をしましょう。

① 0.7 × 0.7

② 0.05 × 0.06

③ 0.08 × 0.15

④ 0.06 × 0.23

⑤ 0.27 × 0.68

⑥ 0.64 × 0.75

（141%に拡大してご使用ください。）

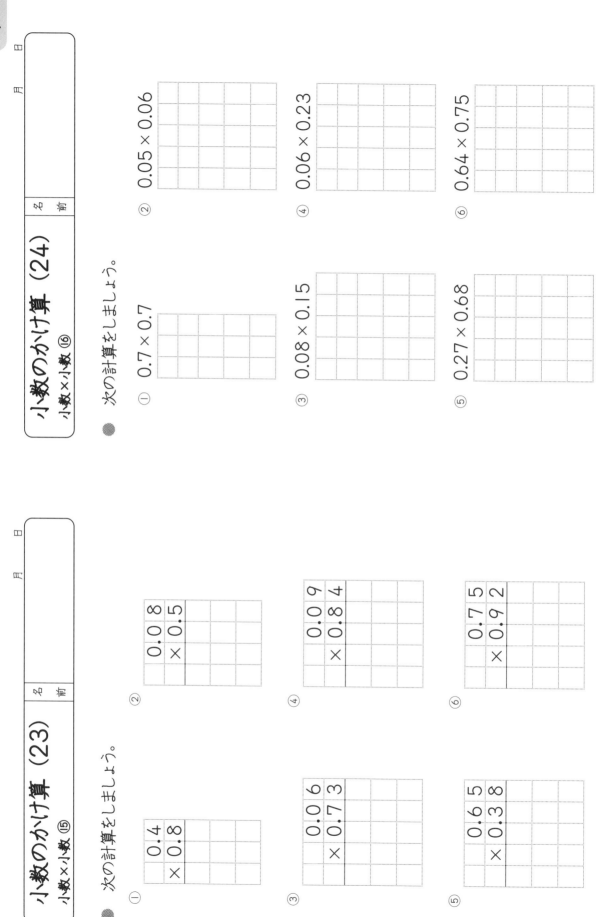

小数のかけ算（25）

いろいろな型 ①

名前

● 次の計算をしましょう。

① 4×0.6　② 13×0.4　③ 4.7×5.3　④ 2.9×4.2

⑤ 20.5×1.8　⑥ 3.82×6.7　⑦ 0.8×0.5　⑧ 4.13×0.9

⑨ 0.06×0.15　⑩ 0.55×0.08

小数のかけ算（26）

いろいろな型 ②

名前

● 次の計算をしましょう。

① 3×0.7　② 15×0.2　③ 3.4×5.6　④ 50×9.1

⑤ 78.3×4.3　⑥ 80.6×3.9　⑦ 0.8×0.1　⑧ 0.75×0.2

⑨ 0.42×0.95　⑩ 0.63×0.72

10分

（141％に拡大してご使用ください。）

月　日

小数のかけ算（27）

いろいろな型 ③

名前

● 次の計算をしましょう。

① 7×0.9　② 16×0.8　③ 2.4×3.5　④ 3.02×4.5

⑤ 5.9×8.78　⑥ 6.3×0.4　⑦ 6.25×0.6　⑧ 0.08×0.5

⑨ 0.35×0.8　⑩ 0.52×0.19

月　日

小数のかけ算（28）

いろいろな型 ④

名前

● 次の計算をしましょう。

① 4×0.7　② 20×0.3　③ 3.3×6.9　④ 56×2.5

⑤ 62.5×1.8　⑥ 3.59×4.8　⑦ 0.79×0.24　⑧ 93.8×7.15

⑨ 0.55×0.6　⑩ 0.05×0.02

（141%に拡大してご使用ください。）

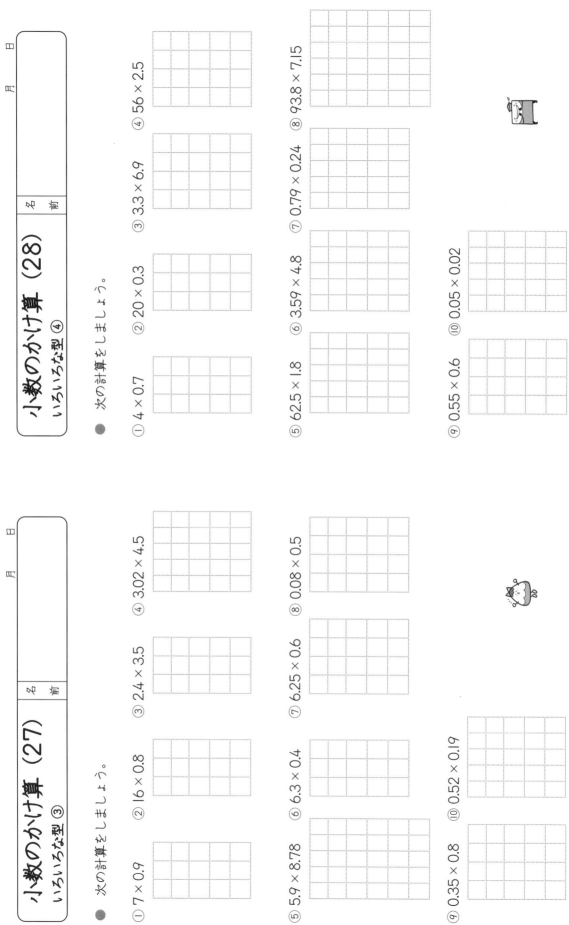

小数のかけ算（29）

いろいろな型 ⑤

名前

● 次の計算をしましょう。

① 8 × 0.7　② 23 × 0.6　③ 3.6 × 4.5　④ 32.9 × 7.1

⑤ 3.06 × 9.5　⑥ 5.7 × 4.36　⑦ 0.7 × 0.5　⑧ 0.08 × 0.9

⑨ 4.25 × 0.4　⑩ 0.85 × 0.6

小数のかけ算（30）

いろいろな型 ⑥

名前

● 次の計算をしましょう。

① 70 × 0.8　② 3.1 × 5.4　③ 4.25 × 6.2　④ 6.08 × 7.2

⑤ 4.15 × 6.6　⑥ 0.94 × 0.05　⑦ 51.1 × 0.87　⑧ 0.82 × 2.5

⑨ 3.47 × 0.42　⑩ 0.04 × 0.39

10分

小数のかけ算（31）

いろいろな型 ⑦

名前　　　　月　　日

● 次の計算をしましょう。

① 41 × 0.6

② 7.8 × 2.5

③ 39.6 × 8.2

④ 5.06 × 9.5

⑤ 0.9 × 0.2

⑥ 1.64 × 0.5

⑦ 0.98 × 0.65

⑧ 0.02 × 0.34

小数のかけ算（32）

積の大きさ

名前　　　　月　　日

1 たつきさんたちは，1m180円のリボンをそれぞれ次の長さだけ買いました。代金が180円より多くなるのはだれとだれですか。

たつき	あおい	りくと	あかね	ももか
0.6m	0.9m	1m	1.6m	2.1m

（　　　）さん，（　　　）さん

2 次の①〜⑤のかけ算の式を，あ，い，うに分けましょう。

① 35 × 0.8　② 35 × 1　③ 35 × 1.5　④ 35 × 1.75　⑤ 35 × 0.5

あ 積 > 35　い 積 = 35　う 積 < 35

あ（　　　）　い（　　　）　う（　　　）

3 積が8より小さくなるのはどれですか。

ア 8×0.1　イ 8×1.1　ウ 8×2.05　エ 8×0.9

（　　　）

（141%に拡大してご使用ください。）

小数のかけ算 (33)
計算のきまり ①

名前

● ㋐と㋑の計算のきまりを使って，くふうして計算しましょう。

ふりかえろう

㋐ 3つの数をたすとき，たす順を変えても，
和は変わりません。
(○ + △) + □ = ○ + (△ + □)

① $3.7 + 4.8 + 2.3$

② $8.2 + 5.6 + 4.4$

③ $1.9 + 7.5 + 6.1$

④ $5.38 + 8.76 + 4.62$

㋑ 3つの数をかけるとき，かける順を変えても，
積は変わりません。
(○ × △) × □ = ○ × (△ × □)

① $9.8 \times 4 \times 2.5$

② $40 \times 6.97 \times 0.25$

③ $0.5 \times 8.3 \times 0.02$

④ $3.79 \times 12.5 \times 0.8$

小数のかけ算 (34)
計算のきまり ②

名前

● ㋐と㋑の計算のきまりを使って，くふうして計算しましょう。

㋐ (○ + △) × □ = ○ × □ + △ × □

㋑ (○ − △) × □ = ○ × □ − △ × □

① $7.3 \times 9.8 + 2.7 \times 9.8$

② $5.6 \times 8.72 + 5.6 \times 1.28$

③ $96 \times 0.7 - 86 \times 0.7$

④ $4.92 \times 20.3 - 4.92 \times 10.3$

5分

(141%に拡大してご使用ください。)

月　日

小数のかけ算（35）

文章題 ①

名前

1 1m380円のリボンを4.3m買いました。
代金はいくらになりますか。

式

答え

2 1Lが0.92kgの油があります。
この油3.5Lでは何kgになりますか。

式

答え

3 横が7.8m，たてが6.9mの形をした畑があります。
この畑の面積は何m^2になりますか。

式

答え

4 1m^2のかべにペンキをぬるのにペンキが0.23Lいるそうです。
0.65m^2のかべをぬるには，ペンキは何Lあればよいですか。

式

答え

5 1dLで0.12kgのジュースがあります。
このジュース25.6dLの重さは何kgですか。

式

答え

月　日

小数のかけ算（36）

文章題 ②

名前

1 1mの重さが0.9kgの木のぼうがあります。
この木のぼう2.3mの重さは何kgですか。

式

答え

2 1Lのガソリンで19.2km走るトラックがあります。
5.8Lのガソリンでは何km走ることができますか。

式

答え

3 0.5mの重さが1kgの鉄のぼうがあります。
鉄のぼう0.78kgでは長さは何mになりますか。

式

答え

4 花だんに水をまきます。1m^2につき1.7Lの水をまくとして，6.4m^2の花だんには水は何Lいりますか。

式

答え

5 5.08にある数をかけるのを，まちがえてその数をたしてしまったので，答えが7.98になりました。
このかけ算の正しい答えはいくつですか。

式

答え

ふりかえり
小数のかけ算 ①

名前

1 筆算で計算しましょう。

① 46 × 1.9　② 80 × 3.7　③ 6.2 × 5.8　④ 1.05 × 8.2

⑤ 0.7 × 4.3　⑥ 0.25 × 3.9　⑦ 2.4 × 0.8　⑧ 0.05 × 40

⑨ 0.07 × 0.38　⑩ 0.65 × 0.26

2 積が 0.3 より小さくなるのはどれですか。記号で答えましょう。

㋐ 0.3 × 0.3　㋑ 0.3 × 1.3　㋒ 0.3 × 1.01　㋓ 0.3 × 0.1

3 計算のきまりを使って，くふうして計算しましょう。

① 4.2 + 5.9 + 3.8　② 9.25 + 3.38 + 6.62

③ 6.7 × 2.5 × 4　④ 0.2 × 9.8 × 0.5

⑤ 6.2 × 8.7 + 3.8 × 8.7　⑥ 3.49 × 15.8 − 3.49 × 5.8

4 1mの重さが 4.25kg のパイプがあります。
このパイプ 2.6m の重さは何 kg になりますか。

式

答え

5 1dL で 0.14kg のジャムがあります。
このジャム 9.7dL の重さは何 kg ですか。

式

答え

6 1 L が 0.68kg のさとうがあります。
このさとう 0.5 L の重さは何 kg ですか。

式

答え

10分 ふりかえり

月　　日

ふりかえり
小数のかけ算 ②

名前

1 筆算で計算しましょう。

① 280 × 3.9　② 3.06 × 2.5　③ 0.7 × 8.6　④ 0.35 × 4.4

⑤ 7.8 × 0.5　⑥ 54.3 × 0.9　⑦ 0.08 × 0.65　⑧ 0.21 × 0.96

⑨ 0.79 × 0.23　⑩ 3.17 × 0.6

2 積が5より小さくなるのはどれですか。記号で答えましょう。

㋐ 5 × 1.02　㋑ 5 × 0.6　㋒ 5 × 0.99　㋓ 5 × 2.1

3 計算のきまりを使って，くふうして計算しましょう。

① 7.2 + 6.4 + 8.6　② 5.29 + 8.17 + 1.83

③ 9.7 × 12.5 × 0.8　④ 0.25 × 6.3 × 0.4

4 畑 $1m^2$ あたり 6.7kg のいもがほれます。
この畑 $4.8m^2$ では何 kg のいもがほれるといえますか。

式

答え

5 1km 走るのに 0.75dL のガソリンを使う車があります。
4.4km 走るのには何 dL のガソリンがいりますか。

式

答え

6 1dL の重さが 0.25kg のジュースがあります。
このジュース 0.8dL の重さは何 kg になるでしょうか。

式

答え

(141%に拡大してご使用ください。)

月　日

小数のかけ算（テスト）

名前

【知識・技能】

1 次の計算をしましょう。(5×8)

(1) 96 × 7.3

(2) 60 × 5.3

(3) 7.5 × 2.6

(4) 1.58 × 7.8

(5) 0.7 × 1.4

(6) 2.8 × 0.3

(7) 2.4 × 0.4

(8) 0.73 × 0.58

2 くふうして計算しましょう。(5×2)

(1) 2.5 × 3.7 × 4

(2) 4.8 × 6.9 + 5.2 × 6.9

【思考・判断・表現】

3 1mが140円のリボンを4.8m買います。代金はいくらになりますか。(5×2)

式

答え

4 1mの重さが14.7gのはり金があります。このはり金2.5mの重さは何gですか。(5×2)

式

答え

5 たて3.8m，横9.2mの長方形の花だんがあります。この畑の面積は何m²ですか。(5×2)

式

答え

6 畑に1m²あたり1.58Lのひ料をまきます。50m²の畑には何Lのひ料がいりますか。(5×2)

式

答え

7 1mの重さが4.2kgの鉄のぼうがあります。この鉄のぼう0.7mの重さは何kgですか。(5×2)

式

答え

（141%に拡大してご使用ください。）

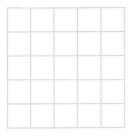

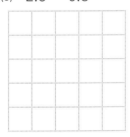

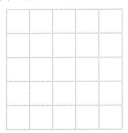

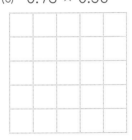

月　　日

算数あそび

小数のかけ算 ①

名前

● 同じ答えの所を通って，ゴールまで行きましょう。
ゴールに同じ動物の名前を書きましょう。

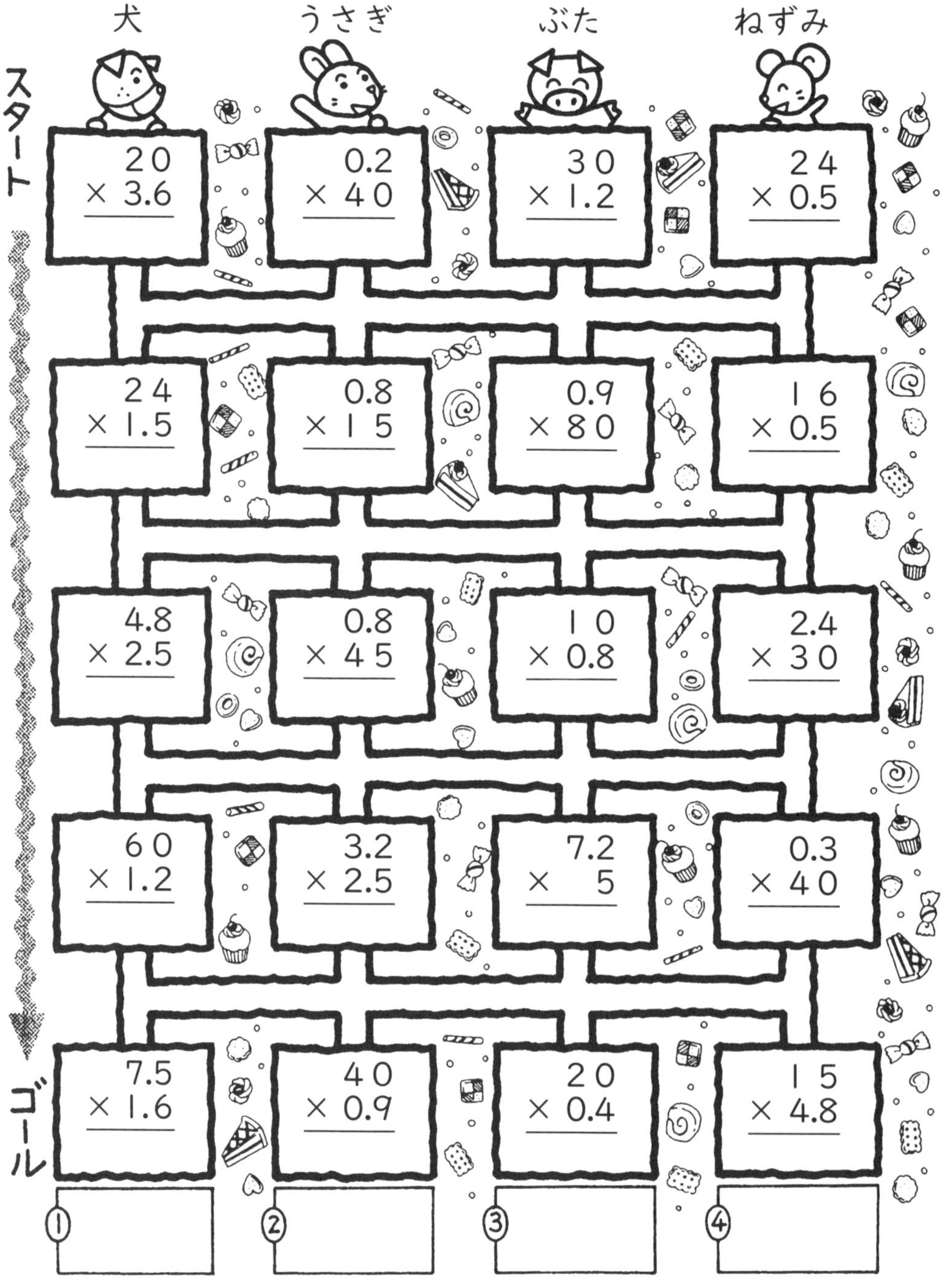

月　　日

算数あそび

小数のかけ算 ②

名前

● 計算をして，答えの大きい方を通ってゴールまで行きましょう。

月　　日

算数あそび

小数のかけ算 ③

名前

● 計算をして，答えの大きい方を通ってゴールまで行きましょう。

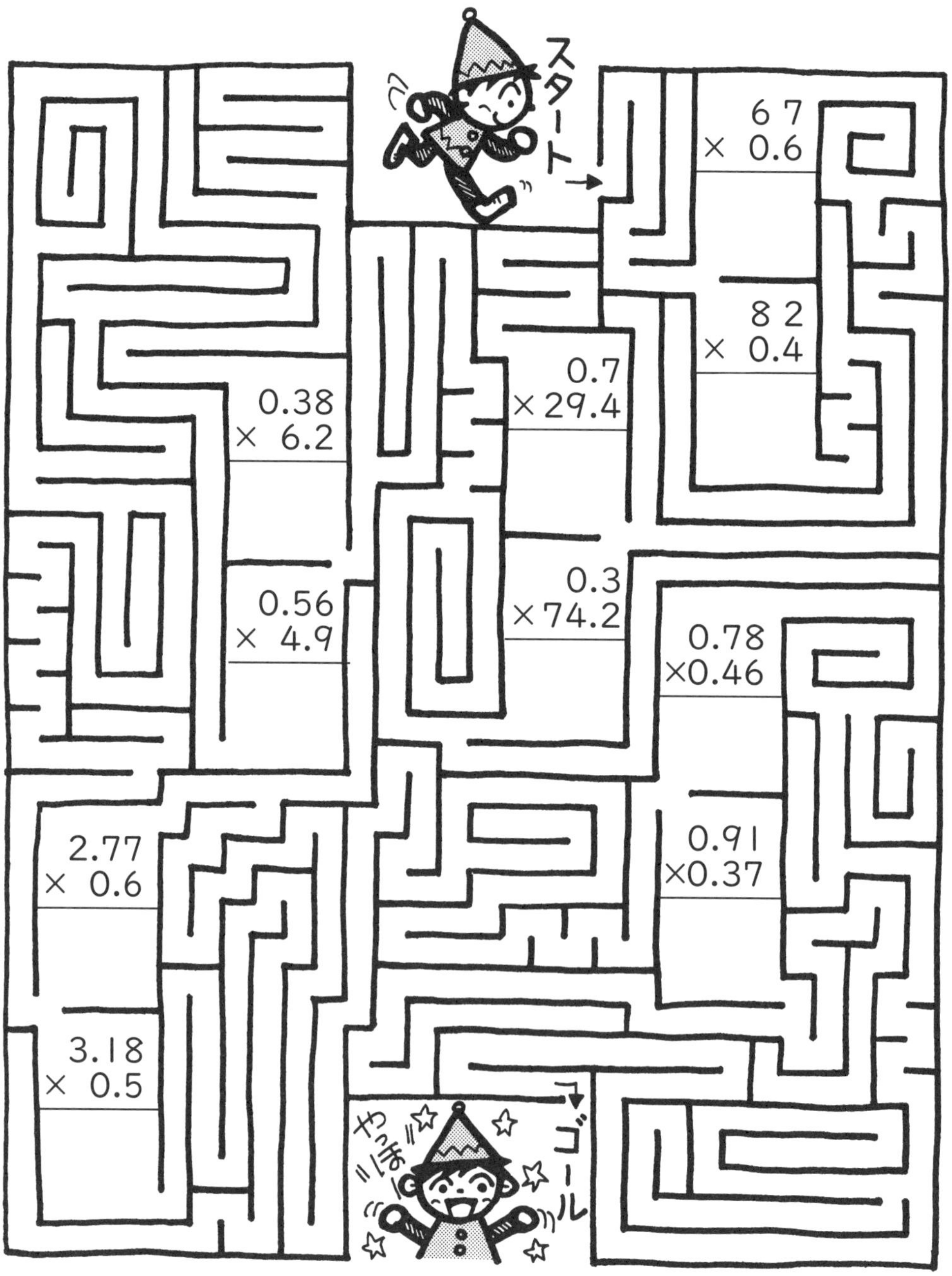

小数のわり算（1）

整数÷小数 ①

名前

● 5 ÷ 2.5 の筆算のしかた

5 ÷ 2.5 = 2

↓10 倍　↓10 倍

50 ÷ 25 = 2

上と下の計算を比《くら》べてみると、わられる数とわる数をそれぞれ 10 倍しても商は同じだね。

2.5)5 → 2.5)50 商 2、50、0

❶ わる数の小数点を右にうつして整数になおす。2.5 × 10=25

❷ わられる数の小数点も❶でうつした分だけ右にうつす。5 × 10=50

● 次の計算をしましょう。

① 0.9)81

② 1.2)36

③ 0.7)49

④ 0.5)6

小数のわり算（2）

整数÷小数 ②

名前

● 次の計算をしましょう。

① 48 ÷ 2.4

② 3 ÷ 0.5

③ 2 ÷ 0.8

④ 42 ÷ 0.6

3分

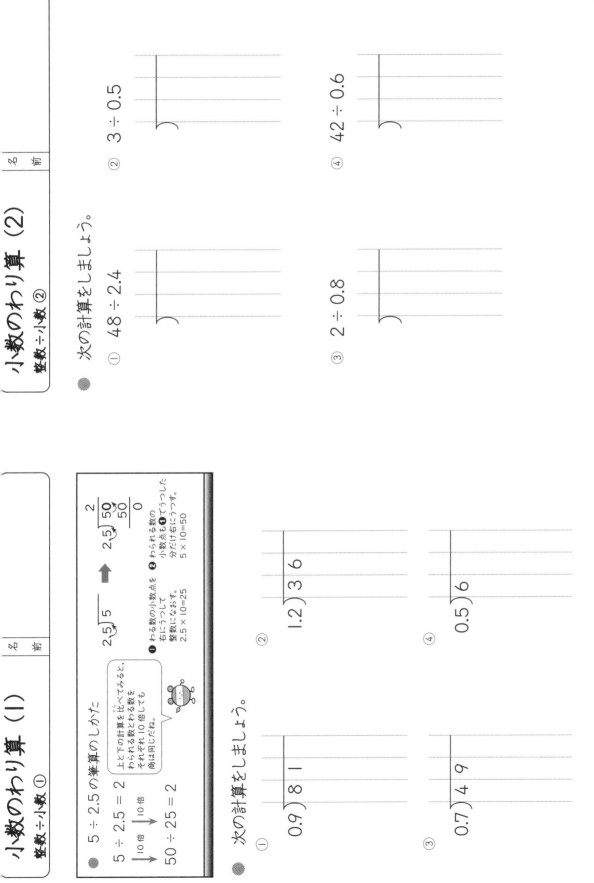

月　日

小数のわり算（3）

整数÷小数 ③

名前

● 次の計算をしましょう。

① $4 \div 0.8$　② $6 \div 1.5$　③ $35 \div 0.7$

④ $72 \div 0.9$　⑤ $75 \div 1.5$　⑥ $48 \div 1.6$

月　日

小数のわり算（4）

整数÷小数 ④

名前

● 次の計算をしましょう。

① $64 \div 0.08$　② $50 \div 0.25$　③ $9 \div 0.45$

④ $63 \div 0.09$　⑤ $32 \div 0.16$　⑥ $11 \div 0.02$

（141%に拡大してご使用ください。）

小数のわり算（5）

小数÷小数 ①

名前

● 7.35 ÷ 2.1 の筆算のしかた

2.1)7.35 → 2.1)7.35 → 2.1)7.35（商 3.） → 2.1)7.35（商 3.5）

3.5
2.1)7.35
63
105
105
0

❶ わる数が整数になるように小数点を右にうつす。

❷ わられる数の小数点も❶でうつした分だけ右にうつす。

❸ 商の小数点は、わられる数のうつした小数点にそろえてうつ。整数と同じように計算する。

● 次の計算をしましょう。

① 2.7)9.18

② 3.6)8.64

③ 1.9)5.13

④ 2.9)3.77

小数のわり算（6）

小数÷小数 ②

名前

● 次の計算をしましょう。

① 8.05 ÷ 2.3

② 6.24 ÷ 3.9

③ 9.12 ÷ 5.7

④ 3.85 ÷ 1.1

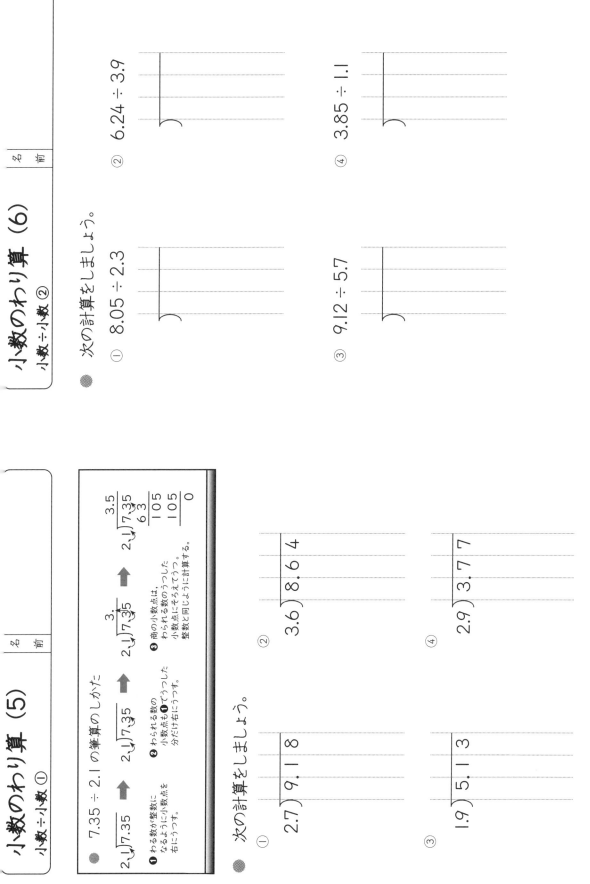

月　日

小数のわり算（7）

小数÷小数 ③

名前

● 次の計算をしましょう。

① 8.4 ÷ 3.5　② 8.1 ÷ 1.5　③ 7.2 ÷ 1.5

④ 6.5 ÷ 1.3　⑤ 9.8 ÷ 4.9　⑥ 3.6 ÷ 2.4

月　日

小数のわり算（8）

小数÷小数 ④

名前

● 次の計算をしましょう。

① 42.5 ÷ 1.7　② 67.1 ÷ 1.1　③ 35.7 ÷ 4.2

④ 17.1 ÷ 1.9　⑤ 43.5 ÷ 8.7　⑥ 88.4 ÷ 2.6

（141%に拡大してご使用ください。）

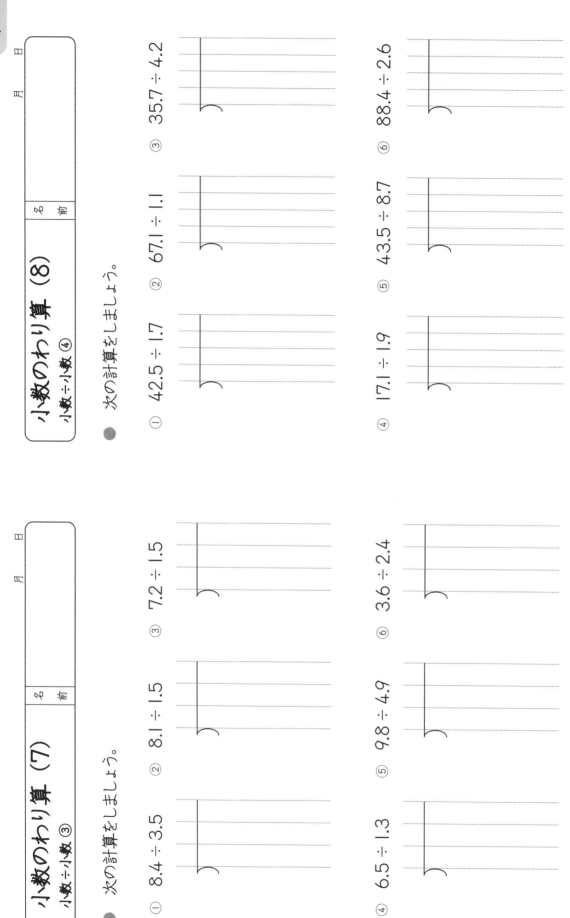

小数のわり算（9）

小数÷小数 ⑤

名前

● 5.52 ÷ 0.8 の筆算のしかた

$0.8\overline{)5.52}$ ➡ $0.8\overline{)5.52}$ ➡ $0.8\overline{)5.52}$（商 6.）➡ $0.8\overline{)5.52}$（商 6.9）

```
     6.9
0.8)5.52
    4 8
      72
      72
       0
```

❶ わる数が整数になるように，小数点を右へうつす。

❷ わられる数の小数点も❶でうつした分だけ右にうつす。

❸ 商の小数点は，わられる数のうつした小数点にそろえてうつ。整数と同じように計算する。

● 次の計算をしましょう。

① $0.6\overline{)5.04}$

② $0.2\overline{)4.28}$

③ $0.7\overline{)2.73}$

④ $0.4\overline{)3.32}$

小数のわり算（10）

小数÷小数 ⑥

名前

● 次の計算をしましょう。

① 2.85 ÷ 0.3

② 1.92 ÷ 0.2

③ 4.55 ÷ 0.7

④ 5.34 ÷ 0.6

3分

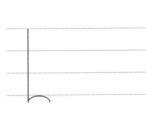

小数のわり算（11）

小数÷小数 ⑦

名前　　　　月　　日

● 次の計算をしましょう。

① 2.52 ÷ 0.5　② 8.82 ÷ 0.6　③ 4.68 ÷ 0.3

④ 3.06 ÷ 0.9　⑤ 12.6 ÷ 0.9　⑥ 6.08 ÷ 0.4

⑦ 3.36 ÷ 0.8　⑧ 2.66 ÷ 0.7

小数のわり算（12）

小数÷小数 ⑧

名前　　　　月　　日

● 次の計算をしましょう。

① 3.24 ÷ 0.6　② 1.33 ÷ 0.7　③ 1.77 ÷ 0.3

④ 2.08 ÷ 0.4　⑤ 6.75 ÷ 0.9　⑥ 3.36 ÷ 0.8

⑦ 4.32 ÷ 0.6　⑧ 1.12 ÷ 0.7

（141％に拡大してご使用ください。）

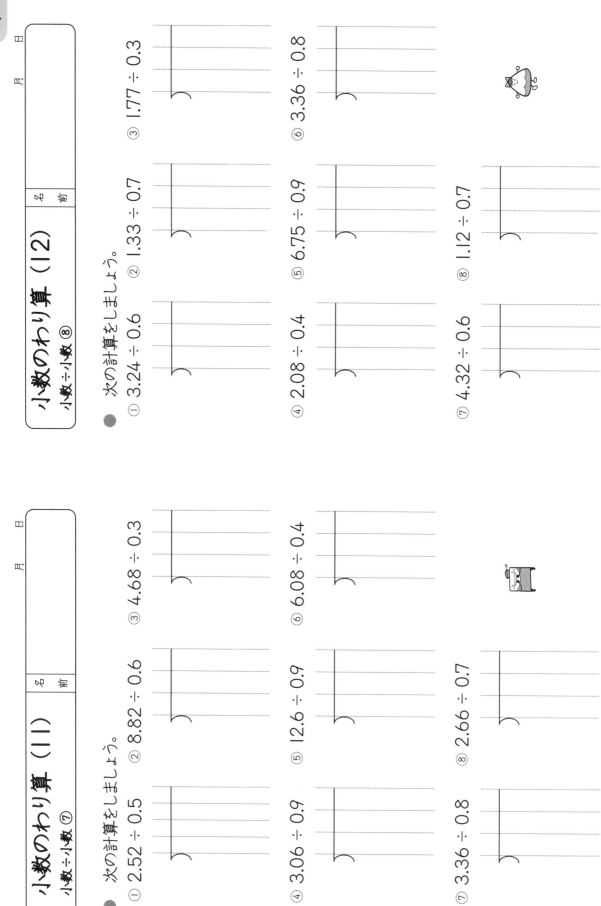

小数のわり算（13）

小数÷小数 ⑨

名前

● 0.76 ÷ 0.38 の筆算のしかた

0.38)0.76 → 0.38)0.76 → 0.38)0.76（商 2.／76／0）

❶ わる数が整数になるように，小数点を右へうつす。

❷ わられる数の小数点も❶でうつした分だけ右にうつす。

❸ 整数のときと同じように計算する。

わる数が
小数第二位のときは，小数点を右へ
２つ分動かすよ。

● 次の計算をしましょう。

① 0.09)0.54

② 0.26)0.78

③ 0.06)0.15

④ 0.32)0.96

小数のわり算（14）

小数÷小数 ⑩

名前

● 次の計算をしましょう。

① 0.72 ÷ 0.18

② 0.56 ÷ 0.05

③ 0.81 ÷ 0.09

④ 0.82 ÷ 0.41

3分

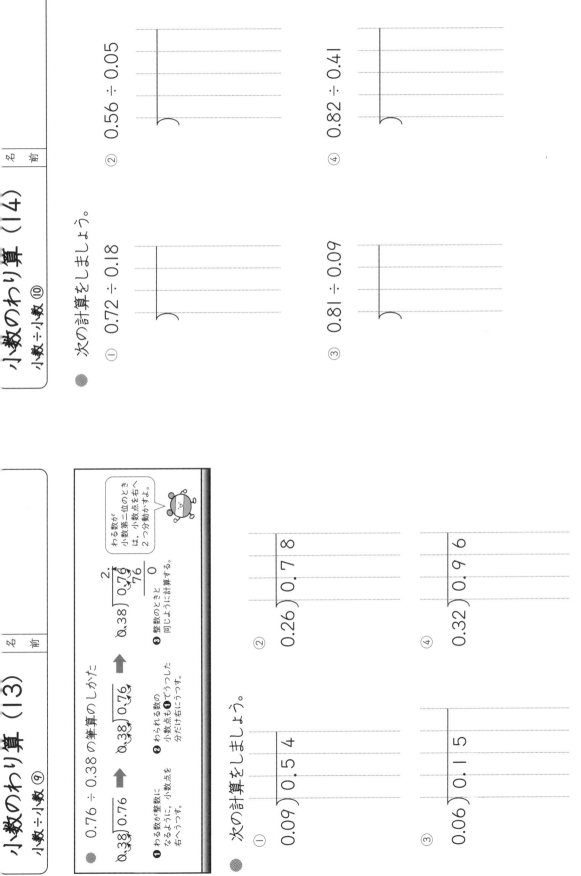

月　日

小数のわり算（15）

小数÷小数 ⑪

名前

● わりきれるまで計算をしましょう。

① 4.68 ÷ 4.5　② 0.54 ÷ 0.25　③ 0.66 ÷ 0.15

④ 1.5 ÷ 1.2　⑤ 0.9 ÷ 3.6　⑥ 7.56 ÷ 2.4

月　日

小数のわり算（16）

小数÷小数 ⑫

名前

● わりきれるまで計算をしましょう。

① 0.03 ÷ 0.08　② 0.73 ÷ 0.4　③ 0.84 ÷ 5.6

④ 0.98 ÷ 0.16　⑤ 0.12 ÷ 0.32　⑥ 0.68 ÷ 0.25

（141%に拡大してご使用ください。）

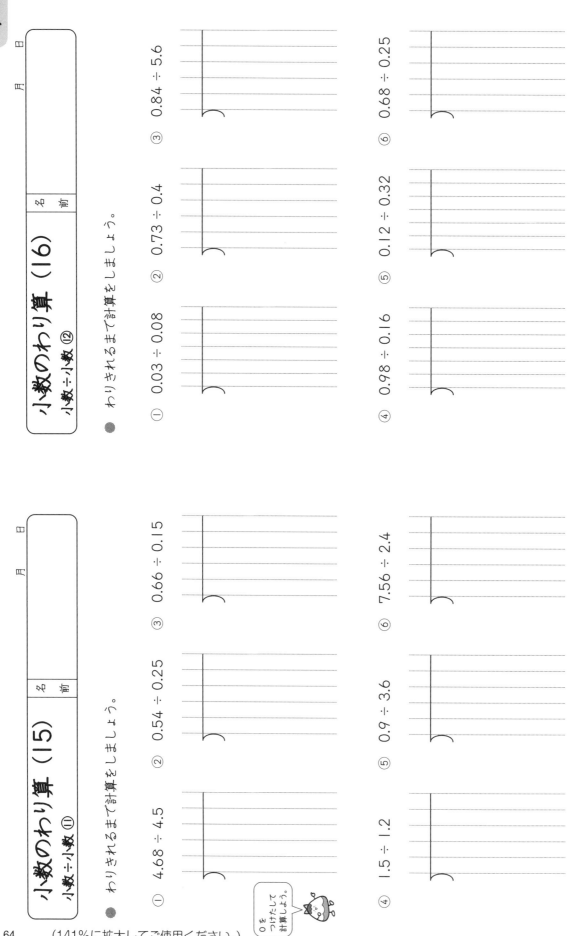

小数のわり算（17）

あまりの求め方 ①

名前

● 商を一の位まで求めて，あまりも出す計算のしかた

2.9 ÷ 0.9

0.9)2.9 ➡ 0.9)2.9 商 3，27，② ➡ 0.9)2.9 商 3，27，0.2

あまりは 0.1 が
2 個あることを
表しているよ。
だから「2」ではなく，
「0.2」で表すよ。

あまりの数の小数点はわられる数の
もとの小数点にそろえてうつ。

● 商を一の位まで求めて，あまりも出しましょう。

① 1.2)6.7

② 3.9)5.4

③ 0.9)8.5

④ 4.3)9.1

小数のわり算（18）

あまりの求め方 ②

名前

● 商を一の位まで求めて，あまりも出しましょう。

① 9 ÷ 0.7

② 9.5 ÷ 1.5

③ 6.4 ÷ 2.1

④ 2.5 ÷ 1.9

（141%に拡大してご使用ください。）

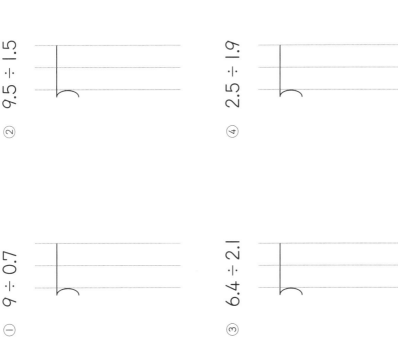

月　日

小数のわり算（19）

あまりの求め方③

名前

● 商を一の位まで求めて，あまりも出しましょう。

① 8 ÷ 0.7　② 20 ÷ 0.9　③ 17.9 ÷ 6.3

④ 37 ÷ 2.9　⑤ 3.5 ÷ 1.3　⑥ 77.6 ÷ 5.6

⑦ 5.3 ÷ 0.19　⑧ 25 ÷ 0.95

月　日

小数のわり算（20）

あまりの求め方④

名前

● 商を一の位まで求めて，あまりも出しましょう。

① 8.5 ÷ 4.6　② 2.98 ÷ 0.54　③ 3.65 ÷ 0.12

④ 0.08 ÷ 0.06　⑤ 3.1 ÷ 0.6　⑥ 6.7 ÷ 2.4

⑦ 7.3 ÷ 0.24　⑧ 2.25 ÷ 0.49

（141%に拡大してご使用ください。）

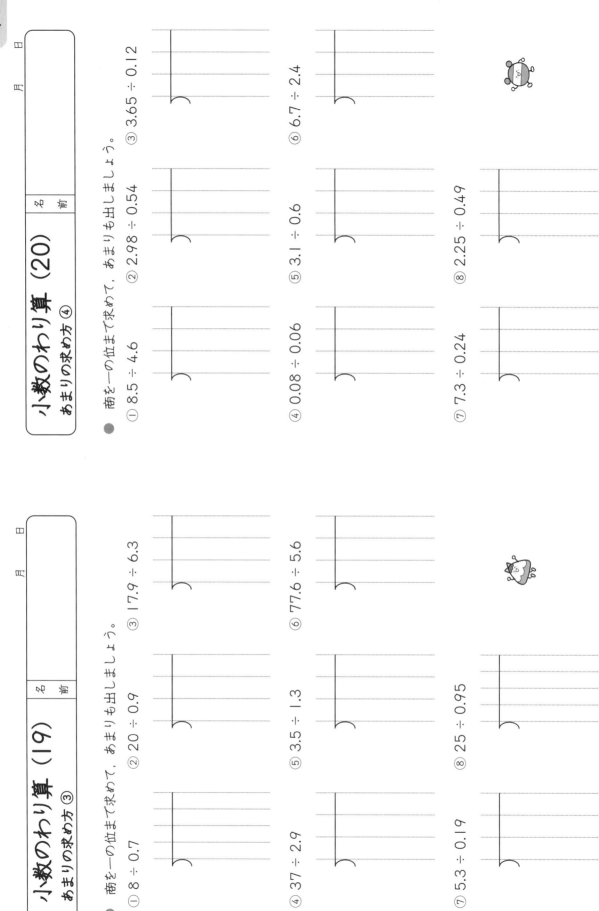

小数のわり算（21）

商をがい数で求める ①

名前

● 商を四捨五入《ししゃごにゅう》して，上から２けたのがい数での表し方

2.7 ÷ 1.9

```
               上から ①②③
                  1.42                   1.42
1.9)2.7  ➡  1.9)2.7          ➡  1.9)2.7
               1 9
                 80
                 76
                  40
                  38
                   2
```

❶ 上から３けためまで商をたてる。

❷ 上から２けたのがい数にするために，上から３けためを四捨五入する。

● 商を四捨五入して，上から２けたのがい数で表しましょう。

① 8.5 ÷ 2.3　② 24.5 ÷ 8.9　③ 3.1 ÷ 2.9

④ 6.54 ÷ 2.9　⑤ 0.76 ÷ 0.47　⑥ 0.85 ÷ 0.49

小数のわり算（22）

商をがい数で求める ②

名前

● 商を四捨五入《ししゃごにゅう》して，上から２けたのがい数で表しましょう。

① 4.3 ÷ 2.4　② 9 ÷ 3.5　③ 2.9 ÷ 0.54

④ 13.4 ÷ 6.2　⑤ 0.87 ÷ 0.54　⑥ 9.6 ÷ 4.1

⑦ 3.6 ÷ 1.3　⑧ 1.69 ÷ 0.81

5分

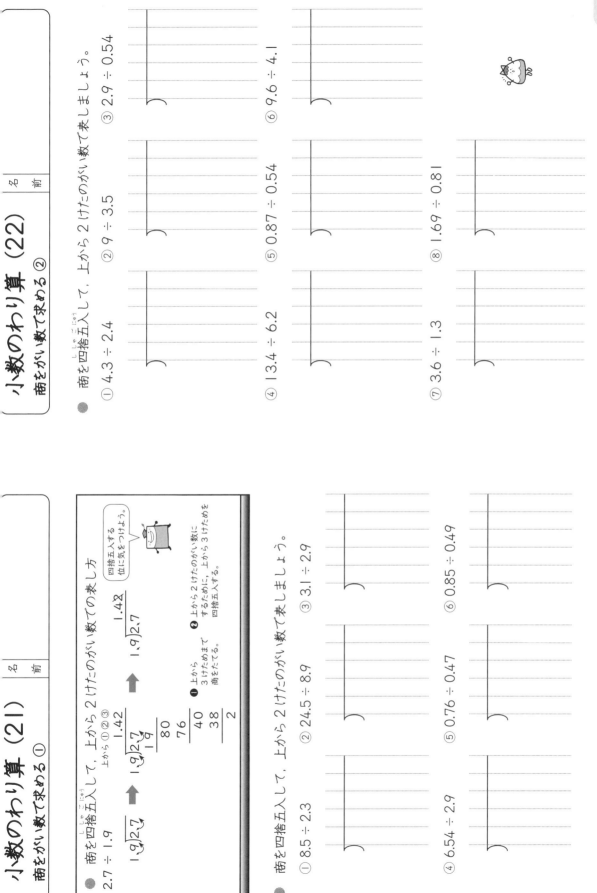

小数のわり算（23）

商をがい数で求める ③

月　日　名前

● 商を四《し》捨《しゃ》五《ご》入《にゅう》して，$\frac{1}{10}$の位までのがい数で表しましょう。

43 ÷ 8.3

```
8.3)43  ➡        5.1   ➡          5.18 (2)
            8.3)430        8.3)430
                415            415
                 150            150
                  83             83
                  67             670
                                 664
                                   6
```

● 商を四捨五入して，$\frac{1}{10}$の位までのがい数で表しましょう。

① 8 ÷ 5.9　② 6.53 ÷ 0.52　③ 34.8 ÷ 2.3

④ 10.5 ÷ 9.2　⑤ 7.82 ÷ 0.81　⑥ 0.94 ÷ 0.58

小数のわり算（24）

商をがい数で求める ④

月　日　名前

● 商を四《し》捨《しゃ》五《ご》入《にゅう》して，$\frac{1}{10}$の位までのがい数で表しましょう。

① 3.5 ÷ 1.3　② 8.27 ÷ 4.9　③ 4.68 ÷ 3.8

④ 2.99 ÷ 0.18　⑤ 2.17 ÷ 0.39　⑥ 9.3 ÷ 0.28

⑦ 7.56 ÷ 0.87　⑧ 0.72 ÷ 0.39

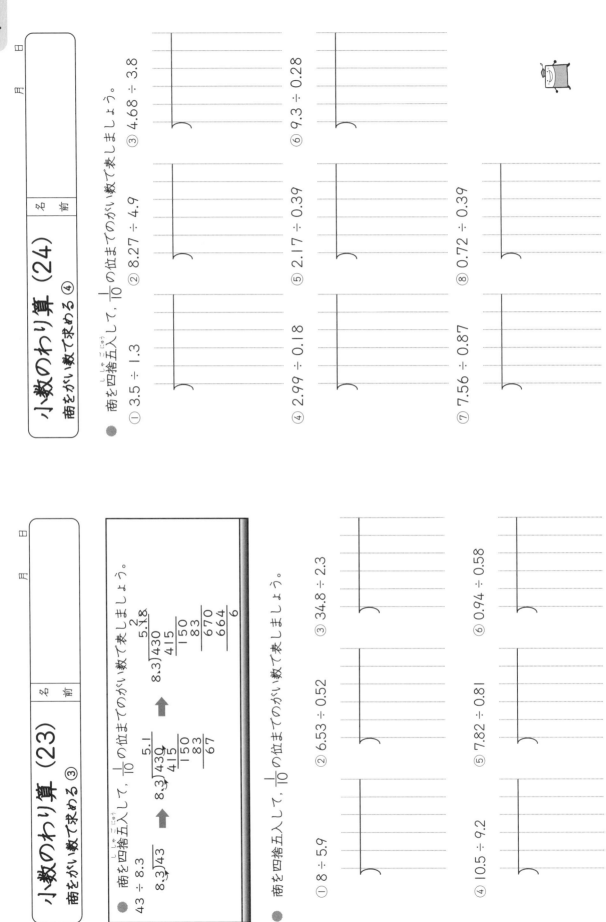

小数のわり算（25）
いろいろな型 ①

名前

● 次の計算をしましょう。

① 3.6 ÷ 0.9　② 0.72 ÷ 0.12　③ 5.52 ÷ 1.6　④ 0.73 ÷ 0.4

⑤ 8.26 ÷ 0.2　⑥ 3.91 ÷ 1.7　⑦ 0.45 ÷ 0.03　⑧ 8.4 ÷ 1.2

⑨ 8.4 ÷ 3.5　⑩ 7.56 ÷ 4.5

小数のわり算（26）
いろいろな型 ②

名前

● 次の計算をしましょう。

① 1.24 ÷ 0.31　② 2.17 ÷ 0.35　③ 1.5 ÷ 1.2　④ 3.6 ÷ 1.5

⑤ 0.49 ÷ 0.4　⑥ 8.5 ÷ 0.25　⑦ 0.81 ÷ 0.09　⑧ 4.2 ÷ 0.7

⑨ 7.5 ÷ 0.6　⑩ 0.6 ÷ 0.12

10分

（141%に拡大してご使用ください。）

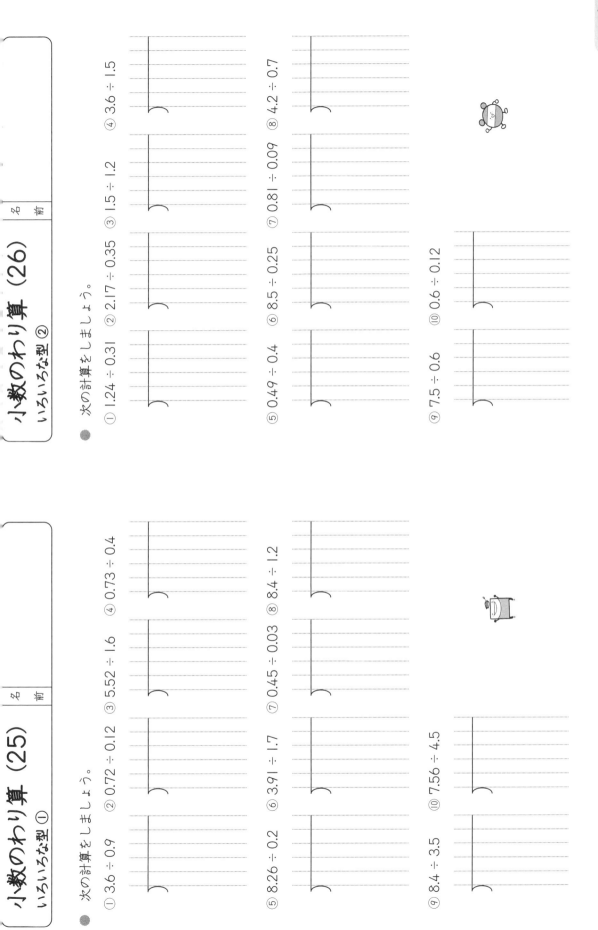

10分

小数のわり算（27）

いろいろな型 ③

月　日　名前

● 次の計算をしましょう。

① 5.6 ÷ 0.8　② 2.7 ÷ 0.54　③ 3.5 ÷ 0.14　④ 7.54 ÷ 5.8

⑤ 9 ÷ 0.15　⑥ 2.73 ÷ 0.3　⑦ 7 ÷ 0.14　⑧ 9.44 ÷ 1.6

⑨ 6.3 ÷ 1.5　⑩ 1.26 ÷ 2.1

小数のわり算（28）

いろいろな型 ④

月　日　名前

● 次の計算をしましょう。

① 0.18 ÷ 0.6　② 1.58 ÷ 0.2　③ 7 ÷ 0.5　④ 6.5 ÷ 1.3

⑤ 10.5 ÷ 0.25　⑥ 0.75 ÷ 0.6　⑦ 0.12 ÷ 0.4　⑧ 9.87 ÷ 2.1

⑨ 9.15 ÷ 0.5　⑩ 8.5 ÷ 3.4

（141%に拡大してご使用ください。）

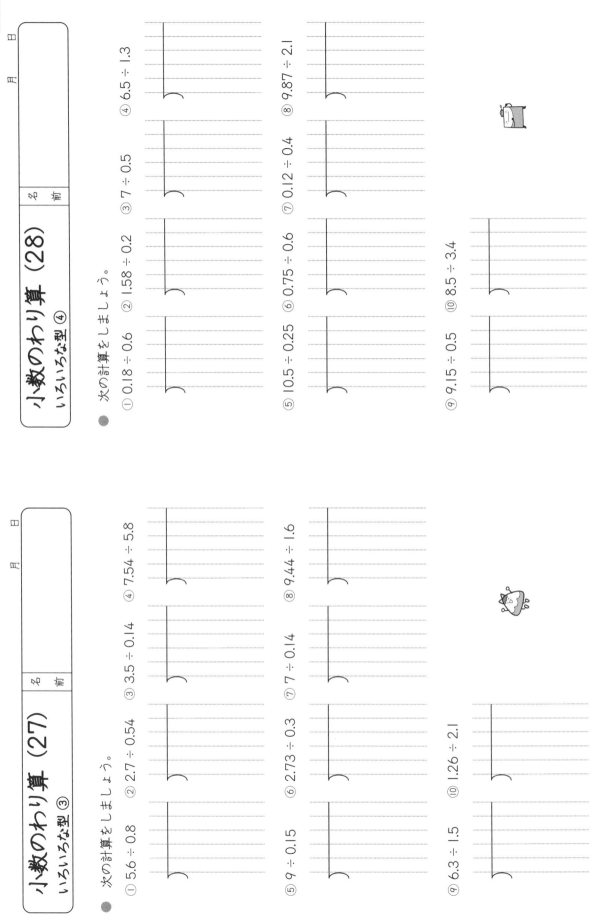

小数のわり算（29）

いろいろな型 ⑤

名前

● 次の計算をしましょう。

① 0.48 ÷ 0.16　② 9 ÷ 1.8　③ 5.76 ÷ 1.8　④ 3.71 ÷ 5.3

⑤ 5.6 ÷ 0.35　⑥ 0.73 ÷ 0.4　⑦ 0.78 ÷ 0.39　⑧ 8.16 ÷ 2.4

⑨ 3.24 ÷ 0.81　⑩ 0.02 ÷ 0.05

小数のわり算（30）

いろいろな型 ⑥

名前

● 次の計算をしましょう。

① 16.92 ÷ 4.7　② 0.75 ÷ 0.06　③ 48.06 ÷ 5.4　④ 65.28 ÷ 9.6

⑤ 9.26 ÷ 4.63　⑥ 23.32 ÷ 5.3　⑦ 12.92 ÷ 1.9　⑧ 15.36 ÷ 4.8

⑨ 67.86 ÷ 7.8　⑩ 13.34 ÷ 2.9

10分

（141％に拡大してご使用ください。）

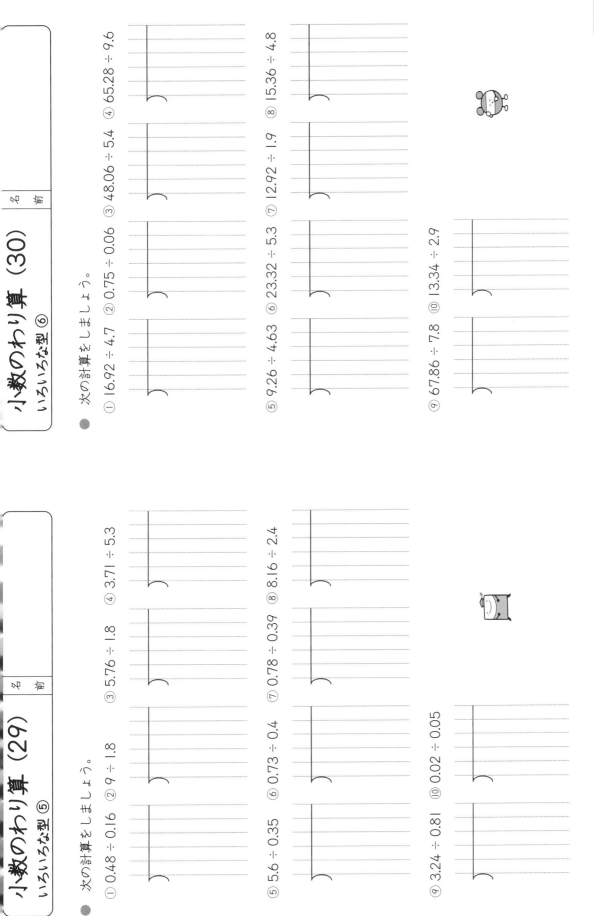

小数のわり算（31）

小数倍

名前　　　　月　　日

1　Aのリボンの長さは15.5cmで，Bのリボンの長さは6.2cmです。

(1)　Aの長さは，Bの長さの何倍ですか。

式

答え ＿＿＿＿＿＿

(2)　Bの長さは，Aの長さの何倍ですか。

式

答え ＿＿＿＿＿＿

2　C小学校の児童数は840人です。
これはD小学校の2.1倍の人数です。
D小学校の児童数は何人ですか。

式

答え ＿＿＿＿＿＿

3　□にあてはまる数を書きましょう。

(1)　5.6 Lは，□Lの0.7倍です。

(2)　40 m^2は，16 m^2の□倍です。

(3)　□gは，80gの0.35倍です。

小数のわり算（32）

商の大きさ

名前　　　　月　　日

1　5種類のリボンをそれぞれ500円ずつ買ったら，買えた長さは次のようになりました。1 mのねだんが500円より高いのはどれですか。

レース	水玉	ピンク	赤	白
0.4m	0.8m	1m	1.3m	2m

□　□

2　次の①～⑤のわり算の式を，あ，い，うに分けましょう。

① 18 ÷ 0.6　② 18 ÷ 1.5　③ 18 ÷ 0.5　④ 18 ÷ 1　⑤ 18 ÷ 10

あ 商＞18　い 商＝18　う 商＜18

あ □　い □　う □

3　商が9より大きくなるのはどれとどれですか。

ア 9÷1.5　イ 9÷0.02　ウ 9÷0.45　エ 9÷5

□

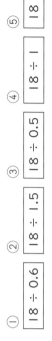

小数のわり算（33）
文章題①

名前

1 0.45 mで 180 円のリボンのねだんは，1 mでは何円ですか。

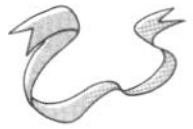

式

答え

2 肉を買いました。0.25kg で 460 円でした。
この肉を 1kg 買うと何円になりますか。

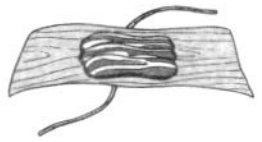

式

答え

3 7.5 mのゴムひもを 0.8 mずつ切りとってゴム輪を作ります。
ゴム輪は何個できて，何 m あまりますか。

式

答え

4 7.47 Lのしょう油を 0.83 Lずつびんに分けます。
何本のびんに入るでしょうか。

式

答え

5 食用油が 0.6 Lあります。重さをはかると 0.56kg ありました。
この食用油 1 Lの重さは何 kg ですか。
四《し》捨《しゃ》五《ご》入《にゅう》して，$\frac{1}{10}$の位までのがい数で表しましょう。

式

答え

小数のわり算（34）
文章題②

名前

1 面積が 37.8 m^2 の長方形の部屋があります。
横の長さは 5.4 mです。たての長さは何mですか。

式

答え

2 13.2kg のさとうを 0.7kg ずつふくろに入れました。
0.7kg 入りのふくろは何ふくろできますか。

式

答え

3 5.12 mのぼうがあります。重さは 0.8kg です。
重さ 1kg のぼうの長さは何mになりますか。

式

答え

4 すなが 2.4 Lあります。重さをはかると 6kg ありました。
このすな 1 Lの重さは何 kg でしょうか。

式

答え

5 4.52 Lの油を 0.56 Lずつびんに入れました。
びんは何本できて，何 L あまりますか。

式

答え

10分

ふりかえり 小数のわり算 ①

名前　　　　月　　日

※ 計算は，ノートにしましょう。

1 次の計算をしましょう。

① 9 ÷ 1.5　　② 0.72 ÷ 1.8

③ 1.26 ÷ 4.2　　④ 8.55 ÷ 0.9

⑤ 0.1 ÷ 0.08　　⑥ 0.56 ÷ 0.25

⑦ 0.07 ÷ 0.5　　⑧ 0.6 ÷ 0.05

2 商を一の位まで求め，あまりも出しましょう。

① 26 ÷ 2.8　　② 5.4 ÷ 3.3

③ 4.29 ÷ 0.67　　④ 0.39 ÷ 0.27

⑤ 0.7 ÷ 0.03　　⑥ 2.5 ÷ 0.15

ふりかえり 小数のわり算 ②

名前　　　　月　　日

※ 計算は，ノートにしましょう。

1 次の計算をしましょう。

① 2.07 ÷ 6.9　　② 0.817 ÷ 0.19

③ 2.94 ÷ 0.84　　④ 0.44 ÷ 0.32

⑤ 0.9 ÷ 0.25　　⑥ 0.56 ÷ 0.35

2 商を四捨五入《ししゃごにゅう》して，$\frac{1}{10}$の位までのがい数で表しましょう。

① 36 ÷ 1.7　　② 8.4 ÷ 3.6

③ 8.2 ÷ 6　　④ 13.5 ÷ 0.42

⑤ 9 ÷ 0.64　　⑥ 0.89 ÷ 0.57

⑦ 7.8 ÷ 0.38　　⑧ 2.8 ÷ 0.49

（141％に拡大してご使用ください。）

ふりかえり
小数のわり算③

名前

※ 計算は，ノートにしましょう。

1 次の計算をしましょう。

① 3.92 ÷ 5.6　② 4 ÷ 0.16

③ 0.3 ÷ 0.32　④ 1 ÷ 0.32

⑤ 0.07 ÷ 0.2　⑥ 0.9 ÷ 0.05

2 商を一の位まで求め，あまりも出しましょう。

① 7.56 ÷ 0.86　② 34 ÷ 2.9

③ 5.72 ÷ 1.9　④ 3.43 ÷ 1.5

⑤ 4.76 ÷ 0.18　⑥ 0.89 ÷ 0.21

3 商を四捨五入《ししゃごにゅう》して，$\frac{1}{10}$の位までのがい数で表しましょう。

① 6.39 ÷ 1.9　② 0.56 ÷ 0.41

ふりかえり
小数のわり算④

名前

※ 計算は，ノートにしましょう。

1 商が 6.9 より大きくなるのはどれとどれですか。記号で答えましょう。

㋐ 6.9 ÷ 0.1　㋑ 6.9 ÷ 1.1　㋒ 6.9 ÷ 0.01　㋓ 6.9 ÷ 6.9

2 さきさんの体重は 38kg です。
さきさんの体重は，お姉さんの体重の 0.8 倍だそうです。
お姉さんの体重は何 kg ですか。

式

答え

3 3.3kg のチーズがあります。0.18kg ずつに切り分けると，
チーズは何個《こ》に分けられて，何 kg あまりますか。

式

答え

4 0.5 L のペンキで，4.5 m^2 のかべがぬれます。
このペンキ 1 L で何m^2 のかべがぬれますか。

式

答え

5 1.5 m の重さが 0.9kg のロープがあります。
このロープ 1 m の重さは何 kg ですか。

式

答え

月　日

小数のわり算(テスト)

名前

【知識・技能】

1 次の計算をしましょう。(5×6)

(1) 36 ÷ 1.2　(2) 54 ÷ 0.09

(3) 3.92 ÷ 1.4　(4) 4.38 ÷ 0.6

(5) 0.27 ÷ 0.4　(6) 4.5 ÷ 1.2

2 商を一の位まで求めて，あまりも出しましょう。(5×2)

(1) 2.5 ÷ 0.6　(2) 43.9 ÷ 2.9

あまり　あまり

3 商を四捨五入《ししゃごにゅう》して，$\frac{1}{10}$の位までのがい数で表しましょう。(5×2)

(1) 8.85 ÷ 2.7　(2) 6 ÷ 2.8

【思考・判断・表現】

4 0.85mが340円のリボンがあります。このリボンの1mは何円ですか。(5×2)

式

答え

5 7.7Lのソースを0.3Lずつペットボトルに入れます。0.3L入りのペットボトルは何本できますか。(5×2)

式

答え

6 面積が22.1m^2の部屋があります。たての長さは3.6mです。横の長さは約何mですか。上から2けたのがい数で表しましょう。(5×

式

答え

7 モミジの木の高さは5.2mです。スギの木の高さは13mです。(5×4)

(1) スギの木の高さは，モミジの木の高さの何倍ですか。

式

答え

(2) モミジの木の高さは，スギの木の高さの何倍ですか。

式

答え

　(141%に拡大してご使用ください。)

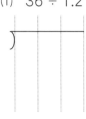

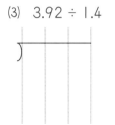

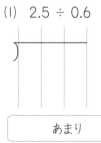

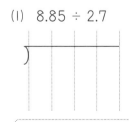

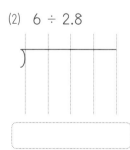

月　　日

算数あそび
小数のわり算 ①

名前

● 答えの大きい方を通ってゴールまで行きましょう。

わりきれないときは小数第二位を四捨五入《ししゃごにゅう》して，小数第一位まで求めましょう。

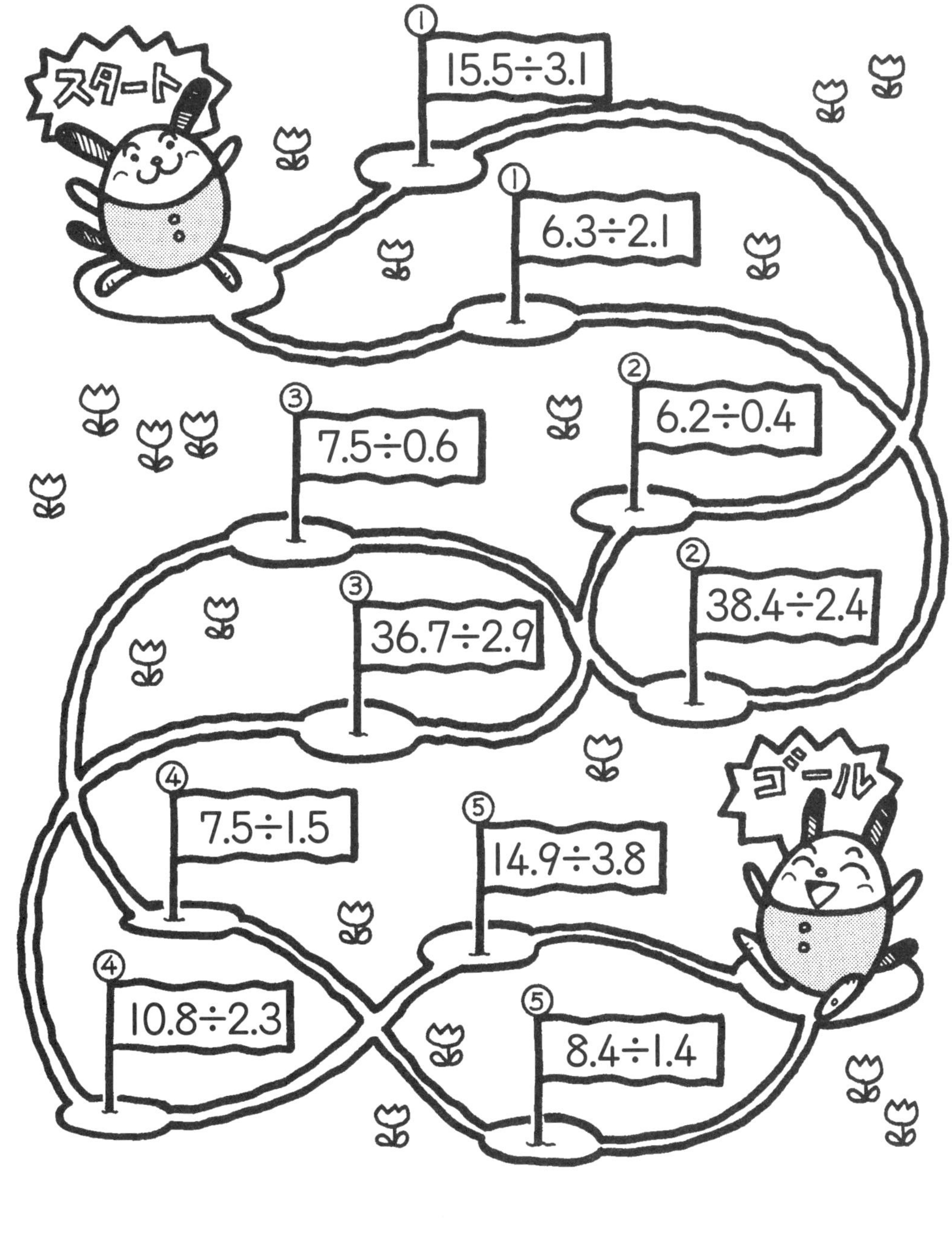

月　　日

算数あそび

小数のわり算 ②

名前

● 答えの大きい方を通ってゴールまで行きましょう。

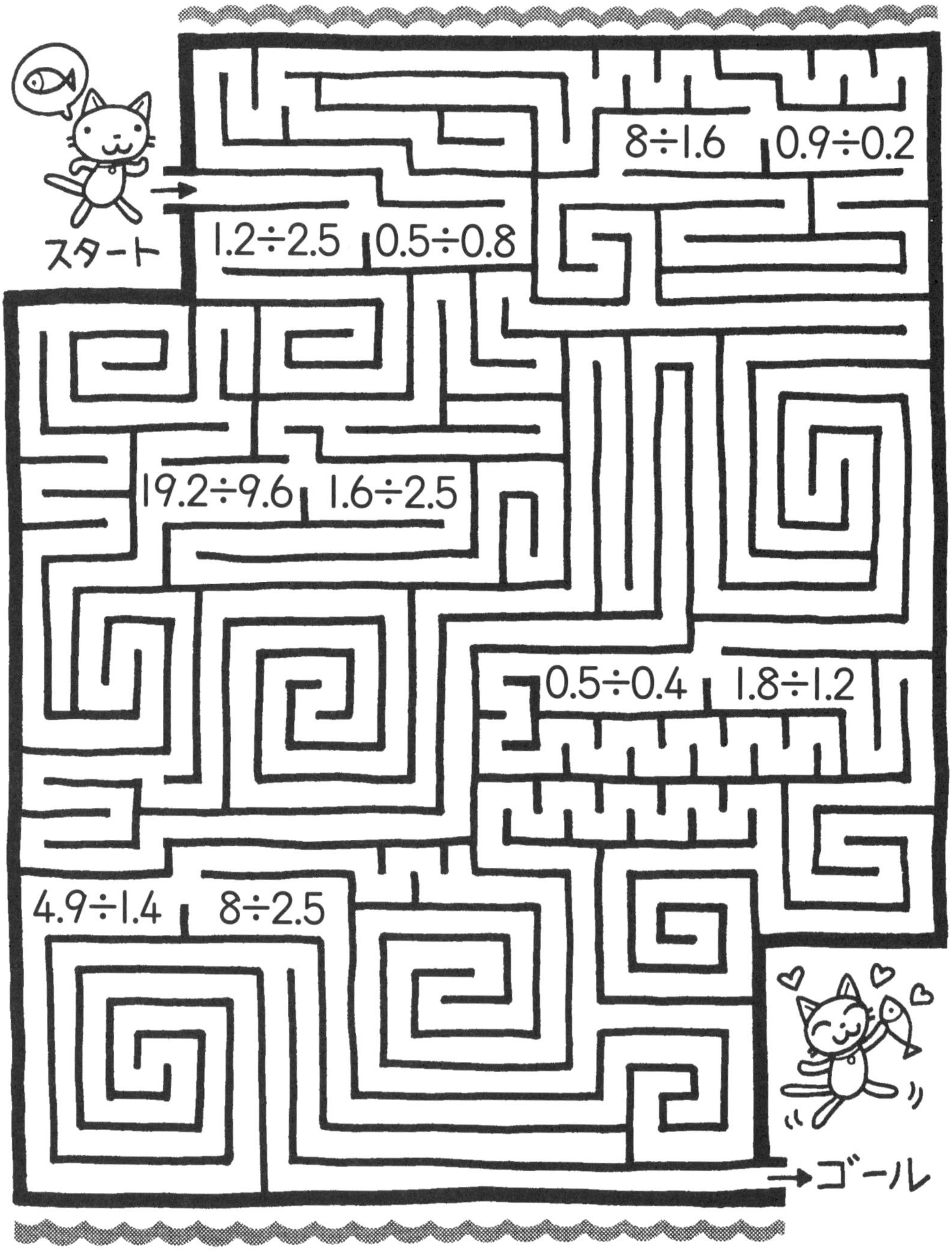

月　日

算数あそび

小数のわり算 ③

名前

● 答えの大きい方を通ってゴールまで行きましょう。

わりきれないときは小数第二位を四捨五入《ししゃごにゅう》して，小数第一位まで求めましょう。

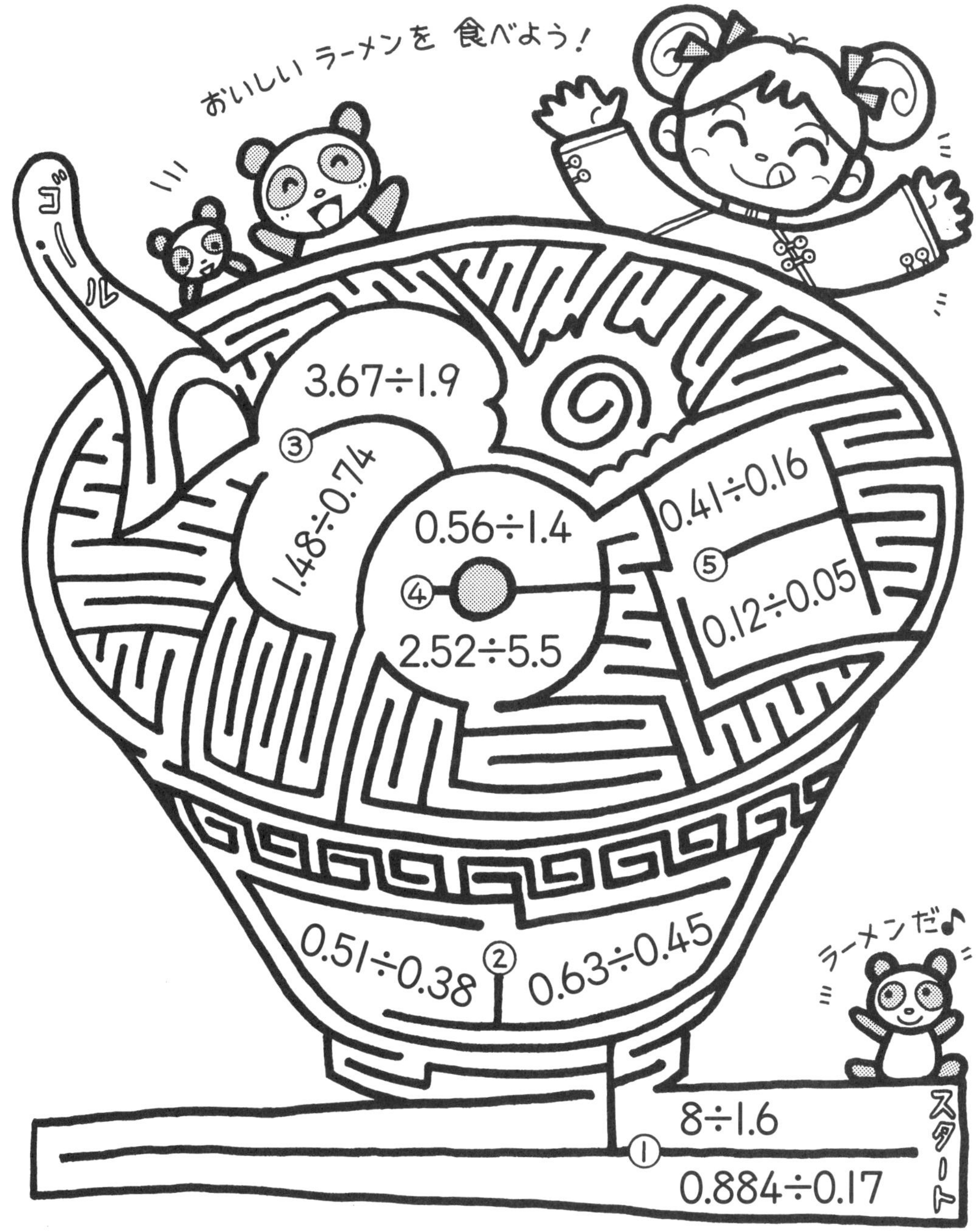

月　　日

算数あそび

小数のわり算 ④

名前

● あみだくじをして，下の □ に答えをかきましょう。
わりきれないときは小数第二位を四《し》捨《しゃ》五《ご》入《にゅう》して，小数第一位まで求めましょう。

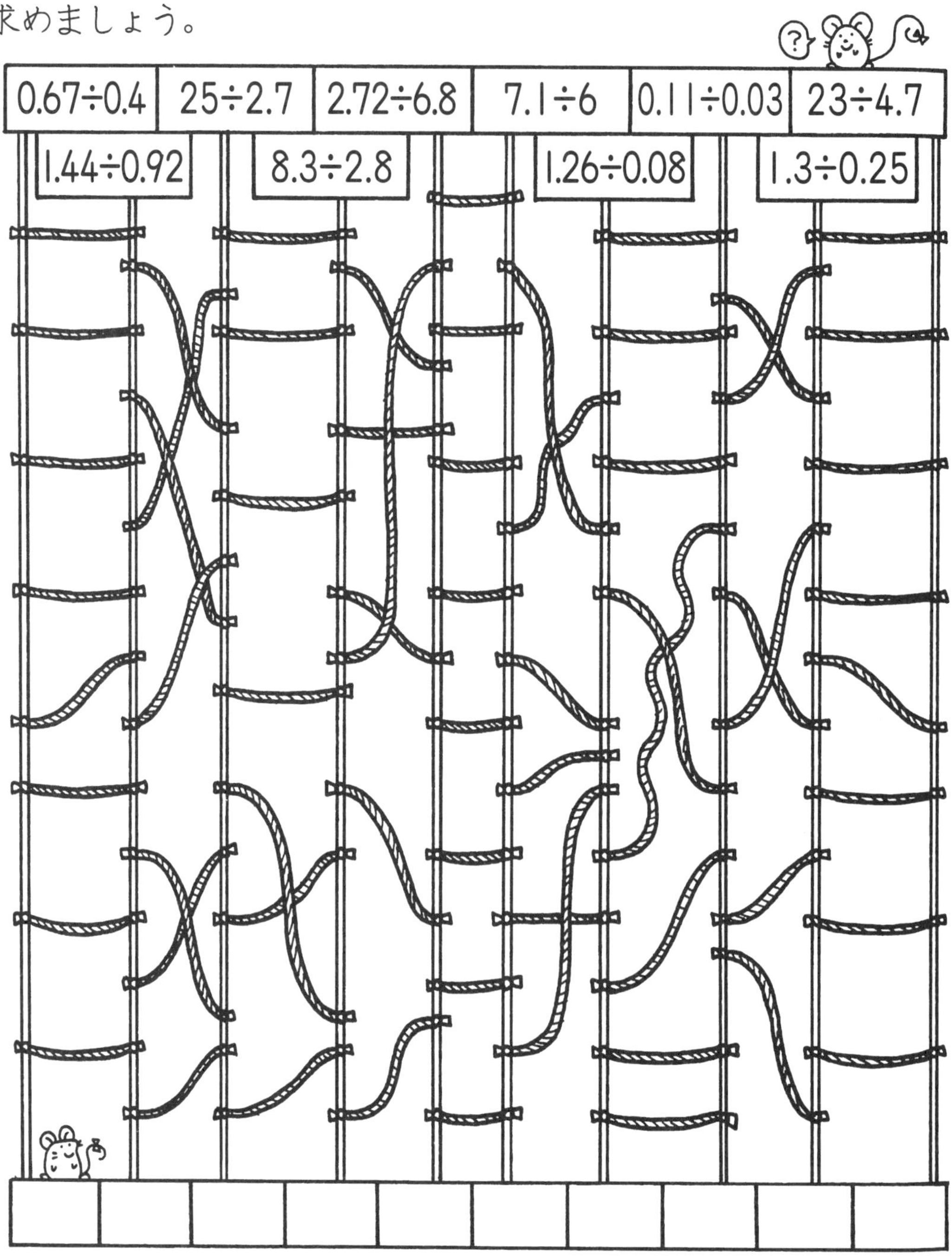

小数のかけ算・わり算（1）

名前

文章題 ①

1 校舎《こうしゃ》の高さは 18 mです。向かいのビルの高さは，校舎の 1.5 倍です。向かいのビルの高さは，何mですか。

式

答え ____________

2 こうじさんのテープは 1.5 mです。ようへいさんのテープは 5.1 mです。ようへいさんのテープの長さは，こうじさんのテープの長さの何倍ですか。

式

答え ____________

3 ロープを 2.8 m買うと，代金は 560 円でした。
このロープ 1 mのねだんは何円ですか。

式

答え ____________

4 1 mの重さが 0.7kg のプラスチックのぼうがあります。
このプラスチックのぼう 3.6 mの重さは何 kg ですか。

式

答え ____________

5 4.8L のジュースがあります。0.45L ずつびんに入れます。
0.45L 入りのびんは何本できて，ジュースは何 L あまりますか。

式

答え ____________

小数のかけ算・わり算（2）

名前

文章題 ②

1 横が 3.5 m，面積が 8.4 m^2 の花だんがあります。
この花だんのたての長さは何mですか。

式

答え ____________

2 1 m^2 の板にペンキをぬるのに，ペンキが 0.4 L いるそうです。
0.65 m^2 の板をぬるには，ペンキは何 L あればよいですか。

式

答え ____________

3 3.8 mの重さが 9.6kg の鉄のぼうがあります。この鉄のぼう 1 mの重さは何 kg ですか。四捨五入《ししゃごにゅう》して，上から 2 けたのがい数で表しましょう。

式

答え ____________

4 A 小学校の児童数は 750 人です。これは B 小学校の 1.5 倍の人数です。
B 小学校の児童数は何人ですか。

式

答え ____________

5 2 mの重さが 80g のはり金があります。
このはり金 5.2 mの重さは何 g ですか。

式

答え ____________

10分

月　　日

小数のかけ算・わり算 (3)

名前

文章題 ③

1　布《ぬの》を 1.6m 買うと，代金は 640 円でした。
この布 1m のねだんは何円ですか。

式

答え

2　$1m^2$ のかべにペンキをぬるのに，ペンキが 1.4L いるそうです。
$2.5m^2$ のかべをぬるには，ペンキは何 L あればよいですか。

式

答え

3　たての長さが 1.8m，横の長さが 4.5m の長方形の花だんがあります。この花だんの面積は何 m^2 ですか。

式

答え

4　5.6m の重さが 183g のはり金があります。このはり金 1m の重さは何 g ですか。四捨五入《ししゃごにゅう》して，$\frac{1}{10}$の位までのがい数で表しましょう。

式

答え

5　1km 走るのに 0.25dL のガソリンを使うバイクがあります。
4.8km 走るには，何 dL のガソリンがいりますか。

式

答え

月　　日

小数のかけ算・わり算 (4)

名前

文章題 ④

1　はちみつが 12 びんあります。1 びんに 0.75kg ずつ入っています。
はちみつは全部で何 kg ですか。

式

答え

2　面積が $46.2m^2$ の長方形の畑があります。
横の長さは 8.4m です。たての長さは何 m ですか。

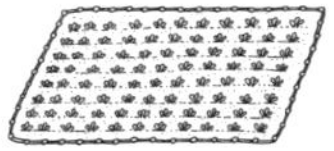

式

答え

3　1 時間で 6.5cm 燃《も》えるろうそくがあります。
同じように燃えると，0.4 時間では何 cm 燃えますか。

式

答え

4　12.6L のオリーブオイルがあります。
1 人に 0.45L ずつ分けると，何人にわけられますか。

式

答え

5　16.7kg のみかんがあります。2.2kg ずつ箱に入れると，何箱に分けられて，何 kg あまりますか。

式

答え

（141%に拡大してご使用ください。）

月　日

小数のかけ算・わり算（テスト）

名前

【知識・技能】

1 次の計算をしましょう。(5×4)

(1) 7.58 × 6.4　(2) 0.28 × 2.3

(3) 2.85 ÷ 0.3　(4) 3.92 ÷ 5.6

2 次のわり算を書かれているように求めましょう。(10×2)

(1) 商は整数で求め，あまりも出しましょう。

7.2 ÷ 3.2

(2) 商は四捨五入《ししゃごにゅう》で $\frac{1}{10}$ の位までのがい数で表しましょう。

9.18 ÷ 2.6

3 次の㋐～㋕の答えが 4.3 よりも小さくなるのはどれですか。あてはまる式の記号を□に書きましょう。(5×2)

㋐ 4.3 × 1.2　㋑ 4.3 × 1　㋒ 4.3 × 0.8

㋓ 4.3 ÷ 1.2　㋔ 4.3 ÷ 1　㋕ 4.3 ÷ 0.8

【思考・判断・表現】

4 はり金 1m の重さは 10.5g でした。このはり金 4.2m の重さは何 g ですか。(5×2)

式

答え

5 たてが 2.9m，横が 5.6m の面積を求めましょう。(5×2)

式

答え

6 7m のリボンから，0.4m のリボンは何本とれて，何 m あまりますか。(5×2)

式

答え

7 1m の重さが 0.8kg のはり金があります。このはり金 0.6kg では，何 m ですか。(5×2)

式

答え

8 3.1L の重さが 2.9kg の油があります。この油 1L の重さは約何 kg ですか。四捨五入して，上から 2 けたのがい数で求めましょう。(5×2)

式

答え

（141％に拡大してご使用ください。）

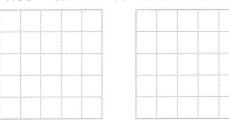

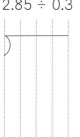

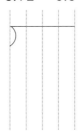

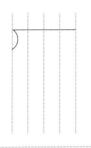

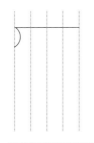

月　日

合同な図形（1）

名前

● 次のあ，い，うはぴったり重なる図形です。

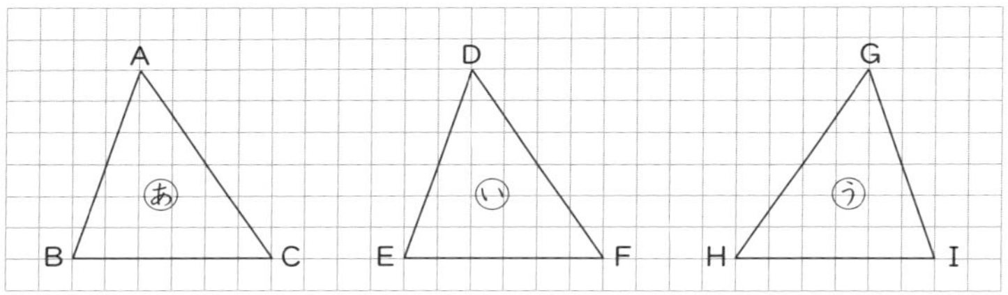

(1) 次の□にあてはまることばを書きましょう。

① あといのようにぴったり重ね合わすことができる２つの図形を□といいます。

② あとうのようにうら返してぴったり重なる図形も□です。

③ 合同な図形では，対応《たいおう》する□の長さは等しく，対応する□の大きさも等しくなります。

(2) 下の表に，対応する頂点《ちょうてん》，辺，角を書きましょう。

三角形あ	三角形い	三角形う
頂点Aに対応する頂点	頂点（　　）	頂点（　　）
辺ABに対応する辺	辺（　　）	辺（　　）
角Cに対応する角	角（　　）	角（　　）

月　日

合同な図形（2）

名前

● 下のア，イの四角形は合同です。対応《たいおう》する辺，頂点《ちょうてん》，角について答えましょう。

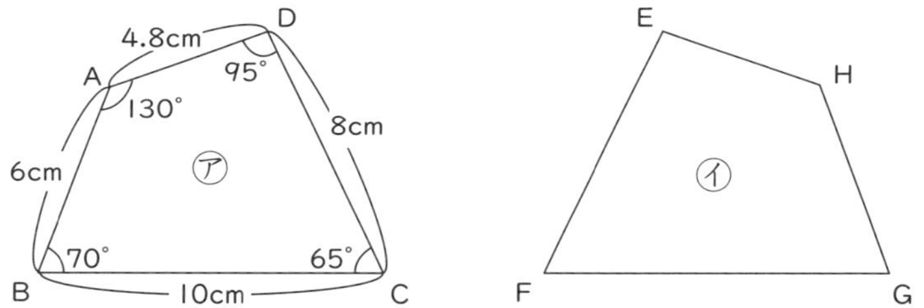

(1) 次の辺，頂点，角に対応する辺，頂点，角をそれぞれ書きましょう。

① 辺AB …… 辺□　② 辺DC …… 辺□

③ 頂点B …… 頂点□　④ 頂点D …… 頂点□

⑤ 角A …… 角□　⑥ 角C …… 角□

(2) 次の辺の長さや角の大きさを書きましょう。

① 辺EF …… □cm　② 辺EH …… □cm

③ 角F …… □°　④ 角H …… □°

（141％に拡大してご使用ください。）

合同な図形（3）

名前

● 次の四角形に１本の対角線をひいてできる三角形は合同ですか。
合同になるものには，（　）に○をつけましょう。

(1) 正方形

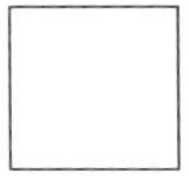

（　　）

(2) 長方形

（　　）

(3) 平行四辺形

（　　）　（　　）

(4) ひし形

（　　）　（　　）

(5) 台形

（　　）　（　　）

合同な図形（4）

名前

● 下の５つの四角形を，それぞれ２本の対角線で４つの三角形に分けます。できた三角形が合同であるかどうか調べましょう。
□にあてはまる番号を書きましょう。

① 正方形　② 長方形　③ ひし形　④ 平行四辺形　⑤ 台形

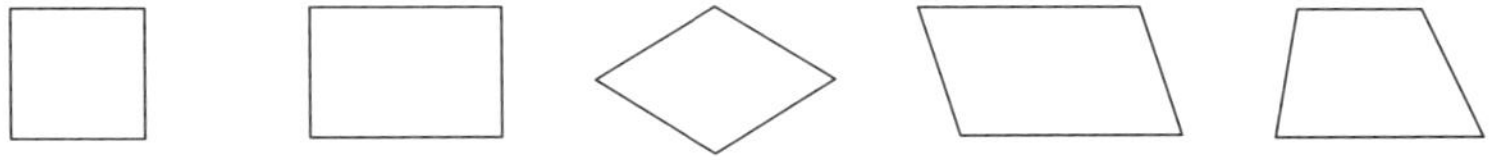

(1) ４つの三角形がどれも合同ではないのはどれですか。

□

(2) ４つの三角形がすべて合同になるものはどれですか。

□　□

(3) 向かい合う三角形が合同になるものはどれですか。

□　□　□　□

月　　日

合同な図形（5）

名前

● 次のあ，い，うの四角形は合同です。
下の表に，対応する頂点《ちょうてん》，辺，角をそれぞれ書きましょう。

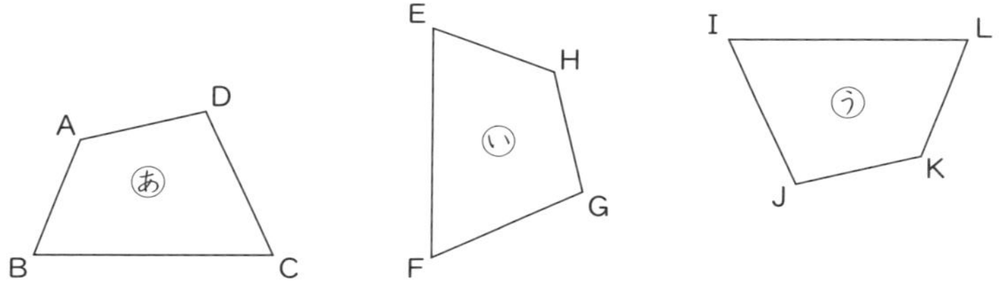

四角形あ	四角形い	四角形う
頂点 A に対応する頂点		
頂点 B に対応する頂点		
頂点 D に対応する頂点		
辺 AD に対応する辺		
辺 BC に対応する辺		
辺 CD に対応する辺		
角 A に対応する角		
角 C に対応する角		
角 D に対応する角		

月　　日

合同な図形（6）

名前

1 次の３つの三角形は合同です。□にあてはまる数を書きましょう。

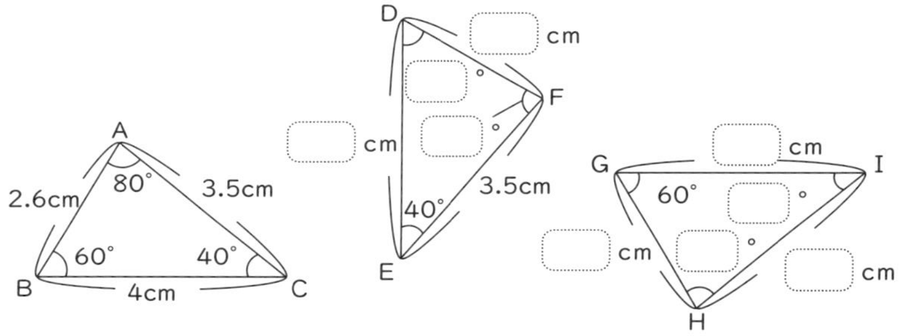

2 下の３つの四角形は合同です。□にあてはまる数を書きましょう。

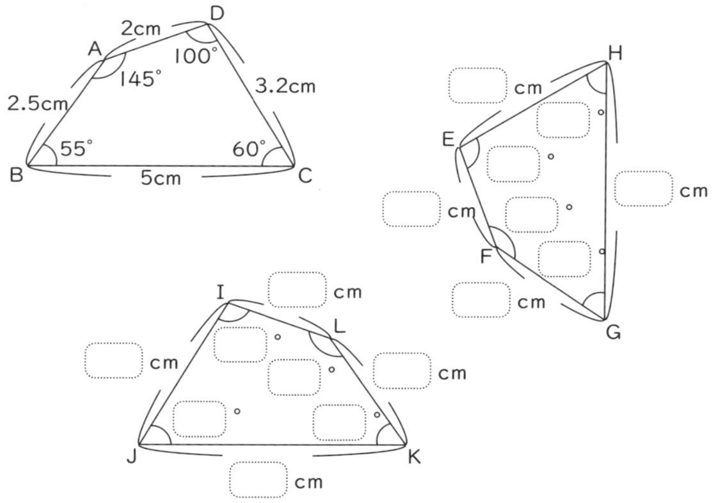

（141%に拡大してご使用ください。）

月　　日

合同な図形（7）

名前

● 次の三角形と合同な三角形をかきましょう。

(1)

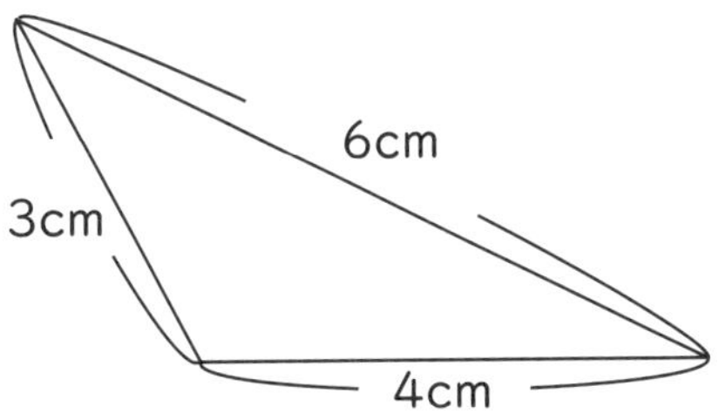

(2)

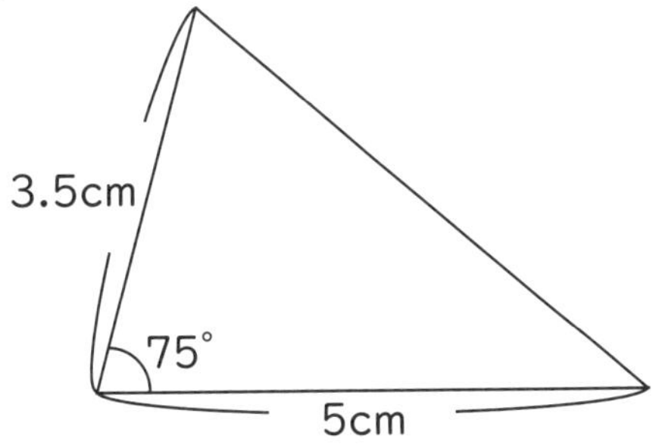

(3)

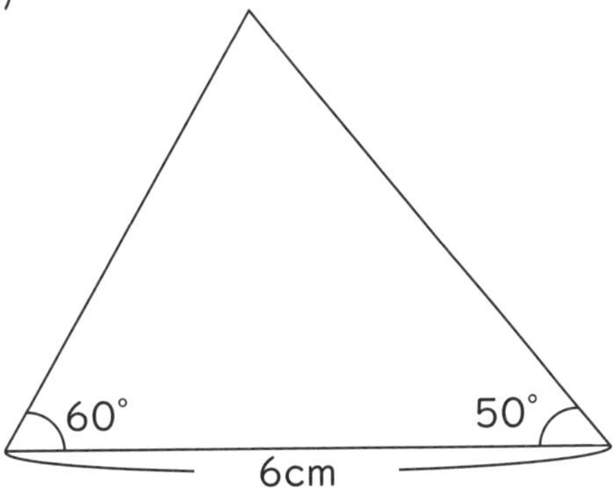

月　日

合同な図形 (8)

名前

● 次の四角形と合同な四角形をかきましょう。

(1)

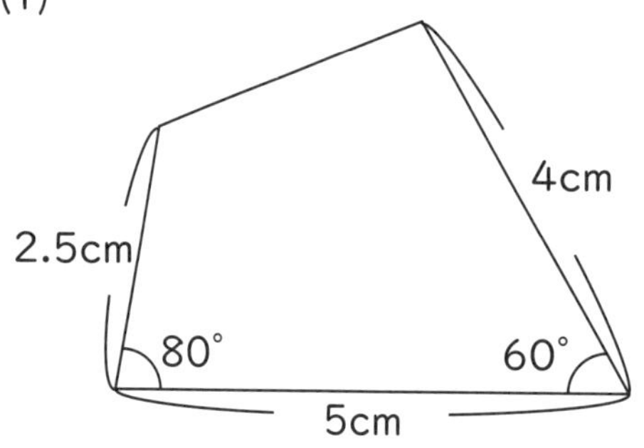

(2) 平行四辺形

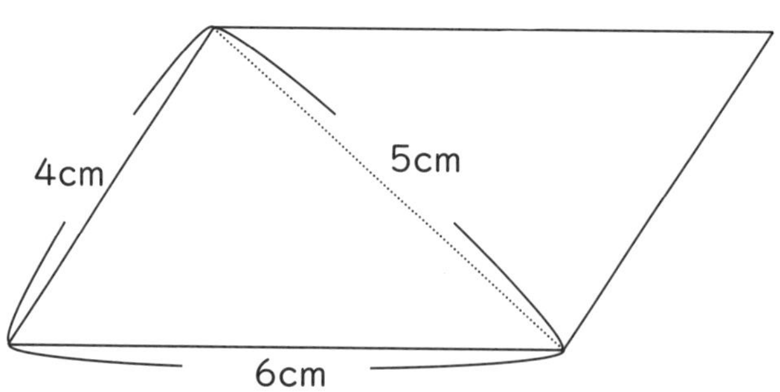

月　　日

ふりかえり
合同な図形 ①

名前

1　下の２つの三角形は合同です。対応《たいおう》する頂点《ちょうてん》，辺，角をそれぞれ書きましょう。

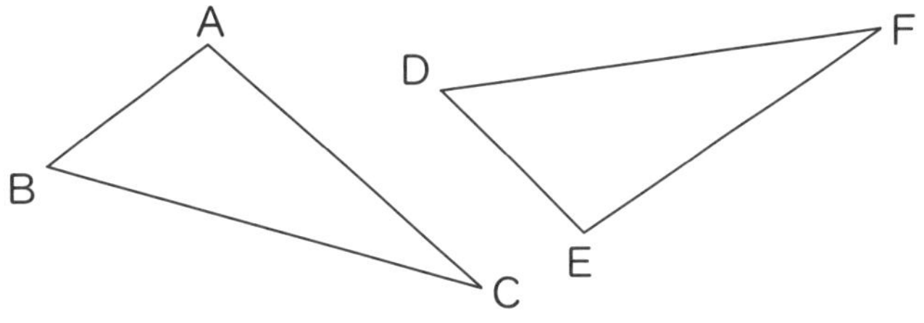

(1)　頂点Bと頂点 [ ]

(2)　頂点Cと頂点 [ ]

(3)　辺BCと辺 [ ]

(4)　辺ACと辺 [ ]

(5)　角Aと角 [ ]

(6)　角Bと角 [ ]

2　下の３つの三角形は合同です。

[ ] にあてはまる数を書きましょう。

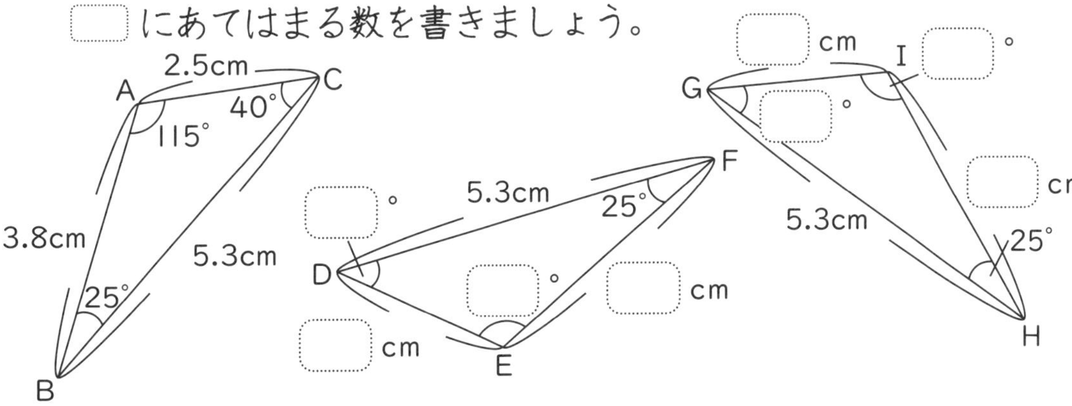

3　次の三角形と合同な三角形をかきましょう。

(1)

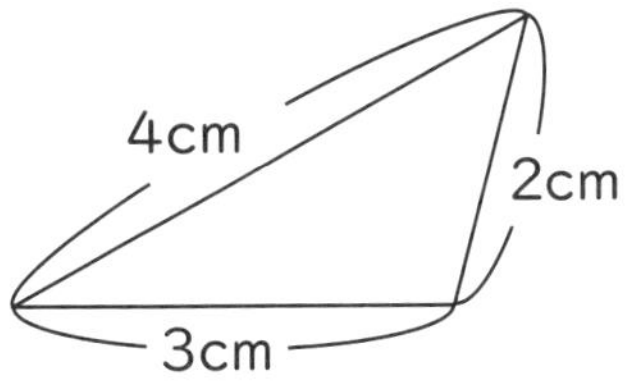

(2)

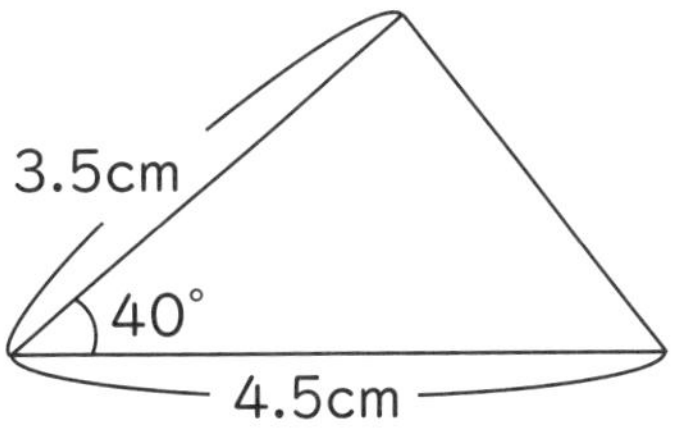

月　　日

ふりかえり

合同な図形 ②

名前

1　下の 2 つの四角形は合同です。
　□ にあてはまる数を書きましょう。

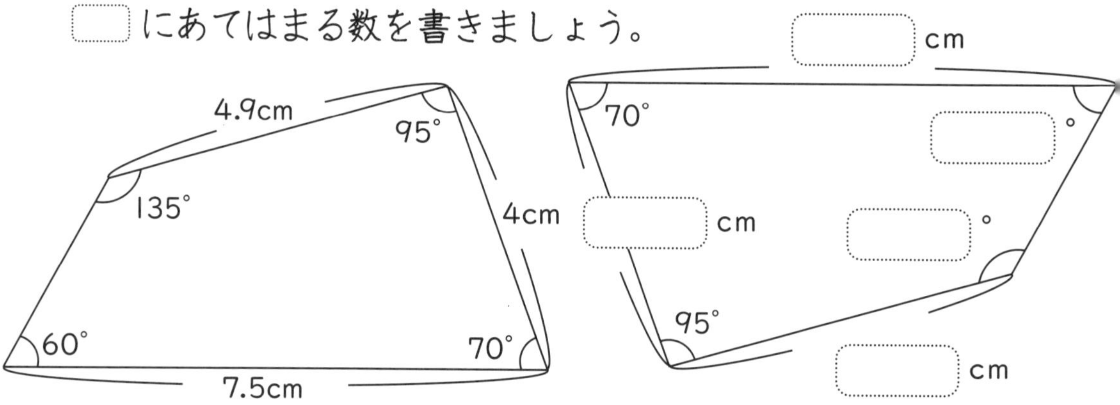

2　平行四辺形に 2 本の対角線をひいて，三角形に分けます。
　(1)～(4)の三角形と合同な三角形を書きましょう。

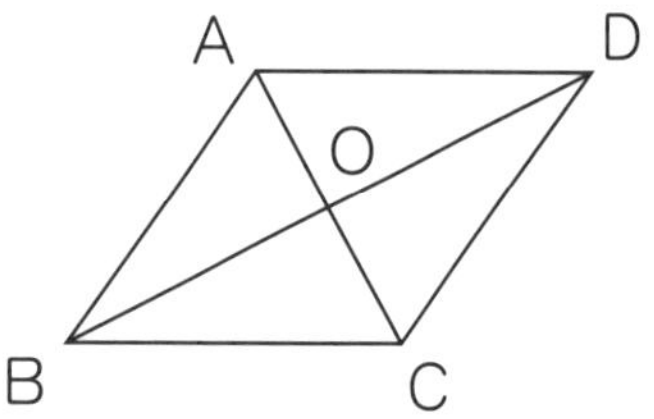

(1) 三角形ＡＤＯ　□

(2) 三角形ＡＤＣ　□

(3) 三角形ＡＢＯ　□

(4) 三角形ＡＢＣ　□

3　次の四角形と合同な四角形をかきましょう。

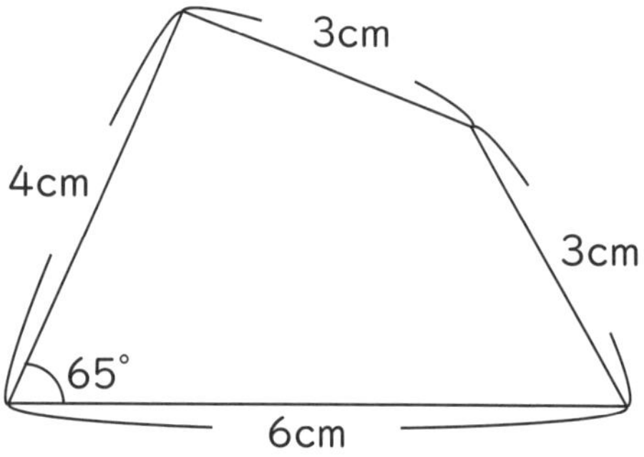

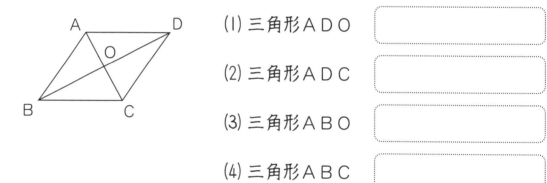

月　　日

合同な図形（テスト）

名前

【知識・技能】

1　下の２つの四角形は合同です。
□にあてはまる数を書きましょう。（5×4）

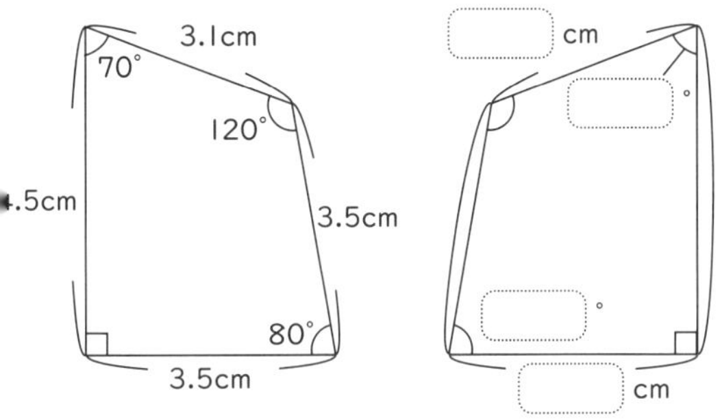

2　下の３つの三角形は合同です。
□にあてはまる数を書きましょう。（5×4）

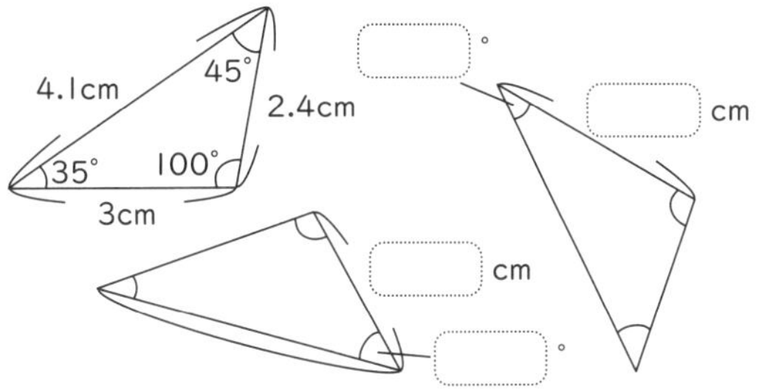

3　次の三角形と合同な三角形をかきましょう。
（5×2）

(1)　２つの辺の長さが 4cm と 5cm で，その間の角度が 60°の三角形

(2)　１つの辺の長さが 5cm で，その両はしの角度が 30°と 45°の三角形

【思考・判断・表現】

4　下の４つの四角形をそれぞれ２本の対角線で４つの三角形に分けます。できる三角形が合同であるかどうかを調べましょう。
□にあてはまる記号を書きましょう。（4×6）

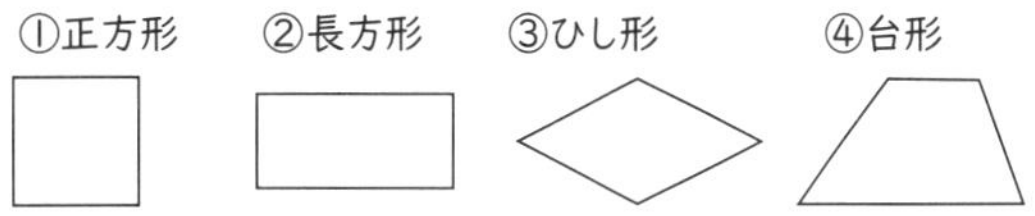

(1)　４つの三角形がどれも合同ではない四角形　□

(2)　４つの三角形がどれも合同になる四角形　□　□

(3)　向かい合う三角形が合同になる四角形　□　□　□

5　下の図は平行四辺形に２本の対角線をひいたものです。図の中から次の三角形と合同な三角形を見つけましょう。（4×4）

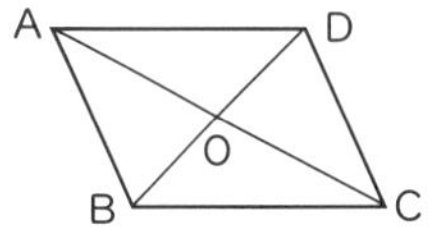

(1)　三角形 ADC と
三角形　□

(2)　三角形 ABO と
三角形　□

(3)　三角形 ABD と三角形　□

(4)　三角形 ADO と三角形　□

6　次の２つの三角形は合同です。
三角形をうら返さないで対応《たいおう》する辺を合わせて四角形を作ります。下のような合わせ方をしてできる四角形の名前を書きましょう。（5×2）

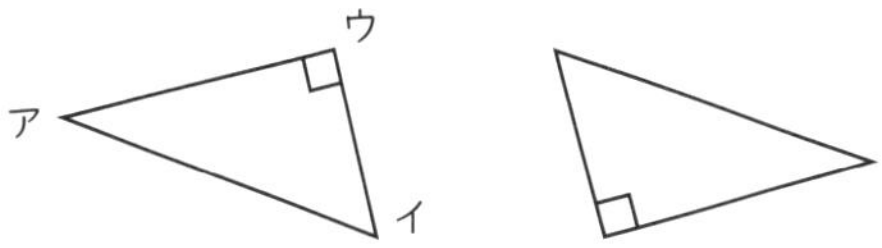

(1)　辺アイに対応する辺を合わせてできる四角形　□

(2)　辺アウに対応する辺を合わせてできる四角形　□

月　　日

算数あそび
合同な図形 ①

名前

● ㋐の図のように，同じ三角形を下の方眼《ほうがん》紙《し》にしきつめましょう。しきつめられたら，㋐の図と同じように色をぬりましょう。

㋐

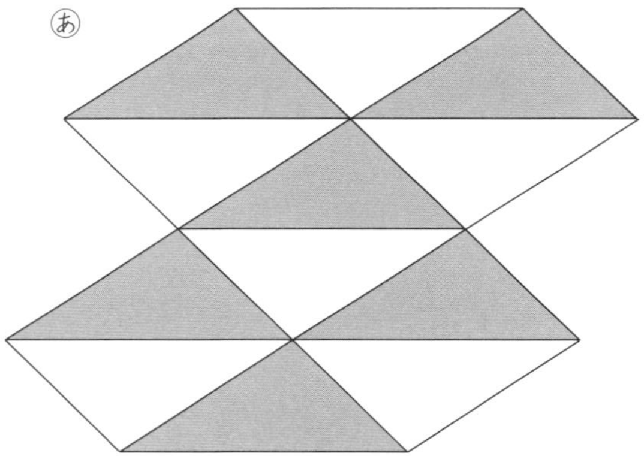

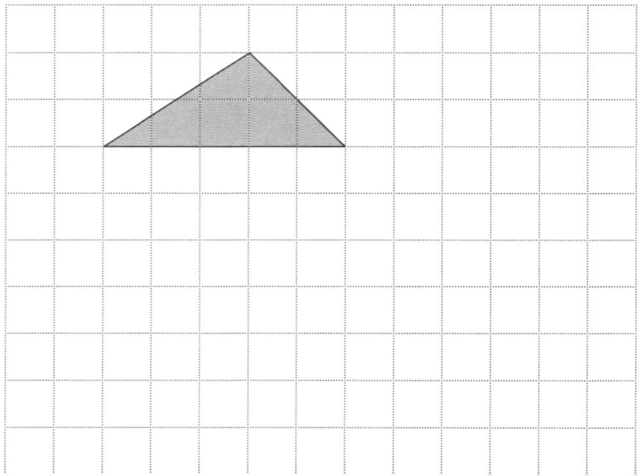

月　　日

算数あそび
合同な図形 ②

名前

● ㋐の図のように，同じ四角形を下の方眼《ほうがん》紙《し》にしきつめましょう。しきつめられたら，㋐の図と同じように色をぬりましょう。

㋐

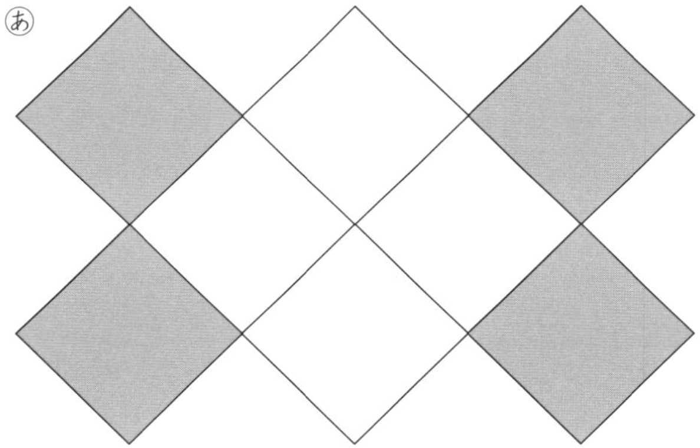

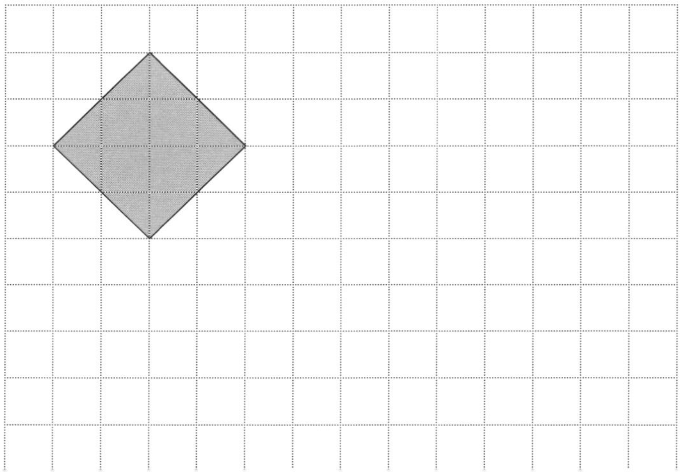

（141%に拡大してご使用ください。）

図形の角（1）

名前

● 次の三角形の㋐～㋓の角度は何度ですか。計算で求めましょう。

(1)

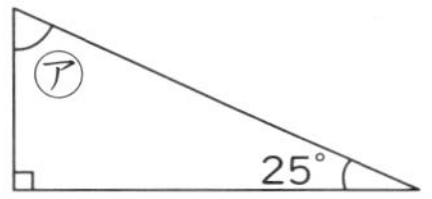

式

答え

(2)

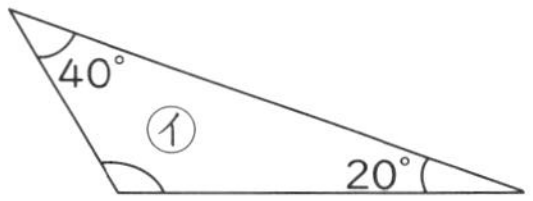

式

答え

(3)

正三角形

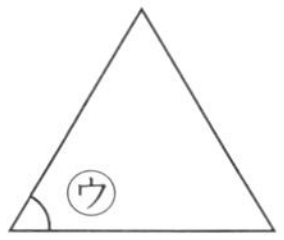

式

答え

(4)

二等辺三角形

式

答え

図形の角（2）

名前

● 下の図の㋐と㋑の角度を計算で求めましょう。

(1)

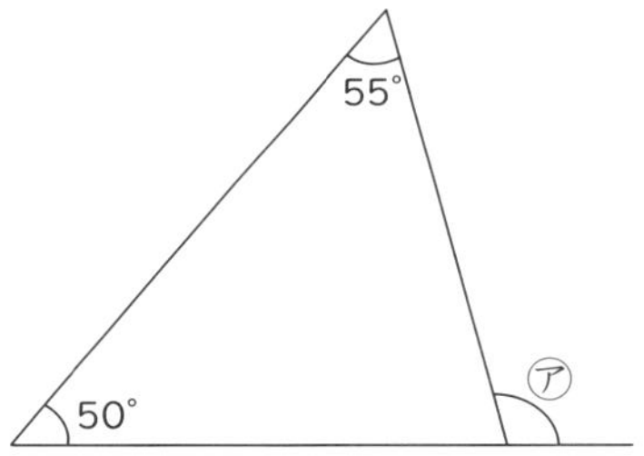

式

答え

(2)

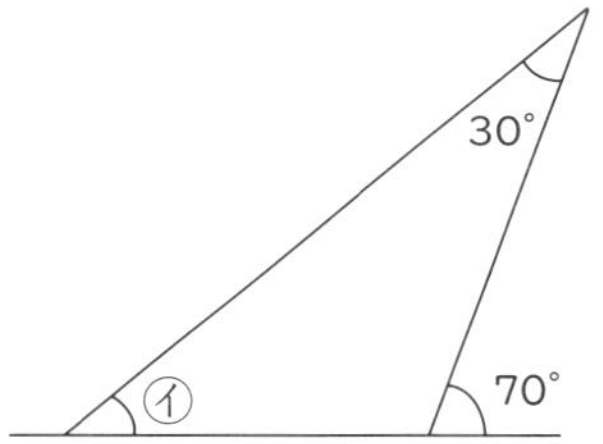

式

答え

3分

（141%に拡大してご使用ください。）

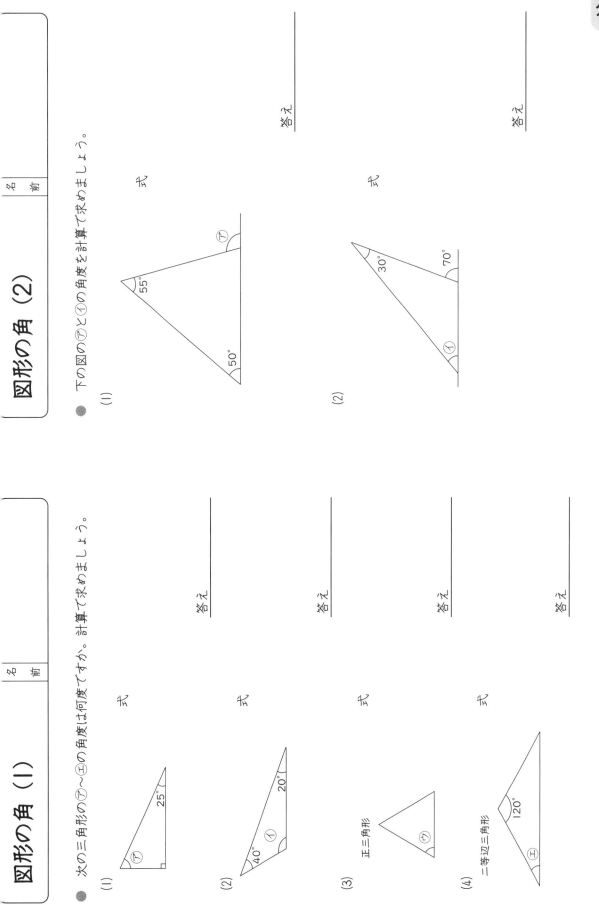

図形の角（3）

月　日　名前

● 次の三角形の㋐～㋔の角度は何度ですか。計算で求めましょう。

(1)

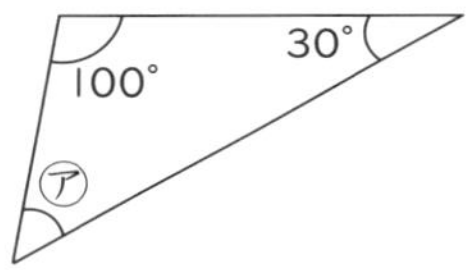

式

答え

(2) 二等辺三角形

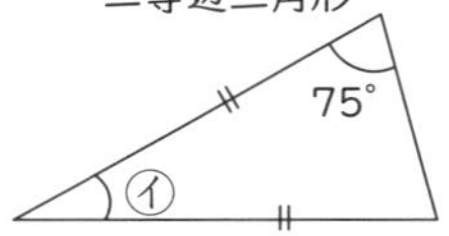

式

答え

(3)

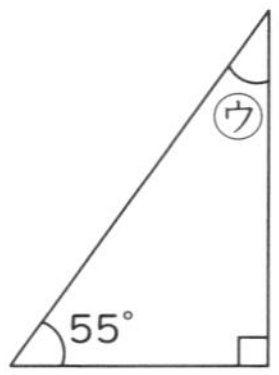

式

答え

(4)

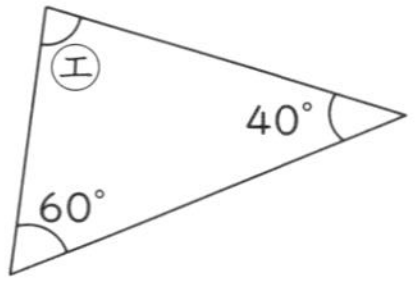

式

答え

(5)

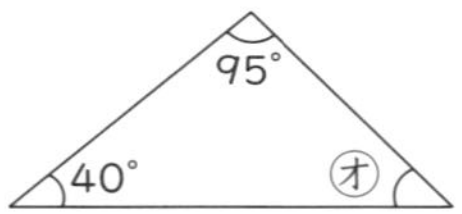

式

答え

図形の角（4）

月　日　名前

1 下の図の㋐と㋑の角度は何度ですか。計算で求めましょう。

(1) 正三角形

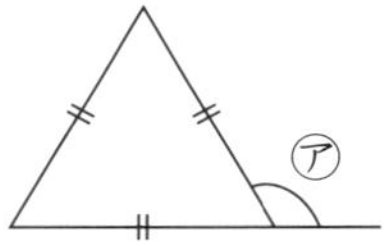

式

答え

(2)

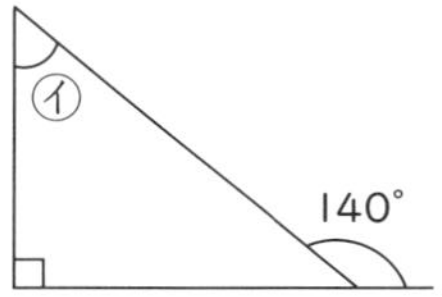

式

答え

2 三角定《じょう》規《ぎ》を組み合わせてできた㋐と㋑の角度を，計算で求めましょう。

(1)

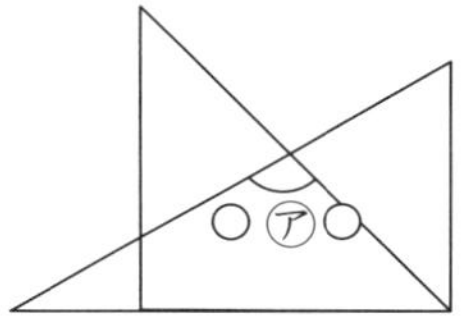

式

答え

(2)

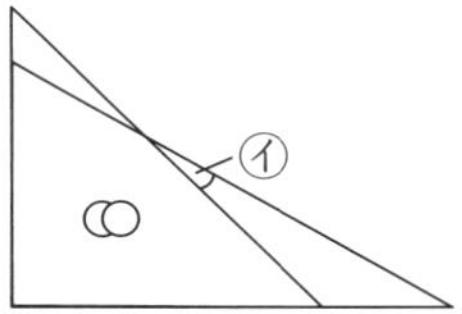

式

答え

（141%に拡大してご使用ください。）

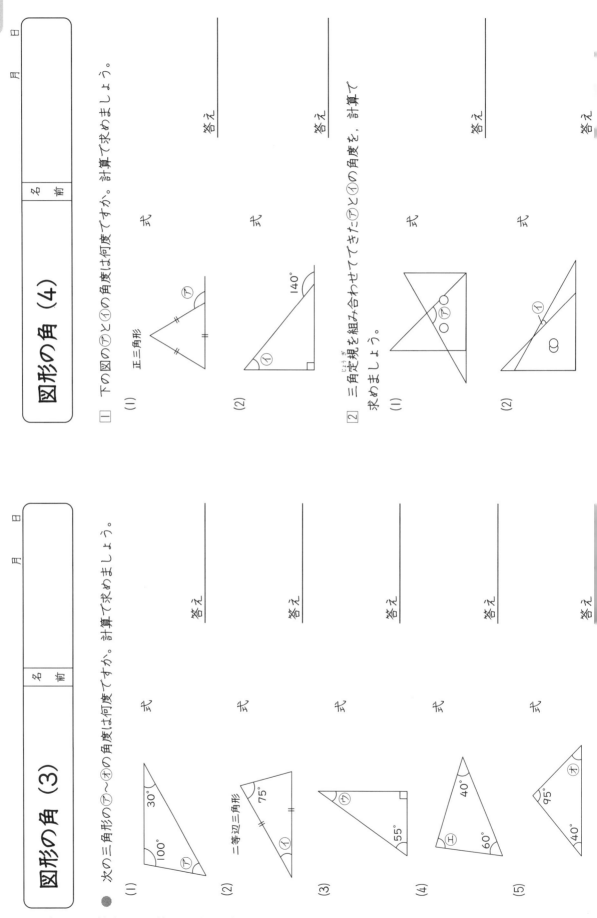

図形の角（5）

名前

□1 四角形の４つの角の大きさの和について調べます。
□ にあてはまる数を書きましょう。

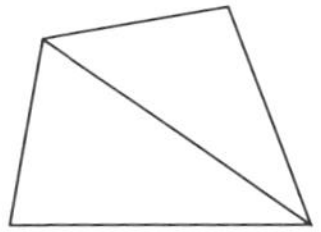

右の図のように対角線を１本ひくと
三角形が □ つできます。
三角形の３つの角の大きさの和は □ °
だから，四角形の４つの角の大きさの和は，
□ °×２で，□ °になります。

□2 次の四角形の㋐，㋑の角度は何度ですか。計算で求めましょう。

(1)

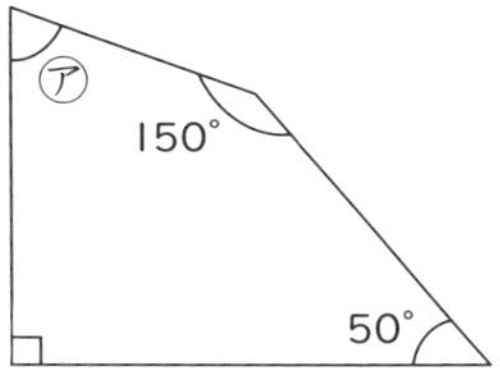

式

答え

(2)

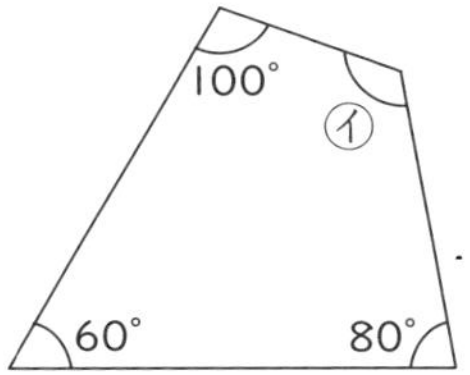

式

答え

図形の角（6）

名前

● 下の図の㋐～㋓の角度は何度ですか。計算で求めましょう。

(1)

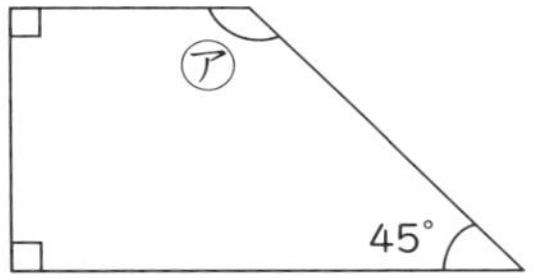

式

答え

(2)

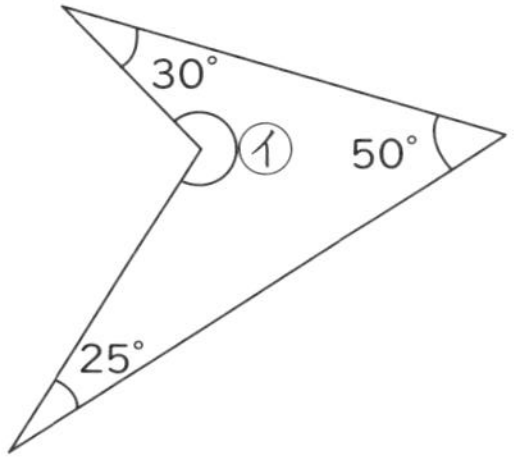

式

答え

(3)

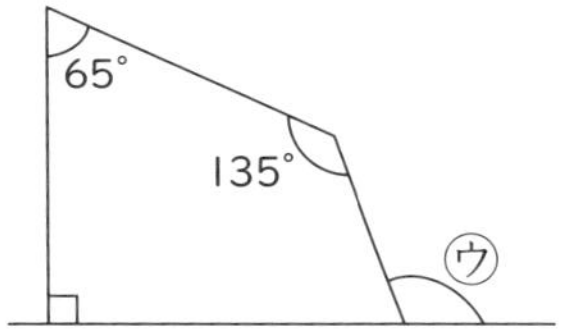

式

答え

(4)

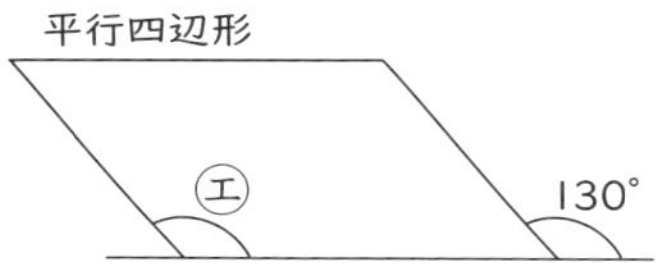

式

答え

5分

月　　日

図形の角（7）

名前

1 五角形の５つの角の大きさの和について調べましょう。

□にあてはまることばや数を書きましょう。

右の図のように，１つの頂点《ちょうてん》から対角線をひくと，３つの□に分けることができます。

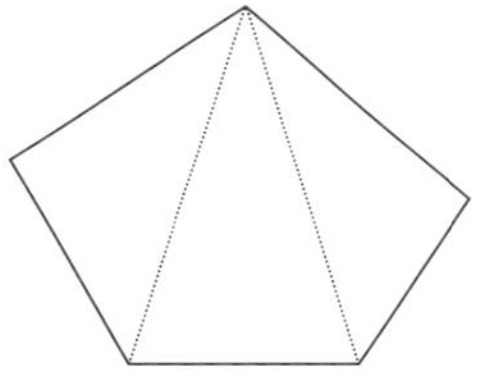

三角形の３つの角の大きさの和は□°で，五角形はその３つ分なので，

□°×３＝□°

2 六角形の６つの角の大きさの和を求めましょう。

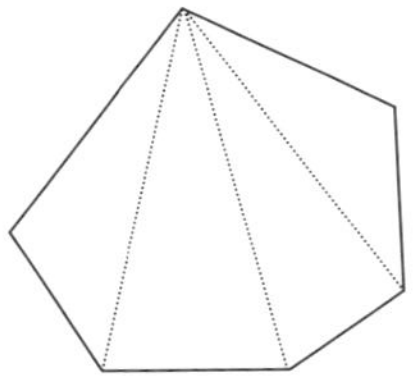

式

答え

3 １つの頂点からひいた対角線で分けられる三角形の数と，多角形の角の大きさの和について，下の表にまとめましょう。

	三角形	四角形	五角形	六角形	七角形
三角形の数	1	2			
角の大きさの和	180°				

月　　日

図形の角（8）

名前

1 七角形と八角形の角の大きさの和をそれぞれ求めましょう。

１つの頂点《ちょうてん》から対角線をひいて，三角形がいくつできるかで考えましょう。

(1) 七角形

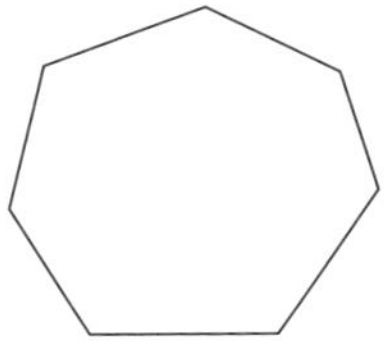

式

答え

(2) 八角形

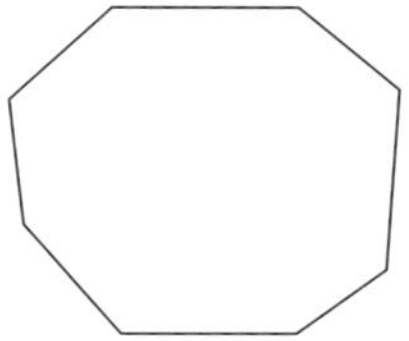

式

答え

2 正六角形（６つの辺の長さが等しい六角形）の１つの角の大きさを計算で求めましょう。

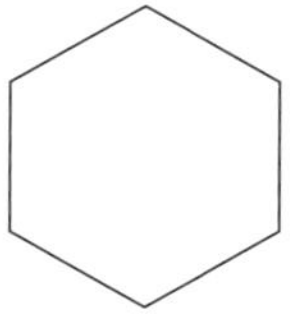

式

答え

ふりかえり
図形の角 ①

名前

● 次の三角形の㋐～㋖の角度を計算で求めましょう。

(1)

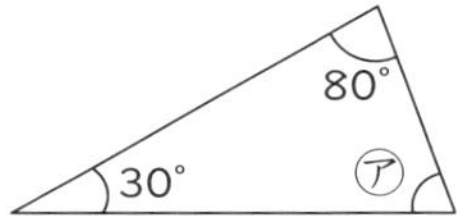

式

答え

(2) 二等辺三角形

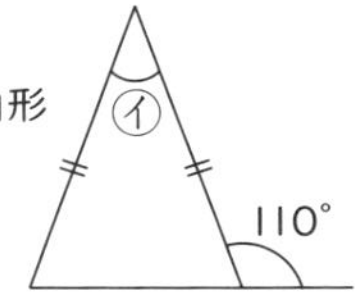

式

答え

(3)

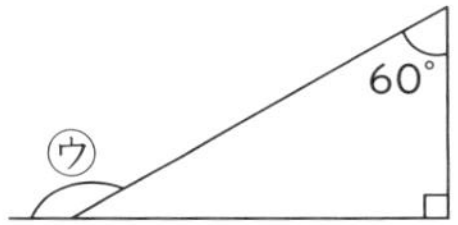

式

答え

(4) 正三角形

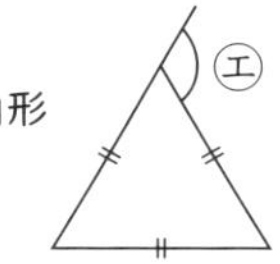

式

答え

(5) 平行四辺形

式

答え

(6)

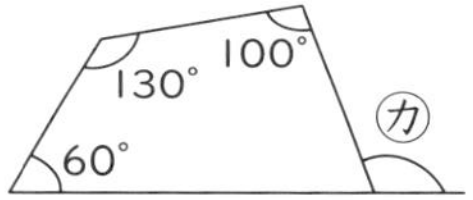

式

答え

(7)

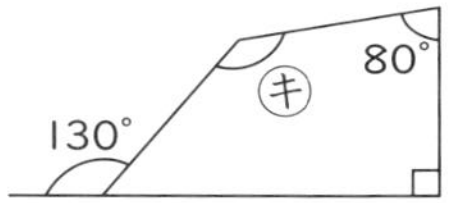

式

答え

ふりかえり
図形の角 ②

名前

1 三角定規《じょうぎ》を組み合わせてできた㋐の角度を，計算で求めましょう。

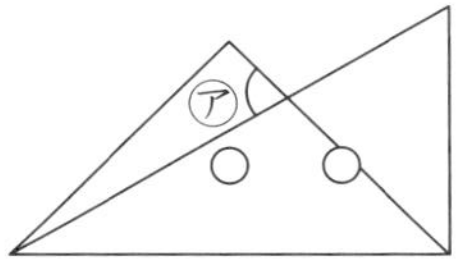

式

答え

2 多角形の角の大きさの和を求めましょう。

(1) 四角形

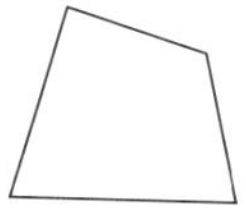

式

答え

(2) 六角形

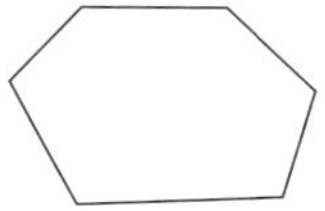

式

答え

(3) 八角形

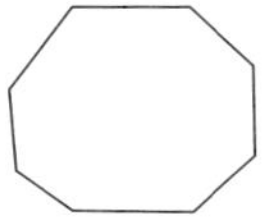

式

答え

3 １つの頂点《ちょうてん》からひいた対角線で分けられる三角形の数と，
多角形の角の大きさの和について，下の表を完成させましょう。

	三角形	四角形	五角形	六角形	七角形	八角形
三角形の数	１		3			
角の大きさの和	180°					

月　日

図形の角（テスト）

名前

【知識・技能】

1　次の三角形や四角形の㋐～㋔の角を求めましょう。(5×10)

(1)

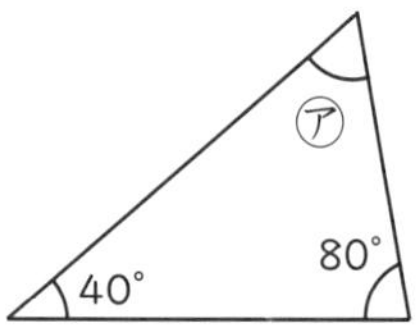

式

答え

(2)　二等辺三角形

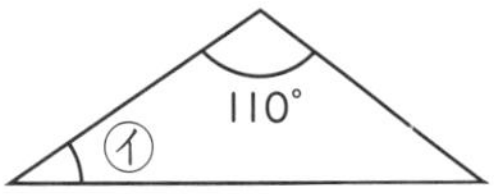

式

答え

(3)

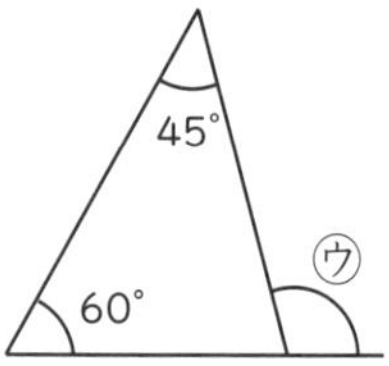

式

答え

(4)

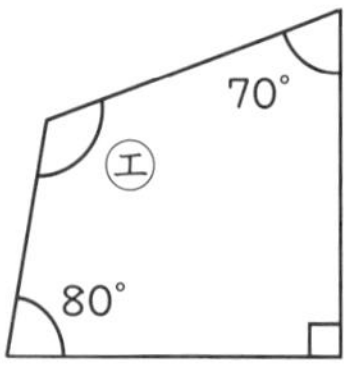

式

答え

(5)

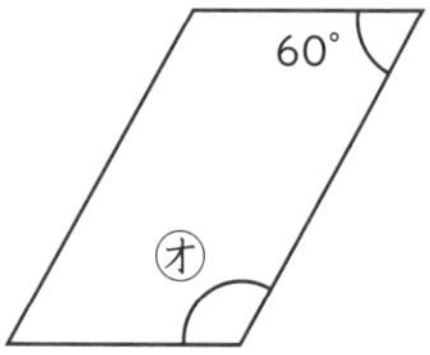

式

答え

【思考・判断・表現】

2　五角形の角の大きさの和を下のようにして調べました。

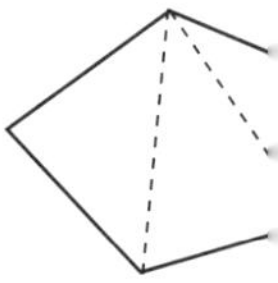

□にあてはまる数を書きましょう。(5×2)

①　図のように１つの頂点《ちょうてん》から対角線をひくと，三角形が３つできます。

②　①から，五角形の角の和は次の式で求めることができます。(完答)

□°×□

③　五角形の５つの角の和は□°です

3　多角形の角の大きさの和を調べます。１つの頂点から対角線をひいてできる三角形の数と角の大きさの和を書きましょう。(5×4)

(1)　六角形

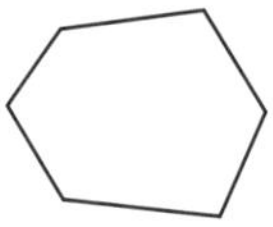

三角形の数 □

角の大きさの和 □

(2)　八角形

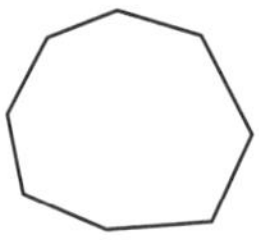

三角形の数 □

角の大きさの和 □

4　三角定規《じょうぎ》２まいを組み合わせてできる角㋐，㋑を計算で求めましょう。(5×4)

(1)

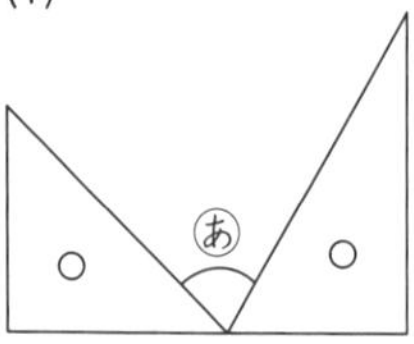

式

答え

(2)

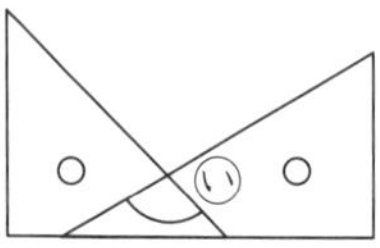

式

答え

　(141%に拡大してご使用ください。)

算数あそび
図形の角 ①

名前

1 ツバメをてきとうな四角形で囲みましょう。
四角形ができたら，四角形の 4 つの角の和が何度になっているか調べましょう。

度

2 スズメをてきとうな六角形で囲みましょう。
六角形ができたら，六角形の 6 つの角の和が何度になっているか調べましょう。

度

算数あそび
図形の角 ②

名前

● ツルをてきとうな七角形で囲みましょう。
七角形ができたら，七角形の 7 つの角の和が何度になっているか調べましょう。

度

月　日

偶数と奇数（1）

名前

1 □に偶数《ぐうすう》か奇数《きすう》を書きましょう。

(1) 2でわり切れる整数は□です。

(2) 2でわり切れない整数は□です。

(3) 0は□です。

2 下の数直線で偶数には○を，奇数には△をつけましょう。

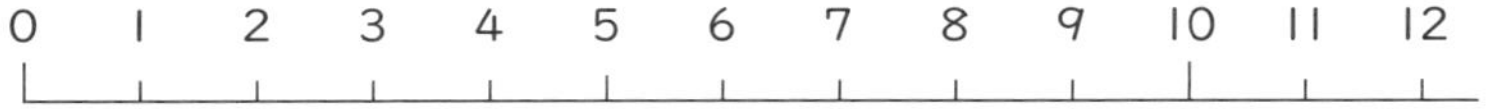

3 次の数を偶数と奇数に分けます。偶数には○を，奇数には△をつけましょう。

① 15　② 36　③ 41

④ 60　⑤ 79　⑥ 88

⑦ 100　⑧ 105　⑨ 153

⑩ 247　⑪ 572　⑫ 794

⑬ 1101　⑭ 2683　⑮ 4730

月　日

偶数と奇数（2）

名前

1 偶数《ぐうすう》か奇数《きすう》かが分かるように，例のように色をぬり，式を書きましょう。また，（　）に偶数か奇数かを書きましょう。

〈例〉 6

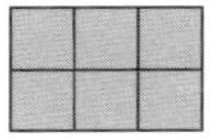

式　2×3　（偶数）

7

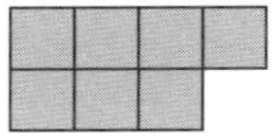

式　2×3＋1　（奇数）

10

式　（　　）

11

式　（　　）

12

式　（　　）

2 次の2つの数が偶数か奇数かを調べます。□にあてはまる数を書き，（　）に偶数か奇数かを書きましょう。

(1) 24 = 2 × □ ……（　　）

(2) 33 = 2 × □ ＋ □ ……（　　）

　（141%に拡大してご使用ください。）

月　　日

算数あそび

偶数と奇数

名前

● 奇数《きすう》のにんじんに色をぬりましょう。

倍数と約数（1）

名前　　　　月　日

1 りんごが1ふくろに3個《こ》ずつ入っています。
ふくろの数を1，2，3…とすると，りんごの数はそれぞれ何個になりますか。

(1) 表にまとめましょう。

ふくろの数（ふくろ）	1	2	3	4	5	6	7	8	9	10
りんごの数（個）										

(2) りんごの数は，何の数の倍数になっていますか。

□の倍数

2 下の数直線で，3の倍数にあたる数を○で囲みましょう。

0 1 2 3 4 5 6 7 8 9 10 11 12 13 14 15 16 17 18 19 20 21 22 23 24 25 26 27 28 29 30

3 次の数の倍数を，小さい方から順に5つ書きましょう。

(1) 4　□，□，□，□，□

(2) 6　□，□，□，□，□

(3) 7　□，□，□，□，□

(4) 12　□，□，□，□，□

倍数と約数（2）

名前　　　　月　日

1 数直線の2と3の倍数にそれぞれ○をつけて考えましょう。

2の倍数　0 1 2 3 4 5 6 7 8 9 10 11 12 13 14 15 16 17 18 19 20 21 22 23 24 25

3の倍数　0 1 2 3 4 5 6 7 8 9 10 11 12 13 14 15 16 17 18 19 20 21 22 23 24 25

(1) 2と3の共通な倍数を書きましょう。

□ …… 2と3の公倍数

(2) 2と3の公倍数で，いちばん小さい数を書きましょう。

□ …… 2と3の最小公倍数

2 数直線の3と4の倍数にそれぞれ○をつけて考えましょう。

3の倍数　0 1 2 3 4 5 6 7 8 9 10 11 12 13 14 15 16 17 18 19 20 21 22 23 24 25

4の倍数　0 1 2 3 4 5 6 7 8 9 10 11 12 13 14 15 16 17 18 19 20 21 22 23 24 25

(1) 3と4の公倍数を書きましょう。　□

(2) 3と4の最小公倍数はいくつですか。　□

倍数と約数（3）

名前

□1 下の数直線を使って考えましょう。

(1) 下の数直線で3，4，5，6の倍数にあたる数をそれぞれ○で囲みましょう。

(2) 3の倍数にも4の倍数にもなっている数を書きましょう。

［　］，［　］，［　］

(3) 3と4の最小公倍数はいくつですか。［　］

(4) 次の2つの数の公倍数を見つけましょう。
また，最小公倍数は，いくつですか。

① 3と5　［　］，［　］　最小公倍数［　］

② 4と6　［　］，［　］，［　］　最小公倍数［　］

□2 次の2つの数の公倍数を小さい順に3つ書きましょう。
また，最小公倍数を○で囲みましょう。

(1) 6と9　［　］，［　］，［　］

(2) 2と7　［　］，［　］，［　］

(3) 3と8　［　］，［　］，［　］

(4) 10と12　［　］，［　］，［　］

3の倍数　0 1 2 3 4 5 6 7 8 9 10 11 12 13 14 15 16 17 18 19 20 21 22 23 24 25 26 27 28 29 30 31 32 33 34 35 36 37 38 39 40

4の倍数　0 1 2 3 4 5 6 7 8 9 10 11 12 13 14 15 16 17 18 19 20 21 22 23 24 25 26 27 28 29 30 31 32 33 34 35 36 37 38 39 40

5の倍数　0 1 2 3 4 5 6 7 8 9 10 11 12 13 14 15 16 17 18 19 20 21 22 23 24 25 26 27 28 29 30 31 32 33 34 35 36 37 38 39 40

6の倍数　0 1 2 3 4 5 6 7 8 9 10 11 12 13 14 15 16 17 18 19 20 21 22 23 24 25 26 27 28 29 30 31 32 33 34 35 36 37 38 39 40

倍数と約数（4）

月　日　名前

1　高さが5cmの箱と，高さが6cmの箱をそれぞれ積んでいきます

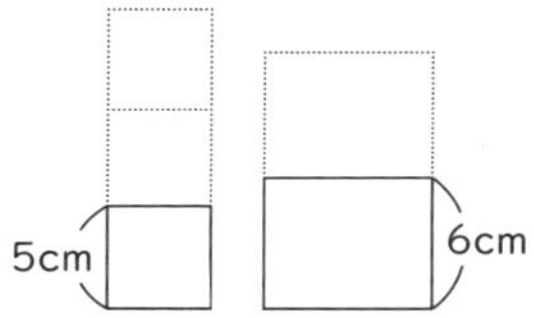

(1)　最初に高さが等しくなるのは，何cmのときですか。

(2)　最初に高さが等しくなるのは，それぞれの箱を何個《こ》積んだときですか。

5cmの箱　　　6cmの箱

2　右のように，たて9cm，横6cmの長方形のカードを同じ向きにすきまなくしきつめて正方形を作ります。

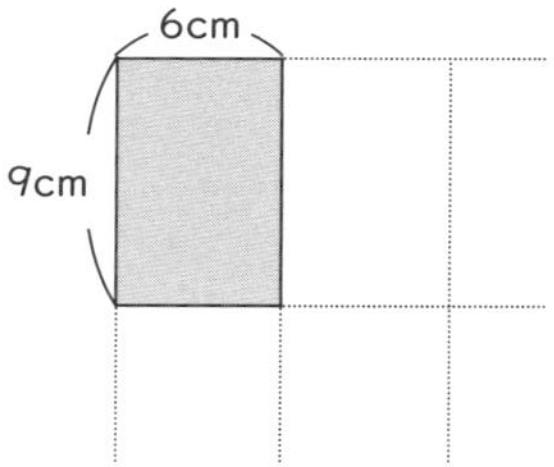

(1)　できる正方形のうち，いちばん小さいものの1辺の長さは何cmですか。

(2)　(1)のとき，たてと横には，それぞれ長方形が何まいならんでいますか。

たて　　　横

(3)　(1)のとき，たて9cm，横6cmの長方形のカードは何まい必要ですか。

倍数と約数（5）

月　日　名前

1　長さが8cmずつに区切ってあるテープと，6cmずつに区切ってあるテープがあります。2本のテープのはしをそろえてならべ，最初に区切り目がちょうど同じになるのは，はしから何cmのところですか。

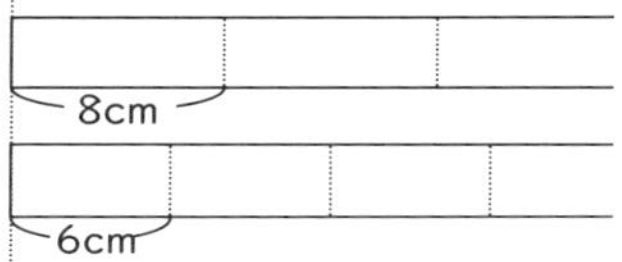

2　右のように，たて9cm，横15cmの長方形を同じ向きにすきまなくしきつめて正方形を作ります。

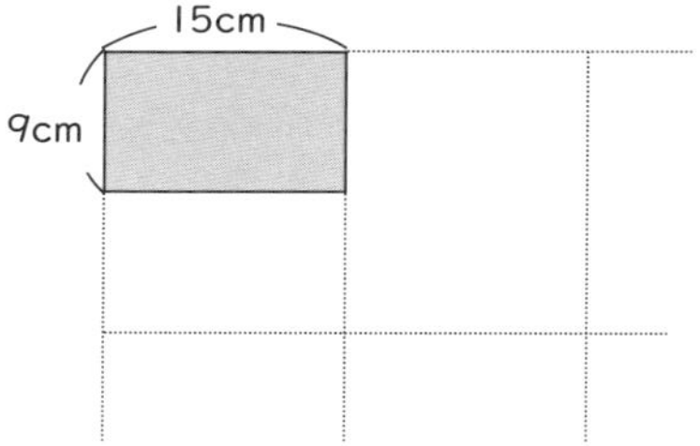

(1)　いちばん小さい正方形の1辺の長さは何cmですか。

(2)　(1)のとき，たて9cm，横15cmの長方形は何まい必要ですか。

3　ある駅では，電車が14分おきに発車し，バスが8分おきに発車しています。午前8時に電車とバスが同時に出発しました。次に同時に出発するのは何時何分ですか。

倍数と約数（6）

名前

1 2と3と4の公倍数と最小公倍数を見つけましょう。

(1) 下の数直線で2の倍数，3の倍数，4の倍数にあたる数を○で囲みましょう。

2の倍数 0 1 2 3 4 5 6 7 8 9 10 11 12 13 14 15 16 17 18 19 20 21 22 23 24 25

3の倍数 0 1 2 3 4 5 6 7 8 9 10 11 12 13 14 15 16 17 18 19 20 21 22 23 24 25

4の倍数 0 1 2 3 4 5 6 7 8 9 10 11 12 13 14 15 16 17 18 19 20 21 22 23 24 25

(2) 2と3と4の公倍数を書きましょう。

　　，

(3) 2と3と4の最小公倍数はいくつですか。

2 次の3つの数の公倍数を小さい順に3つ書きましょう。
また，最小公倍数を○で囲みましょう。

(1) 2と6と8　　，　　，

(2) 4と6と9　　，　　，

(3) 4と5と6　　，　　，

倍数と約数（7）

名前

1 3，4，6の最小公倍数を求めましょう。

(1) 3，4，6の倍数を○で囲みましょう。

3の倍数 0 1 2 3 4 5 6 7 8 9 10 11 12 13 14 15 16 17 18 19 20 21 22 23 24 25 26 27 28 29 30

4の倍数 0 1 2 3 4 5 6 7 8 9 10 11 12 13 14 15 16 17 18 19 20 21 22 23 24 25 26 27 28 29 30

6の倍数 0 1 2 3 4 5 6 7 8 9 10 11 12 13 14 15 16 17 18 19 20 21 22 23 24 25 26 27 28 29 30

(2) 3，4，6の最小公倍数を書きましょう。

2 3，6，9の最小公倍数を求めましょう。

(1) 3，6，9の倍数を小さい順に6つ書きましょう。

3の倍数

6の倍数

9の倍数

(2) 3，6，9の最小公倍数を書きましょう。

3 次の3つの数の最小公倍数を求めましょう。

(1) 4，6，8の最小公倍数

(2) 3，10，15の最小公倍数

(3) 8，12，16の最小公倍数

5分

倍数と約数（8）

月　日　名前

1　12 個《こ》のみかんを子どもに等しく分けられるのは何人のときかを調べましょう。

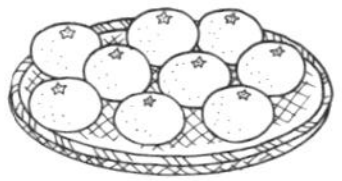

(1)　次の人数の場合，等しく分けられますか。
　また，そのとき，1 人何個ずつになりますか。

人数（人）	1	2	3	4	5	6	7	8	9	10	11	12
個数（個）					×							

←等しく分けられない場合は×をつけましょう。

(2)　上の表で等しく分けられた場合の数を小さい順にならべましょう。

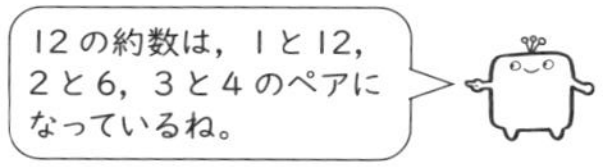

2　次の数の約数を □ に書きましょう。

(1)　8

(2)　16

(3)　28

(4)　30

(5)　36

倍数と約数（9）

月　日　名前

1　8cm，12cm の長方形に合同な正方形をしきつめます。しきつめられるのは，1 辺が何 cm の正方形か調べましょう。

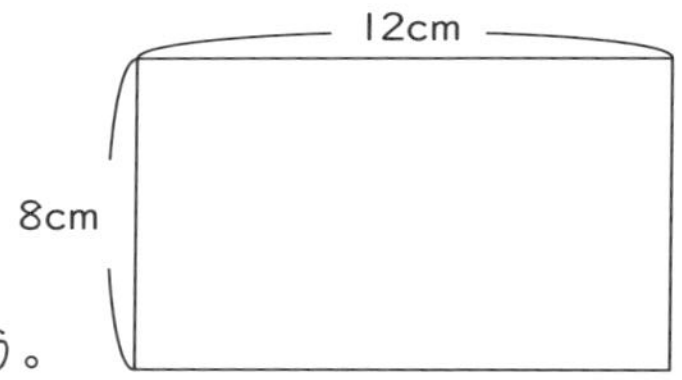

(1)　8 と 12 の約数をすべて書きましょう。

8

12

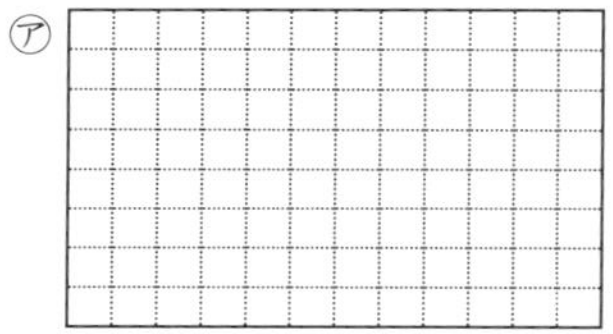

(2)　8 と 12 の公約数を書きましょう。

(3)　1 辺が何 cm の正方形をしきつめることができますか。

　cm，　cm，　cm

(4)　いちばん大きな正方形は 1 辺が何 cm ですか。　cm

(5)　右の㋐の図を使って，(4)のときの正方形に区切ってみましょう。

2　次の 2 つの数の約数を書き，公約数を◯で囲みましょう。
　また，最大公約数を □ に書きましょう。

			最大公約数
(1)	12	(1, 2,)	
	18	(1, 2,)	
(2)	16	( )	
	24	( )	

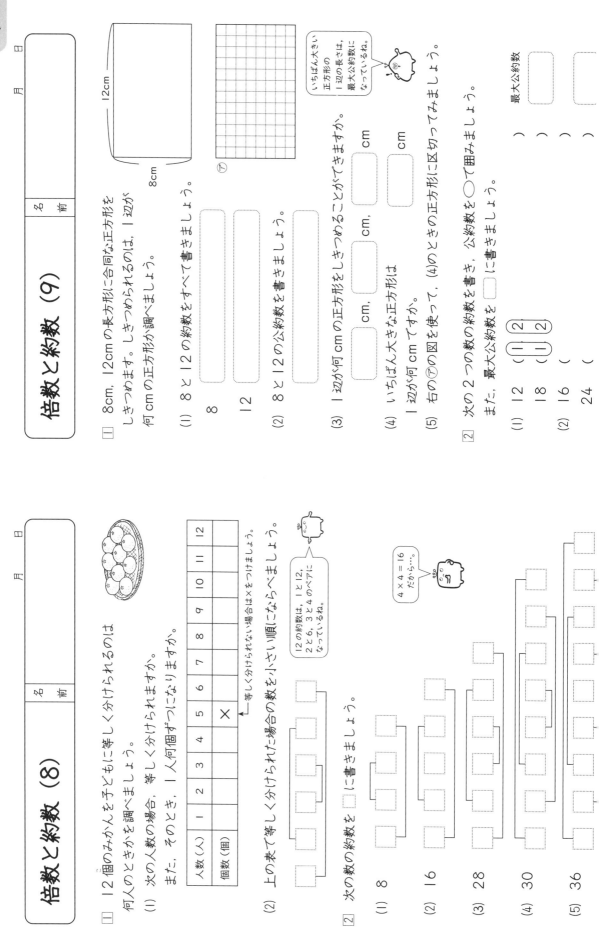

倍数と約数（10）

名前

1 次の２つの数の約数を書き，公約数を◯で囲みましょう。
また，最大公約数を □ に書きましょう。

最大公約数

(1) 4 （1，　　　　　　　　）
12 （1，　　　　　　　　）　□

(2) 6 （　　　　　　　　）
18 （　　　　　　　　）　□

(3) 24 （　　　　　　　　）
16 （　　　　　　　　）　□

(4) 30 （　　　　　　　　）
36 （　　　　　　　　）　□

2 次の３つの数の約数を書き，公約数を◯で囲みましょう。
また，最大公約数を □ に書きましょう。

最大公約数

(1) 4 （　　　　　　　　）
6 （　　　　　　　　）　□
12 （　　　　　　　　）

(2) 15 （　　　　　　　　）
20 （　　　　　　　　）　□
30 （　　　　　　　　）

(3) 18 （　　　　　　　　）
24 （　　　　　　　　）　□
36 （　　　　　　　　）

倍数と約数（11）

名前

1 男子が 28 人，女子が 24 人います。それぞれを同じ人数に分けて男子と女子のまじったグループを作ります。あまる人が出ないように，できるだけ多くのグループを作るには，グループの数をいくつにしたらよいでしょう。

(1) 男子と女子は，それぞれいくつのグループに分けることができますか。

男子 □

女子 □

(2) グループの数がいちばん多くなるのは，いくつのときですか。　□ つ

(3) (2)のとき，１グループは，男子何人，女子何人，合計何人になりますか。

男子　　　人，女子　　　人，合計　　　人

2 たて 30cm，横 36cm の画用紙があります。
この画用紙から同じ大きさの正方形をあまりが出ないように切り取ります。

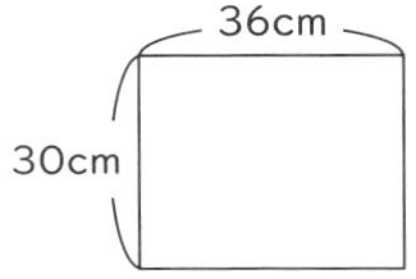

(1) 正方形の１辺を何 cm にすればよいですか。

□

(2) いちばん大きな正方形は，１辺が何 cm ですか。　□ cm

(3) (2)の大きさで切ると，何まいの正方形ができますか。　□ まい

10分

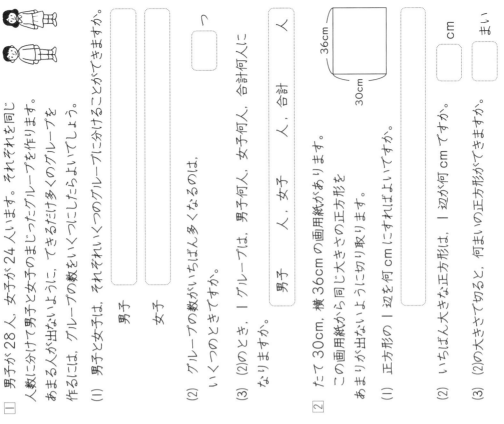

月　　日

算数あそび

倍数と約数 ①

名前

● 3の倍数をみつけて，数字の小さい順にひらがなをならべかえてみましょう。とびらをあけるじゅもんだよ。

53 よ	9 る	30 が	5 ぬ	54 だ
10 く	47 て	17 は	18 さ	37 け
6 だ	33 こ	43 ら	11 す	16 う
24 ん	8 あ	15 ま	29 ふ	42 ろ
32 き	2 さ	40 な	48 ん	25 え

小											大

月　　日

算数あそび

倍数と約数 ②

名前

2の約数は，1と2の2つです。3の約数は，1と3の2つです。
5の約数は，1と5の2つです。

このように約数が2つだけの数（これを素《そ》数《すう》といいます。）をたどって，スタートからゴールまで行きましょう。

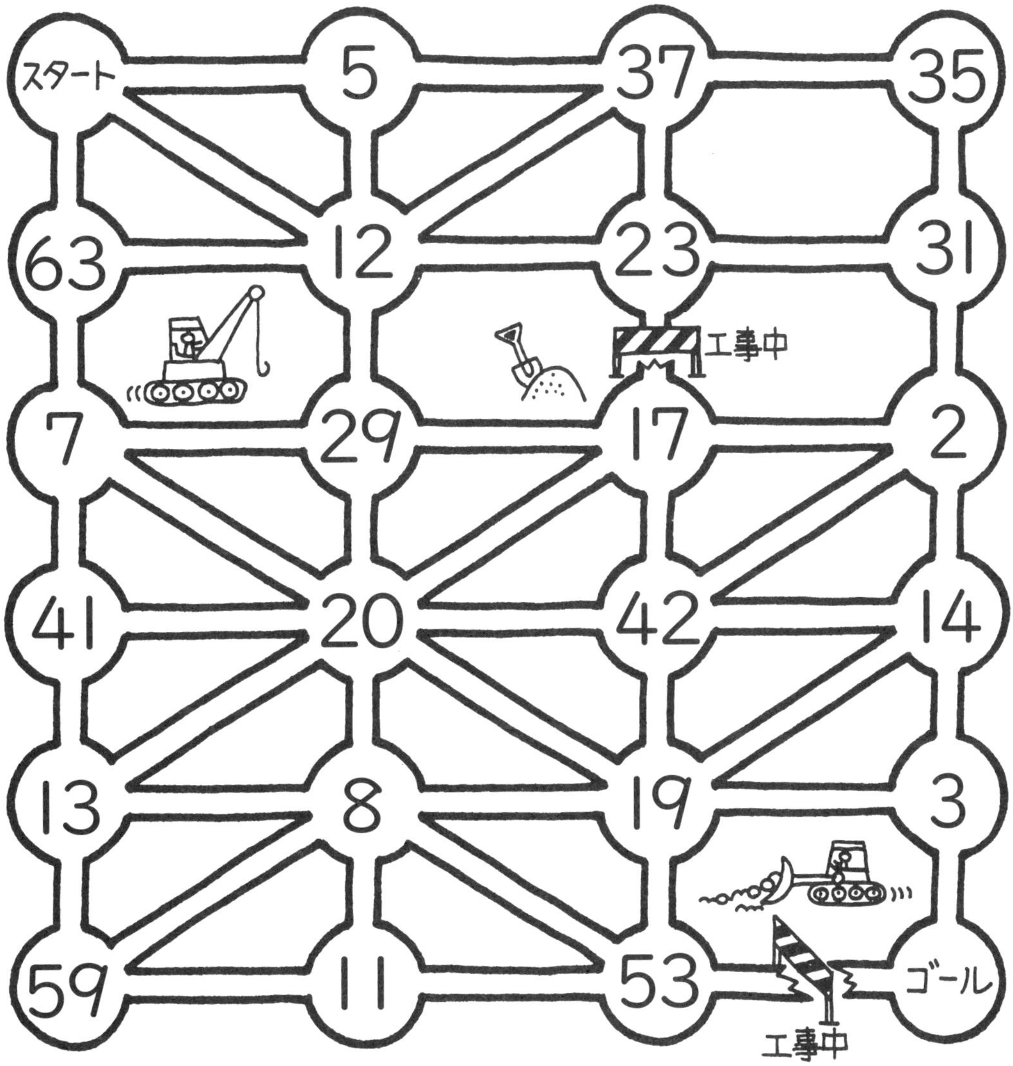

月　日

ふりかえり
偶数と奇数・倍数と約数 ①

名前

1 次の数を偶数《ぐうすう》と奇数《きすう》に分けて書きましょう。

0, 1, 2, 4, 9, 15, 20, 27, 56, 103

偶数 ＿＿＿＿　奇数 ＿＿＿＿

2 3と5の倍数をそれぞれ小さい順に5つずつ書きましょう。
また，3と5の最小公倍数を求めましょう。

3の倍数 ＿＿＿＿

5の倍数 ＿＿＿＿

3と5の最小公倍数 ＿＿＿＿

3 次の数の最小公倍数を求めましょう。

(1) 4, 5 ＿＿＿＿　(2) 6, 8 ＿＿＿＿

(3) 8, 16 ＿＿＿＿　(4) 9, 12, 18 ＿＿＿＿

4 12と16の約数をそれぞれすべて書きましょう。
また，12と16の最大公約数を求めましょう。

12の約数 ＿＿＿＿

16の約数 ＿＿＿＿

12と16の最大公約数 ＿＿＿＿

5 次の数の最大公約数を求めましょう。

(1) 8, 12 ＿＿＿＿　(2) 20, 24 ＿＿＿＿

(3) 18, 30 ＿＿＿＿　(4) 10, 15, 30 ＿＿＿＿

月　日

ふりかえり
偶数と奇数・倍数と約数 ②

名前

1 高さが6cmと9cmの箱があります。それぞれを積んでいきます。
同じ高さになるのは何cmのときですか。

(1) 6と9の倍数を小さい順に4つ書きましょう。

6の倍数 ＿＿＿＿

9の倍数 ＿＿＿＿

(2) 2つの箱がはじめて同じ高さになるのは
何cmのときですか。 ＿＿＿＿

(3) (2)のとき，それぞれの箱の数は何個《こ》ですか。

6cmの箱 ＿＿＿＿ 個，　9cmの箱 ＿＿＿＿ 個

(4) 次に箱の高さが同じになるのは何cmのときですか。 ＿＿＿＿

2 たて18cm，横24cmの板に正方形の
色タイルをすきまのないようにしきつめます。
1辺が何cmの正方形のタイルがはれるでしょうか。

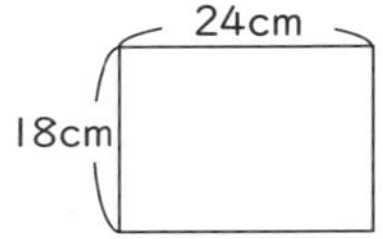

(1) 18と24の約数をすべて書きましょう。

18の約数 ＿＿＿＿

24の約数 ＿＿＿＿

(2) しきつめられるいちばん大きな正方形は，1辺が何cmですか。 ＿＿＿＿

(3) (2)のとき，正方形のタイルは，何まいになりますか。 ＿＿＿＿

(141%に拡大してご使用ください。)

月　日

偶数と奇数・倍数と約数（テスト）

名前

【知識・技能】

1 下の数を偶数《ぐうすう》と奇数《きすう》に分けましょう。(5)（完答）

0,1,3,4,7,10,14,24,47,100,289,2765

偶数

奇数

2 次の数の倍数を小さい順に3つ書きましょう。(5×3)

(1) 6

(2) 9

(3) 12

3 次の2つの数の公倍数を小さい順に3つ書きましょう。また，最小公倍数に○をつけましょう。(5×2)

(1) （3，4）

(2) （6，8）

4 次の数の約数をすべて書きましょう。(5×2)

(1) 28

(2) 60

5 次の2つの数の公約数をすべて書きましょう。また，最大公約数に○をつけましょう。(5×2)

(1) （12，20）

(2) （32，56）

【思考・判断・表現】

6 20から30までの数で奇数をすべて書きましょう。(6)

7 高さ6cmと8cmの箱をそれぞれ重ねていきます。

(1) 重ねていって，はじめて同じ高さになるのは何cmのときですか。(6)　答え

(2) (1)のとき，それぞれの箱の数は何個《こ》ですか。(2×2)

6cmの箱　個で，8cmの箱　個

(3) 次に箱の高さが同じになるのは何cmのときですか。(6)　答え

8 たて16cm，横48cmの画用紙があります。この画用紙から同じ大きさの正方形をあまりの出ないように切り取っていきます。(6×2)

(1) 切り取ることができるいちばん大きい正方形は，1辺が何cmですか。　答え

(2) (1)で答えた正方形は何まいできますか。　答え

9 ある駅をバスは8分おきに，電車は10分おきに出発します。午前8時にバスと電車が同時に出発しました。次に同時に出発するのは何時何分になりますか。(6)

答え

10 42人の子どもと12人のおとなでグループを作ります。どのグループにも同じ人数の子どもとおとなにします。

(1) できるだけ多くのグループを作ると，何グループできますか。(6)

答え

(2) (1)のとき，子どもとおとなの人数はそれぞれ何人ですか。(2×2)

子ども　人，おとな　人

月　　日

分数と小数，整数の関係（1）

名前

1 わり算の商を分数で表しましょう。　■ ÷ ● = $\frac{■}{●}$

(1) 2 ÷ 5 = $\frac{\square}{\bigcirc}$　(2) 3 ÷ 7 = $\frac{\square}{\bigcirc}$

(3) 4 ÷ 3 = $\frac{\square}{\bigcirc}$　(4) 7 ÷ 6 = $\frac{\square}{\bigcirc}$

(5) 5 ÷ 11 = $\frac{\square}{\bigcirc}$　(6) 17 ÷ 15 = $\frac{\square}{\bigcirc}$

2 □や○にあてはまる数を書きましょう。

(1) $\frac{2}{3}$ = 2 ÷ ○　(2) $\frac{9}{4}$ = □ ÷ 4

(3) $\frac{7}{13}$ = □ ÷ ○　(4) $\frac{1}{6}$ = □ ÷ ○

(5) $\frac{5}{24}$ = □ ÷ ○　(6) $\frac{11}{8}$ = □ ÷ ○

3 5 mのテープを 6 等分しました。1 つ分の長さは何mですか。
□や○にあてはまる数を書きましょう。

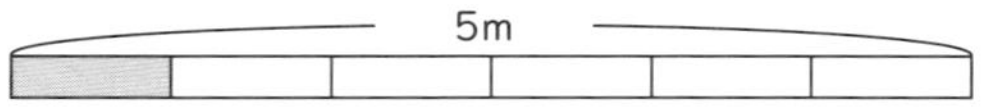

□ ÷ ○ = $\frac{\square}{\bigcirc}$　　答え

月　　日

分数と小数，整数の関係（2）

名前

1 3 mのテープを 5 等分した 1 つ分の長さは何 m ですか。
答えを分数と小数で表しましょう。

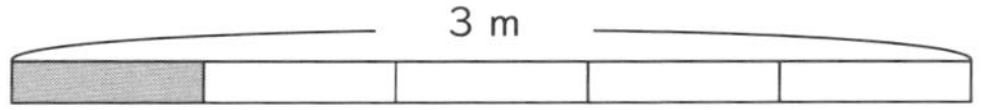

分数で　3 ÷ 5 = $\frac{\square}{\bigcirc}$ (m)　　小数で　3 ÷ 5 = □ (m)

2 次の分数をわり算にして，小数や整数で表しましょう。

(1) $\frac{4}{5}$ = □ ÷ ○ = □　(2) $\frac{11}{4}$ = □ ÷ ○ = □

(3) $1\frac{3}{8}$ = □ ÷ ○ = □　(4) $2\frac{3}{10}$ = □ ÷ ○ = □

(5) $3\frac{1}{5}$ = □ ÷ ○ = □　(6) $\frac{36}{6}$ = □ ÷ ○ = □

（141%に拡大してご使用ください。）

分数と小数，整数の関係（3）

名前

1 0.7，0.39，1.46 を分数で表しましょう。

(1) 0.1 $= \frac{1}{10}$ だから，　0.7 $= \frac{\square}{10}$

(2) 0.01 $= \frac{1}{100}$ だから，　0.39 $= \frac{\square}{100}$

(3) 0.01 $= \frac{1}{100}$ だから，　1.46 $= \frac{\square}{100}$

2 次の小数を分数で表しましょう。

(1) 0.3 $= \frac{\square}{\square}$　(2) 1.2 $= \frac{\square}{\square}$

(3) 0.09 $= \frac{\square}{\square}$　(4) 2.06 $= \frac{\square}{\square}$

(5) 0.58 $= \frac{\square}{\square}$

3 次の整数を分数で表しましょう。

(1) 3 $= \frac{\square}{1}$　(2) 6 $= \frac{\square}{\square}$

(3) 11 $= \frac{\square}{\square}$　(4) 20 $= \frac{\square}{\square}$

分数と小数，整数の関係（4）

名前

1 数の大小を比《くら》べて，□に不等号を書きましょう。

(1) 0.3 □ $\frac{2}{5}$　(2) 3.2 □ $\frac{13}{4}$

小数になおす計算

$\left(\frac{2}{5} = 2 \div 5 = \square \right)$

(3) $1\frac{9}{15}$ □ 1.7　(4) 0.8 □ $\frac{5}{6}$

(5) $2\frac{1}{3}$ □ 2.3

(141%に拡大してご使用ください。)

月　　日

分数と小数，整数の関係（5）

名前

● ペットボトルと水そうに水が入っています。

2L 　7L 

(1) それぞれの水の量を下の図に色をぬって表しましょう。

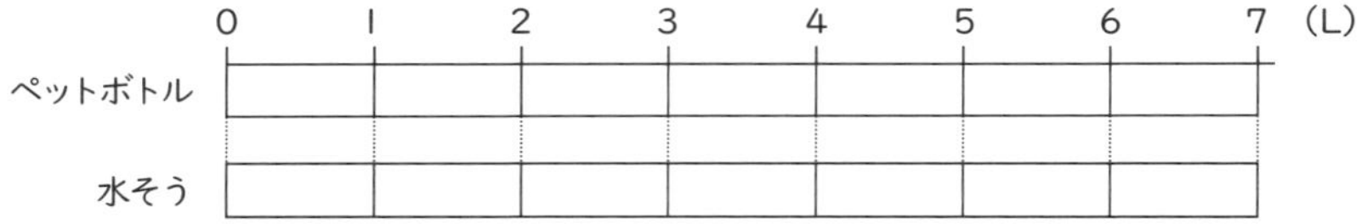

(2) 水そうには，ペットボトルの何倍の水が入っていますか。

もとにする量

式　□ ÷ □ ＝ □/□

答え　□/□ 倍

(3) ペットボトルには，水そうの何倍の水が入っていますか。

もとにする量

式　□ ÷ □ ＝ □/□

答え　□/□ 倍

月　　日

分数と小数，整数の関係（6）

名前

● Aは4mです。B，C，D，Eのテープの長さはそれぞれAの何倍かを表しましょう。

	長さ(m)
A	4
B	8
C	7
D	1
E	3

(1)

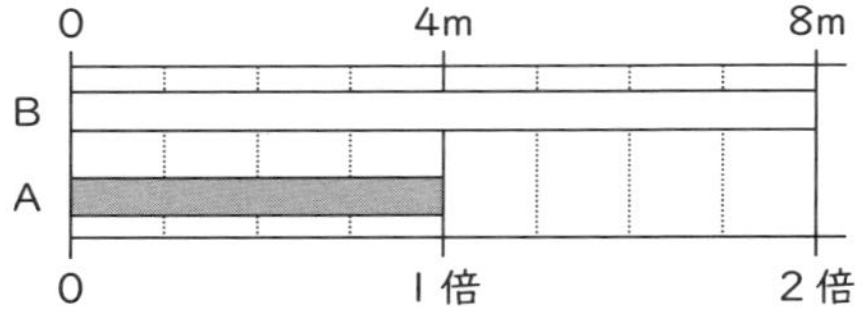

式　8 ÷ 4

BはAの □ 倍

(2)

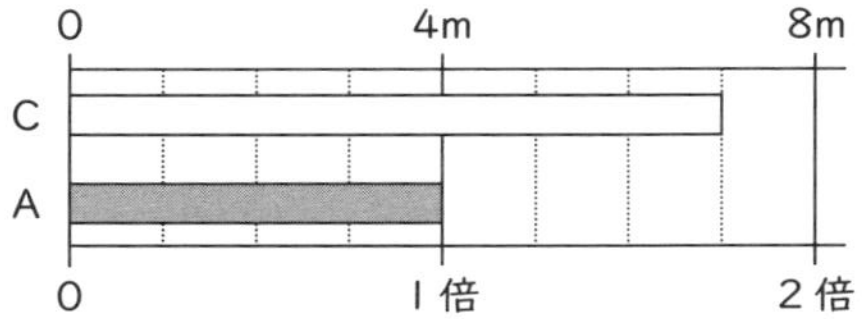

式　□ ÷ 4

CはAの □/□ 倍

(3)

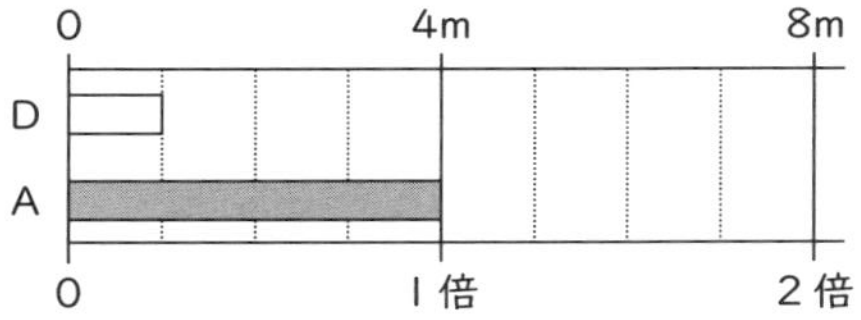

式　1 ÷ □

DはAの □/□ 倍

(4)

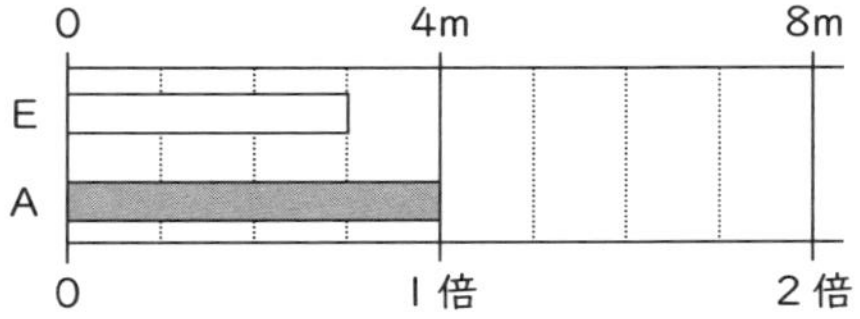

式　□ ÷ □

EはAの □/□ 倍

（141%に拡大してご使用ください。）

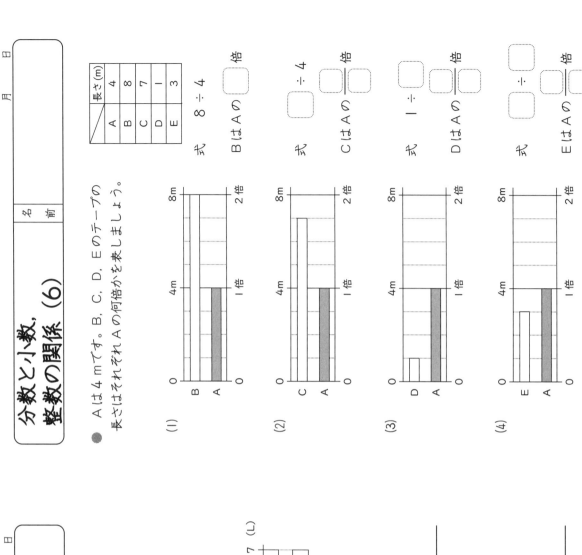

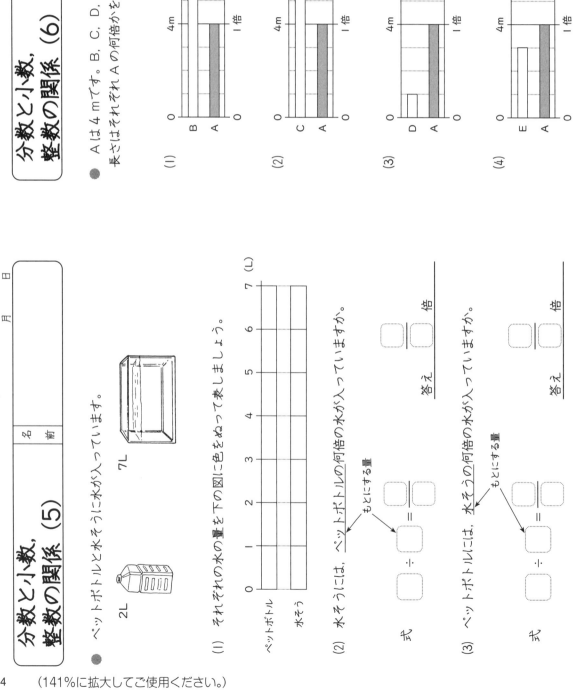

分数と小数，整数の関係（7）

名前

1 わり算の商を分数で表しましょう。

(1) $3 \div 8 = \frac{\square}{\square}$　　(2) $7 \div 5 = \frac{\square}{\square}$

(3) $4 \div 11 = \frac{\square}{\square}$　　(4) $16 \div 9 = \frac{\square}{\square}$

2 次の分数をわり算にして，小数や整数で表しましょう。

(1) $\frac{2}{5} = \square \div \square = \square$　　(2) $\frac{3}{4} = \square \div \square = \square$

(3) $\frac{24}{3} = \square \div \square = \square$　　(4) $\frac{18}{6} = \square \div \square = \square$

(5) $1\frac{9}{10} = \square \div \square = \square$　　(6) $2\frac{1}{2} = \square \div \square = \square$

3 次の小数や整数を分数で表しましょう。

(1) $0.3 = \frac{\square}{\square}$　　(2) $0.65 = \frac{\square}{\square}$

(3) $1.9 = \frac{\square}{\square}$　　(4) $14 = \frac{\square}{\square}$

分数と小数，整数の関係（8）

名前

1 数の大小を比《くら》べて，□に不等号を書きましょう。

(1) $0.3 \ \square \ \frac{1}{4}$　　(2) $\frac{6}{5} \ \square \ 1.3$

(3) $2.1 \ \square \ \frac{7}{3}$　　(4) $2\frac{3}{8} \ \square \ 2.4$

2 右の表のような長さのリボンがあります。
Aのリボンの長さ５ｍをもとにすると，
B，Cのリボンの長さはそれぞれ何倍になるか調べましょう。

	長さ (m)
A	5
B	7
C	2

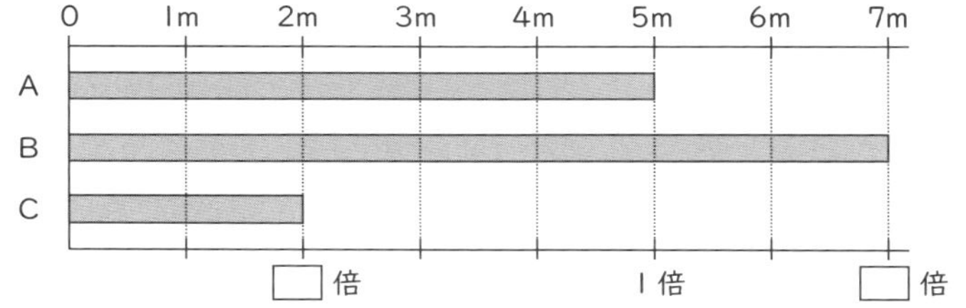

(1) Bのリボンの長さは，Aのリボンの長さの何倍ですか。

式

答え

(2) Cのリボンの長さは，Aのリボンの長さの何倍ですか。

式

答え

5分

月　日

ふりかえり
分数と小数，整数の関係

名前

1 わり算の商を分数で表しましょう。

(1) $3 \div 4$　　(2) $2 \div 7$

2 □にあてはまる数を書きましょう。

(1) $\frac{5}{6} = \square \div \square$　　(2) $\frac{8}{3} = \square \div \square$

3 次の分数を小数や整数で表しましょう。

(1) $\frac{3}{5}$　　(2) $\frac{5}{4}$

(3) $\frac{18}{6}$　　(4) $\frac{3}{8}$

4 次の小数や整数を分数で表しましょう。

(1) 0.5　　(2) 2.3

(3) 0.27　　(4) 4

5 どちらが大きいですか。□に不等号を書きましょう。

(1) $\frac{7}{8}$ □ 0.88　　(2) 2.25 □ $2\frac{2}{7}$

6 次の数を数直線に↑で表し，大きい順に書きましょう。

1.7　$\frac{7}{5}$　0.45　$1\frac{4}{5}$　$2\frac{1}{10}$

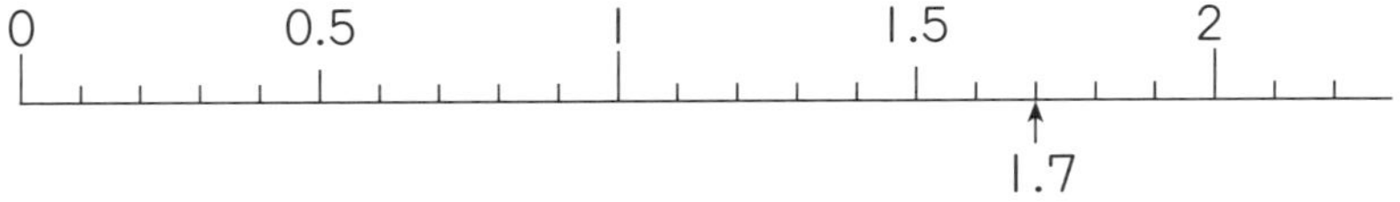

(　　>　　>　　>　　>　　)

7 2Lのジュースを5人で等しく分けます。1人分は何Lになりますか。答えは分数と小数の両方で表しましょう。

式

答え　分数　　　小数

8 赤いテープは4mです。青いテープは9mです。

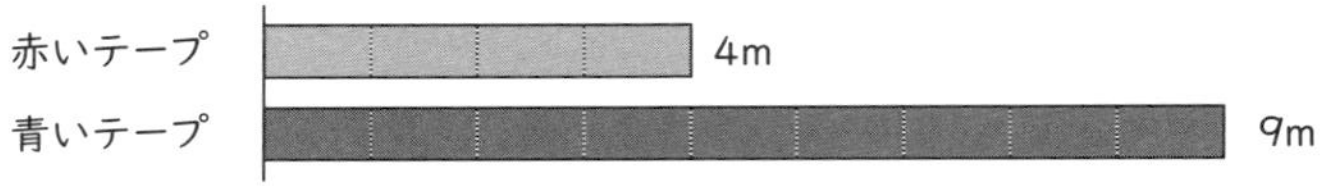

(1) 赤いテープは青いテープの何倍ですか。答えは分数で表しましょう。

式

答え

(2) 青いテープは赤いテープの何倍ですか。答えは分数で表しましょう。

式

（141%に拡大してご使用ください。）

月　　日

分数と小数，整数の関係（テスト）

名前

【知識・技能】

1　わり算の商を分数で表しましょう。(5 × 2)

(1)　3 ÷ 7　□

(2)　5 ÷ 9　□

2　□にあてはまる数を書きましょう。(5 × 2)

(1)　$\frac{2}{3}$ = □ ÷ □

(2)　$\frac{10}{7}$ = □ ÷ □

3　次の分数を小数や整数になおしましょう。(5 × 2)

(1)　$\frac{2}{5}$　□

(2)　$\frac{18}{6}$　□

4　□にあてはまる不等号を書きましょう。(5 × 2)

(1)　$\frac{4}{7}$ □ 0.4

(2)　1.68 □ $\frac{13}{8}$

5　次の小数や整数をそれぞれ分数になおしましょう。(5 × 2)

(1)　2.11　□

(2)　6　□

【思考・判断・表現】

6　次の問題を解《と》いて，答えは分数と小数の両方で表しましょう。(5 × 6)

(1)　3 Lの牛にゅうを4人で等しく分けると，1人分は何Lになりますか。

式

答え　分数　　　　小数

(2)　15kgのねん土を8人に等しく分けます。1人分のねん土は何kgになりますか。

式

答え　分数　　　　小数

(3)　9 mのロープを15本に分けます。1本は，何mになりますか。

式

答え　分数　　　　小数

7　Aのリボンは7 mで，Bのリボンは3 mです。(5 × 4)

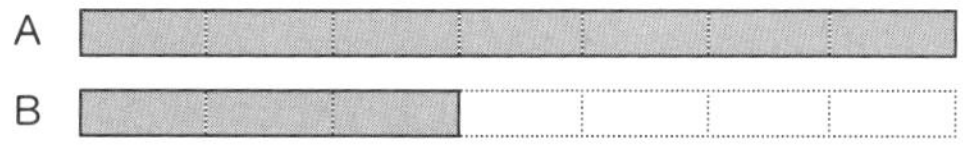

(1)　Bのリボンの長さは，Aのリボンの長さの何倍ですか。

式

答え

(2)　Aのリボンの長さは，Bのリボンの長さの何倍ですか。

式

答え

(141%に拡大してご使用ください。)

月　日

算数あそび

分数と小数，整数の関係

名前

● 数の大きい方を通ってゴールまで行きましょう。

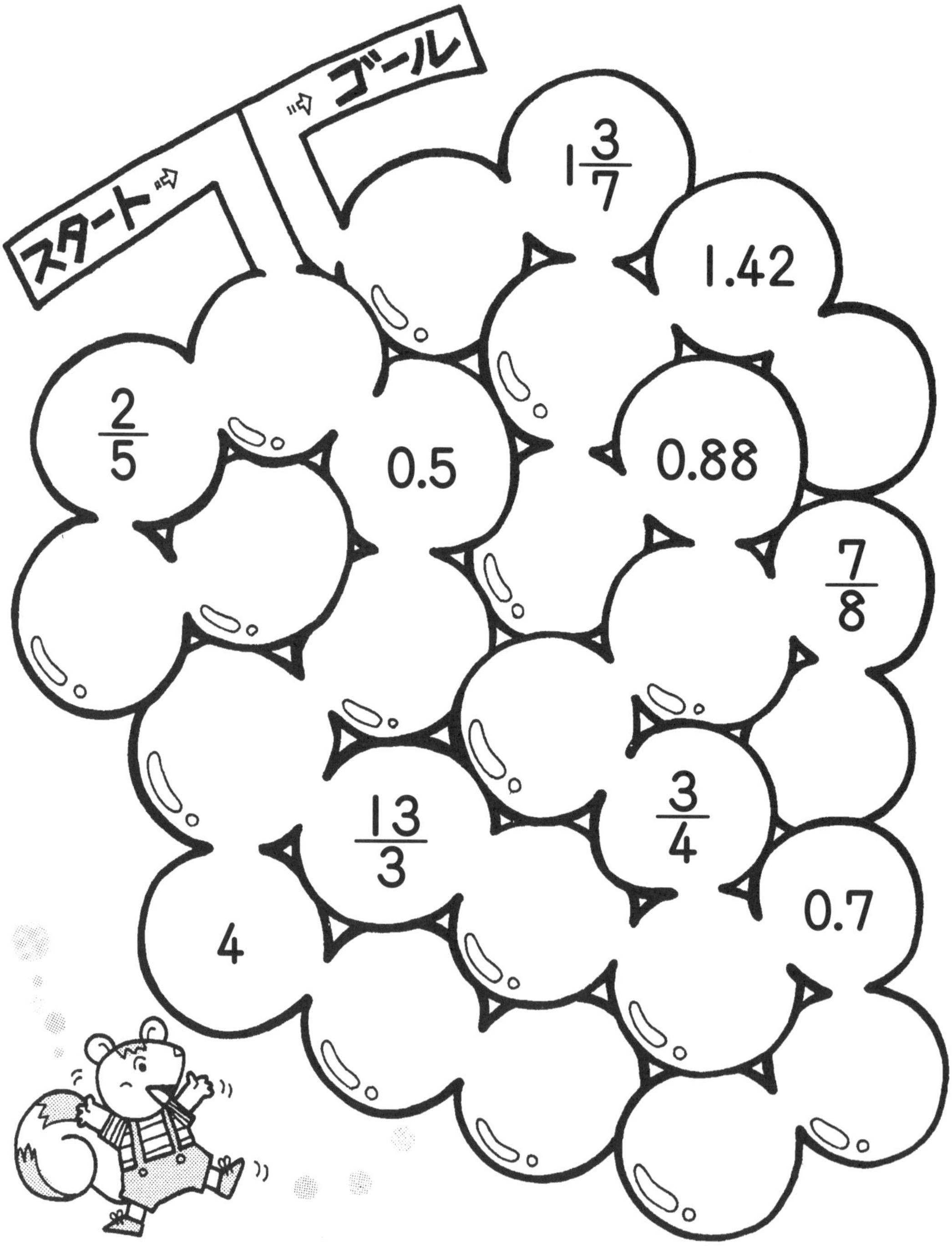

分数（1）

名前

1　大きさの等しい分数を作りましょう。

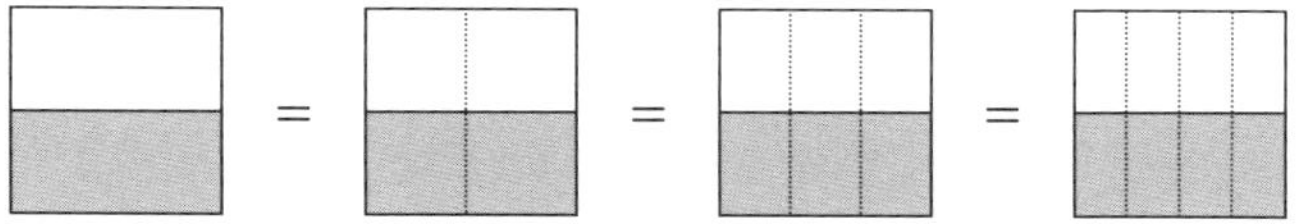

$\frac{1}{2} = \frac{2}{4} = \frac{\square}{\square} = \frac{\square}{\square}$

（分子・分母ともに ×2、×3、×4）

2　□にあてはまる数を書きましょう。

① $\frac{1}{3} = \frac{2}{\square} = \frac{3}{\square} = \frac{4}{\square} = \frac{5}{\square}$

② $\frac{2}{5} = \frac{4}{\square} = \frac{\square}{15} = \frac{8}{\square} = \frac{10}{\square}$

③ $\frac{4}{7} = \frac{\square}{14} = \frac{12}{\square} = \frac{16}{\square} = \frac{\square}{35}$

分数（2）

名前

1　大きさの等しい分数を作りましょう。

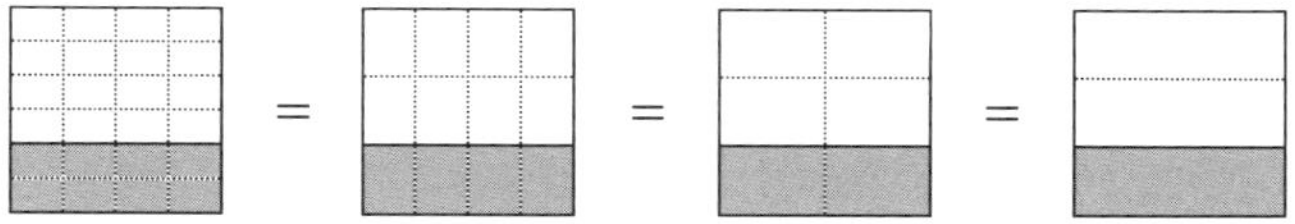

$\frac{8}{24} = \frac{4}{12} = \frac{\square}{6} = \frac{\square}{\square}$

（分子・分母ともに ÷2、÷4、÷8）

2　□にあてはまる数を書きましょう。

① $\frac{15}{20} = \frac{\square}{4}$（÷5）

② $\frac{28}{35} = \frac{\square}{5}$（÷7）

③ $\frac{8}{16} = \frac{\square}{8} = \frac{2}{\square} = \frac{\square}{2}$

④ $\frac{16}{36} = \frac{4}{\square}$

⑤ $\frac{16}{56} = \frac{8}{\square} = \frac{\square}{14} = \frac{2}{\square}$

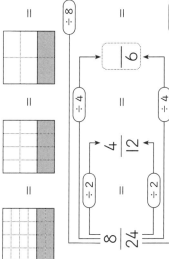

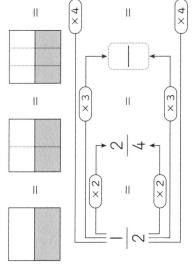

分数（3）

月　日

名前

1　次の分数を約分しましょう。

① $\frac{4}{10}=\frac{\square}{\square}$　② $\frac{12}{16}=\frac{\square}{\square}$

③ $\frac{24}{40}=\frac{\square}{\square}$　④ $1\frac{18}{24}=\frac{\square}{\square}$

⑤ $\frac{32}{24}=\frac{\square}{\square}$　⑥ $\frac{56}{32}=\frac{\square}{\square}$

2　次の分数を約分しましょう。

① $\frac{54}{9}=\frac{\square}{\square}=\square$　② $\frac{60}{12}=\frac{\square}{\square}=\square$

③ $\frac{105}{15}=\frac{\square}{\square}=\square$　④ $\frac{200}{25}=\frac{\square}{\square}=\square$

分数（4）

月　日

名前

1　次の分数を約分しましょう。

① $\frac{18}{30}$　② $\frac{48}{64}$

③ $\frac{63}{28}$　④ $\frac{32}{56}$

⑤ $\frac{120}{45}$　⑥ $2\frac{36}{84}$

2　次の分数を約分しましょう。

① $\frac{40}{8}=\frac{\square}{1}=\square$　② $\frac{72}{18}$

③ $\frac{121}{11}$　④ $\frac{96}{16}$

　（141%に拡大してご使用ください。）

分数（5）

名前

1 $\frac{1}{3}$と$\frac{1}{4}$は，どちらが大きいですか。通分して比《くら》べましょう。

$\frac{1}{3}$に等しい分数　$\frac{1}{3}$，$\frac{2}{\square}$，$\frac{3}{\square}$，$\frac{4}{\square}$

$\frac{1}{4}$に等しい分数　$\frac{1}{4}$，$\frac{2}{\square}$，$\frac{3}{\square}$

答え　$\frac{\square}{\square}$の方が大きい。

2 次の分数を通分して（　）に書き，大きい方に○をつけましょう。

① $\frac{3}{4}$，$\frac{5}{7}$（　，　）　② $\frac{4}{3}$，$\frac{13}{9}$（　，　）

③ $\frac{5}{8}$，$\frac{3}{5}$（　，　）　④ $\frac{7}{12}$，$\frac{5}{9}$（　，　）

分数（6）

名前

1 次の分数を通分して（　）に書き，大きい方に○をつけましょう。

① $\frac{2}{3}$，$\frac{3}{5}$（　，　）　② $\frac{7}{10}$，$\frac{3}{4}$（　，　）

③ $\frac{9}{7}$，$\frac{37}{28}$（　，　）　④ $\frac{11}{6}$，$\frac{15}{8}$（　，　）

⑤ $2\frac{2}{5}$，$2\frac{1}{2}$（　，　）　⑥ $3\frac{2}{9}$，$3\frac{1}{6}$（　，　）

2 ３つの分数を通分して，（　）に書きましょう。

① $\frac{2}{3}$，$\frac{4}{5}$，$\frac{7}{10}$（　，　，　）

② $\frac{5}{6}$，$\frac{3}{4}$，$\frac{7}{9}$（　，　，　）

5分

（141%に拡大してご使用ください。）

分数（7）

月　日　名前

1 □にあてはまる数を書きましょう。

① $\frac{1}{4} = \frac{4}{\square}$　② $\frac{30}{36} = \frac{\square}{6}$

③ $\frac{3}{5} = \frac{\square}{10} = \frac{12}{\square} = \frac{\square}{40} = \frac{48}{\square}$

④ $\frac{32}{48} = \frac{\square}{24} = \frac{8}{\square} = \frac{4}{\square} = \frac{\square}{3}$

2 次の分数を約分しましょう。

① $\frac{5}{40}$　② $\frac{18}{27}$

③ $\frac{63}{49}$　④ $5\frac{15}{60}$

3 次の分数を約分しましょう。

① $\frac{56}{7}$　② $\frac{60}{12}$

分数（8）

月　日　名前

1 次の分数を通分して（　）に書き，大きい方に○をつけましょう。

① $\frac{4}{7}$，$\frac{1}{2}$（　，　）　② $\frac{5}{9}$，$\frac{16}{27}$（　，　）

③ $\frac{4}{15}$，$\frac{3}{10}$（　，　）　④ $\frac{9}{5}$，$\frac{7}{4}$（　，　）

⑤ $1\frac{3}{10}$，$1\frac{1}{3}$（　，　）　⑥ $5\frac{3}{4}$，$5\frac{7}{10}$（　，　）

2 3つの分数を通分して（　）に書き，いちばん大きい分数に○をつけましょう。

① $\frac{1}{2}$，$\frac{3}{4}$，$\frac{5}{8}$（　，　，　）

② $\frac{3}{8}$，$\frac{1}{3}$，$\frac{5}{12}$（　，　，　）

3 次の分数を通分して（　）に書き，□に不等号を書きましょう。

① $\frac{2}{3}$ □ $\frac{3}{4}$（　，　）　② $\frac{7}{6}$ □ $\frac{9}{8}$（　，　）

ふりかえり

分数

名前

1 □にあてはまる数を書きましょう。

① $\frac{1}{7} = \frac{2}{\square} = \frac{3}{\square} = \frac{\square}{28} = \frac{5}{\square}$

② $\frac{2}{3} = \frac{\square}{6} = \frac{6}{\square} = \frac{\square}{12} = \frac{10}{\square}$

③ $\frac{3}{4} = \frac{6}{\square} = \frac{\square}{12} = \frac{\square}{20} = \frac{18}{\square}$

④ $\frac{5}{9} = \frac{\square}{18} = \frac{\square}{27} = \frac{20}{\square} = \frac{25}{\square}$

2 次の分数を約分しましょう。

① $\frac{2}{6}$　② $\frac{35}{28}$　③ $\frac{30}{48}$

④ $\frac{100}{75}$　⑤ $3\frac{18}{45}$　⑥ $\frac{72}{12}$

3 次の分数を通分して（　）に書き，大きい方に○をつけましょう。

① $\frac{2}{5}$，$\frac{1}{3}$（　　，　　）　② $\frac{17}{25}$，$\frac{3}{5}$（　　，　　）

③ $\frac{9}{7}$，$\frac{11}{9}$（　　，　　）　④ $\frac{3}{8}$，$\frac{5}{12}$（　　，　　）

⑤ $1\frac{5}{8}$，$1\frac{2}{3}$（　　，　　）　⑥ $\frac{25}{21}$，$\frac{15}{14}$（　　，　　）

4 3つの分数を通分して（　）に書き，いちばん大きい分数に○をつけましょう。

① $\frac{5}{6}$，$\frac{11}{12}$，$\frac{19}{24}$（　　，　　，　　）

② $\frac{3}{5}$，$\frac{2}{3}$，$\frac{7}{10}$（　　，　　，　　）

5 次の分数を通分して（　）に書き，□に不等号を書きましょう。

① $\frac{2}{3}$ □ $\frac{8}{9}$
（　　，　　）

② $\frac{11}{6}$ □ $\frac{7}{4}$
（　　，　　）

10分 ふりかえり

（141％に拡大してご使用ください。）

月　日

算数あそび

分数 ①

名前

● 分数を約分してゴールまで行きます。
約分した順にその記号を下の ◯ にかきましょう。

スタート ◯◯◯◯◯◯◯◯◯◯ ゴール

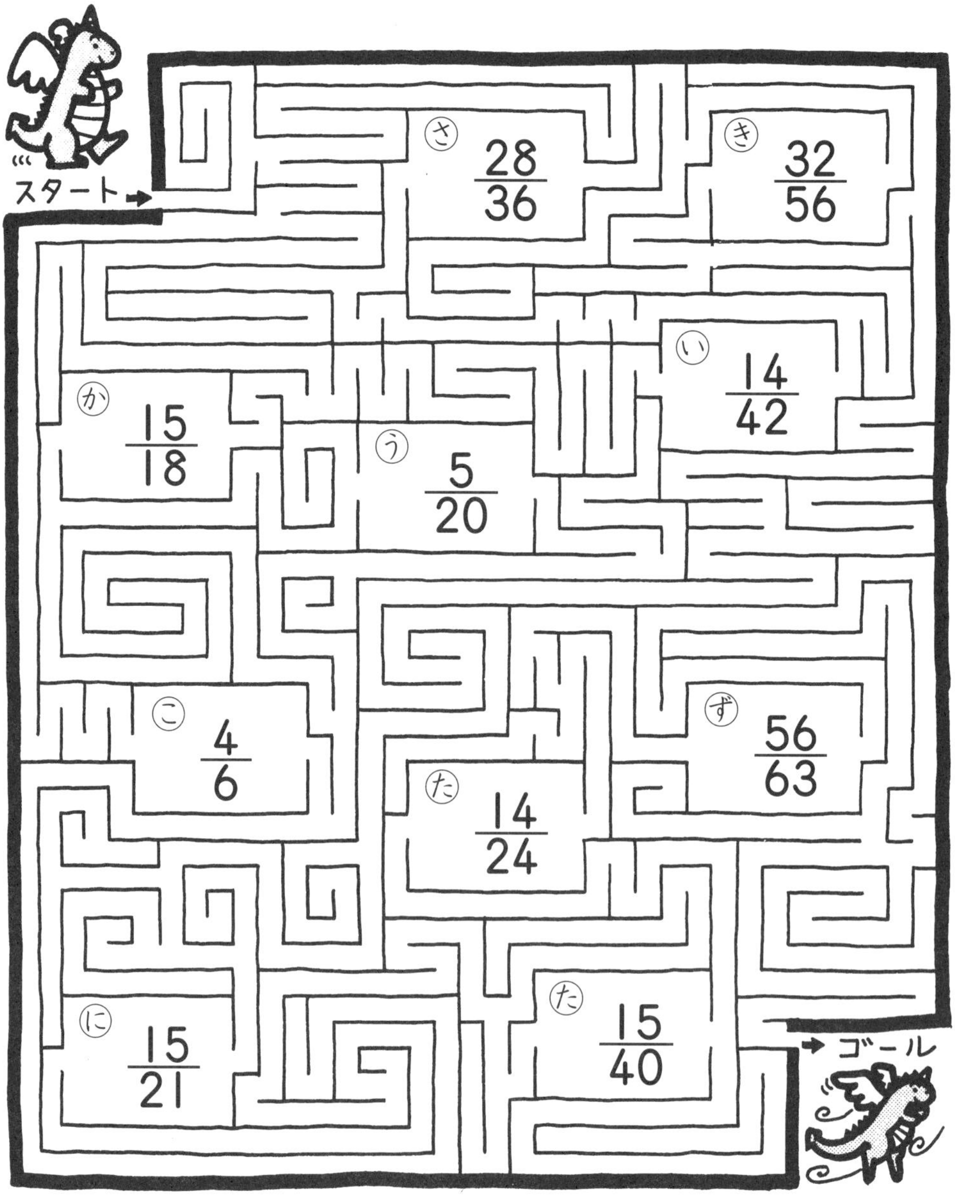

月　　日

# 算数あそび	名前	
分数 ②		

通分して大きい方の分数を○で囲み，ゴールまで行きましょう。

分数のたし算（1）

約分なし ①

名前　　　　　　　　月　　日

● 次の計算をしましょう。

（例）　$\frac{1}{4}+\frac{1}{2}=\frac{1}{④}+\frac{2}{④}$

4と2の最小公倍数

$=\frac{3}{4}$

① $\frac{1}{2}+\frac{2}{5}$　　② $\frac{3}{4}+\frac{1}{8}$

③ $\frac{3}{8}+\frac{1}{3}$　　④ $\frac{2}{3}+\frac{4}{9}$

⑤ $\frac{7}{15}+\frac{2}{3}$

分数のたし算（2）

約分あり ①

名前　　　　　　　　月　　日

● 次の計算をしましょう。

（例）　$\frac{7}{12}+\frac{3}{4}=\frac{7}{12}+\frac{9}{12}$

$=\frac{16}{12}$（16→4、12→3）

$=\frac{4}{3}\left(1\frac{1}{3}\right)$

① $\frac{4}{15}+\frac{1}{3}$　　② $\frac{2}{7}+\frac{3}{14}$

③ $\frac{5}{6}+\frac{7}{15}$　　④ $\frac{7}{12}+\frac{2}{3}$

⑤ $\frac{5}{12}+\frac{3}{20}$

分数のたし算 (3)

約分なし ②

名前

● 次の計算をしましょう。

① $\frac{1}{3}+\frac{1}{2}$

② $\frac{3}{4}+\frac{2}{3}$

③ $\frac{7}{9}+\frac{1}{3}$

④ $\frac{1}{2}+\frac{4}{5}$

⑤ $\frac{1}{6}+\frac{2}{3}$

⑥ $\frac{3}{8}+\frac{1}{3}$

⑦ $\frac{5}{6}+\frac{3}{7}$

⑧ $\frac{5}{7}+\frac{1}{2}$

分数のたし算 (4)

約分あり ②

名前

● 次の計算をしましょう。

① $\frac{5}{6}+\frac{1}{2}$

② $\frac{7}{10}+\frac{1}{6}$

③ $\frac{1}{15}+\frac{3}{5}$

④ $\frac{3}{4}+\frac{1}{12}$

⑤ $\frac{1}{6}+\frac{1}{3}$

⑥ $\frac{8}{15}+\frac{1}{6}$

⑦ $\frac{1}{6}+\frac{2}{15}$

⑧ $\frac{3}{14}+\frac{1}{10}$

(141%に拡大してご使用ください。)

分数のたし算（5）

帯分数（くり上がりなし）①

名前　　　　月　　日

● 次の計算をしましょう。

（例 1）

$1\frac{3}{5} + 1\frac{1}{3} = 1\frac{9}{15} + 1\frac{5}{15}$

$= 2\frac{14}{15}$

（例 2）

$1\frac{3}{5} + 1\frac{1}{3} = \frac{8}{5} + \frac{4}{3}$

$= \frac{24}{15} + \frac{20}{15}$

$= \frac{44}{15}\left(2\frac{14}{15}\right)$

① $1\frac{1}{6} + 2\frac{4}{7}$

② $2\frac{1}{4} + 1\frac{1}{2}$

③ $2\frac{7}{10} + \frac{1}{4}$

分数のたし算（6）

帯分数（くり上がりあり）①

名前　　　　月　　日

● 次の計算をしましょう。

（例 1）

$1\frac{2}{3} + 1\frac{5}{6} = 1\frac{4}{6} + 1\frac{5}{6}$

$= 2\frac{9}{6}$

$= 3\frac{3}{6}$

$= 3\frac{1}{2}$

（例 2）

$1\frac{2}{3} + 1\frac{5}{6} = \frac{5}{3} + \frac{11}{6}$

$= \frac{10}{6} + \frac{11}{6}$

$= \frac{\cancel{21}^{7}}{\cancel{6}_{2}}$

$= \frac{7}{2}\left(3\frac{1}{2}\right)$

① $2\frac{2}{3} + \frac{5}{9}$

② $1\frac{5}{6} + 1\frac{3}{10}$

③ $\frac{11}{12} + 1\frac{1}{3}$

（141%に拡大してご使用ください。）

分数のたし算（7）

帯分数（くり上がりなし）②

名前

● 次の計算をしましょう。

① $2\frac{1}{12} + 1\frac{5}{6}$

② $1\frac{3}{8} + 1\frac{1}{3}$

③ $\frac{3}{8} + 1\frac{1}{6}$

④ $2\frac{1}{4} + \frac{3}{16}$

⑤ $1\frac{4}{7} + 2\frac{1}{3}$

分数のたし算（8）

帯分数（くり上がりあり）②

名前

● 次の計算をしましょう。

① $1\frac{5}{16} + 1\frac{3}{4}$

② $\frac{7}{10} + 2\frac{4}{5}$

③ $1\frac{13}{14} + 1\frac{1}{2}$

④ $1\frac{3}{8} + \frac{5}{6}$

⑤ $2\frac{7}{12} + \frac{3}{4}$

5分

（141%に拡大してご使用ください。）

ふりかえり
分数のたし算①

名前　　　　月　　日

● 次の計算をしましょう。

① $\frac{3}{14}+\frac{5}{6}$　② $\frac{3}{8}+\frac{5}{12}$

③ $\frac{2}{5}+\frac{4}{7}$　④ $\frac{7}{18}+\frac{4}{9}$

⑤ $\frac{5}{7}+\frac{11}{14}$　⑥ $1\frac{4}{9}+1\frac{5}{8}$

⑦ $1\frac{5}{6}+1\frac{9}{10}$　⑧ $\frac{9}{10}+\frac{1}{6}$

⑨ $1\frac{1}{6}+2\frac{7}{15}$　⑩ $2\frac{9}{11}+\frac{15}{22}$

ふりかえり
分数のたし算②

名前　　　　月　　日

● 次の計算をしましょう。

① $\frac{5}{18}+\frac{8}{9}$　② $\frac{3}{14}+\frac{3}{7}$

③ $\frac{7}{15}+\frac{5}{6}$　④ $\frac{6}{7}+\frac{10}{21}$

⑤ $2\frac{9}{16}+\frac{3}{8}$　⑥ $\frac{5}{12}+\frac{5}{6}$

⑦ $1\frac{1}{10}+2\frac{1}{2}$　⑧ $\frac{2}{3}+\frac{7}{15}$

⑨ $1\frac{7}{9}+1\frac{13}{18}$　⑩ $1\frac{7}{10}+1\frac{5}{12}$

(141%に拡大してご使用ください。)

月　　日

算数あそび

分数のたし算 ①

名前

◉ ①～⑤のたし算をして，答えの大きい方へ進みましょう。

月　日

算数あそび

分数のたし算 ②

名前	

◎ 計算をして真分数・仮分数のとき，答えを約分して，分子が奇数になるものを通ってゴールまで行きましょう。

分数のひき算（1）

名前

約分なし ①

● 次の計算をしましょう。

（例）　$\frac{5}{8}-\frac{1}{4}=\frac{5}{⑧}-\frac{2}{⑧}$

8と4の最小公倍数

$=\frac{3}{8}$

① $\frac{1}{3}-\frac{2}{9}$　　② $\frac{2}{3}-\frac{2}{5}$

③ $\frac{3}{4}-\frac{1}{7}$　　④ $\frac{5}{9}-\frac{1}{2}$

⑤ $\frac{5}{12}-\frac{5}{24}$

分数のひき算（2）

名前

約分あり ①

● 次の計算をしましょう。

（例）　$\frac{5}{6}-\frac{1}{3}=\frac{5}{6}-\frac{2}{6}$

$=\frac{\cancel{3}^{1}}{\cancel{6}_{2}}$

$=\frac{1}{2}$

① $\frac{11}{12}-\frac{3}{4}$　　② $\frac{5}{6}-\frac{7}{18}$

③ $\frac{2}{3}-\frac{5}{12}$　　④ $\frac{7}{15}-\frac{1}{6}$

⑤ $\frac{11}{14}-\frac{1}{2}$

分数のひき算（3）

約分なし②

月　　日　名前

● 次の計算をしましょう。

① $\frac{2}{3}-\frac{3}{7}$　② $\frac{4}{5}-\frac{3}{4}$

③ $\frac{3}{4}-\frac{1}{3}$　④ $\frac{7}{16}-\frac{1}{4}$

⑤ $\frac{5}{11}-\frac{7}{22}$　⑥ $\frac{5}{8}-\frac{4}{7}$

⑦ $\frac{3}{5}-\frac{11}{30}$　⑧ $\frac{7}{8}-\frac{2}{3}$

分数のひき算（4）

約分あり②

月　　日　名前

● 次の計算をしましょう。

① $\frac{1}{2}-\frac{1}{6}$　② $\frac{5}{9}-\frac{7}{18}$

③ $\frac{9}{10}-\frac{1}{2}$　④ $\frac{5}{6}-\frac{5}{24}$

⑤ $\frac{7}{18}-\frac{1}{6}$　⑥ $\frac{9}{20}-\frac{5}{12}$

⑦ $\frac{5}{12}-\frac{1}{15}$　⑧ $\frac{3}{14}-\frac{1}{21}$

（141%に拡大してご使用ください。）

分数のひき算（5）

名前

帯分数（くり下がりなし）①

● 次の計算をしましょう。

（例1）

$2\frac{3}{10}-1\frac{1}{5}=2\frac{3}{10}-1\frac{2}{10}$

$=1\frac{1}{10}$

（例2）

$2\frac{3}{10}-1\frac{1}{5}=\frac{23}{10}-\frac{6}{5}$

$=\frac{23}{10}-\frac{12}{10}$

$=\frac{11}{10}\left(1\frac{1}{10}\right)$

① $3\frac{1}{4}-1\frac{1}{12}$

② $3\frac{1}{2}-\frac{5}{14}$

③ $3\frac{4}{5}-1\frac{7}{10}$

分数のひき算（6）

名前

帯分数（くり下がりあり）①

● 次の計算をしましょう。

（例1）

$3\frac{1}{8}-1\frac{1}{2}=3\frac{1}{8}-1\frac{4}{8}$

$=2\frac{9}{8}-1\frac{4}{8}$

$=1\frac{5}{8}$

（例2）

$3\frac{1}{8}-1\frac{1}{2}=\frac{25}{8}-\frac{3}{2}$

$=\frac{25}{8}-\frac{12}{8}$

$=\frac{13}{8}\left(1\frac{5}{8}\right)$

① $3\frac{1}{4}-1\frac{3}{5}$

② $3\frac{5}{16}-1\frac{3}{4}$

③ $2\frac{1}{6}-1\frac{3}{10}$

分数のひき算（7）

帯分数（くり下がりなし）②

名前　　　　　月　　日

● 次の計算をしましょう。

① $3\frac{4}{5}-1\frac{1}{4}$

② $3\frac{2}{3}-1\frac{1}{6}$

③ $2\frac{5}{6}-\frac{7}{12}$

④ $2\frac{4}{5}-1\frac{1}{3}$

⑤ $3\frac{2}{3}-2\frac{8}{15}$

分数のひき算（8）

帯分数（くり下がりあり）②

名前　　　　　月　　日

● 次の計算をしましょう。

① $3\frac{1}{6}-1\frac{3}{4}$

② $3\frac{2}{9}-1\frac{1}{2}$

③ $2\frac{3}{8}-1\frac{2}{3}$

④ $3\frac{1}{12}-2\frac{3}{4}$

⑤ $3\frac{1}{5}-\frac{9}{20}$

（141%に拡大してご使用ください。）

ふりかえり
分数のひき算 ①

名前

● 次の計算をしましょう。

① $\frac{3}{7}-\frac{5}{28}$　② $\frac{4}{5}-\frac{1}{3}$

③ $\frac{1}{2}-\frac{2}{9}$　④ $3\frac{1}{12}-1\frac{1}{6}$

⑤ $\frac{4}{15}-\frac{1}{10}$　⑥ $2\frac{3}{16}-1\frac{5}{8}$

⑦ $3\frac{5}{12}-2\frac{3}{8}$　⑧ $3\frac{5}{6}-1\frac{1}{2}$

⑨ $\frac{3}{10}-\frac{1}{6}$　⑩ $3\frac{1}{14}-2\frac{2}{3}$

ふりかえり
分数のひき算 ②

名前

● 次の計算をしましょう。

① $\frac{2}{3}-\frac{1}{4}$　② $\frac{7}{8}-\frac{13}{24}$

③ $3\frac{7}{15}-2\frac{2}{5}$　④ $\frac{5}{12}-\frac{4}{15}$

⑤ $\frac{13}{21}-\frac{2}{7}$　⑥ $\frac{8}{9}-\frac{11}{18}$

⑦ $3\frac{1}{8}-1\frac{4}{5}$　⑧ $\frac{5}{14}-\frac{3}{28}$

⑨ $2\frac{5}{9}-1\frac{5}{6}$　⑩ $2\frac{4}{9}-2\frac{5}{27}$

（141%に拡大してご使用ください。）

月　日

算数あそび

分数のひき算 ①

名前

● 1～5のひき算の答えの大きい方へ進みましょう。

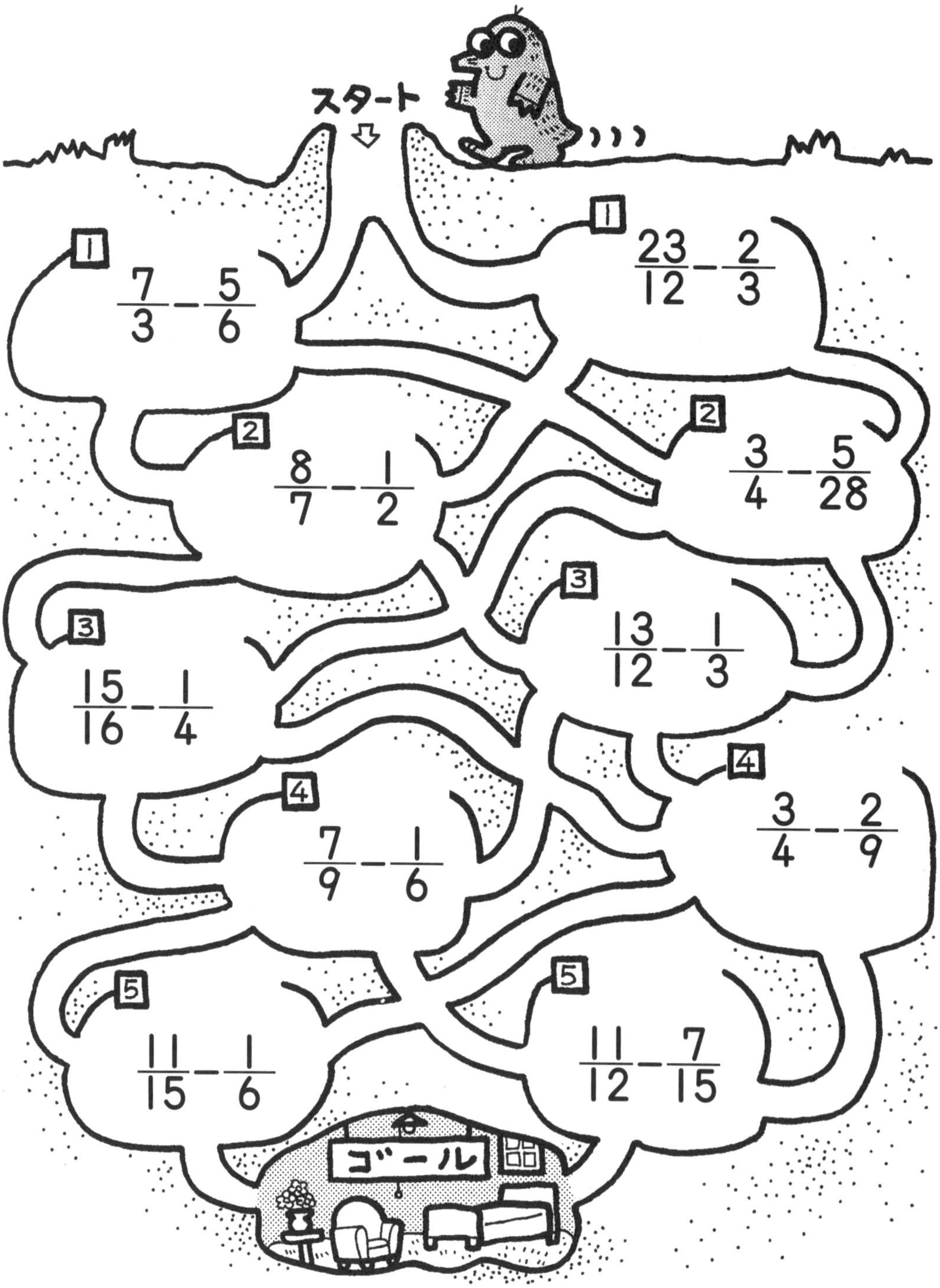

月　日

算数あそび

分数のひき算 ②

名前

● 計算して答えの小さい方を通ってゴールまで行きましょう。

月　　日

分数のたし算・ひき算 (1)

3つの分数のたし算・ひき算 ①

名前

● 次の計算をしましょう。

(例) $\frac{1}{3}+\frac{1}{2}+\frac{2}{9}=\frac{\square}{18}+\frac{\square}{18}+\frac{\square}{18}$

$=\frac{\square}{\square}\left(\square\frac{\square}{\square}\right)$

① $\frac{1}{6}+\frac{1}{2}+\frac{3}{4}$

② $\frac{5}{8}-\frac{1}{4}-\frac{1}{6}$

③ $\frac{5}{6}-\frac{1}{4}-\frac{2}{9}$

④ $\frac{1}{3}+\frac{7}{15}+\frac{3}{5}$

月　　日

分数のたし算・ひき算 (2)

3つの分数のたし算・ひき算 ②

名前

● 次の計算をしましょう。

① $\frac{1}{2}+\frac{3}{4}+\frac{5}{8}$

② $\frac{13}{14}-\frac{1}{2}-\frac{2}{7}$

③ $\frac{1}{4}+\frac{2}{5}+\frac{3}{10}$

④ $\frac{3}{8}+\frac{9}{16}+\frac{1}{4}$

⑤ $\frac{2}{3}-\frac{7}{15}-\frac{1}{6}$

　(141%に拡大してご使用ください。)

分数のたし算・ひき算 (3)

3つの分数のたし算・ひき算 ③

名前

● 次の計算をしましょう。

① $\frac{2}{3}+\frac{1}{4}+\frac{5}{6}$

② $\frac{1}{2}-\frac{1}{6}+\frac{4}{9}$

③ $\frac{7}{12}+\frac{1}{3}-\frac{5}{8}$

④ $3\frac{4}{5}-2\frac{1}{3}-1\frac{1}{10}$

⑤ $\frac{3}{4}+\frac{1}{12}+\frac{1}{6}$

⑥ $\frac{1}{2}-\frac{2}{5}+\frac{3}{20}$

⑦ $\frac{1}{6}+\frac{2}{5}+\frac{1}{3}$

⑧ $\frac{4}{9}+\frac{5}{12}-\frac{5}{6}$

⑨ $1\frac{7}{8}-\frac{5}{6}+2\frac{1}{3}$

⑩ $\frac{11}{21}-\frac{1}{14}-\frac{2}{7}$

分数のたし算・ひき算 (4)

3つの分数のたし算・ひき算 ④

名前

● 次の計算をしましょう。

① $\frac{1}{6}+\frac{2}{3}-\frac{1}{2}$

② $\frac{3}{10}+1\frac{1}{2}+1\frac{3}{5}$

③ $\frac{6}{7}-\frac{1}{3}-\frac{2}{21}$

④ $\frac{3}{4}-\frac{1}{2}+\frac{11}{12}$

⑤ $\frac{3}{5}+\frac{5}{8}-\frac{1}{10}$

⑥ $\frac{17}{18}-\frac{1}{9}-\frac{2}{3}$

⑦ $\frac{1}{3}+\frac{1}{6}-\frac{2}{9}$

⑧ $\frac{2}{7}+\frac{1}{6}+\frac{1}{14}$

⑨ $2\frac{7}{10}-1\frac{4}{15}+\frac{2}{5}$

⑩ $\frac{4}{5}-\frac{4}{9}-\frac{1}{3}$

10分

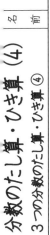

月　　日

分数のたし算・ひき算 (5)

分数と小数のまじった計算 ①

名前

1 $0.4+\frac{2}{5}$ を計算しましょう。

分数にそろえて計算

$$0.4+\frac{2}{5}=\frac{4}{10}+\frac{2}{5}$$
$$=\frac{4}{10}+\frac{4}{10}$$
$$=\frac{8}{10}\,\frac{4}{5}$$
$$=\frac{\square}{\square}$$

小数にそろえて計算

$$0.4+\frac{2}{5}=0.4+0.4$$
$$=\square$$

答え $\frac{\square}{\square}$, $\square$

2 次の計算をしましょう。（小数に直せない分数もあります。）

① $0.3+\frac{1}{5}$　② $\frac{3}{10}+0.5$

③ $\frac{6}{7}-0.25$　④ $0.7-\frac{2}{3}$

⑤ $0.2+\frac{1}{6}$

月　　日

分数のたし算・ひき算 (6)

分数と小数のまじった計算 ②

名前

● 次の計算をしましょう。

① $\frac{1}{3}+0.2$　② $0.3+\frac{3}{5}$

③ $\frac{1}{7}-0.1$　④ $0.9-\frac{5}{6}$

⑤ $\frac{5}{8}-0.4$　⑥ $\frac{1}{9}+0.5$

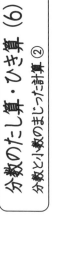

分数のたし算・ひき算 (7)

分数と小数のまじった計算 ③

名前

● 次の計算をしましょう。

① $0.9-\frac{1}{2}$

② $0.8+\frac{1}{20}$

③ $\frac{2}{3}+0.4$

④ $\frac{5}{6}-0.1$

⑤ $\frac{3}{4}-0.7$

⑥ $0.6-\frac{4}{7}$

⑦ $\frac{1}{3}-0.3$

⑧ $0.4+\frac{1}{6}$

⑨ $0.5+\frac{4}{9}$

⑩ $\frac{4}{15}+0.1$

分数のたし算・ひき算 (8)

分数と小数のまじった計算 ④

名前

● 次の計算をしましょう。

① $0.2+\frac{1}{4}$

② $0.7-\frac{1}{6}$

③ $\frac{7}{8}-0.8$

④ $\frac{1}{3}+0.6$

⑤ $0.25+\frac{1}{7}$

⑥ $0.3-\frac{2}{7}$

⑦ $0.9-\frac{8}{9}$

⑧ $\frac{2}{5}+0.4$

⑨ $0.1+\frac{2}{15}$

⑩ $\frac{5}{6}-0.5$

10分

（141%に拡大してご使用ください。）

分数のたし算・ひき算 (9)
文章題 ①

名前　　　　　　月　　日

1 みうさんは，$\frac{8}{9}$km 走りました。お姉さんは，みうさんより $\frac{1}{3}$km 長く走りました。お姉さんは何 km 走りましたか。

式

答え

2 はり金が何mかあります。$\frac{1}{4}$m 使うと，残りが $\frac{7}{8}$m になりました。はり金は，最初に何mありましたか。

式

答え

3 コップに $\frac{1}{10}$L，ペットボトルに $\frac{5}{6}$L のジュースが入っています。コップとペットボトルのジュースの量のちがいは何Lですか。

式

答え

4 いちごがりをしました。たくみさんは $1\frac{2}{3}$kg，妹は $\frac{5}{6}$kg とりました。2人あわせて何kgになりますか。

式

答え

5 小麦粉が $\frac{4}{5}$kg ありました。ケーキを作るのに $\frac{2}{3}$kg 使いました。小麦粉は，あと何kg 残っていますか。

式

答え

分数のたし算・ひき算 (10)
文章題 ②

名前　　　　　　月　　日

10分

1 みかん $\frac{3}{5}$kg を箱に入れたら，全体の重さは $\frac{5}{6}$kg になりました。箱の重さは何 kg ですか。

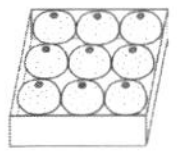

式

答え

2 草ぬきをしました。さくらさんは，$1\frac{1}{10}m^2$，ゆうたさんは $1\frac{3}{5}m^2$ 草をぬきました。どちらがどれだけ多く草をぬきましたか。

式

答え

3 あおいさんの家から公園までは $\frac{5}{8}$km，公園から学校までは $\frac{3}{4}$km あります。あおいさんの家から公園を通って学校まで行くと，全部で何 km ありますか。

式

答え

4 はるとさんは，午前中に $1\frac{4}{5}$ 時間，午後に $2\frac{7}{10}$ 時間勉強をしました。あわせて何時間勉強しましたか。

式

答え

5 油が $\frac{7}{6}$L ありました。料理に $\frac{2}{3}$L 使いました。残りは何Lですか。

式

答え

分数のたし算・ひき算 (11)

文章題③

名前

1 しょうたさんは，テープを$\frac{5}{6}$m 買いました。そのうち$\frac{1}{3}$m を弟にあげましたが，また，お兄さんから$\frac{3}{4}$m もらいました。
しょうたさんのテープは何 m になりましたか。

式

答え

2 シチューを作るので，玉ねぎを$\frac{2}{5}$kg，にんじんを$\frac{3}{10}$kg，じゃがいもを$\frac{5}{6}$kg 買いました。全部で何 kg になりますか。

式

答え

3 $\frac{2}{7}$kg のかごに，さくらんぼが$\frac{1}{2}$kg 入っています。
全体の重さを$\frac{13}{14}$kg にするには，あと何 kg 入れるとよいですか。

式

答え

4 びんに入っているお茶の残りがあと$\frac{1}{6}$L になったので，$\frac{5}{8}$L 入れました。そこから$\frac{2}{3}$L 水とうに入れると，お茶は何 L 残っていますか。

式

答え

分数のたし算・ひき算 (12)

文章題④

名前

10分

1 牛にゅうが$\frac{4}{5}$L あります。
プリンを作るのに 0.6L 使うと，残りは何 L になりますか。

式

答え

2 リボンが何 m かありました。$\frac{1}{3}$m 使うと，残りが 0.5m になりました。リボンは最初に何 m ありましたか。

式

答え

3 家からゆう便局に向かって 0.4km 歩いたところで，ゆう便局まで残り$\frac{3}{5}$km の道のりになりました。家からゆう便局までの道のりは何 km ですか。

式

答え

4 りこさんは，0.9km 歩きました。ゆあさんは，$\frac{5}{6}$km 歩きました。
どちらがどれだけ多く歩きましたか。

式

答え

5 さとうが 0.5kg ありました。料理に使ったので，残りが$\frac{1}{5}$kg になりました。何 kg 使いましたか。

式

答え

月　日

ふりかえり
分数のたし算・ひき算

名前

1 次の計算をしましょう。

① $\frac{3}{8}+\frac{1}{6}+\frac{7}{12}$

② $\frac{7}{10}-0.5$

③ $\frac{1}{5}+\frac{3}{4}-\frac{7}{10}$

④ $0.4+\frac{2}{5}$

⑤ $0.8-\frac{2}{3}$

⑥ $\frac{2}{7}+0.6$

⑦ $\frac{8}{9}-\frac{1}{4}-\frac{1}{3}$

⑧ $\frac{5}{6}-\frac{1}{2}+\frac{5}{9}$

2 ゆづきさんは，算数を$\frac{3}{4}$時間，国語を$\frac{5}{6}$時間勉強しました。
あわせて何時間勉強しましたか。

式

答え

3 箱にいちごを$\frac{2}{3}$kg入れると，全体の重さは$\frac{8}{9}$kgになりました。
箱の重さは何kgですか。

式

答え

（141%に拡大してご使用ください。）

月　日

分数のたし算・ひき算（テスト）

名前

【知識・技能】

1　□にあてはまる数を書きましょう。(5×2)

(1) $\frac{2}{3} = \frac{\square}{9}$

(2) $\frac{\square}{5} = \frac{16}{20}$

2　次の分数を約分しましょう。(5×2)

(1) $\frac{12}{18}$

(2) $\frac{16}{32}$

3　次の分数を通分しましょう。(5×2)

(1) $\left(\frac{2}{3}, \frac{5}{8}\right)$

(2) $\left(\frac{3}{4}, \frac{1}{6}\right)$

4　次の計算をしましょう。(5×4)

(1) $\frac{1}{4} + \frac{2}{5}$

(2) $1\frac{2}{3} + \frac{5}{6}$

(3) $\frac{3}{4} - \frac{1}{6}$

(4) $1\frac{1}{2} - \frac{3}{5}$

【思考・判断・表現】

5　ジュースが 1L ありました。お兄さんが $\frac{2}{5}$L，わたしが $\frac{1}{3}$L 飲みました。(5×4)

(1) あわせて何L飲みましたか。

式

答え

(2) 残りは何Lですか。

式

答え

6　青いリボンは $\frac{4}{5}$m です。白いリボンは $\frac{5}{6}$m です。(5×4)

(1) どちらが何m長いですか。

式

答え

(2) 青いリボンと白いリボンをつなぐと何mですか。

式

答え

7　1kg のカバンに $\frac{1}{3}$kg の本と $\frac{3}{4}$kg の勉強道具を入れました。

カバンの重さは何kgになりましたか。(5×2)

式

答え

月　日

算数あそび

分数のたし算・ひき算 ①

名前

● 計算をして，答えの大きい方を通ってゴールまで行きましょう。

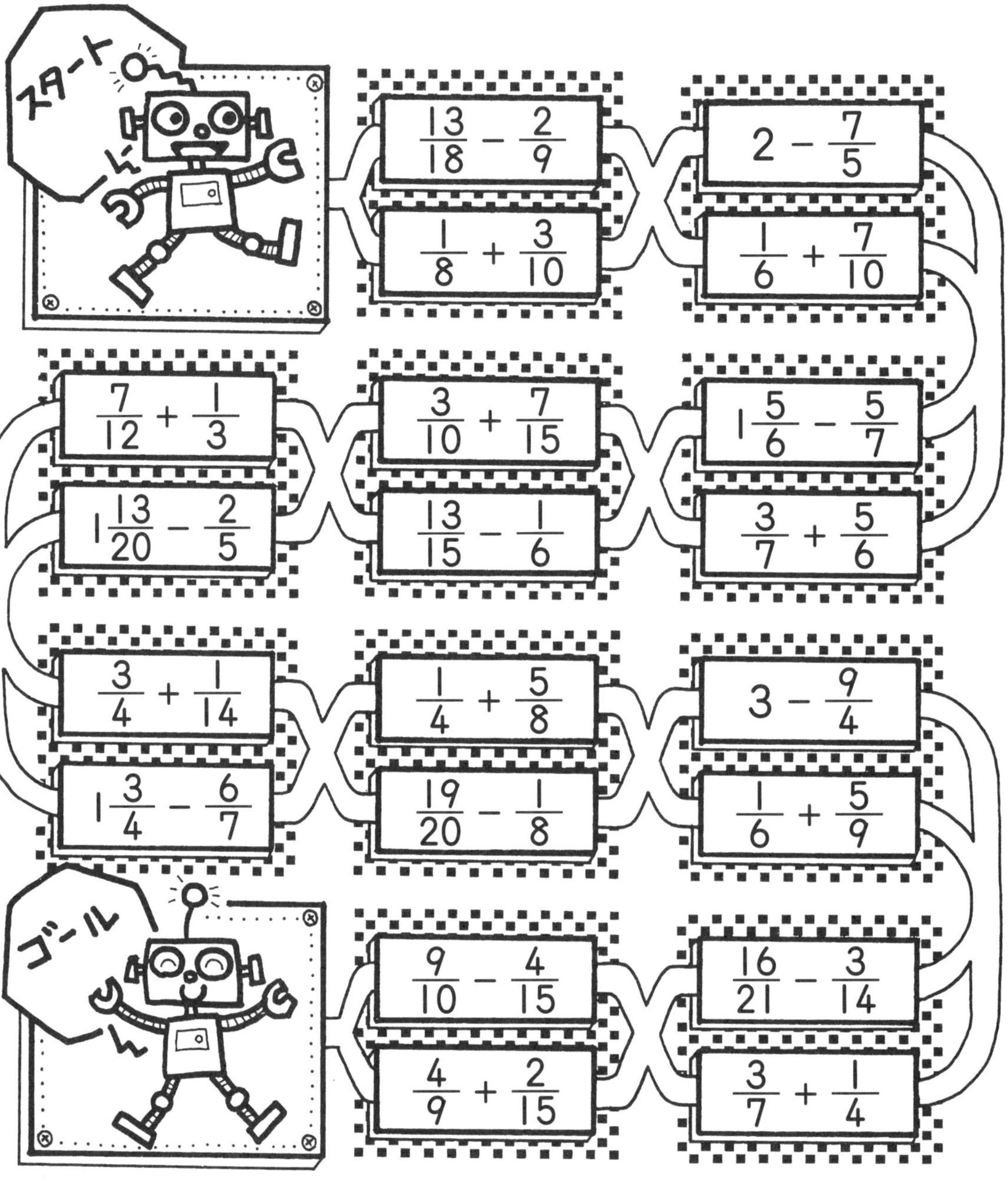

月　日

算数あそび

分数のたし算・ひき算 ②

名前

● 計算をして，答えが１または１より大きくなるものを通ってゴールまで行きましょう。

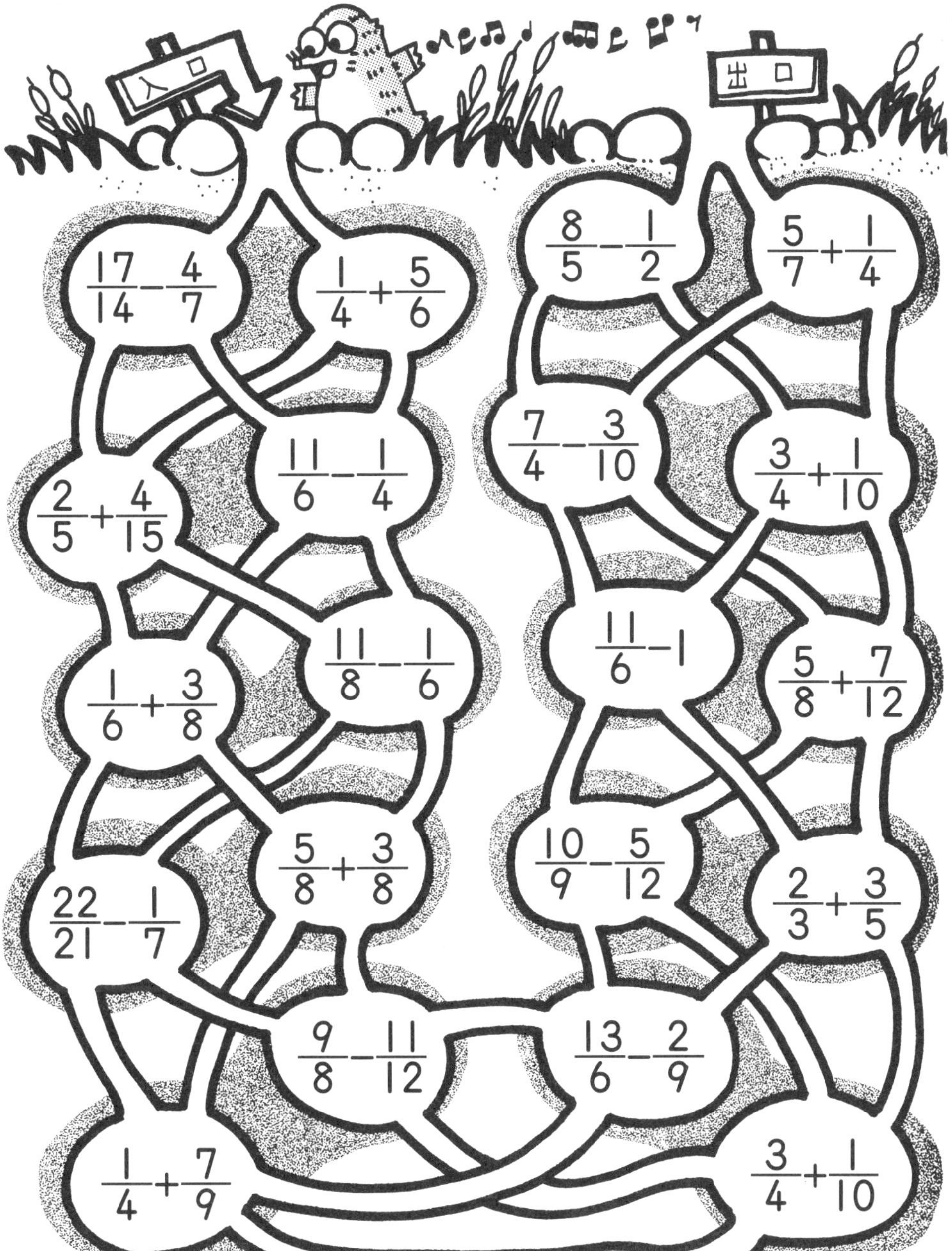

月　　日

学びをいかそう

時間と分数 ①

名前

1 45分は，何時間といえますか。
分数を使って表しましょう。

| 時間を60等分した □ 個分
だから，$\frac{\square}{60}$ 時間

| 時間を12等分した □ 個分
だから，$\frac{\square}{12}$ 時間

| 時間を4等分した □ 個分
だから，$\frac{\square}{4}$ 時間

2 □ にあてはまる分数はいくつですか。
約分もしましょう。

(1) 15分 ＝ □ 時間

(2) 30分 ＝ □ 時間

月　　日

学びをいかそう

時間と分数 ②

名前

● □ にあてはまる分数はいくつですか。
約分もしましょう。

(1) 40分 ＝ □ 時間

(2) 20分 ＝ □ 時間

(3) 50分 ＝ □ 時間

(4) 10分 ＝ □ 時間

(5) 5分 ＝ □ 時間

平均（1）

名前

1 右のように４個《こ》のりんごからジュースができました。
　１個あたり何 mL のジュースができたことになりますか。

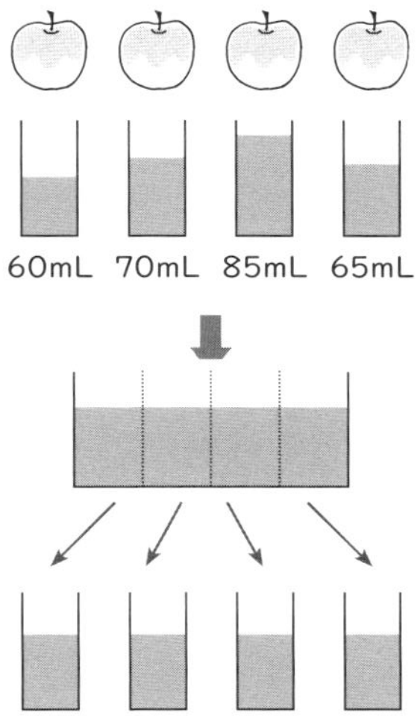

(1) 全部を１つの大きな入れ物に集めると何 mL になりますか。

式

答え

(2) 集めたジュースを４つの入れ物に等しく分けて，ならした量を求めましょう。

平均《へいきん》＝合計÷個数

式

答え

2 たまご５個の重さをはかると右のようでした。
　１個の重さは平均何 g ですか。

61g　59g　65g　63g　62g

式

答え

平均（2）

名前

1 下の表は，あやさんの家で，１週間にとれたミニトマトの個《こ》数を表したものです。
　１日に平均《へいきん》何個とれたことになりますか。

曜日	日	月	火	水	木	金	土
個数（個）	7	3	7	2	6	4	6

式

答え

2 けんたさんが，まとあてゲームを４回しました。
　１回あたりの平均は何点になりますか。

回数（回）	1	2	3	4
点数（点）	6	9	0	11

式

答え

 (141%に拡大してご使用ください。)

月　日

平均 (3)

名前

1　ボール投げをすると４人の記録は右のとおりでした。
４人の平均《へいきん》は何mですか。

27m　32m　37m　18m

式

答え

2　下の表は，お父さんが，１週間にウォーキングしたきょりを表したものです。１日に平均何kmのウォーキングをしたことになりますか。

曜日	日	月	火	水	木	金	土
きょり (km)	2	0.8	1.4	1.3	1.1	0	1.8

式

答え

3　下の表は，先週の５年１組の欠席者の人数を表したものです。
１日平均何人が欠席したことになりますか。

曜日	月	火	水	木	金
人数 (人)	1	0	2	3	3

式

答え

月　日

平均 (4)

名前

1　ぶどうがりをしました。
とれたぶどうの重さをはかると右のとおりでした。
１ふさの重さは平均《へいきん》何gですか。

141g　155g　139g　151g

式

答え

2　下の表は，ゆうまさんが家族で魚つりをしたときの，つった魚の数を表したものです。１人平均何びきつりましたか。

つった人	父	母	ゆうま	妹	弟
つった数 (ひき)	9	4	8	0	2

式

答え

3　下の表は，もねさんが１週間に本を読んだ時間を表したものです。
１日平均何分読書をしましたか。

曜日	日	月	火	水	木	金	土
時間 (分)	50	15	40	0	16	38	44

式

答え

平均（5）

名前

1 箱の中にトマトが30個《こ》入っています。
そのうち5個を取り出して重さをはかると，次のとおりでした。

146g　154g　138g　145g　152g

(1) トマト1個の平均《へいきん》は何gですか。

式

答え

(2) トマト30個では何gになると考えられますか。

式

答え

2 みかん1個から平均65mLのジュースをしぼることができました。
このみかんで1300mLのジュースを作るには，みかんは何個あればよいですか。

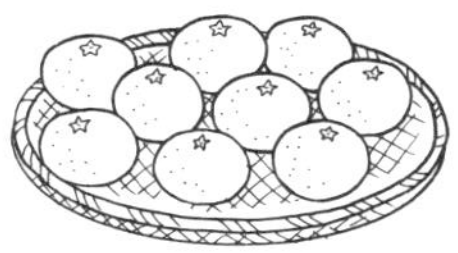

式

答え

平均（6）

名前

● さやかさんは，自分の歩はばを使って道のりを調べることにしました。

(1) まず，10歩歩いた長さを3回はかりました。
10歩歩いた長さの平均《へいきん》は何mですか。

回数	1回め	2回め	3回め
10歩歩いた長さ（m）	5.32	5.26	5.23

式

答え

(2) (1)で求めた10歩の長さの平均から，さやかさんの1歩の歩はばが約何mになるか求めましょう。
（上から2けたのがい数で答えましょう。）

式

答え

(3) 学校の体育館のはしからはしまでは，さやかさんの歩はばで60歩でした。体育館のはしからはしまでは約何mといえますか。
（上から2けたのがい数で答えましょう。）

式

答え

平均（7）

月　　日

名前

1　下の表は，かいとさんが先週本を何ページ読んだかを調べたものです。

曜　日	月	火	水	木	金	土	日
ページ数（ページ）	42	20	16	0	28	24	45

(1)　1日平均《へいきん》何ページ読んだことになりますか。

式

答え

(2)　1か月間（30日）同じように読むとすると，1か月間で何ページ本を読むことになりますか。

式

答え

2　輪なげを5回しました。得点の平均は7点でした。

3回めの得点は何点でしたか。

回数	1回め	2回め	3回め	4回め	5回め
得点（点）	8	4	？	8	9

式

答え

平均（8）

月　　日

名前

1　たまご1個《こ》の重さは平均《へいきん》61.4gでした。このことから，たまご30個の重さは何gと考えられますか。

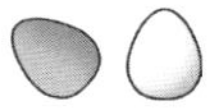

式

答え

2　右の表は，たけとさんの学校の5年生男子の50m走の記録です。

5年生男子全体の50m走の平均《へいきん》は何秒になりますか。

四捨五入《ししゃごにゅう》して，上から2けたのがい数で求めましょう。

5年生男子の50m走の記録

	人数（人）	50m走の平均(秒)
1組	13	9.40
2組	15	9.12

式

答え

3　下の表は，れいなさんが立ちはばとびを5回とんだときの記録です。平均の記録は何cmですか。

立ちはばとびの記録

回数	1回め	2回め	3回め	4回目（失敗）	5回め
記録（cm）	148	141	139	85	144

式

答え

ふりかえり
平均

名前

1　次のかきの重さの平均《へいきん》を求めましょう。

170g　178g　165g　180g　167g

式

答え

2　下の表は，５年１組で先週本を借りた人数を表したものです。
本を借りたのは，１日に平均何人ですか。

曜日	月	火	水	木	金
借りた人数(人)	3	6	5	0	7

式

答え

3　りんごが30個《こ》あります。そのうち何個かの重さをはかり，平均を調べました。１個の重さの平均は225gでした。

(1)　りんご全体では，何gになると考えられますか。

式

答え

(2)　りんご何個で重さが18kgになると考えられますか。

式

答え

4　れいさんは，自分の歩はばを使って道のりを調べることにしました。

(1)　まず，10歩歩いた長さを３回はかりました。
10歩歩いた長さの平均は何mですか。

回数	1回め	2回め	3回め
10歩歩いた長さ(m)	6.59	6.35	6.56

式

答え

(2)　10歩歩いた長さの平均から，１歩の歩はばを求めます。
１歩の歩はばは約何mですか。

式

答え

(3)　学校の校舎《こうしゃ》のまわりを歩くと，れいさんの歩はばで480歩でした。学校の校舎のまわりは約何mといえますか。
（上から２けたのがい数で答えましょう。）

式

答え

月　日

平均(テスト)

名前

【知識・技能】

1 平均《へいきん》を求めましょう。(5×10)

(1) みかん5個《こ》の重さは下のとおりでした。
1個の重さは平均何gですか。

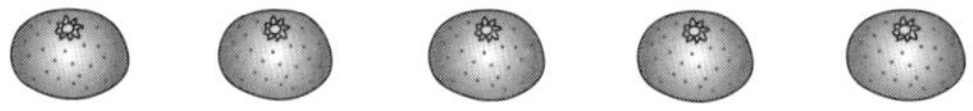

90g　75g　65g　70g　85g

式

答え

(2) 読書をした1日の平均の時間

日	月	火	水	木	金	土
16分	17分	15分	24分	10分	24分	20分

式

答え

(3) 漢字テスト6回の平均点

1回め	2回め	3回め	4回め	5回め	6回め
75点	85点	94点	95点	100点	85点

式

答え

(4) ウォーキングをしたきょりの5日間の平均

曜日	月	火	水	木	金
きょり(km)	3.4	2.8	4.1	3.6	0.9

式

答え

(5) A小学校で先週学校を欠席した人の1日の平均

曜日	月	火	水	木	金
人数(人)	4	0	2	3	2

式

答え

【思考・判断・表現】

2 たまご1個の重さの平均は70gです。
たまご50個の重さは何gと考えられますか
(5

式

答え

3 トマト4個の重さをはかりました。1個の重さの平均は，115gです。あ のトマトの重さ何gですか。(5×2)

あ	い	う	え
?	118g	107g	116g

式

答え

4 りんご1個の重さの平均は300gです。
全部で12kgのりんごがあると，りんごは何個あると考えられますか。(5×2)

式

答え

5 右の表は，たけひろさんのクラスの男女の反復《はんぷく》横とびの記録です。

	人数(人)	平均(
男子	10	3
女子	12	4

たけひろさんのクラス全体の平均は何回になりますか。
答えは四捨五入《ししゃごにゅう》して，小数第一位までのがい数で求めましょう。(5×2)

式

答え

6 下の表は，ななみさんが走りはばとびを5とんだ記録です。平均の記録は何cmですか。
(5

ななみさんの走りはばとびの記録

回数	1回め	2回め	3回め	4回め	5回
記録(cm)	345	374	156	382	35

(3回めは失敗で

式

答え

(141%に拡大してご使用ください。)

月　　日

算数あそび

平均

名前	

● 7羽のにわとりがたまごを5個《こ》ずつうみました。
あみだくじで通ったたまごの重さの平均《へいきん》を下の□に書きましょう。

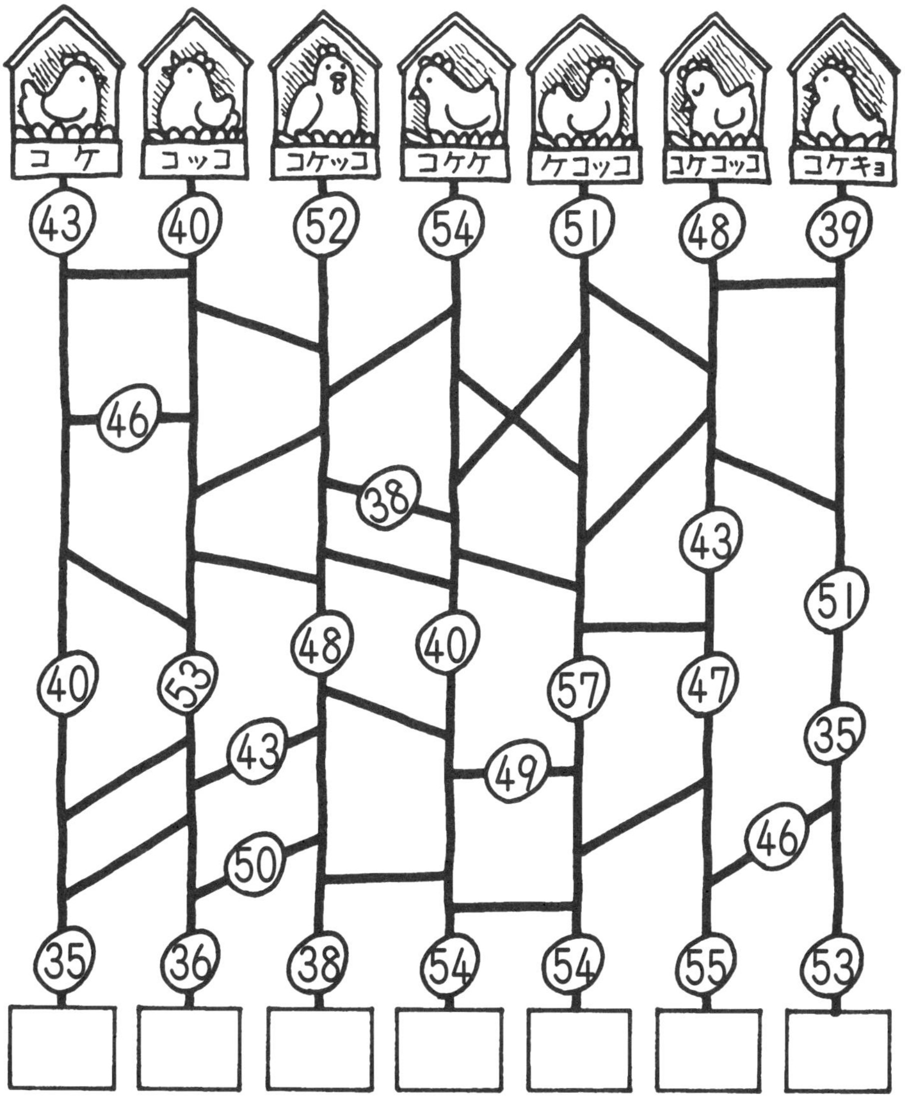

(1)　たまごの重さの平均がいちばん重いにわとりは

(2)　たまごの重さの平均がいちばん軽いにわとりは

月　日

単位量あたりの大きさ (1)

名前

● AとBとCの部屋のこみぐあいを調べましょう。

部屋の面積と人数

	面積 (m^2)	人数 (人)
A	10	18
B	10	20
C	12	20

(1) AとBではどちらがこんでいますか。

(2) (1)の答えのわけの文となるように，(　)にあてはまることばを書きましょう。

AとBでは，(　　　　)が同じだから，
(　　　　)が(　　　　)方がこんでいる。

(3) BとCではどちらがこんでいますか。

(4) (3)の答えのわけの文となるように，(　)にあてはまることばを書きましょう。

BとCでは，(　　　　)が同じだから，
(　　　　)が(　　　　)方がこんでいる。

月　日

単位量あたりの大きさ (2)

名前

● AとBとCの部屋のこみぐあいを調べましょう。

部屋の面積と人数

	面積 (m^2)	人数 (人)
A	10	18
B	10	20
C	12	20

(1) AとCを比《くら》べましょう。

㋐ 1人あたりの面積を求めて比べましょう。

A 式

C 式

答え (　　)の方がこんでいる。

㋑ 1m^2 あたりの人数を求めて比べましょう。

A 式

C 式

答え (　　)の方がこんでいる。

(2) こんでいるほど数が大きくなってわかりやすいのは，㋐の1人あたりの面積の比べ方ですか。㋑の1m^2 あたりの人数の比べ方ですか。

(3) こんでいる順に□にA，B，Cを書きましょう。

□ → □ → □

単位量あたりの大きさ（3）

名前

1　１組は４まいのマットに24人のっています。
２組は５まいのマットに28人のっています。
どちらのマットの方がこんでいますか。

式　１組
２組

答え

2　Ａ電車には５両に390人，Ｂ電車には６両に450人が乗っています。どちらの電車がこんでいますか。

式　Ａ電車
Ｂ電車

答え

3　Ａプールは，広さが280m^{2}で84人がいます。
Ｂプールは，広さが120m^{2}で24人がいます。
どちらのプールの方がこんでいるといえますか。

式　Ａプール
Ｂプール

答え

単位量あたりの大きさ（4）

名前

1　５年生は４クラスの教室で104人，６年生は３クラスの教室で81人です。どちらの学年の教室の方がこんでいますか。

式　５年生
６年生

答え

2　右の表は，ＡとＢのうさぎ小屋の面積とうさぎの数を調べたものです。
どちらの小屋の方がこんでいますか。

うさぎ小屋の面積とうさぎの数

	面積（m^2）	うさぎの数（羽）
A	5	12
B	8	20

式　Ａ
Ｂ

答え

3　右の表は，東公園と西公園の面積とそれぞれの公園で遊んでいる人の数を調べたものです。
どちらの公園の方がこんでいますか。

公園の面積と遊んでいる人数

	面積（m^2）	人数（人）
東公園	280	42
西公園	450	63

式　東公園
西公園

答え

10分

月　　日

単位量あたりの大きさ（5）

名前

1　さくらさんの住むＡ市は人口が57600人で，面積は60km²です。
　1km²あたりの人口を求めましょう。

式

答え

2　Ｂ市の面積は85km²で，人口は52700人です。
Ｃ市の面積は63km²で，人口は37800人です。
どちらの人口密度《じんこうみつど》が高いですか。

式　Ｂ市

　　Ｃ市

答え

月　　日

単位量あたりの大きさ（6）

名前

1　右の表は，Ａ町とＢ町の人口と面積を表したものです。
　どちらの人口密度《じんこうみつど》が高いですか。

人口と面積

	人口（人）	面積（km²）
Ａ町	4820	38
Ｂ町	3630	29

式　Ａ町

　　Ｂ町

答え

2　北海道の面積は約78000km²，人口は約530万人です。
北海道の人口密度を上から２けたのがい数で求めましょう。

式

答え

（141%に拡大してご使用ください。）

単位量あたりの大きさ（7）

名前

● 地図にある日本の各市の人口密度《じんこうみつど》を考えましょう。
（各市の面積や人口はがい数です。）

電たくを使って計算してみよう。

(1) 各市の人口密度を上から２けたのがい数にして求めましょう。

① 夕張《ゆうばり》市（北海道）

式

答え

② 横浜《よこはま》市（神奈川県）

式

答え

③ 高山《たかやま》市（岐阜県）

式

答え

④ 大阪《おおさか》市（大阪府）

式

答え

⑤ 鳥取《とっとり》市（鳥取県）

式

答え

⑥ 那覇《なは》市（沖縄県）

式

答え

(2) 人口密度が高い順に □ に①〜⑥を書きましょう。

□ ➡ □ ➡ □ ➡ □ ➡ □ ➡ □

10分

（141％に拡大してご使用ください。）

月　日

単位量あたりの大きさ（8）

名前

1　Aの田は，24aで1080kgの米がとれました。
Bの田は，18aで792kgの米がとれました。
どちらの田の方が米がよくとれたといえますか。
1aあたりのとれ高で比《くら》べましょう。

式　A

B

答え

2　表を見て，1aあたりのとれ高で比べましょう。

(1)　CとDどちらの畑の方が玉ねぎがよくとれたといえますか。

畑の面積ととれた玉ねぎの重さ

	面積（a）	とれた重さ（kg）
C	6	252
D	8	332

式　C

D

答え

(2)　EとFどちらの畑の方がじゃがいもがよくとれたといえますか。

畑の面積ととれたじゃがいもの重さ

	面積（a）	とれた重さ（kg）
E	16	392
F	25	630

式　E

F

答え

10分

月　日

単位量あたりの大きさ（9）

名前

1　A社のえん筆は，8本入りで680円です。
B社のえん筆は，12本入りで900円です。
1本あたりのねだんは，どちらの方が安いでしょうか。

式　A社

B社

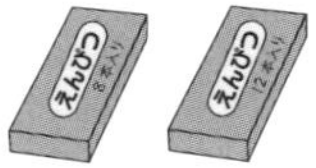

答え

2　同じかんジュースがコンビニとスーパーで売られています。
コンビニでは12本が1140円，スーパーでは20本が1840円で売られています。1本あたりのねだんは，どちらの店の方が高いですか。

式　コンビニ

スーパー

答え

3　同じキャンディーがふくろ入りで売られています。
C店では24個《こ》入りで420円です。D店では15個入りで270円です。どちらの店の方が安くておとくでしょうか。

式　C店

D店

答え

単位量あたりの大きさ（10）

名前

1　ある車は25 Lのガソリンで350km走りました。
1 Lのガソリンで何km走ったことになりますか。

式

答え

2　赤い車はガソリン36 Lで540km走ることができます。
黒い車はガソリン30 Lで465km走ることができます。
どちらがガソリン1 Lあたりで走れる道のりが長いといえますか。

式　赤い車

黒い車

答え

3　右の表で燃費《ねんぴ》がいちばんよいのは
A～Cのどの車ですか。
（燃費＝1 Lのガソリンで走れるきょり。）

式　A

B

C

使ったガソリンと走った道のり

	ガソリン(L)	道のり (km)
A	28	420
B	35	490
C	25	325

答え

単位量あたりの大きさ（11）

名前

1　AとBのはり金があります。
Aのはり金は15 mで180gです。Bのはり金は18 mで225gです。1 mあたりでは，どちらのはり金の方が重いですか。

式　A

B

答え

2　同じ厚《あつ》さのCとDの金属《きんぞく》の板があります。Cの金属の板は6m^{2}が9300gです。Dの金属の板は5m^{2}が7900gです。
1m^{2}あたりの重さが重いのはどちらの方ですか。

式　C

D

答え

3　5cm^{3}が38gの金属Eと8cm^{3}が66gの金属Fがあります。
1cm^{3}あたりでは，どちらの金属の方が重いですか。

式　E

F

答え

10分

（141％に拡大してご使用ください。）

月　日

単位量あたりの大きさ（12）

名前

1 ガソリン１Ｌあたり13km走れる自動車があります。
この自動車は，ガソリン８Ｌでは何km走ることができますか。

式

答え

2 １ｍの重さが12.5gのはり金が20ｍあります。
重さは何gになるでしょうか。

式

答え

3 山田さんのさつまいも畑は，全部で13aあります。
１aで収《しゅう》かくしたところ，55kgのさつまいもがとれました。
同じようにとれるとすると，13aの畑からは何kgのさつまいもがとれますか。

式

答え

月　日

単位量あたりの大きさ（13）

名前

1 １Ｌのガソリンで，15km走る自動車があります。
240km走るには，何Ｌのガソリンが必要ですか。

式

答え

2 ガソリン15Ｌで，180km走る自動車があります。
この車で420km走るには，何Ｌのガソリンが必要ですか。

式

答え

3 ノート１さつは95円です。
760円では，何さつのノートを買うことができますか。

式

答え

単位量あたりの大きさ（14）

名前

1 5分間で180まいの紙を印刷できる印刷機があります。
この印刷機は，1分間あたり何まいの紙の印刷ができますか。

式

答え

2 A印刷機は15分間で630まい印刷できます。
B印刷機は12分間で540まい印刷できます。
1分間あたりで，どちらの方がたくさん印刷できますか。

式　A印刷機

B印刷機

答え

3 C工場では15分間でおもちゃを108個《こ》つくります。
D工場では同じおもちゃを18分間で135個つくります。
どちらの工場の方がおもちゃをつくるのが速いといえますか。

式　C工場

D工場

答え

単位量あたりの大きさ（15）

名前

1 1分間あたり28まいの印刷ができる印刷機があります。
この印刷機は，15分間で何まい印刷できますか。

式

答え

2 あるトラクターは，3時間で375m²耕《たがや》すことができました。

(1) このトラクターは，1時間あたり何m²耕すことができますか。

式

答え

(2) 5時間では，何m²耕すことができますか。

式

答え

(3) このトラクターで1500m²を耕すには，何時間かかりますか。

式

答え

3 A印刷機は1分間に24まい印刷でき，B印刷機は1分間に36まい印刷できます。
720まい印刷すると，どちらが何分速く印刷できますか。

式

答え

10分

 (141%に拡大してご使用ください。)

【10分】

月　日

ふりかえり
単位量あたりの大きさ ①

名前

1 右の表を見て，A～Cの部屋のこみぐあいを比《くら》べましょう。

部屋の面積と人数

	面積 (m²)	人数(人)
A	8	12
B	8	14
C	10	14

(1) AとBでは，どちらがこんでいますか。

(2) BとCでは，どちらがこんでいますか。

(3) AとCでは，どちらがこんでいますか。1 m^2 あたりの人数で比べましょう。

式 A

C

答え （　　）の部屋

(4) AとBとCをこんでいる順にならべましょう。

□ → □ → □

2 北川町と南山町の面積と人口は右の表のとおりです。

どちらの町が人口密度《じんこうみつど》が高いですか。

面積と人口

	面積 (km²)	人口(人)
北川町	32	5120
南山町	18	2790

式 北川町

南山町

答え

3 香川《かがわ》県の面積は約 1900km^2，人口は約 960000 人です。
香川県の人口密度を上から２けたのがい数で求めましょう。

式

答え

月　日

ふりかえり
単位量あたりの大きさ ②

名前

1 赤りんごは６個《こ》750 円で売られています。
青りんごは５個 650 円で売られています。
１個あたりのねだんは，どちらが高いですか。

式 赤りんご

青りんご

答え

2 右の表は，ピーマンの収《しゅう》かく量を表したものです。
どちらの畑の方がよくとれたといえますか。

面積とピーマンの収かく量

	面積 (m²)	収かく量 (kg)
A の畑	56	84
B の畑	45	72

式 A の畑

B の畑

答え

3 C自動車は，ガソリン 15 L で 210km 走りました。
D自動車は，ガソリン 20 L で 270km 走りました。

(1) どちらの方がガソリン 1 L で長いきょりを走れますか。

式 C自動車

D自動車

答え

(2) (1)で答えた自動車の方で 490km 走ると，何Lのガソリンが必要ですか。

式

答え

ふりかえり

単位量あたりの大きさ ③

名前

1 ある車は，ガソリン１Lで16.5km 走ることができます。
40 Lのガソリンでは，何 km 走ることができますか。

式

答え

2 ガソリン１Lで12km 走る自動車があります。
この自動車が 336km 走るには，何Lのガソリンが必要ですか。

式

答え

3 右の表は，AとBのはり金の長さと重さを調べたものです。１mあたりでは，どちらのはり金の方が重いですか。

はり金の長さと重さ

	長さ(m)	重さ(g)
A	12	246
B	5	105

式 A

B

答え

4 長さが４mで26kgの金属《きんぞく》のぼうがあります。
この金属のぼう18mでは，何 kg になりますか。

式

答え

ふりかえり

単位量あたりの大きさ ④

名前

1 A印刷機は５分間で170まい印刷でき，B印刷機は７分間で245まい印刷できます。
どちらの印刷機の方が速く印刷できるといえますか。

式 A印刷機

B印刷機

答え

2 ある印刷機は，１分間で38まい印刷できます。
この印刷機は５分間で何まい印刷できますか。

式

答え

3 田中さんの家のトラクターは，１時間で2.6a 耕《たがや》すことができます。
このトラクターで３時間耕すと，何 a を耕すことができますか。

式

答え

4 中村さんの家のトラクターは，１時間で3a 耕すことができます。
このトラクターで43.5a の畑を耕すと，何時間かかりますか。

式

答え

5 １分間で16 Lの水をくみ出すポンプがあります。
1200 Lの水をくみ出すには，何分間かかりますか。

式

答え

月　日

単位量あたりの大きさ（テスト）

名前

【知識・技能】

1　A, B, C の部屋のこみぐあいを調べましょう。（5×4）

	面積（m^2）	人数（人）
A	8	12
B	10	12
C	10	14

(1)　AとBでは，どちらがこんでいますか。

(2)　BとCでは，どちらがこんでいますか。

(3)　AとCでは，どちらがこんでいますか。
　$1m^2$ あたりの人数で比《くら》べてみましょう。

式　A
　　C

答え

2　中山町と外海町の人口密度《じんこうみつど》を比べましょう。
どちらの方が人口密度が高いですか。（5×2）

	面積（km^2）	人口（人）
中山町	35	17500
外海町	40	22000

式

答え

3　自動車の燃費《ねんぴ》を比べます。1Lで，どちらの方が長く走れるでしょうか。（5×2）

	走ったきょり（km）	使ったガソリン（L）
A自動車	500	40
B自動車	180	15

式

答え

4　リボンを買いに行きました。
どちらの方が高いでしょうか。（5×2）

	長さ（m）	ねだん（円）
金色リボン	15	1170
銀色リボン	12	960

式

答え

【思考・判断・表現】

5　あるハイブリッドカーは，1Lで 25.4km 走ります。ガソリン 25L では，何 km 走ることができますか。（5×2）

式

答え

6　1Lのガソリンで 12km 走る自動車があります。300km を走るには，何Lのガソリンが必要ですか。（5×2）

式

答え

7　山川さんのジャガイモ畑では $1m^2$ で収《しゅう》かくしたところ 2.5kg 収かくできました。
　同じように収かくできるとすると，20kg を収かくするには何 m^2 で収かくすればいいですか。（5×2）

式

答え

8　1m あたり 18g のはり金があります。（5×4）

(1)　このはり金が 270g あります。
　はり金は，何 m ありますか。

式

答え

(2)　このはり金 42 m では，何 g になりますか。

式

答え

　（141%に拡大してご使用ください。）

月　日

速さ（1）

名前

● 右の表は，あかねさん，ゆうとさん，あおいさんの走った道のりとかかった時間を表しています。

	道のり(m)	時間(秒)
あかね	110	20
ゆうと	100	20
あおい	100	16

① あかねさんとゆうとさんでは，どちらが速いですか。

答え

② ゆうとさんとあおいさんでは，どちらが速いですか。

答え

③ あかねさんとあおいさんでは，どちらが速いですか。秒速を求めて比《くら》べましょう。

式　あかね

あおい

答え

月　日

速さ（2）

名前

速さは，1時間あたりに走った道のりなど，単位時間に進む道のりで比《くら》べます。　速さ ＝ 道のり ÷ 時間

1 たいちさんは，1100m を 5 分間で走りました。まおさんは，1400m を 7 分間で走りました。たいちさんとまおさんは，どちらが速いですか。

式　たいち　　分速（　　）m

まお　　分速（　　）m

答え

2 180km を 5 時間で走るバスの時速を求めましょう。

式

答え　時速（　　）km

速さ（3）

月　日　名前

1 4時間で480km走る特急電車と，3時間で288km走る快速《かいそく》電車では，どちらが速いですか。

式　特急

快速

答え

2 3300mを15分間で走る自転車Aと，2400mを12分間で走る自転車Bとでは，どちらが速いですか。

式　自転車A

自転車B

答え

3 350mの高さを50秒間でのぼるAのエレベーターと，180mの高さを30秒間でのぼるBのエレベーターとでは，どちらが速いですか。

式　A

B

答え

速さ（4）

月　日　名前

1 ゆうなさんは，75mを50秒で泳ぎます。
ひろとさんは，50mを40秒で泳ぎます。
ゆうなさんとひろとさんは，どちらが速く泳ぎますか。

式　ゆうな

ひろと

答え

2 2時間で90km飛ぶことができるスズメと，3時間で150km飛ぶことができるツバメとでは，どちらが速いですか。

式　スズメ

ツバメ

答え

3 720mを9分で歩くたつきさんと，510mを6分で歩くななかさんとでは，どちらが速いですか。

式　たつき

ななか

答え

（141%に拡大してご使用ください。）

速さ（5）

名前　　　　月　　日

時速 →(÷60)→ 分速 →(÷60)→ 秒速
時速 ←(×60)← 分速 ←(×60)← 秒速

1　時速 30km で進む台風があります。
この台風は，1分間あたり何 km 進みますか。

式

答え　分速（　　　　）km

2　分速 600m で走るオートバイがあります。このオートバイの秒速は何 m ですか。また，時速は何 km ですか。

式

答え　秒速（　　　　）m，時速（　　　　）km

3　アフリカゾウは秒速 11m で走ります。
分速は何 m ですか。

式

答え　分速（　　　　）m

4　時速 900km で飛ぶ飛行機があります。この飛行機の分速は何 km ですか。また，秒速は何 m ですか。

式

答え　分速（　　　　）km，秒速（　　　　）m

速さ（6）

名前　　　　月　　日

1　分速 400m で動くエレベーターがあります。
このエレベーターの時速は何 km ですか。

式

答え　時速（　　　　）km

2　時速 72km で走る電車があります。
この電車の分速は何 km ですか。また，秒速は何 m ですか。

式

答え　分速（　　　　）km，秒速（　　　　）m

3　犬は秒速 11m で走ります。ねこは分速 780m で走ります。
どちらが速いですか。

式

答え

4　ダチョウは秒速 22m で走ります。
キリンは分速 960m で走ります。
カンガルーは時速 70km で走ります。
どの動物がいちばん速いですか。

式

答え

10分

速さ（7）

月　日

名前

道のり　＝　速さ × 時間

1　時速 55km で走るトラックが，同じ速さで 6 時間走ると何 km 進みますか。

式

答え

2　分速 800m で走る自動車が同じ速さで 45 分間走ると何 km 走ることができますか。

式

答え

3　秒速 32m のチーターが，同じ速さで 55 秒間走ると何 km 進みますか。

式

答え

速さ（8）

月　日

名前

時間　＝　道のり ÷ 速さ

1　時速 520km のリニアモーターカーが，同じ速さで 1560km の道のりを走るには何時間かかりますか。

式

答え

2　秒速 2m で進むミニカーが，同じ速さで 26m 進むには何秒かかりますか。

式

答え

3　分速 16km で飛ぶジェット機があります。
960km 進むには何分かかりますか。また，何時間かかりますか。

式

答え（　　　）分，（　　　）時間

（141％に拡大してご使用ください。）

月　日

速さ (9)

名前

1　秒速 3m で進むロープウェイが，7 分 30 秒で進むきょりは何 km ですか。

式

答え

2　分速 1.2km で走るウサギが，5 分間で走る道のりは何 km ですか。

式

答え

3　時速 80km で走る自動車が，5 時間に進む道のりは何 km ですか。

式

答え

4　音は空気中を秒速 340m で進みます。花火が見えてから 3 秒して音が聞こえました。花火を見ていた場所は何 m はなれていますか。

式

答え

5　時速 360m で進むカメが，20 分間で進む道のりは何 m ですか。

式

答え

月　日

速さ (10)

名前

1　秒速 7.5km で進む人工衛星《じんこうえいせい》が，270000km を飛ぶには，何分かかりますか。またそれは，何時間ですか。

式

答え（　　　）分，（　　　）時間

2　分速 120m でサイクリングをすると，12km 進むのに何時間何分かかりますか。

式

答え

3　時速 220km で走る新幹線《しんかんせん》が，550km 走るのに何時間何分かかりますか。

式

答え

4　秒速 25m で走っている電車が 540km 進むには，何時間かかりますか。秒速を時速になおして求めましょう。

式

答え

5　3km 先の目的地まで歩いて行きます。出発して 8 分間は分速 75m で歩き，5 分間休みました。残りは分速 80m で歩きました。出発して，何分かかりますか。

式

答え

10分

月　日

ふりかえり
速さ ①

名前

1 右の表は，A, B, C のロボットが走った道のりと，かかった時間を表しています。
A, B, C のロボットの速さを比《くら》べましょう。

	道のり（m）	時間（秒）
A	18	10
B	12	10
C	12	8

① A と B では，どちらが速いですか。

答え

② B と C では，どちらが速いですか。

答え

③ A と C では，どちらが速いですか。秒速を求めて比べましょう。

式 A

C

答え

2 144km を 3 時間で走るバスと，300km を 5 時間で走るトラックでは，どちらが速いですか。

式 バス

トラック

時速（　　）km

時速（　　）km

答え

3 時速 18km で走るマラソン選手の分速は何 m ですか。
また，秒速は何 m ですか。

式

答え 分速（　　）m，秒速（　　）m

4 秒速 8m で進む船の分速は何 m ですか。また，時速は何 km ですか。

式

答え 分速（　　）m，時速（　　）km

月　日

ふりかえり
速さ ②

名前

1 ハトは秒速 20m で飛びます。マグロは分速 1.4km で泳ぎます。トナカイは時速 80km で走ります。いちばん速いのはどれですか。

式

答え

2 音は空気中を秒速 340m で進みます。
いなずまが見えてから 7 秒後にかみなりの音が聞こえました。
かみなりから音が聞こえた場所まで何 m はなれていますか。

式

答え

3 分速 400m で飛ぶことができるみつばちが，25 分間で飛ぶことができる道のりは何 km ですか。

式

答え

4 時速 50km の自動車が，75km の道のりを走るには何時間何分かかりますか。

式

答え

5 台風が時速 25km で進んでいます。
このままの速さで 500km 進むには，何時間かかりますか。

式

答え

（141%に拡大してご使用ください。）

月　　日

速さ（テスト）

名前

【知識・技能】

1　次の□にあてはまることばを書き入れましょう。(5×3)

① 速さ　＝□÷□

② 道のり＝□×□

③ 時間　＝□÷□

2　右の表は，あ，い，うの自動車が走った道のりと時間を表しています。

	道のり (km)	時間 (時)
あ	174	3
い	264	4
う	108	2

3台の自動車の速さを比《くら》べましょう。(5×7)

① あの時速は何kmですか。

式

答え　時速(　　　)km

② いの時速は何kmですか。

式

答え　時速(　　　)km

③ いの分速は何mですか。

式

答え　分速(　　　)m

④ うの時速は何kmですか。

式

答え　時速(　　　)km

⑤ うの分速は何mですか。

式

答え　分速(　　　)m

⑥ うの秒速は何mですか。

式

答え　秒速(　　　)m

⑦ どの自動車がいちばん速いですか。

答え

【思考・判断・表現】

3　たつやさんは50mを10秒で，みずきさんは87mを15秒で走りました。どちらが速いですか。(15)

式 たつや

みずき

答え

4　時速40kmで走るカバと，分速800mで飛ぶカモメと，秒速12mで走るオートバイとでは，どれがいちばん速いですか。(15)

式

答え

5　家から駅まで分速75mで歩くと，20分かかります。家から駅までの道のりは何kmですか。(10)

式

答え

6　200kmはなれたおばあさんの家へ自動車で行きます。時速50kmで行くと，何時間かかりますか。(10)

式

答え

解答 児童に実施させる前に，必ず指導される方が問題を解いてください。本書の解答は，あくまでも１つの例です。
指導される方の作られた解答をもとに，本書の解答例を参考に児童の多様な考えに寄り添って○つけをお願いします。

P1

速さ (1)

① あかねさん

② あおいさん

③ 式 あかね 110÷20=5.5
あおい 100÷16=6.25

あおいさん

速さ (2)

速さ ＝ 道のり ÷ 時間

① 式 たいち 1100÷5=220　分速 220
まお 1400÷7=200　分速 200

たいちさん

② 式 180÷5=36

答え 時速 (36) km

P2

速さ (3)

① 式 特急 480÷4=120
快速 288÷3=96

特急電車

② 式 自転車A 3300÷15=220
自転車B 2400÷12=200

自転車Ａ

③ 式 A 350÷50=7
B 180÷30=6

Ａのエレベーター

速さ (4)

① 式 ゆうな 75÷50=1.5
ひろと 50÷40=1.25

ゆうなさん

② 式 スズメ 90÷2=45
ツバメ 150÷3=50

ツバメ

③ 式 たつき 720÷9=80
ななか 510÷6=85

ななかさん

P3

速さ (5)

① 式 30÷60=0.5

答え 分速 0.5 km

② 分速 600÷60=10
秒速 600×60=36000
36000m=36km

答え 分速 (10) km，時速 (36) km

③ 式 11×60=660

答え 660 m

④ 時速 900÷60=15
分速に 15km=15000m
15000÷60=250

答え 分速 (15) km，秒速 (250) m

速さ (6)

① 式 400×60=24000
24000m=24km

答え 時速 (24) km

② 式 72÷60=1.2
1.2km=1200m
1200÷60=20

答え 分速 (1.2) km，秒速 (20) m

③ (例) 分速で比べる
11×60=660
分速660m

答え ねこ

④ (例) 時速で比べる
22×60×60=79200
960×60=57600

時速 79.2km
時速 57.6km

ダチョウ

P4

速さ (7)

道のり ＝ 速さ × 時間

① 式 55×6=330

330km

② 式 800×45=36000
36000m=36km

36km

③ 式 32×55=1760
1760m=1.76km

1.76km

速さ (8)

時間 ＝ 道のり ÷ 速さ

① 式 1560÷520=3

3時間

② 式 26÷2=13

13秒

③ 式 960÷16=60
60分=1時間

答え (60分) (1時間)

P5

速さ (9)

① 7分30秒=450秒
式 3×450=1350
1350m=1.35km

1.35km

② 式 1.2×5=6

6km

③ 式 80×5=400

400km

④ 式 340×3=1020

1020m

⑤ 式 360÷60=6
6×20=120

答え 120m

速さ (10)

① 270000÷7.5=36000
36000秒=600分
600分=10時間

600 (10) 時間

② 12km=12000m
12000÷120=100
100分=1時間40分

1時間 40分

③ 550÷220=2.5
2.5時間=2時間30分

2時間 30分

④ 秒速 25×60×60=90000
90000m=90km
540÷90=6

6時間

⑤ 75×8=600
3km=3000m
3000−600=2400
2400÷80=30
8+5+30=43

43分(間)

P6

ふりかえり 速さ①

	道のり (m)	時間 (秒)
A	18	10
B	12	10
C	12	8

① 答え A

② 答え C

③ 式 A 18÷10=1.8
C 12÷8=1.5

答え A

④ 式 バス 144÷3=48
トラック 300÷5=60

時速 48 km
時速 60 km

トラック

⑤ 18km=18000m
18000÷60=300
300÷60=5

答え 分速 300，秒速 (5) m

⑥ 8×60=480
480×60=28800
28800m=28.8km

480，28.8

ふりかえり

(例) 時速で比べる
ハト 20×60×60=72000
トナカイは時 72000m=72km
時速72km
マグロ 1.4×60=84
時速84km

マグロ

② 式 340×7=2380

2380m

③ 25分 400×25=10000
式 10000m=10km

10km

④ 時速 75÷50=1.5
何時間 1.5時間=1時間30分

1時間30分

⑤ 式 500÷25=20

20時間

P7

速さ (テスト)

① ① 道のり ÷ 時間
② 道のり ÷ 速さ ＝ 時間
③ 時間 道のり ÷ 速さ

② ① 174÷3=58　58
② 264÷4=66　66
③ 66÷60=1.1
1.1km=1100m　1100
④ 108÷2=54　54
⑤ 54÷60=0.9
0.9km=900m　900
⑥ 900÷60=15　15 m
⑦ い

③ 式 たつき 50÷10=5
みずき 87÷15=5.8

みずきさん

④ (例) 時速で比べる
カモメ 800×60=48000
48000m=48km
オートバイ 12×60×60=43200
43200m=43.2km

カモメ

⑤ 式 75×20=1500
1500m=1.5km

1.5km

⑥ 式 200÷50=4

4時間

(解答は，200 ～ 300%に拡大してお使い下さい。)

平行四辺形の面積（1）

名前

● 右の平行四辺形の面積の求め方を考えましょう。

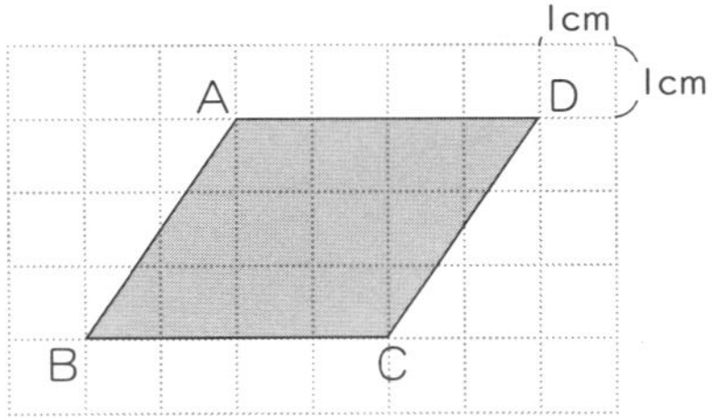

(1) 右の平行四辺形を下のように長方形に形を変えます。
長方形の面積を求めましょう。

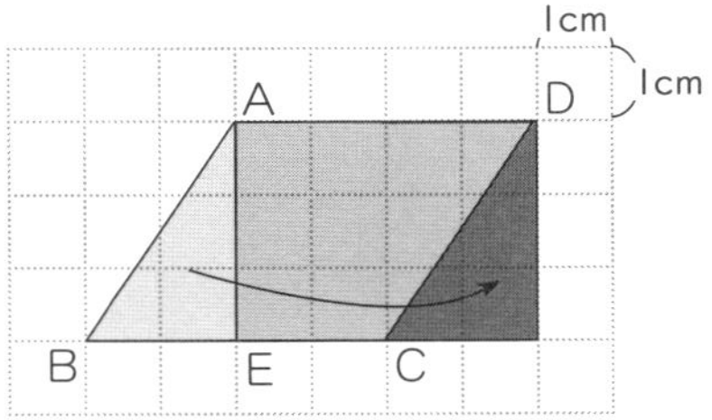

式

答え

(2) (1)で求めた長方形のたてと横の長さは，平行四辺形のどこの長さと同じですか。

たて □　横 □

(3) □ に下の □ からことばを選んで書きましょう。

上の平行四辺形で，BC を □ とすると，

それに垂直《すいちょく》な直線 AE などの長さを □ といいます。

平行四辺形の面積は，□ × □ で求められます。

底辺　・　高さ

平行四辺形の面積（2）

名前

1 次の平行四辺形の底辺を太線にすると，高さは㋐，㋑のどちらですか。

(1)

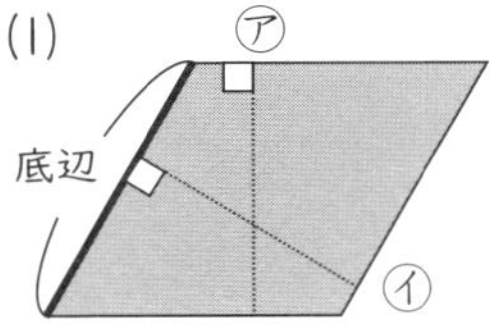

□

(2)

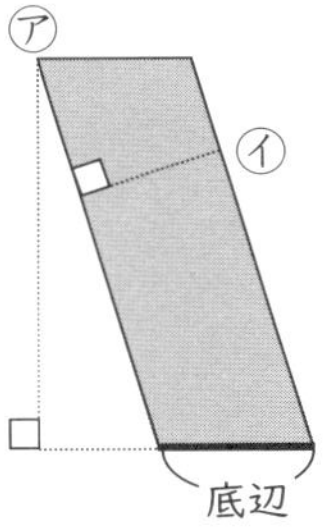

□

(3)

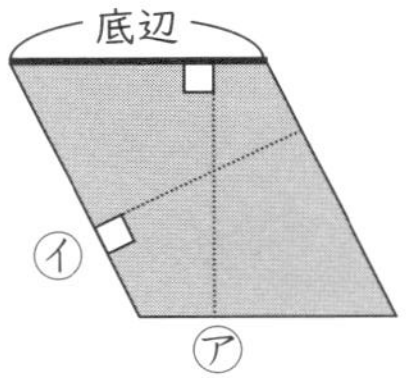

□

2 平行四辺形の面積を求めましょう。

(1)

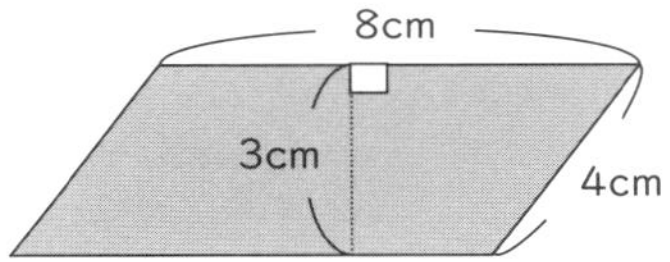

式

答え

(2)

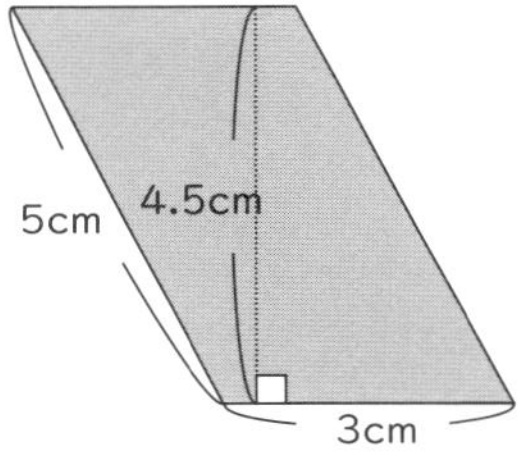

式

答え

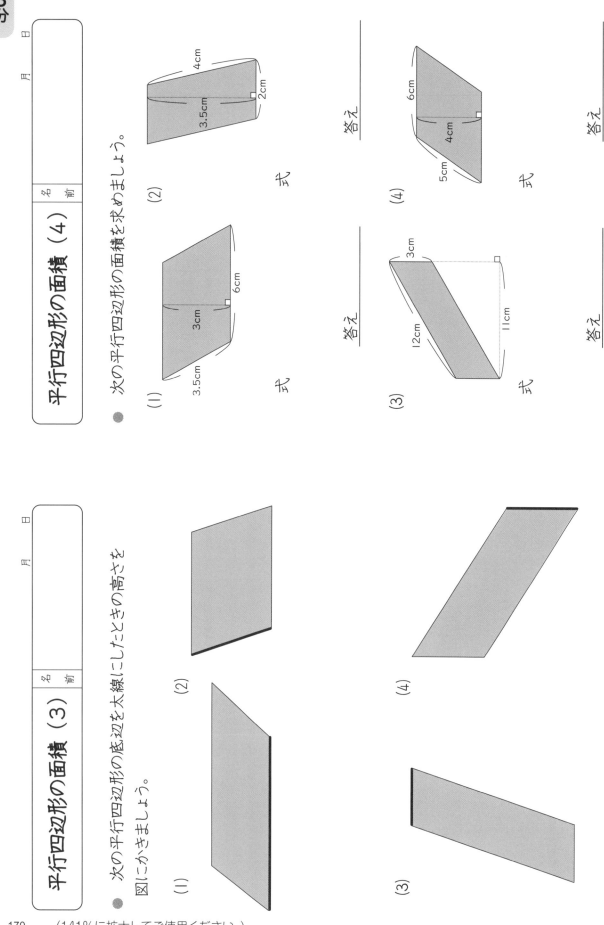

平行四辺形の面積（3）

月　日　名前

● 次の平行四辺形の底辺を太線にしたときの高さを図にかきましょう。

(1)

(2)

(3)

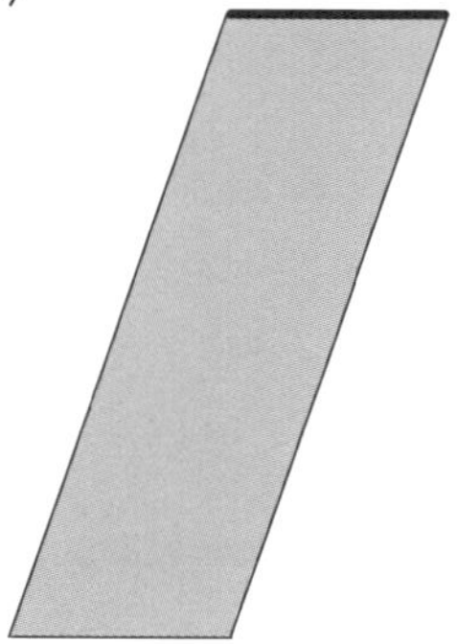

(4)

平行四辺形の面積（4）

月　日　名前

● 次の平行四辺形の面積を求めましょう。

(1)

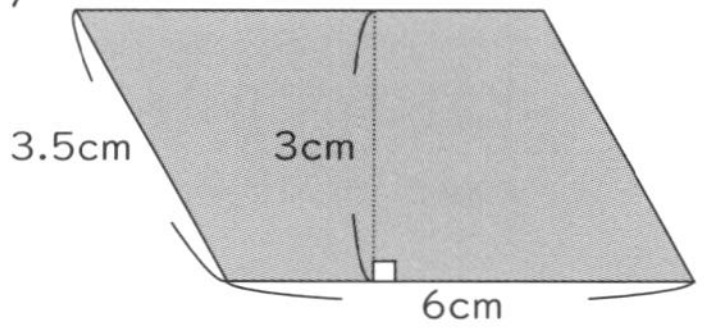

式

答え

(2)

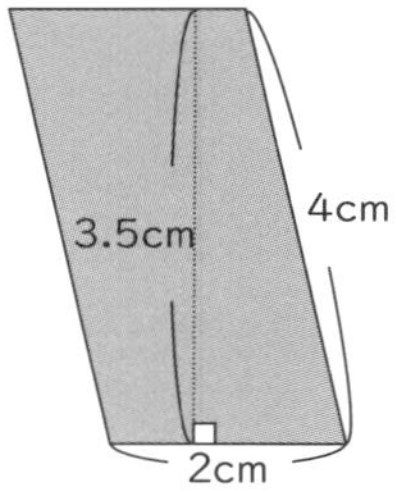

式

答え

(3)

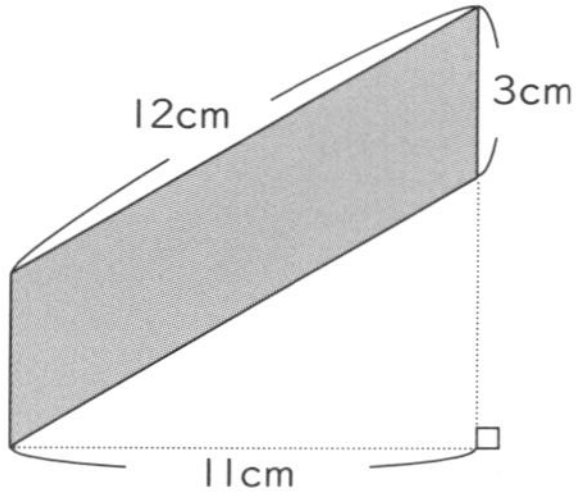

式

答え

(4)

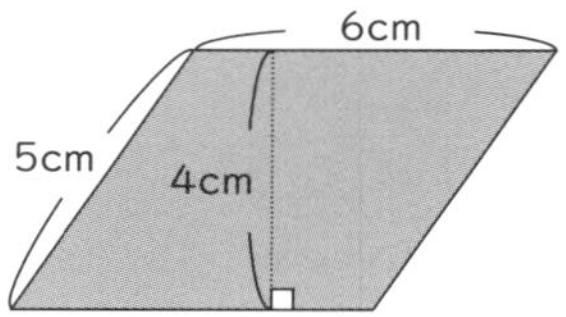

式

答え

（141％に拡大してご使用ください。）

平行四辺形の面積（5）

名前

● 次の平行四辺形の面積を求めましょう。

(1)

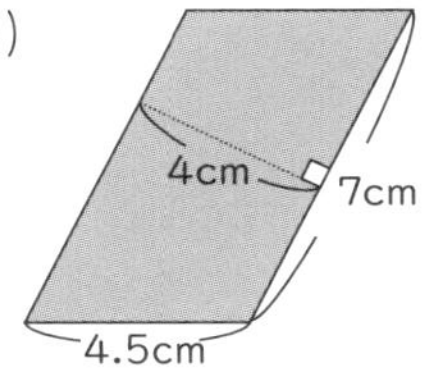

式

答え

(2)

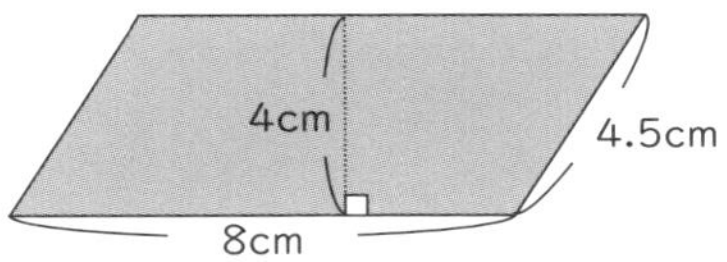

式

答え

(3)

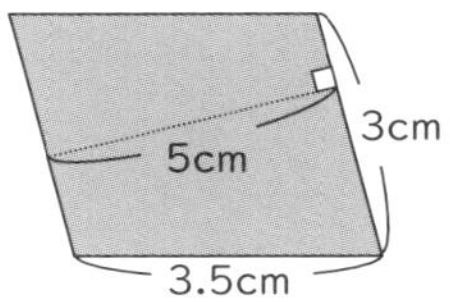

式

答え

(4)

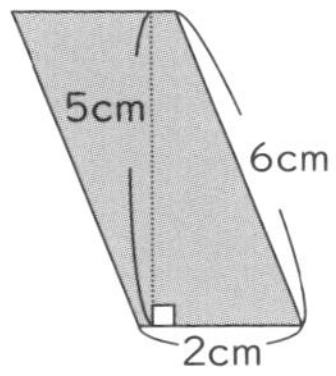

式

答え

(5)

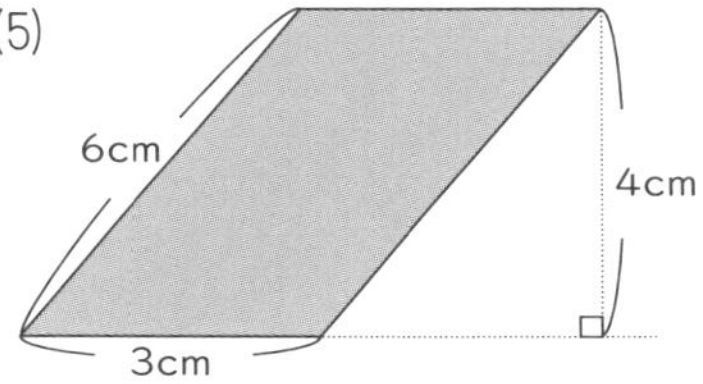

式

答え

(6)

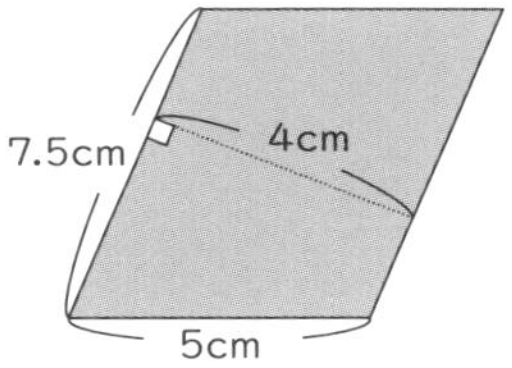

式

答え

平行四辺形の面積（6）

名前

● 次の平行四辺形の面積を求めましょう。

(1)

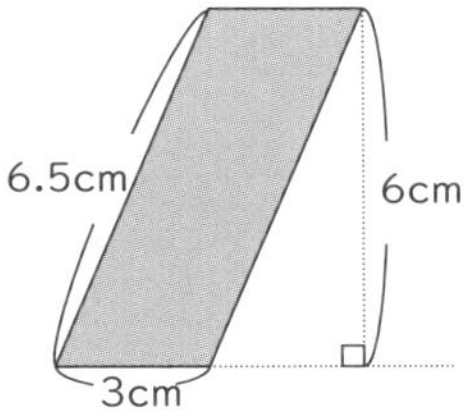

式

答え

(2)

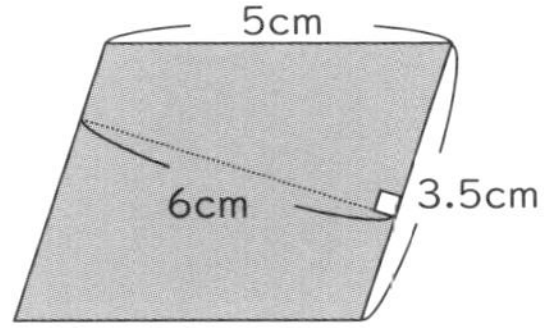

式

答え

(3)

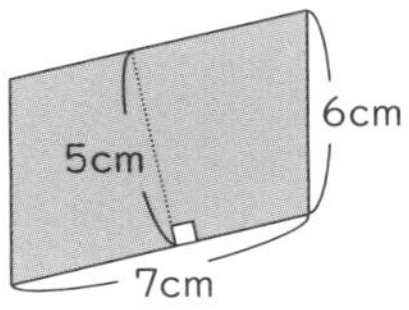

式

答え

(4)

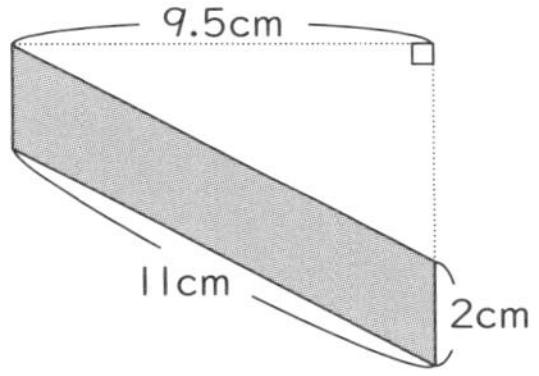

式

答え

(5)

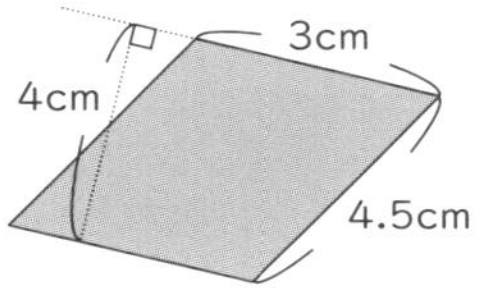

式

答え

(6)

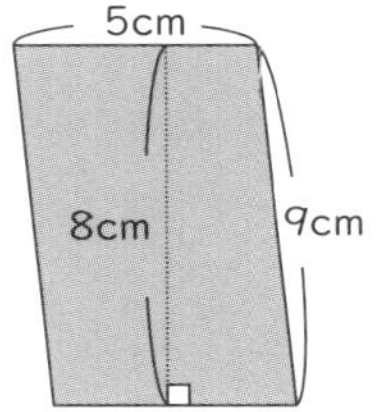

式

答え

5分

月　　日

平行四辺形の面積（7）

名前

1 次の平行四辺形の面積を求めましょう。

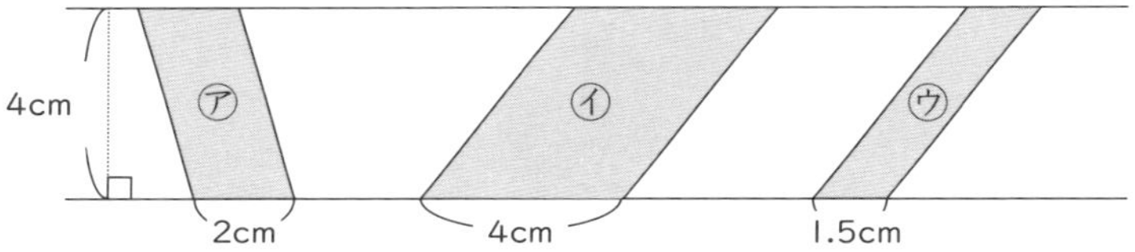

ア　　　イ　　　ウ

2 次の平行四辺形の面積を求めましょう。

(1)

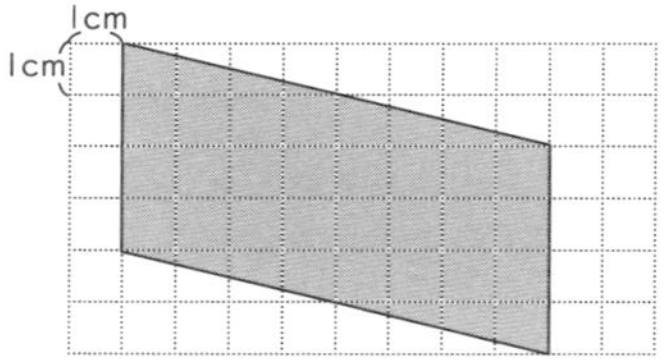

式

答え

(2)

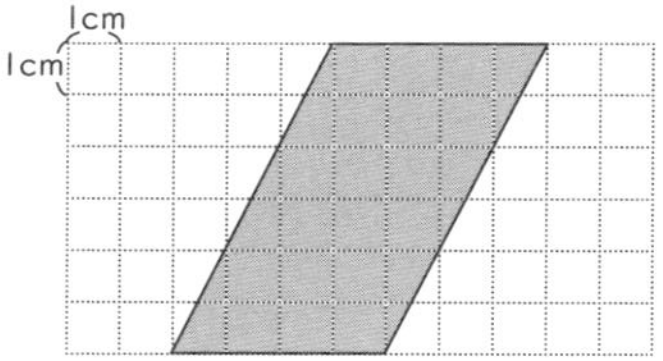

式

答え

(3)

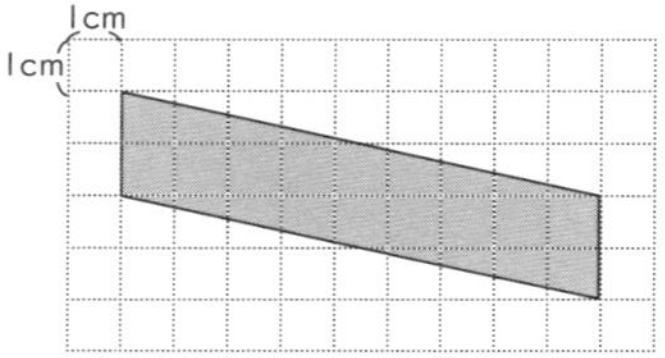

式

答え

(4)

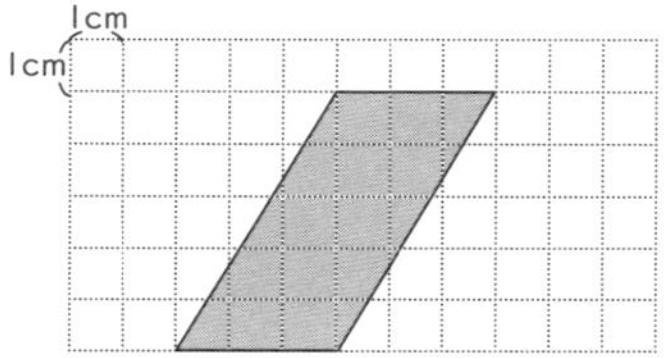

式

答え

月　　日

平行四辺形の面積（8）

名前

● 次の平行四辺形の底辺や高さを求めましょう。

(1)

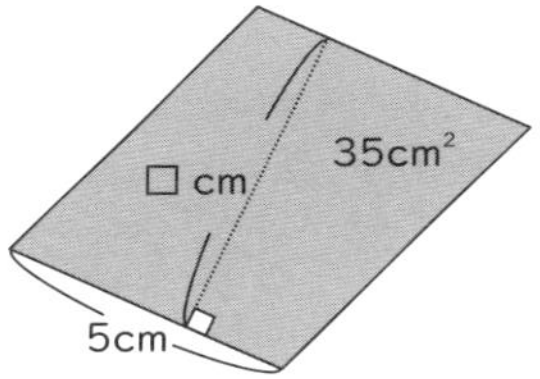

式

答え

(2)

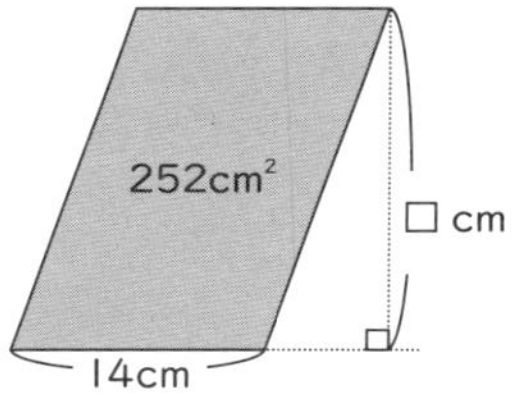

式

答え

(3)

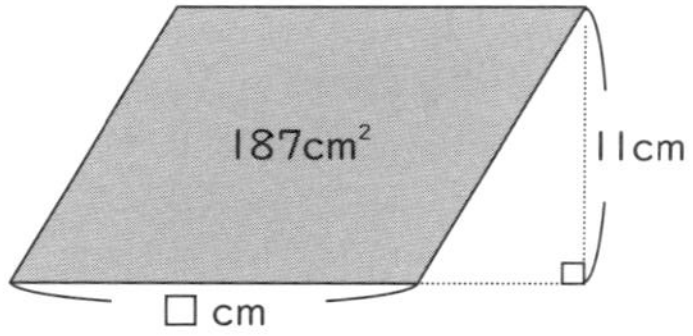

式

答え

(4)

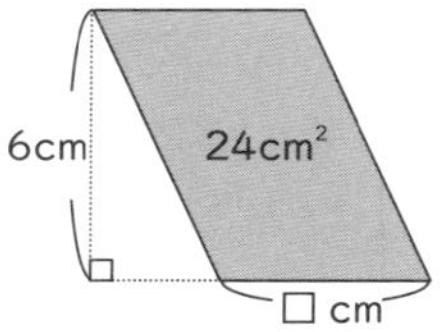

式

答え

（141%に拡大してご使用ください。）

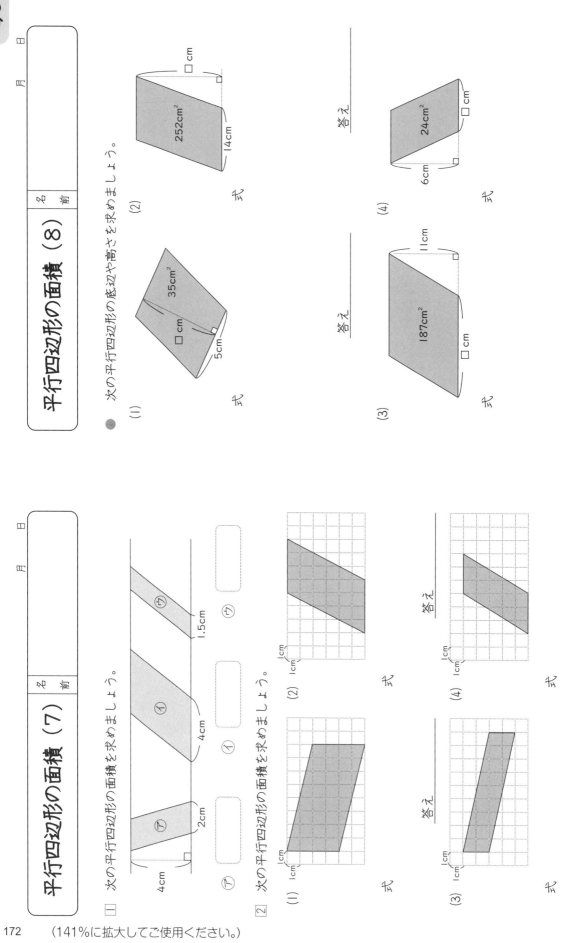

三角形の面積（1）

名前

● 三角形の面積を求める方法を考えました。

(1) 図に合う考え方を選んで，記号を □ に書きましょう。

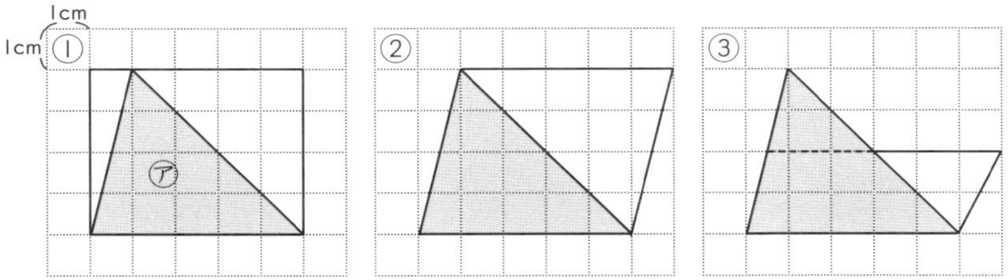

① □　② □　③ □

㋐ 三角形を２つ合わせると平行四辺形になり，三角形の面積はその半分になる。

㋑ 高さの半分で切った三角形を動かして平行四辺形とする。

㋒ 長方形の半分が三角形の面積になる。

(2) 三角形の面積を求める公式を書きましょう。

三角形の面積 ＝ □ × □ ÷ □

(3) (2)の公式にあてはめて，㋐の三角形の面積を求めましょう。

式

答え ＿＿＿＿

三角形の面積（2）

名前

● 次の三角形の面積を求めましょう。

(1)

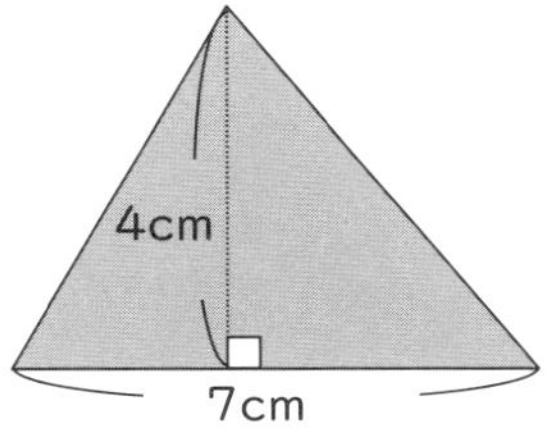

式

答え ＿＿＿＿

(2)

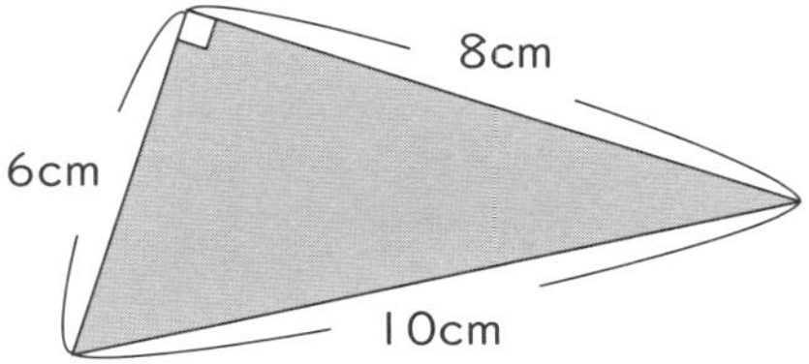

式

答え ＿＿＿＿

(3)

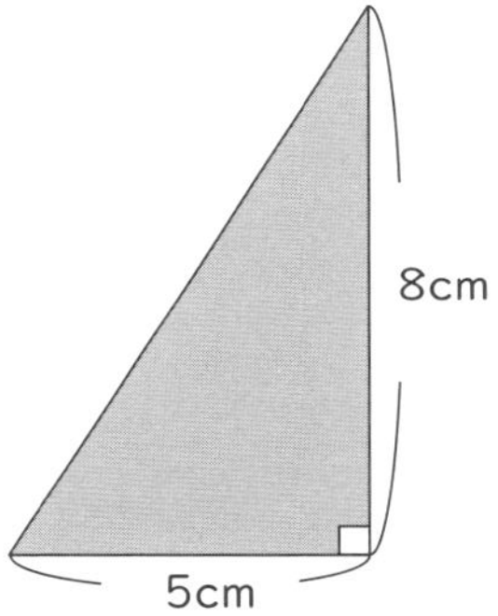

式

答え ＿＿＿＿

(4)

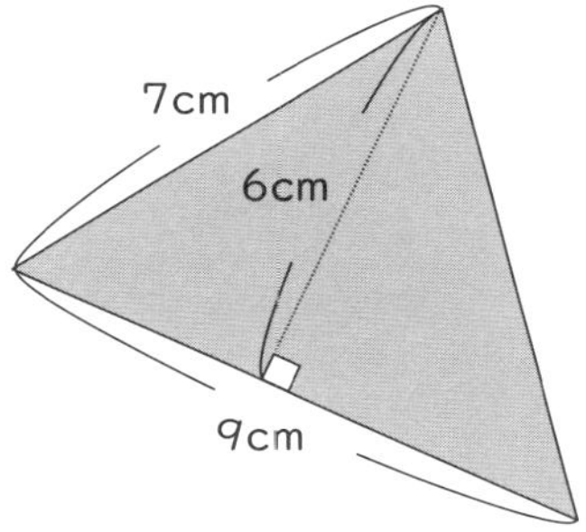

式

答え ＿＿＿＿

3分

月　　日

三角形の面積（3）

名前

● 次の三角形の面積を求めましょう。

(1)

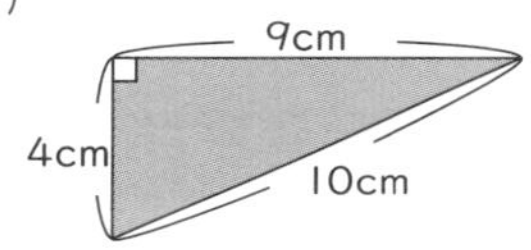

式

答え

(2)

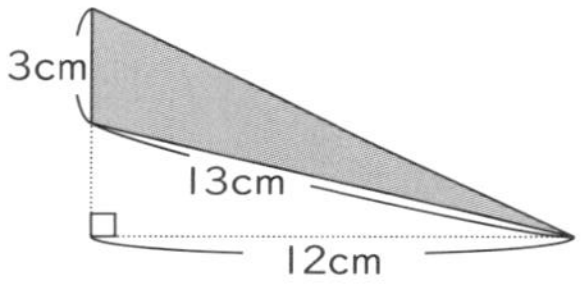

式

答え

(3)

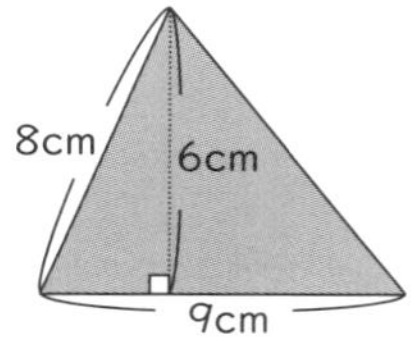

式

答え

(4)

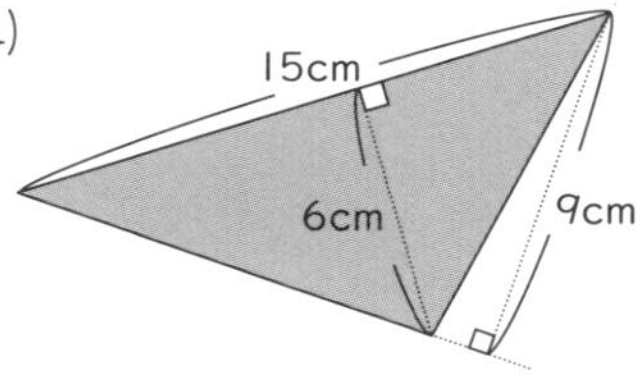

式

答え

(5)

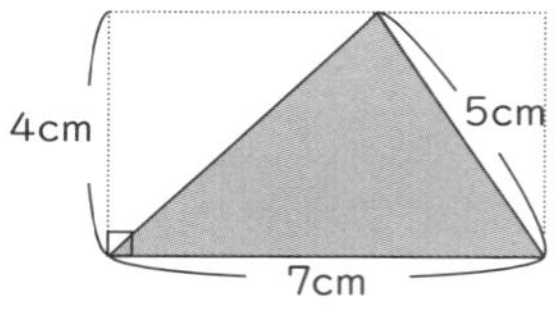

式

答え

月　　日

三角形の面積（4）

名前

● 次の三角形の面積を求めましょう。

(1)

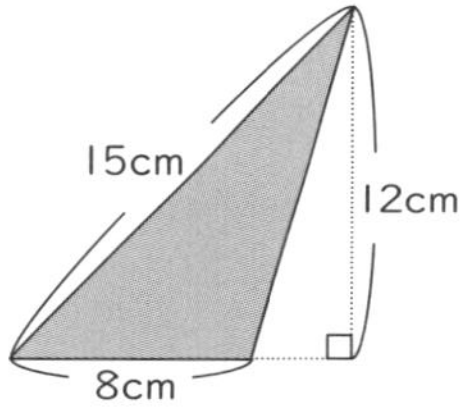

式

答え

(2)

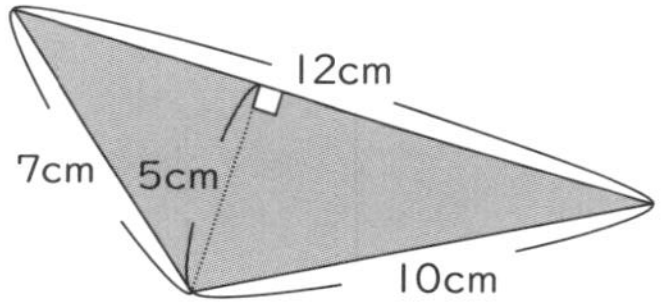

式

答え

(3)

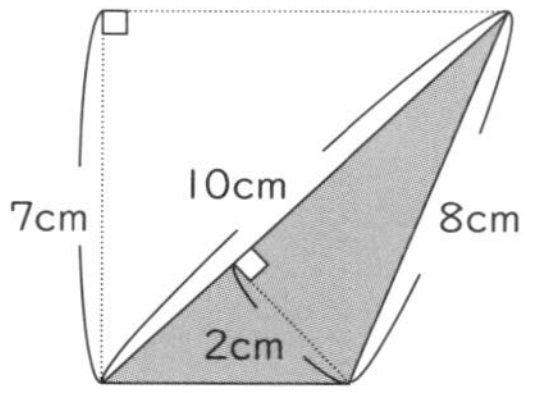

式

答え

(4)

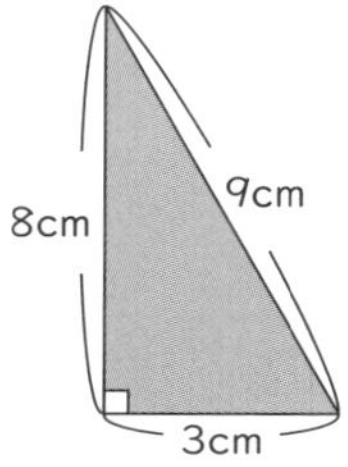

式

答え

(5)

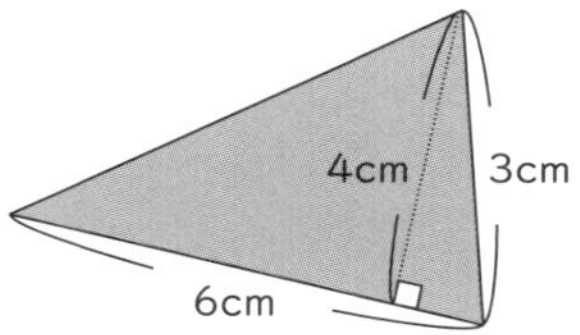

式

答え

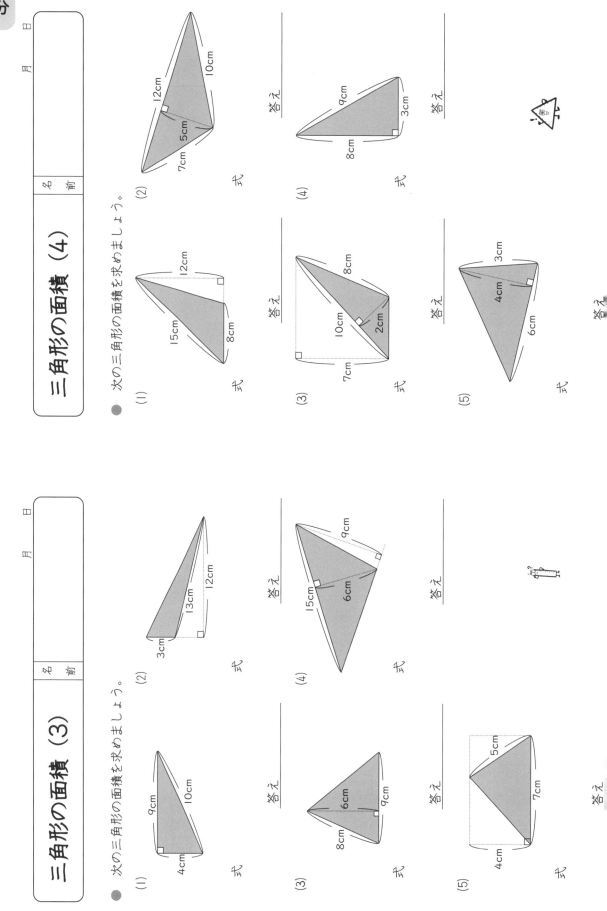

三角形の面積（5）

名前

● 次の三角形の面積を求めましょう。

(1)
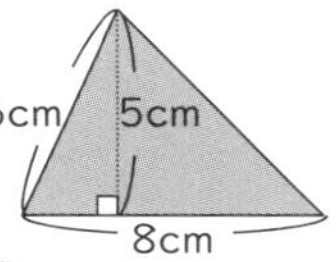

式

答え

(2)
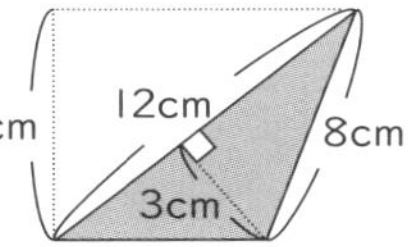

式

答え

(3)
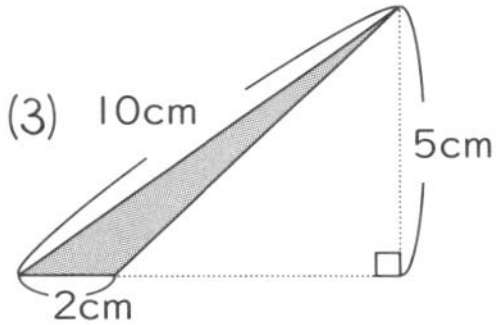

式

答え

(4)
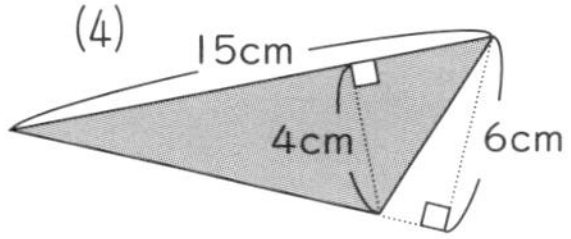

式

答え

(5)
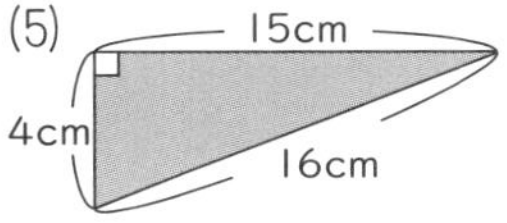

式

答え

(6)
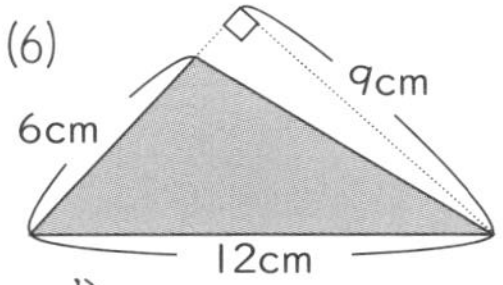

式

答え

(7)
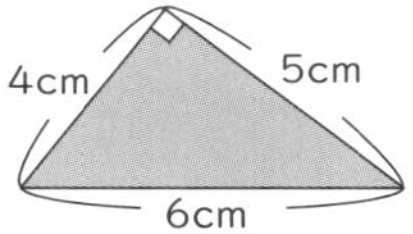

式

答え

(8)
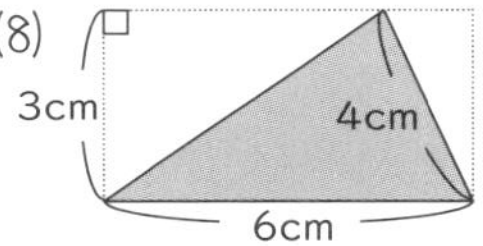

式

答え

(9)
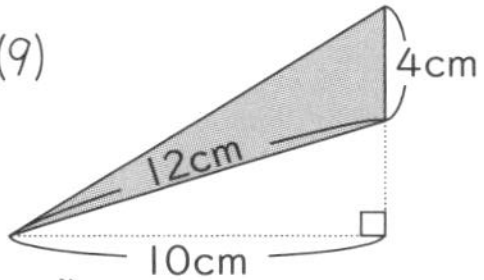

式

答え

(10)
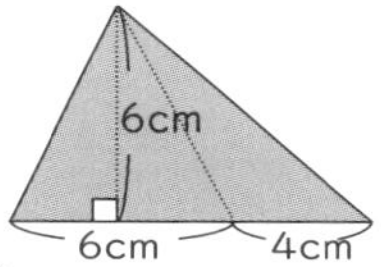

式

答え

三角形の面積（6）

名前

● 次の三角形の面積を求めましょう。

(1)
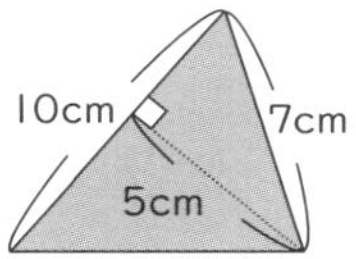

式

答え

(2)
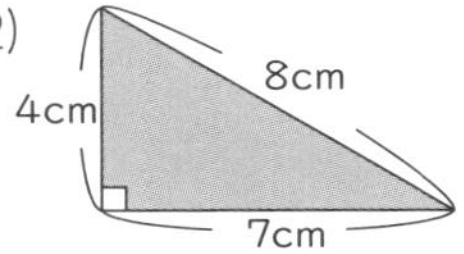

式

答え

(3)
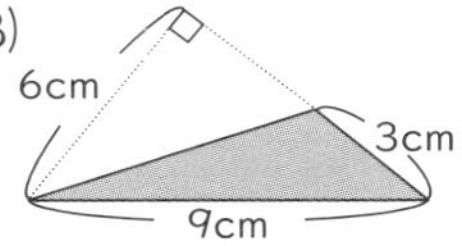

式

答え

(4)
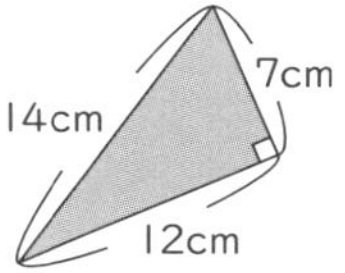

式

答え

(5)
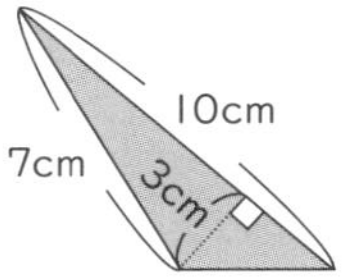

式

答え

(6)
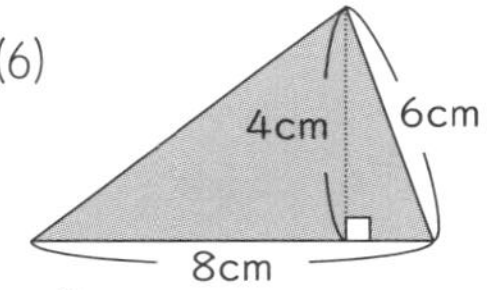

式

答え

(7)
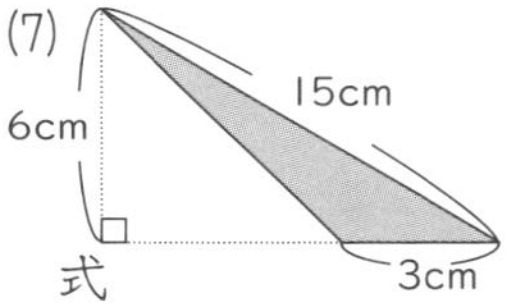

式

答え

(8)
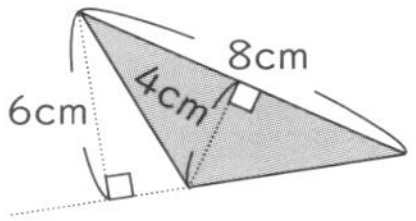

式

答え

(9)
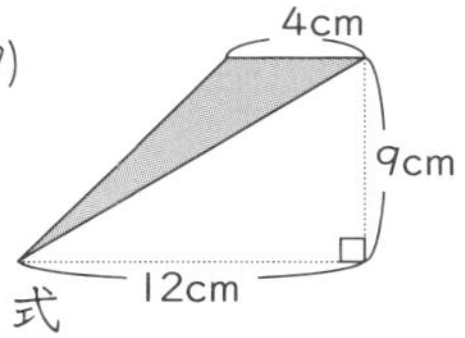

式

答え

(10)
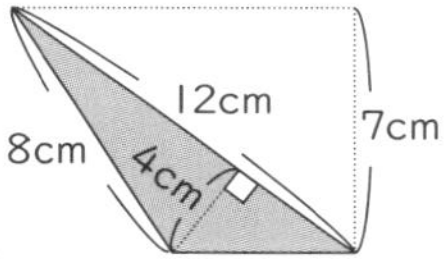

式

答え

10分

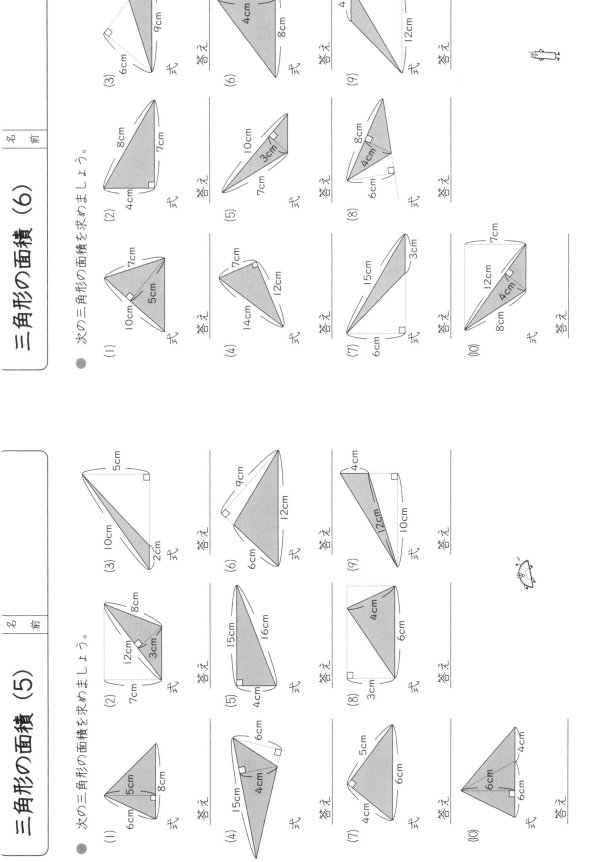

月　日

三角形の面積（7）

名前

● 次の面積の三角形の高さを求めましょう。

(1)　20cm²

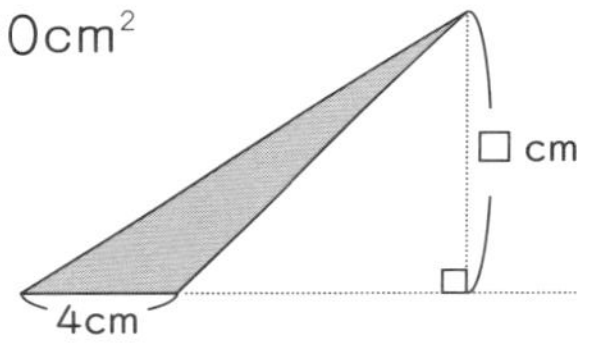

式

答え

(2)　36cm²

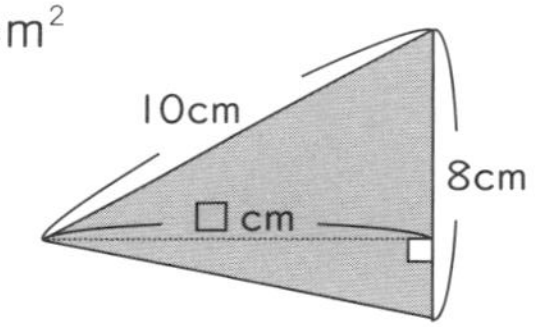

式

答え

(3)　14cm²

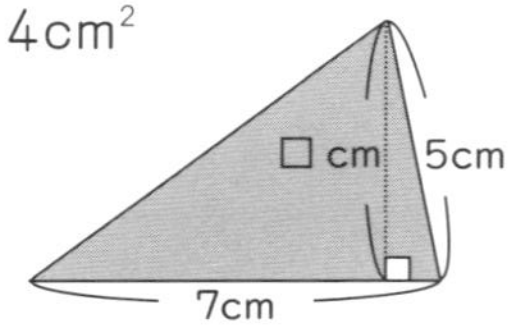

式

答え

(4)　24cm²

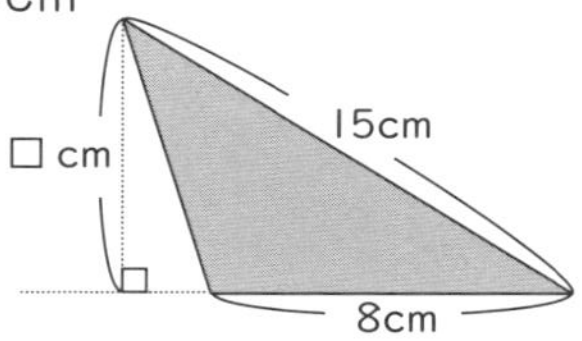

式

答え

(5)　48cm²

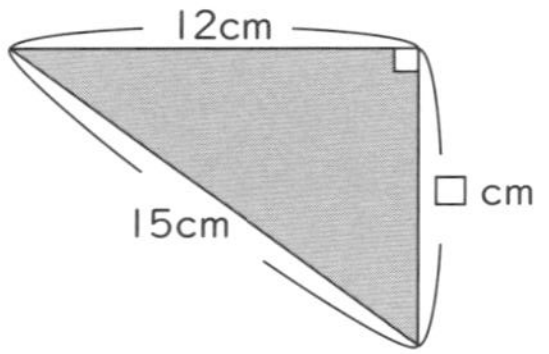

式

答え

月　日

三角形の面積（8）

名前

● 次の面積の三角形の高さを求めましょう。

(1)　20cm²

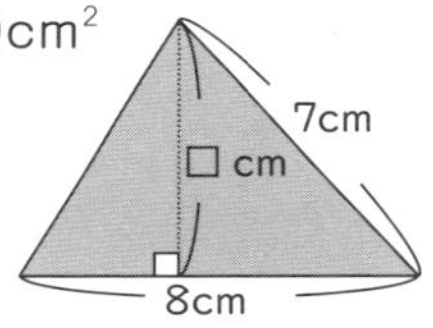

式

答え

(2)　42cm²

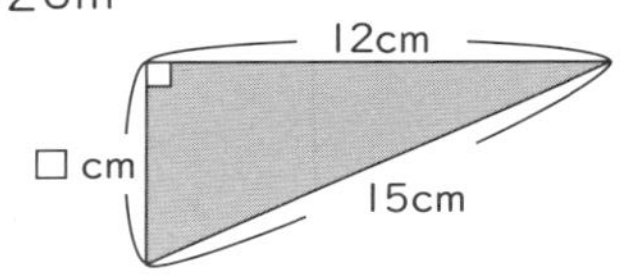

式

答え

(3)　15cm²

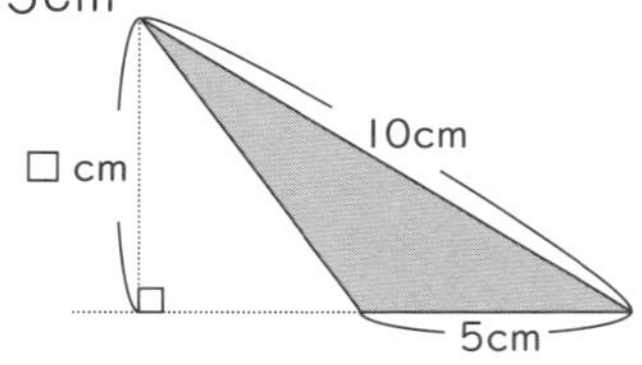

式

答え

(4)　18cm²

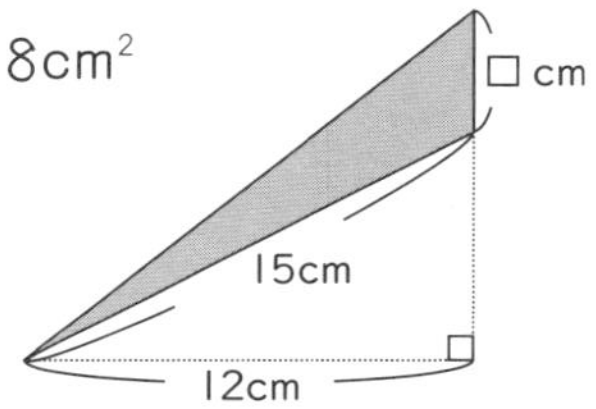

式

答え

(5)　48cm²

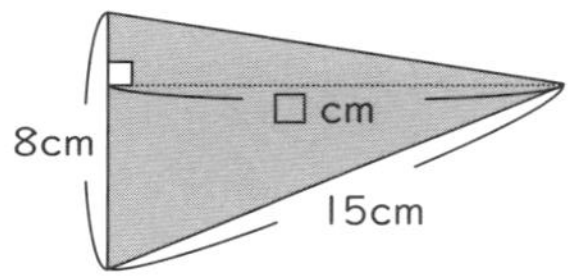

式

答え

（141%に拡大してご使用ください。）

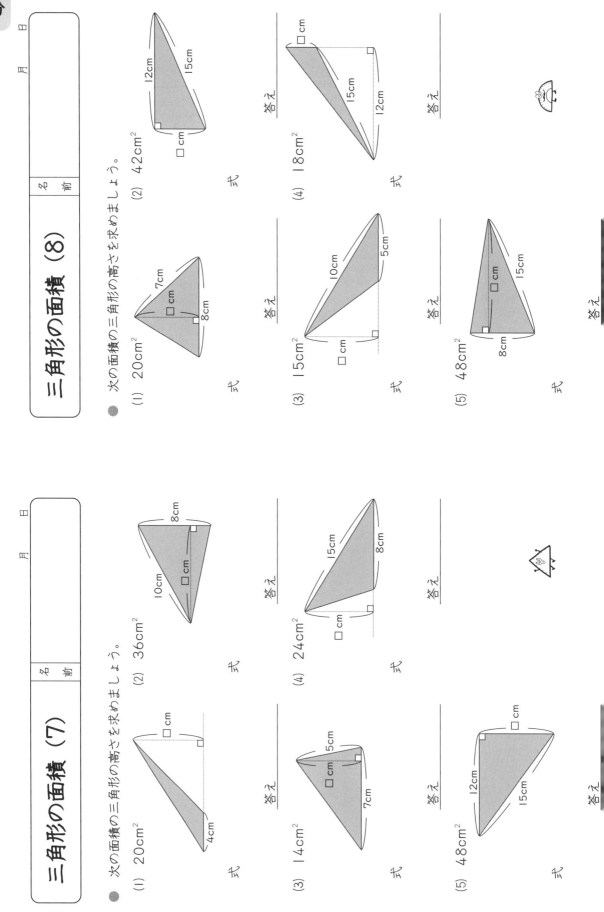

三角形の面積（9）

名前

1 三角形㋐と三角形㋑の面積を比《くら》べ，正しい文に○をつけましょう。

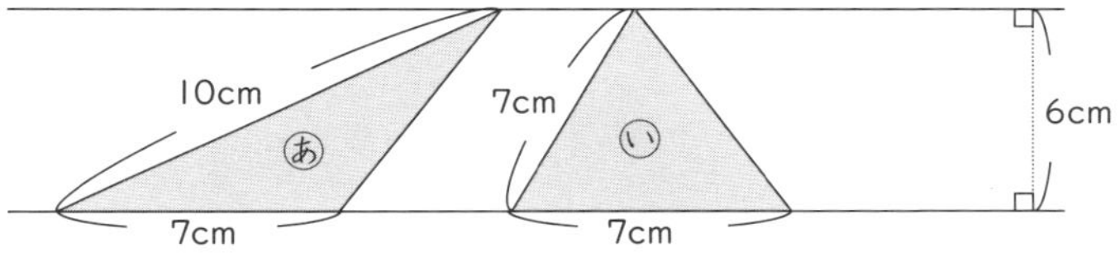

㋐と㋑を比べると，｛㋐が広い／㋑が広い／㋐と㋑の面積は等しい｝

2 ㋐の三角形の面積を求めましょう。

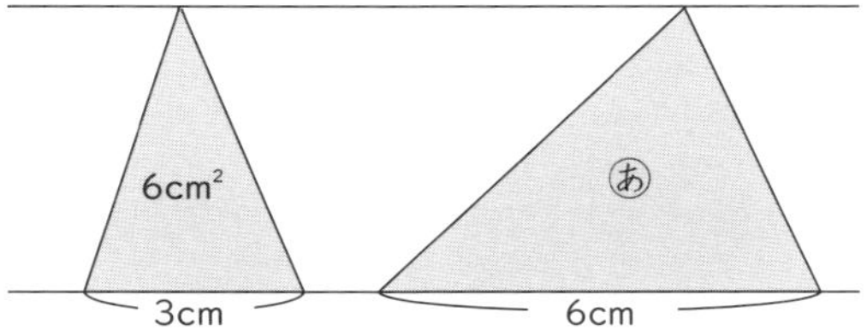

答え

3 次の色のついた部分の面積を求めましょう。

(1)

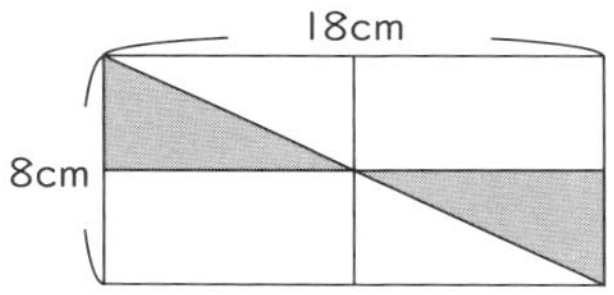

式

答え

(2)

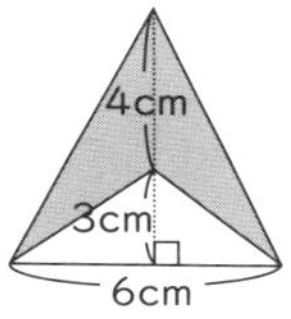

式

答え

三角形の面積（10）

名前

1 次の㋐，㋑，㋒の３つの三角形の面積を比《くら》べてわかったことを書きましょう。

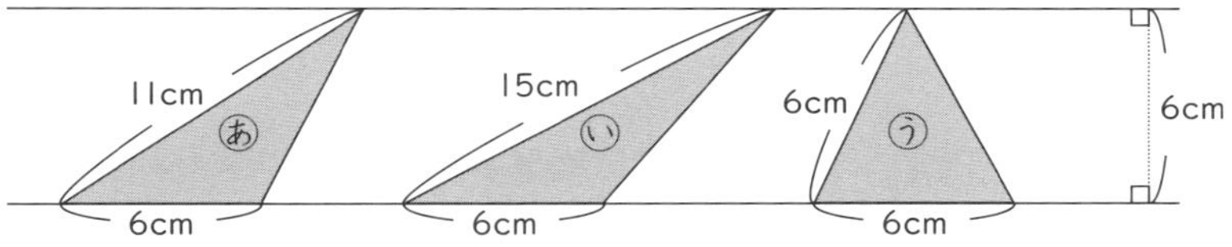

わかったこと

2 次の色のついた部分の面積を求めましょう。

(1)

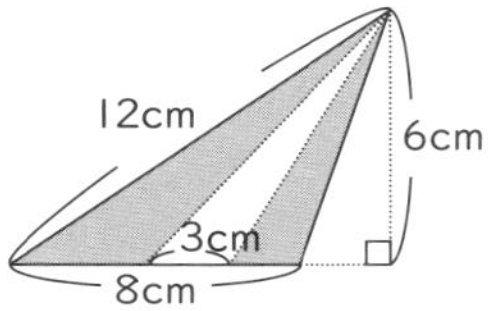

式

答え

(2)

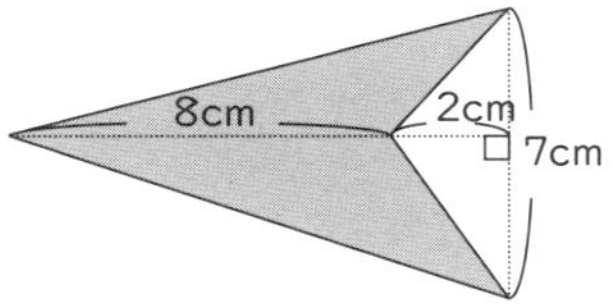

式

答え

(3)

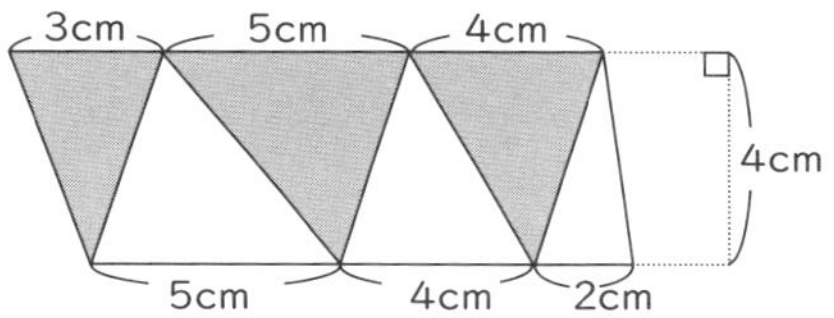

式

答え

10分

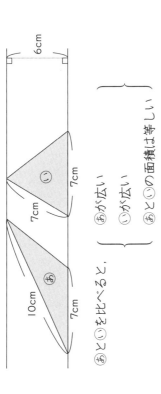

10分 ふりかえり

月　　日

ふりかえり
平行四辺形と三角形の面積

名前

1 平行四辺形と三角形の面積を求める公式を書きましょう。

平行四辺形の面積　＝

三角形の面積　＝

2 次の図形の底辺を太線にすると，高さは㋐，㋑のどちらですか。

(1)

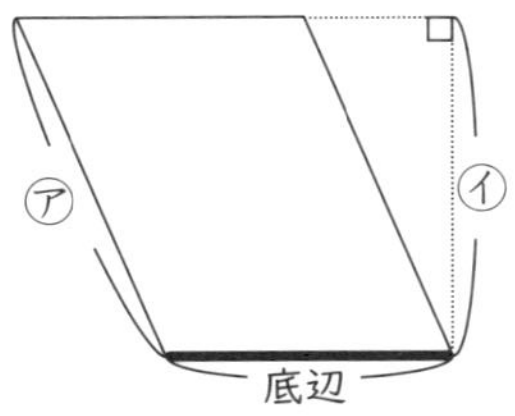

(2)

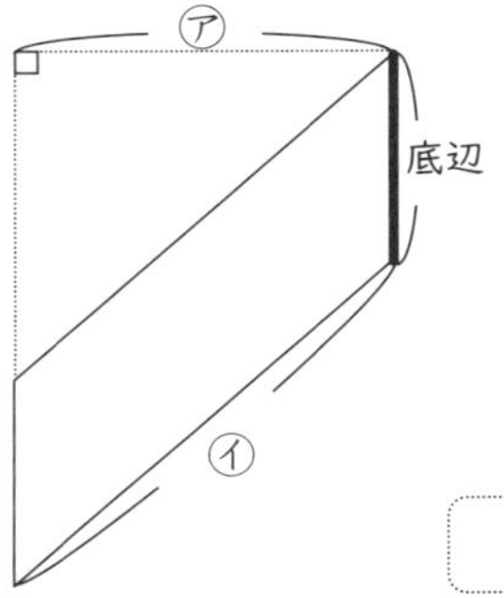

(3)

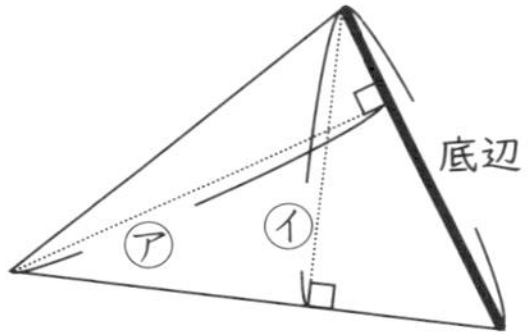

(4)

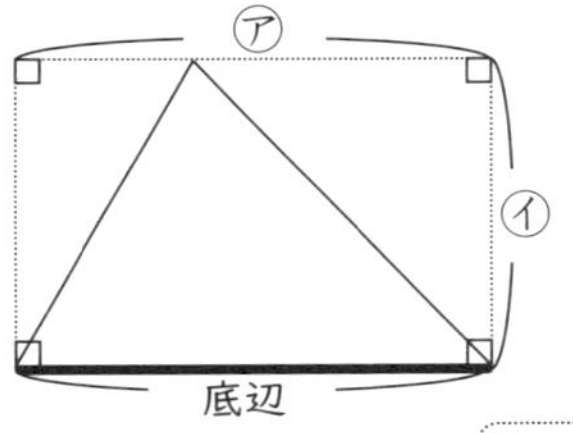

3 次の図形の面積を求めましょう。

(1)

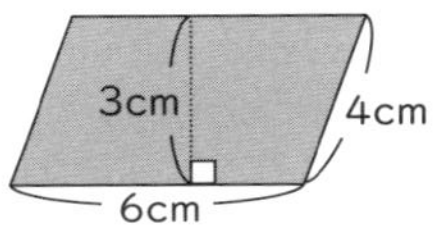

式

答え

(2)

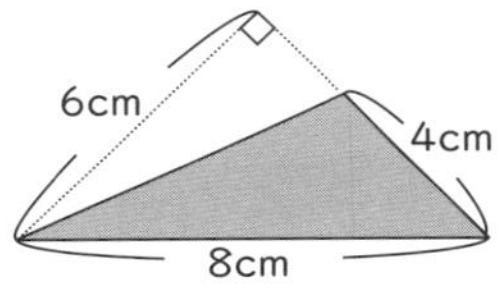

式

答え

(3)

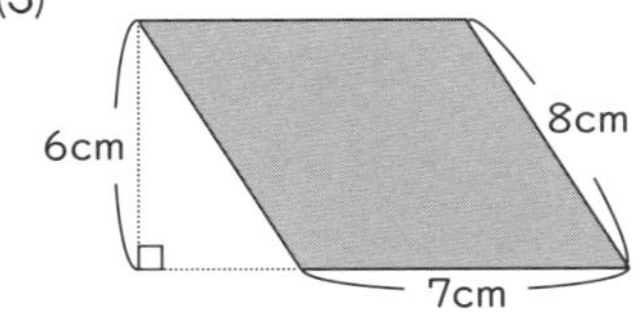

式

答え

(4)

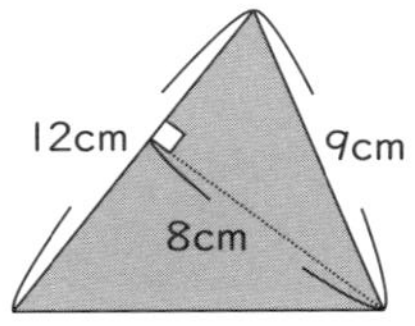

式

答え

4 次の面積の図形の高さを求めましょう。

(1) $30cm^2$

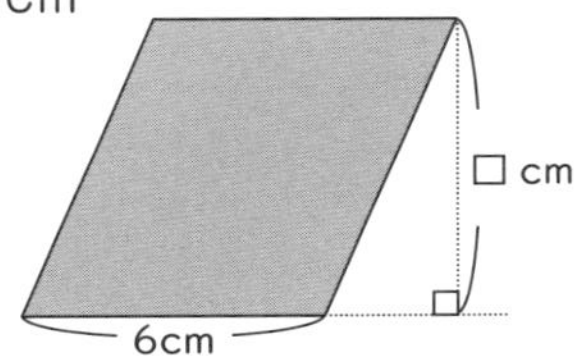

式

答え

(2) $12cm^2$

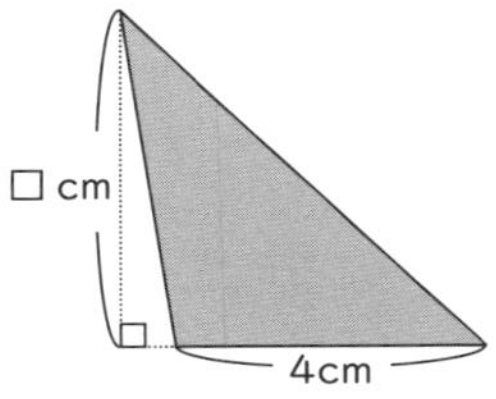

式

答え

台形の面積（1）

名前

● 台形の面積の求め方を考えましょう。

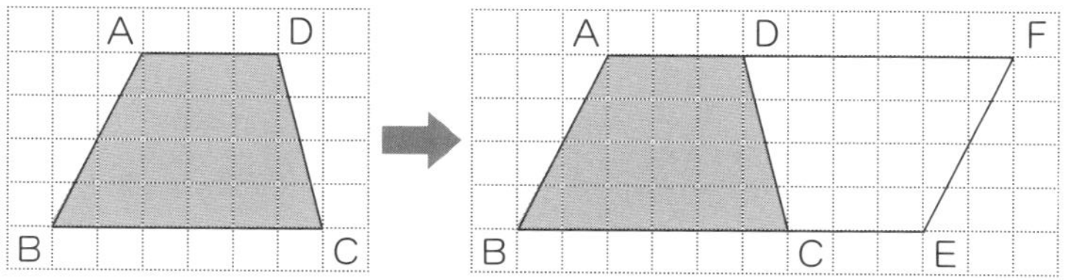

(1) 台形を２つ合わせて平行四辺形 ABEF にして考えます。

□にあてはまる数を書きましょう。

平行四辺形の底辺は，□ cm ＋ □ cm で，

高さは □ cm

平行四辺形の面積の半分が台形の面積だから

（□＋□）×□÷２＝□ (cm^2)

(2) 台形の面積を求める公式を完成させましょう。

台形の面積＝（上底＋□）×□÷２

台形の面積（2）

名前

● 台形の面積を平行四辺形にしたり，三角形に分けたりして求めます。図にあった式はどれですか。線で結びましょう。

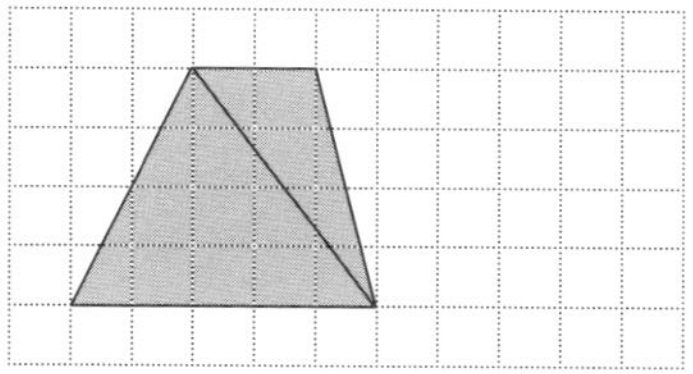
・ ・ (5+2)×(4÷2)

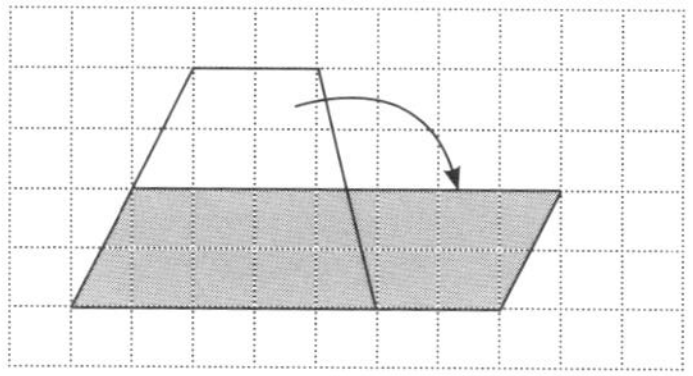
・ ・ (5+2)×4÷2

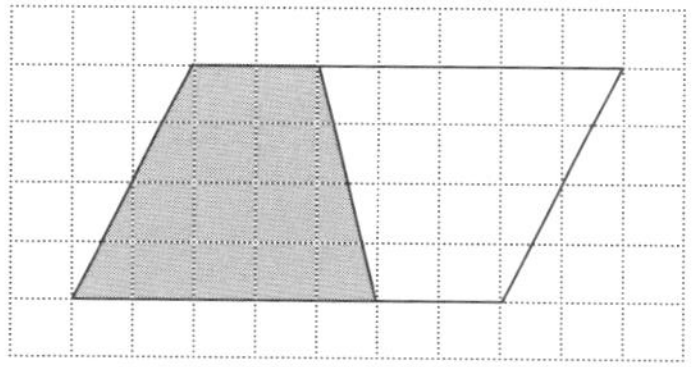
・ ・ 5×4÷2+2×4÷2

３分

3分

台形の面積（3）

名前　　　　月　　日

● 台形の面積を求めましょう。

(1)

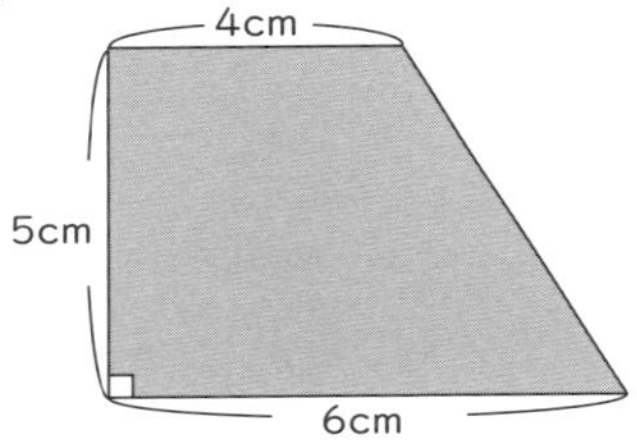

式

答え

(2)

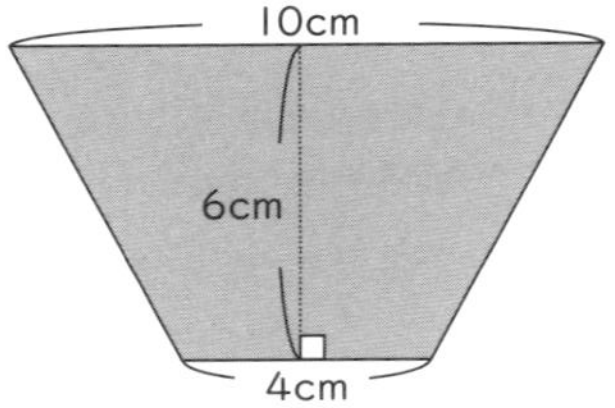

式

答え

(3)

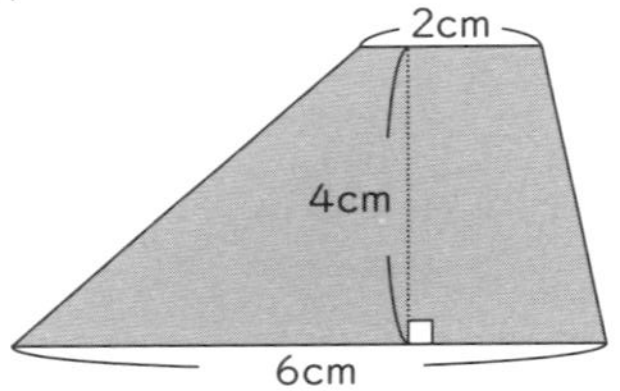

式

答え

台形の面積（4）

名前　　　　月　　日

● 台形の面積を求めましょう。

(1)

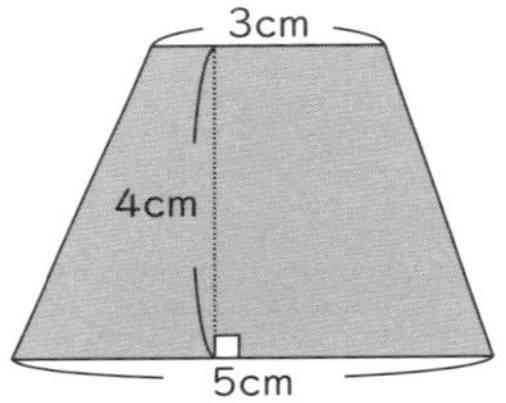

式

答え

(2)

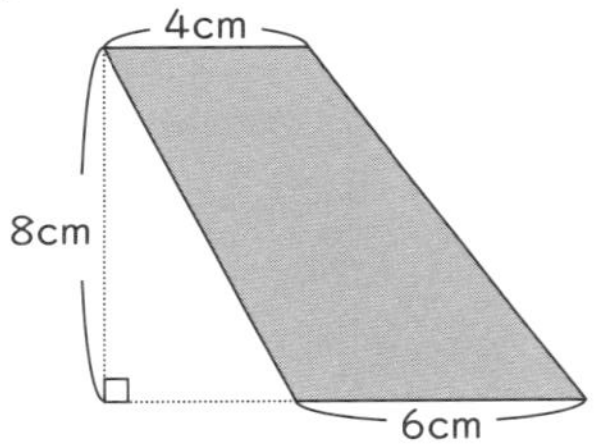

式

答え

(3)

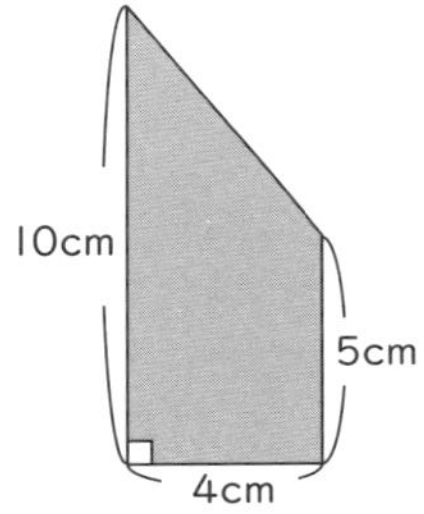

式

答え

（141％に拡大してご使用ください。）

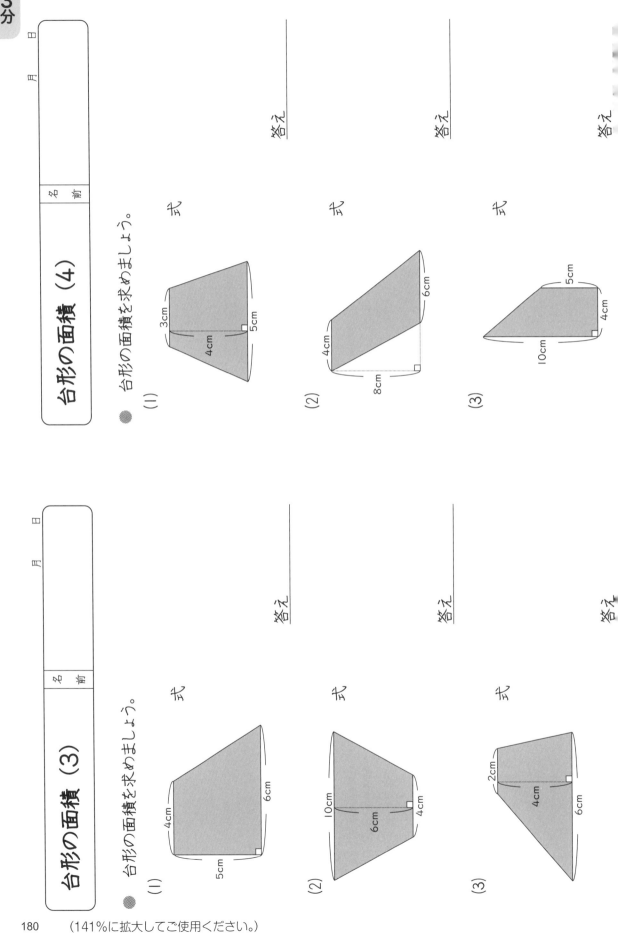

台形の面積（5）

名前

● 台形の面積を求めましょう。

(1)

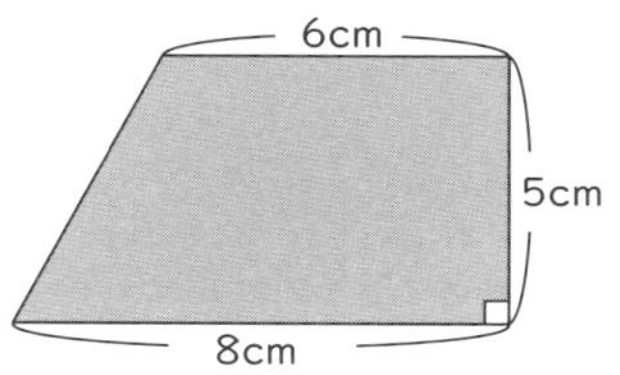

式

答え

(2)

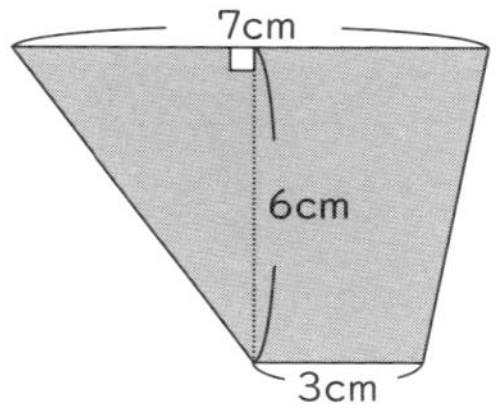

式

答え

(3)

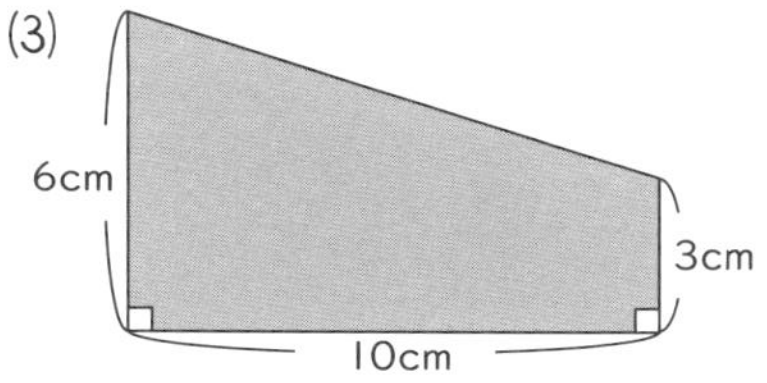

式

答え

(4)

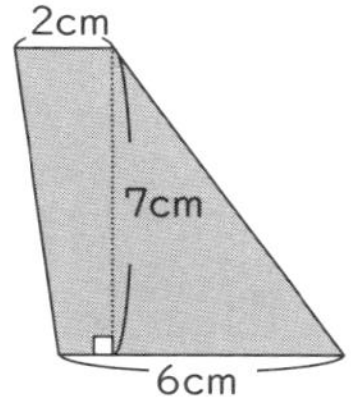

式

答え

(5)

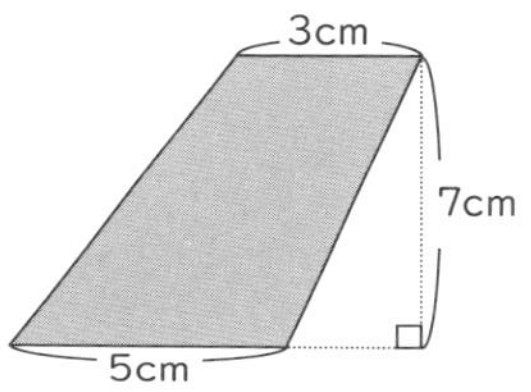

式

答え

台形の面積（6）

名前

1 台形の面積を求めましょう。

(1)

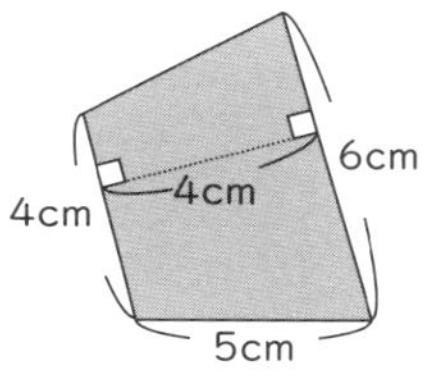

式

答え

(2)

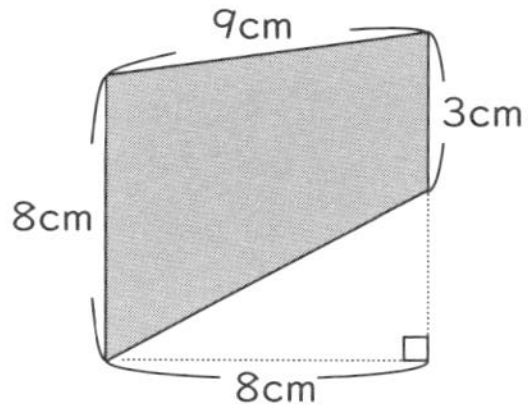

式

答え

2 次の面積の台形の高さを求めましょう。

(1) $30cm^2$

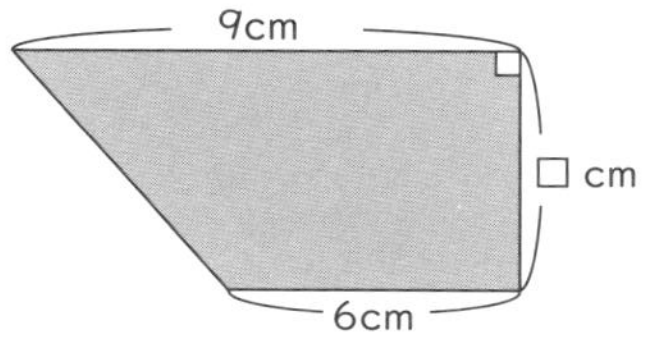

式

答え

(2) $24cm^2$

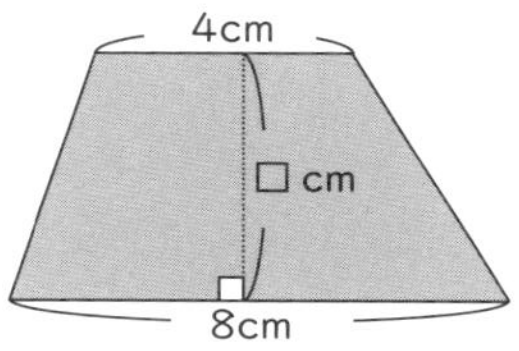

式

答え

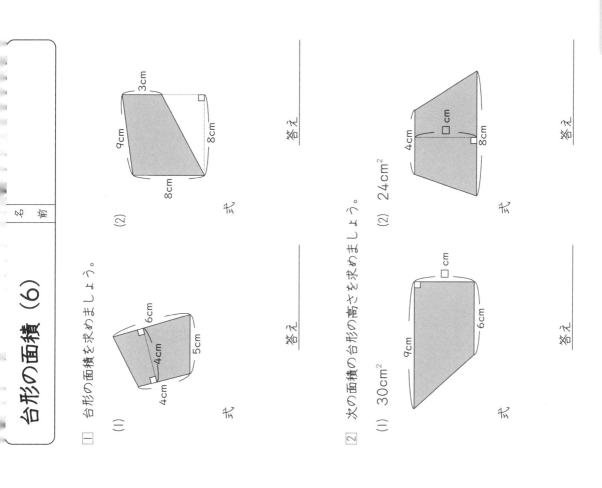

ひし形の面積（1）

名前　　　　月　　日

● ひし形の面積の求め方を考えましょう。

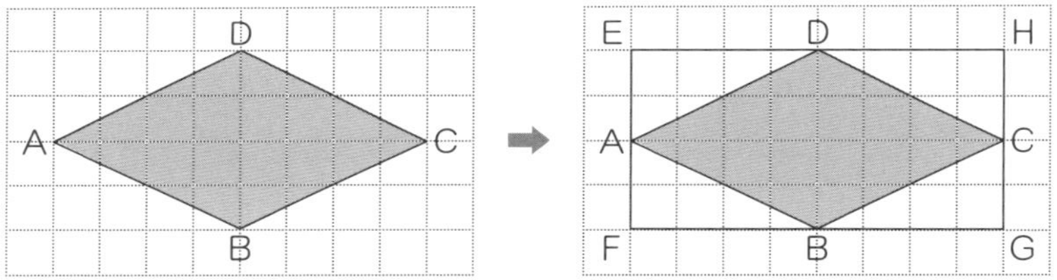

(1) □にあてはまることばを下の□から選んで書きましょう。

ひし形の面積は，長方形 EFGH の □ です。

長方形のたてと横の長さは，ひし形の □ の長さと同じです。

半分・2倍・辺・対角線

(2) ひし形の面積を求める公式を完成させましょう。

ひし形の面積 = 一方の □ × もう一方の □ ÷ □

(3) (2)の公式を使って，上のひし形の面積を求める式と答えを書きましょう。

式

答え

ひし形の面積（2）

名前　　　　月　　日

● ひし形の面積を求めましょう。

(1)

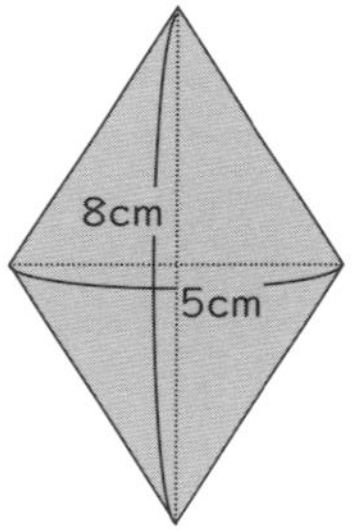

式

答え

(2)

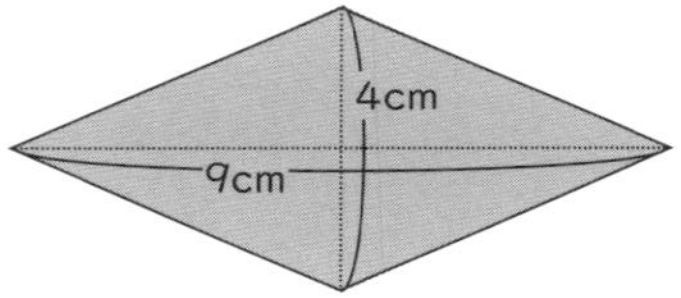

式

答え

(3)

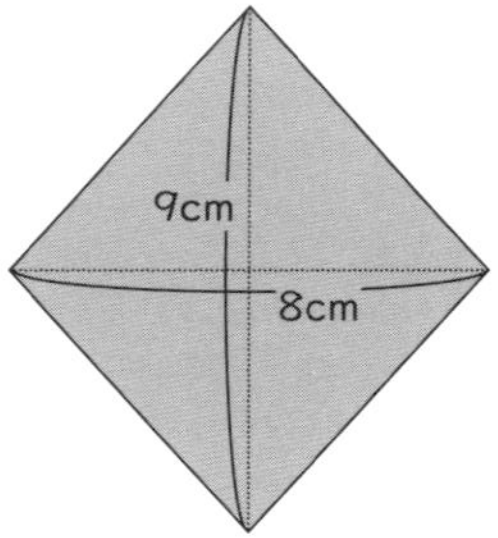

式

答え

（141%に拡大してご使用ください。）

ひし形の面積（3）

名前

● ひし形の面積を求めましょう。

(1)

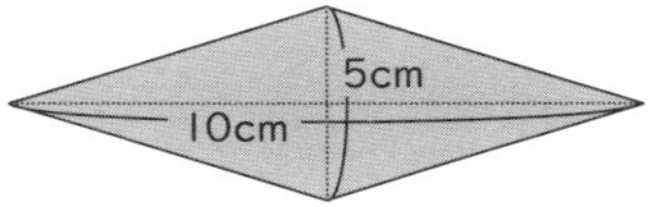

式

答え

(2)

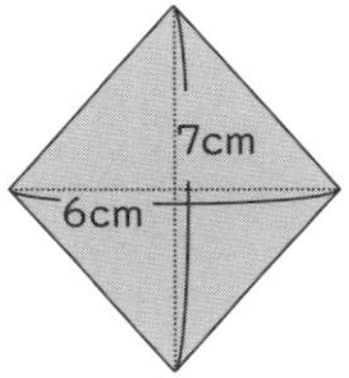

式

答え

(3)

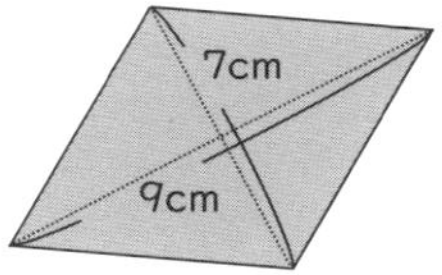

式

答え

(4)

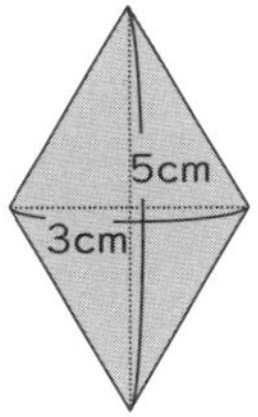

式

答え

(5)

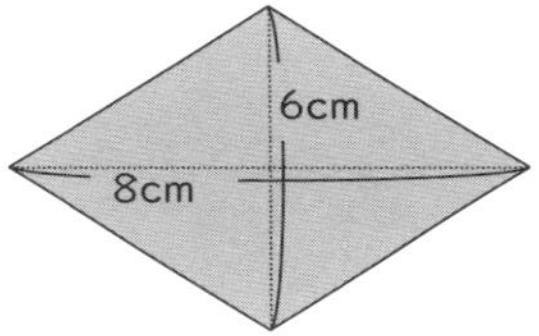

式

答え

ひし形の面積（4）

名前

1 ひし形の面積を求めましょう。

(1)

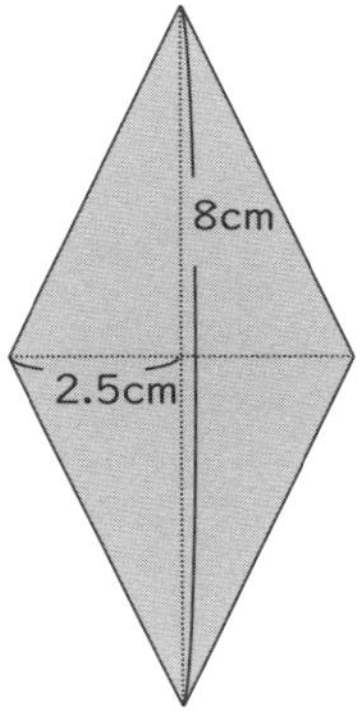

式

答え

(2)

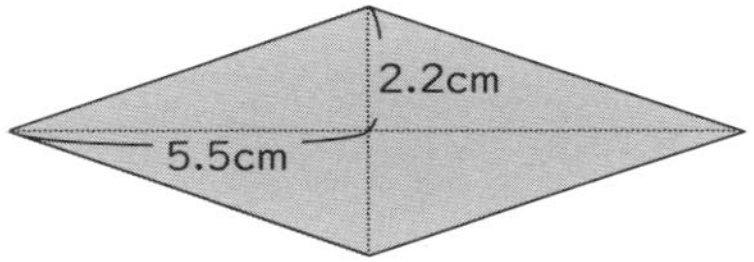

式

答え

2 次の面積のひし形の□の長さを求めましょう。

(1) 16cm²

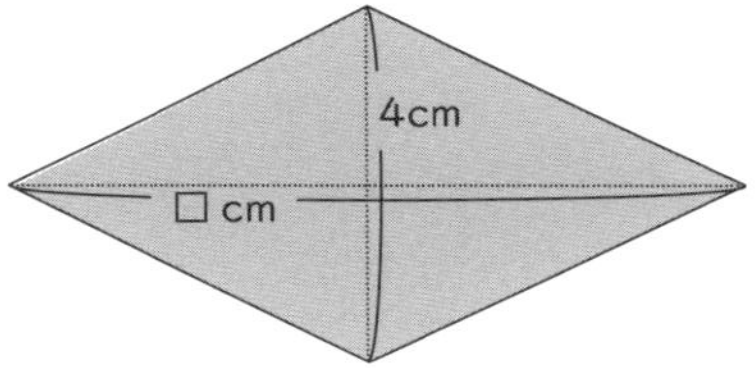

式

答え

(2) 27cm²

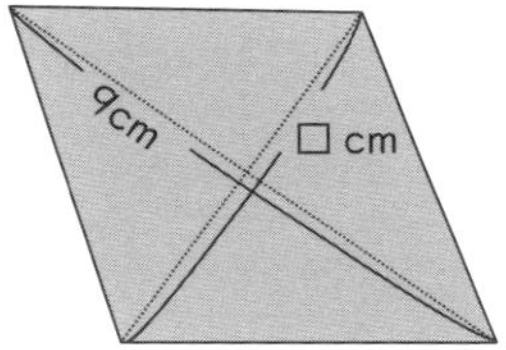

式

答え

5分

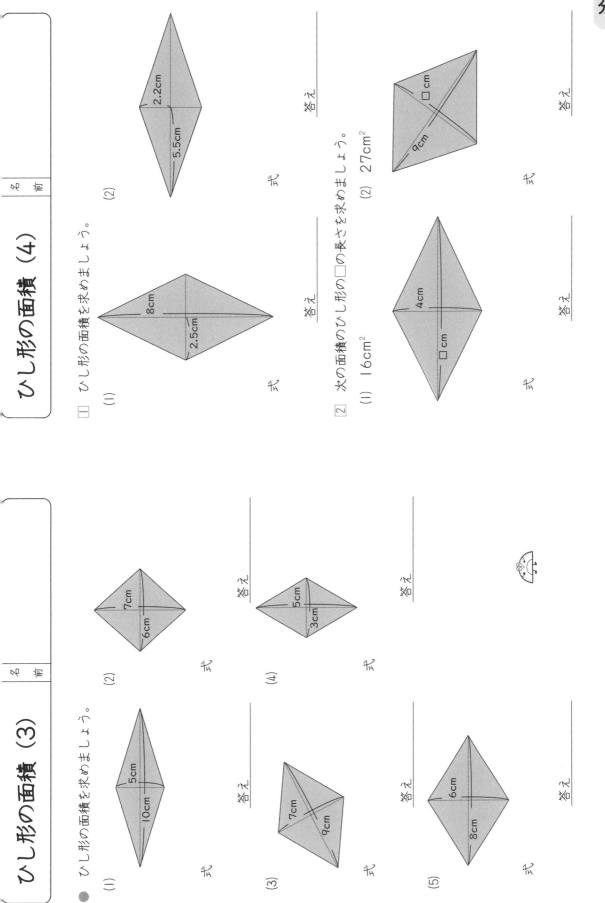

月　　日

ふりかえり

平行四辺形・三角形・台形・ひし形の面積

名前

□1 次の図形の面積を求めましょう。

(1)

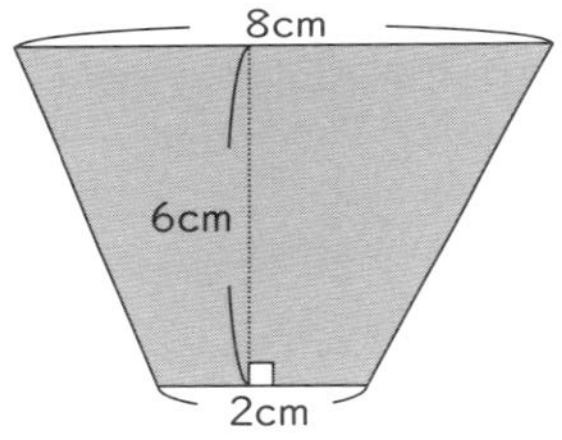

式

答え

(2)

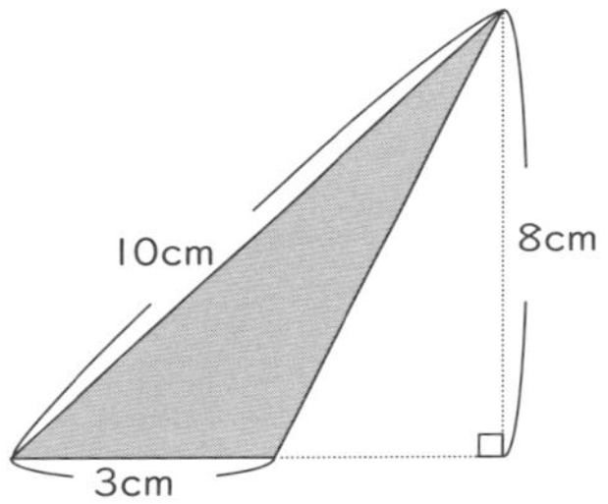

式

答え

(3)

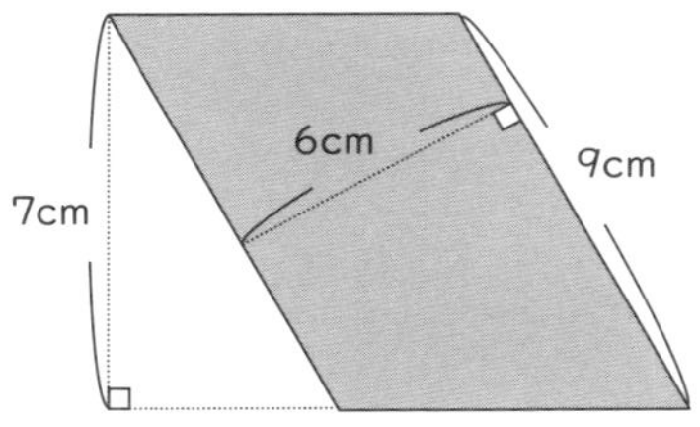

式

答え

(4)

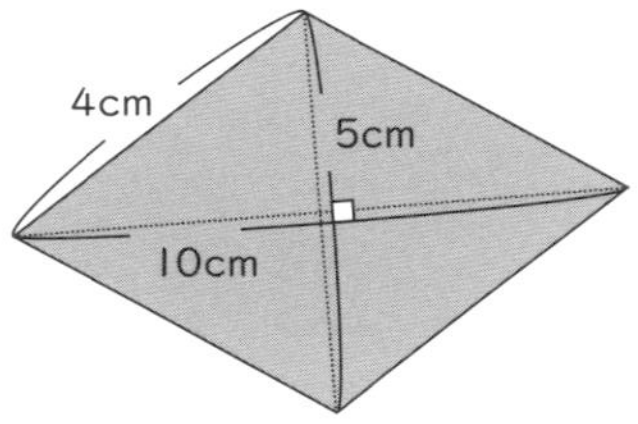

式

答え

□2 次の面積の図形の□の高さや長さを求めましょう。

(1) $15cm^2$

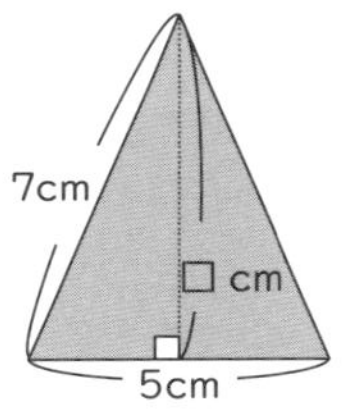

式

答え

(2) $40cm^2$

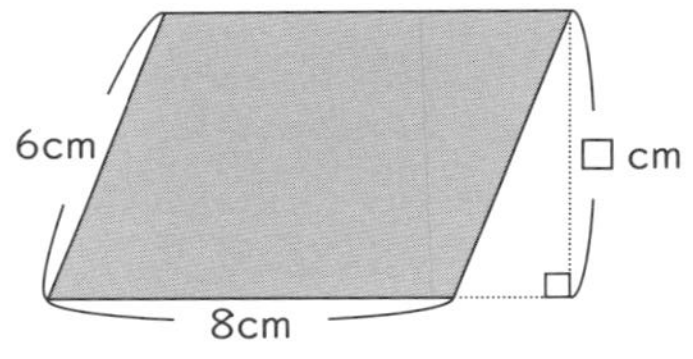

式

答え

(3) $30cm^2$

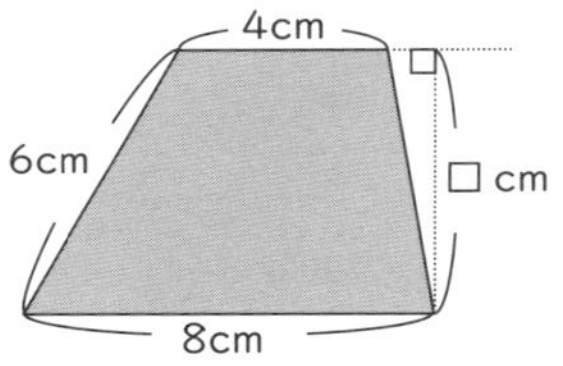

式

答え

(4) $20cm^2$

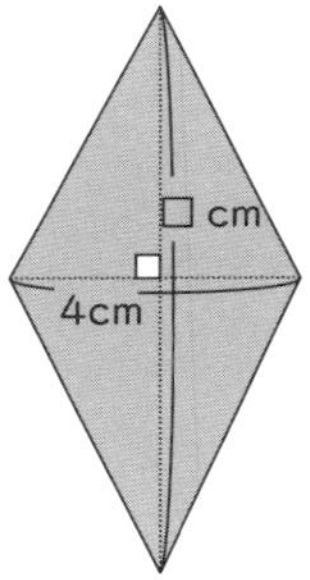

式

答え

（141%に拡大してご使用ください。）

面積の求め方のくふう (1)

名前

● 次の図形の面積を求めましょう。

(1)

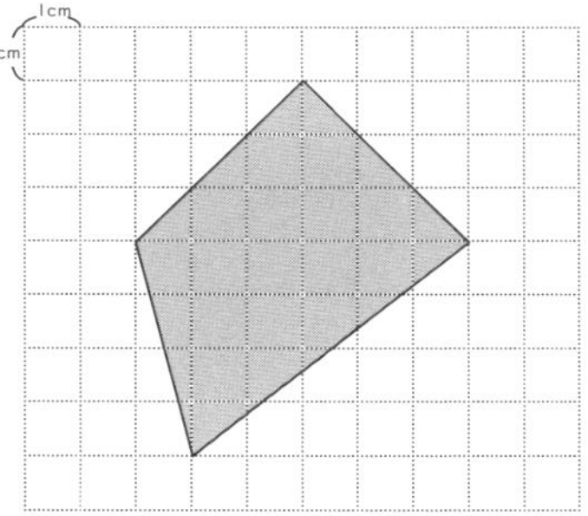

式

答え

(2)

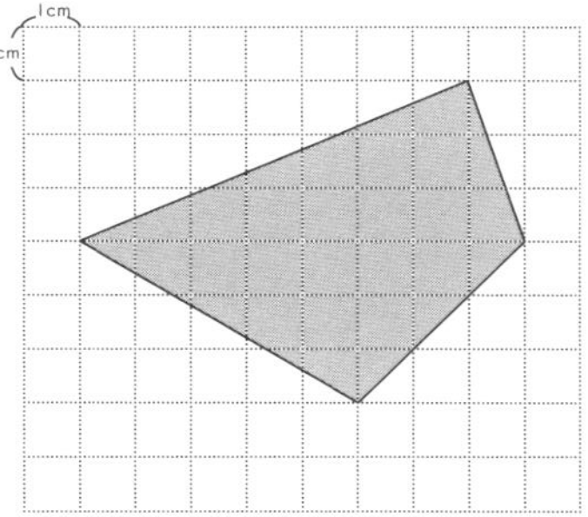

式

答え

(3)

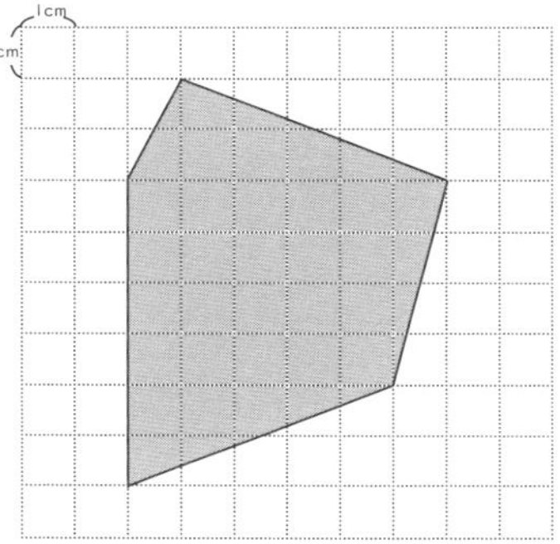

式

答え

(4)

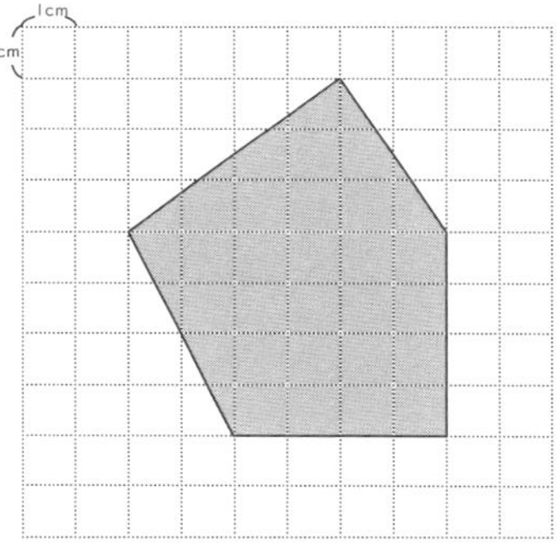

式

答え

面積の求め方のくふう (2)

名前

1 次の図形の面積を求めましょう。

(1)

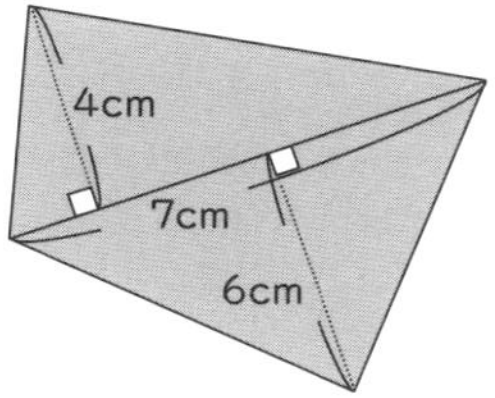

式

答え

(2)

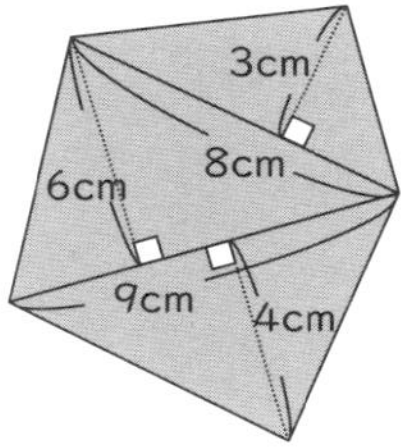

式

答え

2 次の色のついた部分の図形の面積を求めましょう。

(1)

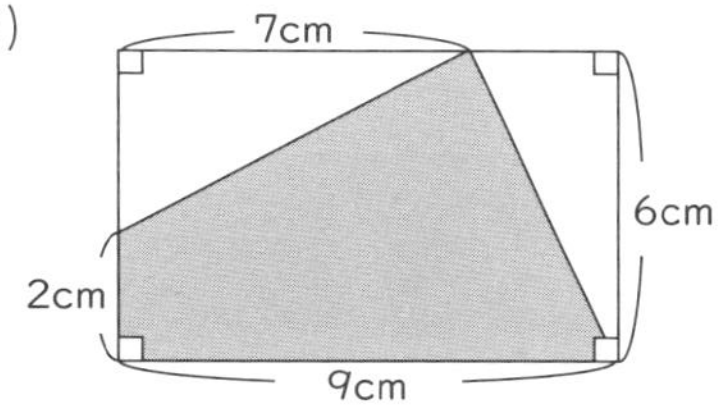

式

答え

(2)

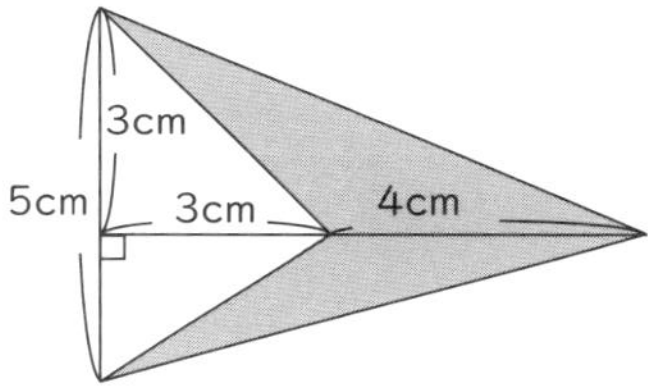

式

答え

10分

(141%に拡大してご使用ください。)

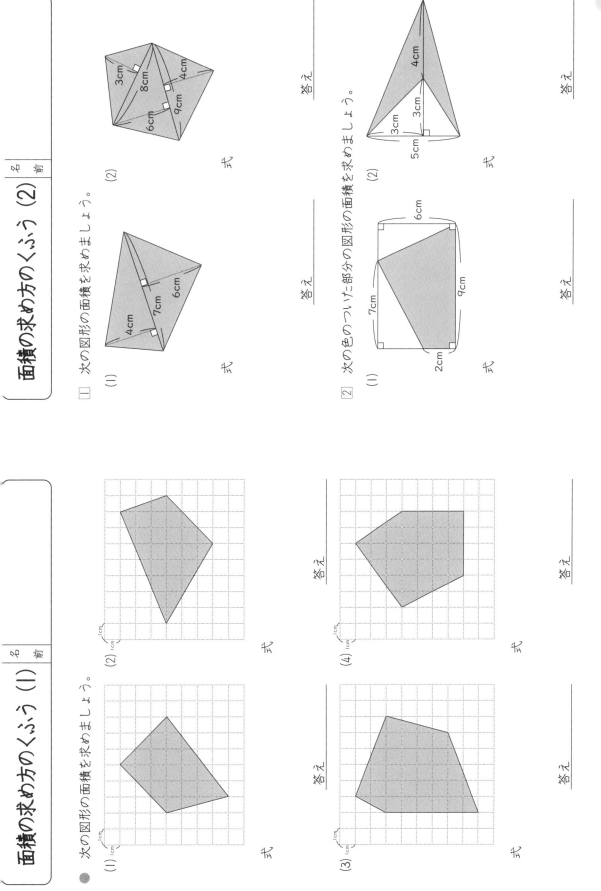

月　日

面積と比例（1）

名前

平行四辺形の底辺を 4cm と決めて，高さを 1cm，2cm，3cm，…と変えると，それにともなって面積はどのように変化するかを調べましょう。

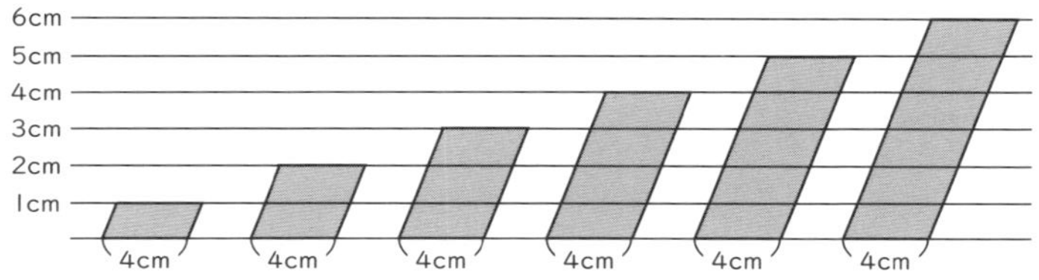

(1) 高さと面積の変わり方を表にまとめましょう。

高さ (cm)	1	2	3	4	5	6
面積 (cm^2)	4					

(2) □にあてはまる数やことばを書きましょう。

平行四辺形の高さが 2 倍，3 倍，…になると，面積も

□倍，□倍，…になります。

平行四辺形の面積は，□に比例《ひれい》します。

(3) 高さが 10cm のとき，面積は何 cm^2 ですか。

式

答え

(4) 面積が 60cm^2 になるのは，高さが何 cm のときですか。

式

答え

月　日

面積と比例（2）

名前

下のように三角形の底辺の長さは変えないで，高さを 1cm，2cm，3cm，…と変えていくときの面積の変わり方を調べましょう。

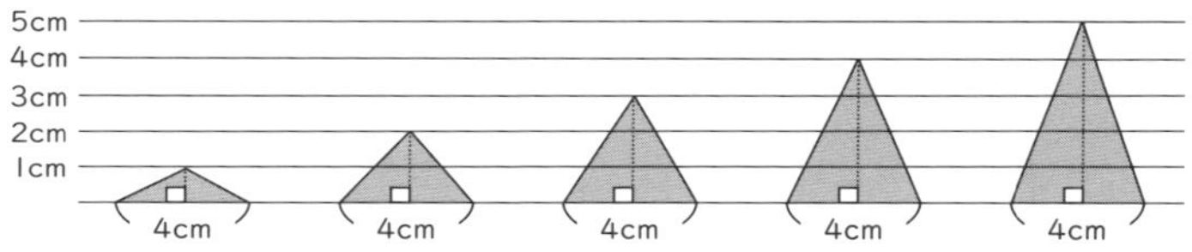

(1) 高さを□ cm，面積を○ cm^2 として，三角形の面積を求める式を作ります。□に数を書きましょう。

□ × □ ÷ 2 ＝ ○

(2) □（高さ）が 1，2，3，…と変わると，○（面積）はどう変わるか，下の表に書きましょう。

高さ □ (cm)	1	2	3	4	5	6	7	8
面積 ○ (cm^2)								

(3) 高さが 2 倍，3 倍，…になると，面積はどうなりますか。

(4) 三角形の面積は，高さに比例《ひれい》していますか。

(5) 高さが 15cm のとき，面積は何 cm^2 ですか。

式

答え

(6) 面積が 40cm^2 になるのは，高さが何 cm のときですか。

式

答え

（141%に拡大してご使用ください。）

ふりかえり
四角形と三角形の面積 ①

名前

□1 次の図形の面積を求めましょう。

(1)

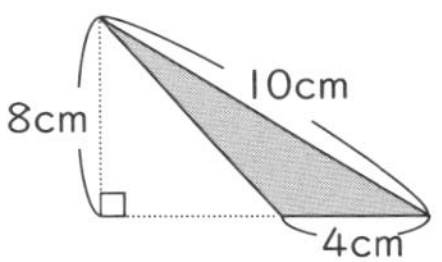

式

答え

(2)

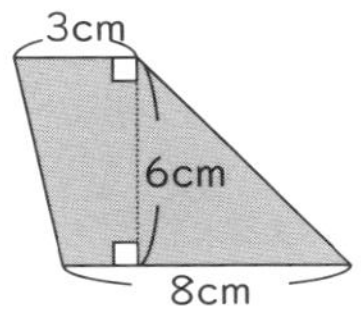

式

答え

(3)

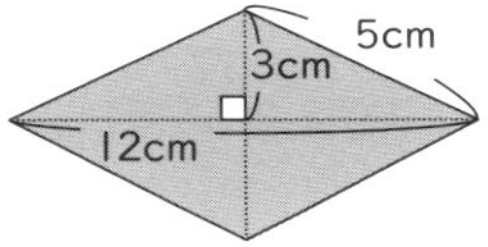

式

答え

(4)

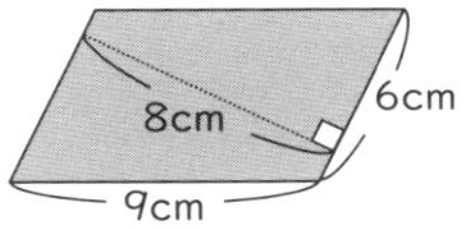

式

答え

□2 右の図を見て答えましょう。

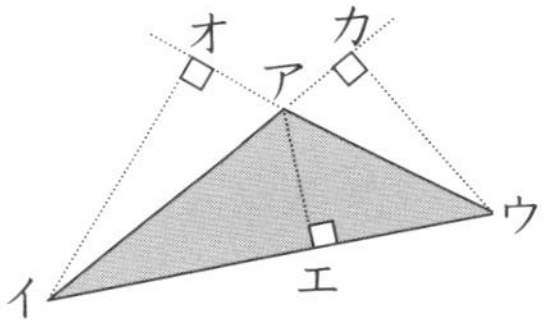

(1) この三角形の底辺をアイとすると，高さにあたるのはどこですか。

(2) この三角形の底辺をイウとすると，高さにあたるのはどこですか。

(3) この三角形の底辺をウアとすると，高さにあたるのはどこですか。

ふりかえり
四角形と三角形の面積 ②

名前

□1 次の面積の図形の高さを求めましょう。

(1) 40cm²

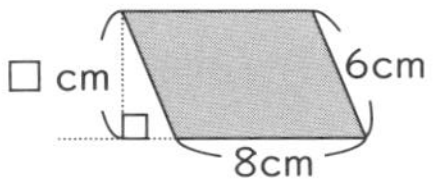

式

答え

(2) 14cm²

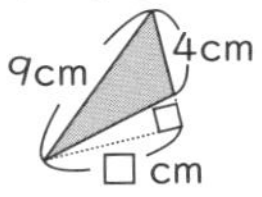

式

答え

□2 次の色のついた部分の図形の面積を求めましょう。

(1)

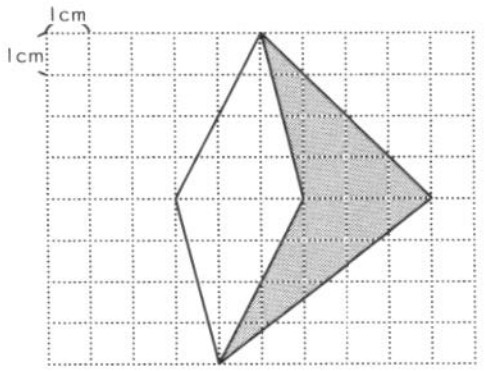

式

答え

(2)

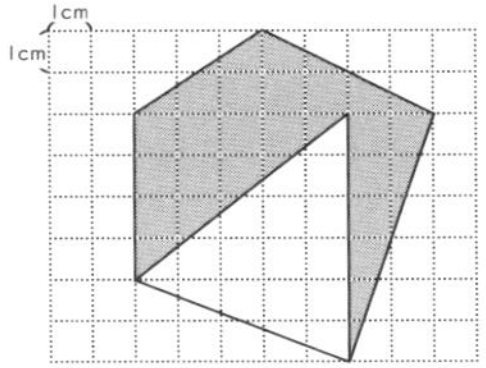

式

答え

□3 右の図のように平行四辺形の高さを高くしていきます。

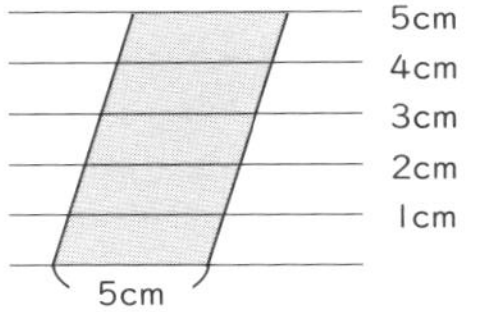

(1) 平行四辺形の高さと面積の関係を表に書きましょう。

高さ（cm）	1	2	3	4	5	6	7	8
面積（cm²）								

(2) 平行四辺形の面積は，高さに比例《ひれい》していますか。

(3) 高さが12cmになったとき，面積は何cm²ですか。

式

答え

月　日

四角形と三角形の面積（テスト）

名前

【知識・技能】

1　次の図形の底辺を太線にすると，高さは㋐，㋑のどちらですか。(5 × 2)

(1)

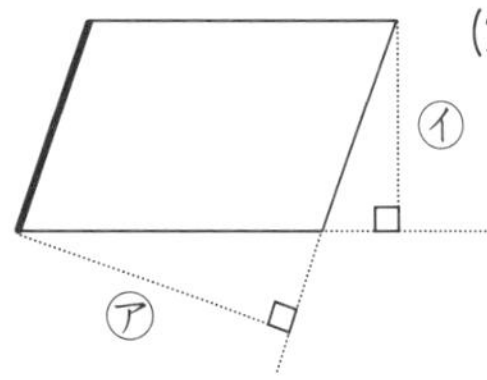

(2)

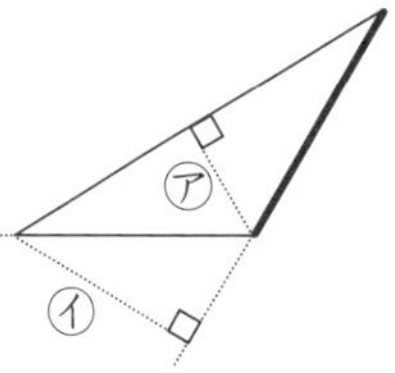

2　次の平行四辺形の面積を求めましょう。(5 × 2)

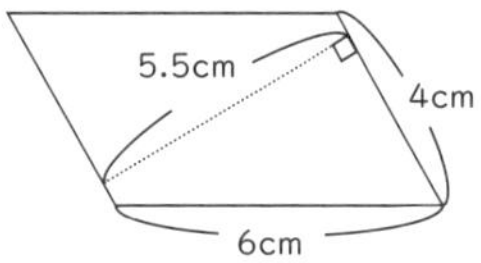

式

答え

3　次の三角形の面積を求めましょう。(5 × 2)

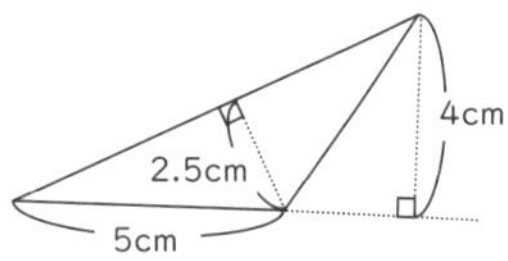

式

答え

4　次の台形の面積を求めましょう。(5 × 2)

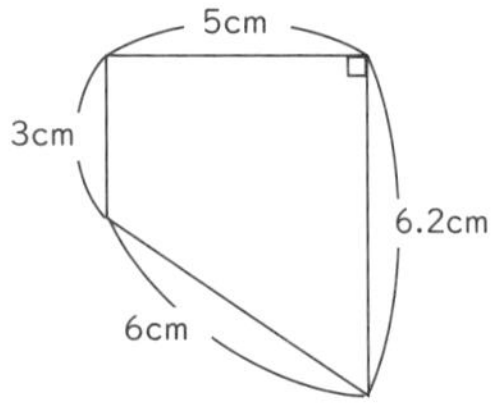

式

答え

5　次のひし形の面積を求めましょう。(5 × 2)

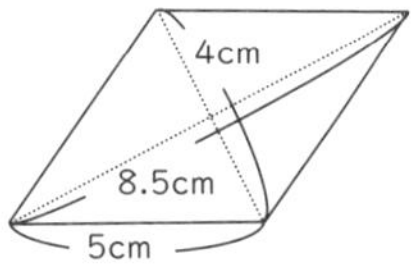

式

答え

【思考・判断・表現】

6　次のあ，い，う平行四辺形の面積が等しいわけを書きましょう。(10)

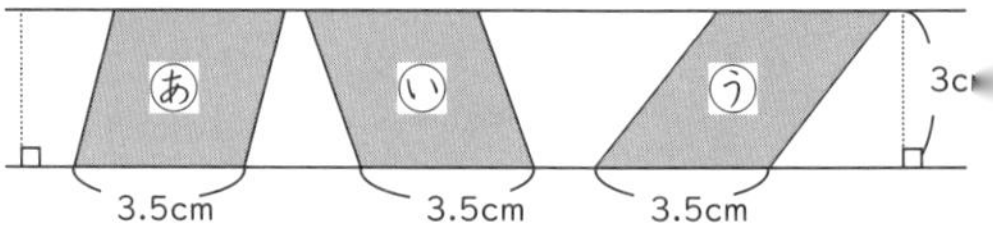

7　台形の面積を三角形に分けたり，平行四辺形にしたりして求めています。図に合った式はどちらですか。記号で答えましょう。(5 × 2)

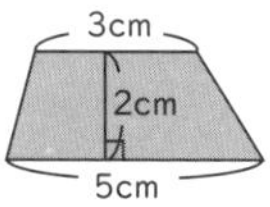

㋐　5 × 2 ÷ 2 + 3 × 2
㋑　(5 + 3) × 2 ÷ 2

①

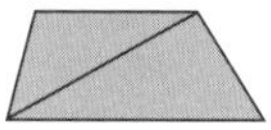

②

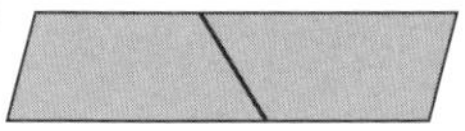

8　次の四角形の面積を求めましょう。(5 × 2)

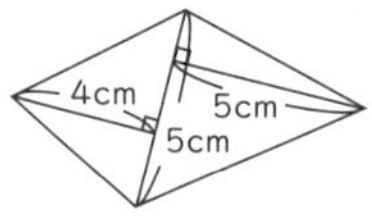

式

答え

9　次の色のついた部分の面積を求めましょう。(5 × 2)

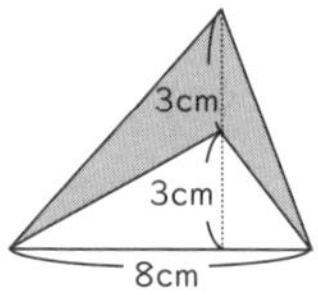

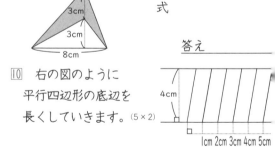

式

答え

10　右の図のように平行四辺形の底辺を長くしていきます。(5 × 2)

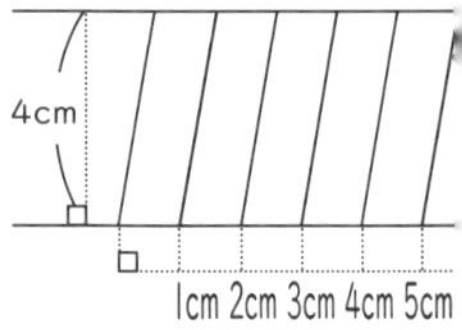

(1)　平行四辺形の底辺の長さと面積の関係を表にまとめましょう。

底辺の長さ (cm)	1	2	3	4	5	6
面　積 (cm^2)	4	8				

(2)　底辺の長さが２倍，3倍になると面積はどうなりますか。

(141%に拡大してご使用ください。)

月　日

算数あそび
四角形と三角形の面積 ①

名前

面積が 6, 9, 12, 18cm^2 の四角形や三角形に色をぬりましょう。

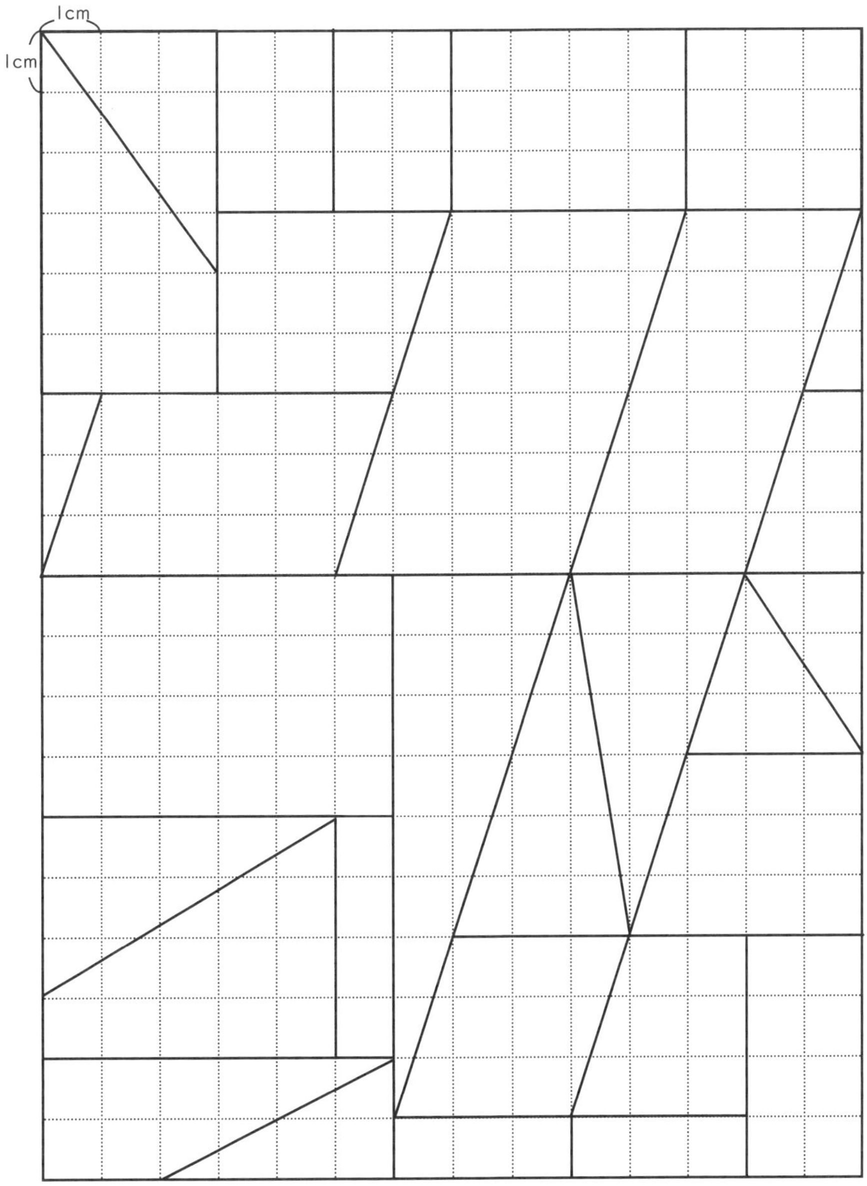

月　　日

算数あそび

四角形と三角形の面積 ②

名前

● 面積が 4, 5, 6, 8, 12cm^2 の四角形や三角形に色をぬりましょう。

何という漢字ができるかな。

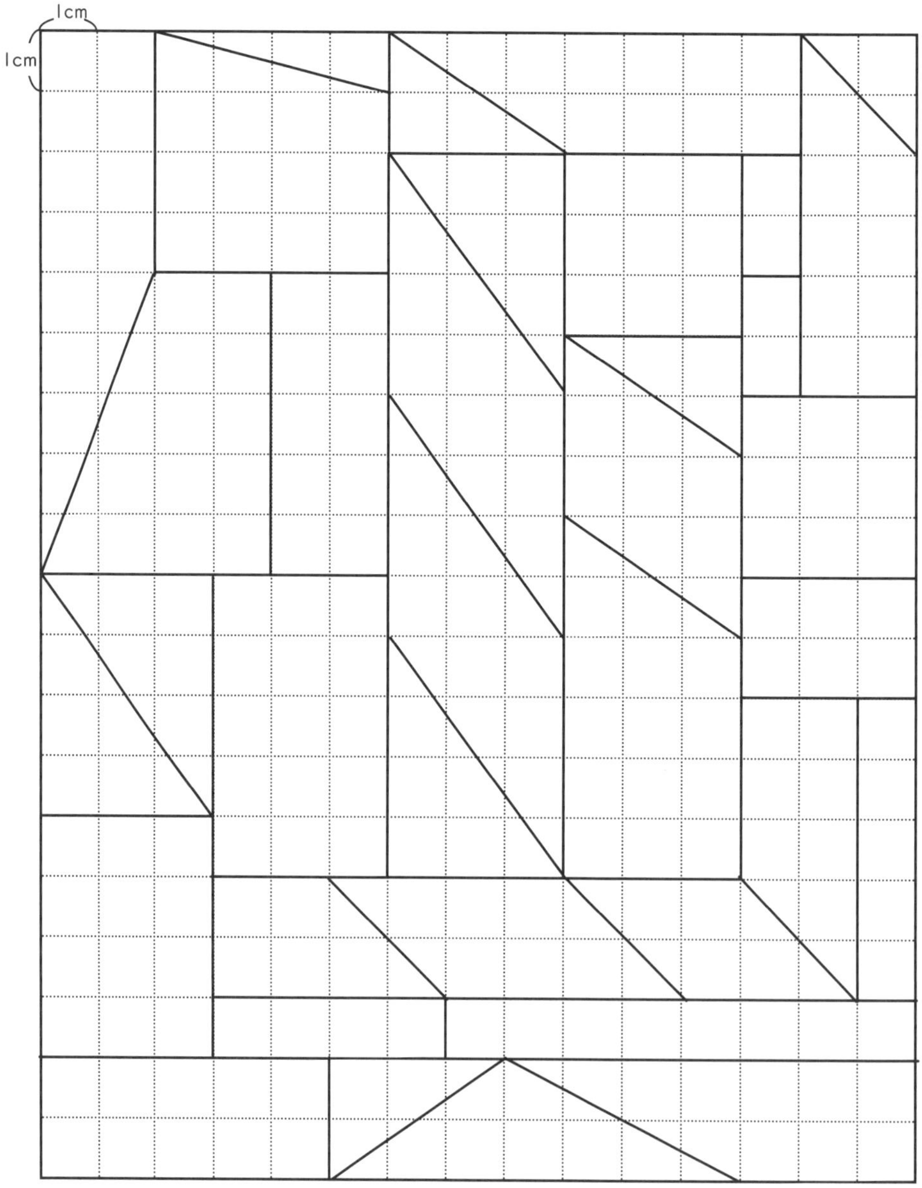

月　　日

算数あそび

四角形と三角形の面積 ③

名前

面積が 5, 12, 18, 20, 24cm^2 の四角形や三角形に色をぬりましょう。

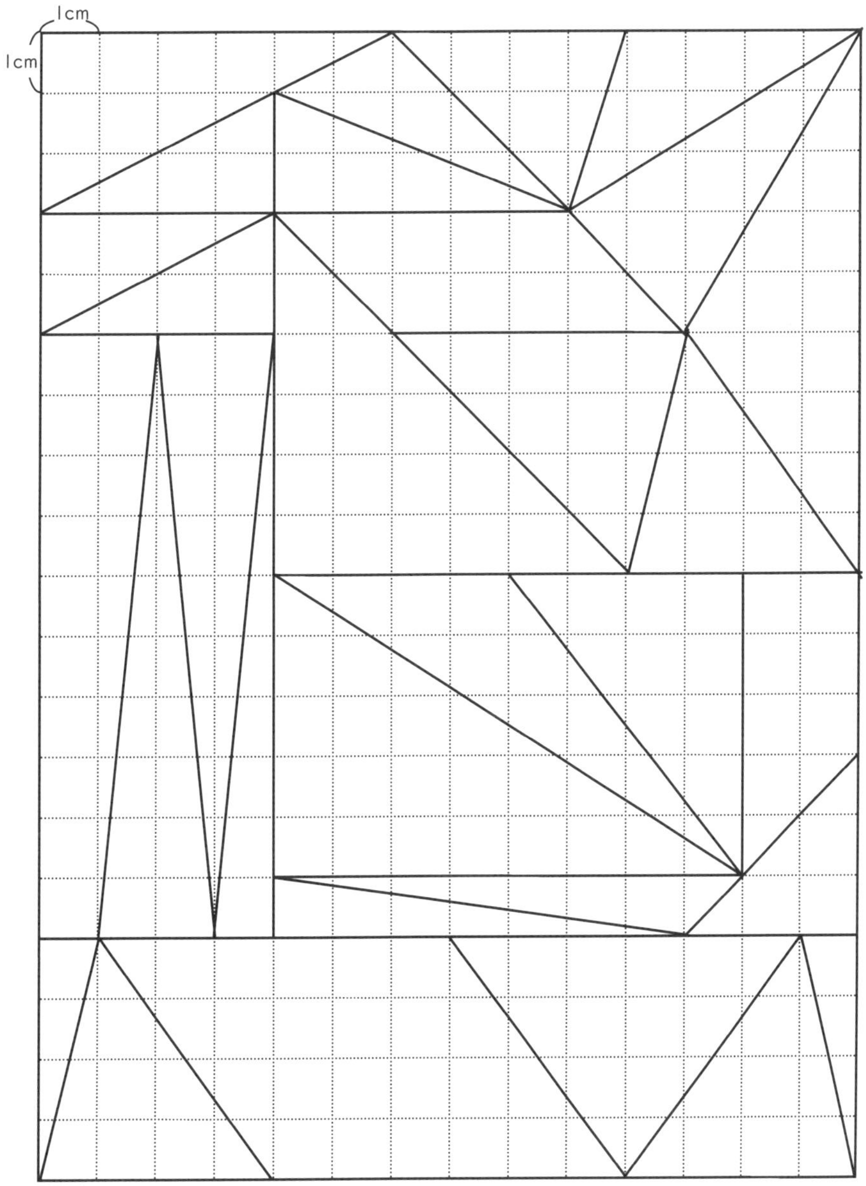

月　日

算数あそび

四角形と三角形の面積 ④

名前

面積が 6, 14, 17, 20cm^2 の四角形や三角形に色をぬりましょう。

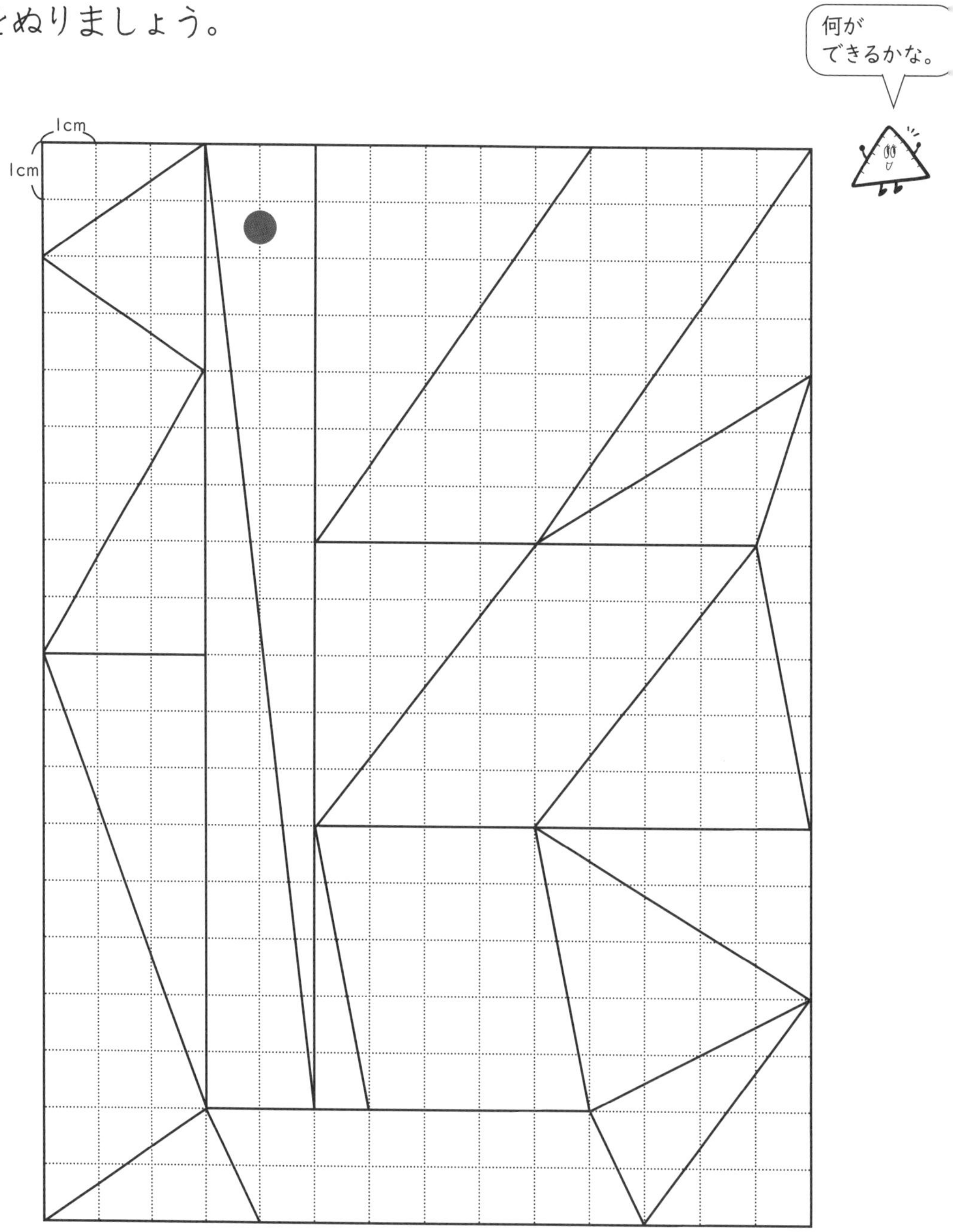

割合（1）

割合を求める ①

名前

1　5年生120人のうち，女子は72人でした。5年生の人数をもとにした，女子の割合《わりあい》を小数で求めましょう。

もとにする量　比《くら》べられる量

120人	72人
1	□

割合

式

答え

2　面積が40m² の公園があります。公園の中には，10m² の池があります。公園の面積をもとにした，池の割合を小数で求めましょう。

1	

式

答え

割合（2）

割合を求める ②

名前

1　かいとさんの学校の5年生90人のうち，63人は習いごとに通っています。5年生の人数をもとにした，習いごとに通っている人数の割合《わりあい》を小数で求めましょう。

もとにする量　比《くら》べられる量

1	

割合

式

答え

2　ゆきさんは本を50さつ持っています。そのうち15さつはマンガでした。ゆきさんが持っている本の数をもとにした，マンガの割合を小数で求めましょう。

1	

式

答え

月　　日

割合（3）

割合を求める ③

名前

1 陸上部の人数は40人で，そのうち男子が24人です。男子の人数の割合《わりあい》を小数で求めましょう。

式

もとにする量	比《くら》べられる量
1	

割合

答え

2 しょうたさんの年令は10才で，お父さんの年令は40才です。お父さんの年令に対するしょうたさんの年令の割合を小数で求めましょう。

式

1	

答え

3 花だんに30本のチューリップがさいています。そのうち，12本は赤いチューリップです。赤いチューリップの割合を小数で求めましょう。

式

1	

答え

月　　日

割合（4）

割合を求める ④

名前

1 定員80人のバスに52人乗っています。定員に対する乗客の割合《わりあい》を小数で求めましょう。

式

もとにする量	比《くら》べられる量
1	

割合

答え

2 漢字のテスト50問のうち，42問が正解《せいかい》だったときの，正解の割合を小数で求めましょう。

式

1	

答え

3 5年1組35人のうち，メガネをかけている人は7人です。メガネをかけている人の割合を小数で求めましょう。

式

1	

答え

（141%に拡大してご使用ください。）

割合（5）

割合を求める ⑤

名前

1　牛肉は480円で，ぶた肉は264円です。牛肉に対するぶた肉のねだんの割合《わりあい》を小数で求めましょう。

式

答え ＿＿＿＿＿＿

2　もえかさんは500円持っています。160円のおかしを買いました。
　もえかさんが持っていたお金に対するおかしのねだんの割合を小数で求めましょう。

式

答え ＿＿＿＿＿＿

3　ある日の東京の最高気温は30°で，北海道の最高気温は21°でした。
東京の最高気温に対する北海道の最高気温の割合を小数で求めましょう。

式

答え ＿＿＿＿＿＿

4　200ページの本があります。ゆうまさんは136ページ読みました。
ゆうまさんが読んだページ数の割合を小数で求めましょう。

式

答え ＿＿＿＿＿＿

5　1.2Lの牛にゅうがあります。まいさんはそのうち300mL飲みました。
まいさんが飲んだ量の割合を小数で求めましょう。

式

答え ＿＿＿＿＿＿

割合（6）

割合を求める ⑥

名前

1　かずやさんは，先月は図書室で本を25さつ借りました。今月は15さつでした。先月借りたさつ数に対する今月借りたさつ数の割合《わりあい》を小数で求めましょう。

式

答え ＿＿＿＿＿＿

2　くじを12本ひいたところ，3本当たりました。
当たったくじの割合を小数で求めましょう。

式

答え ＿＿＿＿＿＿

3　けんたさんの身長は152cmで，お母さんの身長は160cmです。
お母さんの身長に対するけんたさんの身長の割合を小数で求めましょう。

式

答え ＿＿＿＿＿＿

4　16まいのクッキーがあります。そのうち6まい食べました。
食べたクッキーの割合を小数で求めましょう。

式

答え ＿＿＿＿＿＿

5　6000円の買いものをしました。そのうち筆箱のねだんは750円でした。
筆箱のねだんの割合を小数で求めましょう。

式

答え ＿＿＿＿＿＿

10分

割合（7）
比べられる量を求める ①

月　　日　　名前

1　定価《ていか》 400 円の文ぼう具が，大売り出しで，定価の 0.7 の割合《わりあい》のねだんになりました。
代金は何円になりますか。

もとにする量	比べられる量
400円	□円
1	0.7

割合

式

答え

2　120 本のくじのうち，当たりくじは 0.15 の割合であるそうです。
当たりくじは何本ですか。

1	

式

答え

3　ゆまさんは本を 40 さつ持っています。
妹はゆまさんの 0.3 の割合の本を持っています。
妹は何さつ持っていますか。

1	

式

答え

割合（8）
比べられる量を求める ②

月　　日　　名前

1　ひなたさんのクラスは全員で 45 人です。
そのうち，クラスの 0.4 の割合《わりあい》が家でペットを飼《か》っています。家でペットを飼っている人は何人ですか。

もとにする量	比《くら》べられる量
1	

割合

式

答え

2　ある町の図書館には 2000 さつの本があります。
そのうち，英語の本の割合は全体の 0.12 です。
英語の本は何さつありますか。

1	

式

答え

3　れんとさんは定価《ていか》 2500 円の運動ぐつを定価の 0.72 の割合のねだんで買いました。
代金はいくらでしたか。

1	

式

答え

割合（9）
もとにする量を求める ①

名前

1 たっ球クラブの入部希望者は 18 人で，これは，定員の 0.6 の割合《わりあい》にあたるそうです。
たっ球クラブの定員は何人ですか。

もとにする量	比《くら》べられる量
□人	18人
1	0.6

（0.6：割合）

式

答え

2 たまねぎ 1 ふくろは 280 円で，このねだんはじゃがいも 1 ふくろのねだんの 0.7 の割合です。
じゃがいも 1 ふくろは何円ですか。

1	

式

答え

3 こころさんの学校の 5 年生の人数は 96 人で，これは全児童数の 0.16 の割合になります。
全児童数は何人ですか。

1	

式

答え

割合（10）
もとにする量を求める ②

名前

1 あるスーパーでは，今日，トマトを 153 円で売っています。このねだんは，昨日のねだんの 0.85 の割合《わりあい》にあたります。
昨日のトマトのねだんは何円ですか。

もとにする量	比《くら》べられる量
1	

（下段右：割合）

式

答え

2 ある店の大売り出しで，ゆかさんはＴシャツを 1890 円で買いました。買ったねだんは，定価《ていか》の 0.7 の割合にあたるそうです。
Ｔシャツの定価は何円ですか。

1	

式

答え

3 水とうにお茶が 275mL 入っています。これは，やかんに入っているお茶の 0.25 の割合です。
やかんにお茶は何 mL 入っていますか。

1	

式

答え

5分

月　日

割合（11）

割合・比べられる量・もとにする量を求める ①

名前

1 計算のテスト 20 問のうち，17 問が正解《せいかい》だったときの正解の割合《わりあい》を小数で求めましょう。

1	

式

答え

2 高さ 50m のビルが新しく建ちました。となりのビルは，この新しいビルの 0.74 の割合の高さです。

となりのビルの高さは何 m ですか。

1	

式

答え

3 5 年生 80 人のうち，陸上クラブに入っている人は 10 人です。陸上クラブの人数の割合を小数で求めましょう。

1	

式

答え

4 ゆうすけさんの学校の運動場の面積は 5200m² で，学校全体の面積の 0.65 の割合です。学校全体の面積は何 m² ですか。

1	

式

答え

5 ブルーベリー 1 パックのねだんは 294 円で，このねだんはぶどう 1 パックのねだんの 0.7 の割合です。

ぶどう 1 パックのねだんは何円ですか。

1	

式

答え

月　日

割合（12）

割合・比べられる量・もとにする量を求める ②

名前

1 まこさんは図書室で借りた本を 144 ページまで読みました。これは，その本の 0.75 の割合《わりあい》にあたります。

本は全部で何ページですか。

1	

式

答え

2 定員 16 人のマイクロバスに 10 人乗っています。

定員に対する乗っている人数の割合を小数で求めましょう。

1	

式

答え

3 サッカーの 1 試合めでは，ひろきさんのチームのシュート数は 20 本で，2 試合めのシュート数の割合は，0.8 でした。2 試合めのシュート数は何本でしたか。

1	

式

答え

4 庭に白い花が 33 本さいています。33 本は，庭にさいている花の 0.3 の割合にあたります。

庭には何本の花がさいていますか。

1	

式

答え

5 さくらさんの町内で，日帰り旅行に行く人をぼ集したところ，25 人の定員に対して 21 人の希望者がいました。定員に対する希望者の割合を小数で求めましょう。

1	

式

答え

割合（13）

割合・比べられる量・もとにする量を求める ③

名前

1 定員 40 人のバスに 0.8 の割合《わりあい》の乗客が乗っています。乗客は何人ですか。

1	

式

答え

2 ともやさんは貯金が 6000 円ありましたが，1500 円のゲーム機を買いました。ゲーム機のねだんの割合を小数で求めましょう。

1	

式

答え

3 ある土地の面積は $250m^2$ で，そのうち $210m^2$ が花だんです。ある土地の面積をもとにした，花だんの面積の割合を小数で求めましょう。

1	

式

答え

4 かいとさんは，9 月の体重測定《そくてい》で 35.7kg でした。これは，4 月にはかった体重の 1.05 の割合になるそうです。かいとさんの 4 月の体重は何 kg でしたか。

1	

式

答え

5 かきがりで，なつきさんは 2.5kg とりました。弟はなつきさんの 0.48 の割合のかきをとりました。弟は何 kg のかきをとりましたか。

1	

式

答え

割合（14）

割合・比べられる量・もとにする量を求める ④

名前

1 バスケットボールで 20 回シュートをして 13 回入りました。入った数の割合《わりあい》を小数で求めましょう。

1	

式

答え

2 あるレストランでは，おとな 1 人のごはんの量が 120g で，こどもの量はおとなの 0.75 の割合だそうです。こどものごはんの量は何 g ですか。

1	

式

答え

3 ようたさんの学校の女子の人数は 318 人です。この人数は，全児童数の 0.53 の割合にあたるそうです。全児童数は何人ですか。

1	

式

答え

4 はるかさんは，工作で 120cm あった紙テープを 45cm 使いました。使った紙テープの割合を小数で求めましょう。

1	

式

答え

5 あるお店の大売り出しでは，全商品を定価《ていか》の 0.8 の割合で売っています。2560 円の品物の定価は何円ですか。

1	

式

答え

10分

（141％に拡大してご使用ください。）

月　日

割合（15）

百分率 ①

名前

割合《わりあい》を表す小数や整数	1	0.1	0.01	0.001
百分率《ひゃくぶんりつ》	100%	10%	1%	0.1%

1 割合を表す小数（整数）を百分率にしましょう。

(1) 0.05　　(2) 0.39

(3) 0.6　　(4) 2.5

(5) 1.03　　(6) 4

2 百分率を小数にしましょう。

(1) 7%　　(2) 28%

(3) 90%　　(4) 53%

(5) 360%　　(6) 109%

月　日

割合（16）

百分率 ②

名前

1 果じゅう 15%のジュースが 400mL あります。
このジュースにふくまれている果じゅうは何 mL ですか。

1	

式

答え

2 あみさんの身長は 144cm で，これはお兄さんの身長の 90% にあたります。
お兄さんの身長は何 cm ですか。

1	

式

答え

3 5 年生の人数は 80 人で，そのうちねこを飼《か》っている人は 28 人です。
ねこを飼っている人は何 % ですか。

1	

式

答え

割合（17）

百分率 ③

名前

1　電車に60人が乗っています。
これは定員の80%にあたる人数です。
この電車の定員は何人ですか。

1	

式

答え

2　5年生は，全員で135人です。
そのうち，20%の人がかぜをひいています。
かぜをひいている人は何人ですか。

1	

式

答え

3　こうきさんは，バスケットボールの試合を20回して13回勝ちました。
勝った回数の割合《わりあい》は全体の何%ですか。

1	

式

答え

割合（18）

百分率 ④

名前

1　5年生90人のうち，ペットを飼《か》っている人は36人です。ペットを飼っている人の割合《わりあい》は全体の何%ですか。

1	

式

答え

2　さえさんの学校の今年の児童数は525人で10年前の児童数の75%にあたります。
10年前の児童数は何人でしたか。

1	

式

答え

3　あかりさんは，定価《ていか》3500円のスカートを定価の70%で買いました。
代金はいくらですか。

1	

式

答え

月　日

割合（19）
百分率⑤

名前

1　たいちさんの学年は全員で96人です。
そのうち，インフルエンザで24人が欠席しました。
欠席した人数の割合《わりあい》は全体の何％ですか。

1	

式

答え

2　おじいさんは畑全体の35％にあたる14m^2に種をまきました。
この畑の全体の面積は何m^2ですか。

1	

式

答え

3　1両の定員が140人の電車の車両に，定員の85％の人が乗っています。
この車両に乗っている人は何人ですか。

1	

式

答え

4　あるお店の大売り出しで，定価《ていか》2600円のTシャツを，もとのねだんの80％で売っています。
代金はいくらになりますか。

1	

式

答え

5　ある電車の定員は210人です。
この電車に168人が乗っています。
定員をもとにした乗客数の割合は何％ですか。

1	

式

答え

月　日

割合（20）
百分率⑥

名前

1　えい画館に120人のお客さんが入りました。
この人数は，このえい画館の定員の80％にあたります。
このえい画館の定員は何人ですか。

1	

式

答え

2　定員80人のバスに52人乗っています。
定員をもとにした，乗客の割合《わりあい》は何％ですか。

1	

式

答え

3　パン屋さんで日曜日にパンが360個《こ》売れました。
これは土曜日に売れた数の90％にあたります。
土曜日にパンは何個売れましたか。

1	

式

答え

4　ゆうなさんの学校の5年生160人のうち，バドミントンクラブに入っている人は24人です。5年生の人数をもとにした，バドミントンクラブの人数の割合は何％ですか。

1	

式

答え

5　あるジュースは全部で800mLです。
このうち，果じゅうが20％ふくまれています。
このジュースにふくまれている果じゅうは何mLですか。

1	

式

答え

割合（21）
わりびき

名前

① 定価《ていか》2500円のセーターを10%びきで買いました。代金はいくらですか。

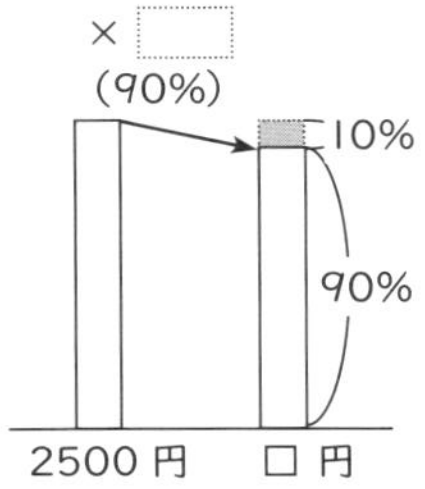

式　2500×(1−0.1)

答え

② かばんが1500円で売られています。
これは定価の25%びきのねだんです。
このかばんの定価はいくらですか。

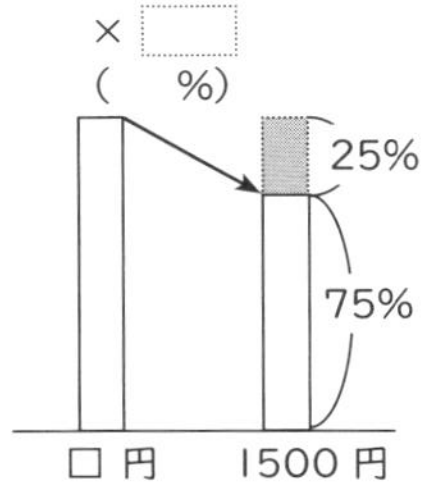

式

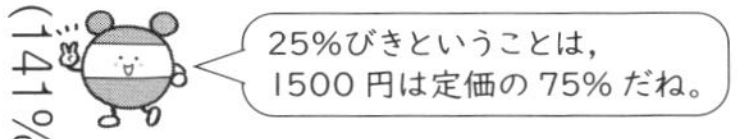

答え

③ 定価40000円のカメラを30%びきで買いました。代金はいくらですか。

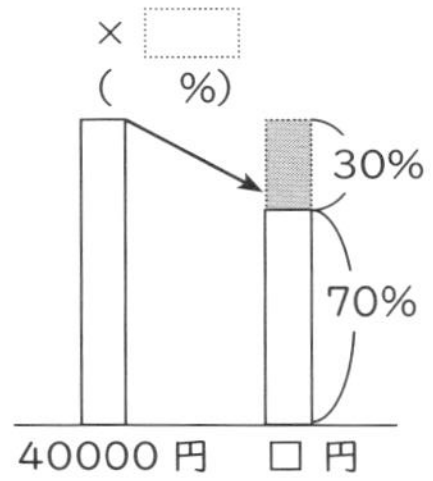

式

答え

割合（22）
わり増し

名前

① 120g入りのジャムが25%増量《ぞうりょう》で売られています。ジャムは何g入りになっていますか。

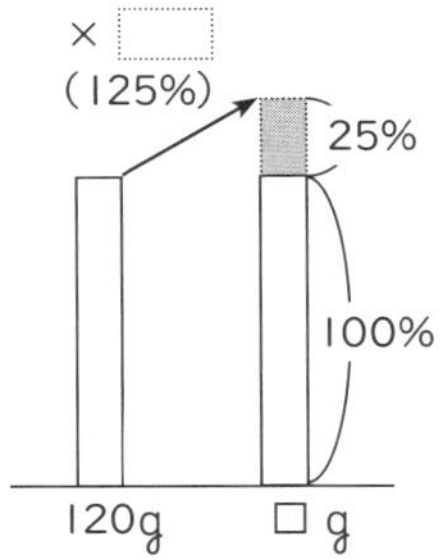

式

答え

② これまで3000円だった水族館の入館料が20%ね上がりしました。
入館料はいくらになりましたか。

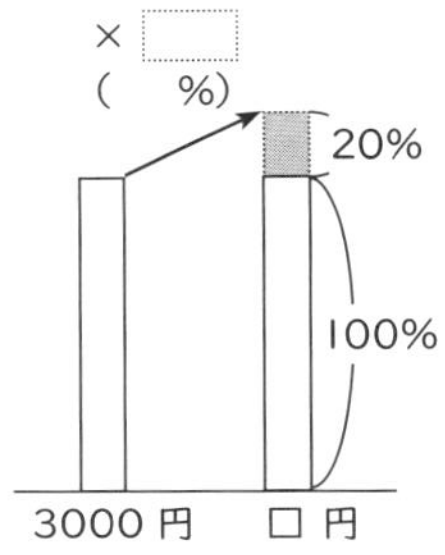

式

答え

③ 中身の量が15%増《ふ》えた920g入りのシャンプーがあります。
増える前のシャンプーの量は何gですか。

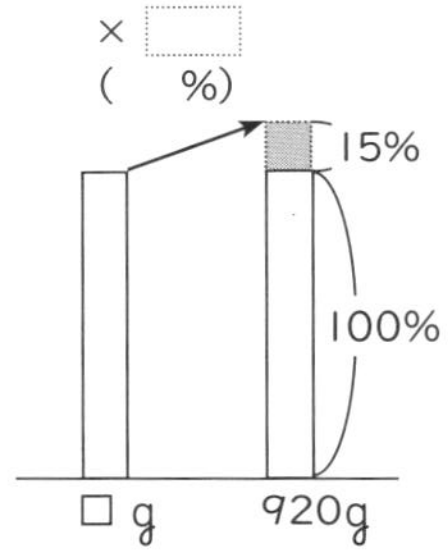

式

答え

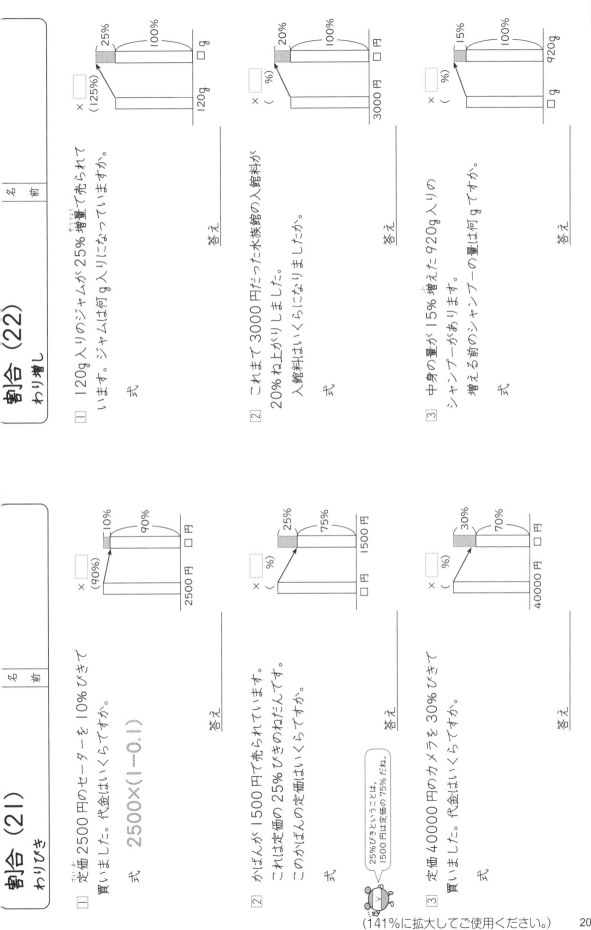

月　日

割合（23）
わりびき・わり増し ①

名前

1 あるおかしが，期間限定《きかんげんてい》で内容量《ないようりょう》を10%増量《ぞうりょう》して88g入りで売っています。増量する前は何g入りでしたか。

式

答え

2 2500円のサッカーボールを20%びきで買うことができました。何円で買いましたか。

式

答え

3 3色ボールペンの仕入れねは450円です。利益《りえき》を40%加えて売ります。売るねだんはいくらですか。

式

答え

4 5000円のリュックを25%びきで買いました。何円で買いましたか。

式

答え

5 バスタオルの仕入れねは1600円です。利益を35%加えて売ります。売るねだんはいくらですか。

式

答え

月　日

割合（24）
わりびき・わり増し ②

名前

1 15000円の時計があります。消費税《しょうひぜい》（10%）を加えると，いくらになりますか。

式

答え

2 900円で仕入れたスイカに45%の利益《りえき》を加えて売ります。売るねだんはいくらですか。

式

答え

3 ある畑のトマトのとれ高は，去年500kgでした。今年は大雨で24%減りました。今年のとれ高は何kgですか。

式

答え

4 定価《ていか》が3000円のポーチを30%びきで買いました。何円で買いましたか。

式

答え

5 1箱3500円のみかんを20%びきで買うことができました。何円で買いましたか。

式

答え

割合（25）

歩合①

名前

割合《わりあい》を表す小数や整数	1	0.1	0.01	0.001
歩合《ぶあい》	10割	1割	1分《ぶ》	1厘《りん》

1　割合を表す小数を歩合で表しましょう。

(1) 0.4　　(2) 0.71

(3) 0.829　　(4) 0.65

(5) 0.307　　(6) 0.062

2　歩合を小数で表しましょう。

(1) 5割　　(2) 1割8分

(3) 6割3分9厘　　(4) 2割4厘

(5) 9分1厘　　(6) 4割8分5厘

割合（26）

歩合②

名前

1　バスケットボールの試合で12本シュートしたうち，3本入りました。入ったシュートの割合《わりあい》を歩合《ぶあい》で求めましょう。

式

答え

2　ある遊園地のチケットのねだんは，おとな4000円で，こどものチケットは，おとなの6割のねだんです。
こどものチケットは何円ですか。

式

答え

3　ペンキを18m²のかべにぬり終えました。
これは，まだかべ全体の4割5分です。
かべ全体の面積は何m²ですか。

式

答え

5分

月　　日

ふりかえり
割合

名前

1 割合《わりあい》を表す小数を百分率《ひゃくぶんりつ》にしましょう。

(1) 0.07　　(2) 0.84

(3) 1.26

2 百分率を小数にしましょう。

(1) 5%　　(2) 39%

(3) 104%

3 50問のテストで，36問正解《せいかい》しました。
何％の問題に正解しましたか。

式

答え

4 まきさんの町の公園には大きな花だんがあります。
公園の面積は1800m²で，そのうち花だんの面積は36％です。
花だんの面積は何m²ですか。

式

答え

5 学校の５年生で虫歯のある人は36人で，これは５年生の人数の24％にあたります。５年生の人数は何人ですか。

式

答え

6 180円のりんごを15％びきで買いました。
代金はいくらですか。

式

答え

7 あるおかしが内容量《ないようりょう》を20％増量《ぞうりょう》して108g入りで売っています。
増量する前は何g入りでしたか。

式

答え

（141%に拡大してご使用ください。）

月　　日

割合（テスト）

名前

【知識・技能】

1 次の割合《わりあい》を%を使って表しましょう。(4×4)

(1) 0.73

(2) 0.08

(3) 0.3

(4) 1.4

2 表のあいているところにあてはまる割合を書きましょう。(10)

割合を表す小数		0.85	0.4	
百分率《ひゃくぶんりつ》	120%	85%	40%	7%
歩合《ぶあい》	12割			7分

3 次の答えを求めましょう。(4×6)

(1) 50mをもとにした10mの割合

式

50m	10m
1	

答え

(2) 40kgの30%は何kgですか。

式

40kg	
1	

答え

(3) 100人が80%にあたる学校の人数は何人ですか。

式

	100人
1	

答え

【思考・判断・表現】

4 Aさんの学校の5年生60人のうち45人は，スポーツクラブに入っています。スポーツクラブに入っている割合は何%ですか。(5×2)

式

答え

5 あるオレンジジュースは「果じゅう20%」と書いてあります。このジュース500mLには，果じゅうは何mL入っていますか。(5×2)

式

答え

6 るいさんは何回かシュートをして，そのシュート成功率《せいこうりつ》は90%で45本入ったそうです。るいさんは，何回シュートをしましたか。(5×2)

式

答え

7 6500円の服が20%びきで売っています。何円で売っていますか。(5×2)

式

答え

8 お茶はいつもは1ふくろ300g入りですが，特別セールのときには，10%増《ふ》やしてあるそうです。特別セールのときのお茶1ふくろは何gですか。(5×2)

式

答え

月　　日

算数あそび

割合 ①

名前

● 大安売りです。売るねだんの安いものの順に，下の □ に品物の名前を書きましょう。（消費税《しょうひぜい》は，定価《ていか》にふくまれています。）

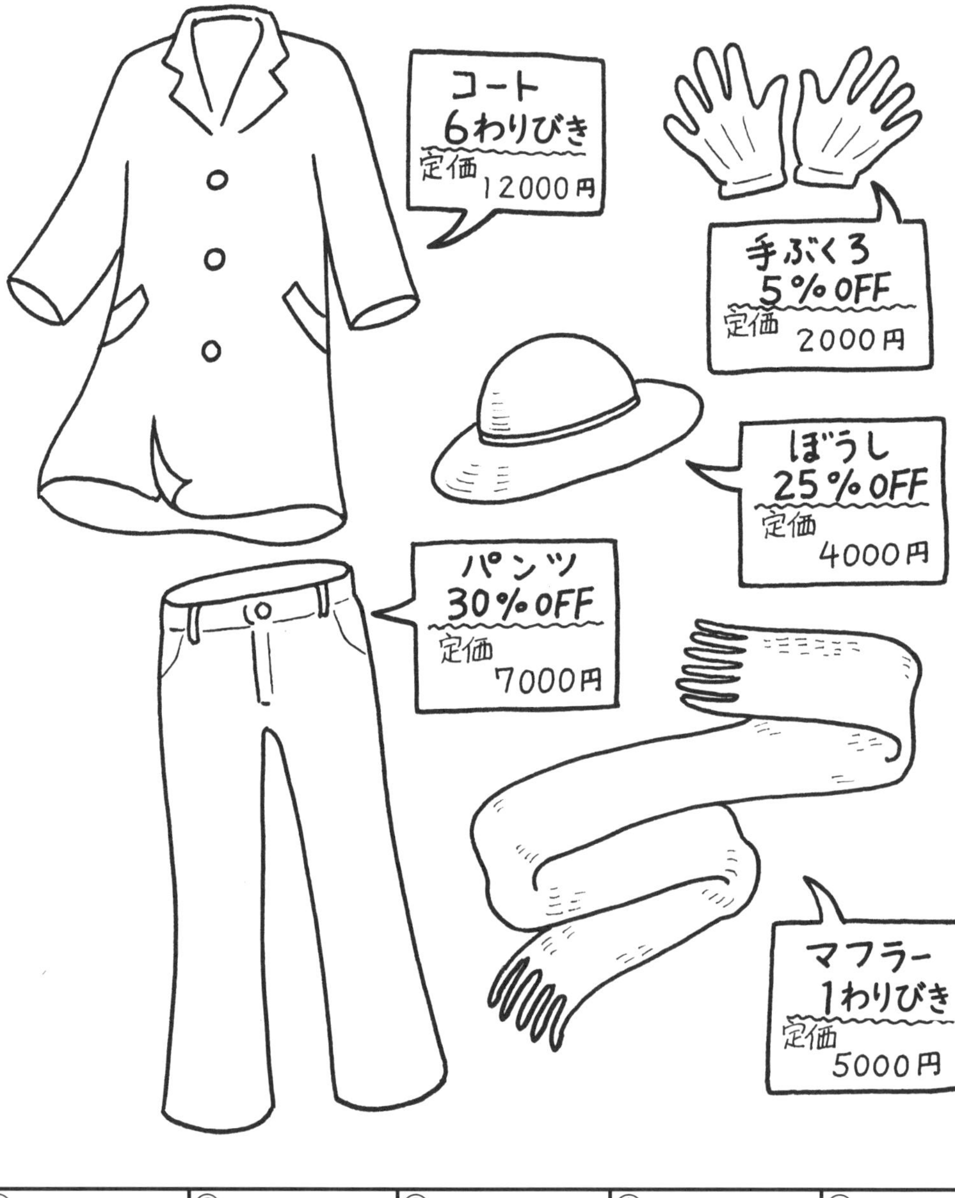

①	②	③	④	⑤

月　日

算数あそび

割合 ②

名前

かえるくんが，おもちゃの乗りものに乗って，ゴールまで行きます。
乗りものの売るねだんが，1360円⇒1700円⇒1833円⇒1960円⇒2080円のところを通って，ゴールまで行きましょう。
（消費税《しょうひぜい》は，定価《ていか》にふくまれています。）

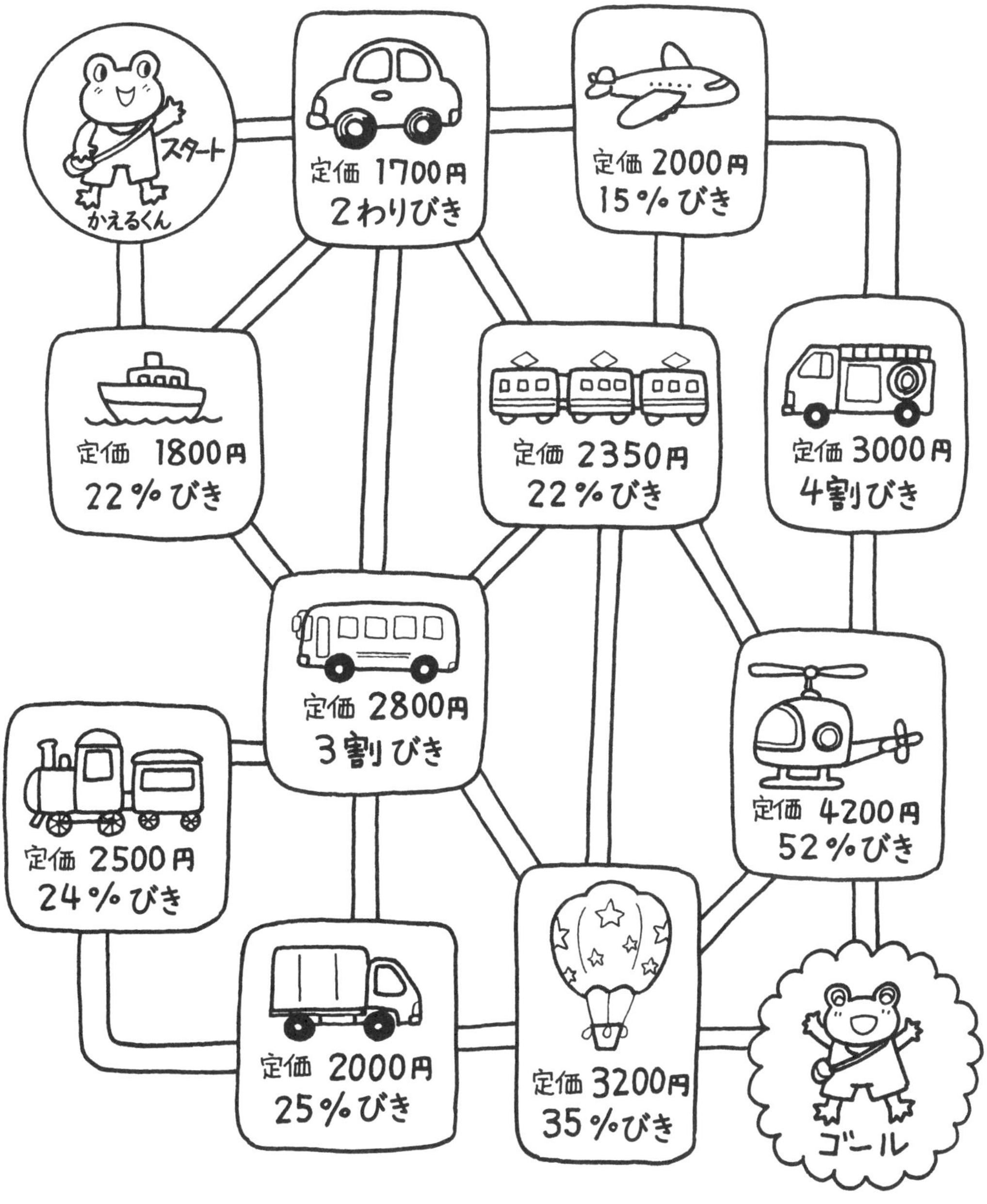

月　　日

帯グラフと円グラフ (1)

名前

● 下のグラフは平成30年度のももの収《しゅう》かく量の割合《わりあい》を表したものです。グラフを見て答えましょう。

もものかく量の都道府県別割合

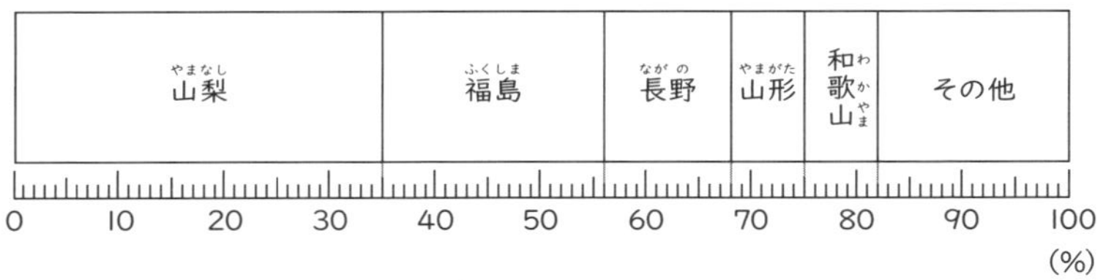

(1) 上のようなグラフを何グラフといいますか。

(2) それぞれの収かく量の割合は，全体の何％ですか。

山梨県　　福島県

長野県　　山形県

和歌山県　　その他

(3) (2)のすべての割合 (%) をたすと，何％になっていますか。

(4) 全体の収かく量が120000tとすると，山梨県の収かく量は何tになりますか。

式　120000 ×

答え

月　　日

帯グラフと円グラフ (2)

名前

● 5年生200人に「好きな色は何ですか。」というアンケートをとりました。
　その結果が右のグラフです。
　グラフを見て答えましょう。

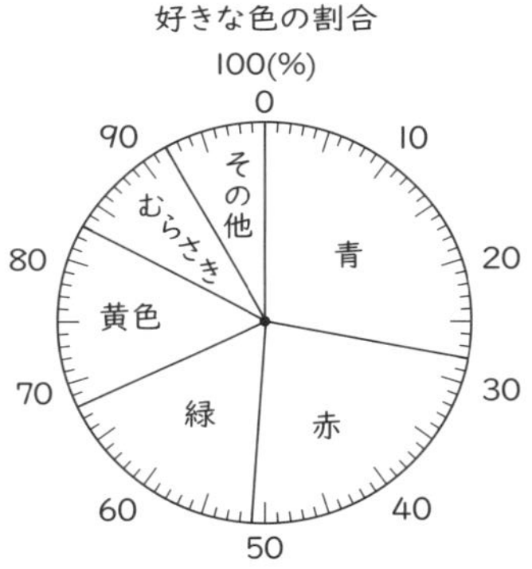

(1) 右のようなグラフを何といいますか。

(2) それぞれの割合は，全体の何％ですか。

青

赤

緑　　黄色

むらさき　　その他

(3) 青が好きな人な何人いますか。

式

答え

帯グラフと円グラフ (3)

名前

● 下のグラフは平成30年度のぶどうの収《しゅう》かく量の割合《わりあい》を表したものです。グラフを見て答えましょう。

ぶどうの収かく量の都道府県別割合

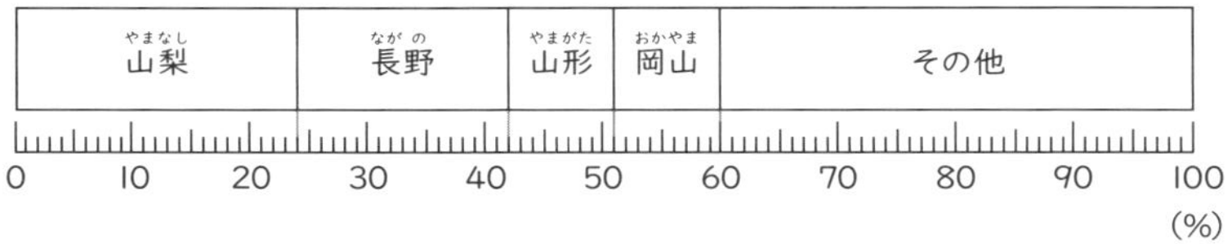

(1) 上のようなグラフを何グラフといいますか。

(2) それぞれの収かく量の割合は，全体の何％ですか。

山梨県　　長野県　　山形県

岡山県　　その他

(3) 上のすべての割合(%)を合わせると，何％になっていますか。

(4) 長野県は，山形県の何倍ですか。

(5) 全体の収かく量が20万tとすると，次の県の収かく量は何tになりますか。

式　山梨県

答え

長野県

答え

山形県

答え

帯グラフと円グラフ (4)

名前

● 右のグラフはある学校の5年生の好きなスポーツを調べて，スポーツ別の割合《わりあい》を表したものです。

5年生の好きなスポーツの割合

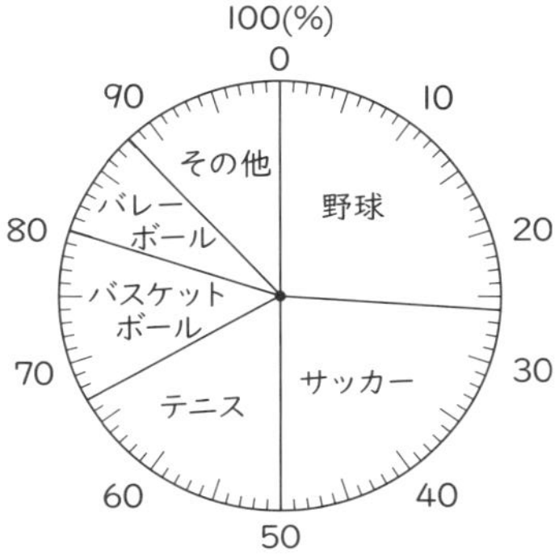

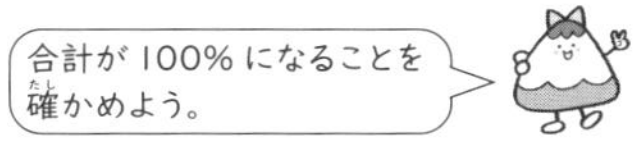

(1) このようなグラフを何グラフといいますか。

(2) それぞれの割合は，全体の何％ですか。

野球

サッカー

テニス

バスケットボール

バレーボール

その他

(3) 野球とサッカーで全体の何％ですか。

(4) サッカーは，バレーボールの何倍ですか。

(5) 野球は，バスケットボールの何倍ですか。

(6) 5年生の人数は200人です。次のスポーツを好きな人は何人いますか。

式　野球

答え

サッカー

答え

10分

月　　日

帯グラフと円グラフ (5)

名前

● 「好きな料理は何ですか。」と，50人にアンケートをとりました。
右の表は，その結果です。

好きな料理

料理の名前	人数（人）	割合 (%)
すし	16	32
ハンバーグ	12	
カレー	10	
からあげ	5	
その他	7	
合計	50	

(1) 全体をもとにしたそれぞれの割合《わりあい》を百分率《ひゃくぶんりつ》で求め，表に書き入れましょう。

式

・すし　$16 \div 50 = 0.32$

・ハンバーグ

・カレー

・からあげ

・その他

(2) 下の帯グラフに表しましょう。

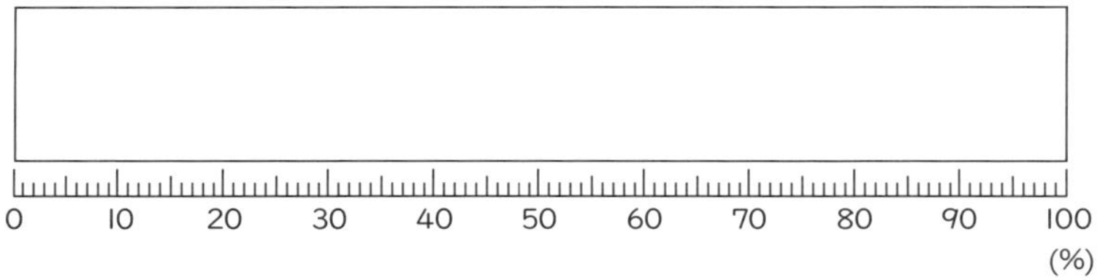

月　　日

帯グラフと円グラフ (6)

名前

● 5年生80人に「好きな動物は何ですか。」というアンケートをとりました。
右の表は，その結果です。

好きな動物

動物の名前	人数（人）	割合 (%)
犬	24	
ねこ	20	
うさぎ	12	
馬	8	
その他	16	
合計	80	

(1) 全体をもとにしたそれぞれの割合《わりあい》を百分率《ひゃくぶんりつ》で求め，表に書き入れましょう。

式

・犬

・ねこ

・うさぎ

・馬

・その他

(2) 右の円グラフに表しましょう。

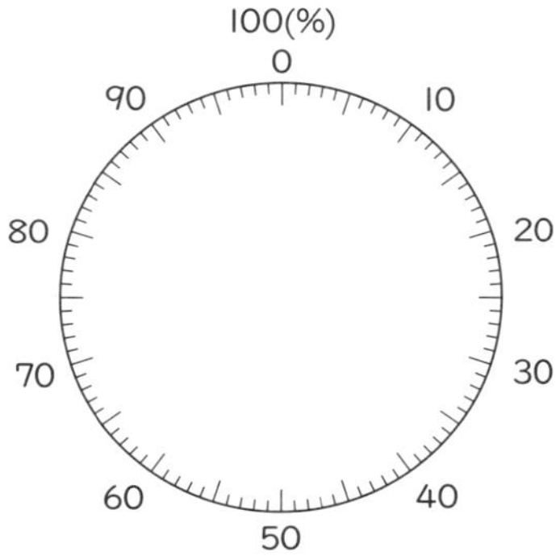

　(141%に拡大してご使用ください。)

帯グラフと円グラフ (7)

名前

● 下の帯グラフは，東小と西小２つの小学校で１学期間に本を借りたのべ人数と本の種類の割合《わりあい》です。

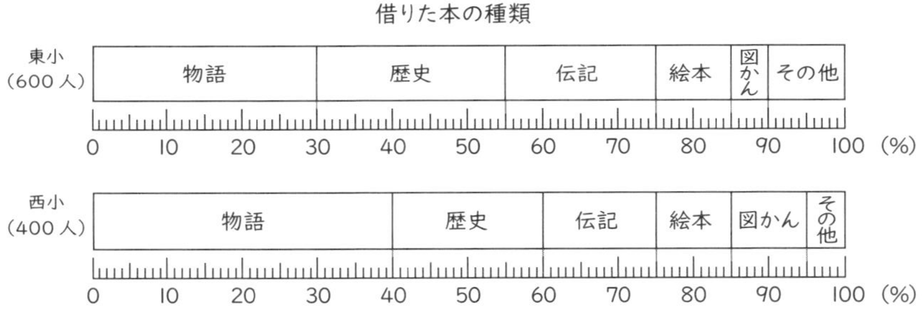

(1) 東小と西小の物語を借りた人の割合はそれぞれ何％ですか。

東小 [　　　]　西小 [　　　]

(2) 「物語を借りた人は西小の方が多い。」……これは，正しいですか。人数を求めて比《くら》べ，どちらかに○をしましょう。

式　東小　[　　　]人

西小　[　　　]人

（ 正しい ， 正しくない ）

(3) 絵本を借りた人の割合は，それぞれ何％ですか。

東小 [　　　]　西小 [　　　]

(4) 「東小と西小の絵本を借りた人数は同じだ。」……これは，正しいですか。人数を求めて比べ，どちらかに○をしましょう。

式　東小　[　　　]人

西小　[　　　]人

（ 正しい ， 正しくない ）

帯グラフと円グラフ (8)

名前

● ２つの小学校で好きな食べ物調べをした結果を円グラフに表しました。調べた人数は，北小学校は120人，南小学校は80人です。

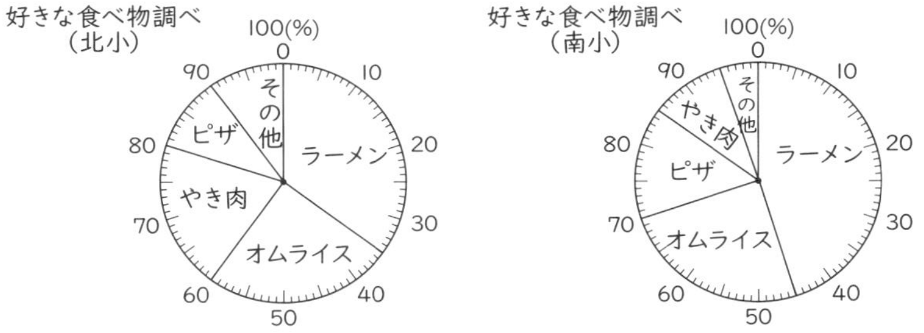

(1) ラーメンが好きな人の割合《わりあい》はそれぞれ何％ですか。

北小 [　　　]　南小 [　　　]

(2) 「ラーメンが好きな人は南小の方が多い。」……これは，正しいですか。人数を求めて比《くら》べ，どちらかに○をしましょう。

式　北小　[　　　]人

南小　[　　　]人

（ 正しい ， 正しくない ）

(3) オムライスが好きな人の割合は，それぞれ何％ですか。

北小 [　　　]　南小 [　　　]

(4) 「北小と南小のオムライスが好きな人の数は同じだ。」……これは，正しいですか。人数を求めて比べ，どちらかに○をしましょう。

式　北小　[　　　]人

南小　[　　　]人

（ 正しい ， 正しくない ）

10分

月　　日

ふりかえり
帯グラフと円グラフ

名前

□1 下のグラフは１か月にけがをした人のけがの種類の割合《わりあい》を表したものです。

けがの種類調べ

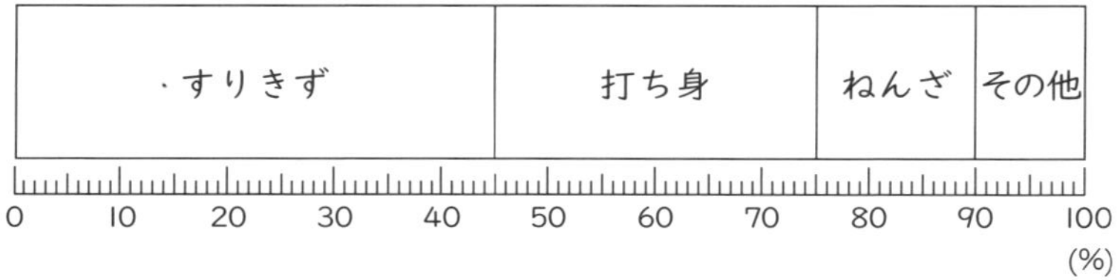

(1) それぞれのけがの種類の割合は，全体の何％ですか。

すりきず　　　　打ち身

ねんざ　　　　その他

(2) けがをした人は全部で 40 人でした。
次のけがをした人数は何人ですか。

式　すりきず

答え

打ち身

答え

□2 下の表はある小学校の５年生の図書コーナーにある本のさつ数を調べたものです

(1) それぞれの割合を百分率《ひゃくぶんりつ》で求めて表に書きましょう。

種類	物語	歴史	伝記	図かん	その他	合計
冊数(さつ)	180	110	95	90	25	500
割合(%)						100

(2) それぞれの割合を下の円グラフに表しましょう。

(3) 物語は図かんの何倍ですか。

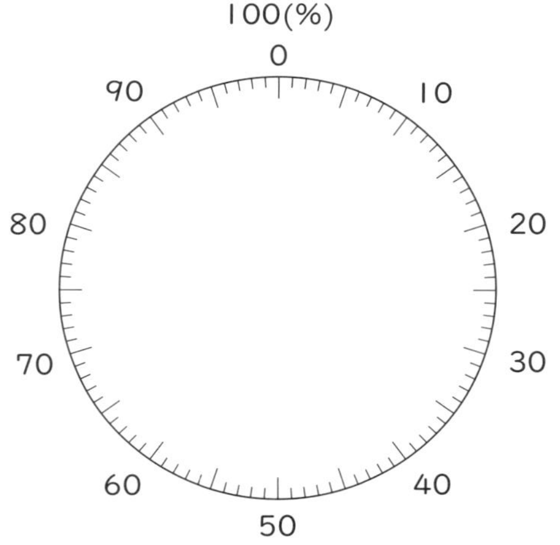

(141%に拡大してご使用ください。)

月　日

帯グラフと円グラフ（テスト）

名前

【知識・技能】

1　次のグラフは，ある地いきでの自転車の交通事故《じこ》の理由の割合《わりあい》をグラフにしたものです。
グラフを見て答えましょう。（5×5）

自転車交通事故の理由の割合

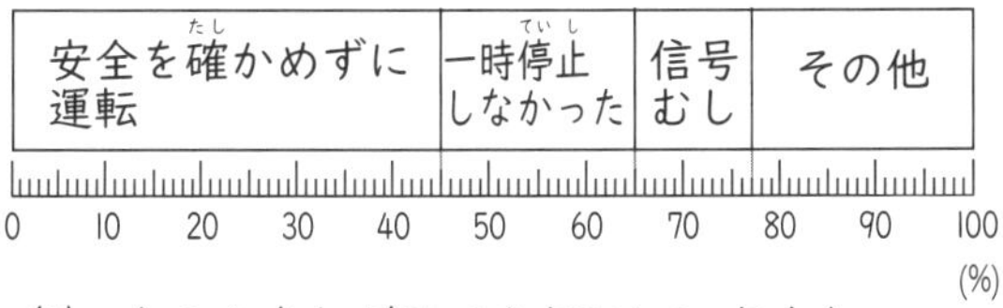

(1)　上のようなグラフを何といいますか。

(2)　それぞれの割合は全体の何％ですか。

安全を確かめずに運転　　　％

一時停止しなかった　　　％

信号むし　　　％

その他　　　％

2　下の表はさとしさんの学年で「4教科の中で好きな教科」についてアンケートを行った結果です。
それぞれの割合を求めてグラフにかきましょう。（25）

好きな教科

	人数（人）	割合（%）
国語	8	
社会	10	
算数	16	
理科	14	
なし	2	
合計	50	

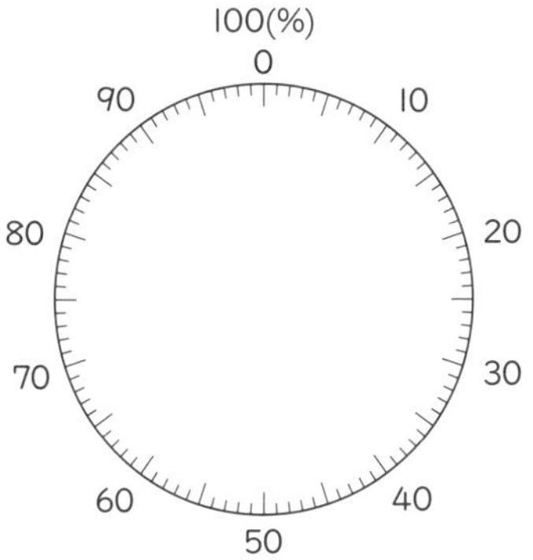

【思考・判断・表現】

3　下のグラフは，ある小学校で1年間にけがをした人数の割合を表したものです。（4×6）

(1)　けがをした人は全部で200人です。
それぞれのけがをした人数を求めましょう。

けがをした人の割合

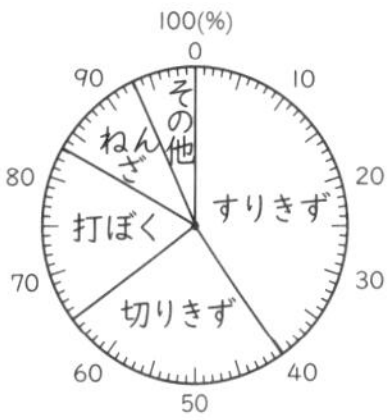

【すりきず】

式　　　答え

【切りきず】

式　　　答え

(2)　切りきずをした人はねんざをした人の何倍ですか。

式　　　答え

4　下の表は，AとBのちゅう車場にとまっている自動車を種類別にグラフにしたものです。

Aちゅう車場全体の台数（120台）　Bちゅう車場全体の台数（80台）

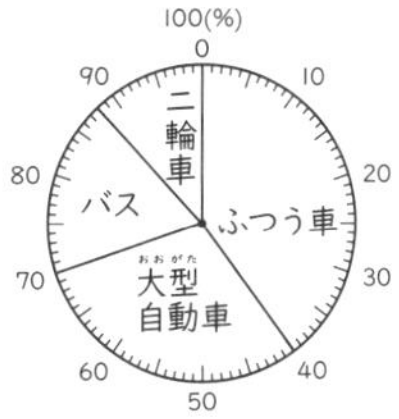

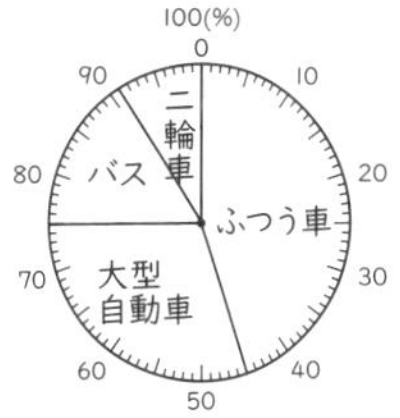

(1)　正しいものには○，正しくないものには×を書きましょう。（5×2）

①　大型自動車はAちゅう車場もBちゅう車場もとまっている割合は等しい。

②　大型自動車はAちゅう車場もBちゅう車場もとまっている台数は等しい。

(2)　Aちゅう車場の大型自動車の台数を求めましょう。（4×2）

式　　　答え

(3)　Bちゅう車場の大型自動車の台数を求めましょう。（4×2）

式　　　答え

10分

月　日

正多角形と円（1）

名前

1　[　　] にあてはまることばを書きましょう。

正多角形 …… [　　　] の長さがすべて等しく，

[　　　] の大きさもすべて等しい多角形。

2　次の正多角形の名前を [　　] に，角㋐～角㋓の角度を（　）に書きましょう。

(1)　㋐（　　　）°

[　　　　　　]

(2)　㋑（　　　）°

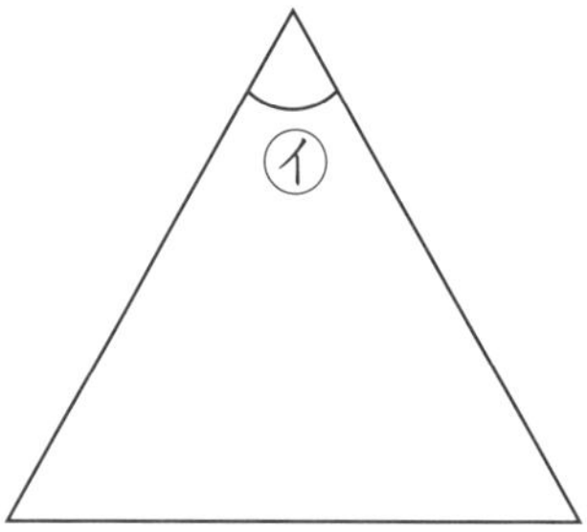

[　　　　　　]

(3)　㋒（　　　）°

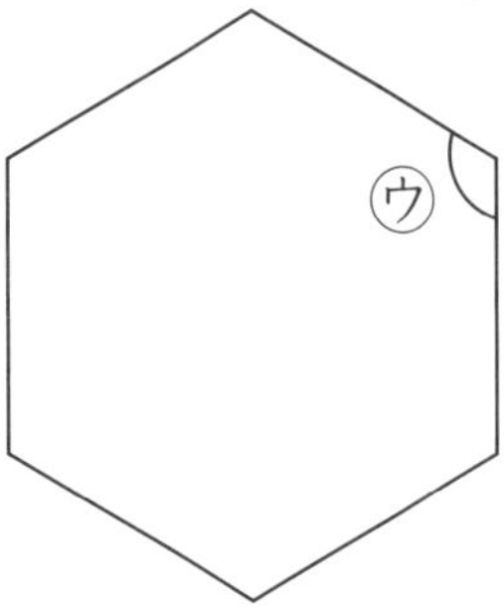

[　　　　　　]

(4)　㋓（　　　）°

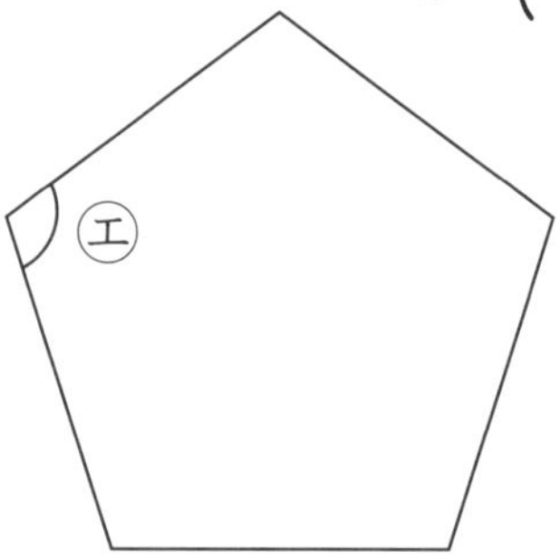

[　　　　　　]

月　　日

正多角形と円 (2)

名前

[1] 円の中心のまわりの角を分度器で等分して正六角形をかきましょう。

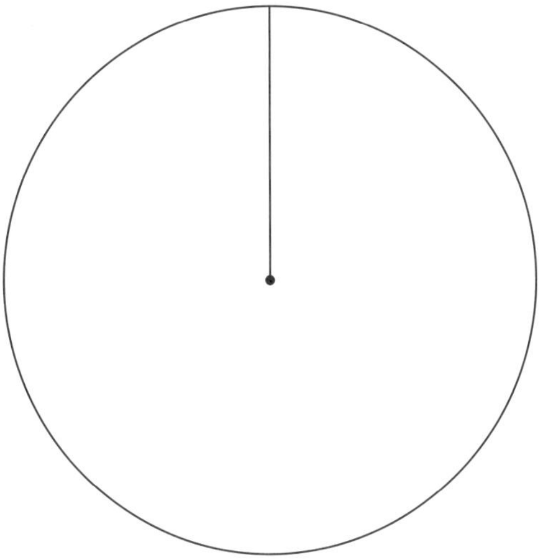

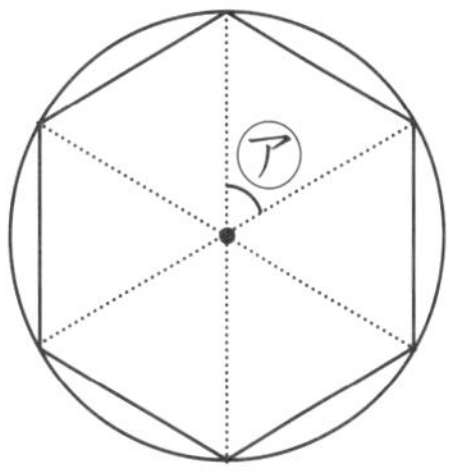

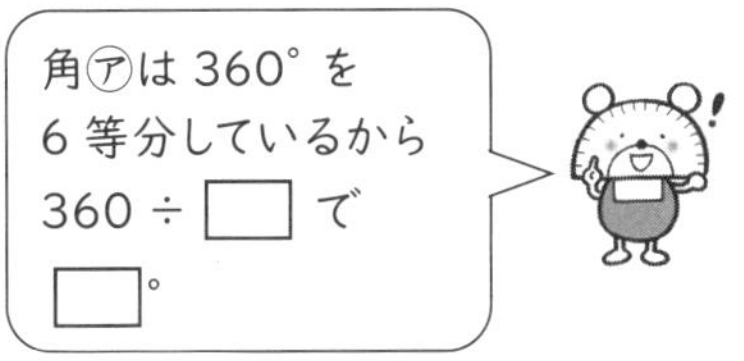

[2] 円のまわりをコンパスで区切って，1 辺 4cm の正六角形をかきましょう。

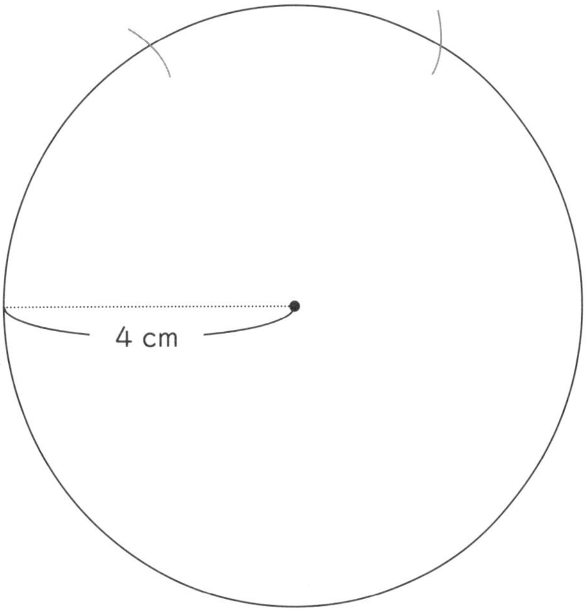

正多角形と円（3）

名前　　　　月　　日

1　円を使って，正五角形をかきましょう。

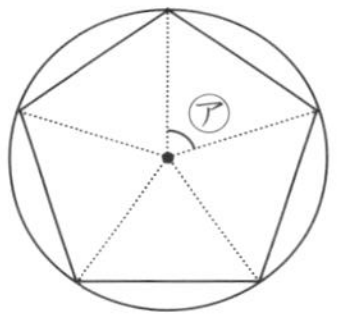

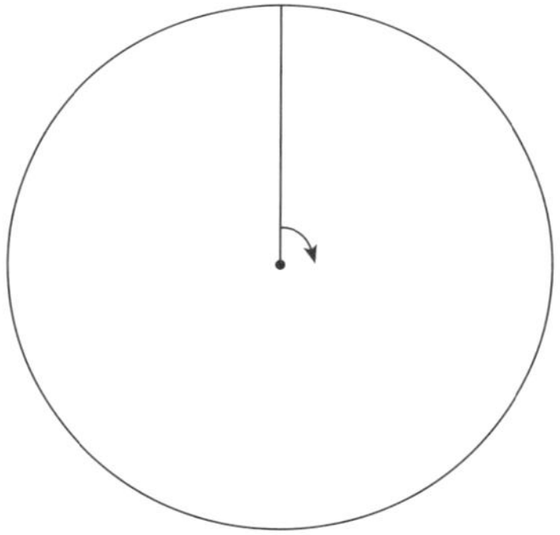

角㋐

360 ÷ ☐ = ☐

（　　）°

2　円を使って，正八角形をかきましょう。

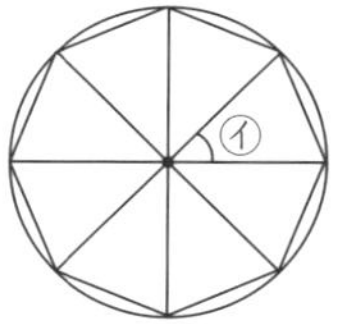

角㋑

360 ÷ ☐ = ☐

（　　）°

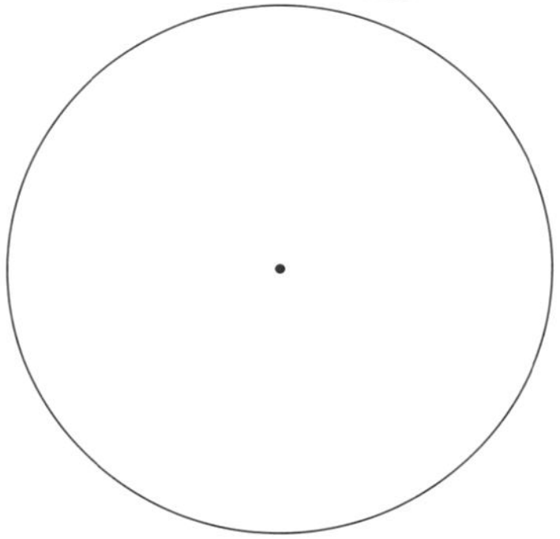

正多角形と円（4）

名前　　　　月　　日

1　☐ にあてはまることばや数を下の ☐ から選んで書きましょう。
同じことばや数を使ってもかまいません。

(1)　円のまわりを ☐ といいます。

(2)　円周の長さは直径の約 ☐ 倍になります。

このことを ☐ といいます。

どんな大きさの円でも，円周の長さ ÷ 直径 = ☐ に
なります。

(3)　円周の長さは次の式で求められます。

円周の長さ = ☐ × ☐

3.14・直径・半径・円周・円周率《えんしゅうりつ》

2　次の円の円周の長さを求めましょう。

(1)

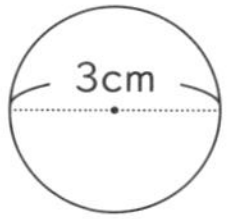

式

答え ＿＿＿＿＿＿

(2)

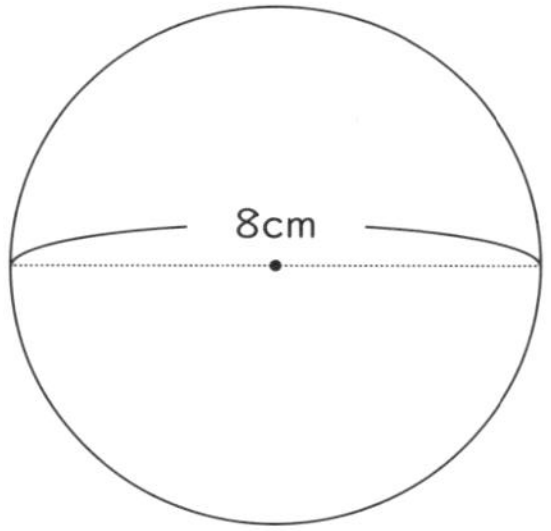

式

答え ＿＿＿＿＿＿

(3)　直径 10cm の円

式

答え ＿＿＿＿＿＿

（141%に拡大してご使用ください。）

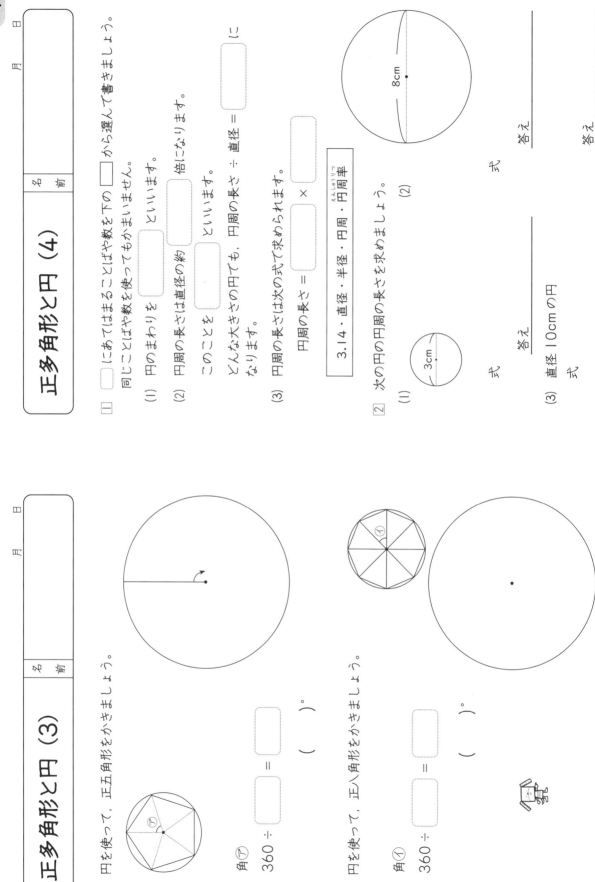

正多角形と円（5）

名前

1 次の円の，円周の長さを求めましょう。

(1)

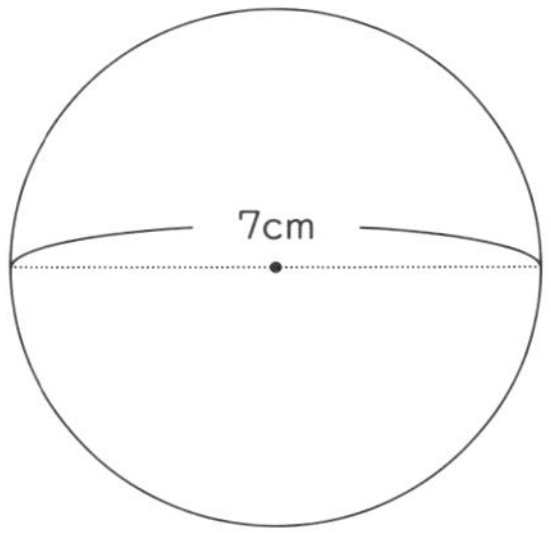

式

答え

(2)

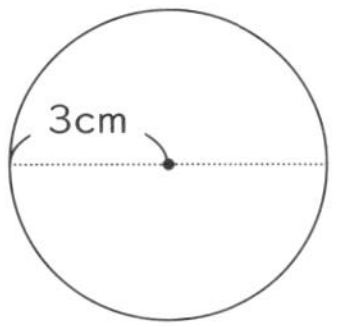

式

答え

2 次の図のまわりの長さを求めましょう。

(1)

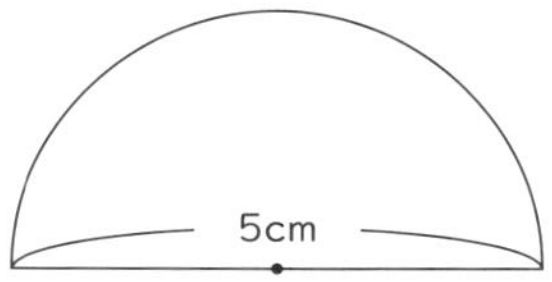

式

答え

(2)

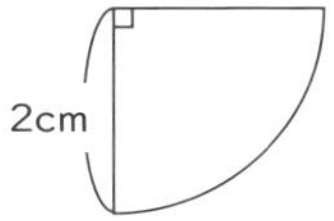

式

答え

正多角形と円（6）

名前

● 円周の長さが次のような円の，直径や半径の長さを求めましょう。

(1) 円周が 15.7cm の円の直径

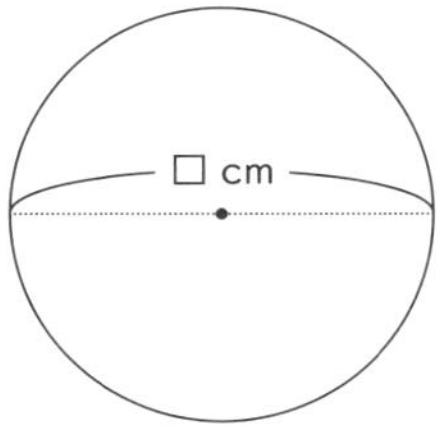

式

答え

(2) 円周が 28.26cm の円の直径

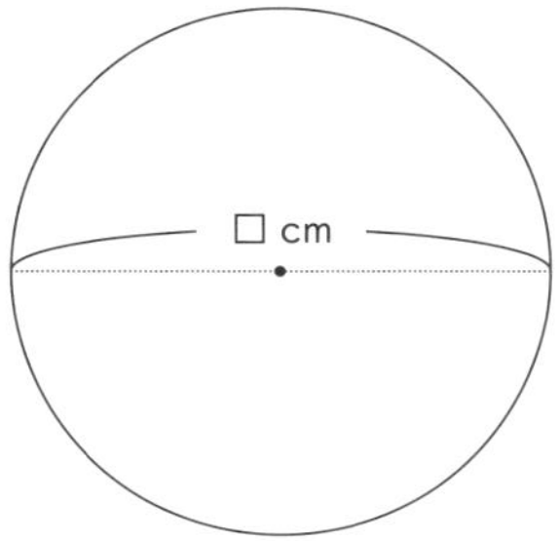

式

答え

(3) 円周が 12.56cm の円の半径

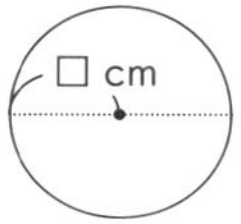

式

答え

10分

月　　日

正多角形と円 (7)

名前

● 右の図のように直径が変わるとき，円周の長さはどのようになるか調べましょう。

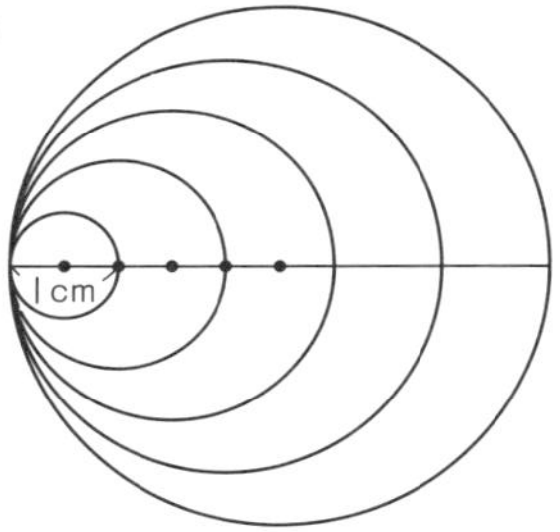

(1) 直径の長さを□cm，円周の長さを○cm として，円周の長さを求める式を書きましょう。

[　　　] × [　　　] = ○

(2) 直径の長さ□cm と円周の長さ○cm を表にしましょう。

直径 □ (cm)	1	2	3	4	5	6
円周 ○ (cm)			9.42			

(3) 直径が 2 倍, 3 倍, 4 倍, …になると円周の長さはどうなりますか。

[　　　　　　]

(4) 円周の長さは，円の直径の長さに比例《ひれい》していますか。

[　　　　　　]

(5) 直径が 30cm のときの円周の長さは，直径が 3cm，5cm，10cm のときの円周のそれぞれ何倍ですか。

直径 3cm のときの [　　] 倍　　直径 5cm のときの [　　] 倍

直径 10cm のときの [　　] 倍

月　　日

正多角形と円 (8)

名前

1 運動場に直径 20m の円をかきます。
この円の円周は，何 m になりますか。

式

答え ______

2 円の形をした池があります。まわりの長さは 500m です。
この池の直径は約何 m ですか。
四《し》捨《しゃ》五《ご》入《にゅう》して $\frac{1}{10}$ の位までのがい数で求めましょう。

式

答え ______

3 タイヤの半径が 25cm の一輪車があります。

(1) このタイヤが 1 回転すると，何 cm 進みますか。

式

答え ______

(2) この一輪車で 160m 進むとき，タイヤは何回転していますか。
四捨五入して，一の位までのがい数で求めましょう。

式

答え ______

(141%に拡大してご使用ください。)

ふりかえり
正多角形と円 ①

名前

1 [　] にあてはまることばを下の [　] から選んで書きましょう。

(1) 円のまわりのことを [　　] といいます。

(2) 円のまわりの長さは直径のおよそ [　　] 倍です。

(3) 円周 ÷ 直径の数を [　　] といいます。

(4) 6つの辺の長さと，6つの角の大きさが等しい多角形を [　　] といいます。

直径 ・ 円周 ・ 3.14 ・ 正六角形 ・ 円周率《えんしゅうりつ》

2 右の正六角形の㋐，㋑，㋒の角度を求めましょう。

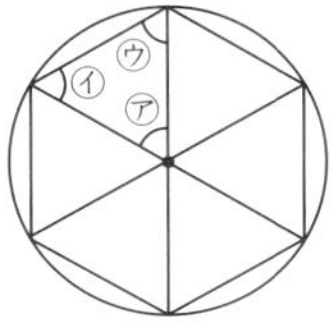

㋐ [　　] ÷ [　　] = [　　]
[　　]°

㋑ [　　]°

㋒ [　　]°

3 右の円を使って，正八角形をかきましょう。

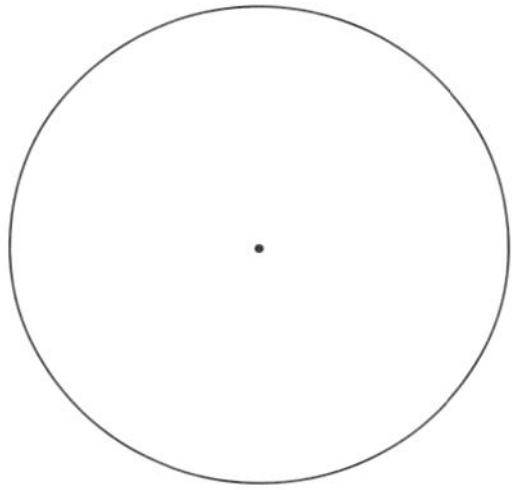

ふりかえり
正多角形と円 ②

名前

1 次の円の円周の長さを求めましょう。

(1)

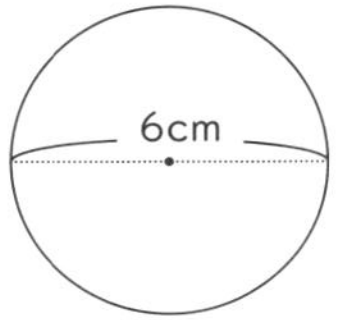

式

答え ________

(2)

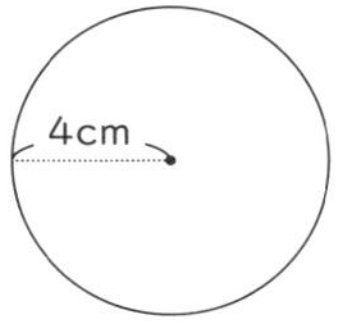

式

答え ________

2 円周が21.98cmの円の直径を求めましょう。

式

答え ________

3 円の直径を1cm，2cm，…と長くすると円周の長さはどう変化しますか。

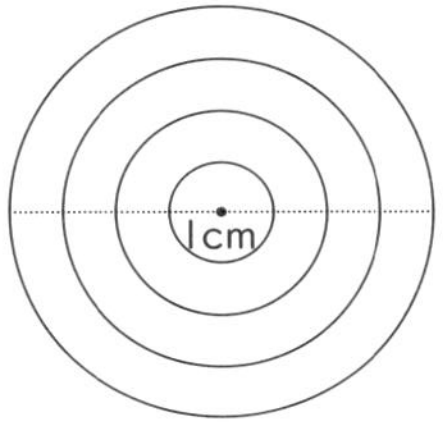

(1) 表にあてはまる数を書きましょう。

直径(cm)	1	2	3	4	5	6
円周(cm)	3.14	6.28			15.7	

(2) 直径が10cmになると，円周は何cmですか。

式

答え ________

(3) 円周の長さは直径に比例《ひれい》していますか。

[　　　　]

10分 ふりかえり

月　日

正多角形と円(テスト)

名前

【知識・技能】

1　下の正六角形のあ，いの角度は，それぞれ何度ですか。(5×3)

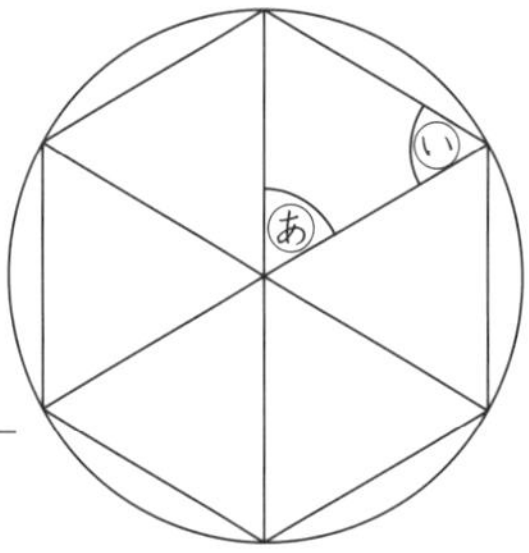

(1)　あの角度

式

答え

(2)　いの角度

答え

2　円の中心を等分する方法で正五角形をかきましょう。(5)

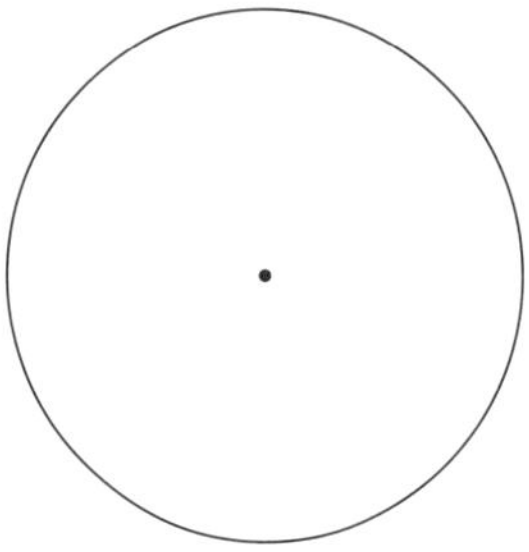

3　次の円周の長さを求めましょう。(5×4)

(1)

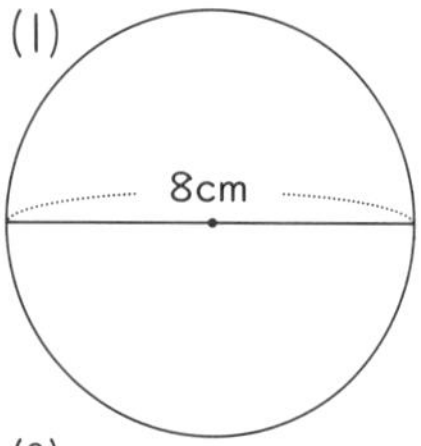

式

答え

(2)

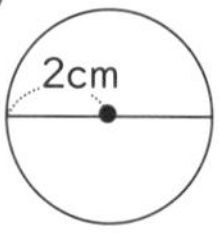

式

答え

4　円周が 50.24cm のときの直径を求めましょう。(5×2)

式

答え

【思考・判断・表現】

5　1回転したら 1m になる車輪を作ります。直径は約何 cm にすればいいですか。小数第一位までのがい数で表しましょう。(5

式

答え

6　タイヤの直径が 70cm の自転車に乗っています。このタイヤが 10 回転したら何 m 進みますか。(5×2)

式

答え

7　1回転が 150m という観らん車がありま　この観らん車の直径は約何 m ですか。小数第一位を四捨五入《ししゃごにゅう》して整数で表しましょ　(5

式

答え

8　円の直径を 1cm，2cm，3cm…と長くし　いくと，円周の長さはどのように変化するでしょうか。(5×4)

(1)　直径が 1cm，2cm…となると円周がどう変化するか表にまとめましょう。

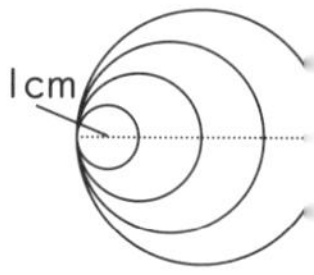

直径□ (cm)	1	2	3	4	5	6
円周○ (cm)	3.14					

(2)　直径が 2 倍，3 倍になると円周の長さはどうなりますか。

(3)　円周の長さは直径に比例していますか。

(4)　直径を□，円周の長さを○とすると，○を求める式はどのように表すことができますか。

○ ＝

　(141%に拡大してご使用ください。)

月　日

算数あそび

正多角形と円

名前

● 図形のまわりの長さが 12.56cm ⇒ 14.28cm ⇒ 20.56cm ⇒ 28.56cm のところを順に通って，ゴールまで行きましょう。
(円周率《えんしゅうりつ》は 3.14 として計算しましょう。)

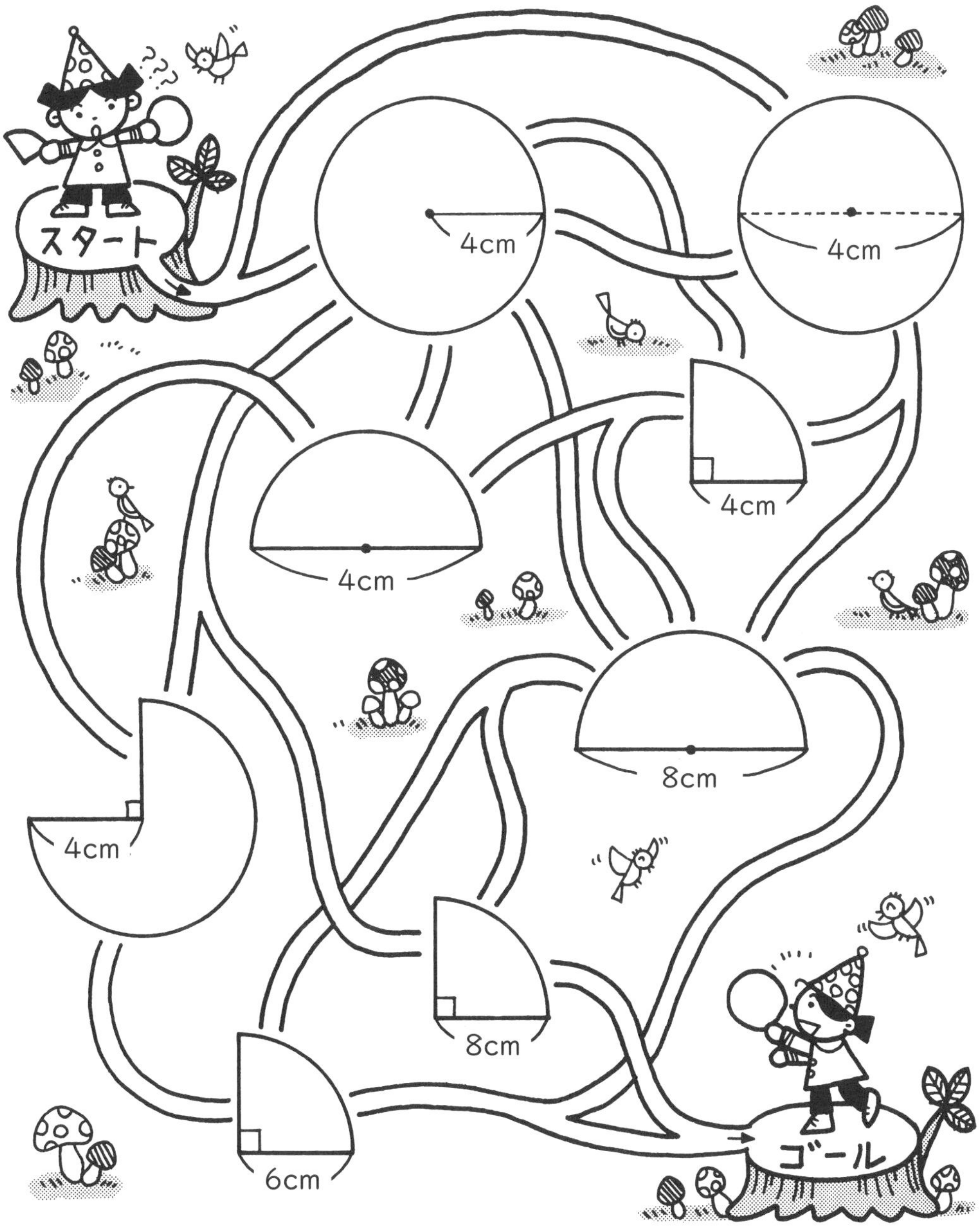

月　日

角柱と円柱（1）

角柱 ①

名前

● 角柱の部分の名前を □ から選んで □ に書きましょう。

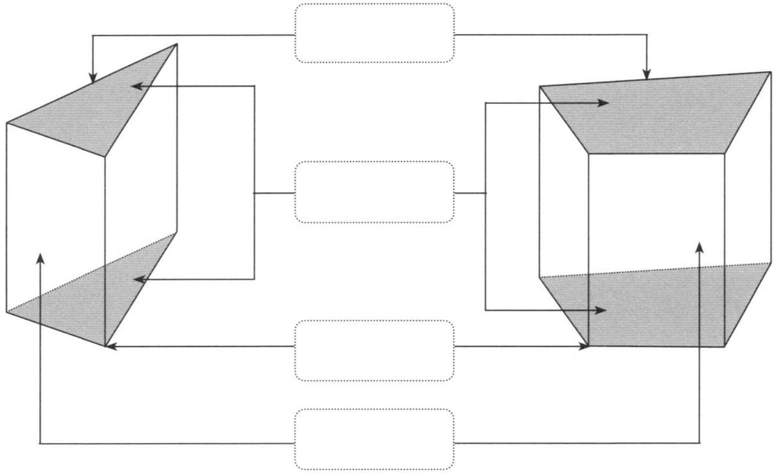

頂点《ちょうてん》・ 底面 ・ 側面 ・ 辺

月　日

角柱と円柱（2）

角柱 ②

名前

● 六角柱について □ にあてはまることばを下の □ から選んで書きましょう。

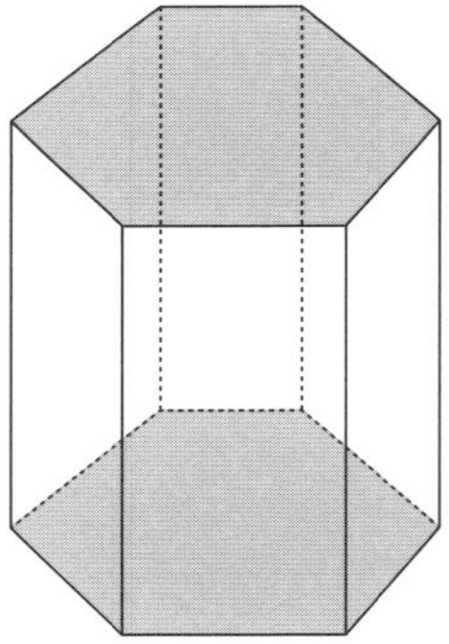

(1) 角柱の底面と側面は，たがいに □ な関係になっています。

(2) 角柱の２つの底面は，□ な多角形で，たがいに □ な関係になっています。

(3) 角柱の側面の形は，□ か正方形の形になっています。

合同 ・ 垂直《すいちょく》 ・ 長方形 ・ 平行 ・ 六角形

(141%に拡大してご使用ください。)

角柱と円柱（3）

角柱 ③

名前

● 1組の平行な面がある次のような立体について調べましょう。

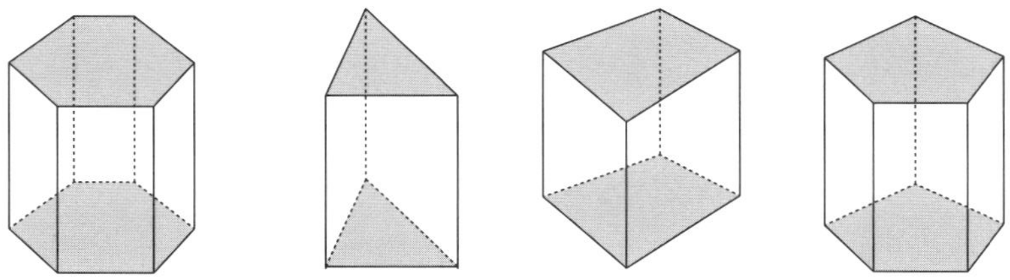

あ　　い　　う　　え

(1) 上の □ に角柱の名前を書きましょう。

(2) 色のついた1組の平行な面を何といいますか。

(3) 色のついていない面を何といいますか。

(4) 色のついた面と色のついていない面は，どんな関係になっていますか。

角柱と円柱（4）

角柱 ④

名前

● 下の㋐～㋓の立体について，調べましょう。

(1) ㋐～㋓の立体の名前を書き，それぞれの形や数を表にまとめましょう。

	㋐ 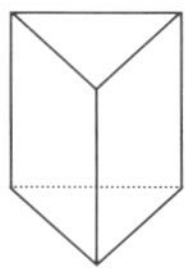	㋑ 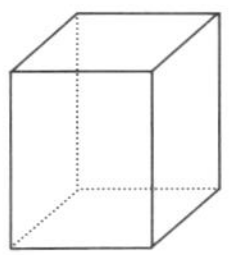	㋒ 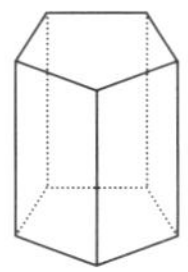	㋓ 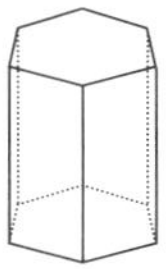
立体の名前				
底面の形				
側面の形				
側面の数				
頂点《ちょうてん》の数				
辺の数				

(2) 直方体や立方体は，㋐～㋓のどれと同じなかまですか。

角柱と円柱（5）

円柱 ①

月　日　名前

● 円柱について [　] にあてはまることばを下の [　] から選んで書きましょう。

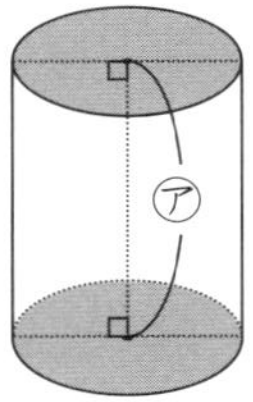

(1) 円柱の向かいあった 2 つの面を [　　　] といい，まわりの面を [　　　] といいます。

(2) 円柱の 2 つの底面は，合同な [　　　] で，たがいに [　　　] な関係になっています。

(3) 円柱の側面のように曲がった面を [　　　] といいます。

(4) 図の㋐のように，円柱の 2 つの底面に垂直な直線の長さを円柱の [　　　] といいます。

円	垂直《すいちょく》	側面	曲面
高さ	底面	平行	平面

角柱と円柱（6）

円柱 ②

月　日　名前

● 下の円柱を見て，答えましょう。

(1) [　] に円柱の部分の名前を書きましょう。

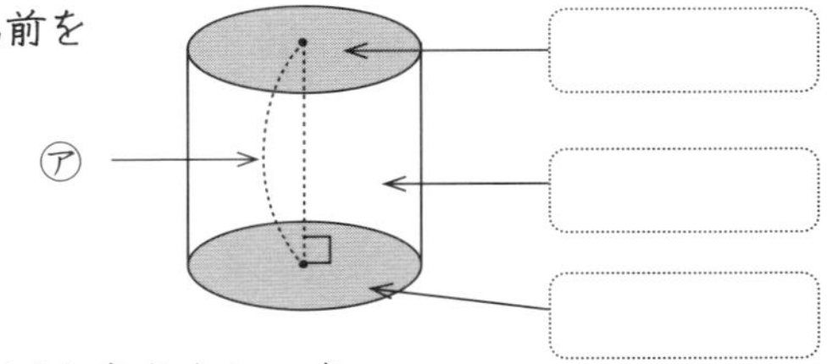

(2) [　] にあてはまることばを書きましょう。

① 円柱では向かい合った 2 つの面を [　　　] といい，それ以外のまわりの面を [　　　] といいます。

② 円柱の 2 つの底面は合同な円の形で，たがいに [　　　] な関係になっています。

③ 図の㋐のように，2 つの底面に [　　　] な直線の長さを円柱の [　　　] といいます。

④ 円柱の底面と側面は，たがいに [　　　] な関係になっています。

⑤ 角柱の側面はすべて平面ですが，円柱の側面は，[　　　] です。円柱は側面を平らにすると [　　　] の形になります。

5分

(141%に拡大してご使用ください。)

角柱と円柱（7）
見取図 ①

名前

● 次の立体の見取図をなぞり，底面に色をぬりましょう。

(1)　三角柱

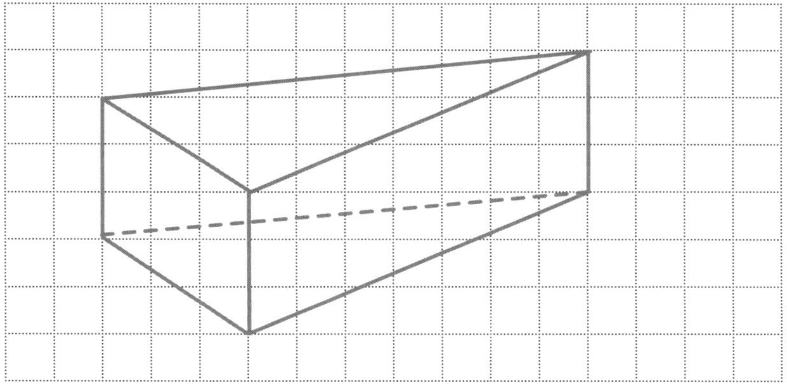

(2)　四角柱

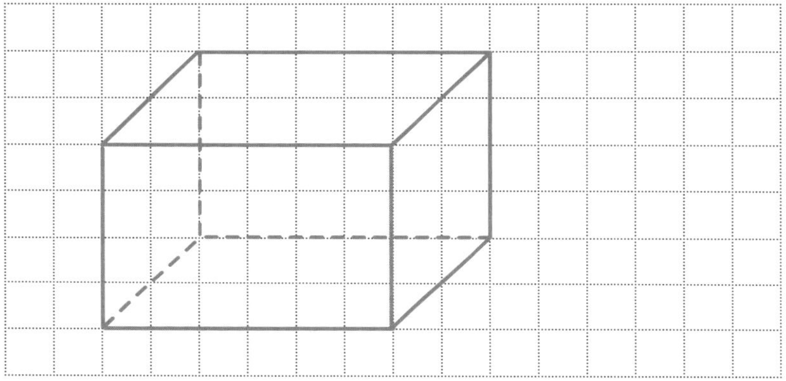

角柱と円柱（8）
見取図 ②

名前

● 次の立体の見取図をなぞり，底面に色をぬりましょう。

(1)　三角柱

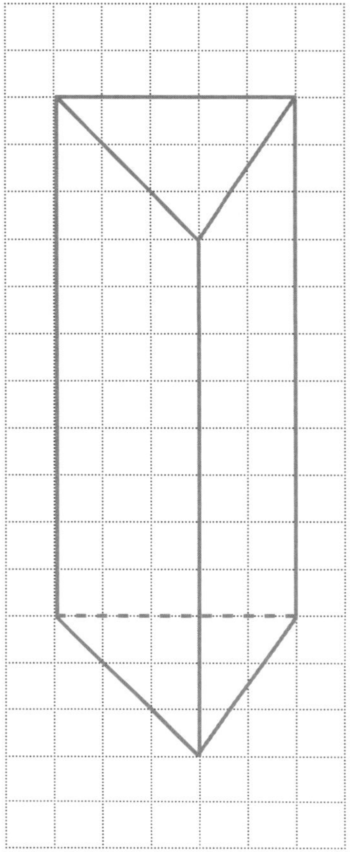

(2)　円柱

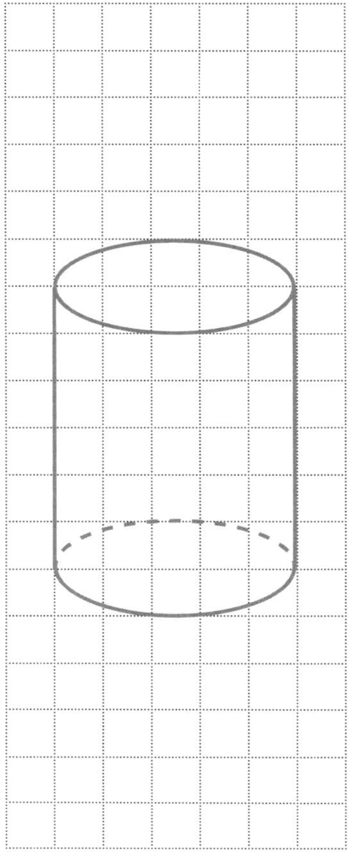

5分

月　　日

角柱と円柱（9）

見取図 ③

名前

● 次の立体の見取図の続きをかき，底面に色をぬりましょう。

(1)

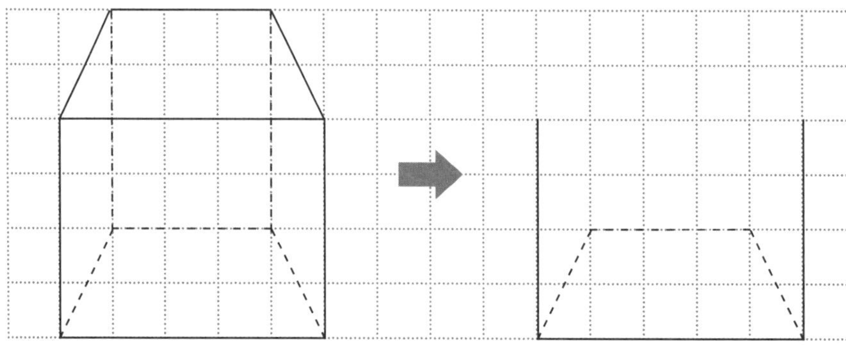

(2)

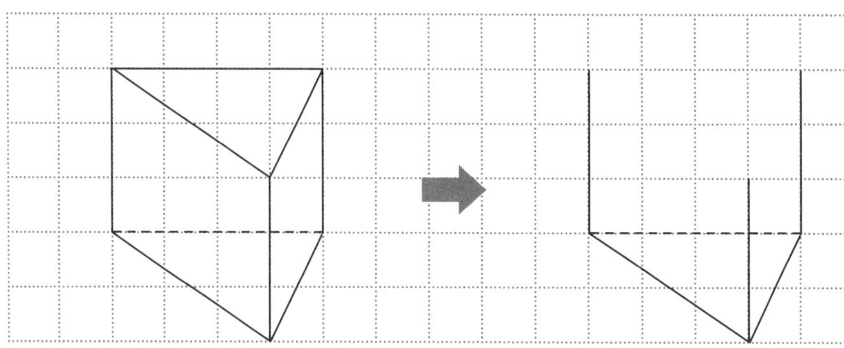

(3)

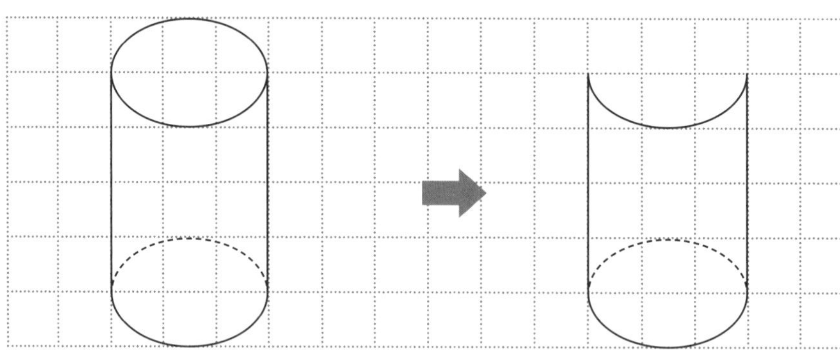

(4)

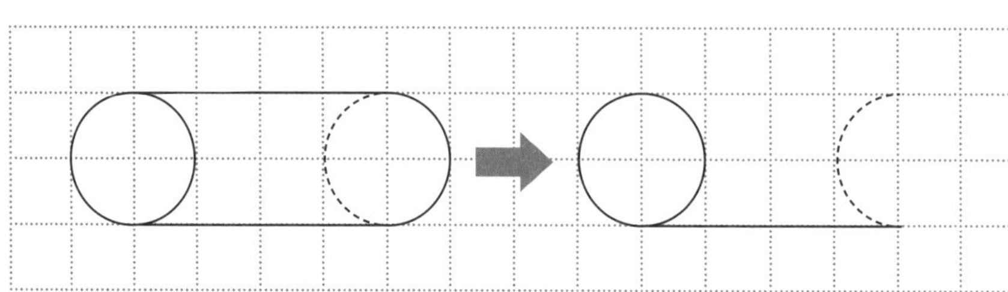

月　　日

角柱と円柱（10）

展開図 ①

名前

1　次の展開図《てんかいず》を組み立てると，何という立体ができますか。
□に名前を書きましょう。

(1)

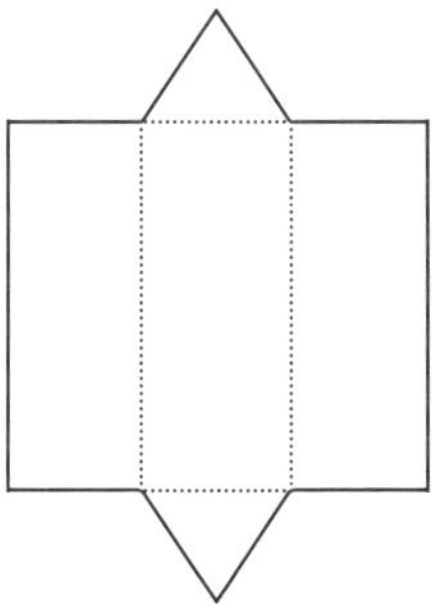

(2)

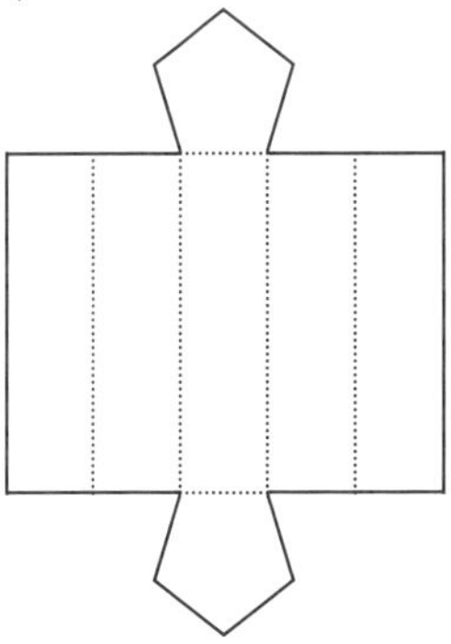

(3)

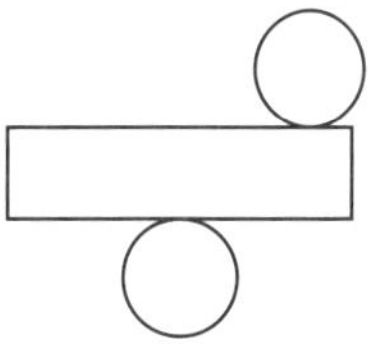

2　次の三角柱の展開図の続きをコンパスも使ってかきましょう。

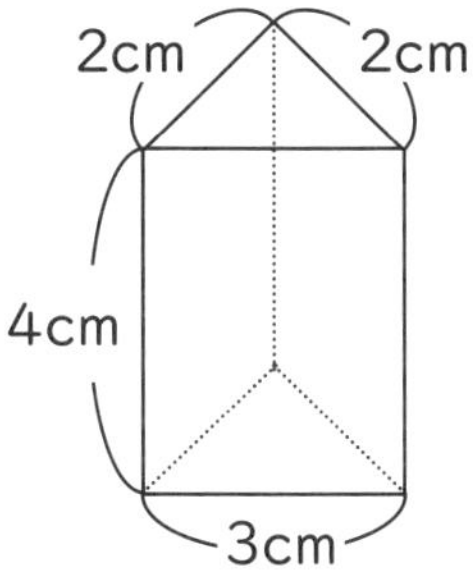

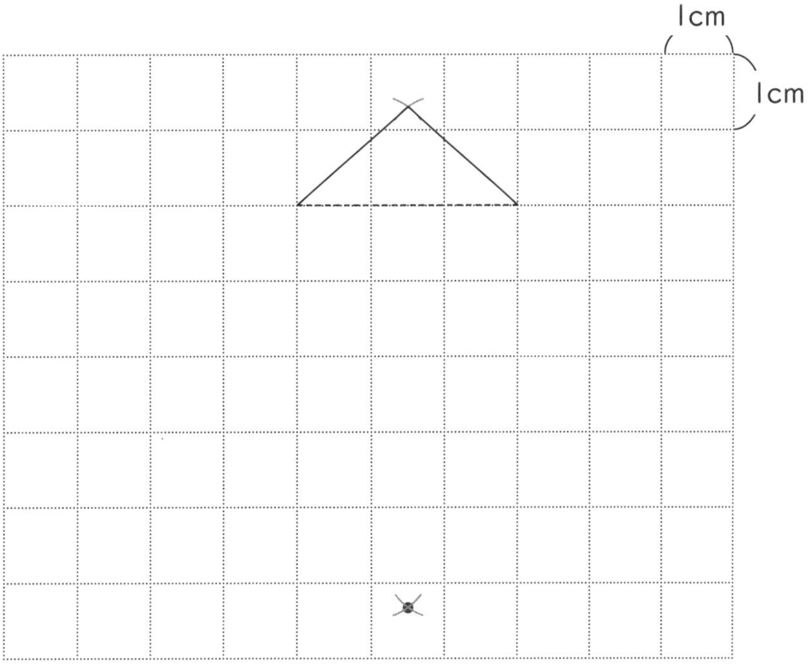

月　　日

角柱と円柱（11）

展開図 ②

名前

● 次の三角柱の展開図《てんかいず》の続きをかきましょう。

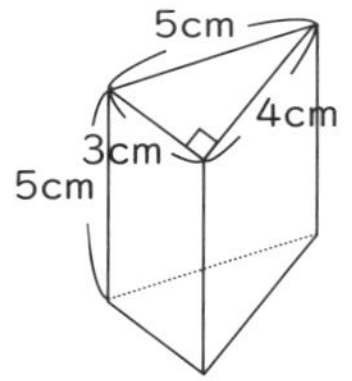

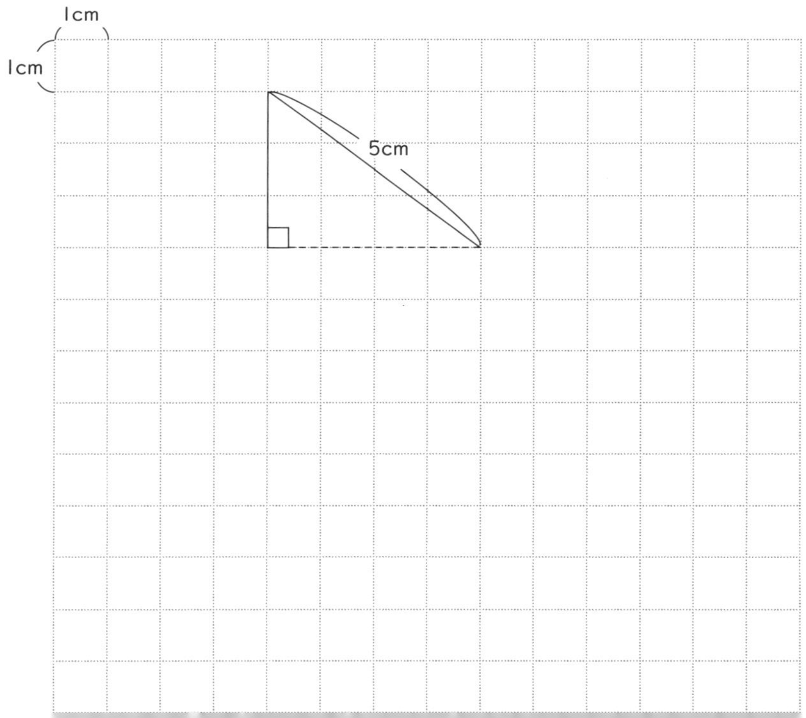

月　　日

角柱と円柱（12）

展開図 ③

名前

● 次の四角柱の展開図《てんかいず》の続きをかきましょう。

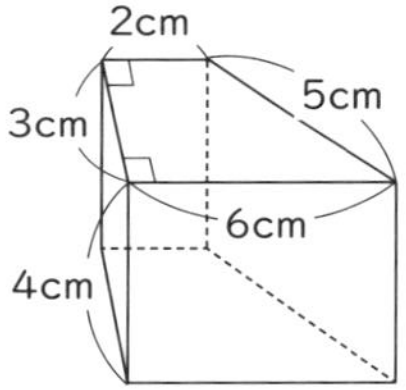

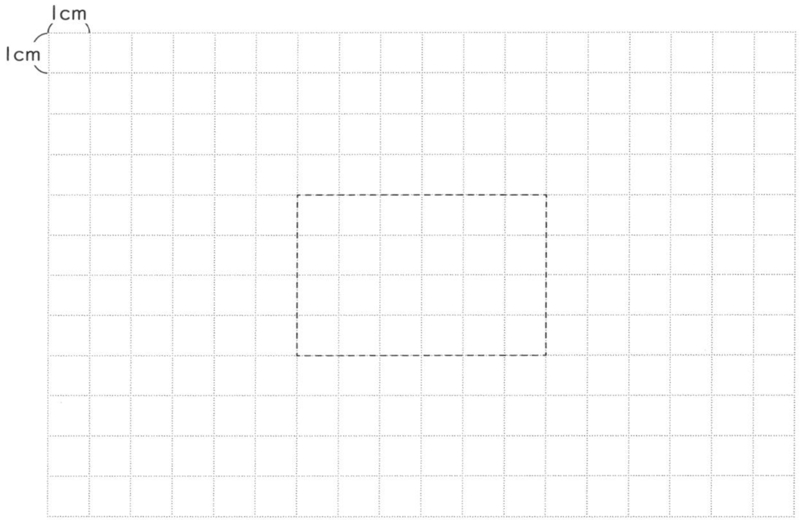

（141%に拡大してご使用ください。）

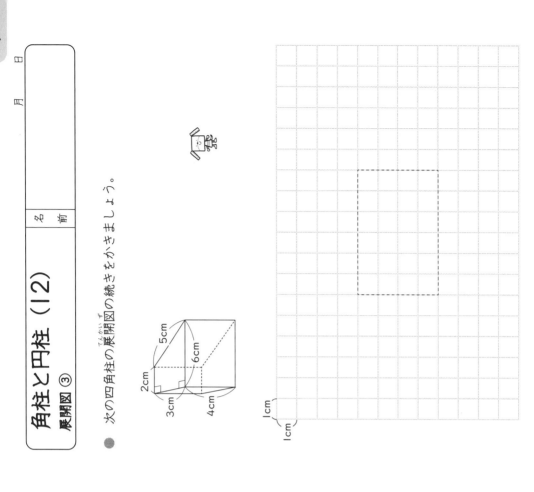

角柱と円柱（13）
展開図 ④

名前

● 下の円柱の展開図《てんかいず》をかきます。

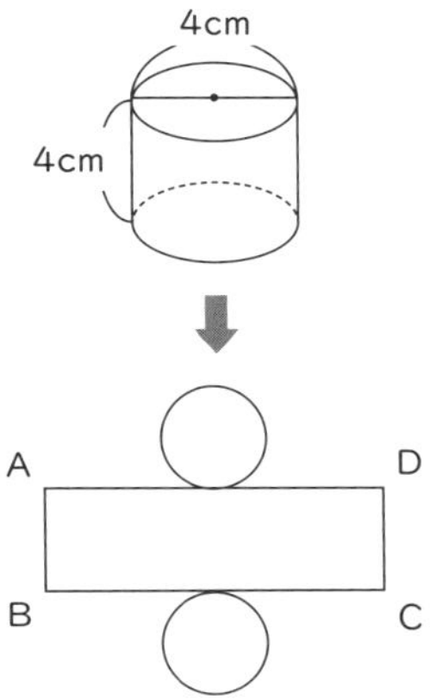

(1) 円柱の側面の展開図はどんな形ですか。

(2) 展開図の AB の長さは何 cm ですか。

(3) 展開図の AD の長さは底面の何の長さと同じですか。

(4) 展開図の AD の長さを求めましょう。

式

答え

(5) 上の円柱の展開図の続きをかきましょう。

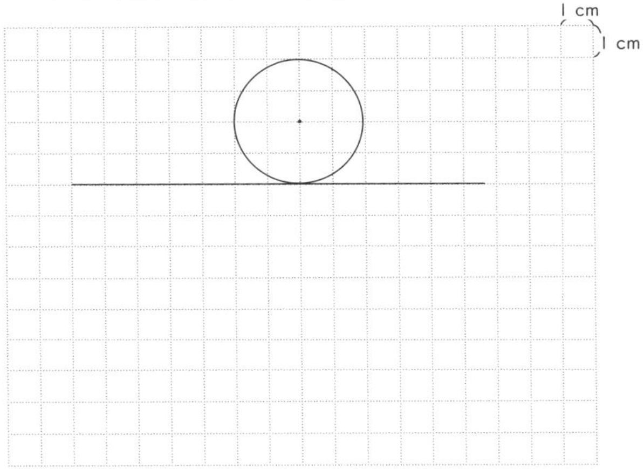

角柱と円柱（14）
展開図 ⑤

名前

● 次の円柱の展開図《てんかいず》の続きをかきましょう。

(1)

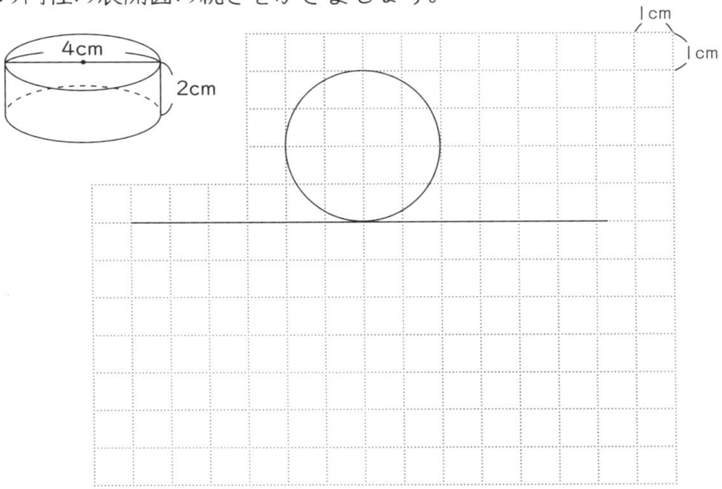

(2)

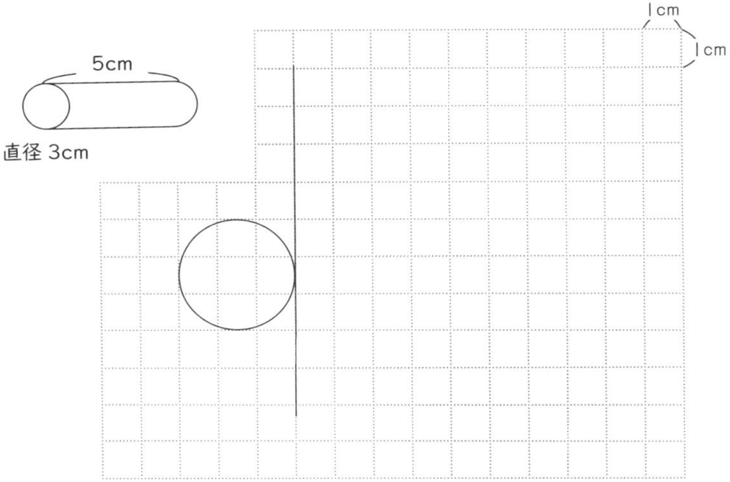

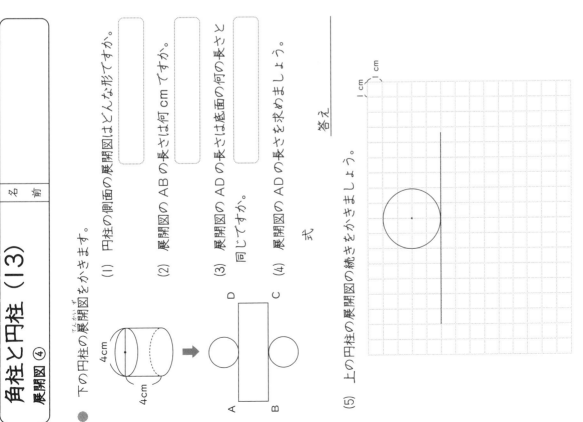

月　　日

角柱と円柱（15）

展開図 ⑥

名前

● 下の三角柱の展開図《てんかいず》をかきました。問いに答えましょう。

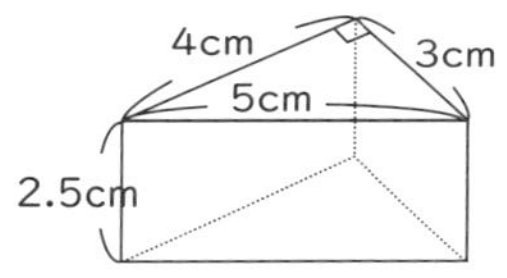

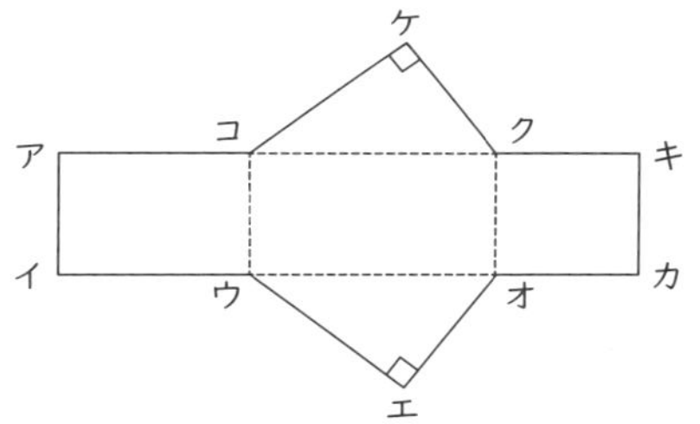

(1) 展開図の次の辺の長さは何 cm ですか。

① 辺アイ　　　cm　② 辺ウエ　　　cm

③ 辺ウオ　　　cm　④ 辺エオ　　　cm

(2) 展開図を組み立てたとき，次の点に集まる点をすべて書きましょう。

① 点イ　点　　，点

② 点ケ　点　　，点

(3) 展開図を組み立てたとき，次の辺に接《せっ》する辺を書きましょう。

① 辺アイ　辺

③ 辺エオ　辺

月　　日

角柱と円柱（16）

展開図 ⑦

名前

● 次の長方形と㋐～㋒のどの円を組み合わせれば，円柱ができますか。
□に記号を書きましょう。

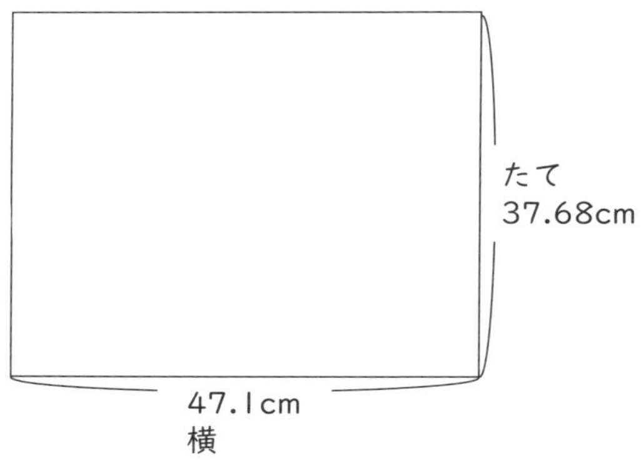

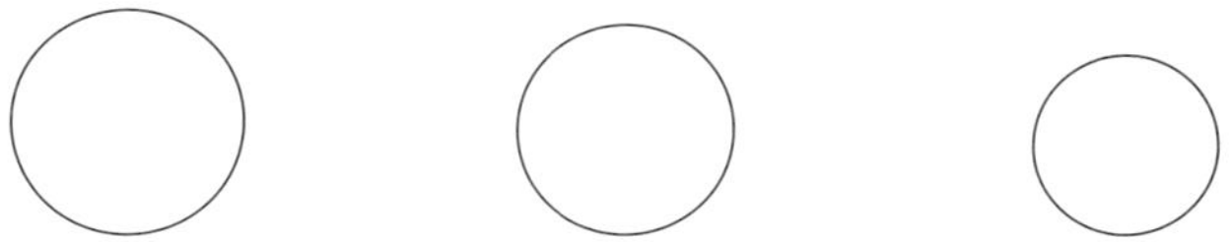

㋐ 直径 15cm　㋑ 直径 14cm　㋒ 直径 12cm

(1) 長方形のたてを底面に接《せっ》するようにすると，底面はどれですか。

(2) 長方形の横を底面に接するようにすると，底面はどれですか。

ふりかえり
角柱と円柱

名前

1　次の㋐，㋑，㋒の立体について答えましょう。

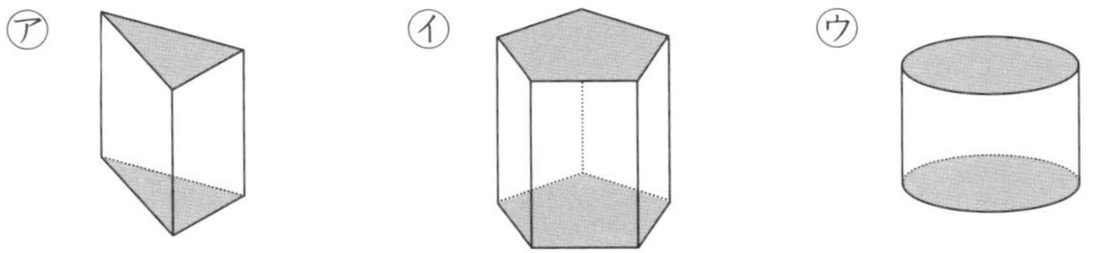

(1)　㋐～㋒の立体の名前を □ に書きましょう。

(2)　□ にあてはまることばを書きましょう。

①　㋐，㋑の側面はすべて平面ですが，㋒の側面は □ です。

②　㋐～㋒の色のついた面を □ といい，それぞれ２つの底面は合同で，□ になっています。

(3)　下の表にあてはまる数やことばを書きましょう。

	三角柱	五角柱
底面の形		
側面の数		
頂点《ちょうてん》の数		
辺の数		

2　下の四角柱の展開図《てんかいず》の続きをかきましょう。

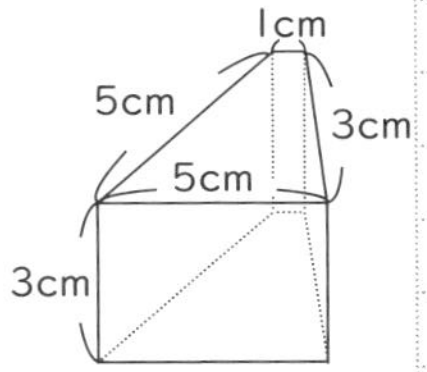

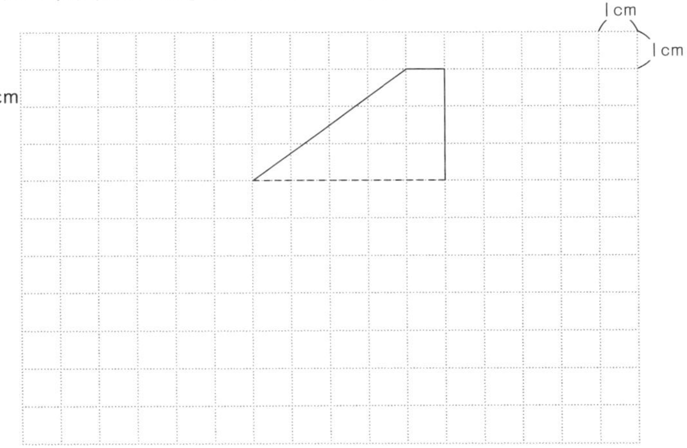

3　下の円柱の展開図の続きをかきましょう。

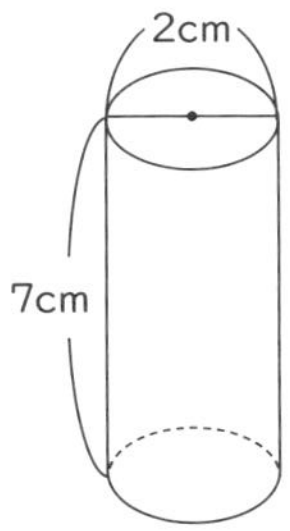

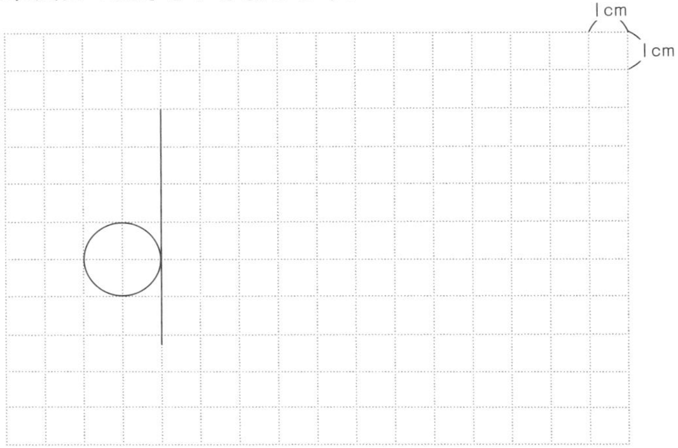

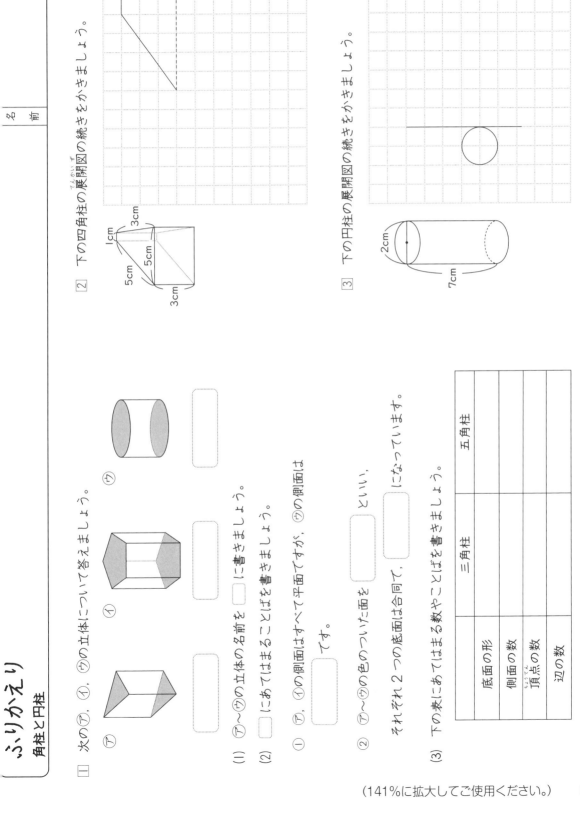

月　日

角柱と円柱（テスト）

名前

【知識・技能】

1 円柱について □ にあてはまることばを □ から選んで書きましょう。（5×4）

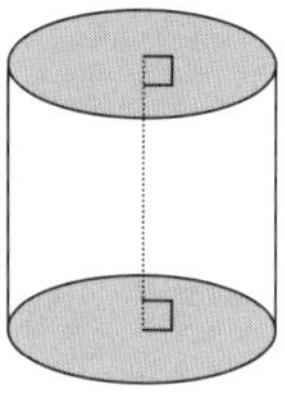

(1) 円柱の２つの底面の形は □ です。
同じ大きさで □ な関係になっています。

(2) 円柱の側面のように曲がった面を □ といいます。

(3) 右の図の底面から底面に垂直になっている点線を □ といいます。

高さ・垂直《すいちょく》・平行・曲面・平面・長方形・円

2 角柱について表にまとめましょう。（5×5）

	㋐ 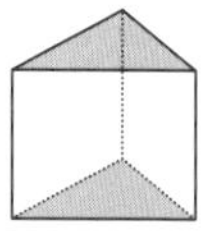	㋑ 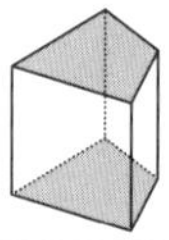
立体の名前	三角柱	
側面の数	3	
頂点《ちょうてん》の数		8
辺の数		

3 次の図の展開図《てんかいず》の続きをかきましょう。（5）

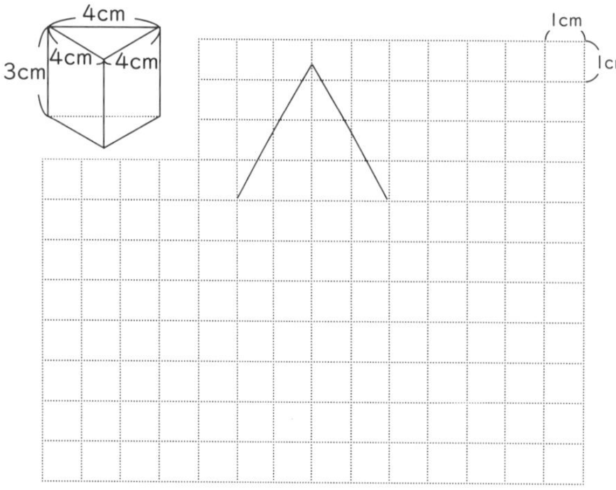

【思考・判断・表現】

4 下の円柱の展開図をかきます。（4×5）

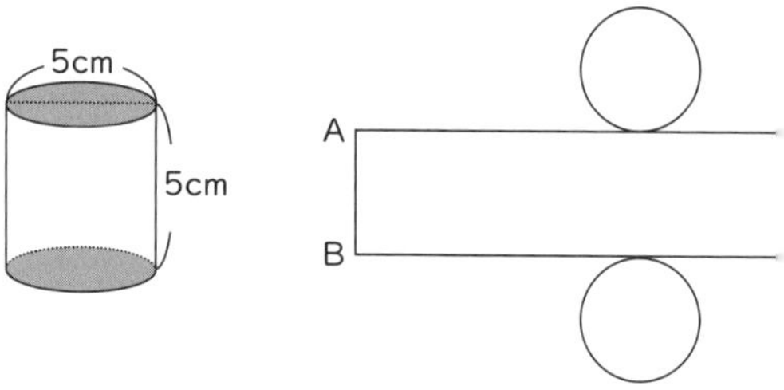

(1) 円柱の側面の展開図はどんな形ですか。 □

(2) 展開図の 辺 AB の長さは何 cm ですか。 □

(3) 展開図の AD の長さは底面のどこの長さと同じですか。 □

(4) 展開図の AD の長さを求めましょう。

式

答え

5 四角柱の展開図をかきました。問いに答えましょう。（5×6）

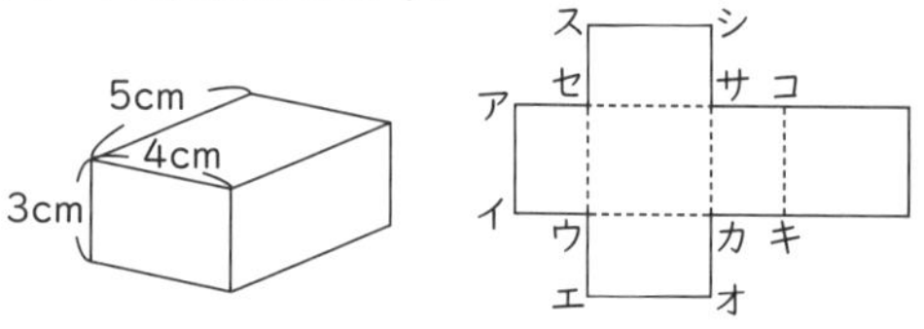

(1) 次の辺の長さは何 cm ですか。

辺アイ □ cm　辺イウ □ c

辺ウカ □ c

(2) 展開図を組み立てたときに点アに集まる点をすべて書きましょう。

点 □ ，点 □

(3) 展開図を組み立てたときに辺エオに接《せつ》する辺を書きましょう。

辺 □

（141％に拡大してご使用ください。）

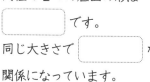

月　　日

対話して解決する問題（1）

整数と小数

名前	

次の㋐～㋓の数について答えましょう。

㋐ 10.001　㋑ 10.101　㋒ 10.011　㋓ 9.909

(1) ㋐の例のように，それぞれの数を式を使って表します。
□にあてはまる数を書きましょう。

（例）　㋐　10.001 = 10 × 1 + 0.001 × 1

㋑　10.101=10×1+□×1+□×1

㋒　10.011=10×1+□×1+□×1

㋓　9.909=1×9+□×9+□×□

(2) ㋐の十の位の「1」は，小数第三位の「1」の何倍ですか。　□

(3) ㋓の小数第三位の「9」は，一の位の「9」の何分の1ですか。　□

(4) ㋓は，あと何をたせば10になりますか。　□

(5) ㋐～㋓の4つの数を10に近い順に並《なら》べましょう。

□ ➡ □ ➡ □ ➡ □

月　日

対話して解決する問題 (2)
直方体や立方体の体積

名前	

● 右のように，たて 20cm，横 30cm の長方形の 4 つのすみを正方形に切り取って入れ物を作ります。

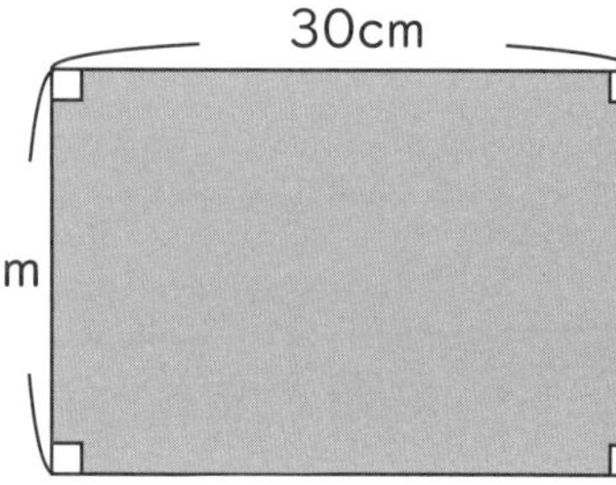

(1) 四すみを 1 辺が 1cm の正方形で切り取って容器を作ると容積は何 cm^3 の入れ物ができますか。

式 (20 − □)×(30 − □)× □ ＝ □

答え＿＿＿＿＿＿

(2) 四すみを 1 辺が 2cm の正方形で切り取って容器を作ると容積は何 cm^3 の入れ物ができますか。

式

答え＿＿＿＿＿＿

(3) 入れ物の容積をちょうど 1000cm^3 にしたいと思います。1 辺が何 cm の正方形で切り取って容器を作るといいですか。

月　　日

対話して解決する問題 (3)

比例

名前

● 駅の階だんについて調べてみましょう。

1だんの高さは，22cm以内と法りつで決まっています。そして，1だんの高さは同じにするようになっています。

ある駅の階だんを調べたところ，右のようになっていました。

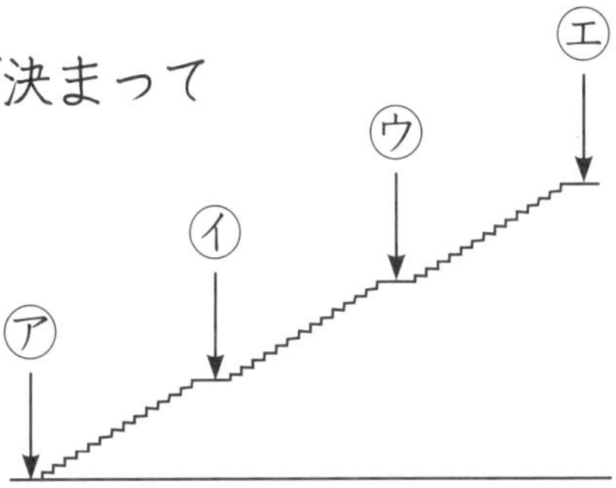

と中で休めるように，少しスペースがつくってあります。1だんは14cmになっていました。

下から1だん，2だん，3だんと上がると高さは，どうなりますか。

(1) 上がった階だんの数を□だん，下からの高さを○cmとして，表に表しましょう。

上がった階だんの数と下からの高さ

上がった階だんの数　□(だん)	1	2	3	4	5	6	7	8	9
下からの高さ　○(cm)	14								

(2) 下からの高さ○cmは，上がった階だんの数に比例《ひれい》しています。
□と○の関係を式に表しましょう。

(3) と中の㋒のところは下(㋐)から28だんにあります。
㋒は下(㋐)から何mですか。

式　　　　答え

(4) ㋓まで上りきったら，下(㋐)から42だんです。
㋓は下(㋐)から何mですか。

式　　　　答え

月　　日

対話して解決する問題（4）

小数のかけ算・わり算

名前

● 次の問題の式と答えを書きましょう。
また，式を立てるための図や数直線を ▭ の中にかきましょう。

(1) 1mが2.4gのはり金があります。
このはり金3.4mの重さは何gですか。

式

答え ＿＿＿＿＿＿

(2) 1.2m^2で14.4kgの金ぞくの板があります。
この金ぞくの1m^2は何kgですか。

式

答え ＿＿＿＿＿＿

(3) お米が6kgあります。1日に0.4kgずつ食べると，
何日分になりますか。

式

答え ＿＿＿＿＿＿

(4) 0.7m^2のかべにペンキをぬるのに，1.54Lのペンキを
使いました。1m^2のかべをぬるには，何Lのペンキがいりますか。

式

答え ＿＿＿＿＿＿

月　　日

対話して解決する問題（5）
図形の角

名前	

● 正方形の折り紙を，いろいろな形に折ります。
次のように，折ったときに角 ABE は 60°になります（図③）。
角 BEF は何度になっているでしょうか。

図①

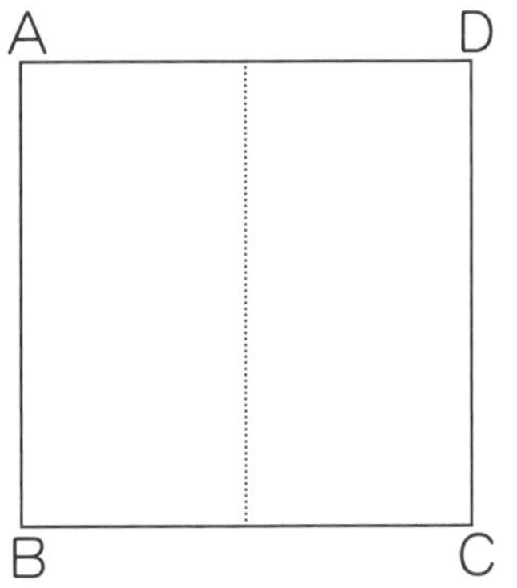

正方形の折り紙を真ん中で
2つに折ってひろげます。

図②

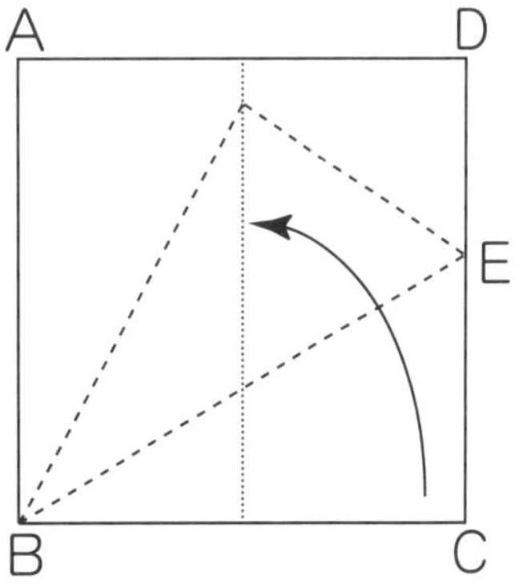

点 C が真ん中の線の上に
いくようにおります。

角 ABE は 60°になりました。
角 BEF は何度になりますか。
その理由も説明しましょう。

図③

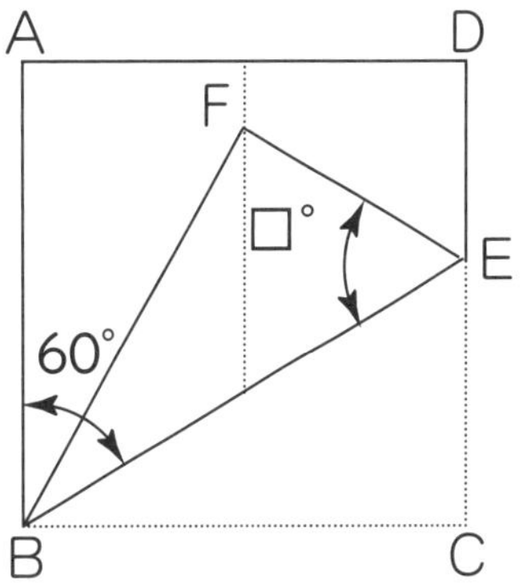

□°

月　　日

対話して解決する問題（6）

偶数と奇数・倍数と約数

名前

● 遊園地のある乗り物は，㋐の図のように３人乗りか４人乗りです。

㋐
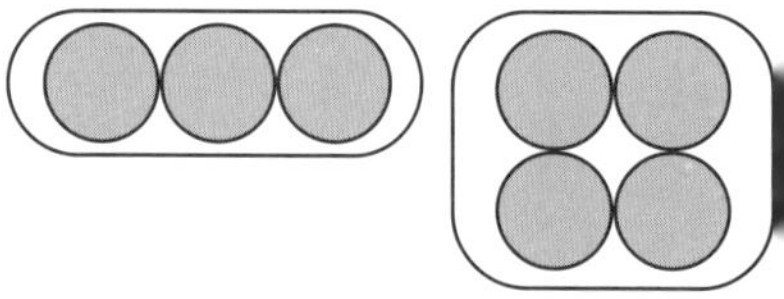

㋑
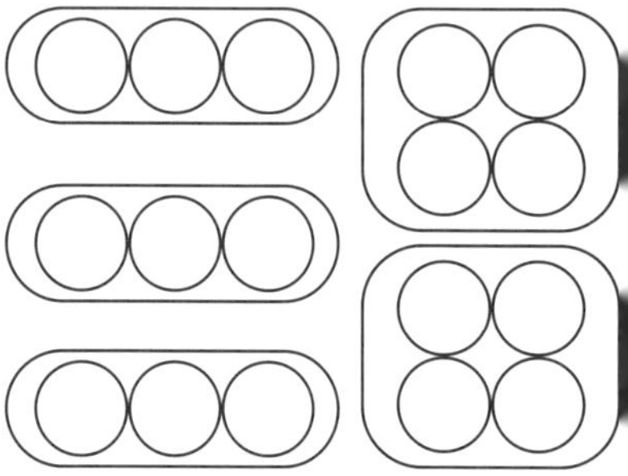

(1)　10人がその乗り物に乗ります。
　３人乗りと４人乗りの乗りものをそれぞれ何台ずつ使って，どのような乗り方をすれば，１人だけで乗ったり，空席もつくることなく乗ることができますか。

①　そのような乗り方ができるように㋑の図に色をぬりましょう。

②　３人乗りの乗りものと４人乗りの乗りものはそれぞれ何台ずつ必要ですか。　３人乗り □ 台　４人乗り □ 台

(2)　上に色をぬった乗り方を式に表すとどうなりますか。
□ にあてはまる数を書きましょう。

$$10 = 3 \times \square + 4 \times \square$$

(3)　17人の場合はどうしますか。式で表しましょう。

(4)　25人の場合はどうしますか。式で表しましょう。

(5)　10人から30人までの間で，できない場合がありますか。

月　日

対話して解決する問題 (7)
分数と小数，整数の関係

名前

● 0.5 以上で 1.5 以下にある分数を見つけましょう。

（例） 分母が 2 の場合は次の 3 つがあてはまります。

$\frac{1}{2} = 0.5$　$\frac{2}{2} = 1$　$\frac{3}{2} = 1.5$

(1) 分母が 3 の場合はどれがあてはまりますか。
あてはまる分数を○で囲みましょう。

$\frac{1}{3}$　$\frac{2}{3}$　$\frac{3}{3}$　$\frac{4}{3}$　$\frac{5}{3}$

(2) 分母が 4 の場合はどれがあてはまりますか。
あてはまる分数を○で囲みましょう。

$\frac{1}{4}$　$\frac{2}{4}$　$\frac{3}{4}$　$\frac{4}{4}$　$\frac{5}{4}$　$\frac{6}{4}$　$\frac{7}{4}$

(3) 分母が 5,6,7,8,9 の場合はどうでしょうか。あてはまる分数で，いちばん小さい分数といちばん大きい分数を書きましょう。

㋐ 分母が5の場合
いちばん小さい分数 □　いちばん大きい分数 □

㋑ 分母が 6 の場合
いちばん小さい分数 □　いちばん大きい分数 □

㋒ 分母が 7 の場合
いちばん小さい分数 □　いちばん大きい分数 □

㋓ 分母が 8 の場合
いちばん小さい分数 □　いちばん大きい分数 □

㋔ 分母が 9 の場合
いちばん小さい分数 □　いちばん大きい分数 □

月　　日

対話して解決する問題 (8)

分数

名前

● 分数を使って時間を表しましょう。

(1) 20分

20分は1時間を3等分した1つ分だから　$\frac{□}{□}$

20分は1時間を12等分した4つだから　$\frac{□}{12}$ = $\frac{□}{□}$（約分して）

20分は1時間を60等分した20こ分だから　$\frac{□}{60}$ = $\frac{□}{□}$（約分して）

(2) 15分

15分は1時間を4等分した1つだから　$\frac{□}{□}$

15分は1時間を12等分した3つ分だから　$\frac{□}{12}$ = $\frac{□}{□}$（約分して）

15分は1時間を60等分した15こ分だから　$\frac{□}{60}$ = $\frac{□}{□}$（約分して）

(3) □にあてはまる数を入れて，次の時間を分数で表しましょう。約分できる分数は約分しましょう。

① 10分 = $\frac{□}{□}$　② 40分 = $\frac{□}{□}$　③ 45分 = $\frac{□}{□}$　④ 90分 = □$\frac{□}{□}$

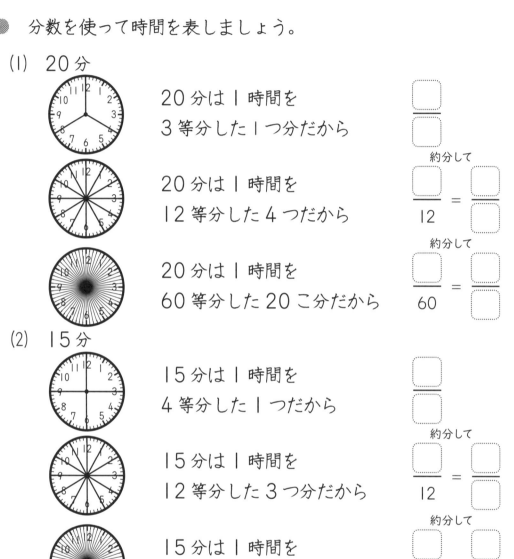

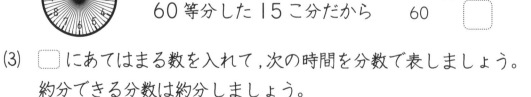

月　　　日

対話して解決する問題 (9)

平均

名前

● 歩はばを使って，およその道のりを求めることにしました。
まず，10 歩歩いた長さを 4 回はかりました。
その結果は下の表のとおりです。

10 歩歩いた長さ

回　　数　　(回)	1	2	3	4
10 歩歩いた長さ (m)	6.16	6.05	6.20	6.11

(1)　1 歩の歩はばは約何 m ですか。上から 2 けたのがい数で表しましょう。

式

答え

(2)　家からいちばん近いお店まで 785 歩でした。家からいちばん近いお店までの道のりは，約何 m ですか。上から 2 けたのがい数で表しましょう。

式

答え

月　　日

対話して解決する問題（10）
単位量あたりの大きさ

名前	

● 地球の温だん化が問題になっています。そして，地球の温だん化の大きな原因は二酸化炭素《にさんかたんそ》のはい出量だと言われています。

それで，各国の二酸化炭素のはい出量を調べてみることにしました。下の表は，二酸化炭素のはい出量の多い国です。

(1) 日本の場合の例を参考にして，各国の１人あたりの二酸化炭素はい出量を求めてみましょう。

二酸化炭素（CO_2）はい出量の多い国

順位	国名	はい出量(万 t)	人口（万人）	１人あたり二酸化炭素はい出量（t）
1	中　国	904070	138393	
2	アメリカ	499750	32177	
3	インド	206600	131105	
4	ロシア	146900	14346	
5	日　本	114160	12657	約 9.0t
6	ドイツ	72980	8069	
7	大韓民国《だいかんみんこく》	58600	5029	
8	イラン	55240	7911	
9	カナダ	54420	3594	
10	サウジアラビア	53150	3154	

（2017 年）

（例）**日本の場合**　114160 万 t ÷ 12657 万人　わられる数とわる数を同じ数でわっても商は変わらないという，わり算の性質から，わられる数とわる数の両方に÷１万をします。
114160（t）÷ 12657（人）＝ 9.0195…（t/ 人）電たくで計算します。
答えは，小数第一位までのがい数にします。約 9.0 t/ 人
１人あたりの１年間の二酸化炭素はい出量は約 9.0 t ということです。

(2) 各国の１人あたりの二酸化炭素はい出量を求めて考えたことを書きましょう。

月　日

対話して解決する問題（11）
三角形と四角形の面積

名前

● 右の㋐～㋓の面積を比《くら》べてみましょう。

(1) どの面積がいちばん広いと思いますか。
予想とその理由を書きましょう、

予想

理由

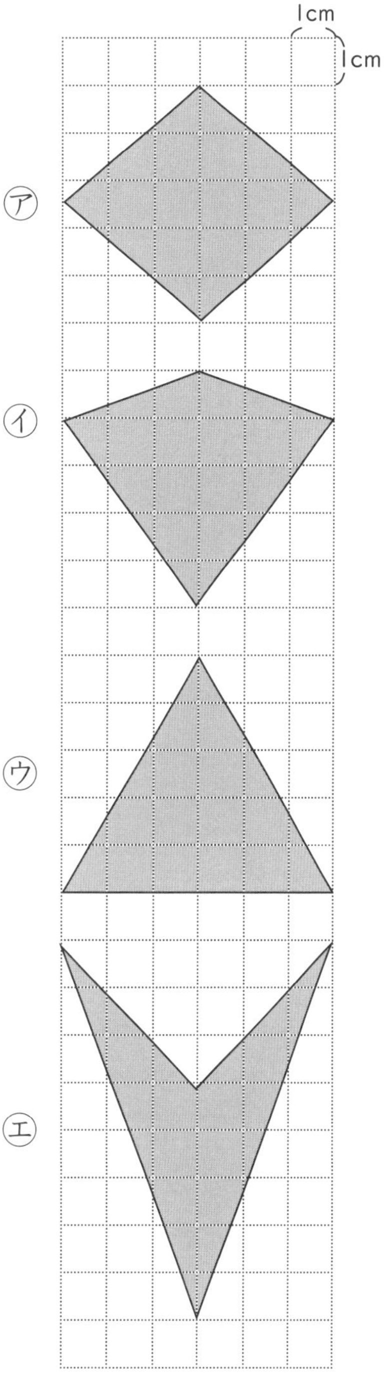

(2) 面積を求めてみましょう。

㋐ 式

答え

㋑ 式

答え

㋒ 式

答え

㋓ 式

答え

月　　日

対話して解決する問題（12）
割合

名前

● 　A，B，C のお店でトマトを売っています。どこのお店のトマトも新せんでおいしそうです。

　トマトを 4 個《こ》買います。どこのお店で買うとお得でしょうか。

トマト 4 個パックで
420 円です。
消費税《しょうひぜい》が別にいります。

トマト 4 個パックで
500 円の 10% びき。
消費税を入れたねだんです。

トマト 1 個が 130 円。
4 個買うと 2 わりびきになります。
消費税が別にいります。

※ 消費税は 10% です。
※ 小数点以下は，切りすてましょう。

A の代金

B の代金

C の代金

□ で買うのがいちばんお得

月　　日

対話して解決する問題（13）
正多角形と円

名前

● 妹が，ほ助輪つき自転車で自転車に乗る練習をしています。
後輪のタイヤの直径は40cmで，ほ助のタイヤの直径は10cmです。
ずいぶんと上手になって，今，10000cm（100m）進みました。

(1) 後輪は約何回転しましたか。
小数第一位までのがい数で表しましょう。（cmで計算しましょう。）

約［　　　］回転

(2) ほ助輪も空回転することなく，ずっと地面について回転していたら約何回転しましたか。
小数第一位までのがい数で表しましょう。（cmで計算しましょう。）

約［　　　］回転

月　　日

対話して解決する問題（14）

角柱と円柱

名前

右のような正六角柱を作ります。
その展開図《てんかいず》を下の方眼紙《ほうがんし》にかきます。
続きをかきましょう。

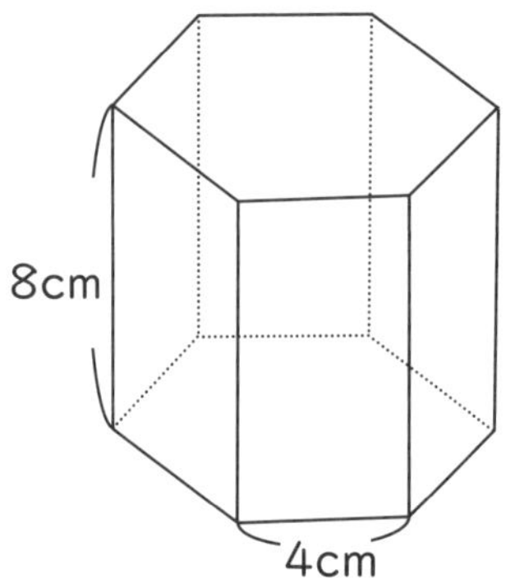

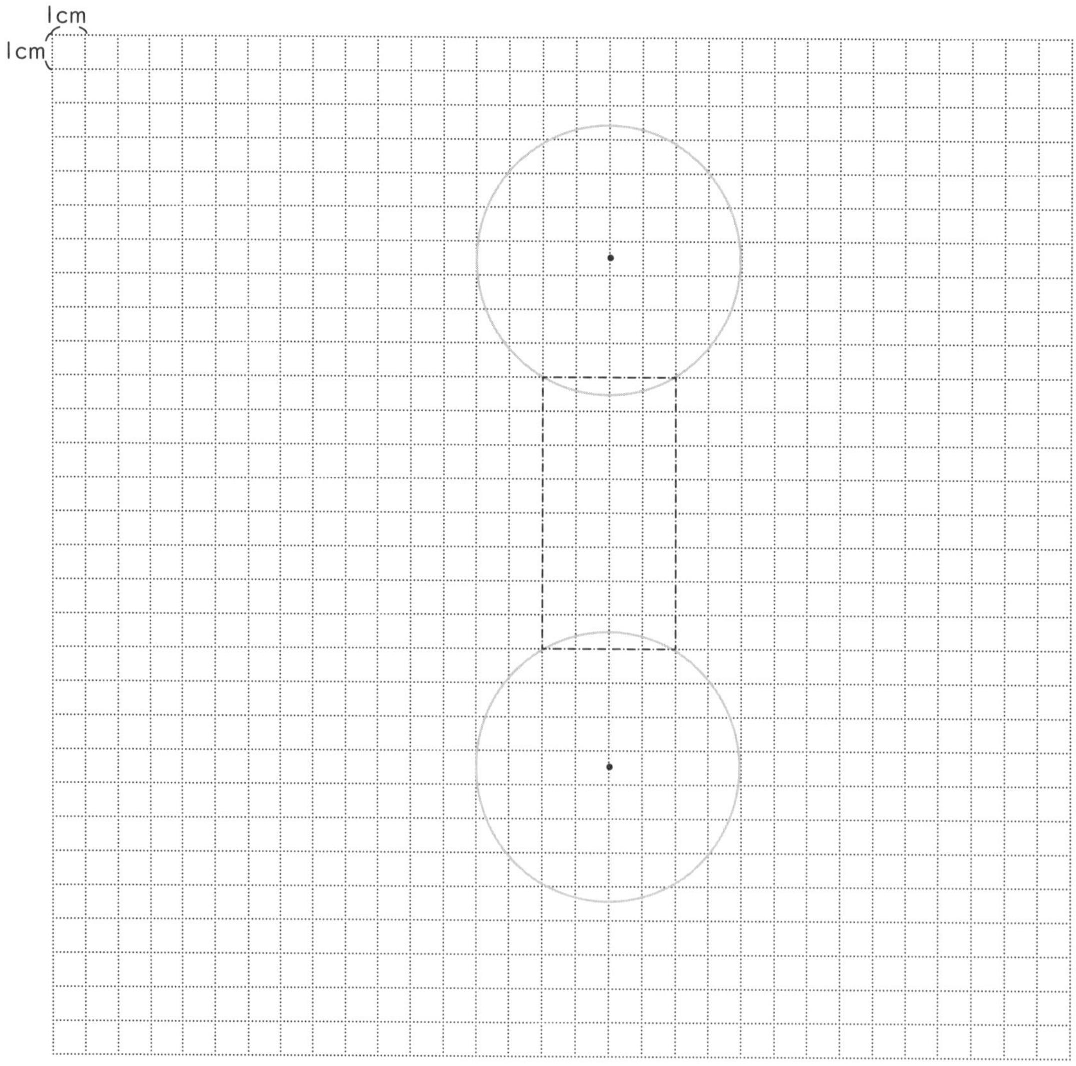

月　日

プログラミング（1）

名前

● 右にある三角形，四角形，円を使って次の順番で図をかくと，
㋐～㋓のどの図になりますか。
□に記号を書きましょう。

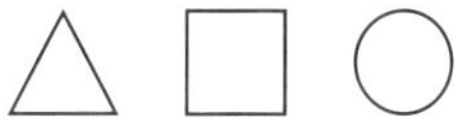

(1)

① 真ん中に四角形をかく。
② 左側に円をかく。
③ 右側に三角形をかく。

□

㋐
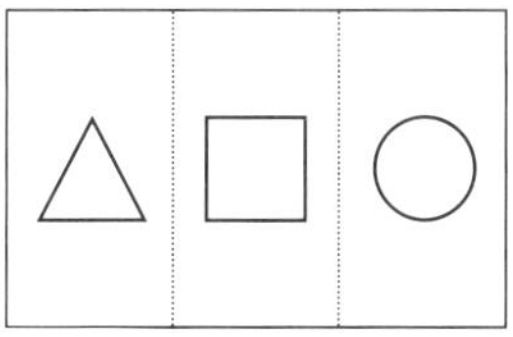
㋑
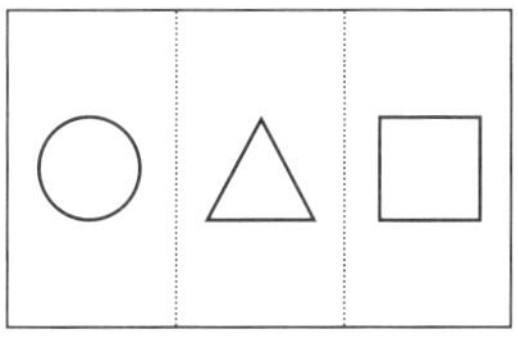
㋒
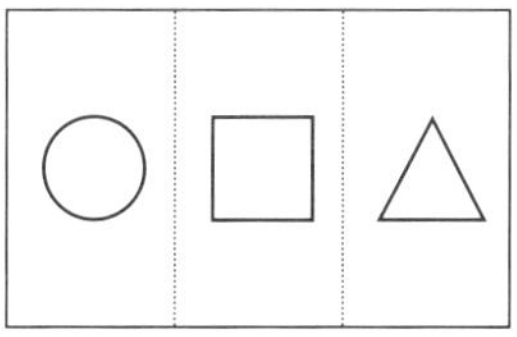
㋓

(2)

① 右上に三角形をかく。
② 左下に四角形をかく。
③ 真ん中に円をかく。

□

㋐
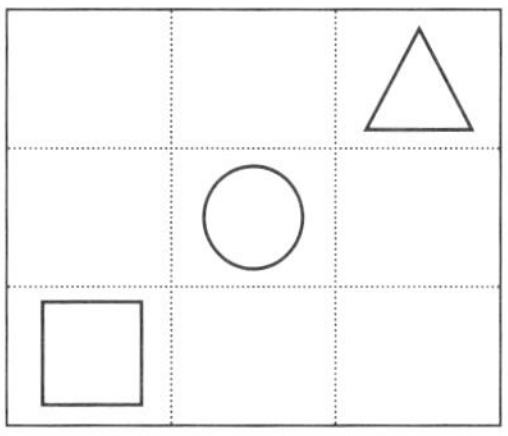
㋑
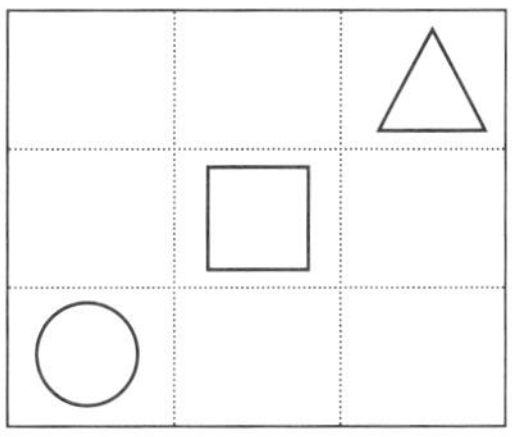
㋒
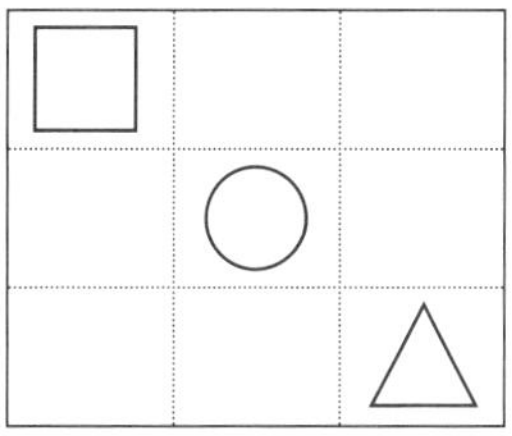
㋓
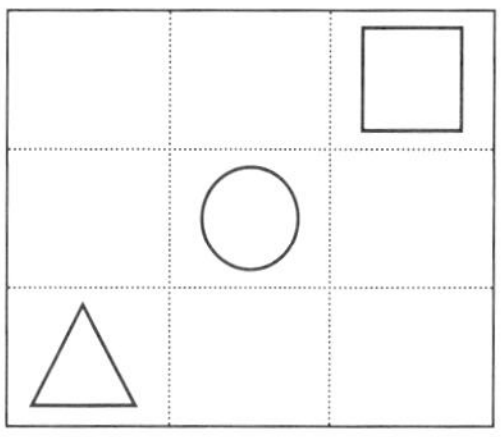

(3)

① 右下に三角形をかく。
② 右上に円をかく。
③ 左上に四角形をかく。

□

㋐
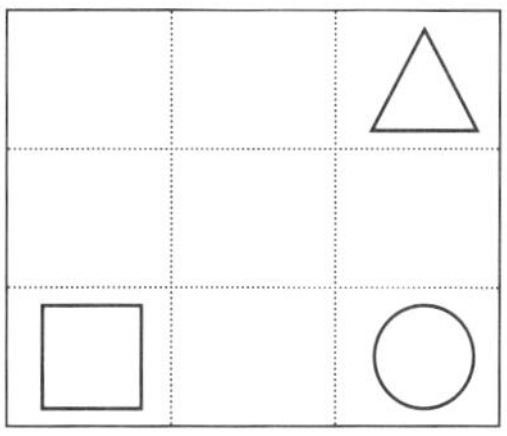
㋑
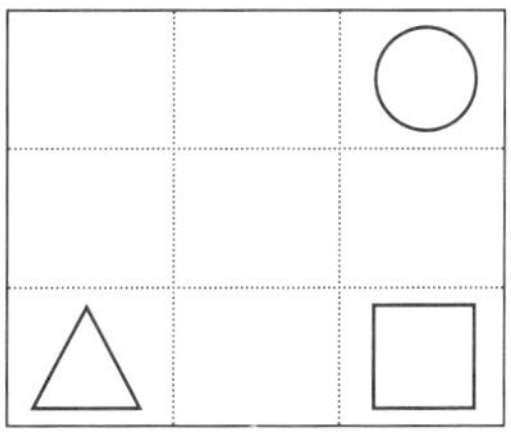
㋒
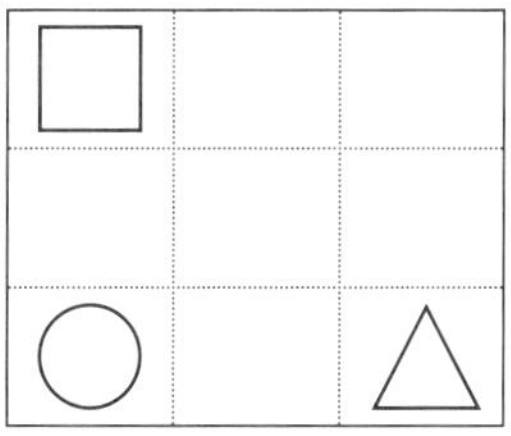
㋓
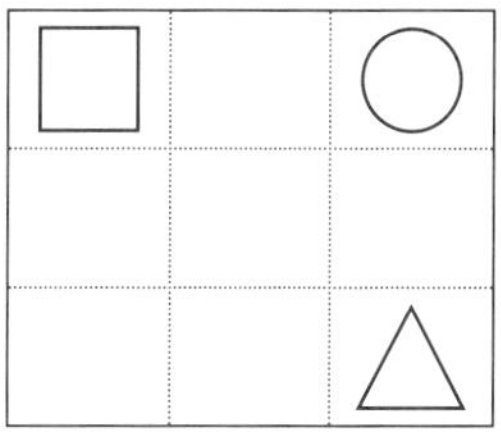

（141％に拡大してご使用ください。）

月　日

プログラミング (2)

名前

● 次のような指示《しじ》を出すと，ロボットはどう動きますか。
どこを動いたかわかるように，線をひきましょう。

(例)

① 前へ 2 進む
② 左へ 90° 回転する。
③ 前へ 2 進む。
④ 左へ 90° 回転する。
⑤ 前へ 4 進む。

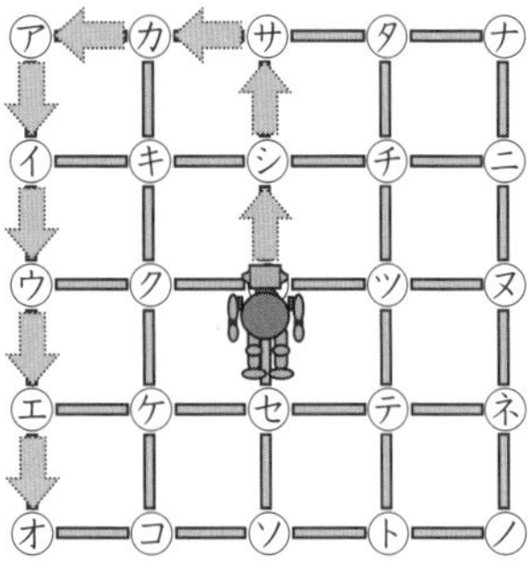

(1)

① 180° 回転する。
② 前へ 2 進む。
③ 右へ 90° 回転する。
④ 前へ 2 進む。
⑤ 右へ 90° 回転する。
⑥ 前へ 1 進む。

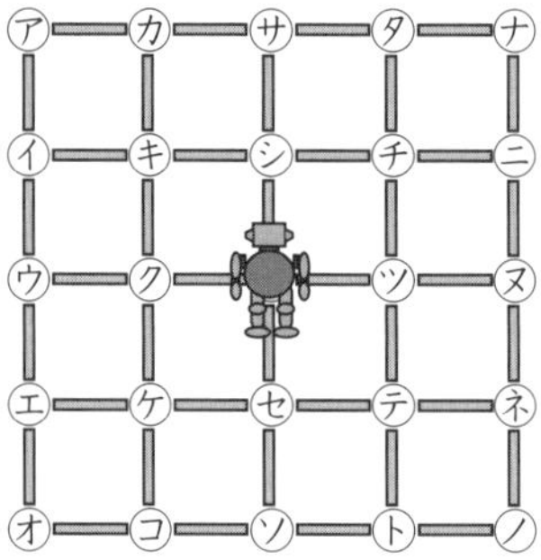

(2)

① 前へ 2 進む
② 右へ 90° 回転する。
③ 前へ 1 進む。
④ 右へ 90° 回転する。
⑤ 前へ 3 進む。
⑥ 左へ 90° 回転する。
⑦ 前へ 1 進む。

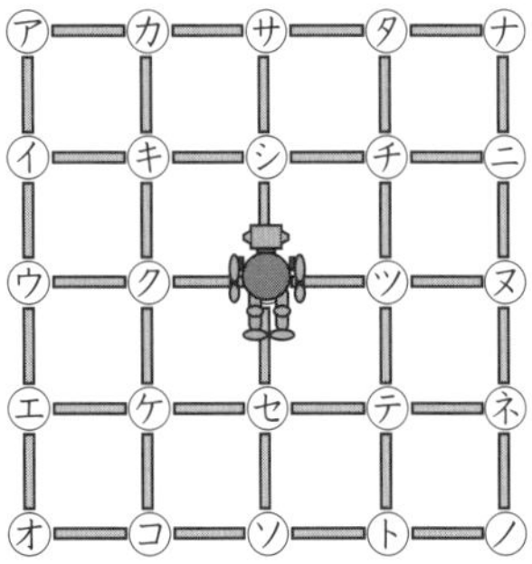

(3)

① 180° 回転する。
② 前へ 1 進む。
③ 左へ 90° 回転する。
④ 前へ 2 進む。
⑤ 左へ 90° 回転する。
⑥ 前へ 1 進む。
⑦ 左へ 90° 回転する。
⑧ 前へ 2 進む。

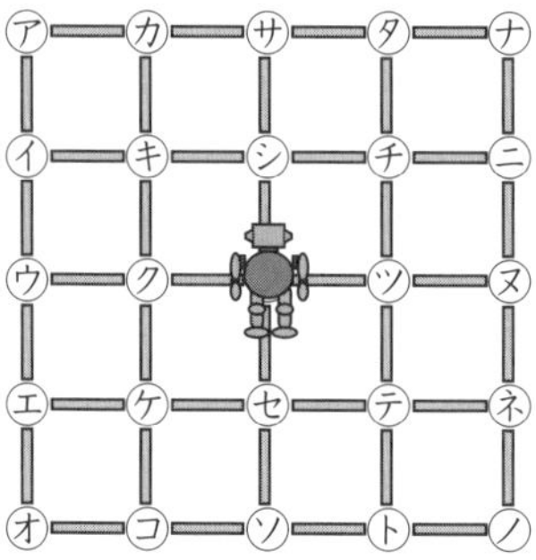

 (141%に拡大してご使用ください。)

月　　日

プログラミング (3)

名前

● ロボットが図の線の上を通るように指示《しじ》の続きを書きましょう。（ロボットは㋜にいます。）

(例)

㋜から㋓へ動かします。

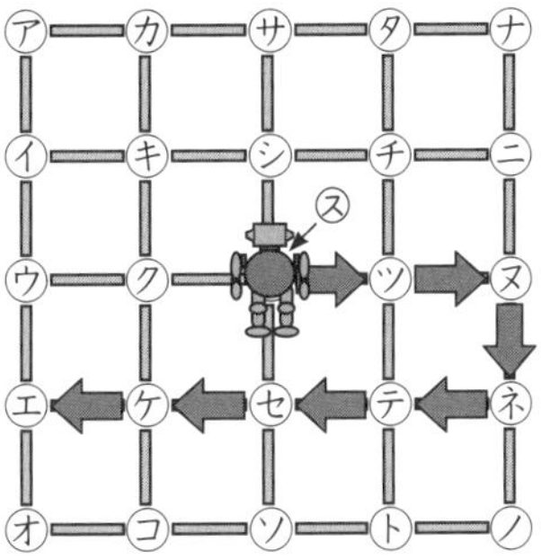

① 右に90°回転する。　② 前に2進む。
③ 右に90°回転する。　④ 前に1進む。
⑤ 右に90°回転する。　⑥ 前に4進む。

(1)

㋜から㋤へ動かします。

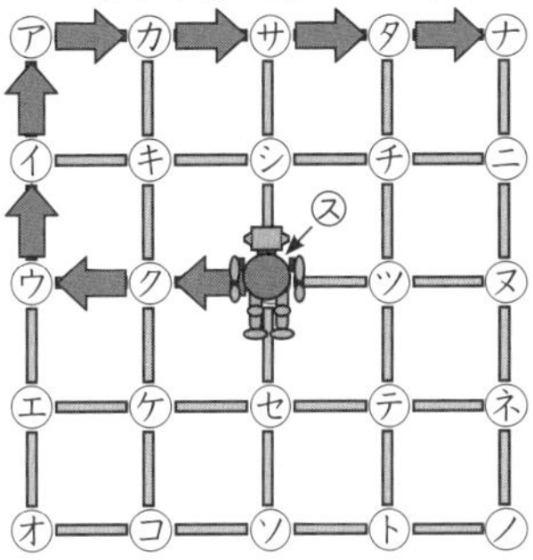

① 左に90°回転する。　②
③　④
⑤　⑥

(2)

㋜から㋔へ動かします。

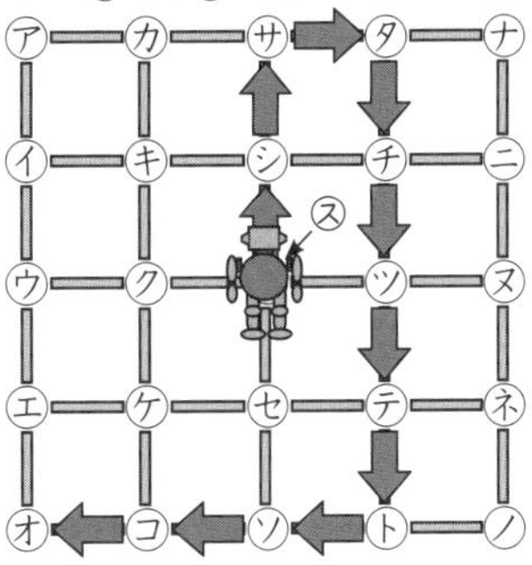

① 前に2進む。　②
③　④
⑤　⑥
⑦

(3)

㋜から㋥へ動かします。

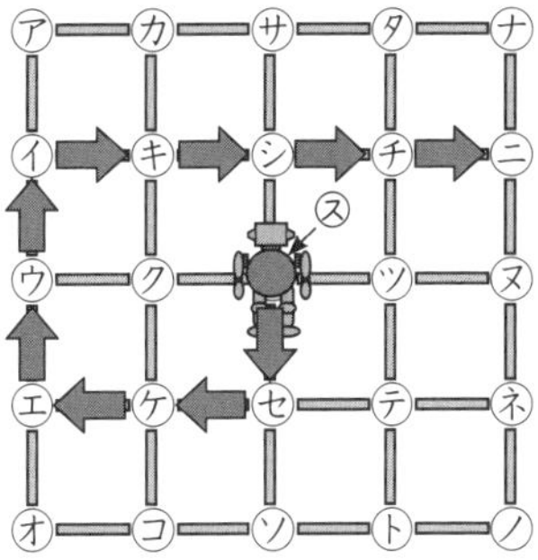

① 180°回転する。　②
③　④
⑤　⑥
⑦　⑧

月　日

プログラミング (4)

名前

● ちゅう車場に入っていく自動車の種類を数字で知らせます。
次のようなきまりになっています。

乗用車 …… [1]
バ　ス …… [2]
トラック …… [3]

(1) 次のように数字が出ました。自動車はどのような順でちゅう車場に入りましたか。
正しい記号に○をつけましょう。

① [2] → [1] → [2] → [3] → [1]

㋐ バス，トラック，乗用車，バス，乗用車

㋑ バス，乗用車，バス，乗用車，トラック

㋒ バス，乗用車，バス，トラック，乗用車

② [1] → [3] → [2] → [2] → [3] → [1]

㋐ 乗用車，トラック，乗用車，バス，乗用車

㋑ 乗用車，トラック，バス，バス，トラック，乗用車

㋒ 乗用車，トラック，乗用車，バス，トラック，乗用車

(2) 次のように自動車が通った場合，どのように数字を出せばいいですか。
[　] に数字を書きましょう。

① トラック，乗用車，乗用車，バス，トラック

[　] ➡ [　] ➡ [　] ➡ [　] ➡ [　]

② バス．乗用車，トラック，バス，乗用車

[　] ➡ [　] ➡ [　] ➡ [　] ➡ [　]

　(141%に拡大してご使用ください。)

月　　日

プログラミング (5)

名前

ロボットはまっすぐ進みますが，かん板に「▲」のある交差点では，曲がることになっています。その他のマークはまっすぐ進みます。ロボットは，どこへ着きますか。□に記号を書きましょう。

(1)

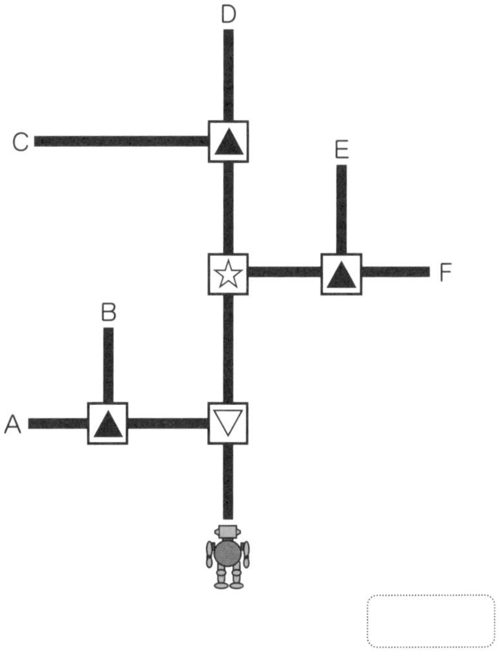

(2)

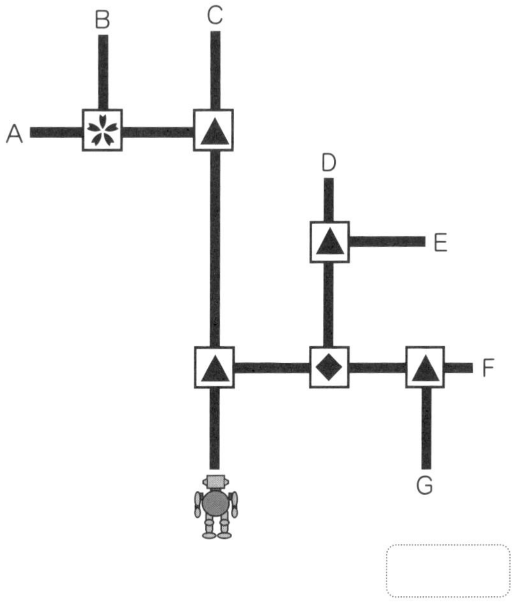

(3)

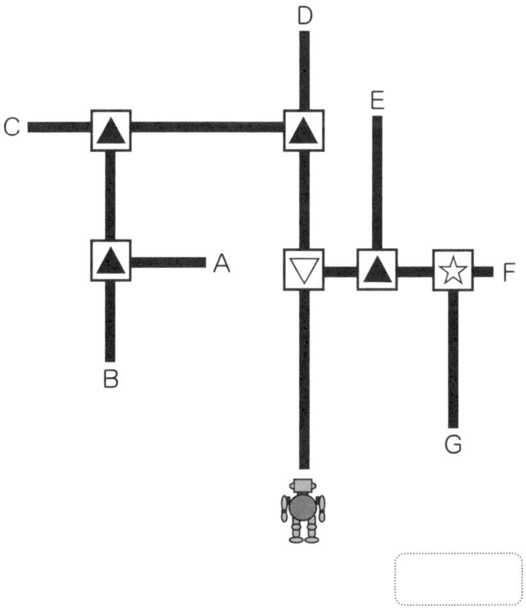

(4)

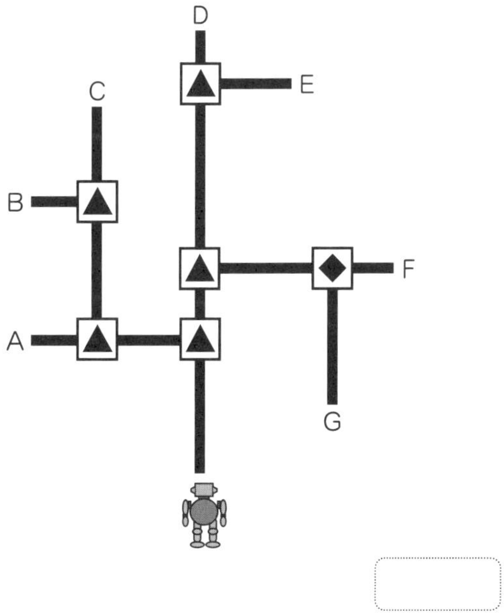

月　日

プログラミング（6）

名前

● ゆいさんと，けんじさんと，みおさんが運動場を走ります。
３人が何周走るかは，次のようになっています。

けんじさん　……　ゆいさんさんより４周多く走る。
みおさん　………　ゆいさんさんより２周少なく走る。

(1) ゆいさんが次の数だけ走ったとすると，けんじさんとみおさんは，それぞれ何周走りますか。
□に書きましょう。

① ゆいさん４周
けんじさん □ 周　　みおさん □ 周

② ゆいさん10周
けんじさん □ 周　　みおさん □ 周

(2) けんじさんが次の数だけ走ったとすると，ゆいさんとみおさんは，それぞれ何周走りますか。

① けんじさん10周
ゆいさん □ 周　　みおさん □ 周

② けんじさん15周
ゆいさん □ 周　　みおさん □ 周

(3) みおさんが次の数だけ走ったとすると，けんじさんとゆいさんは，それぞれ何周走りますか。

① みおさん６周
けんじさん □ 周　　ゆいさん □ 周

② みおさん10周
けんじさん □ 周　　ゆいさん □ 周

　（141%に拡大してご使用ください。）

月　日

プログラミング (7)

名前

２まいのとう明な方眼紙《ほうがんし》に，黒のペンで色をぬりました。この方眼紙はまほうの紙です。
かいた２まいの方眼紙を重ねると，次のようになります。

１まいでも白がある場合	→	白色
２まいとも黒色の場合	→	黒色

次の２まいの方眼紙を重ねるとどうなりますか。色をぬりましょう。

(1)

１まいめ　２まいめ　重ねると…

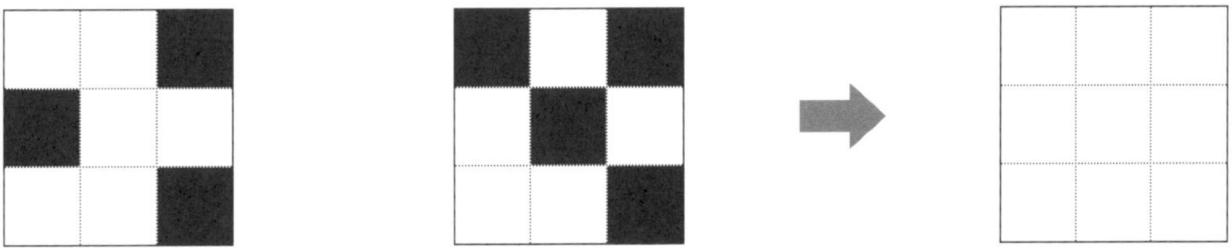

(2)

１まいめ　２まいめ　重ねると…

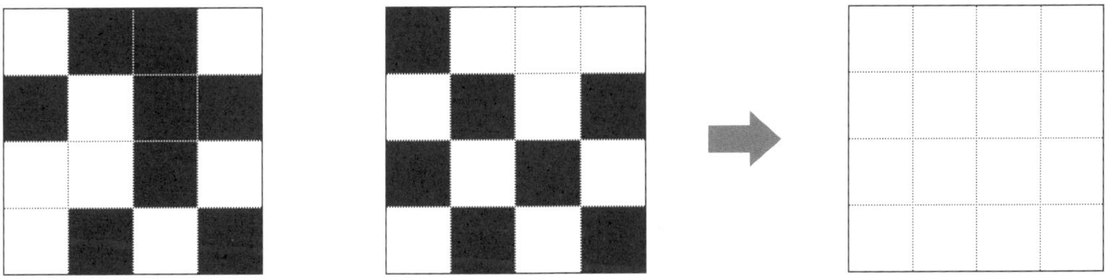

(3)

１まいめ　２まいめ　重ねると…

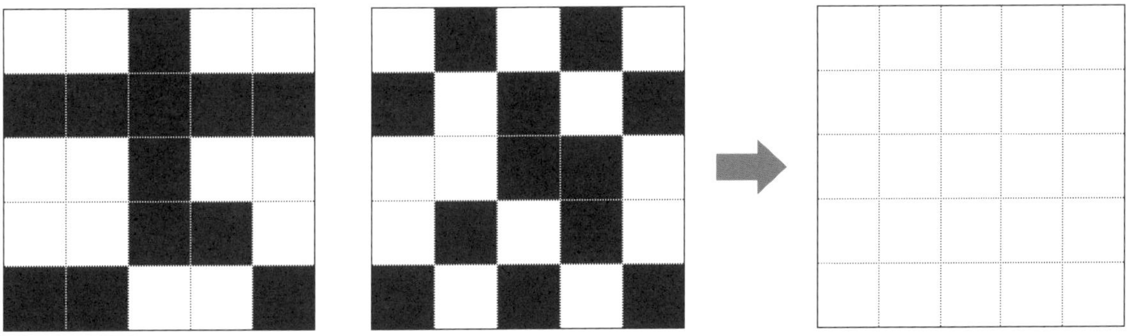

（141%に拡大してご使用ください。）

月　日

プログラミング (8)

名前

● ロボットに次の命令を覚えさせます。

		意味
コマンド・ススメ！ …… 進む（3） 右回転(90)	➡	3マス線をひきながら進んだあと， 右方向へ 90 度回転する。

（例） ロボット▲に，コマンド・ススメ！の命令を２回出してみましょう。
右のようになります。線をなぞりましょう。

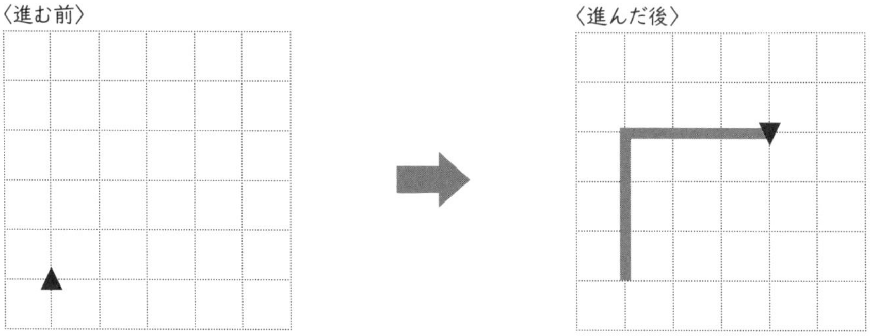

(1) ロボット▲に，コマンド・ススメ！の命令を３回出してみましょう。
どのようになりますか。下にかきましょう。

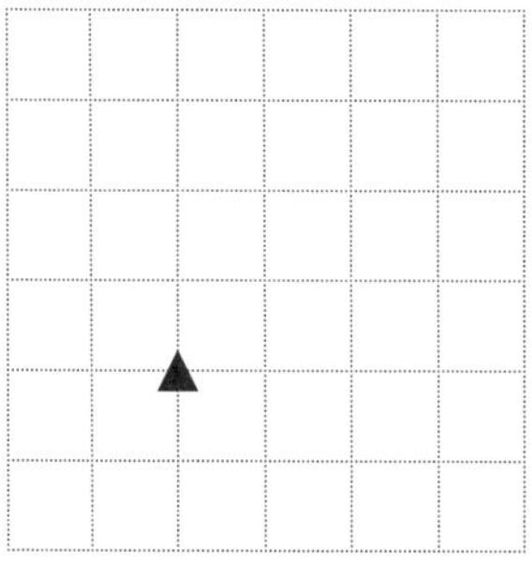

(2) ロボット▲に，コマンド・ススメ！の命令を４回出してみましょう。
どのようになりますか。下にかきましょう。

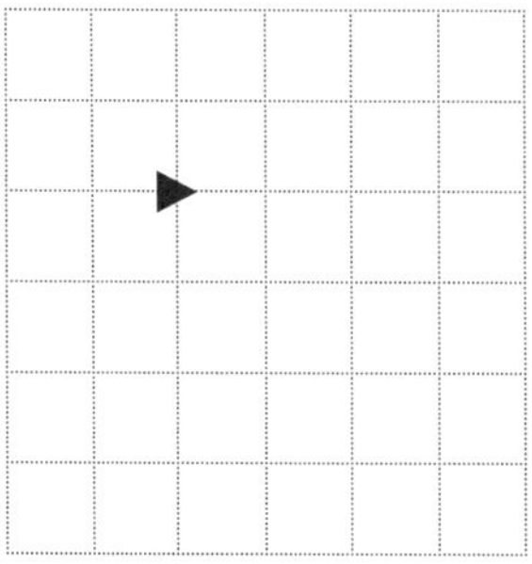

　（141%に拡大してご使用ください。）

月　　日

プログラミング（9）

名前

● ロボットに次の命令を覚えさせます。

コマンド・ススメⒶ	…… 進む（2） 右回転（45）

➡

意味

2cm 線をひきながら進んだあと，
右方向へ 45 度回転する。

（例） ロボットに コマンド・ススメⒶ の命令を
2回出してみましょう。
どのようになりますか。右にかきましょう。

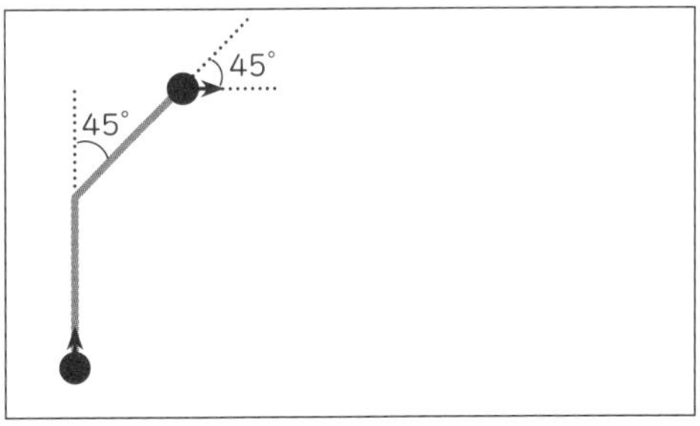

(1) ロボットに コマンド・ススメⒶ の命令を
5回出してみましょう。
どのようになりますか。右にかきましょう。

(2) ロボットに出す命令を下のように変こうします。

コマンド・ススメⒷ	…… 進む（2） 左回転（60）

コマンド・ススメⒷ の命令を6回出してみましょう。
どのようになりますか。右にかきましょう。

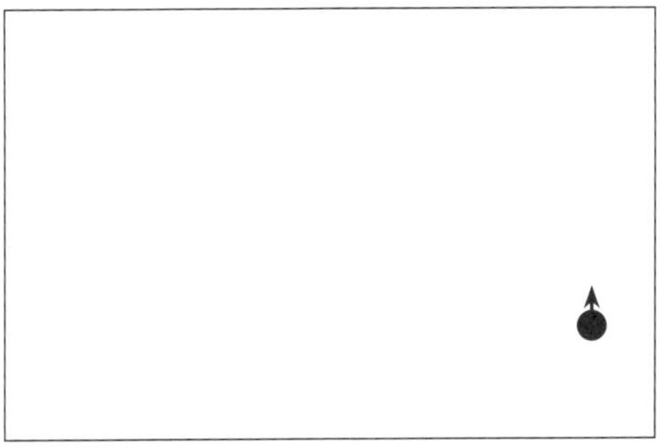

月　　日

迷路にチャレンジ (1)

小数のかけ算 ①

名前

● 答えの大きい方を通って，ゴールしましょう。
（通った方の答えを □ に書きましょう。）

(1)

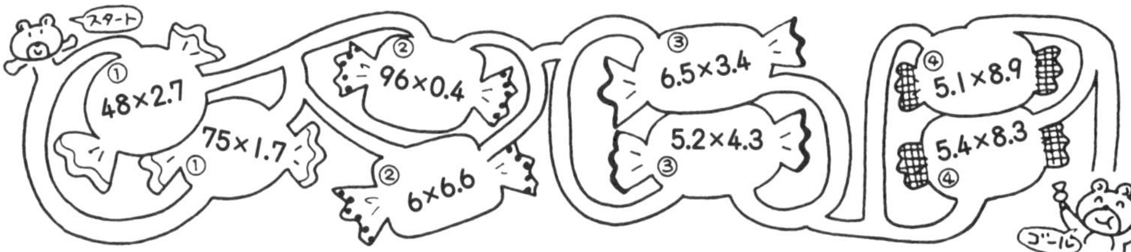

① □　② □　③ □　④ □

(2)

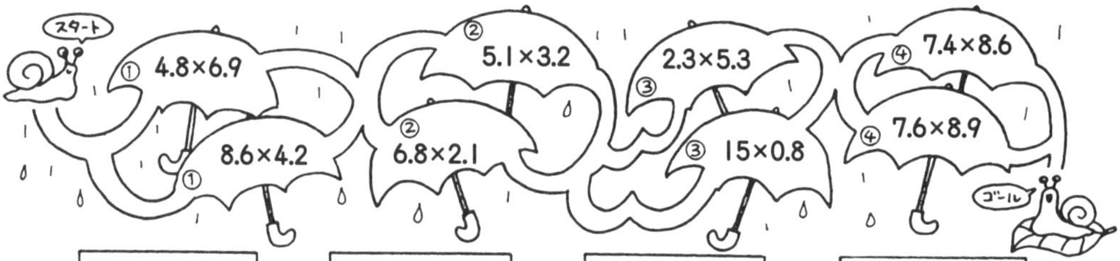

① □　② □　③ □　④ □

(3)

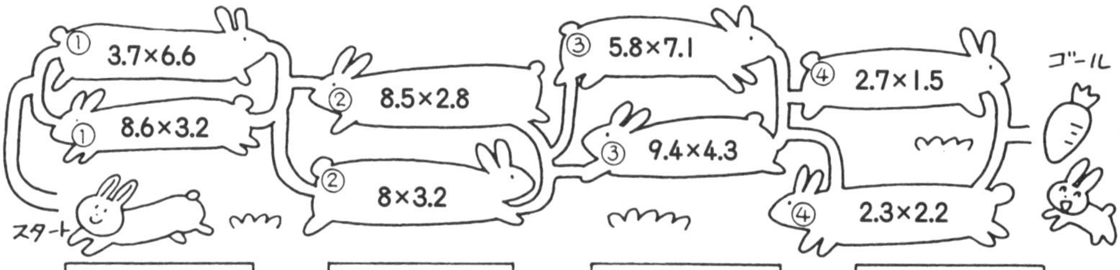

① □　② □　③ □　④ □

(4)

① □　② □　③ □　④ □

月　　日

迷路にチャレンジ (2)

小数のかけ算 ②

名前

● 答えの大きい方を通って，ゴールしましょう。
（通った方の答えを □ に書きましょう。）

(1)

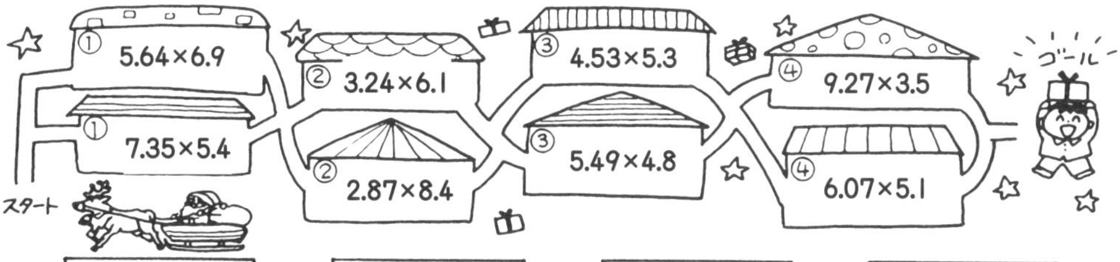

① □　② □　③ □　④ □

(2)

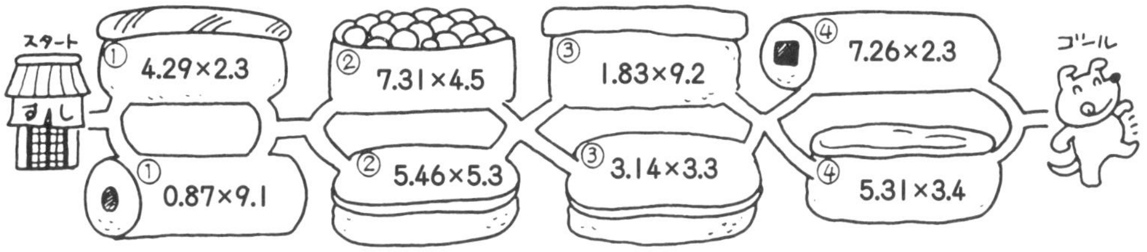

① □　② □　③ □　④ □

(3)

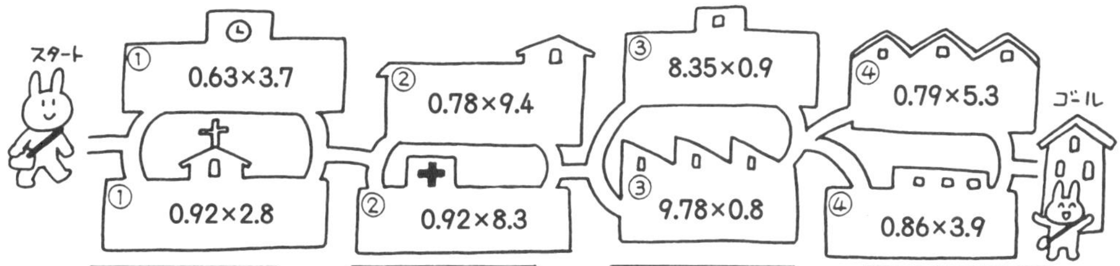

① □　② □　③ □　④ □

(4)

① □　② □　③ □　④ □

月　　日

迷路にチャレンジ (3)

小数のわり算 ①

名前

● 答えの大きい方を通って，ゴールしましょう。
(通った方の答えを □ に書きましょう。)

(1)

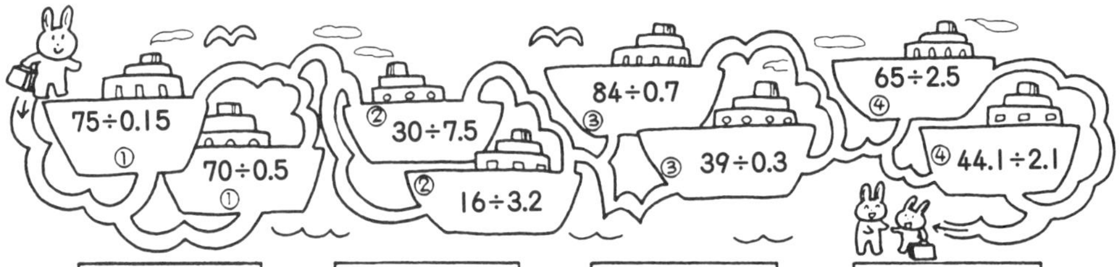

① □　② □　③ □　④ □

(2)

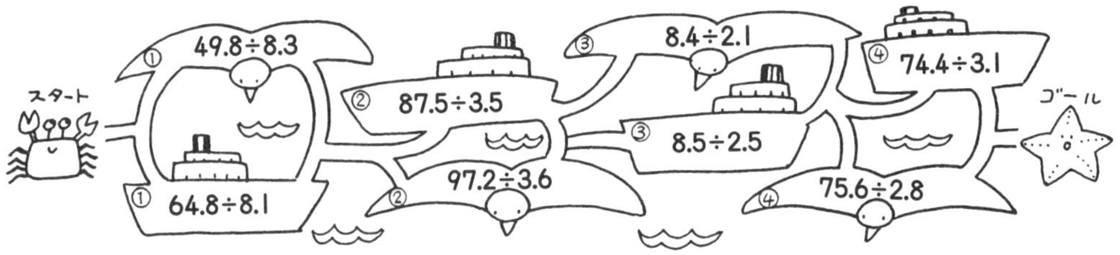

① □　② □　③ □　④ □

(3)

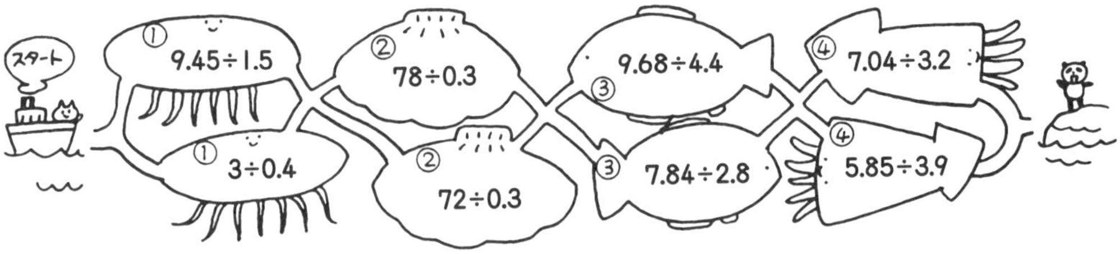

① □　② □　③ □　④ □

(4)

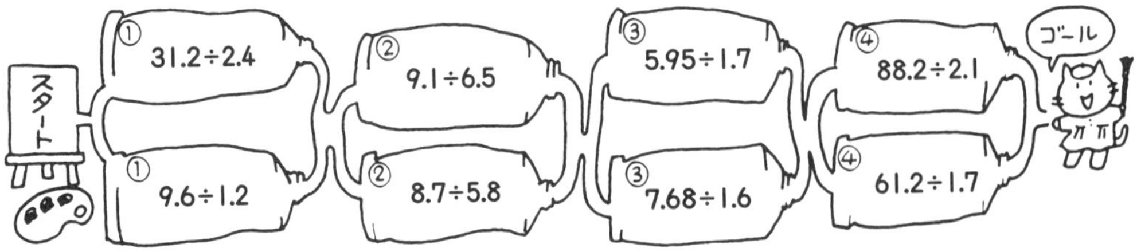

① □　② □　③ □　④ □

月　　日

迷路にチャレンジ (4)

小数のわり算 ②

名前

● 答えの大きい方を通って，ゴールしましょう。
(通った方の答えを □ に書きましょう。)

(1)

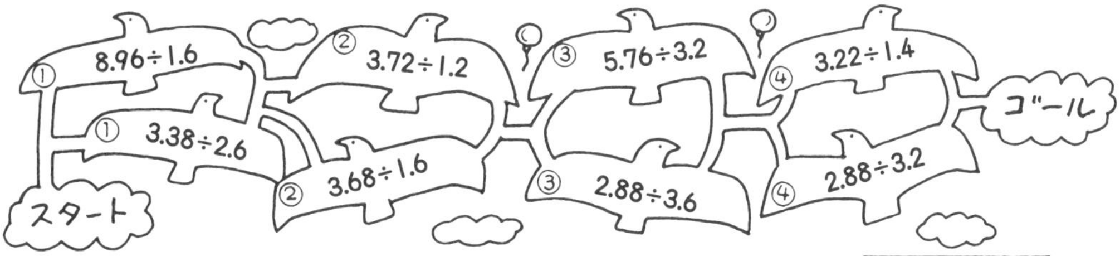

① □　② □　③ □　④ □

(2)

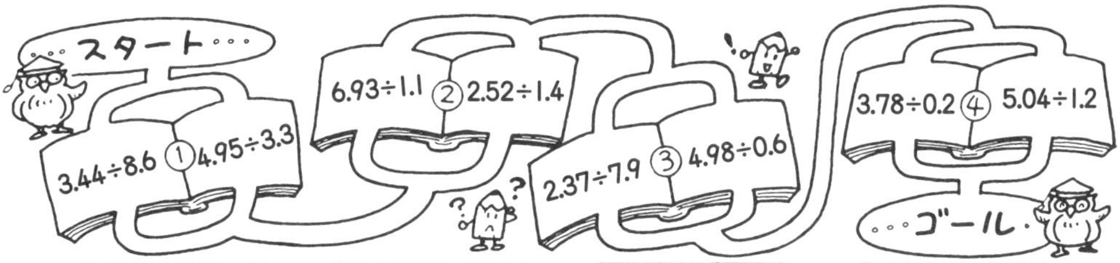

① □　② □　③ □　④ □

(3)

① □　② □　③ □　④ □

(4)

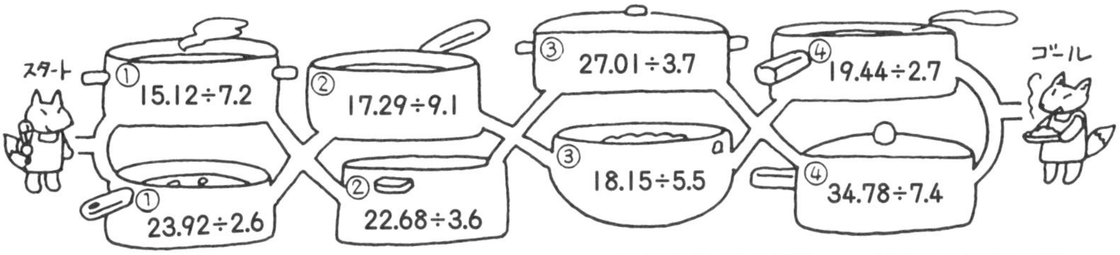

① □　② □　③ □　④ □

月　　日

迷路にチャレンジ (5)

分数のたし算

名前

● 答えの大きい方を通って，ゴールしましょう。
(通った方の答えを □ に書きましょう。)

(1)

① □　② □　③ □　④ □

(2)

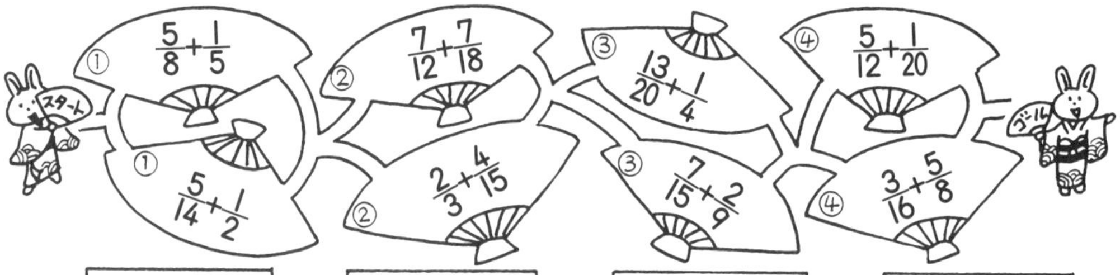

① □　② □　③ □　④ □

(3)

① □　② □　③ □　④ □

(4)

① □　② □　③ □　④ □

月　　日

迷路にチャレンジ (6)
分数のひき算

名前

● 答えの大きい方を通って，ゴールしましょう。
(通った方の答えを □ に書きましょう。)

(1)

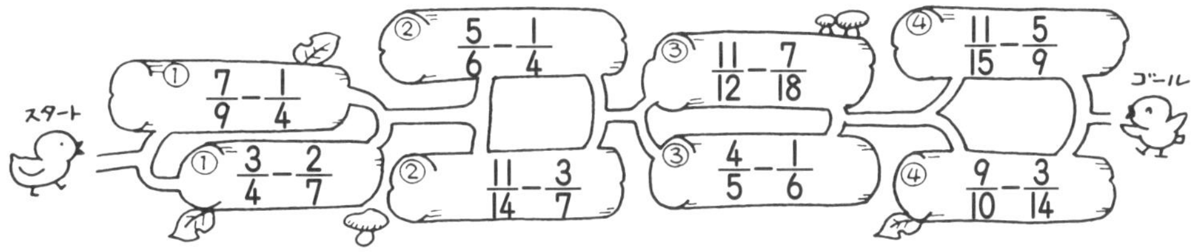

① □　② □　③ □　④ □

(2)

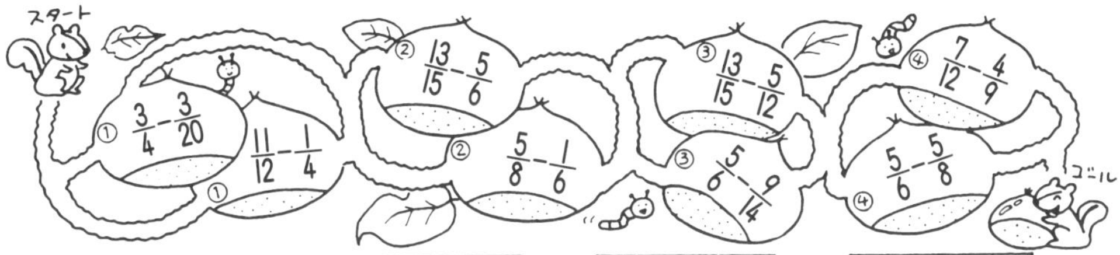

① □　② □　③ □　④ □

(3)

① □　② □　③ □　④ □

(4)

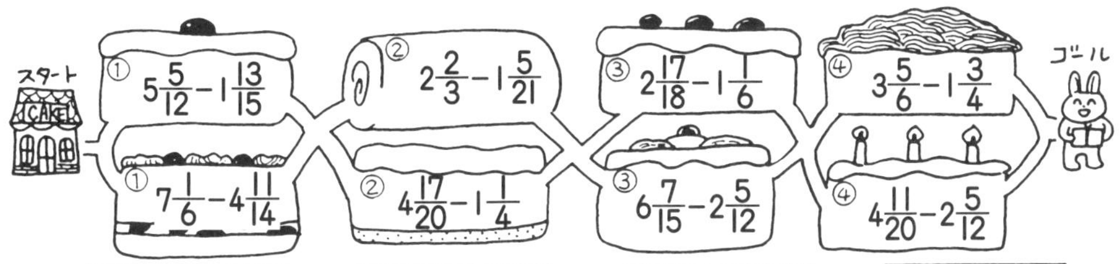

① □　② □　③ □　④ □

月　　日

迷路にチャレンジ (7)

分数のたし算・ひき算

名前	

● 答えの大きい方を通って，ゴールしましょう。
（通った方の答えを □ に書きましょう。）

(1)

① □　② □　③ □　④ □

(2)

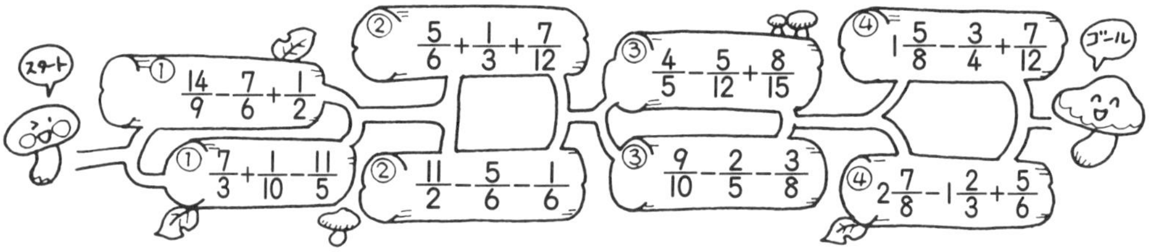

① □　② □　③ □　④ □

(3)

① □　② □　③ □　④ □

(4)

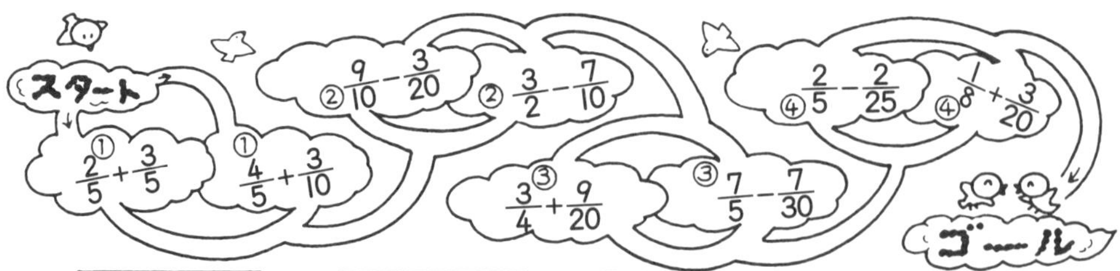

① □　② □　③ □　④ □

計算にチャレンジ（1）
分数のたし算・ひき算

名前

● 次の３つの分数の中から２つの分数を使って，たし算とひき算をします。右のＡ～Ｅの答えになる式を作りましょう。
　１つだけたりない答えがあります。その答えをＦの（　）に書きましょう。

$\frac{1}{2}$ ，$\frac{1}{3}$ ，$\frac{1}{4}$

式ができたら印をつけておこう。

(例) ① C　$\frac{1}{2}+\frac{1}{3}=\frac{5}{6}$

② □　―＋―＝

③ □　―＋―＝

④ □　―－―＝

⑤ □　―－―＝

⑥ □　―－―＝

A $\frac{3}{4}$

B $\frac{1}{12}$

C $\frac{5}{6}$

D $\frac{1}{6}$

E $\frac{1}{4}$

F １つたりない答え（　）

計算にチャレンジ（2）
分数のたし算・ひき算

名前

● 次の３つの分数の中から２つの分数を使って，たし算とひき算をします。右のＡ～Ｅの答えになる式を作りましょう。
　１つだけたりない答えがあります。その答えをＦの（　）に書きましょう。

$\frac{1}{5}$ ，$\frac{1}{6}$ ，$\frac{1}{7}$

式ができたら印をつけておこう。

① □　―＋―＝

② □　―＋―＝

③ □　―＋―＝

④ □　―－―＝

⑤ □　―－―＝

⑥ □　―－―＝

A $\frac{1}{42}$

B $\frac{11}{30}$

C $\frac{12}{35}$

D $\frac{2}{35}$

E $\frac{13}{42}$

F １つたりない答え（　）

計算にチャレンジ (3)
分数のたし算・ひき算

月　　日　名前

● 次の３つの分数の中から２つの分数を使って，たし算とひき算をします。右のＡ～Ｅの答えになる式を作りましょう。
１つだけたりない答えがあります。その答えをＦの（　）に書きましょう。

$\frac{1}{9}$，$\frac{1}{8}$，$\frac{1}{7}$

① □ ―＋―＝
② □ ―＋―＝
③ □ ―＋―＝
④ □ ―－―＝
⑤ □ ―－―＝
⑥ □ ―－―＝

式ができたら印をつけておこう。

A $\frac{17}{72}$
B $\frac{1}{56}$
C $\frac{1}{72}$
D $\frac{16}{63}$
E $\frac{15}{56}$
F １つたりない答え（　　）

計算にチャレンジ (4)
分数のたし算・ひき算

月　　日　名前

● 次の３つの分数の中から２つの分数を使って，たし算とひき算をします。右のＡ～Ｅの答えになる式を作りましょう。
１つだけたりない答えがあります。その答えをＦの（　）に書きましょう。

$\frac{1}{7}$，$\frac{1}{3}$，$\frac{1}{9}$

① □ ―＋―＝
② □ ―＋―＝
③ □ ―＋―＝
④ □ ―－―＝
⑤ □ ―－―＝
⑥ □ ―－―＝

式ができたら印をつけておこう。

A $\frac{16}{63}$
B $\frac{4}{9}$
C $\frac{2}{63}$
D $\frac{4}{21}$
E $\frac{2}{9}$
F １つたりない答え（　　）

（141％に拡大してご使用ください。）

計算にチャレンジ (5)

分数のたし算・ひき算

名前

● 次の3つの分数の中から2つの分数を使って，たし算とひき算をします。右のA～Eの答えになる式を作りましょう。

1つだけたりない答えがあります。その答えをFの（　）に書きましょう。

$\frac{2}{3}$，$\frac{3}{4}$，$\frac{1}{2}$

① □ — + — =

② □ — + — =

③ □ — + — =

④ □ — − — =

⑤ □ — − — =

⑥ □ — − — =

式ができたら印をつけておこう。

A $\frac{1}{4}$

B $\frac{1}{12}$

C $1\frac{1}{4}$

D $1\frac{5}{12}$

E $1\frac{1}{6}$

F 1つたりない答え（　）

計算にチャレンジ (6)

分数のたし算・ひき算

名前

● 次の3つの分数の中から2つの分数を使って，たし算とひき算をします。右のA～Eの答えになる式を作りましょう。

1つだけたりない答えがあります。その答えをFの（　）に書きましょう。

$\frac{3}{8}$，$\frac{3}{7}$，$\frac{5}{6}$

① □ — + — =

② □ — + — =

③ □ — + — =

④ □ — − — =

⑤ □ — − — =

⑥ □ — − — =

式ができたら印をつけておこう。

A $\frac{3}{56}$

B $1\frac{11}{42}$

C $\frac{17}{42}$

D $\frac{45}{56}$

E $\frac{11}{24}$

F 1つたりない答え（　）

月　日

計算にチャレンジ (7)

分数のたし算・ひき算

名前

● 次の３つの分数の中から２つの分数を使って，たし算とひき算をします。右のＡ～Ｅの答えになる式を作りましょう。
１つだけたりない答えがあります。その答えをＦの（　）に書きましょう。

$\frac{6}{7}$，$\frac{4}{9}$，$\frac{5}{8}$

① □ ― ＋ ― ＝

② □ ― ＋ ― ＝

③ □ ― ＋ ― ＝

④ □ ― － ― ＝

⑤ □ ― － ― ＝

⑥ □ ― － ― ＝

式ができたら印をつけておこう。

A $\frac{13}{72}$

B $\frac{26}{63}$

C $1\frac{19}{63}$

D $1\frac{27}{56}$

E $1\frac{5}{72}$

F （　） １つたりない答え

月　日

計算にチャレンジ (8)

分数のたし算・ひき算

名前

● 次の３つの分数の中から２つの分数を使って，たし算とひき算をします。右のＡ～Ｅの答えになる式を作りましょう。
１つだけたりない答えがあります。その答えをＦの（　）に書きましょう。

$\frac{5}{8}$，$\frac{5}{6}$，$\frac{3}{4}$

① □ ― ＋ ― ＝

② □ ― ＋ ― ＝

③ □ ― ＋ ― ＝

④ □ ― － ― ＝

⑤ □ ― － ― ＝

⑥ □ ― － ― ＝

式ができたら印をつけておこう。

A $\frac{5}{24}$

B $\frac{1}{8}$

C $1\frac{7}{12}$

D $\frac{1}{12}$

E $1\frac{3}{8}$

F （　） １つたりない答え

（141%に拡大してご使用ください。）

計算にチャレンジ (9)

分数のたし算・ひき算

名前

● 次の 3 つの分数の中から 2 つの分数を使って，たし算とひき算をします。右の A ～ E の答えになる式を作りましょう。

1 つだけたりない答えがあります。その答えを F の（ ）に書きましょう。

$\frac{3}{4}$, $\frac{5}{6}$, $\frac{7}{8}$

① □ ― + ― =

② □ ― + ― =

③ □ ― + ― =

④ □ ― − ― =

⑤ □ ― − ― =

⑥ □ ― − ― =

式ができたら印をつけておこう。

A $\frac{1}{12}$

B $\frac{1}{8}$

C $1\frac{7}{12}$

D $1\frac{5}{8}$

E $\frac{1}{24}$

F 1つたりない答え（ ）

計算にチャレンジ (10)

分数のたし算・ひき算

名前

● 次の 3 つの分数の中から 2 つの分数を使って，たし算とひき算をします。右の A ～ E の答えになる式を作りましょう。

1 つだけたりない答えがあります。その答えを F の（ ）に書きましょう。

$\frac{3}{5}$, $\frac{1}{6}$, $\frac{8}{9}$

① □ ― + ― =

② □ ― + ― =

③ □ ― + ― =

④ □ ― − ― =

⑤ □ ― − ― =

⑥ □ ― − ― =

式ができたら印をつけておこう。

A $1\frac{1}{18}$

B $\frac{13}{45}$

C $\frac{13}{18}$

D $\frac{23}{30}$

E $1\frac{22}{45}$

F 1つたりない答え（ ）

（141%に拡大してご使用ください。）

児童に実施させる前に，必ず指導される方が問題を解いてください。本書の解答は，あくまでも１つの例です。

P6

整数と小数 (1)

名前　　月　日

1 42.195 という数について答えましょう。

(1) 下の位取り表に表しましょう。

千の位	百の位	十の位	一の位	$\frac{1}{10}$の位	$\frac{1}{100}$の位	$\frac{1}{1000}$の位
		4	2.	1	9	5

(2) □にあてはまる数を書きましょう。

10が 4 こ …… 40
1が 2 こ …… 2
0.1が 1 こ …… 0.1
0.01が 9 こ …… 0.09
0.001が 5 こ …… 0.005
あわせて 42.195

(3) 42.195 を式で表します。□にあてはまる数を書きましょう。

42.195＝10×4＋1×2＋0.1× 1 ＋0.01× 9 ＋0.001× 5

2 □にあてはまる数を書きましょう。

(1) 9.236＝1× 9 ＋0.1× 2 ＋0.01× 3 ＋0.001× 6

(2) 1.703＝ 1 ×1＋ 0.1 ×7＋ 0.01 ×0＋ 0.001 ×3

一の位	$\frac{1}{10}$の位	$\frac{1}{100}$の位	$\frac{1}{1000}$の位
9.	2	3	6
1.	7	0	3

整数と小数 (2)

名前　　月　日

1 次の数は，0.001 を何こ集めた数ですか。

(1) 0.003　3 こ
(2) 0.01　10 こ
(3) 0.2　200 こ
(4) 0.48　480 こ
(5) 3.709　3709 こ

	一の位	$\frac{1}{10}$の位	$\frac{1}{100}$の位	$\frac{1}{1000}$の位
(1)	0.	0	0	3
(2)	0.	0	1	
(3)	0.	2		
(4)	0.	4	8	
(5)	3.	7	0	9
	0.	0	0	1

2 □にあてはまる不等号を書きましょう。

(1) 0 ＜ 0.01　(2) 5.999 ＜ 6
(3) 0.008 ＜ 0.01　(4) 1.902 ＜ 2

3 □.□□□に，4，1，9，7のカードをあてはめて，次の数をつくりましょう。

(1) いちばん小さい数　1.479
(2) いちばん大きい数　9.741
(3) 8にいちばん近い数　7.941

P7

整数と小数 (3)

名前　　月　日

1 6.35 を 10 倍，100 倍，1000 倍した数を表に書きましょう。

	千の位	百の位	十の位	一の位	$\frac{1}{10}$の位	$\frac{1}{100}$の位	$\frac{1}{1000}$の位
				6.	3	5	
10倍			6	3.	5		
100倍		6	3	5			
1000倍	6	3	5	0			

2 次の数を 10 倍，100 倍，1000 倍した数を表に書きましょう。

(1) 0.49

	千の位	百の位	十の位	一の位	$\frac{1}{10}$の位	$\frac{1}{100}$の位	$\frac{1}{1000}$の位
				0.	4	9	
10倍				4.	9		
100倍			4	9			
1000倍		4	9	0			

(2) 0.108

	千の位	百の位	十の位	一の位	$\frac{1}{10}$の位	$\frac{1}{100}$の位	$\frac{1}{1000}$の位
				0.	1	0	8
10倍				1.	0	8	
100倍			1	0.	8		
1000倍		1	0	8			

3 次の数は，7.23 を何倍した数ですか。

(1) 723　100 倍　(2) 72.3　10 倍
(3) 7230　1000 倍

4 計算をしましょう。

① 6.5×10　65　② 0.13×100　130
③ 15.5×100　1550

整数と小数 (4)

名前　　月　日

1 249 を $\frac{1}{10}$，$\frac{1}{100}$，$\frac{1}{1000}$ にした数を表に書きましょう。

	千の位	百の位	十の位	一の位	$\frac{1}{10}$の位	$\frac{1}{100}$の位	$\frac{1}{1000}$の位
		2	4	9			
$\frac{1}{10}$			2	4.	9		
$\frac{1}{100}$				2.	4	9	
$\frac{1}{1000}$				0.	2	4	9

2 次の数を $\frac{1}{10}$，$\frac{1}{100}$，$\frac{1}{1000}$ にした数を表に書きましょう。

(1) 60

	千の位	百の位	十の位	一の位	$\frac{1}{10}$の位	$\frac{1}{100}$の位	$\frac{1}{1000}$の位
			6	0			
$\frac{1}{10}$				6			
$\frac{1}{100}$				0.	6		
$\frac{1}{1000}$				0.	0	6	

(2) 143.2

	千の位	百の位	十の位	一の位	$\frac{1}{10}$の位	$\frac{1}{100}$の位	$\frac{1}{1000}$の位	$\frac{1}{10000}$の位
		1	4	3.	2			
$\frac{1}{10}$			1	4.	3	2		
$\frac{1}{100}$				1.	4	3	2	
$\frac{1}{1000}$				0.	1	4	3	2

3 次の数は，81.5 の何分の一ですか。

(1) 0.0815　$\frac{1}{1000}$　(2) 8.15　$\frac{1}{10}$
(3) 0.815　$\frac{1}{100}$

4 計算をしましょう。

① 24.1÷100　0.241　② 56.29÷1000　0.05629
③ 9.9÷10　0.99

P8

整数と小数 (5)

名前　　月　日

1 3.197 について調べましょう。

(1) □にあてはまる数を書きましょう。

3.197は，1 を3こ，0.1を 1 こ，0.01を 9 こ，0.001 を7こあわせた数です。

(2) (1)を式で表します。□にあてはまる数を書きましょう。

3.197＝1× 3 ＋0.1× 1 ＋ 0.01 ×9＋ 0.001 ×7

2 □にあてはまる数を書きましょう。

(1) 6.049 → 1× 6 ＋0.1× 0 ＋0.01× 4 ＋0.001× 9
(2) 0.728 → 1× 0 ＋0.1× 7 ＋0.01× 2 ＋0.001× 8
(3) 8.056 → 1× 8 ＋0.1× 0 ＋0.01× 5 ＋0.001× 6
(4) 3.002 → 1× 3 ＋0.1× 0 ＋0.01× 0 ＋0.001× 2
(5) 40.41 → 10× 4 ＋1× 0 ＋0.1× 4 ＋0.01× 1

3 次の式に表される小数を書きましょう。

(1) 1×5＋0.1×2＋0.01×3＋0.001×7＝ 5.237
(2) 1×4＋0.01×4＋0.001×4＝ 4.044
(3) 10×6＋1×8＋0.1×2＋0.001×8＝ 68.208
(4) 0.1×4＋0.001×5＝ 0.405
(5) 0.01×3＋0.001×9＝ 0.039

整数と小数 (6)

名前　　月　日

1 次の数は，0.001 を何こ集めた数ですか。

(1) 0.8　800 こ　(2) 0.047　47 こ
(3) 0.01　10 こ　(4) 2.5　2500 こ
(5) 0.7　700 こ　(6) 0.305　305 こ
(7) 1　1000 こ　(8) 1.054　1054 こ

2 次の数を書きましょう。

(1) 0.001 を 100 こ集めた数　0.1
(2) 0.001 を 3000 こ集めた数　3
(3) 0.001 を 270 こ集めた数　0.27
(4) 0.1 を 4 こと 0.001 を 6 こあわせた数　0.406
(5) 1 を 1 こと 0.001 を 1 こあわせた数　1.001

3 次の小数を表すめもりに↑をつけましょう。

㋐ 4.889　㋑ 4.895　㋒ 4.907
㋓ 4.916　㋔ 4.923

4.88　4.89　4.9

↑㋐ ↑㋑ ↑㋒ ↑㋓ ↑㋔

P9

整数と小数 (7)

名前　　月　日

1 次の数を 10 倍，100 倍，1000 倍した数を表に書きましょう。

	10倍	100倍	1000倍
① 2.54	25.4	254	2540
② 0.703	7.03	70.3	703
③ 0.5	5	50	500
④ 0.79	7.9	79	790
⑤ 0.008	0.08	0.8	8

2 次の計算をしましょう。

(1) 1.2×100　120　(2) 6.07×10　60.7
(3) 3.6×1000　3600　(4) 0.7×1000　700
(5) 0.0492×100　4.92　(6) 0.005×1000　5

3 □にあてはまる数を書きましょう。

(1) 40は0.4を 100 倍にした数です。
(2) 13.9は1.39を 10 倍にした数です。
(3) 2.5は0.025を 100 倍にした数です。
(4) 120は0.12を 1000 倍にした数です。

整数と小数 (8)

名前　　月　日

1 次の数を $\frac{1}{10}$，$\frac{1}{100}$，$\frac{1}{1000}$ にした数を表に書きましょう。

	$\frac{1}{10}$	$\frac{1}{100}$	$\frac{1}{1000}$
① 827	82.7	8.27	0.827
② 24.3	2.43	0.243	0.0243
③ 6.7	0.67	0.067	0.0067
④ 20	2	0.2	0.02
⑤ 8	0.8	0.08	0.008

2 次の計算をしましょう。

(1) 40÷10　4　(2) 0.8÷10　0.08
(3) 0.5÷100　0.005　(4) 3.1÷100　0.031
(5) 4.2÷1000　0.0042　(6) 51÷1000　0.051

3 □に 10 倍，100 倍，1000 倍，$\frac{1}{10}$，$\frac{1}{100}$，$\frac{1}{1000}$ のどれかを入れましょう。

(1) 0.001は1を $\frac{1}{1000}$ にした数です。
(2) 0.6は6を $\frac{1}{10}$ にした数です。
(3) 0.053は5.3を $\frac{1}{100}$ にした数です。
(4) 207は0.207を 1000 倍 にした数です。
(5) 0.41は0.041を 10 倍 にした数です。
(6) 30は0.3を 100 倍 にした数です。

P10

ふりかえり
整数と小数

名前　　月　日

1 5.824 の数のしくみについて，□にあてはまる数を書きましょう。

(1) 5.824 は，1を 5 こ，0.1を 8 こ，0.01を 2 こ，0.001を 4 こあわせた数です。

(2) 4は $\frac{1}{1000}$ の位の数です。

(3) 5.824＝1× 5 ＋ 0.1 ×8＋ 0.01 ×2＋0.001× 4

2 □にあてはまる不等号を書きましょう。

(1) 0 ＜ 0.001　(2) 7.998 ＜ 8
(3) 4.002 ＞ 4

3 次の数は，0.001 を何こ集めた数ですか。

(1) 0.005　5 こ　(2) 0.01　10 こ
(3) 0.39　390 こ　(4) 6.2　6200 こ

4 次の数を書きましょう。

(1) 0.001 を 11 こ集めた数　0.011
(2) 0.001 を 250 こ集めた数　0.25
(3) 0.001 を 9013 こ集めた数　9.013

5 次の数は，0.376 を何倍した数ですか。

(1) 376　1000 倍　(2) 3.76　10 倍
(3) 37.6　100 倍

6 次の数は，80.8 を何分の一にした数ですか。

(1) 0.0808　$\frac{1}{1000}$　(2) 8.08　$\frac{1}{10}$
(3) 0.808　$\frac{1}{100}$

7 次の計算をしましょう。

① 523×10　5230　② 0.7×100　70
③ 0.47×1000　470　④ 9.8÷10　0.98
⑤ 5.1÷100　0.051　⑥ 40÷1000　0.04

P11

整数と小数（テスト）

名前　　月　日

【知識・技能】

1 次の□にあてはまる数を書きましょう。(5×4)

(1) 4.329は，1を 4 こ，0.1を 3 こ，0.01 を2こ，0.001 を9こあわせた数です。
(2) 8.607＝1× 8 ＋0.1× 6 ＋ 0.001 ×7
(3) 0.1を2こ，0.01を8こ，0.001を6こあわせた数は 0.286 です。
(4) 0.01を351こ集めた数は 3.51 です。

2 次の□に答えの数を書きましょう。(5×6)

(1) 0.548を10倍した数　5.48
(2) 0.29を100倍した数　29
(3) 7.2を1000倍した数　7200
(4) 3.2を$\frac{1}{10}$にした数　0.32
(5) 8を$\frac{1}{100}$にした数　0.08
(6) 2950は，29.5を何倍にした数ですか。　100 倍

【思考・判断・表現】

3 1 4 5 6 9 の5まいのカードと小数点を使って，次の数をつくって□に書きましょう。ただし，小数点は最後にしないことにします。(5×4)

(1) いちばん大きい数　9654.1
(2) いちばん小さい数　1.4569
(3) 5よりも小さくて，5にいちばん近い数　4.9651
(4) 4よりも大きくて，4にいちばん近い数　4.1569

4 新幹線《しんかんせん》「のぞみ」N700系《けい》は16両編成《りょうへんせい》で，長さは404.7mです。$\frac{1}{100}$倍，$\frac{1}{1000}$倍のも型《けい》をつくります。それぞれの長さを求めましょう。(5×4)

(1) $\frac{1}{100}$倍
式 404.7÷100＝4.047
答え 4.047m

(2) $\frac{1}{1000}$倍
式 404.7÷1000＝0.4047
答え 0.4047m

5 マラソンのきょり42.195kmについて答えましょう。(5×2)

(1) 42.195は，42とどんな数をあわせた数ですか。　0.195
(2) 42.195は，0.001を何こ集めた数ですか。　42195 こ

P12

算数あそび
整数と小数①

名前　　月　日

● いちばん小さい数から順番に大きい数へと線で結びましょう。

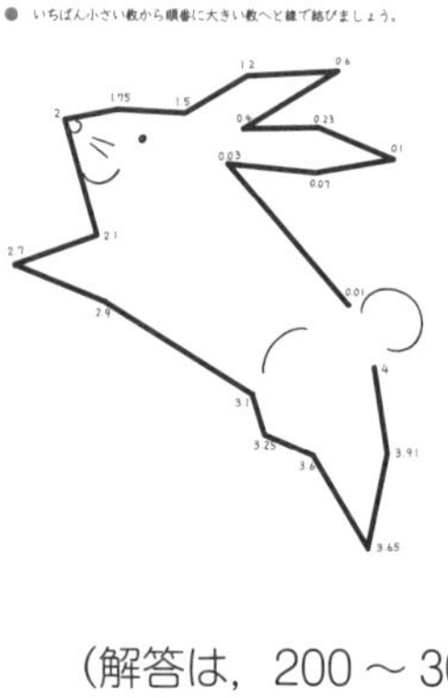

算数あそび
整数と小数②

名前　　月　日

● いちばん小さい数から順番に大きい数へと線で結びましょう。

P13

直方体や立方体の体積 (1)

名前　　月　日

● 次の形は 1cm³ が何こ分で何 cm³ ですか。

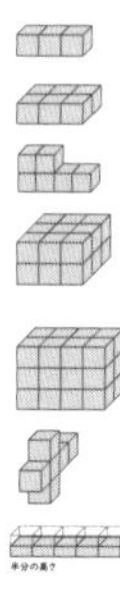

(1) 1cm³が(3)こ分で 3cm³
(2) 1cm³が(6)こ分で 6cm³
(3) 1cm³が(6)こ分で 6cm³
(4) 1cm³が(18)こ分で 18cm³
(5) 1cm³が(24)こ分で 24cm³
(6) 1cm³が(6)こ分で 6cm³
(7) 1cm³が(3)こ分で 3cm³

直方体や立方体の体積 (2)

名前　　月　日

● 1cm³ のこ数を求める式を書いて体積を求めましょう。

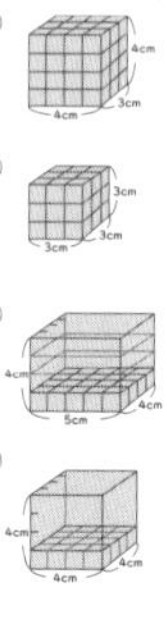

(1) ① 1だんめに何こありますか　3×4＝12(こ)
② 何だんありますか　4だん
③ 全部で何こですか　12×4＝48(こ)
答え 48cm³

(2) ① 1だんめに何こありますか　3×3＝9(こ)
② 何だんありますか　3だん
③ 全部で何こですか　9×3＝27(こ)
答え 27cm³

(3) ① 1だんめに何こありますか　4×5＝20(こ)
② 何だんありますか　4だん
③ 全部で何こですか　20×4＝80(こ)
答え 80cm³

(4) ① 1だんめに何こありますか　4×4＝16(こ)
② 何だんありますか　4だん
③ 全部で何こですか　16×4＝64(こ)
答え 64cm³

（解答は，200 ～ 300%に拡大してお使い下さい。）

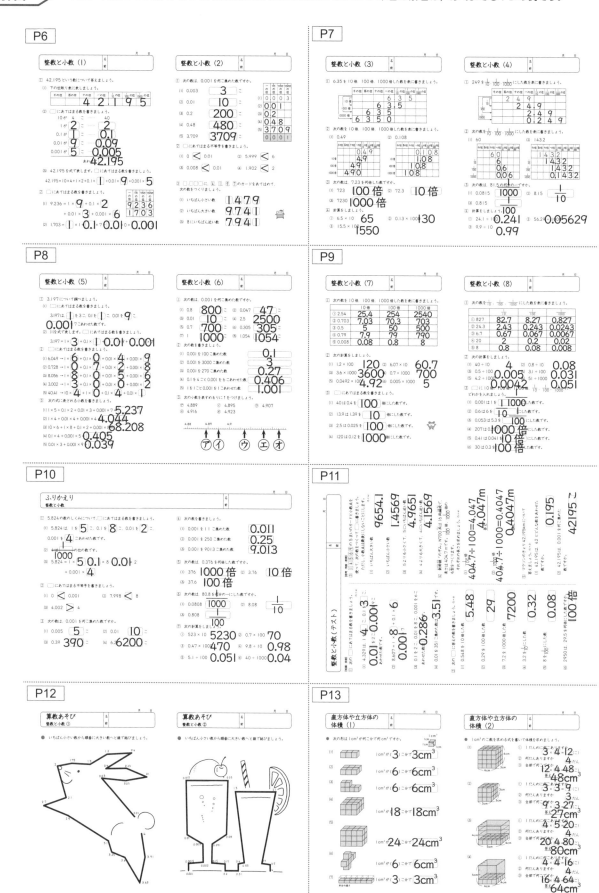

指導される方の作られた解答をもとに，本書の解答例を参考に児童の多様な考えに寄り添って○つけをお願いします。

解答

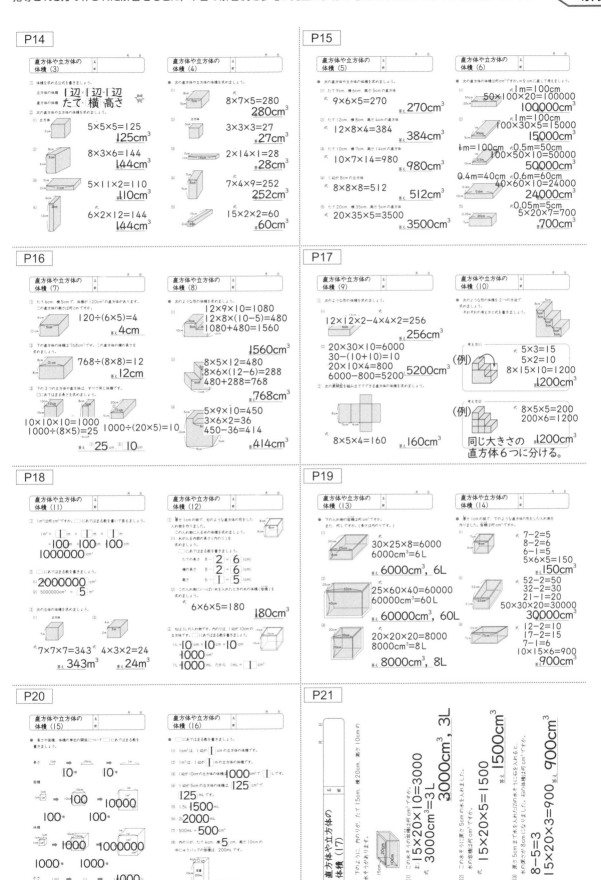

P14

直方体や立方体の体積 (3)

1 体積を求める公式を書きましょう。

立方体の体積　1辺 × 1辺 × 1辺

直方体の体積　たて × 横 × 高さ

2 次の直方体や立方体の体積を求めましょう。

(1) 立方体　5×5×5=125　答え 125cm³

(2) 8×3×6=144　答え 144cm³

(3) 5×11×2=110　答え 110cm³

(4) 式 6×2×12=144　答え 144cm³

直方体や立方体の体積 (4)

● 次の直方体や立方体の体積を求めましょう。

(1) 式 8×7×5=280　答え 280cm³

(2) 立方体　3×3×3=27　答え 27cm³

(3) 2×14×1=28　答え 28cm³

(4) 式 7×4×9=252　答え 252cm³

(5) 式 15×2×2=60　答え 60cm³

P15

直方体や立方体の体積 (5)

● 次の直方体や立方体の体積を求めましょう。

(1) たて 9cm, 横 6cm, 高さ 5cm の直方体
式 9×6×5=270　答え 270cm³

(2) たて 12cm, 横 8cm, 高さ 4cm の直方体
式 12×8×4=384　答え 384cm³

(3) たて 10cm, 横 7cm, 高さ 14cm の直方体
式 10×7×14=980　答え 980cm³

(4) 1 辺が 8cm の立方体
式 8×8×8=512　答え 512cm³

(5) たて 20cm, 横 35cm, 高さ 5cm の直方体
式 20×35×5=3500　答え 3500cm³

直方体や立方体の体積 (6)

● 次の直方体の体積は何cm³ですか。mをcmに直して考えましょう。

(1) 式 1m=100cm
50×100×20=100000
答え 100000cm³

(2) 式 1m=100cm
100×30×5=15000
答え 15000cm³

(3) 1m=100cm　式 0.5m=50cm
100×50×10=50000
答え 50000cm³

(4) 0.4m=40cm　式 0.6m=60cm
40×60×10=24000
答え 24000cm³

(5) 式 0.05m=5cm
5×20×7=700
答え 700cm³

P16

直方体や立方体の体積 (7)

1 たて 6cm, 横 5cm で, 体積が 120cm³ の直方体があります。この直方体の高さは何cmですか。

120÷(6×5)=4　答え 4cm

2 下の直方体の体積は 768cm³ です。この直方体の横の長さを求めましょう。

768÷(8×8)=12　答え 12cm

3 下の 3 つの立方体や直方体は，すべて同じ体積です。□にあてはまる長さを求めましょう。

10×10×10=1000
1000÷(8×5)=25
1000÷(20×5)=10

答え ① 25cm, ② 10cm

直方体や立方体の体積 (8)

● 次のような形の体積を求めましょう。

(1) 12×9×10=1080
12×8×(10−5)=480
1080+480=1560
答え 1560cm³

(2) 8×5×12=480
8×6×(12−6)=288
480+288=768
答え 768cm³

(3) 5×9×10=450
3×6×2=36
450−36=414
答え 414cm³

P17

直方体や立方体の体積 (9)

1 次のような形の体積を求めましょう。

(1) 式 12×12×2−4×4×2=256　答え 256cm³

(2) 20×30×10=6000
30−(10+10)=10
20×10×4=800
6000−800=5200
答え 5200cm³

2 次の展開図を組み立ててできる直方体の体積を求めましょう。

式 8×5×4=160　答え 160cm³

直方体や立方体の体積 (10)

● 次のような形の体積を 2 つの方法で求めましょう。それぞれの考え方と式を書きましょう。

考え方(1)　(例)
式 5×3=15
5×2=10
8×15×10=1200
答え 1200cm³

考え方(2)　(例)
式 8×5×5=200
200×6=1200
答え 1200cm³

同じ大きさの直方体 6 つに分ける。

P18

直方体や立方体の体積 (11)

1 1m³は何cm³ですか。□にあてはまる数を書いて答えましょう。

1m³ = 1m × 1m × 1m
= 100cm × 100cm × 100cm
= 1000000cm³

2 □にあてはまる数を書きましょう。

(1) 2m³ = 2000000cm³

(2) 5000000cm³ = 5m³

3 次の立体の体積を求めましょう。

(1) 立方体　式 7×7×7=343　答え 343m³

(2) 式 4×3×2=24　答え 24m³

直方体や立方体の体積 (12)

1 厚さ 1cm の板で，右のような直方体の形をした入れ物を作りました。この入れ物に入る水の体積を求めましょう。

(1) 水が入る内側の長さ（内のり）を求めましょう。□にあてはまる数を書きましょう。

たての長さ　8 − 2 = 6 (cm)

横の長さ　8 − 2 = 6 (cm)

高さ　6 − 1 = 5 (cm)

(2) この入れ物にいっぱい水を入れたときの水の体積（容積《ようせき》）を求めましょう。

式 6×6×5=180　答え 180cm³

2 右は 1L の入れ物です。内のりは，1 辺が 10cm の立方体です。□にあてはまる数を書きましょう。

1L = 10cm × 10cm × 10cm
= 1000cm³

1L = 1000mL だから 1mL = 1cm³

P19

直方体や立方体の体積 (13)

● 下の入れ物の容積《ようせき》は何cm³ですか。また，何Lですか。（長さは内のりです。）

(1) 式 30×25×8=6000
6000cm³=6L
答え 6000cm³, 6L

(2) 式 25×60×40=60000
60000cm³=60L
答え 60000cm³, 60L

(3) 式 20×20×20=8000
8000cm³=8L
答え 8000cm³, 8L

直方体や立方体の体積 (14)

● 厚さ 1cm の板で，下のような直方体の形をした入れ物を作りました。容積《ようせき》は何cm³ですか。

(1) 式 7−2=5
8−2=6
6−1=5
5×6×5=150
答え 150cm³

(2) 式 52−2=50
32−2=30
21−1=20
50×30×20=30000
答え 30000cm³

(3) 式 12−2=10
17−2=15
7−1=6
10×15×6=900
答え 900cm³

P20

直方体や立方体の体積 (15)

● 長さや面積，体積の単位の関係について□にあてはまる数を書きましょう。

長さ　1cm ➡ 10cm ➡ 1m
10 倍　10 倍

面積　1cm² ➡ 100cm² ➡ 10000cm²
100 倍　100 倍

体積　1cm³ ➡ 1000cm³ ➡ 1000000cm³
1000 倍　1000 倍

かさ　1mL ➡ 1L ➡ 1kL (1000L)

直方体や立方体の体積 (16)

● □にあてはまる数を書きましょう。

(1) 1cm³は，1 辺が 1cm の立方体の体積です。

(2) 1m³は，1 辺が 1m の立方体の体積です。

(3) 1 辺が 10cm の立方体の体積は 1000cm³ で，1L です。

(4) 1 辺が 5cm の立方体の体積は，125cm³ で，125mL です。

(5) 1.5L = 1500mL

(6) 2L = 2000mL

(7) 500mL = 500cm³

(8) 内のりが，たて 4cm，横 5cm，高さ 10cm の牛にゅうパックの容積《ようせき》は，200mL です。

（長さは内のりです。）

P21

直方体や立方体の体積 (17)

● 下のように，内のりが，たて 15cm，横 20cm，高さ 10cm の水そうがあります。

(1) この水そうの容積《ようせき》は何cm³ですか。

式 15×20×10=3000
3000cm³=3L
答え 3000cm³, 3L

(2) この水そうに深さ 5cm の水を入れました。水の容積は何cm³ですか。

式 15×20×5=1500　答え 1500cm³

(3) 深さ 5cm まで水を入れた(2)の水そうに石を入れると，水の深さが 8cm になりました。石の体積は何cm³ですか。

8−5=3
15×20×3=900　答え 900cm³

解答　児童に実施させる前に，必ず指導される方が問題を解いてください。本書の解答は，あくまでも１つの例です。

P22

直方体や立方体の体積（18）

● 下の図のように，１辺が20cmの正方形の四すみを正方形に切り取って，入れ物を作ります。容積がいちばん大きくなるのは，１辺何cmの正方形を切り取ったときか調べましょう。ただし，切り取る長さはcm単位で整数とします。

(1) 切り取る正方形の１辺が1cm，2cm，3cm，4cm，5cmのときの容積を求めましょう。

1cm　式 20−1×2=18　18×18×1=324　324cm³
2cm　式 20−2×2=16　16×16×2=512　512cm³
3cm　式 20−3×2=14　14×14×3=588　588cm³
4cm　式 20−4×2=12　12×12×4=576　576cm³
5cm　式 20−5×2=10　10×10×5=500　500cm³

(2) 容積がいちばん大きくなるのは，１辺何cmの正方形を切り取ったときですか。　3cm

P23

ふりかえり　直方体や立方体の体積

1 次の直方体や立方体の体積を求めましょう。
(1) 4×4×4=64　64cm³
(2) 2×2×5=20　答え 20cm³
(3) 式 7×3×5=105　答え 105cm³

2 次の形の体積を求めましょう。
(1) 8−2=6　10×16×8−4×10×6=1040　答え 1040cm³
(2) 式 5×6×4+5×3×1=135　答え 135cm³

3 □にあてはまる数を書きましょう。
(1) 1cm³ = 1 mL
(2) 1L = 1000 cm³
(3) 1L = 1000 mL
(4) 1m³ = 1 kL

4 下の水そうの容積は何cm³ですか。
20×40×15=12000
12000cm³=12L
答え 12000cm³，12L

5 下の直方体の形をした…板の厚さは1cmです。
22−2=20
52−2=50
21−1=20
20×50×20=20000
20000cm³=20L
20000cm³，20L

P24

直方体や立方体の体積（テスト）

1 下の図のような直方体の体積の求め方を考えましょう。
(1) 1だんに1cm³の立方体は何こありますか。　3×6=18(こ)
(2) 何だんありますか。　5(だん)
(3) 1cm³の立方体は全部で何こで，何cm³になりますか。　3×6×5=90　答え 90cm³

2 次の直方体や立方体の体積を求めましょう。
(1) 式 8×6×4=192　答え 192cm³
(2) 式 5×5×5=125　答え 125cm³

3 □にあてはまる数を書きましょう。
(1) 1m³ = 1000000 cm³
(2) 1m³ = 1000 L

4 下の図の立体の体積を求めましょう。
(1) 8×5×10=400　8×(10−5)×5=200　400+200=600　600cm³
(2) 4×10×5=200　2×7×3=42　200−42=158　158cm³

5 次の展開図を組み立ててできる立体の体積を求めましょう。
式 6×4×3=72　答え 72cm³

6 次の立体の体積を160cm³にするには，高さを何cmにすればいいですか。
160÷(8×5)=4　答え 4cm

7 次の水そうには，何Lの水が入りますか。
25×10×12=3000　3000cm³=3L　答え 3L

P25

比例（1）

● 下の図のように，直方体の高さが1cm，2cm，3cm，…と変わると，それにともなって体積はどう変わるか調べましょう。
(1) □の中にそれぞれの体積を書きましょう。
12cm³　24cm³　36cm³　48cm³　60cm³
(2) 高さ□cmが1cm，2cm，3cm，…のとき，体積○cm³になるか表にまとめましょう。また，□にあてはまる数を書きましょう。

高さ □(cm)	1	2	3	4	5	6	7	8
体積 ○(cm³)	12	24	36	48	60	72	84	96

3倍　2倍

(3) □(高さ)が1cmずつ増えていくと，○(体積)はどうなりますか。　12cm³ずつ増える。
(4) □(高さ)が2倍，3倍になると，○(体積)はどうなりますか。　2倍,3倍になる。
(5) 高さが20cmのときの体積を求めましょう。　式 12×20=240　答え 240cm³

比例（2）

● たての長さが4cmの長方形があります。下の図のように，横の長さを1cm，2cm，…としていくと，面積はどう変わるか調べましょう。
(1) □の中にそれぞれの面積を書きましょう。
4cm²　8cm²　12cm²　16cm²　20cm²
(2) 横の長さ□cmと面積○cm²を表にまとめましょう。また，□にあてはまる数を書きましょう。

横の長さ □(cm)	1	2	3	4	5	6	7	8
面積 ○(cm²)	4	8	12	16	20	24	28	32

2　4

(3) □(横の長さ)が1cmずつ増えていくと，○(面積)はどうなりますか。　4cm²ずつ増える。
(4) □(横の長さ)が2倍，3倍になると，○(面積)はどうなりますか。　2倍,3倍になる。
(5) 横の長さが24cmのときの面積を求めましょう。　式 4×24=96　答え 96cm²

P26

比例（3）

● 1mのねだんが80円のリボンがあります。買う長さが1m，2m，3m，…と変わると，それにともなって代金はどう変わるか調べましょう。
(1) □に2m，3mの代金を書きましょう。　2m 160円　3m 240円
(2) 長さ□mが2m，3m，…となると，代金○円がそれぞれ何円になるか表にまとめましょう。また，□にあてはまる数を書きましょう。

長さ □(m)	1	2	3	4	5	6
代金 ○(円)	80	160	240	320	400	480

3倍　2

(3) □(長さ)が1mずつ増えていくと，○(代金)はどうなりますか。　80円ずつ増える。
(4) □(長さ)が2倍，3倍になると，○(代金)はどうなりますか。　2倍,3倍になる。
(5) 長さが15mのときの代金を求めましょう。　式 80×15=1200　答え 1200円

比例（4）

● ガソリン1Lあたりで15km走れる車があります。ガソリンの量が1L，2L，3L，…と変わると，それにともなって走れる道のりはどう変わるか調べましょう。
(1) □に走れる道のりを書きましょう。　1L 15km　2L 30km　3L 45km
(2) ガソリンの量□Lが2L，3L，…となると，走れる道のり○kmがそれぞれ何kmになるか，表にまとめましょう。また，□にあてはまる数を書きましょう。

ガソリンの量 □(L)	1	2	3	4	5	6	7	8
走れる道のり ○(km)	15	30	45	60	75	90	105	120

4　2

(3) □(ガソリンの量)が1Lずつ増えていくと，○(道のり)はどうなりますか。　15kmずつ増える。
(4) □(ガソリンの量)が2倍，3倍になると，○(道のり)はどうなりますか。　2倍,3倍になる。
(5) ガソリンの量が28Lのときの走れる道のりを求めましょう。　式 15×28=420　答え 420km

P27

比例（5）

● 水そうに1分間水を入れると，3cmの深さまで水がたまります。水を入れる時間を1分，2分，3分，…としていくと，水の深さはどう変わるか調べましょう。
(1) 水を入れる時間□分と，水の深さ○cmを表にまとめましょう。また，□にあてはまる数を書きましょう。

時間 □(分)	1	2	3	4	5	6
深さ ○(cm)	3	6	9	12	15	18

2　2

(2) □(時間)が1分ずつ増えていくと，○(深さ)はどうなりますか。　3cmずつ増える。
(3) □(時間)が2倍，3倍になると，○(深さ)はどうなりますか。　2倍,3倍になる。
(4) 時間が12分のときの水の深さを求めましょう。　式 3×12=36　答え 36cm

比例（6）

● 正方形の1辺の長さを1cm，2cm，3cm，…としていくと，周りの長さはどう変わるか調べましょう。
(1) 正方形の1辺の長さ□cmと周りの長さ○cmを表にまとめましょう。また，□にあてはまる数を書きましょう。

1辺の長さ □(cm)	1	2	3	4	5	6	7	8
周りの長さ ○(cm)	4	8	12	16	20	24	28	32

2倍　4倍

(2) □(1辺の長さ)が1cmずつ増えていくと，○(周りの長さ)はどうなりますか。　4cmずつ増える。
(3) □(1辺の長さ)が2倍，3倍になると，○(周りの長さ)はどうなりますか。　2倍,3倍になる。
(4) 1辺の長さが25cmのときの周りの長さを求めましょう。　式 25×4=100　答え 100cm

P28

比例（7）

1 右の図のように，直方体の高さを1cmずつ変えていきます。直方体の高さ□cmと体積○cm³の関係について調べましょう。
(1) 直方体の高さ□cmと体積○cm³の関係を表にまとめましょう。

高さ □(cm)	1	2	3	4	5	6
体積 ○(cm³)	10	20	30	40	50	60

(2) □(高さ)が1増えると，○(体積)はいくつ増えますか。　10
(3) 高さが13cmのときの体積を求めましょう。　式 10×13=130　答え 130cm³

2 たての長さが3cmの長方形があります。長方形の横の長さ□cmと面積○cm²の関係について調べましょう。
(1) 長方形の横の長さ□cmと面積○cm²の関係を表にまとめましょう。

横の長さ □(cm)	1	2	3	4	5	6
面積 ○(cm²)	3	6	9	12	15	18

(2) ○(面積)は，□(横の長さ)に比例していますか。　比例している。
(3) 横の長さが20cmのときの面積を求めましょう。　式 3×20=60　答え 60cm²

比例（8）

1 1まい30円の色紙を買うときの，色紙のまい数□まいと代金○円との関係を調べましょう。
(1) 色紙のまい数□まいと代金○円の関係を表にまとめましょう。

まい数 □(まい)	1	2	3	4	5	6
代金 ○(円)	30	60	90	120	150	180

(2) □(まい数)が1増えると，○(代金)はいくつ増えますか。　30
(3) 色紙のまい数が15まいのときの代金を求めましょう。　式 30×15=450　答え 450円

2 1個25円のあめを買うときの，あめの個数□個と代金○円との関係を調べましょう。
(1) あめの個数□個と代金○円の関係を表にまとめましょう。

個数 □(個)	1	2	3	4	5	6	7	8
代金 ○(円)	25	50	75	100	125	150	175	200

(2) ○(代金)は，□(個数)に比例していますか。　比例している。
(3) あめが12個のときの代金を求めましょう。　式 25×12=300　答え 300円

P29

比例（9）

1 正三角形の1辺の長さを1cm，2cm，3cm，…と変えていきます。正三角形の1辺の長さ□cmと周りの長さ○cmの関係について調べましょう。
(1) 正三角形の1辺の長さ□cmと周りの長さ○cmの関係を表にまとめましょう。

1辺の長さ □(cm)	1	2	3	4	5	6	7	8
周りの長さ ○(cm)	3	6	9	12	15	18	21	24

(2) □(1辺の長さ)と○(周りの長さ)の関係を式に表しましょう。　□×3＝○
(3) 1辺の長さが12cmのとき，周りの長さは何cmですか。　式 12×3=36　答え 36cm

2 1mの重さが15gのはり金の長さ□mと，重さ○gの関係について調べましょう。
(1) 長さ□mと，重さ○gの関係を表にまとめましょう。

長さ □(m)	1	2	3	4	5	6	7	8
重さ ○(g)	15	30	45	60	75	90	105	120

(2) □(長さ)と○(重さ)の関係を式に表しましょう。　15×□＝○
(3) 長さが20mのときの重さは何gですか。　式 15×20=300　答え 300g

比例（10）

1 底辺が4cmの三角形があります。右の図のように，高さを1cm，2cm，3cm，…と変えていくとき，高さ□cmと面積○cm²の関係を式に表しましょう。
(1) 高さ□cmと面積○cm²の関係を表にまとめましょう。

高さ □(cm)	1	2	3	4	5	6	7	8
面積 ○(cm²)	2	4	6	8	10	12	14	16

(2) □(高さ)と○(面積)の関係を式に表しましょう。　4×□÷2＝○
(3) 高さが15cmのときの面積は何cm²ですか。　式 4×15÷2=30　答え 30cm²

2 1kgのおもりで1.5cmのびるばねがあります。おもりの重さ□kgと，ばねののび○cmの関係について調べましょう。
(1) おもりの重さ□kgと，ばねののび○cmの関係を表にまとめましょう。

おもりの重さ □(kg)	1	2	3	4	5	6	7	8
ばねののび ○(cm)	1.5	3	4.5	6	7.5	9	10.5	12

(2) □(おもりの重さ)と○(ばねののび)の関係を式に表しましょう。　1.5×□＝○
(3) おもりの重さが30kgのときのばねののびは何cmですか。　式 1.5×30=45　答え 45cm

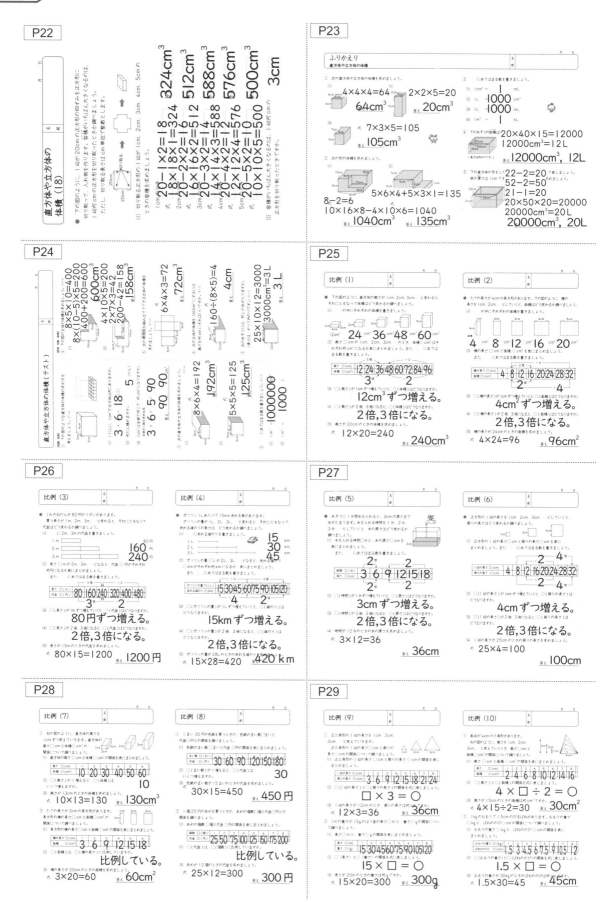

P30

［5分］ 比例（11）

● ともなって変わる２つの量について調べましょう。

(1) 次の㋐～㋒の□と○の関係を式に表しましょう。また，それぞれの□と○について，表にまとめましょう。

㋐ 正方形の１辺の長さ□cm と面積○cm²

式 □×□＝○

１辺の長さ □(cm)	1	2	3	4	5	6
面積 ○(cm²)	1	4	9	16	25	36

㋑ たての長さが 2.5cm の長方形の横の長さ□cm と面積○cm²

式 2.5×□＝○

横の長さ □(cm)	1	2	3	4	5	6
面積 ○(cm²)	2.5	5	7.5	10	12.5	15

㋒ 100g の箱に１個 60g のドーナツを入れるときの，ドーナツの個数□個と全体の重さ○g

式 60×□+100=○

ドーナツの個数 □(個)	1	2	3	4	5	6
全体の重さ ○(g)	160	220	280	340	400	460

(2) ○が□に比例しているものは，㋐～㋒のうちどれですか。 ㋑

比例（12）

● ともなって変わる２つの量について調べましょう。

(1) 次の㋐～㋓の□と○の関係を表にまとめましょう。

㋐ １m の重さが 25g のはり金の長さ□m と重さ○g

長さ □(m)	1	2	3	4	5	6
重さ ○(g)	25	50	75	100	125	150

㋑ 30まい入りのシールの，使ったまい数□まいと残りのまい数○まい

使ったまい数 □(まい)	1	2	3	4	5	6
残りのまい数 ○(まい)	29	28	27	26	25	24

㋒ １本 80円のえん筆を買うときの，えん筆の本数□本と代金○円

本数 □(本)	1	2	3	4	5	6
代金 ○(円)	80	160	240	320	400	480

㋓ たん生日が同じで，年令が３才ちがう妹と姉の，妹の年令□才と姉の年令○才

妹の年令 □(才)	1	2	3	4	5	6
姉の年令 ○(才)	4	5	6	7	8	9

(2) ○が□に比例しているものは，㋐～㋓のうちどれとどれですか。 ㋐，㋒

P31

［10分］ ふりかえり 比例

1 右の図のように，直方体のたてと横の長さを決めて，高さを 1cm，2cm，3cm，…と変えていくと，体積はどのように変わりますか。

(1) 高さ□cm が 1cm，2cm，3cm，…となると，体積○cm³ は何 cm³ になるか表にまとめましょう。

高さ □(cm)	1	2	3	4	5	6	7	8
体積 ○(cm³)	20	40	60	80	100	120	140	160

(2) □（高さ）が 1cm ずつ増えると，○（体積）は何 cm³ ずつ増えますか。 20cm³

(3) □（高さ）が２倍，３倍になると，○（体積）はどうなりますか。 ２倍，３倍になる。

(4) ○（体積）は，□（高さ）に比例していますか。 比例している。

(5) 高さ（□）が 12cm のときの体積（○）を求めましょう。

式 20×12=240　答え 240cm³

2 １m のねだんが 90円のリボンを買います。リボンの長さ□m と代金○円の関係を表にまとめましょう。また，□にあてはまる数を書きましょう。

長さ □(m)	1	2	3	4	5	6	7	8
代金 ○(円)	90	180	270	360	450	540	630	720

（3倍，2倍）

3 ともなって変わる２つの量について調べましょう。

(1) 次の㋐～㋒の□と○の関係を表にまとめましょう。

㋐ 正方形の１辺の長さ□cm と周りの長さ○cm

１辺の長さ □(cm)	1	2	3	4	5	6
周りの長さ ○(cm)	4	8	12	16	20	24

㋑ 80円の消しゴム１個と，１本 60円のえん筆を何本か買うときの買ったえん筆の本数□本と代金○円

えん筆の本数 □(本)	1	2	3	4	5	6
代金 ○(円)	140	200	260	320	380	440

㋒ ガソリン 1L あたり 12km 走れる車の，ガソリンの量□L と走れる道のり○km

ガソリンの量 □(L)	1	2	3	4	5	6
道のり ○(km)	12	24	36	48	60	72

㋓ 20個入りのおかしの，食べたおかしの個数□個と残りのおかしの個数○個

食べたおかし □(個)	1	2	3	4	5	6
残りのおかし ○(個)	19	18	17	16	15	14

(2) ○が□に比例しているものは，㋐～㋓のうちどれとどれですか。 ㋐，㋒

P32

比例（テスト）

1 １m 80円のリボンを買うときの，リボンの長さと代金について，次の問いに答えましょう。

(1) リボンの長さが 1m から 2m，3m，…となると代金はいくらになりますか。表に表しましょう。

長さ □(m)	1	2	3	4	5	6	7	8
代金 ○(円)	80	160	240	320	400	480	560	640

(2) リボンの長さが２倍，３倍になると，代金はどうなりますか。 ２倍，３倍になる。

(3) リボンの長さ□m と代金○円の関係を式に表しましょう。 80×□＝○

(4) リボンを 15m 買ったときの代金はいくらですか。 答え 1200円

2 水そうに水を入れたときの水の量と水の深さについて，次の問いに答えましょう。

(1) 水の量と深さについて表にまとめましょう。

水の量 □(L)	1	2	3	4	5	6
深さ ○(cm)	4	8	12	16	20	24

(2) 水の量□L と水の深さ○cm の関係を式に表しましょう。 4×□＝○

(3) 水を９L 入れると水の深さは何 cm になりますか。 答え 36cm

(4) 水そうの水の深さが 50cm になるのは，水を何 L 入れたときですか。 答え 12.5L

3 次のうち，比例しているものには○を，比例していないものには△を書きましょう。

① ○　② △　③ ○　④ ○　⑤ △

4 ２つの量の変化について表を完成させ，下の問いに答えましょう。

段の数	1	2	3	4	5	6
数	4	7	10	13	16	19

厚さ	1	2	3	4	5	6
全体の長さ	5	10	15	20	25	30

たての長さ	1	2	3	4	5	6
面積	4	8	12	16	20	24

(1) ㋐～㋒のうち，比例しているものはどれとどれですか。 ㋑と㋒

(2) 比例しているものを選んだ理由を書きましょう。 一方の量(数)が２倍，３倍になったら，もう一方の量(数)も２倍，３倍になっているから。

P33

［3分］ 小数のかけ算（1） 整数×小数①

● 19×3.7の筆算

● 次の計算をしましょう。

① 71×4.2 = 298.2　② 94×7.3 = 686.2　③ 35×6.1 = 213.5　④ 29×5.8 = 168.2

小数のかけ算（2） 整数×小数②

● 次の計算をしましょう。

① 67×3.5 = 234.5　② 19×5.8 = 110.2　③ 76×3.9 = 296.4　④ 28×4.6 = 128.8

P34

［5分］ 小数のかけ算（3） 整数×小数③

● 次の計算をしましょう。

① 63×5.9 = 371.7　② 17×2.4 = 40.8　③ 28×9.6 = 268.8　④ 46×4.3 = 197.8　⑤ 74×3.1 = 229.4　⑥ 52×1.9 = 98.8

小数のかけ算（4） 整数×小数④

● 次の計算をしましょう。

① 78×2.6 = 202.8　② 59×4.3 = 253.7　③ 82×6.1 = 500.2　④ 26×1.6 = 41.6　⑤ 37×4.6 = 170.2　⑥ 98×1.2 = 117.6

P35

［3分］ 小数のかけ算（5） 整数×小数⑤

● 70×3.2の筆算

● 次の計算をしましょう。

① 50×1.8 = 90.0　② 60×9.9 = 594.0　③ 80×2.4 = 192.0　④ 370×6.1 = 2257.0

小数のかけ算（6） 整数×小数⑥

● 次の計算をしましょう。

① 40×5.3 = 212.0　② 90×7.1 = 639.0　③ 50×2.9 = 145.0　④ 160×4.8 = 768.0

P36

［5分］ 小数のかけ算（7） 整数×小数⑦

● 次の計算をしましょう。

① 70×2.3 = 161.0　② 30×6.5 = 195.0　③ 20×4.9 = 98.0　④ 120×3.4 = 408.0　⑤ 90×5.2 = 468.0　⑥ 260×3.4 = 884.0

小数のかけ算（8） 整数×小数⑧

● 次の計算をしましょう。

① 50×7.6 = 380.0　② 80×3.9 = 312.0　③ 60×1.8 = 108.0　④ 40×5.7 = 228.0　⑤ 310×8.5 = 2635.0　⑥ 120×4.8 = 576.0

P37

［3分］ 小数のかけ算（9） 小数×小数①

● 1.8×3.7の筆算　● 2.47×1.6の筆算

● 次の計算をしましょう。

① 4.8×9.2 = 44.16　② 5.7×2.3 = 13.11　③ 7.39×4.4 = 32.516　④ 1.06×8.2 = 8.692

小数のかけ算（10） 小数×小数②

● 次の計算をしましょう。

① 3.4×5.9 = 20.06　② 6.6×1.4 = 9.24　③ 2.25×7.8 = 17.550　④ 9.13×1.5 = 13.695

（小数のかけ算で，答えの０を消すとき，小数点は消さずにそのままにしている教科書もあります。）

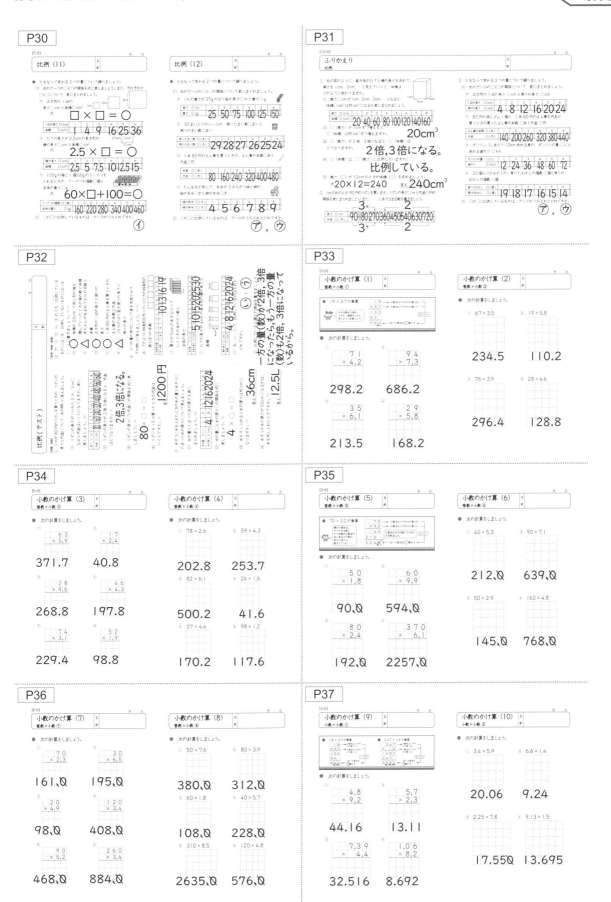

解答

児童に実施させる前に，必ず指導される方が問題を解いてください。本書の解答は，あくまでも１つの例です。

P38

小数のかけ算（11） 小数×小数③

● 次の計算をしましょう。

① 3.5 × 2.3 = 8.05
② 7.4 × 8.1 = 59.94
③ 1.96 × 7.2 = 14.112
④ 2.89 × 5.6 = 16.184
⑤ 3.08 × 2.9 = 8.932
⑥ 1.54 × 8.7 = 13.398

小数のかけ算（12） 小数×小数④

● 次の計算をしましょう。

① 2.4 × 6.1 = 14.64
② 3.6 × 7.3 = 26.28
③ 6.9 × 1.8 = 12.42
④ 1.98 × 3.7 = 7.326
⑤ 5.06 × 2.4 = 12.144
⑥ 1.17 × 4.1 = 4.797

P39

小数のかけ算（13） 小数×小数⑤

● 0.4 × 1.5 の筆算

● 次の計算をしましょう。

① 0.6 × 3.5 = 2.10
② 0.5 × 1.2 = 0.60
③ 0.7 × 9.3 = 6.51
④ 0.82 × 4.5 = 3.690

小数のかけ算（14） 小数×小数⑥

● 次の計算をしましょう。

① 0.4 × 8.5 = 3.40
② 0.2 × 6.3 = 1.26
③ 0.9 × 1.7 = 1.53
④ 0.25 × 3.8 = 0.950

P40

小数のかけ算（15） 小数×小数⑦

● 次の計算をしましょう。

① 0.5 × 7.6 = 3.80
② 0.8 × 2.5 = 2.00
③ 0.2 × 3.5 = 0.70
④ 0.7 × 4.1 = 2.87
⑤ 0.9 × 6.2 = 5.58
⑥ 0.29 × 1.5 = 0.435

小数のかけ算（16） 小数×小数⑧

● 次の計算をしましょう。

① 0.3 × 4.7 = 1.41
② 0.8 × 5.3 = 4.24
③ 0.9 × 6.2 = 5.58
④ 0.6 × 1.5 = 0.90
⑤ 0.58 × 3.5 = 2.030
⑥ 0.47 × 8.1 = 3.807

P41

小数のかけ算（17） 小数×小数⑨

● 5.2 × 0.3 の筆算

● 次の計算をしましょう。

① 8.3 × 0.5 = 4.15
② 4.7 × 0.7 = 3.29
③ 5.4 × 0.2 = 1.08
④ 6.9 × 0.8 = 5.52

小数のかけ算（18） 小数×小数⑩

● 次の計算をしましょう。

① 9.3 × 0.3 = 2.79
② 7.2 × 0.5 = 3.60
③ 2.6 × 0.6 = 1.56
④ 8.9 × 0.4 = 3.56

P42

小数のかけ算（19） 小数×小数⑪

● 次の計算をしましょう。

① 3.2 × 0.2 = 0.64
② 1.9 × 0.4 = 0.76
③ 5.7 × 0.9 = 5.13
④ 2.1 × 0.4 = 0.84
⑤ 4.5 × 0.2 = 0.90
⑥ 5.5 × 0.8 = 4.40

小数のかけ算（20） 小数×小数⑫

● 次の計算をしましょう。

① 8.4 × 0.9 = 7.56
② 2.6 × 0.7 = 1.82
③ 26.3 × 0.7 = 18.41
④ 51.5 × 0.4 = 20.60
⑤ 20.8 × 0.3 = 6.24
⑥ 31.4 × 0.5 = 15.70

P43

小数のかけ算（21） 小数×小数⑬

● 0.6 × 0.5 の筆算

● 次の計算をしましょう。

① 0.5 × 0.8 = 0.40
② 0.04 × 0.5 = 0.020
③ 0.08 × 0.75 = 0.0600
④ 0.65 × 0.14 = 0.0910

小数のかけ算（22） 小数×小数⑭

● 次の計算をしましょう。

① 0.9 × 0.4 = 0.36
② 0.02 × 0.26 = 0.0052
③ 0.24 × 0.95 = 0.2280
④ 0.73 × 0.49 = 0.3577

P44

小数のかけ算（23） 小数×小数⑮

● 次の計算をしましょう。

① 0.4 × 0.8 = 0.32
② 0.08 × 0.5 = 0.040
③ 0.06 × 0.73 = 0.0438
④ 0.09 × 0.84 = 0.0756
⑤ 0.65 × 0.38 = 0.2470
⑥ 0.75 × 0.92 = 0.6900

小数のかけ算（24） 小数×小数⑯

● 次の計算をしましょう。

① 0.7 × 0.7 = 0.49
② 0.05 × 0.06 = 0.0030
③ 0.08 × 0.15 = 0.0120
④ 0.06 × 0.23 = 0.0138
⑤ 0.27 × 0.68 = 0.1836
⑥ 0.64 × 0.75 = 0.4800

P45

小数のかけ算（25） いろいろな型①

● 次の計算をしましょう。

① 4 × 0.6 = 2.4
② 13 × 0.4 = 5.2
③ 4.7 × 5.3 = 24.91
④ 2.9 × 4.2 = 12.18
⑤ 20.5 × 1.8 = 36.90
⑥ 3.82 × 6.7 = 25.594
⑦ 0.8 × 0.5 = 0.40
⑧ 4.13 × 0.9 = 3.717
⑨ 0.06 × 0.15 = 0.0090
⑩ 0.55 × 0.08 = 0.0440

小数のかけ算（26） いろいろな型②

● 次の計算をしましょう。

① 3 × 0.7 = 2.1
② 15 × 0.2 = 3.0
③ 3.4 × 5.6 = 19.04
④ 50 × 9.1 = 455.0
⑤ 78.3 × 4.3 = 336.69
⑥ 80.6 × 3.9 = 314.34
⑦ 0.8 × 0.1 = 0.08
⑧ 0.75 × 0.2 = 0.150
⑨ 0.42 × 0.95 = 0.3990
⑩ 0.63 × 0.72 = 0.4536

（解答は，200 ～ 300%に拡大してお使い下さい。）

P46

【10分】

小数のかけ算（27）いろいろな型③

● 次の計算をしましょう。

① 7×0.9　6.3
② 16×0.8　12.8
③ 2.4×3.5　8.40
④ 3.02×4.5　13.590
⑤ 5.9×8.78　51.802
⑥ 6.3×0.4　2.52
⑦ 6.25×0.6　3.750
⑧ 0.08×0.5　0.040
⑨ 0.35×0.8　0.280
⑩ 0.52×0.19　0.0988

小数のかけ算（28）いろいろな型④

● 次の計算をしましょう。

① 4×0.7　2.8
② 20×0.3　6.0
③ 3.3×6.9　22.77
④ 56×2.5　140.0
⑤ 62.5×1.8　112.50
⑥ 3.59×4.8　17.232
⑦ 0.79×0.24　0.1896
⑧ 93.8×7.15　670.670
⑨ 0.55×0.6　0.330
⑩ 0.05×0.02　0.0010

P47

【10分】

小数のかけ算（29）いろいろな型⑤

● 次の計算をしましょう。

① 8×0.7　5.6
② 23×0.6　13.8
③ 3.6×4.5　16.20
④ 32.9×7.1　233.59
⑤ 3.06×9.5　29.070
⑥ 5.7×4.36　24.852
⑦ 0.7×0.5　0.35
⑧ 0.08×0.9　0.072
⑨ 4.25×0.4　1.700
⑩ 0.85×0.6　0.510

小数のかけ算（30）いろいろな型⑥

● 次の計算をしましょう。

① 70×0.8　56.0
② 3.1×5.4　16.74
③ 4.25×6.2　26.350
④ 6.08×7.2　43.776
⑤ 4.15×6.6　27.390
⑥ 0.94×0.05　0.0470
⑦ 51.1×0.87　44.457
⑧ 0.82×2.5　2.050
⑨ 3.47×0.42　1.4574
⑩ 0.04×0.39　0.0156

P48

【5分】

小数のかけ算（31）いろいろな型⑦

● 次の計算をしましょう。

① 41×0.6　24.6
② 7.8×2.5　19.50
③ 39.6×8.2　324.72
④ 5.06×9.5　48.070
⑤ 0.9×0.2　0.18
⑥ 1.64×0.5　0.820
⑦ 0.98×0.65　0.6370
⑧ 0.02×0.34　0.0068

小数のかけ算（32）積の大きさ

1 たつきさんたちは，1m180円のリボンをそれぞれ次の長さだけ買いました。代金が180円より多くなるのはだれとだれですか。

たつき	あおい	りくと	あかね	ももか
0.6m	0.9m	1m	1.6m	2.1m

あかねさん，ももかさん

2 次の①～⑤のかけ算の式を，㋐，㋑，㋒に分けましょう。

① 35×0.8　② 35×1　③ 35×1.5　④ 35×1.75　⑤ 35×0.5

㋐ 積＞35　㋑ 積＝35　㋒ 積＜35

㋐ ③，④　㋑ ②　㋒ ①，⑤

3 積が8より小さくなるのはどれですか。

㋐ 8×0.1　㋑ 8×1.1　㋒ 8×2.05　㋓ 8×0.9

㋐，㋓

P49

【5分】

小数のかけ算（33）計算のきまり①

● ㋐と㋑の計算のきまりを使って，くふうして計算しましょう。

ふりかえろう

㋐ 3つの数をたすとき，たす順を変えても，和は変わりません。
（○＋△）＋□＝○＋（△＋□）

① 3.7＋4.8＋2.3　10.8
② 8.2＋5.6＋4.4　18.2
③ 1.9＋7.5＋6.1　15.5
④ 5.38＋8.76＋4.62　18.76

㋑ 3つの数をかけるとき，かける順を変えても，積は変わりません。
（○×△）×□＝○×（△×□）

① 9.8×4×2.5　98
② 40×6.97×0.25　69.7
③ 0.5×8.3×0.02　0.083
④ 3.79×12.5×0.8　37.9

小数のかけ算（34）計算のきまり②

● ㋐と㋑の計算のきまりを使って，くふうして計算しましょう。

㋐ （○＋△）×□＝○×□＋△×□
㋑ （○－△）×□＝○×□－△×□

① 7.3×9.8＋2.7×9.8　98
② 5.6×8.72＋5.6×1.28　56
③ 96×0.7－86×0.7　7
④ 4.92×20.3－4.92×10.3　49.2

P50

【10分】

小数のかけ算（35）文章題①

1 1m380円のリボンを4.3m買いました。代金はいくらになりますか。
式 380×4.3＝1634　答え 1634円

2 1Lが0.92kgの油があります。この油3.5Lでは何kgになりますか。
式 0.92×3.5＝3.22　答え 3.22kg

3 横が7.8m，たてが6.9mの形をした畑があります。この畑の面積は何m^2になりますか。
式 6.9×7.8＝53.82　答え 53.82m^2

4 1m^2のかべにペンキをぬるのにペンキが0.23Lいるそうです。0.65m^2のかべをぬるには，ペンキは何Lあればよいですか。
式 0.23×0.65＝0.1495　答え 0.1495L

5 1dLで0.12kgのジュースがあります。このジュース25.6dLの重さは何kgですか。
式 0.12×25.6＝3.072　答え 3.072kg

小数のかけ算（36）文章題②

1 1mの重さが0.9kgの木のぼうがあります。この木のぼう2.3mの重さは何kgですか。
式 0.9×2.3＝2.07　答え 2.07kg

2 1Lのガソリンで19.2km走るトラックがあります。5.8Lのガソリンでは何km走ることができますか。
式 19.2×5.8＝111.36　答え 111.36km

3 0.5mの重さが1kgの鉄のぼうがあります。鉄のぼう0.78kgでは長さは何mになりますか。
式 0.5×0.78＝0.39　答え 0.39m

4 花だんに水をまきます。1m^2につき1.7Lの水をまくとして，6.4m^2の花だんには水は何Lいりますか。
式 1.7×6.4＝10.88　答え 10.88L

5 5.08にある数をかけるのを，まちがえてその数をたして
7.98－5.08＝2.9
5.08×2.9＝14.732　答え 14.732

P51

【10分】

ふりかえり 小数のかけ算①

1 筆算で計算しましょう。

① 46×1.9　87.4
② 80×3.7　296.0
③ 6.2×5.8　35.96
④ 1.05×8.2　8.610
⑤ 0.7×4.3　3.01
⑥ 0.25×3.9　0.975
⑦ 2.4×0.8　1.92
⑧ 0.05×40　2.00
⑨ 0.07×0.38　0.0266
⑩ 0.65×0.26　0.1690

2 積が0.3より小さくなるのはどれですか。記号で答えましょう。

㋐ 0.3×0.3　㋑ 0.3×1.3　㋒ 0.3×1.01　㋓ 0.3×0.1

㋐，㋓

3 計算のきまりを使って，くふうして計算しましょう。

① 4.2＋5.9＋3.8　13.9
② 9.25＋3.38＋6.62　19.25
③ 6.7×2.5×4　67
④ 0.2×9.8×0.5　0.98
⑤ 6.2×8.7＋3.8×8.7　87
⑥ 3.49×15.8－3.49×5.8　34.9

4 1mの重さが4.25kgのパイプがあります。このパイプ2.6mの重さは何kgになりますか。
式 4.25×2.6＝11.05　答え 11.05kg

5 1dLで0.14kgのジャムがあります。このジャム9.7dLの重さは何kgですか。
式 0.14×9.7＝1.358　答え 1.358kg

6 1Lが0.68kgのさとうがあります。このさとう0.5Lの重さは何kgですか。
式 0.68×0.5＝0.34　答え 0.34kg

P52

【10分】

ふりかえり 小数のかけ算②

1 筆算で計算しましょう。

① 280×3.9　1092.0
② 3.06×2.5　7.650
③ 0.7×8.6　6.02
④ 0.35×4.4　1.540
⑤ 7.8×0.5　3.90
⑥ 54.3×0.9　48.87
⑦ 0.08×0.65　0.0520
⑧ 0.21×0.96　0.2016
⑨ 0.79×0.23　0.1817
⑩ 3.17×0.6　1.902

2 積が5より小さくなるのはどれですか。記号で答えましょう。

㋐ 5×1.02　㋑ 5×0.6　㋒ 5×0.99　㋓ 5×2.1

㋑，㋒

3 計算のきまりを使って，くふうして計算しましょう。

① 7.2＋6.4＋8.6　22.2
② 5.29＋8.17＋1.83　15.29
③ 9.7×12.5×0.8　97
④ 0.25×6.3×0.4　0.63

4 畑1m^2あたり6.7kgのいもがほれます。この畑4.8m^2では何kgのいもがほれるといえますか。
式 6.7×4.8＝32.16　答え 32.16kg

5 1km走るのに0.75dLのガソリンを使う車があります。4.4km走るのには何dLのガソリンがいりますか。
式 0.75×4.4＝3.3　答え 3.3dL

6 1dLの重さが0.25kgのジュースがあります。このジュース0.8dLの重さは何kgになるでしょうか。
式 0.25×0.8＝0.2　答え 0.2kg

P53

小数のかけ算（テスト）

1 筆算で計算しましょう。

(1) 96×7.3　700.8
(2) 60×5.3　318.0
(3) 7.5×2.6　19.50
(4) 1.58×7.8　12.324
(5) 0.7×1.4　0.98
(6) 2.8×0.3　0.84
(7) 2.4×0.4　0.96
(8) 0.73×0.58　0.4234

2 くふうして計算しましょう。

(1) 2.5×3.7×4　37
(2) 4.8×6.9＋5.2×6.9　69

3 1mが140円のリボンを4.8m買います。代金はいくらになりますか。
式 140×4.8＝672　答え 672円

4 1mの重さが14.7gのはり金があります。このはり金2.5mの重さは何gですか。
式 14.7×2.5＝36.75　答え 36.75g

5 たて3.8m，横9.2mの長方形の花だんがあります。この畑の面積は何m^2ですか。
式 3.8×9.2＝34.96　答え 34.96m^2

6 畑に1m^2あたり1.58Lのひ料をまきます。50m^2の畑には何Lのひ料がいりますか。
式 1.58×50＝79　答え 79L

7 1mの重さが4.2kgの鉄のぼうがあります。この鉄のぼう0.7mの重さは何kgですか。
式 4.2×0.7＝2.94　答え 2.94kg

（小数のかけ算で，答えの0を消すとき，小数点は消さずにそのままにしている教科書もあります。）

児童に実施させる前に，必ず指導される方が問題を解いてください。本書の解答は，あくまでも１つの例です。

P54

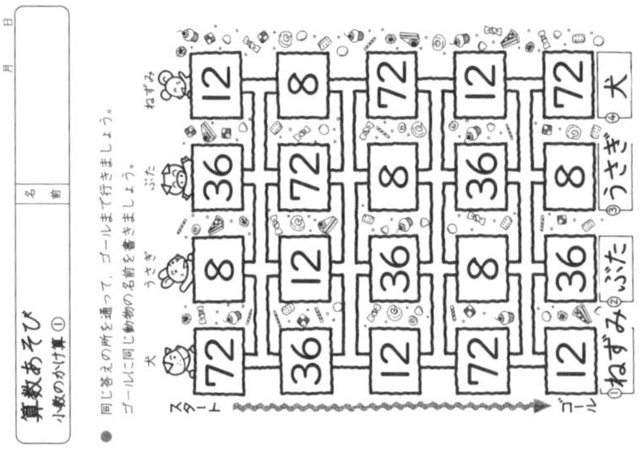

P55

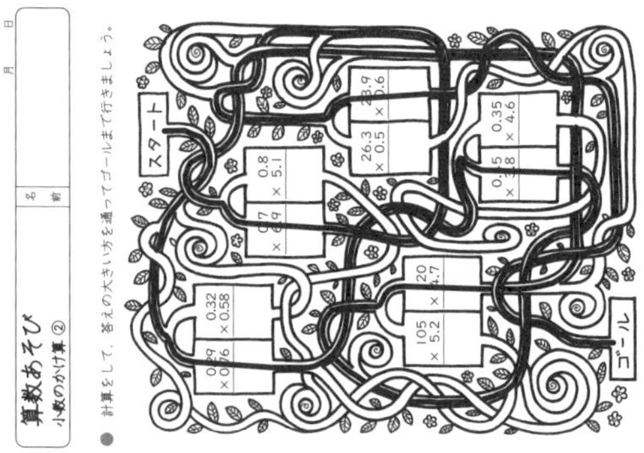

P56

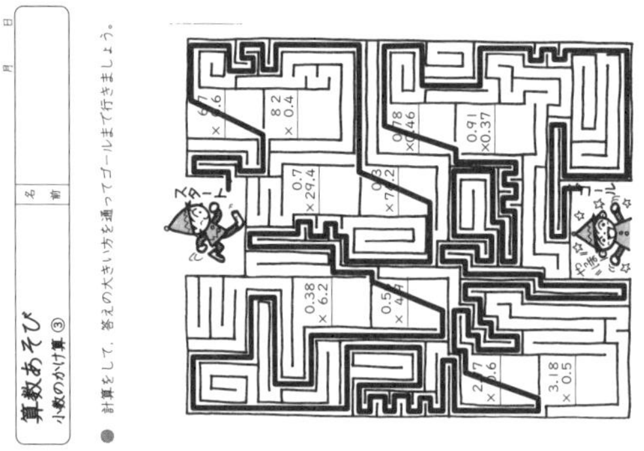

P57

小数のわり算 (1)
整数÷小数①

● 次の計算をしましょう。

① 0.9)81　90
② 1.2)36　30
③ 0.7)49　70
④ 0.5)6　12

小数のわり算 (2)
整数÷小数②

● 次の計算をしましょう。

① 48÷2.4　20
② 3÷0.5　6
③ 2÷0.8　2.5
④ 42÷0.6　70

P58

小数のわり算 (3)
整数÷小数③

● 次の計算をしましょう。

① 4÷0.8　5
② 6÷1.5　4
③ 35÷0.7　50
④ 72÷0.9　80
⑤ 75÷1.5　50
⑥ 48÷1.6　30

小数のわり算 (4)
整数÷小数④

● 次の計算をしましょう。

① 64÷0.08　800
② 50÷0.25　200
③ 9÷0.45　20
④ 63÷0.09　700
⑤ 32÷0.16　200
⑥ 11÷0.02　550

P59

小数のわり算 (5)
小数÷小数①

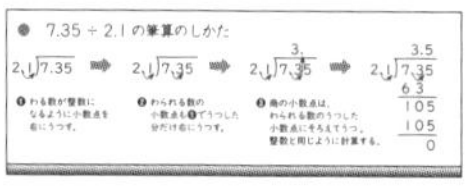

● 次の計算をしましょう。

① 2.7)9.18　3.4
② 3.6)8.64　2.4
③ 1.9)5.13　2.7
④ 2.9)3.77　1.3

小数のわり算 (6)
小数÷小数②

● 次の計算をしましょう。

① 8.05÷2.3　3.5
② 6.24÷3.9　1.6
③ 9.12÷5.7　1.6
④ 3.85÷1.1　3.5

P60

小数のわり算 (7)
小数÷小数③

● 次の計算をしましょう。

① 8.4÷3.5　2.4
② 8.1÷1.5　5.4
③ 7.2÷1.5　4.8
④ 6.5÷1.3　5
⑤ 9.8÷4.9　2
⑥ 3.6÷2.4　1.5

小数のわり算 (8)
小数÷小数④

● 次の計算をしましょう。

① 42.5÷1.7　25
② 67.1÷1.1　61
③ 35.7÷4.2　8.5
④ 17.1÷1.9　9
⑤ 43.5÷8.7　5
⑥ 88.4÷2.6　34

P61

小数のわり算 (9)
小数÷小数⑤

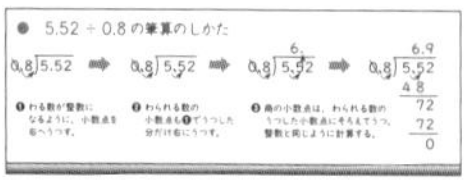

● 次の計算をしましょう。

① 0.6)5.04　8.4
② 0.2)4.28　21.4
③ 0.7)2.73　3.9
④ 0.4)3.32　8.3

小数のわり算 (10)
小数÷小数⑥

● 次の計算をしましょう。

① 2.85÷0.3　9.5
② 1.92÷0.2　9.6
③ 4.55÷0.7　6.5
④ 5.34÷0.6　8.9

（解答は，200～300%に拡大してお使い下さい。）

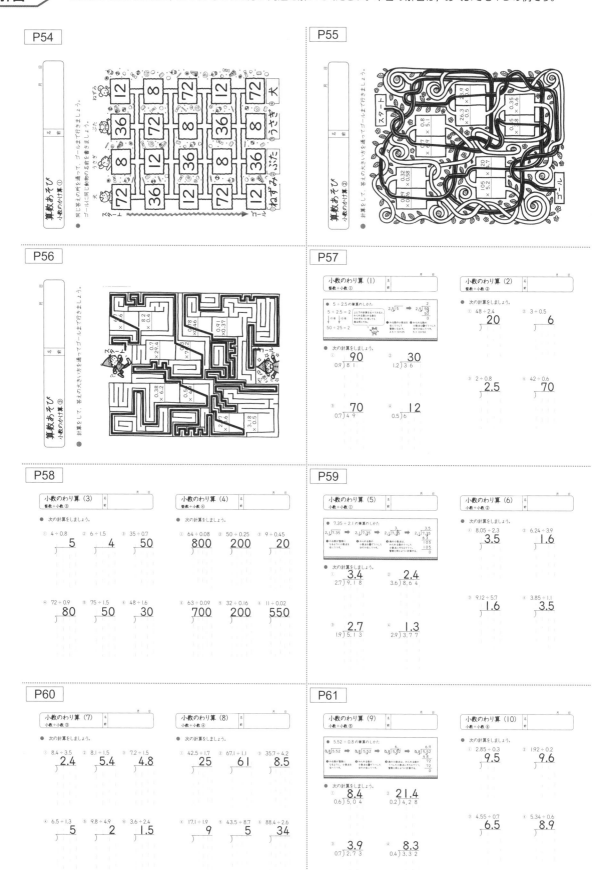

P62

小数のわり算（11） 小数÷小数 ⑦

● 次の計算をしましょう。

① 2.52 ÷ 0.5　5.04
② 8.82 ÷ 0.6　14.7
③ 4.68 ÷ 0.3　15.6
④ 3.06 ÷ 0.9　3.4
⑤ 12.6 ÷ 0.9　14
⑥ 6.08 ÷ 0.4　15.2
⑦ 3.36 ÷ 0.8　4.2
⑧ 2.66 ÷ 0.7　3.8

小数のわり算（12） 小数÷小数 ⑧

● 次の計算をしましょう。

① 3.24 ÷ 0.6　5.4
② 1.33 ÷ 0.7　1.9
③ 1.77 ÷ 0.3　5.9
④ 2.08 ÷ 0.4　5.2
⑤ 6.75 ÷ 0.9　7.5
⑥ 3.36 ÷ 0.8　4.2
⑦ 4.32 ÷ 0.6　7.2
⑧ 1.12 ÷ 0.7　1.6

P63

小数のわり算（13） 小数÷小数 ⑨

● 0.76 ÷ 0.38 の筆算のしかた

0.38)0.76 ➡ 0.38)0.76 ➡ 0.38)0.76　2

❶ わる数が整数になるように，小数点を右へうつす。 ❷ わられる数の小数点も❶でうつした分だけ右にうつす。 ❸ 整数のときと同じように計算する。

わる数が小数第二位のときは，小数点を右へ2つ分動かすよ。

● 次の計算をしましょう。

① 0.09)0.54　6
② 0.26)0.78　3
③ 0.06)0.15　2.5
④ 0.32)0.96　3

小数のわり算（14） 小数÷小数 ⑩

● 次の計算をしましょう。

① 0.72 ÷ 0.18　4
② 0.56 ÷ 0.05　11.2
③ 0.81 ÷ 0.09　9
④ 0.82 ÷ 0.41　2

P64

小数のわり算（15） 小数÷小数 ⑪

● わりきれるまで計算をしましょう。

① 4.68 ÷ 4.5　1.04
② 0.54 ÷ 0.25　2.16
③ 0.66 ÷ 0.15　4.4
④ 1.5 ÷ 1.2　1.25
⑤ 0.9 ÷ 3.6　0.25
⑥ 7.56 ÷ 2.4　3.15

0をつけたして計算しよう。

小数のわり算（16） 小数÷小数 ⑫

● わりきれるまで計算をしましょう。

① 0.03 ÷ 0.08　0.375
② 0.73 ÷ 0.4　1.825
③ 0.84 ÷ 5.6　0.15
④ 0.98 ÷ 0.16　6.125
⑤ 0.12 ÷ 0.32　0.375
⑥ 0.68 ÷ 0.25　2.72

P65

小数のわり算（17） あまりの求め方 ①

● 商を一の位まで求めて，あまりも出す計算のしかた

2.9 ÷ 0.9

0.9)2.9 ➡ 0.9)2.9　3 ➡ 0.9)2.9　3 あまり 0.2

あまりは0.1が2個あることを表しているよ。だから「2」ではなく，「0.2」で表すよ。

あまりの数の小数点はわられる数のもとの小数点にそろえてうつ。

● 商を一の位まで求めて，あまりも出しましょう。

① 1.2)6.7　5 あまり0.7
② 3.9)5.4　1 あまり1.5
③ 0.9)8.5　9 あまり0.4
④ 4.3)9.1　2 あまり0.5

小数のわり算（18） あまりの求め方 ②

● 商を一の位まで求めて，あまりも出しましょう。

① 9 ÷ 0.7　12 あまり0.6
② 9.5 ÷ 1.5　6 あまり0.5
③ 6.4 ÷ 2.1　3 あまり0.1
④ 2.5 ÷ 1.9　1 あまり0.6

P66

小数のわり算（19） あまりの求め方 ③

● 商を一の位まで求めて，あまりも出しましょう。

① 8 ÷ 0.7　11 あまり0.3
② 20 ÷ 0.9　22 あまり0.2
③ 17.9 ÷ 6.3　2 あまり5.3
④ 37 ÷ 2.9　12 あまり2.2
⑤ 3.5 ÷ 1.3　2 あまり0.9
⑥ 77.6 ÷ 5.6　13 あまり4.8
⑦ 5.3 ÷ 0.19　27 あまり0.17
⑧ 25 ÷ 0.95　26 あまり0.3

小数のわり算（20） あまりの求め方 ④

● 商を一の位まで求めて，あまりも出しましょう。

① 8.5 ÷ 4.6　1 あまり3.9
② 2.98 ÷ 0.54　5 あまり0.28
③ 3.65 ÷ 0.12　30 あまり0.05
④ 0.08 ÷ 0.06　1 あまり0.02
⑤ 3.1 ÷ 0.6　5 あまり0.1
⑥ 6.7 ÷ 2.4　2 あまり1.9
⑦ 7.3 ÷ 0.24　30 あまり0.1
⑧ 2.25 ÷ 0.49　4 あまり0.29

P67

小数のわり算（21） 商をがい数で求める ①

● 商を四捨五入して，上から2けたのがい数での表し方

2.7 ÷ 1.9

1.9)2.7 ➡ 1.9)2.7　1.42 ➡ 1.9)2.7　1.4

❶ 上から3けためまで商をたてる。 ❷ 上から2けたのがい数にするために，上から3けための数を四捨五入する。

四捨五入する位に気をつけよう。

● 商を四捨五入して，上から2けたのがい数で表しましょう。

① 8.5 ÷ 2.3　3.69 → 3.7
② 24.5 ÷ 8.9　2.75 → 2.8
③ 3.1 ÷ 2.9　1.06 → 1.1
④ 6.54 ÷ 2.9　2.25 → 2.3
⑤ 0.76 ÷ 0.47　1.61 → 1.6
⑥ 0.85 ÷ 0.49　1.73 → 1.7

小数のわり算（22） 商をがい数で求める ②

● 商を四捨五入して，上から2けたのがい数で表しましょう。

① 4.3 ÷ 2.4　1.79 → 1.8
② 9 ÷ 3.5　2.57 → 2.6
③ 2.9 ÷ 0.54　5.37 → 5.4
④ 13.4 ÷ 6.2　2.16 → 2.2
⑤ 0.87 ÷ 0.54　1.61 → 1.6
⑥ 9.6 ÷ 4.1　2.34 → 2.3
⑦ 3.6 ÷ 1.3　2.76 → 2.8
⑧ 1.69 ÷ 0.81　2.08 → 2.1

P68

小数のわり算（23） 商をがい数で求める ③

● 商を四捨五入して，$\frac{1}{10}$の位までのがい数で表しましょう。

43 ÷ 8.3

8.3)43 ➡ 8.3)430　5.1 ➡ 8.3)430　5.18 → 5.2

● 商を四捨五入して，$\frac{1}{10}$の位までのがい数で表しましょう。

① 8 ÷ 5.9　1.35 → 1.4
② 6.53 ÷ 0.52　12.55 → 12.6
③ 34.8 ÷ 2.3　15.13 → 15.1
④ 10.5 ÷ 9.2　1.14 → 1.1
⑤ 7.82 ÷ 0.81　9.65 → 9.7
⑥ 0.94 ÷ 0.58　1.62 → 1.6

小数のわり算（24） 商をがい数で求める ④

● 商を四捨五入して，$\frac{1}{10}$の位までのがい数で表しましょう。

① 3.5 ÷ 1.3　2.69 → 2.7
② 8.27 ÷ 4.9　1.68 → 1.7
③ 4.68 ÷ 3.8　1.23 → 1.2
④ 2.99 ÷ 0.18　16.61 → 16.6
⑤ 2.17 ÷ 0.39　5.56 → 5.6
⑥ 9.3 ÷ 0.28　33.21 → 33.2
⑦ 7.56 ÷ 0.87　8.68 → 8.7
⑧ 0.72 ÷ 0.39　1.84 → 1.8

P69

小数のわり算（25） いろいろな型 ①

● 次の計算をしましょう。

① 3.6 ÷ 0.9　4
② 0.72 ÷ 0.12　6
③ 5.52 ÷ 1.6　3.45
④ 0.73 ÷ 0.4　1.825
⑤ 8.26 ÷ 0.2　41.3
⑥ 3.91 ÷ 1.7　2.3
⑦ 0.45 ÷ 0.03　15
⑧ 8.4 ÷ 1.2　7
⑨ 8.4 ÷ 3.5　2.4
⑩ 7.56 ÷ 4.5　1.68

小数のわり算（26） いろいろな型 ②

● 次の計算をしましょう。

① 1.24 ÷ 0.31　4
② 2.17 ÷ 0.35　6.2
③ 1.5 ÷ 1.2　1.25
④ 3.6 ÷ 1.5　2.4
⑤ 0.49 ÷ 0.4　1.225
⑥ 8.5 ÷ 0.25　34
⑦ 0.81 ÷ 0.09　9
⑧ 4.2 ÷ 0.7　6
⑨ 7.5 ÷ 0.6　12.5
⑩ 0.6 ÷ 0.12　5

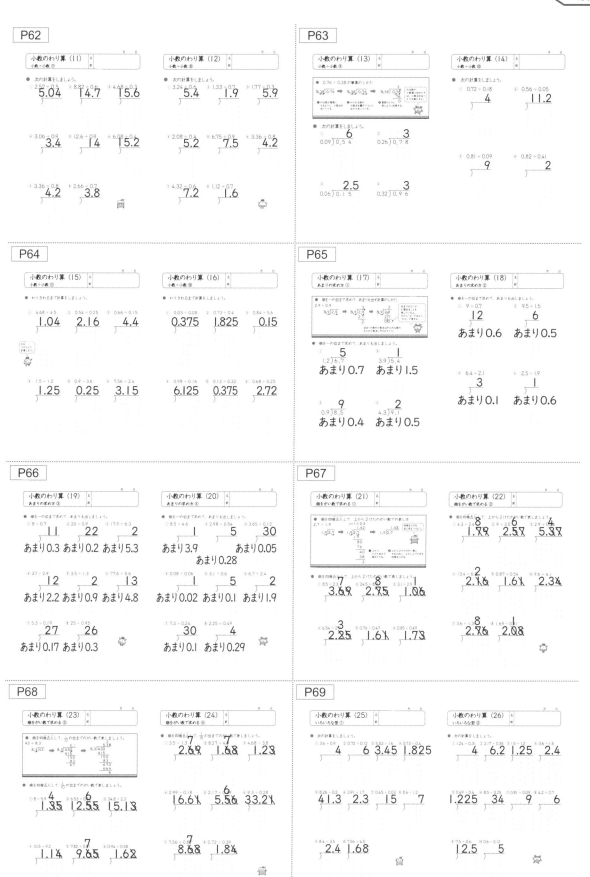

解答

児童に実施させる前に，必ず指導される方が問題を解いてください。本書の解答は，あくまでも１つの例です。

P70

小数のわり算（27） いろいろな型③

● 次の計算をしましょう。

① 5.6 ÷ 0.8　7
② 2.7 ÷ 0.54　5
③ 3.5 ÷ 0.14　25
④ 7.54 ÷ 5.8　1.3
⑤ 9 ÷ 0.15　60
⑥ 2.73 ÷ 0.3　9.1
⑦ 7 ÷ 0.14　50
⑧ 9.44 ÷ 1.6　5.9
⑨ 6.3 ÷ 1.5　4.2
⑩ 1.26 ÷ 2.1　0.6

小数のわり算（28） いろいろな型④

● 次の計算をしましょう。

① 0.18 ÷ 0.6　0.3
② 1.58 ÷ 0.2　7.9
③ 7 ÷ 0.5　14
④ 6.5 ÷ 1.3　5
⑤ 10.5 ÷ 0.25　42
⑥ 0.75 ÷ 0.6　1.25
⑦ 0.12 ÷ 0.4　0.3
⑧ 9.87 ÷ 2.1　4.7
⑨ 9.15 ÷ 0.5　18.3
⑩ 8.5 ÷ 3.4　2.5

P71

小数のわり算（29） いろいろな型⑤

● 次の計算をしましょう。

① 0.48 ÷ 0.16　3
② 9 ÷ 1.8　5
③ 5.76 ÷ 1.8　3.2
④ 3.71 ÷ 5.3　0.7
⑤ 5.6 ÷ 0.35　16
⑥ 0.73 ÷ 0.4　1.825
⑦ 0.78 ÷ 0.39　2
⑧ 8.16 ÷ 2.4　3.4
⑨ 3.24 ÷ 0.81　4
⑩ 0.02 ÷ 0.05　0.4

小数のわり算（30） いろいろな型⑥

● 次の計算をしましょう。

① 16.92 ÷ 4.7　3.6
② 0.75 ÷ 0.06　12.5
③ 48.06 ÷ 5.4　8.9
④ 65.28 ÷ 9.6　6.8
⑤ 9.26 ÷ 4.63　2
⑥ 23.32 ÷ 5.3　4.4
⑦ 12.92 ÷ 1.9　6.8
⑧ 15.36 ÷ 4.8　3.2
⑨ 67.86 ÷ 7.8　8.7
⑩ 13.34 ÷ 2.9　4.6

P72

小数のわり算（31） 小数倍

1. Aのリボンの長さは15.5cmで，Bのリボンの長さは6.2cmです。
   (1) Aの長さは，Bの長さの何倍ですか。
   式 15.5÷6.2=2.5　答え 2.5倍
   (2) Bの長さは，Aの長さの何倍ですか。
   式 6.2÷15.5=0.4　答え 0.4倍
2. C小学校の児童数は840人です。
   これはD小学校の2.1倍の人数です。
   D小学校の児童数は何人ですか。
   式 840÷2.1=400　答え 400人
3. □にあてはまる数を書きましょう。
   (1) 5.6 Lは，8 Lの0.7倍です。
   (2) 40 m²は，16 m²の 2.5 倍です。
   (3) 28 gは，80gの0.35倍です。

小数のわり算（32） 商の大きさ

1. 5種類のリボンをそれぞれ500円ずつ買ったら，買えた長さは次のようになりました。1 mのねだんが500円より高いのはどれですか。

レース	水玉	ピンク	赤	白
0.4m	0.8m	1m	1.3m	2m

レース　水玉

2. 次の①～⑤のわり算の式を，あ，い，うに分けましょう。
   ① 18 ÷ 0.6　② 18 ÷ 1.5　③ 18 ÷ 0.5　④ 18 ÷ 1　⑤ 18 ÷ 10
   あ 商＞18　い 商＝18　う 商＜18
   あ ①，③　い ④　う ②，⑤
3. 商が9より大きくなるのはどれとどれですか。
   ㋐ 9 ÷ 1.5　㋑ 9 ÷ 0.02　㋒ 9 ÷ 0.45　㋓ 9 ÷ 5
   ㋑，㋒

P73

小数のわり算（33） 文章題①

1. 0.45 mで180円のリボンのねだんは，1 mでは何円ですか。
   式 180÷0.45=400　答え 400円
2. 肉を買いました。0.25kgで460円でした。
   この肉を1kg買うと何円になりますか。
   式 460÷0.25=1840　答え 1840円
3. 7.5 mのゴムひもを0.8 mずつ切りとってゴム輪を作ります。
   ゴム[…]
   式 7.5÷0.8=9あまり0.3　答え 9個，あまり0.3m
4. 7.47 Lのしょう油を0.83 Lずつびんに分けます。
   何本のびんに入るでしょうか。
   式 7.47÷0.83=9　答え 9本
5. 食用油が0.6 Lあります。重さをはかると0.56kgありました。
   この食用油1 Lの重さは何kgですか。
   四捨五入して，$\frac{1}{10}$の位までのがい数で表しましょう。
   式 0.56÷0.6=0.93　答え 約0.9kg

小数のわり算（34） 文章題②

1. 面積が37.8 m²の長方形の部屋があります。
   横の長さは5.4 mです。たての長さは何mですか。
   式 37.8÷5.4=7　答え 7m
2. 13.2kgのさとうを0.7kgずつふくろに入れました。
   式 13.2÷0.7=18あまり0.6　答え 18ふくろ
3. 5.12 mのぼうがあります。重さは0.8kgです。
   重さ1kgのぼうの長さは何mになりますか。
   式 5.12÷0.8=6.4　答え 6.4m
4. すなが2.4 Lあります。重さをはかると6kgありました。
   このすな1 Lの重さは何kgでしょうか。
   式 6÷2.4=2.5　答え 2.5kg
5. 4.52 Lの油を0.56 Lずつびんに入れました。
   びん[…]
   式 4.52÷0.56=8あまり0.04　答え 8本，あまり0.04L

P74

ふりかえり 小数のわり算①

※ 計算は，ノートにしましょう。

1. 次の計算をしましょう。
   ① 9 ÷ 1.5　6
   ② 0.72 ÷ 1.8　0.4
   ③ 1.26 ÷ 4.2　0.3
   ④ 8.55 ÷ 0.9　9.5
   ⑤ 0.1 ÷ 0.08　1.25
   ⑥ 0.56 ÷ 0.25　2.24
   ⑦ 0.07 ÷ 0.5　0.14
   ⑧ 0.6 ÷ 0.05　12
2. 商を一の位まで求め，あまりも出しましょう。
   ① 26 ÷ 2.8　9あまり0.8
   ② 5.4 ÷ 3.3　1あまり2.1
   ③ 4.29 ÷ 0.67　6あまり0.27
   ④ 0.39 ÷ 0.27　1あまり0.12
   ⑤ 0.7 ÷ 0.03　23あまり0.01
   ⑥ 2.5 ÷ 0.15　16あまり0.1

ふりかえり 小数のわり算②

※ 計算は，ノートにしましょう。

1. 次の計算をしましょう。
   ① 2.07 ÷ 6.9　0.3
   ② 0.817 ÷ 0.19　4.3
   ③ 2.94 ÷ 0.84　3.5
   ④ 0.44 ÷ 0.32　1.375
   ⑤ 0.9 ÷ 0.25　3.6
   ⑥ 0.56 ÷ 0.35　1.6
2. 商を四捨五入して，$\frac{1}{10}$の位までのがい数で表しましょう。
   ① 36 ÷ 1.7　21.17 → 21.2
   ② 8.4 ÷ 3.6　2.33 → 2.3
   ③ 8.2 ÷ 6　1.36 → 1.4
   ④ 13.5 ÷ 0.42　32.14 → 32.1
   ⑤ 9 ÷ 0.64　14.06 → 14.1
   ⑥ 0.89 ÷ 0.57　1.56 → 1.6
   ⑦ 7.8 ÷ 0.38　20.52 → 20.5
   ⑧ 2.8 ÷ 0.49　5.71 → 5.7

P75

ふりかえり 小数のわり算③

※ 計算は，ノートにしましょう。

1. 次の計算をしましょう。
   ① 3.92 ÷ 5.6　0.7
   ② 4 ÷ 0.16　25
   ③ 0.3 ÷ 0.32　0.9375
   ④ 1 ÷ 0.32　3.125
   ⑤ 0.07 ÷ 0.2　0.35
   ⑥ 0.9 ÷ 0.05　18
2. 商を一の位まで求め，あまりも出しましょう。
   ① 7.56 ÷ 0.86　8あまり0.68
   ② 34 ÷ 2.9　11あまり2.1
   ③ 5.72 ÷ 1.9　3あまり0.02
   ④ 3.43 ÷ 1.5　2あまり0.43
   ⑤ 4.76 ÷ 0.18　26あまり0.08
   ⑥ 0.89 ÷ 0.21　4あまり0.05
3. 商を四捨五入して，$\frac{1}{10}$の位までのがい数で表しましょう。
   ① 6.39 ÷ 1.9　3.36 → 3.4
   ② 0.56 ÷ 0.41　1.36 → 1.4

ふりかえり 小数のわり算④

※ 計算は，ノートにしましょう。

1. 商が6.9より大きくなるのはどれとどれですか。記号で答えましょう。
   ㋐ 6.9 ÷ 0.1　㋑ 6.9 ÷ 1.1　㋒ 6.9 ÷ 0.01　㋓ 6.9 ÷ 6.9
   ㋐，㋒
2. さきさんの体重は38kgです。
   さきさんの体重は，お姉さんの体重の0.8倍だそうです。
   お姉さんの体重は何kgですか。
   式 38÷0.8=47.5　答え 47.5kg
3. 3.3kgのチーズがあります。0.18kgずつに切り分けると，チーズは何個に分けられて，何kgあまりますか。
   式 3.3÷0.18=18あまり0.06　答え 18個，あまり0.06kg
4. 0.5 Lのペンキで，4.5 m²のかべがぬれます。
   このペンキ1 Lで何m²のかべがぬれますか。
   式 4.5÷0.5=9　答え 9m²
5. 1.5 mの重さが0.9kgのロープがあります。
   このロープ1 mの重さは何kgですか。
   式 0.9÷1.5=0.6　答え 0.6kg

P76

小数のわり算（テスト）

【知識・技能】

1. 次の計算をしましょう。(5×6)
   (1) 30　(2) 600
   (3) 2.8　(4) 7.3
   (5) 0.675　(6) 3.75
2. 商を一の位まで求めて，あまりも出しましょう。(5×2)
   (1) 2.5 ÷ 0.6　4 あまり 0.1
   (2) 43.9 ÷ 2.9　15 あまり 0.4
3. 商を四捨五入して，$\frac{1}{10}$の位までのがい数で表しましょう。(5×2)
   (1) 8.85 ÷ 2.7　約3.3
   (2) 6 ÷ 2.8　約2.1

【思考・判断・表現】

4. 0.85mが340円のリボンがあります。
   このリボンの1mは何円ですか。(5×2)
   式 340÷0.85=400　答え 400円
5. 7.7Lのソースを0.3Lずつペットボトルに入れます。0.3L入りのペットボトルは何本できますか。(5×2)
   7.7÷0.3=25あまり0.2　答え 25本
6. 面積が22.1m²の部屋があります。たての長さは3.6mです。横の長さは約何mですか。
   上から2けたのがい数で表しましょう。(5×2)
   式 22.1÷3.6=6.13　答え 約6.1m
7. モミジの木の高さは5.2mです。
   スギの木の高さは13mです。(5×4)
   (1) スギの木の高さは，モミジの木の高さの何倍ですか。
   式 13÷5.2=2.5　答え 2.5倍
   (2) モミジの木の高さは，スギの木の高さの何倍ですか。
   式 5.2÷13=0.4　答え 0.4倍

P77

算数あそび 小数のわり算①

● 答えの大きい方を通ってゴールまで行きましょう。
わりきれないときは小数第二位を四捨五入《ししゃごにゅう》して，小数第一位まで求めましょう。

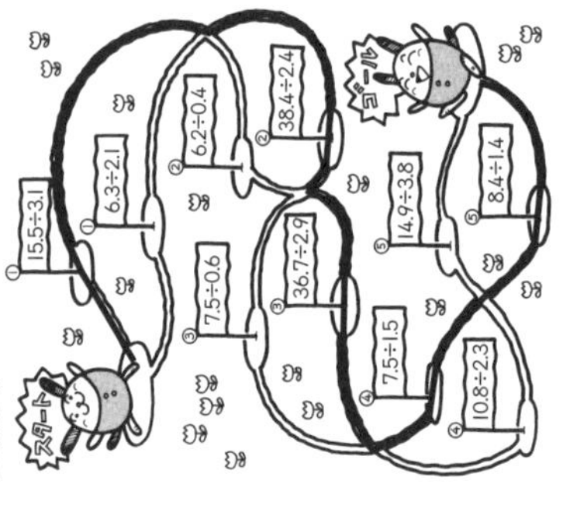

（解答は，200 ～ 300%に拡大してお使い下さい。）

P78

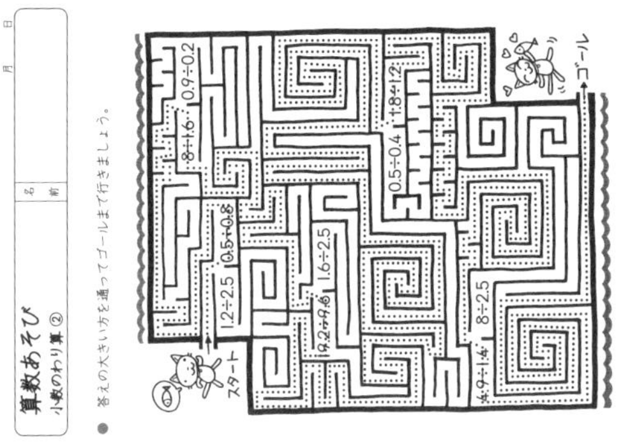

P79

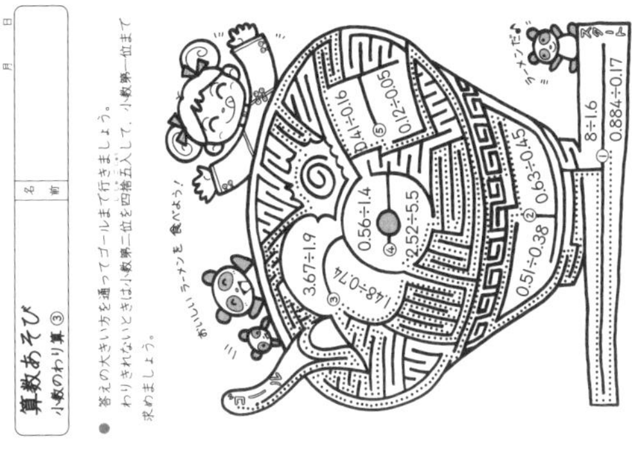

P80

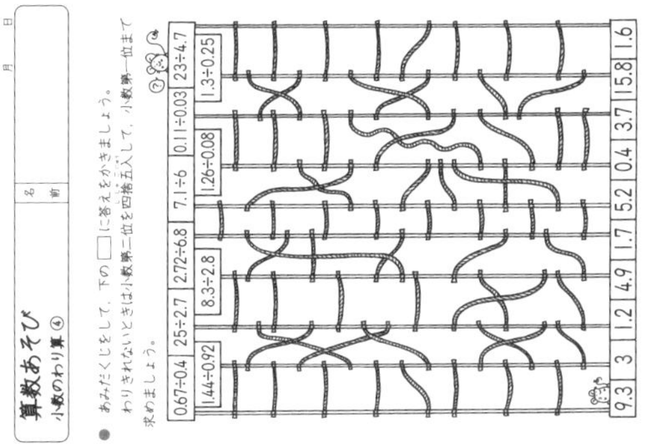

P81

小数のかけ算・わり算 (1) 文章題 ①

1. 校舎の高さは 18 m です。向かいのビルの高さは，校舎の 1.5 倍です。向かいのビルの高さは，何 m ですか。
式 18×1.5=27　答え 27m
2. こうじさんのテープは 1.5 m です。ようへいさんのテープは 5.1 m です。ようへいさんのテープの長さは，こうじさんのテープの長さの何倍ですか。
式 5.1÷1.5=3.4　答え 3.4 倍
3. ロープを 2.8 m 買うと，代金は 560 円でした。このロープ 1 m のねだんは何円ですか。
式 560÷2.8=200　答え 200 円
4. 1 m の重さが 0.7kg のプラスチックのぼうがあります。このプラスチックのぼう 3.6 m の重さは何 kg ですか。
式 3.6×0.7=2.52　答え 2.52kg
5. 4.8L のジュースがあります。0.45L ずつびんに入れます。
式 4.8÷0.45=10 あまり 0.3　答え 10 本，あまり 0.3L

小数のかけ算・わり算 (2) 文章題 ②

1. 横が 3.5 m，面積が 8.4 m² の花だんがあります。この花だんのたての長さは何 m ですか。
式 8.4÷3.5=2.4　答え 2.4m
2. 1 m² の板にペンキをぬるのに，ペンキが 0.4 L いるそうです。0.65 m² の板をぬるには，ペンキは何 L あればよいですか。
式 0.4×0.65=0.26　答え 0.26L
3. 3.8 m の重さが 9.6kg の鉄のぼうがあります。この鉄のぼう 1 m の重さは何 kg ですか。四捨五入して，上から 2 けたのがい数で表しましょう。
式 9.6÷3.8=2.52　答え 約 2.5kg
4. A 小学校の児童数は 750 人です。これは B 小学校の 1.5 倍の人数です。B 小学校の児童数は何人ですか。
式 750÷1.5=500　答え 500 人
5. 2 m の重さが 80g のはり金があります。このはり金 5.2 m の重さは何 g ですか。
式 80÷2=40　40×5.2=208　答え 208g

P82

小数のかけ算・わり算 (3) 文章題 ③

1. 布を 1.6m 買うと，代金は 640 円でした。この布 1m のねだんは何円ですか。
式 640÷1.6=400　答え 400 円
2. 1m² のかべにペンキをぬるのに，ペンキが 1.4L いるそうです。2.5m² のかべをぬるには，ペンキは何 L あればよいですか。
式 1.4×2.5=3.5　答え 3.5L
3. たての長さが 1.8m，横の長さが 4.5m の長方形の花だんがあります。この花だんの面積は何 m² ですか。
式 1.8×4.5=8.1　答え $8.1m^2$
4. 5.6m の重さが 183g のはり金があります。このはり金 1m の重さは何 g ですか。四捨五入して，$\frac{1}{10}$ の位までのがい数で表しましょう。
式 183÷5.6=32.67　答え 約 32.7g
5. 1km 走るのに 0.25dL のガソリンを使うバイクがあります。4.8km 走るには，何 dL のガソリンがいりますか。
式 0.25×4.8=1.2　答え 1.2dL

小数のかけ算・わり算 (4) 文章題 ④

1. はちみつが 12 びんあります。1 びんに 0.75kg ずつ入っています。はちみつは全部で何 kg ですか。
式 0.75×12=9　答え 9kg
2. 面積が 46.2m² の長方形の畑があります。横の長さは 8.4m です。たての長さは何 m ですか。
式 46.2÷8.4=5.5　答え 5.5m
3. 1 時間で 6.5cm 燃えるろうそくがあります。同じように燃えると，0.4 時間では何 cm 燃えますか。
式 6.5×0.4=2.6　答え 2.6cm
4. 12.6L のオリーブオイルがあります。1 人に 0.45L ずつ分けると，何人に分けられますか。
式 12.6÷0.45=28　答え 28 人
5. 16.7kg のみかんがあります。2.2kg ずつ箱に入れると，何箱に分けられて，何 kg あまりますか。
式 16.7÷2.2=7 あまり 1.3　答え 7 箱，あまり 1.3kg

P83

小数のかけ算・わり算（テスト）

1. (1) 7.58×6.4　48.512　(2) 0.28×2.3　0.644　(3) 9.5　(4) 0.7
2. 2 あまり 0.8　約 3.5
3. ㋒　㋕
4. 式 10.5×4.2=44.1　答え 44.1g
5. 式 2.9×5.6=16.24　答え $16.24m^2$
6. 式 7÷0.4=17 あまり 0.2　答え 17 本，あまり 0.2m
7. 式 0.6÷0.8=0.75　答え 0.75m
8. 式 2.9÷3.1=0.935　答え 約 0.94kg

P84

合同な図形 (1)

● 次の㋐，㋑，㋒はぴったり重なる図形です。

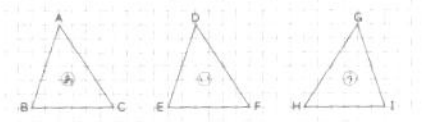

(1) 次の　にあてはまることばを書きましょう。
① ㋐と㋑のようにぴったり重ね合わすことができる 2 つの図形を 合同 といいます。
② ㋐と㋒のようにうら返してぴったり重なる図形も 合同 です。
③ 合同な図形では，対応する 辺 の長さは等しく，対応する 角 の大きさも等しくなります。

(2) 下の表に，対応する頂点，辺，角を書きましょう。

三角形㋐	三角形㋑	三角形㋒
頂点 A に対応する頂点	頂点（ D ）	頂点（ G ）
辺 AB に対応する辺	辺（ DE ）	辺（ GI ）
角 C に対応する角	角（ F ）	角（ H ）

合同な図形 (2)

● 下で，㋐の四角形は合同です。対応する辺，頂点，角について答えましょう。

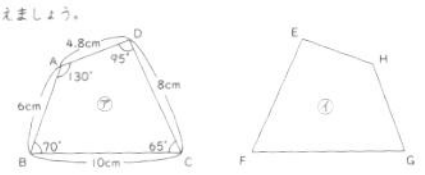

(1) 次の辺，頂点，角に対応する辺，頂点，角をそれぞれ書きましょう。
① 辺 AB　辺 HG　② 辺 DC　辺 EF
③ 頂点 B　頂点 G　④ 頂点 D　頂点 E
⑤ 角 A　角 H　⑥ 角 C　角 F

(2) 次の辺の長さや角の大きさを書きましょう。
① 辺 EF　8 cm　② 辺 EH　4.8 cm
③ 角 F　65°　④ 角 H　130°

P85

合同な図形 (3)

● 次の四角形に 1 本の対角線をひいてできる三角形は合同ですか。合同になるものには，( ) に○をつけましょう。

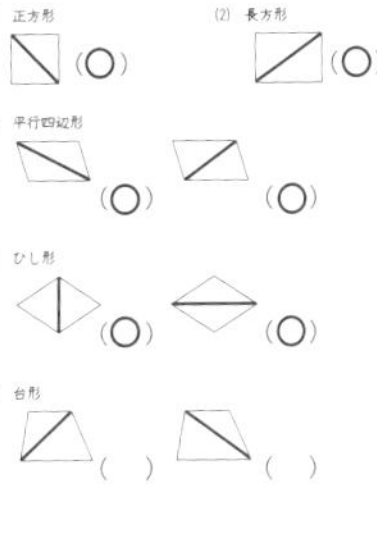

(1) 正方形 (○)
(2) 長方形 (○)
(3) 平行四辺形 (○) (○)
(4) ひし形 (○) (○)
(5) 台形 ( ) ( )

合同な図形 (4)

● 下の 5 つの四角形を，それぞれ 2 本の対角線で 4 つの三角形に分けます。できた三角形が合同であるかどうか調べましょう。にあてはまる番号を書きましょう。

① 正方形 ② 長方形 ③ ひし形 ④ 平行四辺形 ⑤ 台形

(1) 4 つの三角形がどれも合同ではないのはどれですか。　⑤
(2) 4 つの三角形がすべて合同になるものはどれですか。　①　③
(3) 向かい合う三角形が合同になるものはどれですか。　①　②　③　④

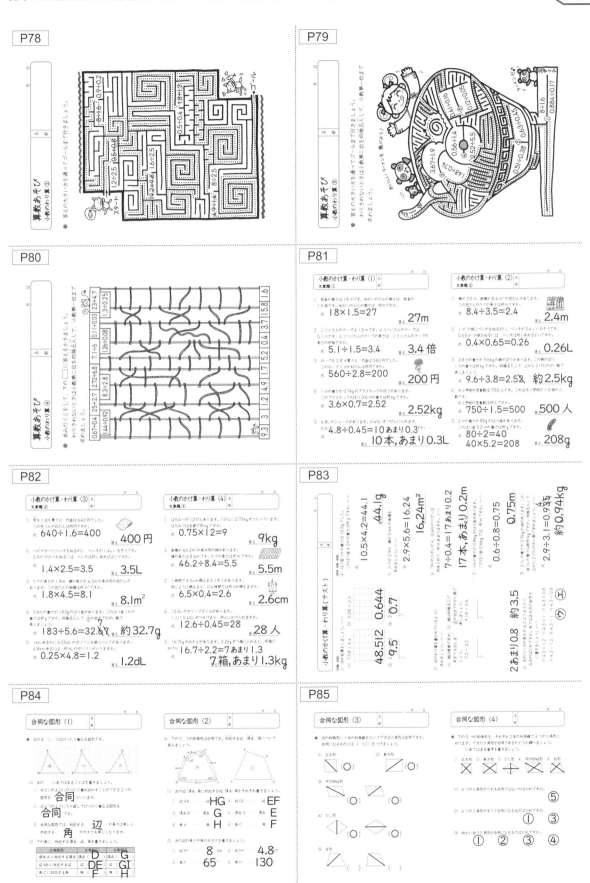

P86

合同な図形 (5)　名前　月　日

● 次のあ，い，うの四角形は合同です。
下の表に，対応する頂点《ちょうてん》，辺，角をそれぞれ書きましょう。

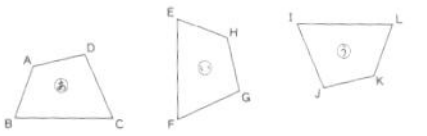

四角形あ	四角形い	四角形う
頂点Aに対応する頂点	頂点H	頂点K
頂点Bに対応する頂点	頂点E	頂点L
頂点Dに対応する頂点	頂点G	頂点J
辺ADに対応する辺	辺HG	辺KJ
辺BCに対応する辺	辺EF	辺LI
辺CDに対応する辺	辺FG	辺IJ
角Aに対応する角	角H	角K
角Cに対応する角	角F	角I
角Dに対応する角	角G	角J

合同な図形 (6)　名前　月　日

1 次の３つの三角形は合同です。□にあてはまる数を書きましょう。

2 下の３つの四角形は合同です。□にあてはまる数を書きましょう。

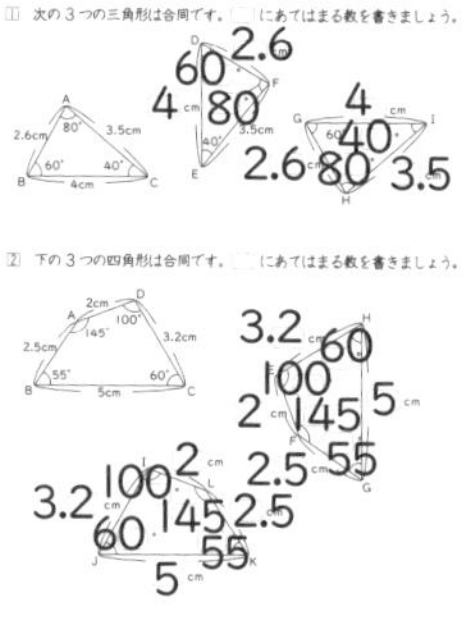

P87

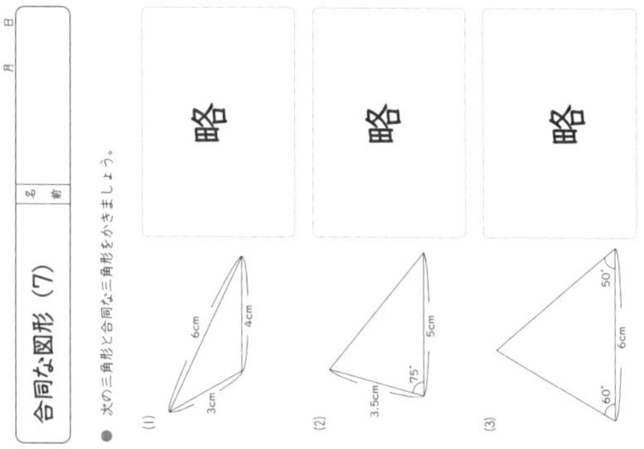

P88

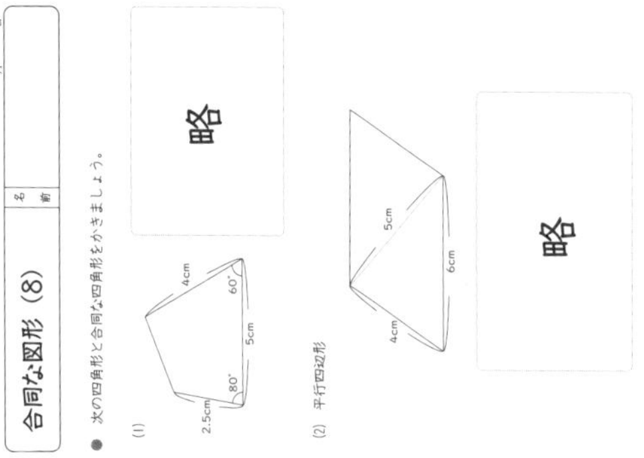

P89

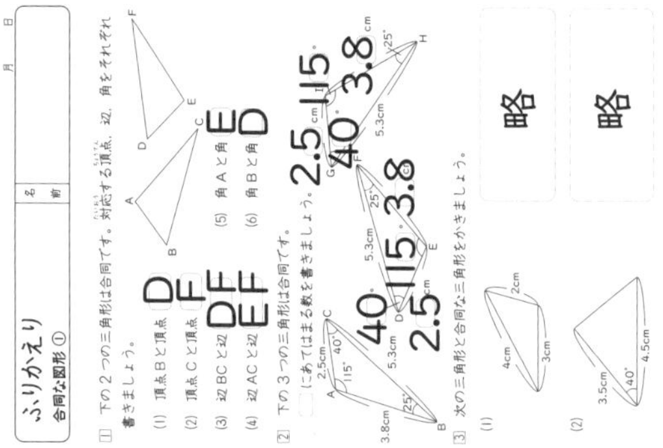

P90

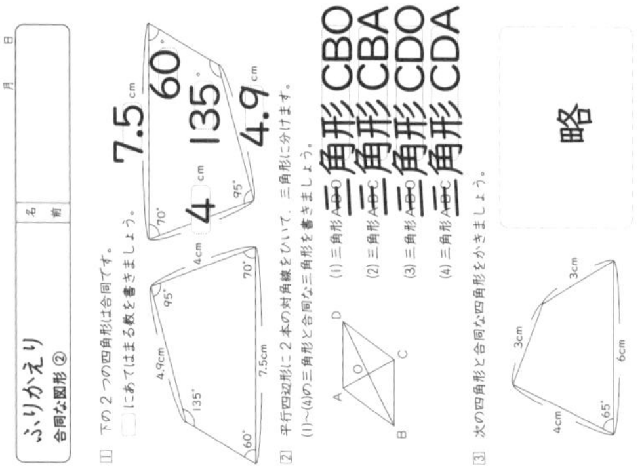

P91

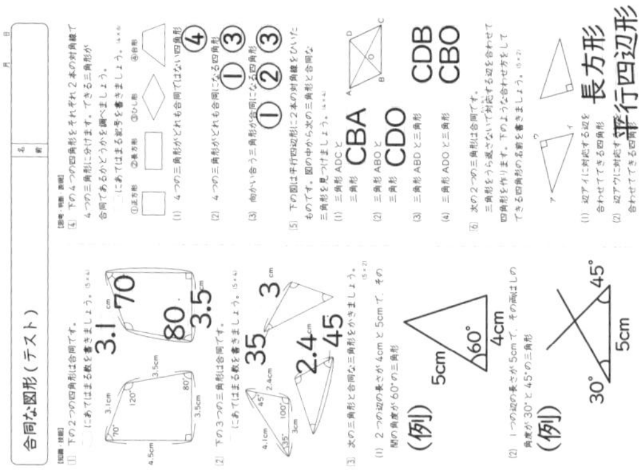

P92

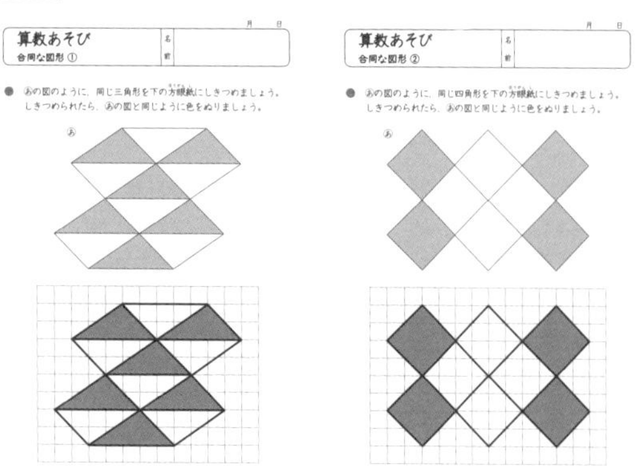

P93

図形の角 (1)　名前　月　日

● 次の三角形のア～エの角度は何度ですか。計算で求めましょう。

(1) 式 180−(90+25)=65　答え 65°

(2) 式 180−(40+20)=120　答え 120°

(3) 正三角形　式 180÷3=60　答え 60°

(4) 二等辺三角形　式 (180−120)÷2=30　答え 30°

図形の角 (2)　名前　月　日

● 下の図のア とイの角度を計算で求めましょう。

(1) (例) 式 180−(55+50)=75
180−75=105
答え 105°

(2) (例) 式 180−70=110
180−(30+110)=40
答え 40°

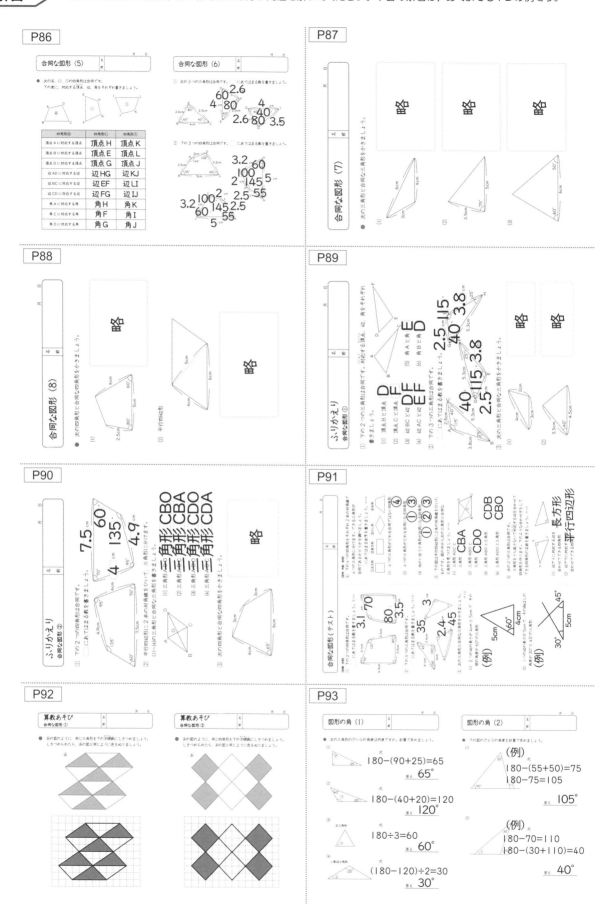

P94

図形の角 (3)

● 次の三角形の㋐〜㋔の角度は何度ですか。計算で求めましょう。

(1) 180−(100+30)=50 答え 50°

(2) 二等辺三角形 180−(75×2)=30 答え 30°

(3) 180−(55+90)=35 答え 35°

(4) 180−(60+40)=80 答え 80°

(5) 180−(95+40)=45 答え 45°

図形の角 (4)

1 下の図の㋐と㋑の角度は何度ですか。計算で求めましょう。

(1) 正三角形 (例) 180−60=120 答え 120°

(2) (例) 180−140=40
180−(90+40)=50 答え 50°

2 三角定規を組み合わせてできた㋒と㋓の角度を，計算で求めましょう。

(1) 180−(30+45)=105 答え 105°

(2) 180−45=135
180−(135+30)=15 答え 15°

P95

図形の角 (5)

1 四角形の4つの角の大きさの和について調べます。□にあてはまる数を書きましょう。

右の図のように，対角線を1本ひくと三角形が 2 つできます。三角形の3つの角の大きさの和は 180° だから，四角形の4つの角の大きさの和は 180°×2で，360°になります。

2 次の四角形の㋐，㋑の角度は何度ですか。計算で求めましょう。

(1) 360−(150+90+50)=70 答え 70°

(2) 360−(100+60+80)=120 答え 120°

図形の角 (6)

● 下の図の㋐〜㋓の角度は何度ですか。計算で求めましょう。

(1) 360−(90+90+45)=135 答え 135°

(2) 360−(30+50+25)=255 答え 255°

(3) 360−(65+90+135)=70
180−70=110 答え 110°

(4) 平行四辺形 180−130=50
360−(50+50)=260
260÷2=130 答え 130°

P96

図形の角 (7)

1 五角形の5つの角の大きさの和について調べましょう。□にあてはまることばや数を書きましょう。

右の図のように，1つの頂点から対角線をひくと，3つの 三角形 に分けることができます。

三角形の3つの角の大きさの和は 180 °で，五角形はその3つ分なので，180 °×3＝ 540 °

2 六角形の6つの角の大きさの和を求めましょう。

180×4=720 答え 720°

3 1つの頂点からひいた対角線で分けられる三角形の数と，多角形の角の大きさの和について，下の表にまとめましょう。

	三角形	四角形	五角形	六角形	七角形
三角形の数	1	2	3	4	5
角の大きさの和	180°	360°	540°	720°	900°

図形の角 (8)

1 七角形と八角形の角の大きさの和をそれぞれ求めましょう。1つの頂点から対角線をひいて，三角形がいくつできるかで考えましょう。

(1) 七角形 式 180×5=900 答え 900°

(2) 八角形 式 180×6=1080 答え 1080°

2 正六角形（6つの辺の長さが等しい六角形）の1つの角の大きさを計算で求めましょう。

式 180×4=720
720÷6=120 答え 120°

P97

ふりかえり 図形の角 ①

● 次の三角形の㋐〜㋖の角度

(1) 式 180−(80+30)=70 答え 70°

(2) 二等辺 180−110=70
180−70×2=40 答え 40°

(3) 180−(60+90)=30
180−30=150 答え 150°

(4) 正三角形 180−60=120 答え 120°

(5) 平行四辺形 360−120×2=120
120÷2=60 答え 60°

(6) 360−(130+100+60)=70
180−70=110 答え 110°

(7) 180−130=50
360−(50+80+90)=140 140°

ふりかえり 図形の角 ②

1 三角定規を組み合わせ 45−30=15
(例) 180−(90+15)=75 答え 75°

2 多角形の角の大きさの和を求めましょう。

(1) 四角形 式 180×2=360 答え 360°

(2) 六角形 式 180×4=720 答え 720°

(3) 八角形 式 180×6=1080 答え 1080°

3 1つの頂点からひいた対角線で分けられる三角形の数と，多角形の角の大きさの和について，下の表を完成させましょう。

	三角形	四角形	五角形	六角形	七角形	八角形
三角形の数	1	2	3	4	5	6
角の大きさの和	180°	360°	540°	720°	900°	1080°

P98

図形の角（テスト）

1 次の三角形や四角形の㋐〜㋔の角度を求めましょう。

(1) 式 180−(40+80)=60 答え 60°

(2) 二等辺三角形 式 (180−110)÷2=35 答え 35°

(3) 45+60=105
または 180−(45+60)=75
180−75=105 答え 105°

(4) 式 360−(70+80+90)=120 答え 120°

(5) 式 (360−60×2)÷2=120 答え 120°

2 五角形の角の大きさの和を下のようにして調べました。□にあてはまる数を書きましょう。

① 五角形を1つの頂点から対角線をひくと，三角形が3つできます。
② ①から，五角形の角の和は次の式で求めることができます。
180 ° × 3
③ 五角形の5つの角の和は 540 °です。

3 多角形の角の大きさの和を調べます。1つの頂点から対角線をひいて分けられる三角形の数と角の大きさの和を書きましょう。

(1) 六角形 三角形の数 4 角の大きさの和 720
(2) 八角形 三角形の数 6 角の大きさの和 1080

4 三角定規2まいを組み合わせてできる角㋕，㋖を求めましょう。

(1) 式 180−(45+60)=75 答え 75°

(2) 式 180−(45+30)=105 答え 105°

P99

算数あそび 図形の角 ①

1 ツバメをできとうな四角形で囲みましょう。四角形ができたら，四角形の4つの角の和が何度になっているか調べましょう。

360 度

2 スズメをできとうな六角形で囲みましょう。六角形ができたら，六角形の6つの角の和が何度になっているか調べましょう。

720 度

算数あそび 図形の角 ②

● ツルをてきとうな七角形で囲みましょう。七角形ができたら，七角形の7つの角の和が何度になっているか調べましょう。

900 度

P100

偶数と奇数 (1)

1 □に偶数か奇数を書きましょう。

(1) 2でわり切れる整数は 偶数 です。
(2) 2でわり切れない整数は 奇数 です。
(3) 0は 偶数 です。

2 下の数直線で偶数には○を，奇数には△をつけましょう。

○0 △1 ○2 △3 ○4 △5 ○6 △7 ○8 △9 ○10 △11 ○12

3 次の数を偶数と奇数に分けます。偶数には○を，奇数には△をつけましょう。

① △15 ② ○36 ③ △41
④ ○60 ⑤ △79 ⑥ ○88
⑦ ○100 ⑧ △105 ⑨ △153
⑩ △247 ⑪ ○572 ⑫ ○794
⑬ △1101 ⑭ △2683 ⑮ ○4730

偶数と奇数 (2)

1 偶数か奇数かが分かるように，例のように色をぬり，式を書きましょう。また，（ ）に偶数か奇数かを書きましょう。

(例) 6 式 2×3 (偶数)　7 式 2×3+1 (奇数)

10 式 2×5 偶数
11 式 2×5+1 奇数
12 式 2×6 偶数

2 次の2つの数が偶数か奇数かを調べます。□にあてはまる数を書き，（ ）に偶数か奇数かを書きましょう。

(1) 24＝2× 12 偶数
(2) 33＝2× 16 ＋ 1 奇数

P101

算数あそび 偶数と奇数

● 奇数のにんじんに色をぬりましょう。

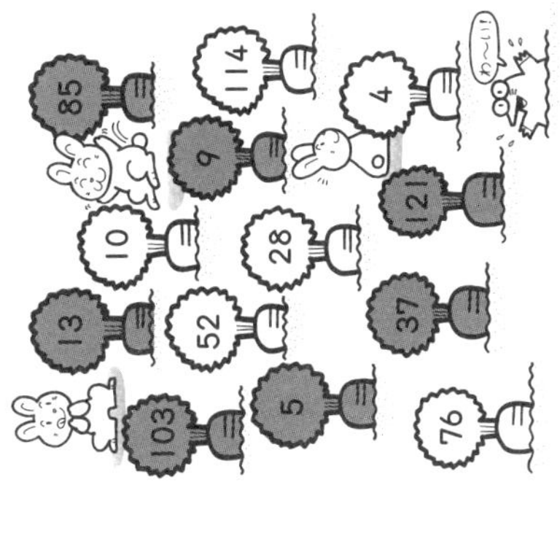

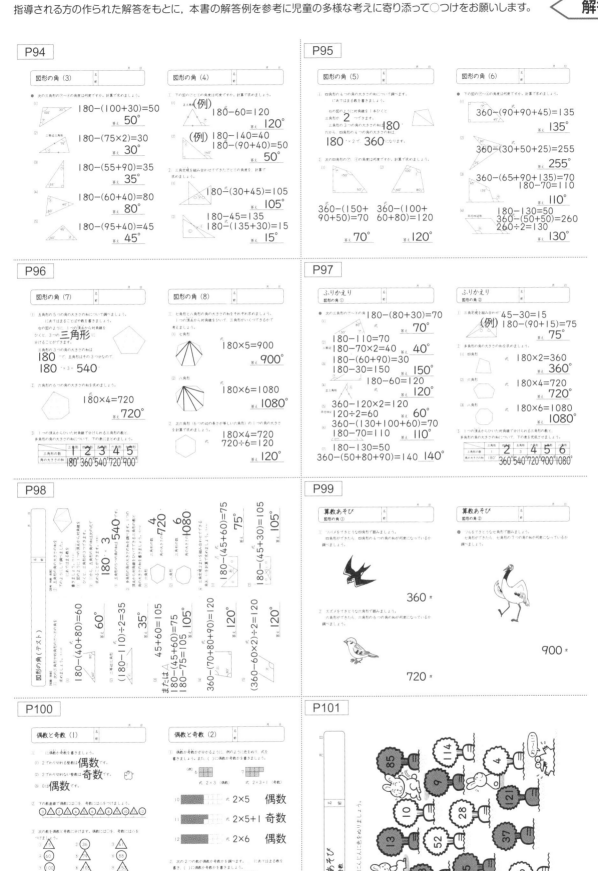

解答

児童に実施させる前に，必ず指導される方が問題を解いてください。本書の解答は，あくまでも１つの例です。

P102

倍数と約数（1） 名前　月　日

1 りんごが１ふくろに３個ずつ入っています。ふくろの数を１，２，３…とすると，りんごの数はそれぞれ何個になりますか。

(1) 表にまとめましょう。

ふくろの数（ふくろ）	1	2	3	4	5	6	7	8	9	10
りんごの数（個）	3	6	9	12	15	18	21	24	27	30

(2) りんごの数は，何の数の倍数になっていますか。　3 の倍数

2 下の数直線で，３の倍数にあたる数を○で囲みましょう。

0 1 2 ③ 4 5 ⑥ 7 8 ⑨ 10 11 ⑫ 13 14 ⑮ 16 17 ⑱ 19 20 ㉑ 22 23 ㉔ 25 26 ㉗ 28 29 ㉚

3 次の数の倍数を，小さい方から順に５つ書きましょう。

(1) 4　4，8，12，16，20
(2) 6　6，12，18，24，30
(3) 7　7，14，21，28，35
(4) 12　12，24，36，48，60

倍数と約数（2） 名前　月　日

1 数直線の２と３の倍数にそれぞれ○をつけて考えましょう。

2の倍数　0 1 ② 3 ④ 5 ⑥ 7 ⑧ 9 ⑩ 11 ⑫ 13 ⑭ 15 ⑯ 17 ⑱ 19 ⑳ 21 ㉒ 23 ㉔ 25
3の倍数　0 1 2 ③ 4 5 ⑥ 7 8 ⑨ 10 11 ⑫ 13 14 ⑮ 16 17 ⑱ 19 20 ㉑ 22 23 ㉔ 25

(1) ２と３の共通な倍数を書きましょう。
6,12,18,24 …… ２と３の公倍数

(2) ２と３の公倍数で，いちばん小さい数を書きましょう。
6 …… ２と３の最小公倍数

2 数直線の３と４の倍数にそれぞれ○をつけて考えましょう。

3の倍数　0 1 2 ③ 4 5 ⑥ 7 8 ⑨ 10 11 ⑫ 13 14 ⑮ 16 17 ⑱ 19 20 ㉑ 22 23 ㉔ 25
4の倍数　0 1 2 3 ④ 5 6 7 ⑧ 9 10 11 ⑫ 13 14 15 ⑯ 17 18 19 ⑳ 21 22 23 ㉔ 25

(1) ３と４の公倍数を書きましょう。　12，24
(2) ３と４の最小公倍数はいくつですか。　12

P103

倍数と約数（3） 名前　月　日

1 下の数直線を使って考えましょう。

(1) 下の数直線で３，４，５，６の倍数にあたる数をそれぞれ○で囲みましょう。

(2) ３の倍数にも４の倍数にもなっている数を書きましょう。
12，24，36

(3) ３と４の最小公倍数はいくつですか。　12

(4) 次の２つの数の公倍数を見つけましょう。また，最小公倍数は，いくつですか。

① ３と５　15，30　最小公倍数 15
② ４と６　12，24，36　最小公倍数 12

3の倍数　0 1 2 ③ 4 5 ⑥ 7 8 ⑨ 10 11 ⑫ 13 14 ⑮ 16 17 ⑱ 19 20 ㉑ 22 23 ㉔ 25 26 ㉗ 28 29 ㉚ 31 32 ㉝ 34 35 ㊱ 37 38 ㊴ 40
4の倍数　0 1 2 3 ④ 5 6 7 ⑧ 9 10 11 ⑫ 13 14 15 ⑯ 17 18 19 ⑳ 21 22 23 ㉔ 25 26 27 ㉘ 29 30 31 ㉜ 33 34 35 ㊱ 37 38 39 ㊵
5の倍数　0 1 2 3 4 ⑤ 6 7 8 9 ⑩ 11 12 13 14 ⑮ 16 17 18 19 ⑳ 21 22 23 24 ㉕ 26 27 28 29 ㉚ 31 32 33 34 ㉟ 36 37 38 39 ㊵
6の倍数　0 1 2 3 4 5 ⑥ 7 8 9 10 11 ⑫ 13 14 15 16 17 ⑱ 19 20 21 22 23 ㉔ 25 26 27 28 29 ㉚ 31 32 33 34 35 ㊱ 37 38 39 40

2 次の２つの数の公倍数を小さい順に３つ書きましょう。また，最小公倍数を○で囲みましょう。

(1) ６と９　⑱，36，54
(2) ２と７　⑭，28，42
(3) ３と８　㉔，48，72
(4) 10と12　(60)，120，180

９の倍数は，9，18，27，36，45，54……

P104

倍数と約数（4） 名前　月　日

1 高さが5cmの箱と，高さが6cmの箱をそれぞれ積んでいきます

(1) 最初に高さが等しくなるのは，何cmのときですか。　30cm

(2) 最初に高さが等しくなるのは，それぞれの箱を何個積んだときですか。
5cmの箱 6個　6cmの箱 5個

2 右のように，たて9cm，横6cmの長方形のカードを同じ向きにすきまなくしきつめて正方形を作ります。

(1) できる正方形のうち，いちばん小さいものの１辺の長さは何cmですか。　18cm

(2) (1)のとき，たてと横には，それぞれ長方形が何まいならんでいますか。
たて 2まい　横 3まい

(3) (1)のとき，たて9cm，横6cmの長方形のカードは何まい必要ですか。　6まい

倍数と約数（5） 名前　月　日

1 長さが8cmずつに区切ってあるテープと，6cmずつに区切ってあるテープがあります。２本のテープのはしをそろえてならべ，最初に区切り目がちょうど同じになるのは，はしから何cmのところですか。

24cm

2 右のように，たて9cm，横15cmの長方形を同じ向きにすきまなくしきつめて正方形を作ります。

(1) いちばん小さい正方形の１辺の長さは何cmですか。　45cm

(2) (1)のとき，たて9cm，横15cmの長方形は何まい必要ですか。　15まい

3 ある駅では，電車が14分おきに発車し，バスが８分おきに発車しています。午前８時に電車とバスが同時に出発しました。次に同時に出発するのは何時何分ですか。

午前8時56分

P105

倍数と約数（6） 名前　月　日

1 ２と３と４の公倍数と最小公倍数を見つけましょう。

(1) 下の数直線で２の倍数，３の倍数，４の倍数にあたる数を○で囲みましょう。

2の倍数　0 1 ② 3 ④ 5 ⑥ 7 ⑧ 9 ⑩ 11 ⑫ 13 ⑭ 15 ⑯ 17 ⑱ 19 ⑳ 21 ㉒ 23 ㉔ 25
3の倍数　0 1 2 ③ 4 5 ⑥ 7 8 ⑨ 10 11 ⑫ 13 14 ⑮ 16 17 ⑱ 19 20 ㉑ 22 23 ㉔ 25
4の倍数　0 1 2 3 ④ 5 6 7 ⑧ 9 10 11 ⑫ 13 14 15 ⑯ 17 18 19 ⑳ 21 22 23 ㉔ 25

(2) ２と３と４の公倍数を書きましょう。　12，24

(3) ２と３と４の最小公倍数はいくつですか。　12

2 次の３つの数の公倍数を小さい順に３つ書きましょう。また，最小公倍数を○で囲みましょう。

(1) ２と６と８　㉔，48，72
(2) ４と６と９　㊱，72，108
(3) ４と５と６　(60)，120，180

倍数と約数（7） 名前　月　日

1 3，4，6の最小公倍数を求めましょう。

(1) 3，4，6の倍数を○で囲みましょう。

3の倍数　0 1 2 ③ 4 5 ⑥ 7 8 ⑨ 10 11 ⑫ 13 14 ⑮ 16 17 ⑱ 19 20 ㉑ 22 23 ㉔ 25 26 ㉗ 28 29 ㉚
4の倍数　0 1 2 3 ④ 5 6 7 ⑧ 9 10 11 ⑫ 13 14 15 ⑯ 17 18 19 ⑳ 21 22 23 ㉔ 25 26 27 ㉘ 29 30
6の倍数　0 1 2 3 4 5 ⑥ 7 8 9 10 11 ⑫ 13 14 15 16 17 ⑱ 19 20 21 22 23 ㉔ 25 26 27 28 29 ㉚

(2) 3，4，6の最小公倍数を書きましょう。　12

2 3，6，9の最小公倍数を求めましょう。

(1) 3，6，9の倍数を小さい順に６つ書きましょう。

3の倍数　3,6,9,12,15,18
6の倍数　6,12,18,24,30,36
9の倍数　9,18,27,36,45,54

(2) 3，6，9の最小公倍数を書きましょう。　18

3 次の３つの数の最小公倍数を求めましょう。

(1) 4，6，8の最小公倍数　24
(2) 3，10，15の最小公倍数　30
(3) 8，12，16の最小公倍数　48

P106

倍数と約数（8） 名前　月　日

1 12個のみかんを子どもに等しく分けられるのは何人のときかを調べましょう。

(1) 次の人数の場合，等しく分けられますか。また，そのとき，１人何個ずつになりますか。

人数（人）	1	2	3	4	5	6	7	8	9	10	11	12
個数（個）	12	6	4	3	×	2	×	×	×	×	×	1

等しく分けられない場合は×をつけましょう。

(2) 上の表で等しく分けられた場合の数を小さい順にならべましょう。

1 2 3 4 6 12

12の約数は，１と12，２と６，３と４のペアになっているね。

2 次の数の約数を□に書きましょう。

(1) 8　1 2 4 8
(2) 16　1 2 4 8 16
(3) 28　1 2 4 7 14 28
(4) 30　1 2 3 5 6 10 15 30
(5) 36　1 2 3 4 6 9 12 18 36

4×4＝16 だから…。

倍数と約数（9） 名前　月　日

1 8cm，12cmの長方形に合同な正方形をしきつめます。しきつめられるのは，１辺が何cmの正方形か調べましょう。

(1) ８と12の約数をすべて書きましょう。
8　1,2,4,8
12　1,2,3,4,6,12

(2) ８と12の公約数を書きましょう。　1,2,4

(3) １辺が何cmの正方形をしきつめることができますか。
1 cm，2 cm，4 cm

(4) いちばん大きな正方形は１辺が何cmですか。　4 cm

いちばん大きい正方形の１辺の長さは，最大公約数になっているね。

(5) 右の㋐の図を使って，(4)のときの正方形に区切ってみましょう。

2 次の２つの数の約数を書き，公約数を○で囲みましょう。また，最大公約数を□に書きましょう。

(1) 12（①，②，③，4，⑥，12）
18（①，②，③，⑥，9，18）　最大公約数 6

(2) 16（①，②，④，⑧，16）
24（①，②，3，④，6，⑧，12，24）　8

P107

倍数と約数（10） 名前　月　日

1 次の２つの数の約数を書き，公約数を○で囲みましょう。また，最大公約数を□に書きましょう。

(1) 4（①，②，④）
12（①，②，3，④，6，12）　最大公約数 4

(2) 6（①，②，③，⑥）
18（①，②，③，⑥，9，18）　6

(3) 24（①，②，3，④，6，⑧，12，24）
16（①，②，④，⑧，16）　8

(4) 30（①，②，③，5，⑥，10，15，30）
36（①，②，③，4，⑥，9，12，18，36）　6

2 次の３つの数の約数を書き，公約数を○で囲みましょう。また，最大公約数を□に書きましょう。

(1) 4（①，②，4）
6（①，②，3，6）
12（①，②，3，4，6，12）　最大公約数 2

(2) 15（①，3，⑤，15）
20（①，2，4，⑤，10，20）
30（①，2，3，⑤，6，10，15，30）　5

(3) 18（①，②，③，⑥，9，18）
24（①，②，③，4，⑥，8，12，24）
36（①，②，③，4，⑥，9，12，18，36）　6

倍数と約数（11） 名前　月　日

1 男子が28人，女子が24人います。それぞれを同じ人数に分けて男子と女子のまじったグループを作ります。あまる人が出ないように，できるだけ多くのグループを作るには，グループの数をいくつにしたらよいでしょう。

(1) 男子と女子は，それぞれいくつのグループに分けることができますか。
男子　1,2,4,7,14,28
女子　1,2,3,4,6,8,12,24

(2) グループの数がいちばん多くなるのは，いくつのときですか。　4 つ

(3) (2)のとき，１グループは，男子何人，女子何人，合計何人になりますか。
男子 7 人，女子 6 人，合計 13 人

2 たて30cm，横36cmの画用紙があります。この画用紙から同じ大きさの正方形をあまりが出ないように切り取ります。

(1) 正方形の１辺を何cmにすればよいですか。
1cm,2cm,3cm，6cm

(2) いちばん大きな正方形は，１辺が何cmですか。　6 cm

(3) (2)の大きさで切ると，何まいの正方形ができますか。　30 まい

P108

算数あそび
倍数と約数 ①　名前　月　日

● ３の倍数をみつけて，数字の小さい順にひらがなをならべかえてみましょう。とびらをあけるじゅもんだよ。

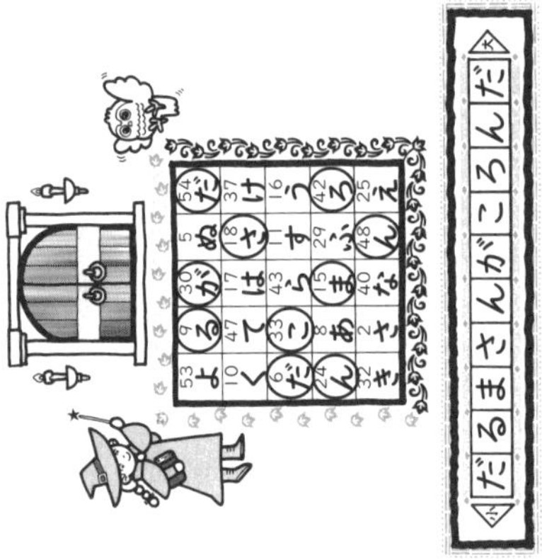

P109

算数あそび
倍数と約数 ②　名前　月　日

● ２の約数は，１と２の２つです。３の約数は，１と３の２つです。５の約数は，１と５の２つです。
このように約数が２つだけの数（これを素数といいます。）をたどって，スタートからゴールまで行きましょう。

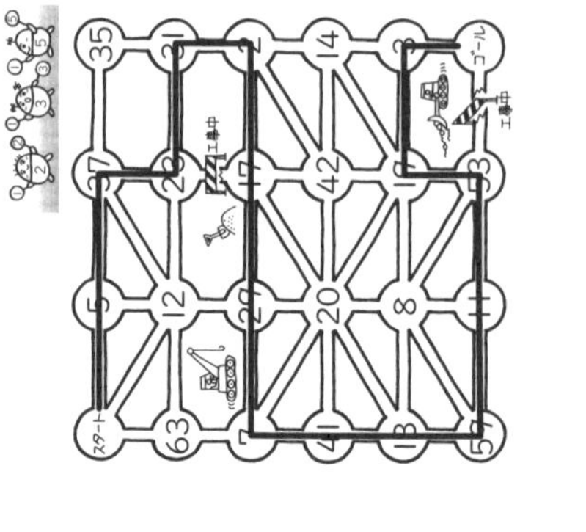

　（解答は，200～300%に拡大してお使い下さい。）

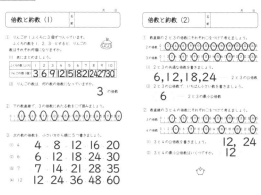

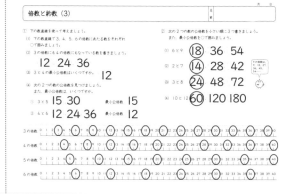

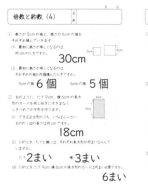

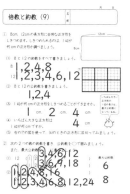

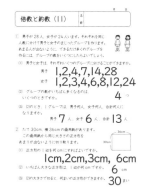

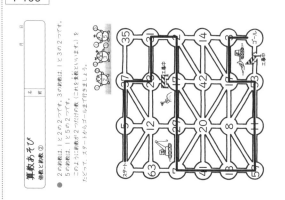

指導される方の作られた解答をもとに，本書の解答例を参考に児童の多様な考えに寄り添って○つけをお願いします。

解答

P110

ふりかえり 偶数と奇数・倍数と約数 ①

1 次の数を偶数と奇数に分けて書きましょう。
0，1，2，4，9，15，20，27，56，103
偶数 0,2,4,20,56　奇数 1,9,15,27,103

2 3と5の倍数をそれぞれ小さい順に5つずつ書きましょう。また，3と5の最小公倍数を求めましょう。
3の倍数 3,6,9,12,15
5の倍数 5,10,15,20,25
3と5の最小公倍数 15

3 次の数の最小公倍数を求めましょう。
(1) 4，5　20　(2) 6，8　24
(3) 8，16　16　(4) 9，12，18　36

4 12と16の約数をそれぞれすべて書きましょう。また，12と16の最大公約数を求めましょう。
12の約数 1,2,3,4,6,12
16の約数 1,2,4,8,16
12と16の最大公約数 4

5 次の数の最大公約数を求めましょう。
(1) 8，12　4　(2) 20，24　4
(3) 18，30　6　(4) 10，15，30　5

ふりかえり 偶数と奇数・倍数と約数 ②

1 高さが6cmと9cmの箱があります。それぞれを積んでいきます。同じ高さになるのは何cmのときですか。
(1) 6と9の倍数を小さい順に4つ書きましょう。
6の倍数 6,12,18,24
9の倍数 9,18,27,36
(2) 2つの箱がはじめて同じ高さになるのは何cmのときですか。 18cm
(3) (2)のとき，それぞれの箱の数は何個ですか。 6cmの箱 3 個　9cmの箱 2 個
(4) 次に箱の高さが同じになるのは何cmのときですか。 36cm

2 たて18cm，横24cmの紙に正方形の色タイルをすきまのないようにしきつめます。1辺が何cmの正方形のタイルがはれるでしょうか。
(1) 18と24の約数をすべて書きましょう。
18の約数 1,2,3,6,9,18
24の約数 1,2,3,4,6,8,12,24
(2) しきつめられるいちばん大きな正方形の1辺は何cmですか。 6cm
(3) (2)のとき，正方形のタイルは，何まいになりますか。 12まい

P111

偶数と奇数，倍数と約数（テスト）

1 下の数を偶数と奇数に分けましょう。
0，1，3，4，7，10，14，24，47，100，289，2765
偶数 0,4,10,14,24,100　奇数 1,3,7,47,289,2765

2 次の数の倍数を小さい順に3つ書きましょう。
(1) 6　6，12，18
(2) 9　9，18，27
(3) 12　12，24，36

3 次の2つの数の公倍数を小さい順に3つ書きましょう。また，最小公倍数に○をつけましょう。
(1) (3，4)　⑫，24，36
(2) (6，8)　㉔，48，72

4 次の数の約数をすべて書きましょう。
(1) 28　1,2,4,7,14,28
(2) 60　1,2,3,4,5,6,10,12,15,20,30,60

5 次の2つの数の公約数をすべて書きましょう。また，最大公約数に○をつけましょう。
(1) (12，20)　1，2，④
(2) (32，56)　1，2，4，⑧

6 20から30までの数で奇数をすべて書きましょう。 21,23,25,27,29

7 たて6cmと8cmの箱をそれぞれ積んでいきます。
(1) 重ねていって，はじめて同じ高さになるのは何cmですか。 答え 24cm
(2) (1)のとき，それぞれの箱は何個ですか。 6cmの箱 4 個　8cmの箱 3 個
(3) 次に箱の高さが同じになるのは何cmのときですか。 答え 48cm

8 たて16cm，横48cmの画用紙があります。この画用紙から同じ大きさの正方形をあまりが出ないように切り取っていきます。
(1) 切り取ることができるいちばん大きな正方形は1辺が何cmですか。 答え 16cm
(2) (1)で答えた正方形は何まいできますか。 答え 3まい

9 ある駅をバスは8分おきに，電車は10分おきに出発します。午前8時にバスと電車が同時に出発しました。次に同時に出発するのは何時何分ですか。 午前8時40分

10 42人の子どもと12人の大人がいます。どのグループにも同じ人数の子どもと大人が入るようにグループを作ると，何グループできますか。 6グループ
(2) (1)のとき，子どもとおとなの人数はそれぞれ何人ですか。 子ども 7人，おとな 2人

P112

分数と小数，整数の関係 (1)

1 わり算の商を分数で表しましょう。
(1) 2÷5＝$\frac{2}{5}$　(2) 3÷7＝$\frac{3}{7}$
(3) 4÷3＝$\frac{4}{3}$　(4) 7÷6＝$\frac{7}{6}$
(5) 5÷11＝$\frac{5}{11}$　(6) 17÷15＝$\frac{17}{15}$

2 □や○にあてはまる数を書きましょう。
(1) $\frac{2}{3}$＝2÷3　(2) $\frac{9}{4}$＝9÷4
(3) $\frac{7}{13}$＝7÷13　(4) $\frac{1}{6}$＝1÷6
(5) $\frac{5}{24}$＝5÷24　(6) $\frac{11}{8}$＝11÷8

3 5mのテープを6等分しました。1つ分の長さは何mですか。□や○にあてはまる数を書きましょう。
5÷6＝$\frac{5}{6}$　答え $\frac{5}{6}$m

分数と小数，整数の関係 (2)

1 3mのテープを5等分した1つ分の長さは何mですか。答えは分数と小数で表しましょう。
分数で 3÷5＝$\frac{3}{5}$(m)　小数で 3÷5＝0.6(m)

2 次の分数をわり算にして，小数や整数で表しましょう。
(1) $\frac{4}{5}$＝4÷5＝0.8　(2) $\frac{11}{4}$＝11÷4＝2.75
(3) $1\frac{3}{8}$＝11÷8＝1.375　(4) $2\frac{3}{10}$＝23÷10＝2.3
(5) $3\frac{1}{5}$＝16÷5＝3.2　(6) $\frac{36}{6}$＝36÷6＝6

P113

分数と小数，整数の関係 (3)

1 0.7，0.39，1.46を分数で表しましょう。
(1) 0.1＝$\frac{1}{10}$だから，0.7＝$\frac{7}{10}$
(2) 0.01＝$\frac{1}{100}$だから，0.39＝$\frac{39}{100}$
(3) 0.01＝$\frac{1}{100}$だから，1.46＝$\frac{146}{100}$

2 次の小数を分数で表しましょう。
(1) 0.3＝$\frac{3}{10}$　(2) 1.2＝$\frac{12}{10}$
(3) 0.09＝$\frac{9}{100}$　(4) 2.06＝$\frac{206}{100}$
(5) 0.58＝$\frac{58}{100}$

3 次の整数を分数で表しましょう。
(1) 3＝$\frac{3}{1}$　(2) 6＝$\frac{6}{1}$
(3) 11＝$\frac{11}{1}$　(4) 20＝$\frac{20}{1}$

分数と小数，整数の関係 (4)

1 数の大小を比べて，□に不等号を書きましょう。
(1) 0.3 ＜ $\frac{2}{5}$　(2) 3.2 ＜ $\frac{13}{4}$
小数になおす計算 ($\frac{2}{5}$＝2÷5＝0.4)
(3) $1\frac{9}{15}$ ＜ 1.7　(4) 0.8 ＜ $\frac{5}{6}$
(5) $2\frac{1}{3}$ ＞ 2.3

分数は小数になおして考えるといいね。

P114

分数と小数，整数の関係 (5)

● ペットボトルと水そうに水が入っています。
2L　7L
(1) それぞれの水の量を下の図に色をぬって表しましょう。
(2) 水そうには，ペットボトルの何倍の水が入っていますか。
式 7÷2＝$\frac{7}{2}$　答え $\frac{7}{2}$倍
(3) ペットボトルには，水そうの何倍の水が入っていますか。
式 2÷7＝$\frac{2}{7}$　答え $\frac{2}{7}$倍

分数と小数，整数の関係 (6)

● Aは4mです。B，C，D，Eのテープの長さはそれぞれAの何倍かを表しましょう。

	長さ(m)
A	4
B	8
C	7
D	1
E	3

(1) 式 8÷4　BはAの 2 倍
(2) 式 7÷4　CはAの $\frac{7}{4}$ 倍
(3) 式 1÷4　DはAの $\frac{1}{4}$ 倍
(4) 式 3÷4　EはAの $\frac{3}{4}$ 倍

P115

分数と小数，整数の関係 (7)

1 わり算の商を分数で表しましょう。
(1) 3÷8＝$\frac{3}{8}$　(2) 7÷5＝$\frac{7}{5}$
(3) 4÷11＝$\frac{4}{11}$　(4) 16÷9＝$\frac{16}{9}$

2 次の分数をわり算にして，小数や整数で表しましょう。
(1) $\frac{2}{5}$＝2÷5＝0.4　(2) $\frac{3}{4}$＝3÷4＝0.75
(3) $\frac{24}{3}$＝24÷3＝8　(4) $\frac{18}{6}$＝18÷6＝3
(5) $1\frac{9}{10}$＝19÷10＝1.9　(6) $2\frac{1}{2}$＝5÷2＝2.5

3 次の小数や整数を分数で表しましょう。
(1) 0.3＝$\frac{3}{10}$　(2) 0.65＝$\frac{65}{100}$
(3) 1.9＝$\frac{19}{10}$　(4) 14＝$\frac{14}{1}$

分数と小数，整数の関係 (8)

1 数の大小を比べて，□に不等号を書きましょう。
(1) 0.3 ＞ $\frac{1}{4}$　(2) $\frac{6}{5}$ ＜ 1.3
(3) 2.1 ＜ $\frac{7}{3}$　(4) $2\frac{3}{8}$ ＜ 2.4

2 右の表のような長さのリボンがあります。Aのリボンの長さ5mをもとにすると，B，Cのリボンの長さはそれぞれ何倍になるか調べましょう。

	長さ(m)
A	5
B	7
C	2

(1) Bのリボンの長さは，Aのリボンの長さの何倍ですか。
式 7÷5＝$\frac{7}{5}$　答え $\frac{7}{5}$倍 (1.4倍)
(2) Cのリボンの長さは，Aのリボンの長さの何倍ですか。
式 2÷5＝$\frac{2}{5}$　答え $\frac{2}{5}$倍 (0.4倍)

P116

ふりかえり 分数と小数，整数の関係

1 わり算の商を分数で表しましょう。
(1) 3÷4　$\frac{3}{4}$　(2) 2÷7　$\frac{2}{7}$

2 □にあてはまる数を書きましょう。
(1) $\frac{5}{6}$＝5÷6　(2) $\frac{8}{3}$＝8÷3

3 次の分数を小数や整数で表しましょう。
(1) $\frac{3}{5}$　0.6　(2) $\frac{5}{4}$　1.25
(3) $\frac{18}{6}$　3　(4) $\frac{3}{8}$　0.375

4 次の小数や整数を分数で表しましょう。
(1) 0.5　$\frac{5}{10}$　(2) 2.3　$\frac{23}{10}$
(3) 0.27　$\frac{27}{100}$　(4) 4　$\frac{4}{1}$

5 どちらが大きいですか。□に不等号を書きましょう。
(1) $\frac{7}{8}$ ＜ 0.88　(2) 2.25 ＜ $2\frac{2}{7}$

6 次の数を数直線に↑で表し，大きい順に書きましょう。
1.7，$\frac{7}{5}$，0.45，$1\frac{4}{5}$，$2\frac{1}{10}$
($2\frac{1}{10}$ ＞ $1\frac{4}{5}$ ＞ 1.7 ＞ $\frac{7}{5}$ ＞ 0.45)

7 2Lのジュースを5人で等しく分けます。1人分は何Lになりますか。答えは分数と小数の両方で表しましょう。
2÷5＝$\frac{2}{5}$(0.4)　答え 分数 $\frac{2}{5}$L　小数 0.4L

8 赤いテープは4mです。青いテープは9mです。
(1) 赤いテープは青いテープの何倍ですか。答えは分数で表しましょう。
式 4÷9＝$\frac{4}{9}$　答え $\frac{4}{9}$倍
(2) 青いテープは赤いテープの何倍ですか。答えは分数で表しましょう。
式 9÷4＝$\frac{9}{4}$　答え $\frac{9}{4}$倍

P117

分数と小数，整数の関係（テスト）

1 わり算の商を分数で表しましょう。
(1) 3÷7　$\frac{3}{7}$　(2) 5÷9　$\frac{5}{9}$

2 □にあてはまる数を書きましょう。
(1) $\frac{2}{3}$＝2÷3　(2) $\frac{7}{10}$＝10÷7

3 次の分数を小数や整数で表しましょう。
(1) $\frac{2}{5}$　0.4　(2) $\frac{18}{6}$　3

4 □にあてはまる不等号を書きましょう。
(1) $\frac{4}{5}$ ＞ 0.4　(2) 1.68 ＞ $1\frac{3}{8}$

5 次の小数や整数を分数で表しましょう。
(1) 2.11　$\frac{211}{100}$　(2) 6　$\frac{6}{1}$

6 次の問題を解いて，答えは分数と小数の両方で表しましょう。
(1) 3Lの牛乳を4人で等しく分けます。1人分は何Lになりますか。
$3÷4=\frac{3}{4}$　$\frac{3}{4}=0.75$　答え $\frac{3}{4}$L　0.75L
(2) 15kgの肥料を8人で等しく分けます。1人分は何kgになりますか。
$15÷8=\frac{15}{8}$　$\frac{15}{8}=1.875$　答え $\frac{15}{8}$kg　1.875kg
(3) 9mのロープを15本に分けます。1本分は何mですか。
$9÷15=\frac{9}{15}=\frac{3}{5}$　$\frac{3}{5}=0.6$　答え $\frac{3}{5}$m　0.6m

7 Aのリボンは7m，Bのリボンは3mです。
(1) Bのリボンの長さは，Aのリボンの長さの何倍ですか。
式 $3÷7=\frac{3}{7}$　答え $\frac{3}{7}$倍
(2) Aのリボンの長さは，Bのリボンの長さの何倍ですか。
式 $7÷3=\frac{7}{3}$　答え $\frac{7}{3}$倍

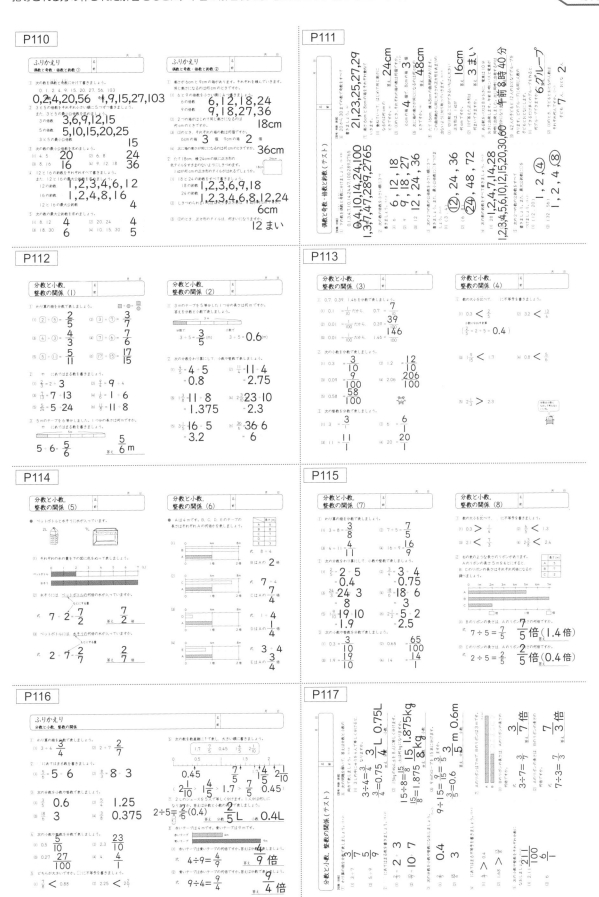

解答

児童に実施させる前に，必ず指導される方が問題を解いてください。本書の解答は，あくまでも1つの例です。

P118

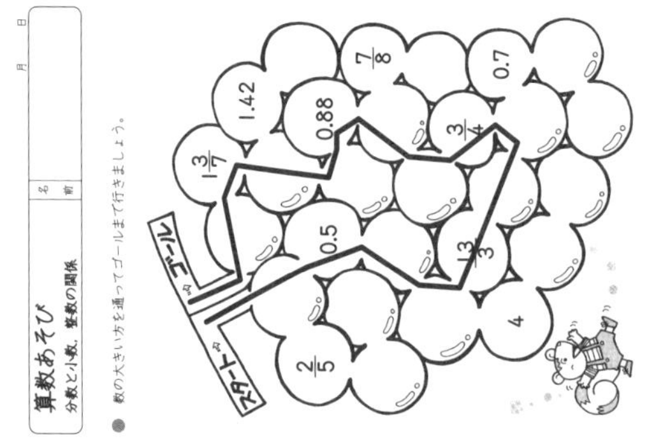

P119

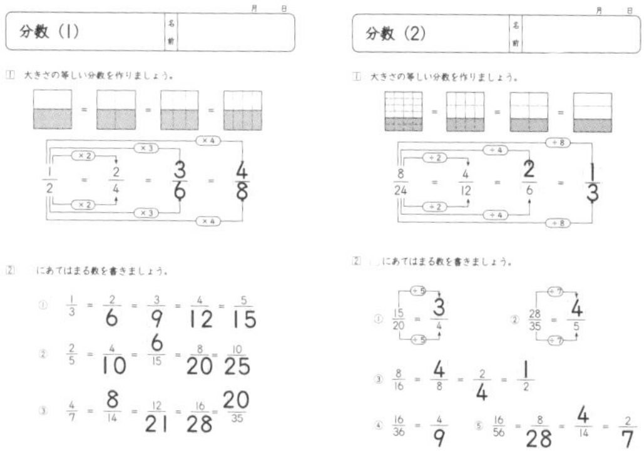

P120

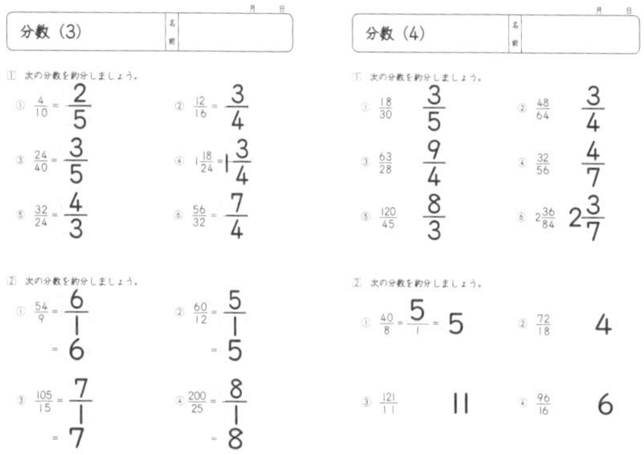

P121

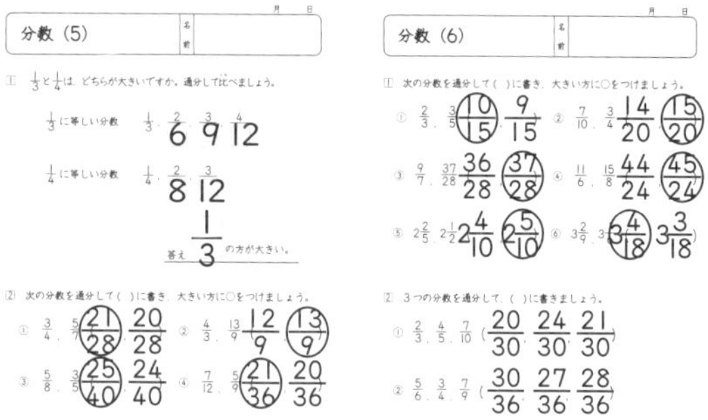

P122

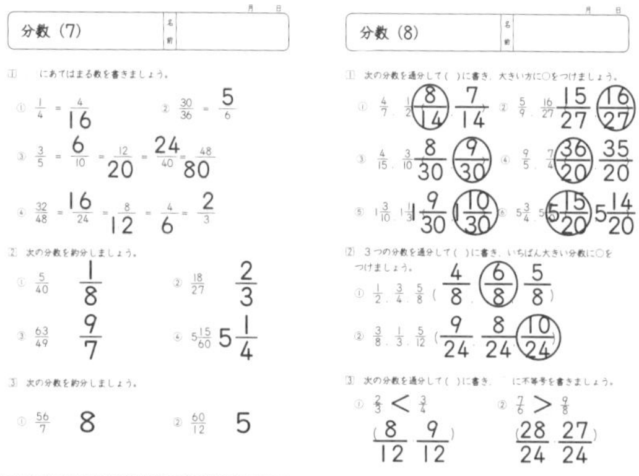

P123

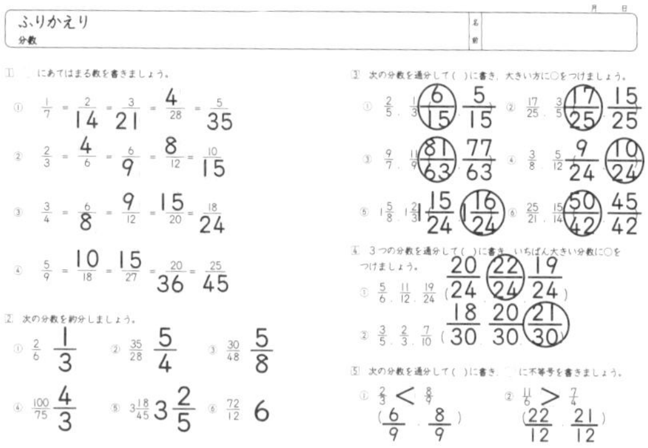

P124

P125

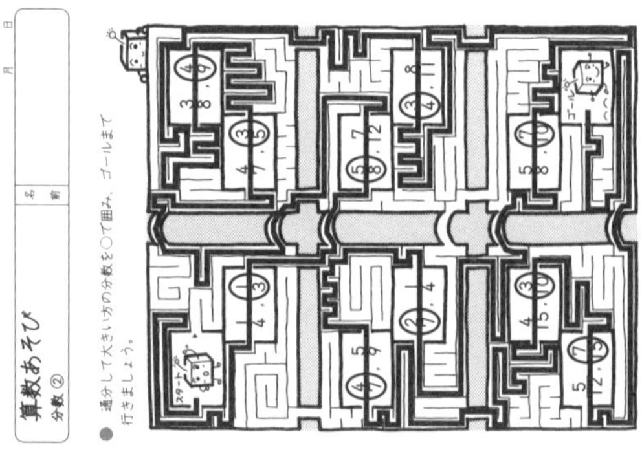

(解答は，200 ～ 300%に拡大してお使い下さい。)

P126

分数のたし算 (1)
約分なし①　名前　月　日

● 次の計算をしましょう。

(例) $\frac{1}{4}+\frac{1}{2}=\frac{1}{4}+\frac{2}{4}$ (4と2の最小公倍数) $=\frac{3}{4}$

① $\frac{1}{2}+\frac{2}{5}$　$\frac{9}{10}$

② $\frac{3}{4}+\frac{1}{8}$　$\frac{7}{8}$

③ $\frac{3}{8}+\frac{1}{3}$　$\frac{17}{24}$

④ $\frac{2}{3}+\frac{4}{9}$　$\frac{10}{9}\left(1\frac{1}{9}\right)$

⑤ $\frac{7}{15}+\frac{2}{3}$　$\frac{17}{15}\left(1\frac{2}{15}\right)$

分数のたし算 (2)
約分あり①　名前　月　日

● 次の計算をしましょう。

(例) $\frac{7}{12}+\frac{3}{4}=\frac{7}{12}+\frac{9}{12}=\frac{16}{12}=\frac{4}{3}\left(1\frac{1}{3}\right)$

① $\frac{4}{15}+\frac{1}{3}$　$\frac{3}{5}$

② $\frac{2}{7}+\frac{3}{14}$　$\frac{1}{2}$

③ $\frac{5}{6}+\frac{7}{15}$　$\frac{13}{10}\left(1\frac{3}{10}\right)$

④ $\frac{7}{12}+\frac{2}{3}$　$\frac{5}{4}\left(1\frac{1}{4}\right)$

⑤ $\frac{5}{12}+\frac{3}{20}$　$\frac{17}{30}$

P127

分数のたし算 (3)
約分なし②　名前　月　日

● 次の計算をしましょう。

① $\frac{1}{3}+\frac{1}{2}$　$\frac{5}{6}$

② $\frac{3}{4}+\frac{2}{3}$　$\frac{17}{12}\left(1\frac{5}{12}\right)$

③ $\frac{7}{9}+\frac{1}{3}$　$\frac{10}{9}\left(1\frac{1}{9}\right)$

④ $\frac{1}{2}+\frac{4}{5}$　$\frac{13}{10}\left(1\frac{3}{10}\right)$

⑤ $\frac{1}{6}+\frac{2}{3}$　$\frac{5}{6}$

⑥ $\frac{3}{8}+\frac{1}{3}$　$\frac{17}{24}$

⑦ $\frac{5}{6}+\frac{3}{7}$　$\frac{53}{42}\left(1\frac{11}{42}\right)$

⑧ $\frac{5}{7}+\frac{1}{2}$　$\frac{17}{14}\left(1\frac{3}{14}\right)$

分数のたし算 (4)
約分あり②　名前　月　日

● 次の計算をしましょう。

① $\frac{5}{6}+\frac{1}{2}$　$\frac{4}{3}\left(1\frac{1}{3}\right)$

② $\frac{7}{10}+\frac{1}{6}$　$\frac{13}{15}$

③ $\frac{1}{15}+\frac{3}{5}$　$\frac{2}{3}$

④ $\frac{3}{4}+\frac{1}{12}$　$\frac{5}{6}$

⑤ $\frac{1}{6}+\frac{1}{3}$　$\frac{1}{2}$

⑥ $\frac{8}{15}+\frac{1}{6}$　$\frac{7}{10}$

⑦ $\frac{1}{6}+\frac{2}{15}$　$\frac{3}{10}$

⑧ $\frac{3}{14}+\frac{1}{10}$　$\frac{11}{35}$

P128

分数のたし算 (5)
帯分数 (くり上がりなし) ①　名前　月　日

● 次の計算をしましょう。

(例1) $1\frac{3}{5}+1\frac{1}{3}=1\frac{9}{15}+1\frac{5}{15}=2\frac{14}{15}$

(例2) $1\frac{3}{5}+1\frac{1}{3}=\frac{8}{5}+\frac{4}{3}=\frac{24}{15}+\frac{20}{15}=\frac{44}{15}\left(2\frac{14}{15}\right)$

① $1\frac{1}{6}+2\frac{4}{7}$　$3\frac{31}{42}\left(\frac{157}{42}\right)$

② $2\frac{1}{4}+1\frac{1}{2}$　$3\frac{3}{4}\left(\frac{15}{4}\right)$

③ $2\frac{7}{10}+\frac{1}{4}$　$2\frac{19}{20}\left(\frac{59}{20}\right)$

分数のたし算 (6)
帯分数 (くり上がりあり) ①　名前　月　日

● 次の計算をしましょう。

(例1) $1\frac{2}{3}+1\frac{5}{6}=1\frac{4}{6}+1\frac{5}{6}=2\frac{9}{6}=3\frac{3}{6}=3\frac{1}{2}$

(例2) $1\frac{2}{3}+1\frac{5}{6}=\frac{5}{3}+\frac{11}{6}=\frac{10}{6}+\frac{11}{6}=\frac{21}{6}=\frac{7}{2}\left(3\frac{1}{2}\right)$

① $2\frac{2}{3}+\frac{5}{9}$　$3\frac{2}{9}\left(\frac{29}{9}\right)$

② $1\frac{5}{6}+1\frac{3}{10}$　$3\frac{2}{15}\left(\frac{47}{15}\right)$

③ $\frac{11}{12}+1\frac{1}{3}$　$2\frac{1}{4}\left(\frac{9}{4}\right)$

P129

分数のたし算 (7)
帯分数 (くり上がりなし) ②　名前　月　日

● 次の計算をしましょう。

① $2\frac{1}{12}+1\frac{5}{6}$　$3\frac{11}{12}\left(\frac{47}{12}\right)$

② $1\frac{3}{8}+1\frac{1}{3}$　$2\frac{17}{24}\left(\frac{65}{24}\right)$

③ $\frac{3}{8}+1\frac{1}{6}$　$1\frac{13}{24}\left(\frac{37}{24}\right)$

④ $2\frac{1}{4}+\frac{3}{16}$　$2\frac{7}{16}\left(\frac{39}{16}\right)$

⑤ $1\frac{4}{7}+2\frac{1}{3}$　$3\frac{19}{21}\left(\frac{82}{21}\right)$

分数のたし算 (8)
帯分数 (くり上がりあり) ②　名前　月　日

● 次の計算をしましょう。

① $1\frac{5}{16}+1\frac{3}{4}$　$3\frac{1}{16}\left(\frac{49}{16}\right)$

② $\frac{7}{10}+2\frac{4}{5}$　$3\frac{1}{2}\left(\frac{7}{2}\right)$

③ $1\frac{13}{14}+1\frac{1}{2}$　$3\frac{3}{7}\left(\frac{24}{7}\right)$

④ $1\frac{3}{8}+\frac{5}{6}$　$2\frac{5}{24}\left(\frac{53}{24}\right)$

⑤ $2\frac{7}{12}+\frac{3}{4}$　$3\frac{1}{3}\left(\frac{10}{3}\right)$

P130

ふりかえり
分数のたし算①　名前　月　日

● 次の計算をしましょう。

① $\frac{3}{14}+\frac{5}{6}$　$\frac{22}{21}\left(1\frac{1}{21}\right)$

② $\frac{3}{8}+\frac{5}{12}$　$\frac{19}{24}$

③ $\frac{2}{5}+\frac{4}{7}$　$\frac{34}{35}$

④ $\frac{7}{18}+\frac{4}{9}$　$\frac{5}{6}$

⑤ $\frac{5}{7}+\frac{11}{14}$　$\frac{3}{2}\left(1\frac{1}{2}\right)$

⑥ $1\frac{4}{9}+1\frac{5}{8}$　$3\frac{5}{72}\left(\frac{221}{72}\right)$

⑦ $1\frac{5}{6}+1\frac{9}{10}$　$3\frac{11}{15}\left(\frac{56}{15}\right)$

⑧ $\frac{9}{10}+\frac{1}{6}$　$\frac{16}{15}\left(1\frac{1}{15}\right)$

⑨ $1\frac{1}{6}+2\frac{7}{15}$　$3\frac{19}{30}\left(\frac{109}{30}\right)$

⑩ $2\frac{9}{11}+\frac{15}{22}$　$3\frac{1}{2}\left(\frac{7}{2}\right)$

ふりかえり
分数のたし算②　名前　月　日

● 次の計算をしましょう。

① $\frac{5}{18}+\frac{8}{9}$　$\frac{7}{6}\left(1\frac{1}{6}\right)$

② $\frac{3}{14}+\frac{3}{7}$　$\frac{9}{14}$

③ $\frac{7}{15}+\frac{5}{6}$　$\frac{13}{10}\left(1\frac{3}{10}\right)$

④ $\frac{6}{7}+\frac{10}{21}$　$\frac{4}{3}\left(1\frac{1}{3}\right)$

⑤ $2\frac{9}{16}+\frac{3}{8}$　$2\frac{15}{16}\left(\frac{47}{16}\right)$

⑥ $\frac{5}{12}+\frac{5}{6}$　$\frac{5}{4}\left(1\frac{1}{4}\right)$

⑦ $1\frac{1}{10}+2\frac{1}{2}$　$3\frac{3}{5}\left(\frac{18}{5}\right)$

⑧ $\frac{2}{3}+\frac{7}{15}$　$\frac{17}{15}\left(1\frac{2}{15}\right)$

⑨ $1\frac{7}{9}+1\frac{13}{18}$　$3\frac{1}{2}\left(\frac{7}{2}\right)$

⑩ $1\frac{7}{10}+1\frac{5}{12}$　$3\frac{7}{60}\left(\frac{187}{60}\right)$

P131

算数あそび
分数のたし算①　名前　月　日

● ①〜⑤のたし算をして，答えの大きい方へ進みましょう。

P132

算数あそび
分数のたし算②　名前　月　日

● 計算をして真分数・仮分数のとき，答えを約分して，分子が奇数になるものを通ってゴールまで行きましょう。

P133

分数のひき算 (1)
約分なし①　名前　月　日

● 次の計算をしましょう。

(例) $\frac{5}{8}-\frac{1}{4}=\frac{5}{8}-\frac{2}{8}$ (8と4の最小公倍数) $=\frac{3}{8}$

① $\frac{1}{3}-\frac{2}{9}$　$\frac{1}{9}$

② $\frac{2}{3}-\frac{2}{5}$　$\frac{4}{15}$

③ $\frac{3}{4}-\frac{1}{7}$　$\frac{17}{28}$

④ $\frac{5}{9}-\frac{1}{2}$　$\frac{1}{18}$

⑤ $\frac{5}{12}-\frac{5}{24}$　$\frac{5}{24}$

分数のひき算 (2)
約分あり①　名前　月　日

● 次の計算をしましょう。

(例) $\frac{5}{6}-\frac{1}{3}=\frac{5}{6}-\frac{2}{6}=\frac{3}{6}=\frac{1}{2}$

① $\frac{11}{12}-\frac{3}{4}$　$\frac{1}{6}$

② $\frac{5}{6}-\frac{7}{18}$　$\frac{4}{9}$

③ $\frac{2}{3}-\frac{5}{12}$　$\frac{1}{4}$

④ $\frac{7}{15}-\frac{1}{6}$　$\frac{3}{10}$

⑤ $\frac{11}{14}-\frac{1}{2}$　$\frac{2}{7}$

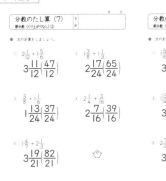

解答　児童に実施させる前に，必ず指導される方が問題を解いてください。本書の解答は，あくまでも1つの例です。

P134

分数のひき算 (3)
約分なし ②

名前　月　日

● 次の計算をしましょう。

① $\frac{2}{3}-\frac{3}{7}$　$\frac{5}{21}$　② $\frac{4}{5}-\frac{3}{4}$　$\frac{1}{20}$

③ $\frac{3}{4}-\frac{1}{3}$　$\frac{5}{12}$　④ $\frac{7}{16}-\frac{1}{4}$　$\frac{3}{16}$

⑤ $\frac{5}{11}-\frac{7}{22}$　$\frac{3}{22}$　⑥ $\frac{5}{8}-\frac{4}{7}$　$\frac{3}{56}$

⑦ $\frac{3}{5}-\frac{11}{30}$　$\frac{7}{30}$　⑧ $\frac{7}{8}-\frac{2}{3}$　$\frac{5}{24}$

分数のひき算 (4)
約分あり ②

名前　月　日

● 次の計算をしましょう。

① $\frac{1}{2}-\frac{1}{6}$　$\frac{1}{3}$　② $\frac{5}{9}-\frac{7}{18}$　$\frac{1}{6}$

③ $\frac{9}{10}-\frac{1}{2}$　$\frac{2}{5}$　④ $\frac{5}{6}-\frac{5}{24}$　$\frac{5}{8}$

⑤ $\frac{7}{18}-\frac{1}{6}$　$\frac{2}{9}$　⑥ $\frac{9}{20}-\frac{5}{12}$　$\frac{1}{30}$

⑦ $\frac{5}{12}-\frac{1}{15}$　$\frac{7}{20}$　⑧ $\frac{3}{14}-\frac{1}{21}$　$\frac{1}{6}$

P135

分数のひき算 (5)
帯分数（くり下がりなし）①

名前　月　日

● 次の計算をしましょう。

（例1）$2\frac{3}{10}-1\frac{1}{5}=2\frac{3}{10}-1\frac{2}{10}=1\frac{1}{10}$

（例2）$2\frac{3}{10}-1\frac{1}{5}=\frac{23}{10}-\frac{6}{5}=\frac{23}{10}-\frac{12}{10}=\frac{11}{10}\left(1\frac{1}{10}\right)$

① $3\frac{1}{4}-1\frac{1}{12}$　$2\frac{1}{6}\left(\frac{13}{6}\right)$　② $3\frac{1}{2}-\frac{5}{14}$　$3\frac{1}{7}\left(\frac{22}{7}\right)$

③ $3\frac{4}{5}-1\frac{7}{10}$　$2\frac{1}{10}\left(\frac{21}{10}\right)$

分数のひき算 (6)
帯分数（くり下がりあり）①

名前　月　日

● 次の計算をしましょう。

（例1）$3\frac{1}{8}-1\frac{1}{2}=3\frac{1}{8}-1\frac{4}{8}=2\frac{9}{8}-1\frac{4}{8}=1\frac{5}{8}$

（例2）$3\frac{1}{8}-1\frac{1}{2}=\frac{25}{8}-\frac{3}{2}=\frac{25}{8}-\frac{12}{8}=\frac{13}{8}\left(1\frac{5}{8}\right)$

① $3\frac{1}{4}-1\frac{3}{5}$　$1\frac{13}{20}\left(\frac{33}{20}\right)$　② $3\frac{5}{16}-1\frac{3}{4}$　$1\frac{9}{16}\left(\frac{25}{16}\right)$

③ $2\frac{1}{6}-1\frac{3}{10}$　$\frac{13}{15}$

P136

分数のひき算 (7)
帯分数（くり下がりなし）②

名前　月　日

● 次の計算をしましょう。

① $3\frac{4}{5}-1\frac{1}{4}$　$2\frac{11}{20}\left(\frac{51}{20}\right)$　② $3\frac{2}{3}-1\frac{1}{6}$　$2\frac{1}{2}\left(\frac{5}{2}\right)$

③ $2\frac{5}{6}-\frac{7}{12}$　$2\frac{1}{4}\left(\frac{9}{4}\right)$　④ $2\frac{4}{5}-1\frac{1}{3}$　$1\frac{7}{15}\left(\frac{22}{15}\right)$

⑤ $3\frac{2}{3}-2\frac{8}{15}$　$1\frac{2}{15}\left(\frac{17}{15}\right)$

分数のひき算 (8)
帯分数（くり下がりあり）②

名前　月　日

● 次の計算をしましょう。

① $3\frac{1}{6}-1\frac{3}{4}$　$1\frac{5}{12}\left(\frac{17}{12}\right)$　② $3\frac{2}{9}-1\frac{1}{2}$　$1\frac{13}{18}\left(\frac{31}{18}\right)$

③ $2\frac{3}{8}-1\frac{2}{3}$　$\frac{17}{24}$　④ $3\frac{1}{12}-2\frac{3}{4}$　$\frac{1}{3}$

⑤ $3\frac{1}{5}-\frac{9}{20}$　$2\frac{3}{4}\left(\frac{11}{4}\right)$

P137

ふりかえり
分数のひき算 ①

名前　月　日

● 次の計算をしましょう。

① $\frac{3}{7}-\frac{5}{28}$　$\frac{1}{4}$　② $\frac{4}{5}-\frac{1}{3}$　$\frac{7}{15}$

③ $\frac{1}{2}-\frac{2}{9}$　$\frac{5}{18}$　④ $3\frac{1}{12}-1\frac{1}{6}$　$1\frac{11}{12}\left(\frac{23}{12}\right)$

⑤ $\frac{4}{15}-\frac{1}{10}$　$\frac{1}{6}$　⑥ $2\frac{3}{16}-1\frac{5}{8}$　$\frac{9}{16}$

⑦ $3\frac{5}{12}-2\frac{3}{8}$　$1\frac{1}{24}\left(\frac{25}{24}\right)$　⑧ $3\frac{5}{6}-1\frac{1}{2}$　$2\frac{1}{3}\left(\frac{7}{3}\right)$

⑨ $\frac{3}{10}-\frac{1}{6}$　$\frac{2}{15}$　⑩ $3\frac{1}{14}-2\frac{2}{3}$　$\frac{17}{42}$

ふりかえり
分数のひき算 ②

名前　月　日

● 次の計算をしましょう。

① $\frac{2}{3}-\frac{1}{4}$　$\frac{5}{12}$　② $\frac{7}{8}-\frac{13}{24}$　$\frac{1}{3}$

③ $3\frac{7}{15}-2\frac{2}{5}$　$1\frac{1}{15}\left(\frac{16}{15}\right)$　④ $\frac{5}{12}-\frac{4}{15}$　$\frac{3}{20}$

⑤ $\frac{13}{21}-\frac{2}{7}$　$\frac{1}{3}$　⑥ $\frac{8}{9}-\frac{11}{18}$　$\frac{5}{18}$

⑦ $3\frac{1}{8}-1\frac{4}{5}$　$1\frac{13}{40}\left(\frac{53}{40}\right)$　⑧ $\frac{5}{14}-\frac{3}{28}$　$\frac{1}{4}$

⑨ $2\frac{5}{9}-1\frac{5}{6}$　$\frac{13}{18}$　⑩ $2\frac{4}{9}-2\frac{5}{27}$　$\frac{7}{27}$

P138

算数あそび
分数のひき算 ①

名前　月　日

● ①～⑤の計算の答えの大きい方へ進みましょう。

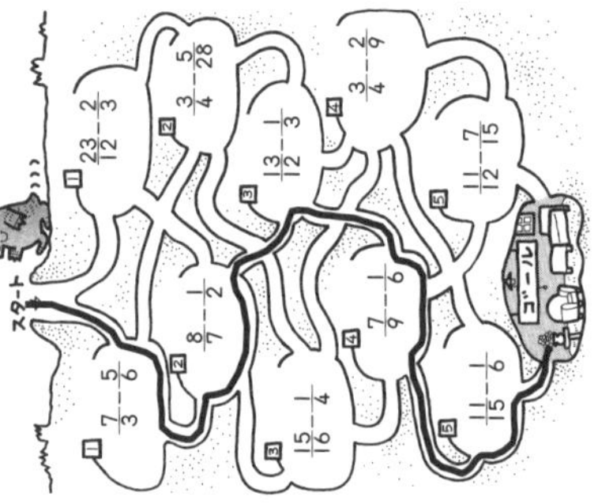

P139

算数あそび
分数のひき算 ②

名前　月　日

● 計算して答えの小さい方を通ってゴールまで行きましょう。

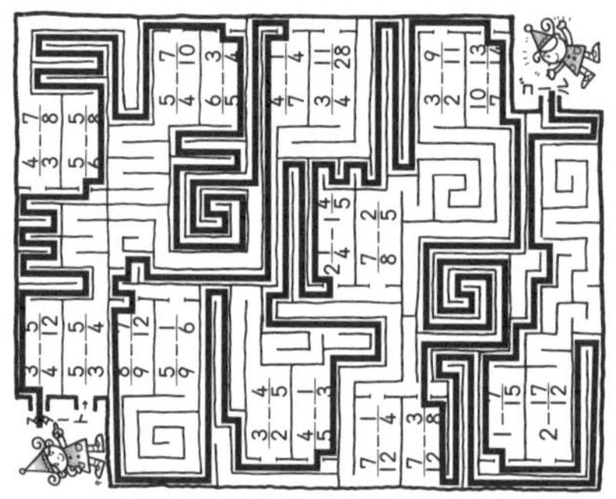

P140

分数のたし算・ひき算 (1)
3つの分数のたし算・ひき算 ①

名前　月　日

● 次の計算をしましょう。

（例）$\frac{1}{3}+\frac{1}{2}+\frac{2}{9}=\frac{6}{18}+\frac{9}{18}+\frac{4}{18}=\frac{19}{18}\left(1\frac{1}{18}\right)$

① $\frac{1}{6}+\frac{1}{2}+\frac{3}{4}$　$\frac{17}{12}\left(1\frac{5}{12}\right)$　② $\frac{5}{8}-\frac{1}{4}-\frac{1}{6}$　$\frac{5}{24}$

③ $\frac{5}{6}-\frac{1}{4}-\frac{2}{9}$　$\frac{13}{36}$　④ $\frac{1}{3}+\frac{7}{15}+\frac{3}{5}$　$\frac{7}{5}\left(1\frac{2}{5}\right)$

分数のたし算・ひき算 (2)
3つの分数のたし算・ひき算 ②

名前　月　日

● 次の計算をしましょう。

① $\frac{1}{2}+\frac{3}{4}+\frac{5}{8}$　$\frac{15}{8}\left(1\frac{7}{8}\right)$　② $\frac{13}{14}-\frac{1}{2}-\frac{2}{7}$　$\frac{1}{7}$

③ $\frac{1}{4}+\frac{2}{5}+\frac{3}{10}$　$\frac{19}{20}$　④ $\frac{3}{8}+\frac{9}{16}+\frac{1}{4}$　$\frac{19}{16}\left(1\frac{3}{16}\right)$

⑤ $\frac{2}{3}-\frac{7}{15}-\frac{1}{6}$　$\frac{1}{30}$

P141

分数のたし算・ひき算 (3)
3つの分数のたし算・ひき算 ③

名前　月　日

● 次の計算をしましょう。

① $\frac{2}{3}+\frac{1}{4}+\frac{5}{6}$　$\frac{7}{4}\left(1\frac{3}{4}\right)$　② $\frac{1}{2}-\frac{1}{6}+\frac{4}{9}$　$\frac{7}{9}$

③ $\frac{7}{12}+\frac{1}{3}-\frac{5}{8}$　$\frac{7}{24}$　④ $3\frac{4}{5}-2\frac{1}{3}-1\frac{1}{10}$　$\frac{11}{30}$

⑤ $\frac{3}{4}+\frac{1}{12}+\frac{1}{6}$　1　⑥ $\frac{1}{2}-\frac{2}{5}+\frac{3}{20}$　$\frac{1}{4}$

⑦ $\frac{1}{6}+\frac{2}{5}+\frac{1}{3}$　$\frac{9}{10}$　⑧ $\frac{4}{9}+\frac{5}{12}-\frac{5}{6}$　$\frac{1}{36}$

⑨ $1\frac{7}{8}-\frac{5}{6}+2\frac{1}{3}$　$\frac{27}{8}\left(3\frac{3}{8}\right)$　⑩ $\frac{11}{21}-\frac{1}{14}-\frac{2}{7}$　$\frac{1}{6}$

分数のたし算・ひき算 (4)
3つの分数のたし算・ひき算 ④

名前　月　日

● 次の計算をしましょう。

① $\frac{1}{6}+\frac{2}{3}-\frac{1}{2}$　$\frac{1}{3}$　② $\frac{3}{10}+1\frac{1}{2}+1\frac{3}{5}$　$\frac{17}{5}\left(3\frac{2}{5}\right)$

③ $\frac{6}{7}-\frac{1}{3}-\frac{2}{21}$　$\frac{3}{7}$　④ $\frac{3}{4}-\frac{1}{2}+\frac{11}{12}$　$\frac{7}{6}\left(1\frac{1}{6}\right)$

⑤ $\frac{3}{5}+\frac{5}{8}-\frac{1}{10}$　$\frac{9}{8}\left(1\frac{1}{8}\right)$　⑥ $\frac{17}{18}-\frac{1}{9}-\frac{2}{3}$　$\frac{1}{6}$

⑦ $\frac{1}{3}+\frac{1}{6}-\frac{2}{9}$　$\frac{5}{18}$　⑧ $\frac{2}{7}+\frac{1}{6}+\frac{1}{14}$　$\frac{11}{21}$

⑨ $2\frac{7}{10}-1\frac{4}{15}+\frac{2}{5}$　$\frac{11}{6}\left(1\frac{5}{6}\right)$　⑩ $\frac{4}{5}-\frac{4}{9}-\frac{1}{3}$　$\frac{1}{45}$

（解答は，200～300%に拡大してお使い下さい。）

指導される方の作られた解答をもとに，本書の解答例を参考に児童の多様な考えに寄り添って○つけをお願いします。

解答

P142

分数のたし算・ひき算 (5) 分数と小数のまじった計算 ①

1. $0.4+\frac{2}{5}$ を計算しましょう。

分数にそろえて計算: $0.4+\frac{2}{5}=\frac{4}{10}+\frac{2}{5}=\frac{2}{5}+\frac{2}{5}=\frac{4}{5}$

小数にそろえて計算: $0.4+\frac{2}{5}=0.4+0.4=0.8$

答え $\frac{4}{5}$　0.8

2. 次の計算をしましょう。(小数に直せない分数もあります。)

① $0.3+\frac{1}{5}$　$\frac{1}{2}$ (0.5)
② $\frac{3}{10}+0.5$　$\frac{4}{5}$ (0.8)
③ $\frac{6}{7}-0.25$　$\frac{17}{28}$
④ $0.7-\frac{2}{3}$　$\frac{1}{30}$
⑤ $0.2+\frac{1}{6}$　$\frac{11}{30}$

分数のたし算・ひき算 (6) 分数と小数のまじった計算 ②

● 次の計算をしましょう。

① $\frac{1}{3}+0.2$　$\frac{8}{15}$
② $0.3+\frac{3}{5}$　$\frac{9}{10}$ (0.9)
③ $\frac{1}{7}-0.1$　$\frac{3}{70}$
④ $0.9-\frac{5}{6}$　$\frac{1}{15}$
⑤ $\frac{5}{8}-0.4$　$\frac{9}{40}$ (0.225)
⑥ $\frac{1}{9}+0.5$　$\frac{11}{18}$

P143

分数のたし算・ひき算 (7) 分数と小数のまじった計算 ③

● 次の計算をしましょう。

① $0.9-\frac{1}{2}$　$\frac{2}{5}$ (0.4)
② $0.8+\frac{1}{20}$　$\frac{17}{20}$ (0.85)
③ $\frac{2}{3}+0.4$　$\frac{16}{15}$ $\left(1\frac{1}{15}\right)$
④ $\frac{5}{6}-0.1$　$\frac{11}{15}$
⑤ $\frac{3}{4}-0.7$　$\frac{1}{20}$ (0.05)
⑥ $0.6-\frac{4}{7}$　$\frac{1}{35}$
⑦ $\frac{1}{3}-0.3$　$\frac{1}{30}$
⑧ $0.4+\frac{1}{6}$　$\frac{17}{30}$
⑨ $0.5+\frac{4}{9}$　$\frac{17}{18}$
⑩ $\frac{4}{15}+0.1$　$\frac{11}{30}$

分数のたし算・ひき算 (8) 分数と小数のまじった計算 ④

● 次の計算をしましょう。

① $0.2+\frac{1}{4}$　$\frac{9}{20}$ (0.45)
② $0.7-\frac{1}{6}$　$\frac{8}{15}$
③ $\frac{7}{8}-0.8$　$\frac{3}{40}$ (0.075)
④ $\frac{1}{3}+0.6$　$\frac{14}{15}$
⑤ $0.25+\frac{1}{7}$　$\frac{11}{28}$
⑥ $0.3-\frac{2}{7}$　$\frac{1}{70}$
⑦ $0.9-\frac{8}{9}$　$\frac{1}{90}$
⑧ $\frac{2}{5}+0.4$　$\frac{4}{5}$ (0.8)
⑨ $0.1+\frac{2}{15}$　$\frac{7}{30}$
⑩ $\frac{5}{6}-0.5$　$\frac{1}{3}$

P144

分数のたし算・ひき算 (9) 文章題 ①

1. みうさんは，$\frac{8}{9}$km 走りました。お姉さんは，みうさんより $\frac{1}{3}$km 長く走りました。お姉さんは何 km 走りましたか。

式 $\frac{8}{9}+\frac{1}{3}=\frac{11}{9}\left(1\frac{2}{9}\right)$　答え $\frac{11}{9}\left(1\frac{2}{9}\right)$ km

2. はり金が何 m かあります。$\frac{1}{4}$m 使うと，残りが $\frac{7}{8}$m になりました。はり金は，最初に何 m ありましたか。

式 $\frac{1}{4}+\frac{7}{8}=\frac{9}{8}\left(1\frac{1}{8}\right)$　答え $\frac{9}{8}\left(1\frac{1}{8}\right)$ m

3. コップに $\frac{1}{10}$L，ペットボトルに $\frac{5}{6}$L のジュースが入っています。コップとペットボトルのジュースの量のちがいは何 L ですか。

式 $\frac{5}{6}-\frac{1}{10}=\frac{11}{15}$　答え $\frac{11}{15}$ L

4. いちごがりをしました。たくみさんは $1\frac{2}{3}$kg，妹は $\frac{5}{6}$kg とりました。2人あわせて何 kg になりますか。

式 $1\frac{2}{3}+\frac{5}{6}=\frac{5}{2}\left(2\frac{1}{2}\right)$　答え $\frac{5}{2}\left(2\frac{1}{2}\right)$ kg

5. 小麦粉が $\frac{4}{5}$kg ありました。ケーキを作るのに $\frac{2}{3}$kg 使いました。小麦粉は何 kg 残っていますか。

式 $\frac{4}{5}-\frac{2}{3}=\frac{2}{15}$　答え $\frac{2}{15}$ kg

分数のたし算・ひき算 (10) 文章題 ②

1. みかん $\frac{3}{5}$kg を箱に入れたら，全体の重さは $\frac{5}{6}$kg になりました。箱の重さは何 kg ですか。

式 $\frac{5}{6}-\frac{3}{5}=\frac{7}{30}$　答え $\frac{7}{30}$ kg

2. 式 $1\frac{3}{5}-1\frac{1}{10}=\frac{1}{2}$

ゆうたさんの方が $\frac{1}{2}$m² 多い。

3. あおいさんの家から公園までは $\frac{5}{8}$km，公園から学校までは $\frac{3}{4}$km あります。あおいさんの家から公園を通って学校まで行くと，全部で何 km ありますか。

式 $\frac{5}{8}+\frac{3}{4}=\frac{11}{8}\left(1\frac{3}{8}\right)$　答え $\frac{11}{8}\left(1\frac{3}{8}\right)$ km

4. はるとさんは，午前中に $1\frac{4}{5}$ 時間，午後に $2\frac{7}{10}$ 時間勉強しました。あわせて何時間勉強しましたか。

式 $1\frac{4}{5}+2\frac{7}{10}=\frac{9}{2}\left(4\frac{1}{2}\right)$　答え $\frac{9}{2}\left(4\frac{1}{2}\right)$ 時間

5. 油が $\frac{7}{6}$L ありました。料理に $\frac{2}{3}$L 使いました。残りは何 L ですか。

式 $\frac{7}{6}-\frac{2}{3}=\frac{1}{2}$　答え $\frac{1}{2}$ L

P145

分数のたし算・ひき算 (11) 文章題 ③

1. 式 $\frac{5}{6}-\frac{1}{3}+\frac{3}{4}=\frac{5}{4}\left(1\frac{1}{4}\right)$　答え $\frac{5}{4}\left(1\frac{1}{4}\right)$ m

2. シチューを作るので，玉ねぎを $\frac{2}{5}$kg，にんじんを $\frac{3}{10}$kg，じゃがいもを $\frac{5}{6}$kg 買いました。全部で何 kg になりますか。

式 $\frac{2}{5}+\frac{3}{10}+\frac{5}{6}=\frac{23}{15}\left(1\frac{8}{15}\right)$　答え $\frac{23}{15}\left(1\frac{8}{15}\right)$ kg

3. 式 $\frac{13}{14}-\frac{2}{7}-\frac{1}{2}=\frac{1}{7}$　答え $\frac{1}{7}$ kg

4. 式 $\frac{1}{6}+\frac{5}{8}-\frac{2}{3}=\frac{1}{8}$　答え $\frac{1}{8}$ L

分数のたし算・ひき算 (12) 文章題 ④

1. $\frac{4}{5}-0.6=\frac{1}{5}$ (0.2)　答え $\frac{1}{5}$ (0.2) L

2. リボンが何 m かありました。$\frac{1}{3}$m 使うと，残りが 0.5m になりました。リボンは最初に何 m ありましたか。

式 $\frac{1}{3}+0.5=\frac{5}{6}$　答え $\frac{5}{6}$ m

3. 式 $0.4+\frac{3}{5}=1$　答え 1km

4. $0.9-\frac{5}{6}=\frac{1}{15}$

りこさんの方が $\frac{1}{15}$km 多く歩いた。

5. $0.5-\frac{1}{5}=\frac{3}{10}$ (0.3)　答え $\frac{3}{10}$ (0.3) kg

P146

ふりかえり 分数のたし算・ひき算

1. 次の計算をしましょう。

① $\frac{3}{8}+\frac{1}{6}+\frac{1}{12}$　$\frac{9}{8}\left(1\frac{1}{8}\right)$
② $\frac{7}{10}-0.5$　$\frac{1}{5}$ (0.2)
③ $\frac{1}{5}+\frac{3}{4}-\frac{7}{10}$　$\frac{1}{4}$
④ $0.4+\frac{2}{5}$　$\frac{4}{5}$ (0.8)
⑤ $0.8-\frac{2}{3}$　$\frac{2}{15}$
⑥ $\frac{2}{7}+0.6$　$\frac{31}{35}$
⑦ $\frac{8}{9}-\frac{1}{4}-\frac{1}{3}$　$\frac{11}{36}$
⑧ $\frac{5}{6}-\frac{1}{2}+\frac{5}{9}$　$\frac{8}{9}$

2. ゆづきさんは，算数を $\frac{3}{4}$ 時間，国語を $\frac{5}{6}$ 時間勉強しました。あわせて何時間勉強しましたか。

式 $\frac{3}{4}+\frac{5}{6}=\frac{19}{12}\left(1\frac{7}{12}\right)$　答え $\frac{19}{12}\left(1\frac{7}{12}\right)$ 時間

3. 箱にいちごを $\frac{2}{3}$kg 入れると，全体の重さは $\frac{8}{9}$kg になりました。箱の重さは何 kg ですか。

式 $\frac{8}{9}-\frac{2}{3}=\frac{2}{9}$　答え $\frac{2}{9}$ kg

P147

分数のたし算・ひき算 (テスト)

1. (1) $\frac{2}{3}=\frac{6}{9}$　(2) $\frac{4}{5}=\frac{16}{20}$

2. (1) $\frac{12}{18}$　$\frac{2}{3}$　(2) $\frac{16}{32}$　$\frac{1}{2}$

3. (1) $\left(\frac{2}{3}, \frac{5}{8}\right)$　$\frac{16}{24}$, $\frac{15}{24}$　(2) $\left(\frac{3}{4}, \frac{1}{6}\right)$　$\frac{9}{12}$, $\frac{2}{12}$

4. (1) $\frac{1}{4}+\frac{2}{5}$　$\frac{13}{20}$　(2) $1\frac{2}{3}+\frac{5}{6}$　$\frac{5}{2}\left(2\frac{1}{2}\right)$　(3) $\frac{3}{4}-\frac{1}{6}$　$\frac{7}{12}$　(4) $1\frac{1}{2}-\frac{3}{5}$　$\frac{9}{10}$

5. (1) 式 $\frac{2}{5}+\frac{1}{3}=\frac{11}{15}$　答え $\frac{11}{15}$ L
(2) 式 $1-\frac{11}{15}=\frac{4}{15}$　答え $\frac{4}{15}$ L

6. (1) $\frac{5}{6}-\frac{4}{5}=\frac{1}{30}$　白いリボンの方が $\frac{1}{30}$m 長い。
(2) $\frac{4}{5}+\frac{5}{6}=\frac{49}{30}\left(1\frac{19}{30}\right)$　答え $\frac{49}{30}\left(1\frac{19}{30}\right)$ m

7. $1+\frac{1}{3}+\frac{3}{4}=\frac{25}{12}\left(2\frac{1}{12}\right)$　答え $\frac{25}{12}\left(2\frac{1}{12}\right)$ kg

P148

算数あそび 分数のたし算・ひき算 ①

● 計算をして，答えの大きい方を通ってゴールまで行きましょう。

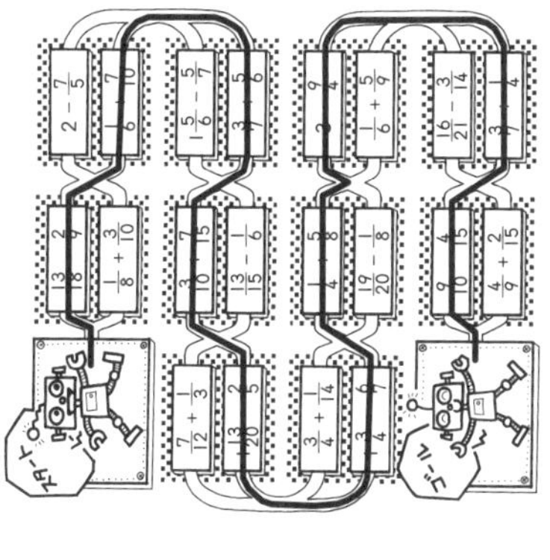

P149

算数あそび 分数のたし算・ひき算 ②

● 計算をして，答えが1または1より大きくなるものを通ってゴールまで行きましょう。

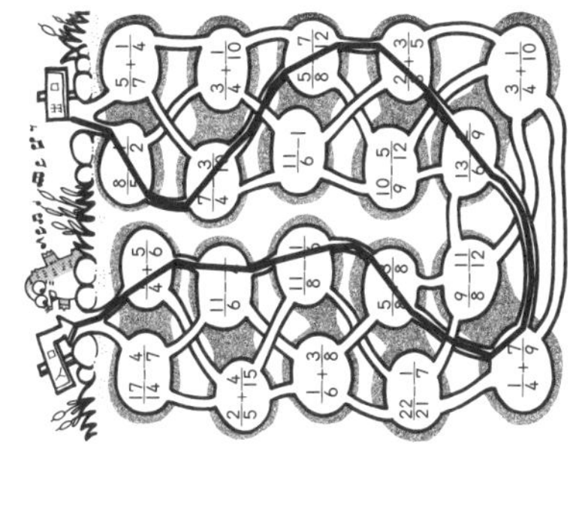

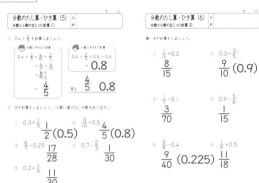

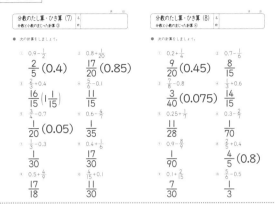

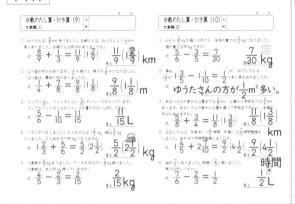

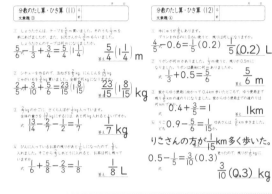

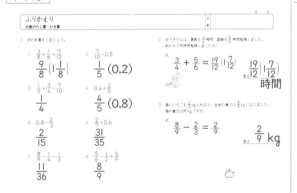

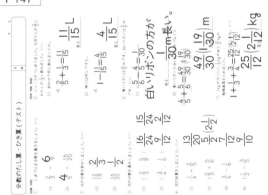

解答

児童に実施させる前に，必ず指導される方が問題を解いてください。本書の解答は，あくまでも１つの例です。

P150

学びをいかそう 時間と分数 ①

1 45分は，何時間といえますか。分数を使って表しましょう。

1時間を60等分した45個分 だから，$\frac{45}{60}$時間

1時間を12等分した9個分 だから，$\frac{9}{12}$時間

1時間を4等分した3個分 だから，$\frac{3}{4}$時間

2 □にあてはまる分数はいくつですか。約分もしましょう。

(1) 15分 ＝ $\frac{1}{4}$時間

(2) 30分 ＝ $\frac{1}{2}$時間

学びをいかそう 時間と分数 ②

● □にあてはまる分数はいくつですか。約分もしましょう。

(1) 40分 ＝ $\frac{2}{3}$時間

(2) 20分 ＝ $\frac{1}{3}$時間

(3) 50分 ＝ $\frac{5}{6}$時間

(4) 10分 ＝ $\frac{1}{6}$時間

(5) 5分 ＝ $\frac{1}{12}$時間

P151

平均 (1)

1 右のように４個のりんごからジュースができました。１個あたり何mLのジュースができたことになりますか。

60mL 70mL 85mL 65mL

(1) 全部を１つの大きな入れ物に集めると何mLになりますか。

60+70+85+65=280　答え 280mL

(2) 集めたジュースを４つの入れ物に等しく分けて，ならした量を求めましょう。

平均＝合計÷個数

式 280÷4=70　答え 70mL

2 たまご５個の重さをはかると右のようでした。１個の重さは平均何gですか。

61g 59g 65g 63g 62g

(61+59+65+63+62)÷5=62　答え 62g

平均 (2)

1 下の表は，あやさんの家で，１週間にとれたミニトマトの個数を表したものです。１日に平均《へいきん》何個とれたことになりますか。

曜日	日	月	火	水	木	金	土
個数（個）	7	3	7	2	6	4	6

式 (7+3+7+2+6+4+6)÷7=5　答え 5個

2 けんたさんが，まとあてゲームを４回しました。１回あたりの平均は何点になりますか。

回数（回）	1	2	3	4
点数（点）	6	9	0	11

式 (6+9+0+11)÷4=6.5　答え 6.5点

P152

平均 (3)

1 ボール投げをすると４人の記録は右のとおりでした。４人の平均は何mですか。

27m 32m 37m 18m

式 (27+32+37+18)÷4=28.5　答え 28.5m

2 下の表は，お父さんが，１週間にウォーキングしたきょりを表したものです。１日に平均何kmのウォーキングをしたことになりますか。

曜日	日	月	火	水	木	金	土
きょり（km）	2	0.8	1.4	1.3	1.1	0	1.8

(2+0.8+1.4+1.3+1.1+0+1.8)÷7=1.2　答え 1.2km

3 下の表は，先週の５年１組の欠席者の人数を表したものです。１日平均何人が欠席したことになりますか。

曜日	月	火	水	木	金
人数（人）	1	0	2	3	3

式 (1+0+2+3+3)÷5=1.8　答え 1.8人

平均 (4)

1 ぶどうがりをしました。とれたぶどうの重さをはかると右のとおりでした。１ふさの平均の重さは何gですか。

141g 155g 139g 151g

式 (141+155+139+151)÷4=146.5　答え 146.5g

2 下の表は，ゆうまさんが家族で魚つりをしたときの，つった魚の数を表したものです。１人平均何びきつりましたか。

つった人	父	母	ゆうま	妹	弟
つった数（ひき）	9	4	8	0	2

式 (9+4+8+0+2)÷5=4.6　答え 4.6ぴき

3 下の表は，もねさんが１週間に本を読んだ時間を表したものです。１日平均何分読書をしましたか。

曜日	日	月	火	水	木	金	土
時間（分）	50	15	40	0	16	38	44

(50+15+40+0+16+38+44)÷7=29　答え 29分

P153

平均 (5)

1 箱の中にトマトが30個入っています。そのうち５個を取り出して重さをはかると，次のとおりでした。

146g 154g 138g 145g 152g

(1) トマト１個の平均は何gですか。

式 (146+154+138+145+152)÷5=147　答え 147g

(2) トマト30個では何gになると考えられますか。

式 147×30=4410　答え 4410g

2 みかん１個から平均65mLのジュースをしぼることができました。このみかんで1300mLのジュースを作るには，みかんは何個あればよいですか。

式 1300÷65=20　答え 20個

平均 (6)

● さやかさんは，自分の歩はばを使って道のりを調べることにしました。

(1) まず，10歩歩いた長さを３回はかりました。10歩歩いた長さの平均は何mですか。

回数	1回め	2回め	3回め
10歩歩いた長さ（m）	5.32	5.26	5.23

(5.32+5.26+5.23)÷3=5.27　答え 5.27m

(2) (1)で求めた10歩の長さの平均から，さやかさんの１歩の歩はばが約何mになるか求めましょう。（上から２けたのがい数で答えましょう。）

式 5.27÷10=0.527　答え 約0.53m

(3) 学校の体育館のはしからはしまでは，さやかさんの歩はばで60歩でした。体育館のはしからはしまでは約何mといえますか。（上から２けたのがい数で答えましょう。）

式 0.53×60=31.8　答え 約32m

P154

平均 (7)

1 下の表は，かいとさんが先週本を何ページ読んだかを調べたものです。

曜日	月	火	水	木	金	土	日
ページ数（ページ）	42	20	16	0	28	24	45

(1) １日平均何ページ読んだことになりますか。

式 (42+20+16+0+28+24+45)÷7=25　答え 25ページ

(2) １か月間（30日）同じように読むとすると，１か月間で何ページ本を読むことになりますか。

式 25×30=750　答え 750ページ

2 輪なげを５回しました。得点の平均は７点でした。３回めの得点は何点でしたか。

回数	1回め	2回め	3回め	4回め	5回め
得点（点）	8	4	?	8	9

7×5=35
35−(8+4+8+9)=6　答え 6点

平均 (8)

1 たまご１個の重さは平均61.4gでした。このことから，たまご30個の重さは何gと考えられますか。

式 61.4×30=1842　答え 1842g

2 右の表は，たけとさんの学校の５年生男子の50m走の記録です。５年生男子全体の50m走の平均は何秒になりますか。

５年生男子の50m走の記録

	人数（人）	50m走の平均（秒）
1組	13	9.40
2組	15	9.12

9.40×13=122.2
9.12×15=136.8
式 122.2+136.8=259
13+15=28
259÷28=9.25　答え 約9.3秒

3 下の表は，れいなさんが立ちはばとびを５回とんだときの記録です。平均の記録は何cmですか。

立ちはばとびの記録

回数	1回め	2回め	3回め	4回め	5回め
記録（cm）	148	141	139	85	144

(148+141+139+144)÷4=143　答え 143cm

P155

ふりかえり 平均

1 次のかきの重さの平均を求めましょう。

170g 178g 165g 180g 167g

(170+178+165+180+167)÷5=172　答え 172g

2 下の表は，５年１組で先週本を借りた人数を表したものです。本を借りたのは，１日に平均何人ですか。

曜日	月	火	水	木	金
借りた人数（人）	3	6	5	0	7

式 (3+6+5+0+7)÷5=4.2　答え 4.2人

3 りんごが30個あります。そのうち何個かの重さをはかり，平均を調べました。１個の重さの平均は225gでした。

(1) りんご全体では，何gになると考えられますか。

式 225×30=6750　答え 6750g

(2) りんご何個で重さが18kgになると考えられますか。

式 18kg=18000g
18000÷225=80　答え 80個

4 れいさんは，自分の歩はばを使って道のりを調べることにしました。

(1) まず，10歩歩いた長さを３回はかりました。10歩歩いた長さの平均は何mですか。

回数	1回め	2回め	3回め
10歩歩いた長さ（m）	6.59	6.35	6.56

(6.59+6.35+6.56)÷3=6.5　答え 6.5m

(2) 10歩歩いた長さの平均から，１歩の歩はばを求めます。１歩の歩はばは何mですか。

式 6.5÷10=0.65　答え 約0.65m

(3) 学校の校舎のまわりを歩くと，れいさんの歩はばで480歩でした。学校の校舎のまわりは約何mといえますか。（上から２けたのがい数で答えましょう。）

0.65×480=312　答え 約310m

P156

平均（テスト）

1 (1) (90+75+65+70+85)÷5=77　答え 77g

(2) 70×50=3500　答え 3500g

(3) 115×4−(118+107+116)=119　答え 119g

2 (16+17+15+24+10+24+20)÷7=18　答え 18分

(4) 12kg=12000g　12000÷300=40　答え 40個

3 (75+85+94+95+100+85)÷6=89　答え 89点

(39×10+40×12)÷(10+12)=39.54　答え 約39.5回

4 (3.4+2.8+4.1+3.6+0.9)÷5=2.96　答え 2.96km

(345+374+382+359)÷4=365　答え 365cm

5 (4+0+2+3+2)÷5=2.2　答え 2.2人

P157

算数あそび 平均

● 7羽のにわとりがたまごを５個ずつうみました。あみだくじで通ったたまごの重さの平均を下の□に書きましょう。

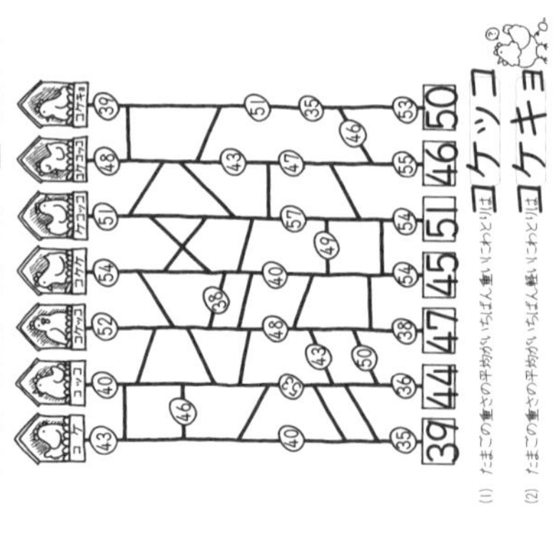

(1) たまごの重さの平均がいちばん重いにわとりは　コケッコ

(2) たまごの重さの平均がいちばん軽いにわとりは　コケキョ

（解答は，200～300%に拡大してお使い下さい。）

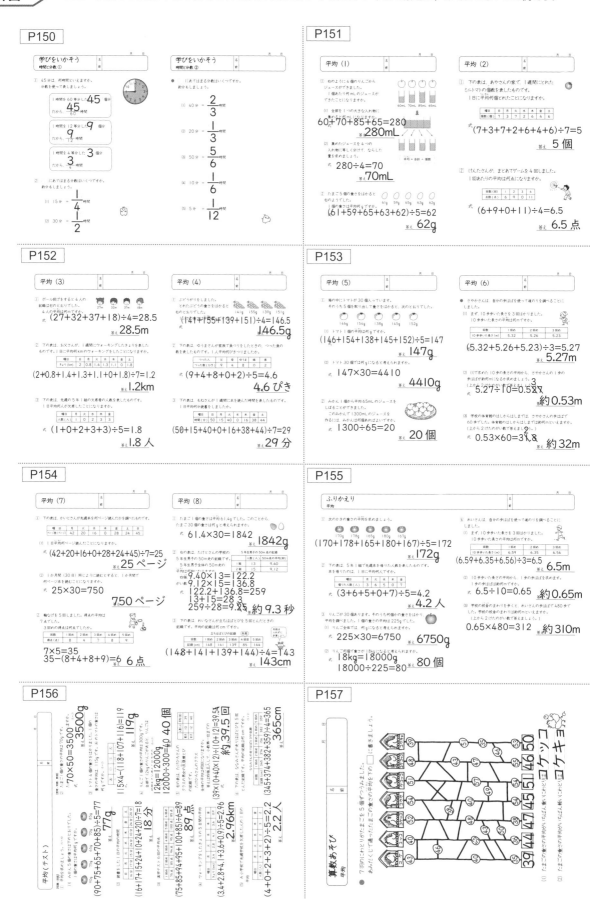

P158

単位量あたりの大きさ (1)

● AとBとCの部屋のこみぐあいを調べましょう。

部屋の面積と人数

	面積 (m^2)	人数 (人)
A	10	18
B	10	20
C	12	20

(1) AとBではどちらがこんでいますか。

B

(2) (1)の答えのわけの文となるように，( )にあてはまることばを書きましょう。

AとBでは，((部屋の)面積)が同じだから，
(人数)が(多い)方がこんでいる。

(3) BとCではどちらがこんでいますか。

B

(4) (3)の答えのわけの文となるように，( )にあてはまることばを書きましょう。

(部屋の)では，(人数)が同じだから，
(面積)がせまい方がこんでいる。

単位量あたりの大きさ (2)

● AとBとCの部屋のこみぐあいを調べましょう。

部屋の面積と人数

	面積 (m^2)	人数 (人)
A	10	18
B	10	20
C	12	20

(1) AとCを比《くら》べましょう。

㋐ 1人あたりの面積を求めて比べましょう。

A 式 10÷18=0.55…
C 式 12÷20=0.6

答え (A)の方がこんでいる。

㋑ $1m^2$ あたりの人数を求めて比べましょう。

A 式 18÷10=1.8
C 式 20÷12=1.66…

答え (A)の方がこんでいる。

(2) こんでいるほど数が大きくなってわかりやすいのは，㋐の1人あたりの面積の比べ方ですか。㋑の $1m^2$ あたりの人数の比べ方ですか。

㋑

(3) こんでいる順に　にA，B，Cを書きましょう。

B ➡ A ➡ C

P159

単位量あたりの大きさ (3)

1 1組は4まいのマットに24人のっています。
2組は5まいのマットに28人のっています。
どちらのマットの方がこんでいますか。

式 1組 24÷4=6
2組 28÷5=5.6

答え 1組

2 A電車には5両に390人，B電車には6両に450人が乗っています。どちらの電車がこんでいますか。

式 A電車 390÷5=78
B電車 450÷6=75

答え A電車

3 Aプールは，広さが $280m^2$ で84人がいます。
Bプールは，広さが $120m^2$ で24人がいます。
どちらのプールの方がこんでいるといえますか。

式 Aプール 84÷280=0.3
Bプール 24÷120=0.2

答え Aプール

単位量あたりの大きさ (4)

1 5年生は4クラスの教室で104人，6年生は3クラスの教室で81人です。どちらの学年の教室の方がこんでいますか。

式 5年生 104÷4=26
6年生 81÷3=27

答え 6年生

2 右の表は，AとBのうさぎ小屋の面積とうさぎの数を調べたものです。
どちらの小屋の方がこんでいますか。

うさぎ小屋の面積とうさぎの数

	面積 (m^2)	うさぎの数 (羽)
A	5	12
B	8	20

式 A 12÷5=2.4
B 20÷8=2.5

答え B(の小屋)

3 右の表は，東公園と西公園の面積とそれぞれの公園で遊んでいる人の数を調べたものです。
どちらの公園の方がこんでいますか。

公園の面積と遊んでいる人数

	面積 (m^2)	人数 (人)
東公園	280	42
西公園	450	63

式 東公園 42÷280=0.15
西公園 63÷450=0.14

答え 東公園

P160

単位量あたりの大きさ (5)

1 さくらさんの住むA市は人口が57600人で，面積は $60km^2$ です。
$1km^2$ あたりの人口を求めましょう。

式 57600÷60=960

答え 960人

2 B市の面積は $85km^2$ で，人口は52700人です。
C市の面積は $63km^2$ で，人口は37800人です。
どちらの人口密度が高いですか。

式 B市 52700÷85=620
C市 37800÷63=600

答え B市

単位量あたりの大きさ (6)

1 右の表は，A町とB町の人口と面積を表したものです。
どちらの人口密度が高いですか。

人口と面積

	人口 (人)	面積 (km^2)
A町	4820	38
B町	3630	29

式 A町 4820÷38=126.8…
B町 3630÷29=125.1…

答え A町

2 北海道の面積は約 $78000km^2$，人口は約530万人です。
北海道の人口密度を上から2けたのがい数で求めましょう。

式 5300000÷78000=67.9…（7.9を消して8と訂正）

約68人

P161

単位量あたりの大きさ (7)

● 地図にある日本の各市の人口密度を考えましょう。
（各市の面積や人口はがい数です。）

(1) 各市の人口密度を上から2けたのがい数にして求めましょう。

① 夕張市（北海道）
7900÷760=10.3… 答え 約10人

② 横浜市（神奈川県）
3700000÷440=8409.0… 答え 約8400人

③ 高山市（岐阜県）
87000÷2200=39.5… 答え 約40人

④ 大阪市（大阪府）
2700000÷230=11739.1… 答え 約12000人

⑤ 鳥取市（鳥取県）
190000÷770=246.7… 答え 約250人

⑥ 那覇市（沖縄県）
320000÷40=8000 答え 約8000人

(2) 人口密度が高い順に　に①〜⑥を書きましょう。

④ ➡ ② ➡ ⑥ ➡ ⑤ ➡ ③ ➡ ①

P162

単位量あたりの大きさ (8)

1 Aの田は，24aで1080kgの米がとれました。
Bの田は，18aで792kgの米がとれました。
どちらの田の方が米がよくとれたといえますか。
1aあたりのとれ高で比べましょう。

式 A 1080÷24=45
B 792÷18=44

答え A(の田)

2 表を見て，1aあたりのとれ高で比べましょう。

(1) CとDどちらの畑の方が玉ねぎがよくとれたといえますか。

畑の面積ととれた玉ねぎの重さ

	面積 (a)	とれた重さ (kg)
C	6	252
D	8	332

式 C 252÷6=42
D 332÷8=41.5

答え C(の畑)

(2) EとFどちらの畑の方がじゃがいもがよくとれたといえますか。

畑の面積ととれたじゃがいもの重さ

	面積 (a)	とれた重さ (kg)
E	16	392
F	25	630

式 E 392÷16=24.5
F 630÷25=25.2

答え F(の畑)

単位量あたりの大きさ (9)

1 A社のえん筆は，8本入りで680円です。
B社のえん筆は，12本入りで900円です。
1本あたりのねだんは，どちらの方が安いでしょうか。

式 A社 680÷8=85
B社 900÷12=75

答え B社

2 同じかんジュースがコンビニとスーパーで売られています。
コンビニでは12本が1140円，スーパーでは20本が1840円で売られています。1本あたりのねだんは，どちらの店の方が高いですか。

式 コンビニ 1140÷12=95
スーパー 1840÷20=92

答え コンビニ

3 同じキャンディーがふくろ入りで売られています。
C店では24個入りで420円です。D店では15個入りで270円です。どちらの店の方が安くておとくでしょうか。

式 C店 420÷24=17.5
D店 270÷15=18

答え C店

P163

単位量あたりの大きさ (10)

1 ある車は25Lのガソリンで350km走りました。
1Lのガソリンで何km走ったことになりますか。

式 350÷25=14

答え 14km

2 赤い車はガソリン36Lで540km走ることができます。
黒い車はガソリン30Lで465km走ることができます。
どちらがガソリン1Lあたりで走れる道のりが長いといえますか。

式 赤い車 540÷36=15
黒い車 465÷30=15.5

答え 黒い車

3 右の表で燃費《ねんぴ》がいちばんよいのはA〜Cのどの車ですか。
（燃費＝1Lのガソリンで走れるきょり。）

使ったガソリンと走った道のり

	ガソリン(L)	道のり (km)
A	28	420
B	35	490
C	25	325

式 A 420÷28=15
B 490÷35=14
C 325÷25=13

答え Aの車

単位量あたりの大きさ (11)

1 AとBのはり金があります。
Aのはり金は15mで180gです。Bのはり金は18mで225gです。1mあたりでは，どちらのはり金の方が重いですか。

式 A 180÷15=12
B 225÷18=12.5

答え B(のはり金)

2 同じ厚《あつ》さのCとDの金属《きんぞく》の板があります。Cの金属の板は $6m^2$ が9300gです。Dの金属の板は $5m^2$ が7900gです。
$1m^2$ あたりの重さが重いのはどちらの方ですか。

式 C 9300÷6=1550
D 7900÷5=1580

答え D(の金属)

3 $5cm^3$ が38gの金属Eと $8cm^3$ が66gの金属Fがあります。
$1cm^3$ あたりでは，どちらの金属の方が重いですか。

式 E 38÷5=7.6
F 66÷8=8.25

答え F(の金属)

P164

単位量あたりの大きさ (12)

1 ガソリン1Lあたり13km走れる自動車があります。
この自動車は，ガソリン8Lでは何km走ることができますか。

式 13×8=104

答え 104km

2 1mの重さが12.5gのはり金が20mあります。
重さは何gになるでしょうか。

式 12.5×20=250

答え 250g

3 山田さんのさつまいも畑は，全部で13aあります。
1aで収かくしたところ，55kgのさつまいもがとれました。
同じようにとれるとすると，13aの畑からは何kgのさつまいもがとれますか。

式 55×13=715

答え 715kg

単位量あたりの大きさ (13)

1 1Lのガソリンで，15km走る自動車があります。
240km走るには，何Lのガソリンが必要ですか。

式 240÷15=16

答え 16L

2 ガソリン15Lで，180km走る自動車があります。
この車で420km走るには，何Lのガソリンが必要ですか。

式 180÷15=12
420÷12=35

答え 35L

3 ノート1さつは95円です。
760円では，何さつのノートを買うことができますか。

式 760÷95=8

答え 8さつ

P165

単位量あたりの大きさ (14)

1 5分間で180まいの紙を印刷できる印刷機があります。
この印刷機は，1分間あたり何まいの紙の印刷ができますか。

式 180÷5=36

答え 36まい

2 A印刷機は15分間で630まい印刷できます。
B印刷機は12分間で540まい印刷できます。
1分間あたりで，どちらの方がたくさん印刷できますか。

式 A印刷機 630÷15=42
B印刷機 540÷12=45

答え B印刷機

3 C工場では15分間でおもちゃを108個つくります。
D工場では同じおもちゃを18分間で135個つくります。
どちらの工場の方がおもちゃをつくるのが速いといえますか。

式 C工場 108÷15=7.2
D工場 135÷18=7.5

答え D工場

単位量あたりの大きさ (15)

1 1分間あたり28まいの印刷ができる印刷機があります。
この印刷機は，15分間で何まい印刷できますか。

式 28×15=420

答え 420まい

2 あるトラクターは，3時間で $375m^2$ 耕すことができました。

(1) このトラクターは，1時間あたり何 m^2 耕すことができますか。

式 375÷3=125 答え $125m^2$

(2) 5時間では，何 m^2 耕すことができますか。

式 125×5=625 答え $625m^2$

(3) このトラクターで $1500m^2$ を耕すには，何時間かかりますか。

式 1500÷125=12 答え 12時間

3 A印刷機は1分間に24まい印刷でき，B印刷機は1分間に36まい印刷できます。
720まい印刷すると，どちらが何分速く印刷できますか。

式 720÷24=30
720÷36=20
30−20=10

答え B印刷機の方が10分速い。

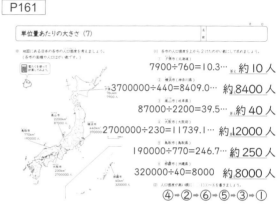

解答　児童に実施させる前に，必ず指導される方が問題を解いてください。本書の解答は，あくまでも1つの例です。

P166

[10分]

ふりかえり　単位量あたりの大きさ①

1 右の表を見て，A～Cの部屋のこみぐあいを比べましょう。

	面積 (m^2)	人数(人)
A	8	12
B	8	14
C	10	14

(1) AとBでは，どちらがこんでいますか。　B

(2) BとCでは，どちらがこんでいますか。　B

(3) AとCでは，どちらがこんでいますか。$1m^2$あたりの人数で比べましょう。

式 A 12÷8=1.5　C 14÷10=1.4　答え A の部屋

(4) AとBとCをこんでいる順にならべましょう。

B ➡ A ➡ C

2 北川町と南山町の面積と人口は右の表のとおりです。どちらの町が人口密度が高いですか。

	面積 (km^2)	人口(人)
北川町	32	5120
南山町	18	2790

式 5120÷32=160　2790÷18=155　答え 北川町

3 香川県の面積は約1900km^2，人口は約960000人です。

式 960000÷1900=505.2…　答え 約510人

ふりかえり　単位量あたりの大きさ②

1 赤りんごは6個750円で売られています。青りんごは5個650円で売られています。1個あたりのねだんは，どちらが高いですか。

式 750÷6=125　650÷5=130　答え 青りんご

2 右の表は，ピーマンの収かく量を表したものです。どちらの畑の方がよくとれたといえますか。

	面積 (m^2)	収かく量 (kg)
Aの畑	56	84
Bの畑	45	72

式 A 84÷56=1.5　B 72÷45=1.6　答え Bの畑

3 C自動車は，ガソリン15Lで210km走りました。D自動車は，ガソリン20Lで270km走りました。

(1) どちらの方がガソリン1Lで長いきょりを走れますか。

式 210÷15=14　270÷20=13.5　答え C自動車

(2) (1)で答えた自動車の方で490km走ると，何Lのガソリンが必要ですか。

式 490÷14=35　答え 35L

P167

[10分]

ふりかえり　単位量あたりの大きさ③

1 ある車は，ガソリン1Lで16.5km走ることができます。40Lのガソリンでは，何km走ることができますか。

式 16.5×40=660　答え 660km

2 ガソリン1Lで12km走る自動車があります。この自動車が336km走るには，何Lのガソリンが必要ですか。

式 336÷12=28　答え 28L

3 右の表は，AとBのはり金の長さと重さを調べたものです。1mあたりでは，どちらのはり金の方が重いですか。

	長さ (m)	重さ (g)
A	12	246
B	5	105

式 A 246÷12=20.5　B 105÷5=21　答え B(のはり金)

4 長さが4mで26kgの金属《きんぞく》のぼうがあります。この金属のぼう18mでは，何kgになりますか。

式 26÷4=6.5　6.5×18=117　答え 117kg

ふりかえり　単位量あたりの大きさ④

1 A印刷機は5分間で170まい印刷でき，B印刷機は7分間で245まい印刷できます。どちらの印刷機の方が速く印刷できるといえますか。

式 A印刷機 170÷5=34　B印刷機 245÷7=35　答え B印刷機

2 ある印刷機は，1分間で38まい印刷できます。この印刷機は5分間で何まい印刷できますか。

式 38×5=190　答え 190まい

3 田中さんの家のトラクターは，1時間で2.6a耕すことができます。このトラクターで3時間耕すと，何a耕すことができますか。

式 2.6×3=7.8　答え 7.8a

4 中村さんの家のトラクターは，1時間で3a耕すことができます。このトラクターで43.5aの畑を耕すと，何時間かかりますか。

式 43.5÷3=14.5　答え 14.5時間

5 1分間で16Lの水をくみ出すポンプがあります。1200Lの水をくみ出すには，何分間かかりますか。

式 1200÷16=75　答え 75分間

P168

単位量あたりの大きさ（テスト）

1 A，B，Cの部屋のこみぐあいを調べましょう。

	面積 (m^2)	人数(人)
A	8	12
B	10	12
C	10	14

(1) AとBでは，どちらがこんでいますか。　A

(2) BとCでは，どちらがこんでいますか。　C

(3) AとCでは　式 A 12÷8=1.5　C 14÷10=1.4　答え A

2 山川町と外海町の人口密度を比べましょう。

式 17500÷35=500　22000÷40=550　答え 外海町

3 自動車の燃費を比べましょう。

式 A 500÷40=12.5　B 180÷15=12　答え A自動車

4 リボンを買いに行きました。

式 1170÷15=78　960÷12=80　答え 銀色リボン

5 あるハイブリッドカーは，1Lで25.4km走ります。ガソリン25Lでは，何km走ることができますか。

式 25.4×25=635　答え 635km

6 1Lのガソリンで12km走る自動車があります。300km走るには，何Lのガソリンが必要ですか。

式 300÷12=25　答え 25L

7 山田さんのジャガイモ畑では$1m^2$で2.5kg収かくできました。20kg収かくするには何m^2の畑が必要ですか。

式 20÷2.5=8　答え $8m^2$

8 1mあたり18gのはり金があります。(1) このはり金は270gでは何mですか。

式 270÷18=15　答え 15m

(2) このはり金42mでは，何gになりますか。

式 18×42=756　答え 756g

P169

[3分]

平行四辺形の面積（1）

● 右の平行四辺形の面積の求め方を考えましょう。

(1) 右の平行四辺形を下のように長方形に形を変えます。長方形の面積を求めましょう。

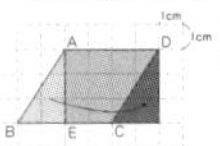

式 3×4=12　答え $12cm^2$

(2) (1)で求めた長方形のたてと横の長さは，平行四辺形のどこの長さと同じですか。

たて 高さ　横 底辺

(3) ＿に下の□からことばを選んで書きましょう。

上の平行四辺形で，BCを 底辺 とすると，それに垂直な直線AEなどの長さを 高さ といいます。

平行四辺形の面積は 底辺 × 高さ で求められます。

底辺 ・ 高さ

平行四辺形の面積（2）

1 次の平行四辺形の底辺を太線にすると，高さは㋐，㋑のどちらですか。

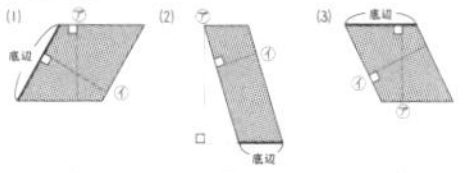

(1) ㋑　(2) ㋐　(3) ㋐

2 平行四辺形の面積を求めましょう。

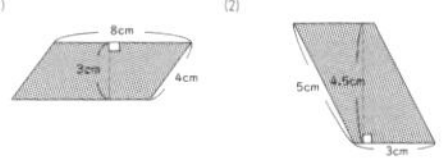

(1) 式 8×3=24　答え $24cm^2$

(2) 式 3×4.5=13.5　答え $13.5cm^2$

P170

[3分]

平行四辺形の面積（3）

● 次の平行四辺形の底辺を太線にしたときの高さを図にかきましょう。

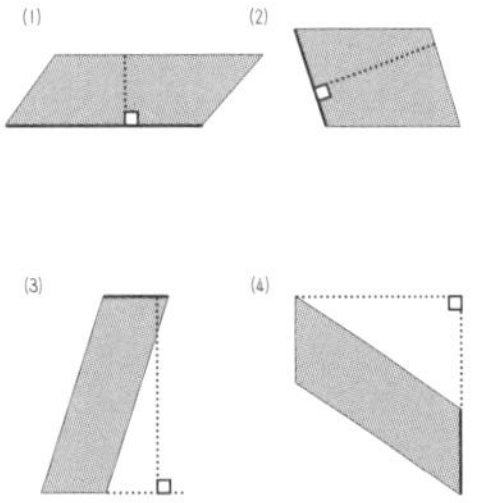

平行四辺形の面積（4）

● 次の平行四辺形の面積を求めましょう。

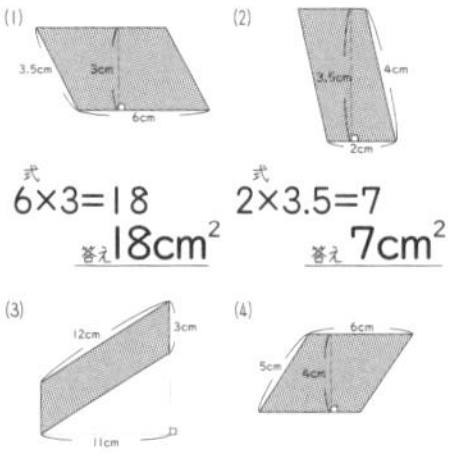

(1) 式 6×3=18　答え $18cm^2$

(2) 式 2×3.5=7　答え $7cm^2$

(3) 式 3×11=33　答え $33cm^2$

(4) 式 6×4=24　答え $24cm^2$

P171

[5分]

平行四辺形の面積（5）

● 次の平行四辺形の面積を求めましょう。

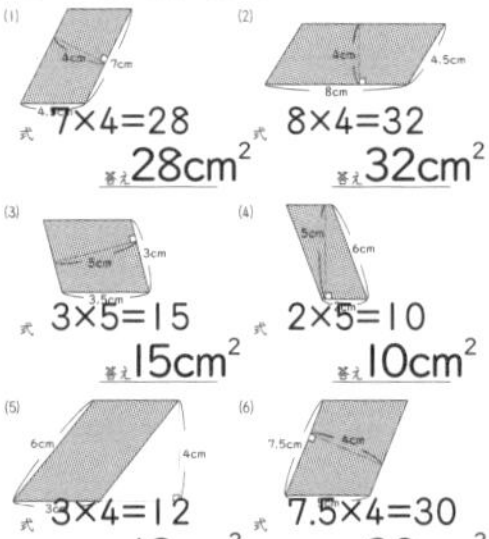

(1) 式 7×4=28　答え $28cm^2$

(2) 式 8×4=32　答え $32cm^2$

(3) 式 3×5=15　答え $15cm^2$

(4) 式 2×5=10　答え $10cm^2$

(5) 3×4=12　答え $12cm^2$

(6) 7.5×4=30　答え $30cm^2$

平行四辺形の面積（6）

● 次の平行四辺形の面積を求めましょう。

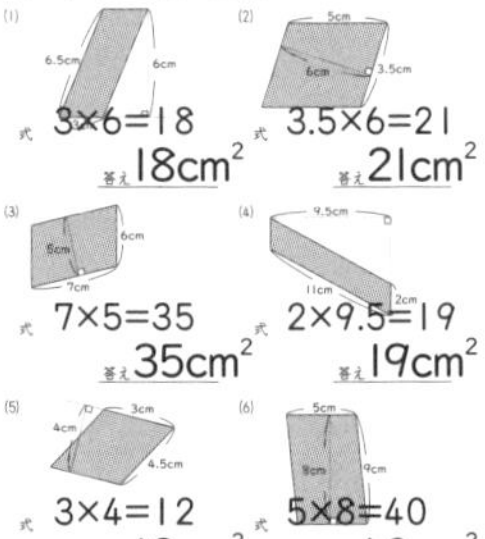

(1) 3×6=18　答え $18cm^2$

(2) 式 3.5×6=21　答え $21cm^2$

(3) 7×5=35　答え $35cm^2$

(4) 式 2×9.5=19　答え $19cm^2$

(5) 式 3×4=12　答え $12cm^2$

(6) 5×8=40　答え $40cm^2$

P172

[5分]

平行四辺形の面積（7）

1 次の平行四辺形の面積を求めましょう。

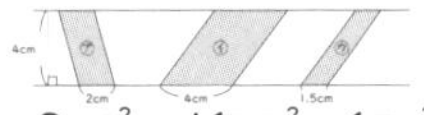

㋐ $8cm^2$　㋑ $16cm^2$　㋒ $6cm^2$

2 次の平行四辺形の面積を求めましょう。

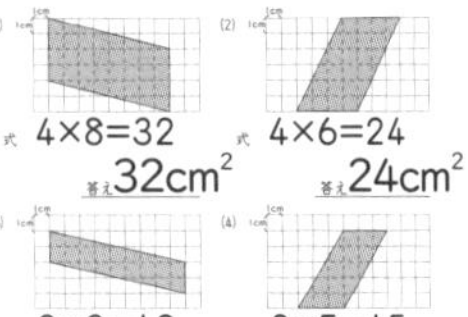

(1) 式 4×8=32　答え $32cm^2$

(2) 式 4×6=24　答え $24cm^2$

(3) 式 2×9=18　答え $18cm^2$

(4) 式 3×5=15　答え $15cm^2$

平行四辺形の面積（8）

● 次の平行四辺形の底辺や高さを求めましょう。

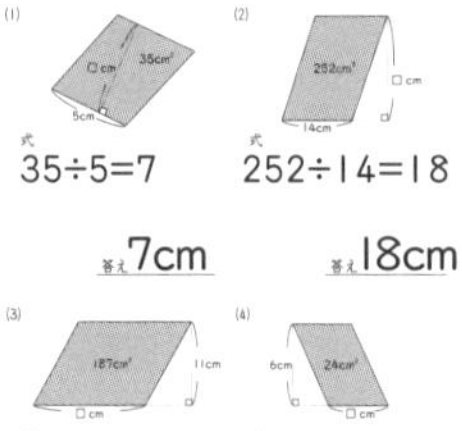

(1) 式 35÷5=7　答え 7cm

(2) 252÷14=18　答え 18cm

(3) 187÷11=17　答え 17cm

(4) 24÷6=4　答え 4cm

P173

[3分]

三角形の面積（1）

● 三角形の面積を求める方法を考えました。

(1) 図に合う考え方を選んで，記号を＿に書きましょう。

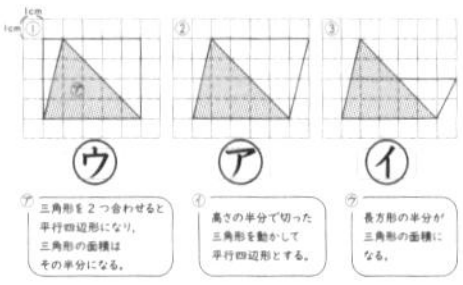

1 ㋒　2 ㋐　3 ㋑

㋐ 三角形を2つ合わせると平行四辺形になり，三角形の面積はその半分になる。

㋑ 高さの半分で切った三角形を動かして平行四辺形にする。

㋒ 長方形の半分が三角形の面積になる。

(2) 三角形の面積を求める公式を書きましょう。

三角形の面積 ＝ 底辺 × 高さ ÷ 2

(3) (2)の公式にあてはめて，㋐の三角形の面積を求めましょう。

式 5×4÷2=10　答え $10cm^2$

三角形の面積（2）

● 次の三角形の面積を求めましょう。

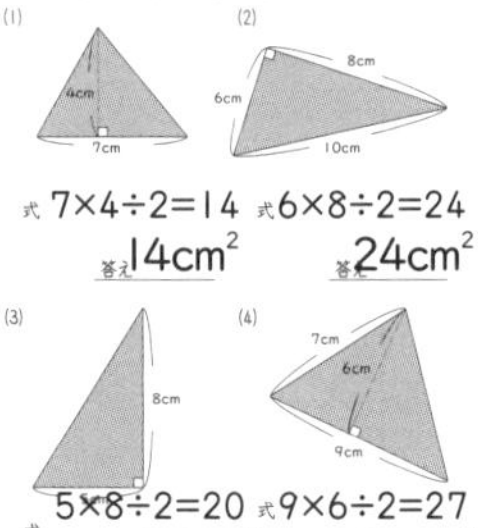

(1) 式 7×4÷2=14　答え $14cm^2$

(2) 式 6×8÷2=24　答え $24cm^2$

(3) 式 5×8÷2=20　答え $20cm^2$

(4) 式 9×6÷2=27　答え $27cm^2$

　（解答は，200～300%に拡大してお使い下さい。）

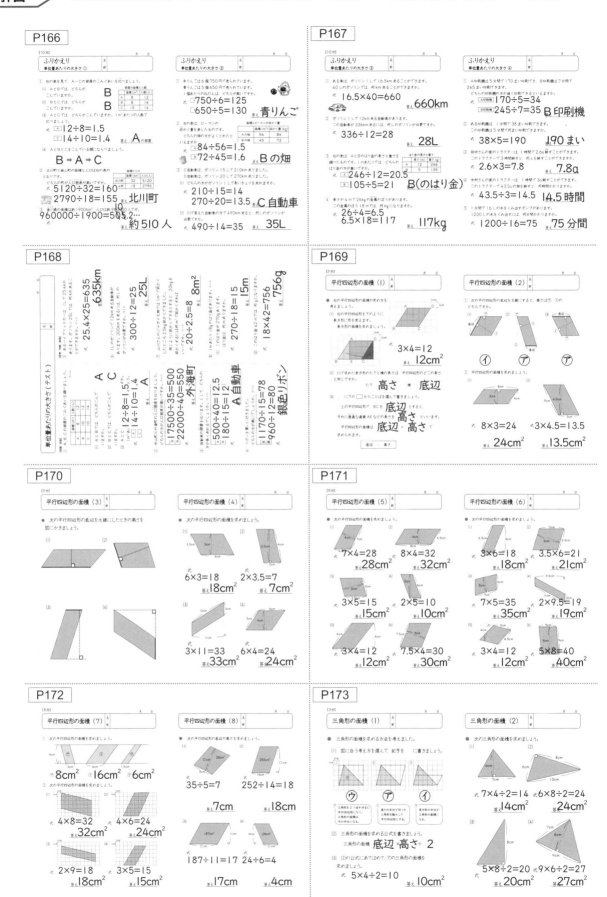

指導される方の作られた解答をもとに，本書の解答例を参考に児童の多様な考えに寄り添って○つけをお願いします。 **解答**

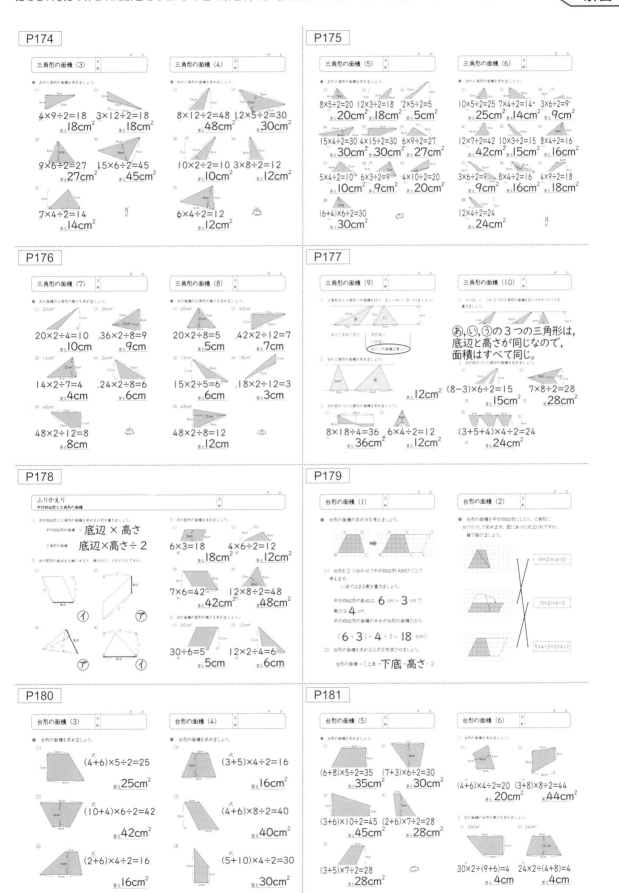

P174

三角形の面積（3）

次の三角形の面積を求めましょう。

(1) 4×9÷2=18 答え 18cm²

(2) 3×12÷2=18 答え 18cm²

(3) 9×6÷2=27 答え 27cm²

(4) 15×6÷2=45 答え 45cm²

(5) 7×4÷2=14 答え 14cm²

三角形の面積（4）

次の三角形の面積を求めましょう。

(1) 8×12÷2=48 答え 48cm²

(2) 12×5÷2=30 答え 30cm²

(3) 10×2÷2=10 答え 10cm²

(4) 3×8÷2=12 答え 12cm²

(5) 6×4÷2=12 答え 12cm²

P175

三角形の面積（5）

次の三角形の面積を求めましょう。

(1) 8×5÷2=20 答え 20cm²

(2) 12×3÷2=18 答え 18cm²

(3) 2×5÷2=5 答え 5cm²

(4) 15×4÷2=30 答え 30cm²

(5) 4×15÷2=30 答え 30cm²

(6) 6×9÷2=27 答え 27cm²

(7) 5×4÷2=10 答え 10cm²

(8) 6×3÷2=9 答え 9cm²

(9) 4×10÷2=20 答え 20cm²

(10) (6+4)×6÷2=30 答え 30cm²

三角形の面積（6）

次の三角形の面積を求めましょう。

(1) 10×5÷2=25 答え 25cm²

(2) 7×4÷2=14 答え 14cm²

(3) 3×6÷2=9 答え 9cm²

(4) 12×7÷2=42 答え 42cm²

(5) 10×3÷2=15 答え 15cm²

(6) 8×4÷2=16 答え 16cm²

(7) 3×6÷2=9 答え 9cm²

(8) 8×4÷2=16 答え 16cm²

(9) 4×9÷2=18 答え 18cm²

(10) 12×4÷2=24 答え 24cm²

P176

三角形の面積（7）

次の面積の三角形の高さを求めましょう。

(1) 20cm² 20×2÷4=10 答え 10cm

(2) 36cm² 36×2÷8=9 答え 9cm

(3) 14cm² 14×2÷7=4 答え 4cm

(4) 24cm² 24×2÷8=6 答え 6cm

(5) 48cm² 48×2÷12=8 答え 8cm

三角形の面積（8）

次の面積の三角形の高さを求めましょう。

(1) 20cm² 20×2÷8=5 答え 5cm

(2) 42cm² 42×2÷12=7 答え 7cm

(3) 15cm² 15×2÷5=6 答え 6cm

(4) 18cm² 18×2÷12=3 答え 3cm

(5) 48cm² 48×2÷8=12 答え 12cm

P177

三角形の面積（9）

1 三角形あと三角形いの面積を比べ，正しい文に○をつけましょう。

あといを比べると，あが広い／いが広い／（あといの面積は等しい）

2 あの三角形の面積を求めましょう。

答え 12cm²

3 次の色のついた部分の面積を求めましょう。

(1) 8×18÷4=36 答え 36cm²

(2) 6×4÷2=12 答え 12cm²

三角形の面積（10）

1 次のあ，い，うの３つの三角形の面積を比べてわかったことを書きましょう。

あ，い，うの３つの三角形は，底辺と高さが同じなので，面積はすべて同じ。

2 次の色のついた部分の面積を求めましょう。

(1) 式 (8−3)×6÷2=15 答え 15cm²

(2) 式 7×8÷2=28 答え 28cm²

(3) 式 (3+5+4)×4÷2=24 答え 24cm²

P178

ふりかえり 平行四辺形と三角形の面積

1 平行四辺形と三角形の面積を求める公式を書きましょう。

平行四辺形の面積 ＝ 底辺 × 高さ

三角形の面積 ＝ 底辺×高さ÷２

2 次の図形の底辺を太線にすると，高さはア，イのどちらですか。

(1) イ　(2) ア　(3) ア　(4) イ

3 次の図形の面積を求めましょう。

(1) 式 6×3=18 答え 18cm²

(2) 式 4×6÷2=12 答え 12cm²

(3) 式 7×6=42 答え 42cm²

(4) 式 12×8÷2=48 答え 48cm²

4 次の面積の図形の高さを求めましょう。

(1) 30cm² 式 30÷6=5 答え 5cm

(2) 12cm² 式 12×2÷4=6 答え 6cm

P179

台形の面積（1）

台形の面積の求め方を考えましょう。

(1) 台形を２つ合わせて平行四辺形ABEFにして考えます。
□にあてはまる数を書きましょう。

平行四辺形の底辺は，6 cm ＋ 3 cm で，高さは 4 cm

平行四辺形の面積の半分が台形の面積だから

(6 ＋ 3) × 4 ÷ 2 ＝ 18 (cm²)

(2) 台形の面積を求める公式を完成させましょう。

台形の面積 ＝ (上底 ＋ 下底) × 高さ ÷ 2

台形の面積（2）

台形の面積を平行四辺形にしたり，三角形に分けたりして求めます。図にあった式はどれですか。線で結びましょう。

(5+2)×(4÷2)

(5+2)×4÷2

5×4÷2+2×4÷2

P180

台形の面積（3）

台形の面積を求めましょう。

(1) 式 (4+6)×5÷2=25 答え 25cm²

(2) 式 (10+4)×6÷2=42 答え 42cm²

(3) 式 (2+6)×4÷2=16 答え 16cm²

台形の面積（4）

台形の面積を求めましょう。

(1) 式 (3+5)×4÷2=16 答え 16cm²

(2) 式 (4+6)×8÷2=40 答え 40cm²

(3) 式 (5+10)×4÷2=30 答え 30cm²

P181

台形の面積（5）

台形の面積を求めましょう。

(1) (6+8)×5÷2=35 答え 35cm²

(2) (7+3)×6÷2=30 答え 30cm²

(3) (3+6)×10÷2=45 答え 45cm²

(4) (2+6)×7÷2=28 答え 28cm²

(5) (3+5)×7÷2=28 答え 28cm²

台形の面積（6）

1 台形の面積を求めましょう。

(1) (4+6)×4÷2=20 答え 20cm²

(2) (3+8)×8÷2=44 答え 44cm²

2 次の面積の台形の高さを求めましょう。

(1) 30cm² 30×2÷(9+6)=4 答え 4cm

(2) 24cm² 24×2÷(4+8)=4 答え 4cm

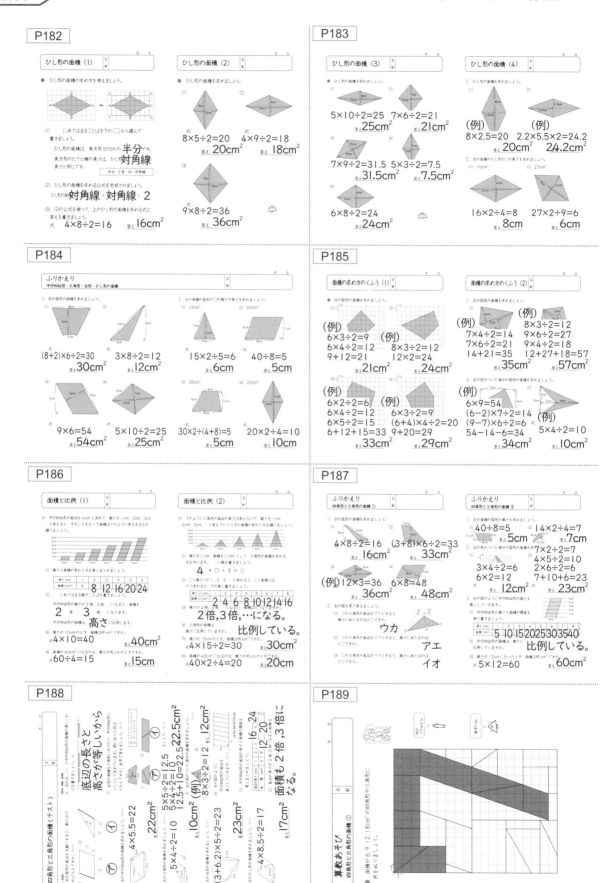

P182

ひし形の面積（1）

ひし形の面積の求め方を考えましょう。

(1) にあてはまることばを下の□から選んで書きましょう。
ひし形の面積は，長方形 EFGH の 半分 です。
長方形のたてと横の長さは，ひし形の 対角線 の長さと同じです。
（半分・2倍・辺・対角線）

(2) ひし形の面積を求める公式を完成させましょう。
ひし形の面積＝対角線×対角線÷2

(3) (2)の公式を使って，上のひし形の面積を求める式と答えを書きましょう。
式 4×8÷2=16　答え 16cm²

ひし形の面積（2）

ひし形の面積を求めましょう。

(1) 式 8×5÷2=20　答え 20cm²
(2) 式 4×9÷2=18　答え 18cm²
(3) 式 9×8÷2=36　答え 36cm²

P183

ひし形の面積（3）

ひし形の面積を求めましょう。

(1) 5×10÷2=25　答え 25cm²
(2) 7×6÷2=21　答え 21cm²
(3) 7×9÷2=31.5　答え 31.5cm²
(4) 5×3÷2=7.5　答え 7.5cm²
(5) 6×8÷2=24　答え 24cm²

ひし形の面積（4）

1 ひし形の面積を求めましょう。
(1)（例）8×2.5=20　答え 20cm²
(2)（例）2.2×5.5×2=24.2　答え 24.2cm²

2 次の面積のひし形の□の長さを求めましょう。
(1) 16cm²　16×2÷4=8　答え 8cm
(2) 27cm²　27×2÷9=6　答え 6cm

P184

ふりかえり
平行四辺形・三角形・台形・ひし形の面積

1 次の図形の面積を求めましょう。
(1) 式 (8+2)×6÷2=30　答え 30cm²
(2) 式 3×8÷2=12　答え 12cm²
(3) 式 9×6=54　答え 54cm²
(4) 式 5×10÷2=25　答え 25cm²

2 次の面積の図形の□の高さや長さを求めましょう。
(1) 15cm²　式 15×2÷5=6　答え 6cm
(2) 40cm²　式 40÷8=5　答え 5cm
(3) 30cm²　式 30×2÷(4+8)=5　答え 5cm
(4) 20cm²　式 20×2÷4=10　答え 10cm

P185

面積の求め方のくふう（1）

次の図形の面積を求めましょう。
(1)（例）6×3÷2=9　6×4÷2=12　9+12=21　答え 21cm²
(2)（例）8×3÷2=12　12×2=24　答え 24cm²
(3)（例）6×2÷2=6　6×4÷2=12　6×5÷2=15　6+12+15=33　答え 33cm²
(4)（例）6×3÷2=9　(6+4)×4÷2=20　9+20=29　答え 29cm²

面積の求め方のくふう（2）

1 次の図形の面積を求めましょう。
(1)（例）7×4÷2=14　7×6÷2=21　14+21=35　答え 35cm²
(2)（例）8×3÷2=12　9×6÷2=27　9×4÷2=18　12+27+18=57　答え 57cm²

2 次の色のついた部分の図形の面積を求めましょう。
(1)（例）6×9=54　(6−2)×7÷2=14　(9−7)×6÷2=6　54−14−6=34　答え 34cm²
(2)（例）5×4÷2=10　答え 10cm²

P186

面積と比例（1）

平行四辺形の底辺を 4cm と決めて，高さを 1cm，2cm，3cm，…と変えると，それにともなって面積はどのように変化するかを調べましょう。

(1) 高さと面積の変わり方を表にまとめましょう。

高さ (cm)	1	2	3	4	5	6
面積 (cm²)	4	8	12	16	20	24

(2) にあてはまる数やことばを書きましょう。
平行四辺形の高さが 2 倍，3 倍，…になると，面積も 2 倍，3 倍，…になります。
平行四辺形の面積は，高さ に比例します。

(3) 高さが 10cm のとき，面積は何 cm² ですか。
式 4×10=40　答え 40cm²

(4) 面積が 60cm² になるのは，高さが何 cm のときですか。
式 60÷4=15　答え 15cm

面積と比例（2）

下のように三角形の底辺の長さは変えないで，高さを 1cm，2cm，3cm，…と変えていくときの面積の変わり方を調べましょう。

(1) 高さを□cm，面積を○cm² として，三角形の面積を求める式を作ります。
4 × □ ÷ 2 = ○

(2) □（高さ）が 1，2，3，…と変わると，○（面積）はどう変わるか，下の表に書きましょう。

高さ □ (cm)	1	2	3	4	5	6	7	8
面積 ○ (cm²)	2	4	6	8	10	12	14	16

(3) 高さが 2 倍，3 倍，…になると，面積はどうなりますか。
2倍，3倍，…になる。

(4) 三角形の面積は高さに比例していますか。
比例している。

(5) 高さが 15cm のとき，面積は何 cm² ですか。
式 4×15÷2=30　答え 30cm²

(6) 面積が 40cm² になるのは，高さが何 cm のときですか。
式 40×2÷4=20　答え 20cm

P187

ふりかえり
四角形と三角形の面積 ①

1 次の図形の面積を求めましょう。
(1) 4×8÷2=16　答え 16cm²
(2) (3+8)×6÷2=33　答え 33cm²
(3)（例）12×3=36　答え 36cm²
(4) 6×8=48　答え 48cm²

2 右の図を見て答えましょう。
(1) この三角形の底辺をアイとすると，高さにあたるのはどこですか。　ウカ
(2) この三角形の底辺をイウとすると，高さにあたるのはどこですか。　アエ
(3) この三角形の底辺をウアとすると，高さにあたるのはどこですか。　イオ

ふりかえり
四角形と三角形の面積 ②

1 次の面積の図形の高さを求めましょう。
(1) 40÷8=5　答え 5cm
(2) 14×2÷4=7　答え 7cm

2 次の色のついた部分の図形の面積を求めましょう。
(1) 3×4÷2=6　6×2=12　答え 12cm²
(2) 7×2÷2=7　4×5÷2=10　2×6÷2=6　7+10+6=23　答え 23cm²

3 右の図のように平行四辺形の高さを高くしていきます。
(1) 平行四辺形の高さと面積の関係を表に書きましょう。

高さ (cm)	1	2	3	4	5	6	7	8
面積 (cm²)	5	10	15	20	25	30	35	40

(2) 平行四辺形の面積は，高さに比例していますか。
比例している。

(3) 高さが 12cm になったとき，面積は何 cm² ですか。
式 5×12=60　答え 60cm²

P188

四角形と三角形の面積（テスト）

1 次の図形の底辺を太線にすると，高さはどれですか。（ア）（イ）
2 次の平行四辺形の面積を求めましょう。　4×5.5=22　答え 22cm²
3 次の三角形の面積を求めましょう。　5×4÷2=10　答え 10cm²
4 次の台形の面積を求めましょう。　(3+6.2)×5÷2=23　答え 23cm²
5 次のひし形の面積を求めましょう。　4×8.5÷2=17　答え 17cm²
6 (ア)と(イ)の平行四辺形の面積が等しいわけを書きましょう。
底辺の長さと高さが等しいから
7 （ア）5×5÷2=12.5　5×4÷2=10　12.5+10=22.5　答え 22.5cm²
8 （例）8×3÷2=12　答え 12cm²
9 (1)

底辺 (cm)	1	2	3
面積 (cm²)	4	8	12

16　24　12　20

(2) 面積も 2 倍，3 倍になる。

P189

算数あそび
四角形と三角形の面積 ①

面積が 6，9，12，18cm² の四角形や三角形に色をぬりましょう。

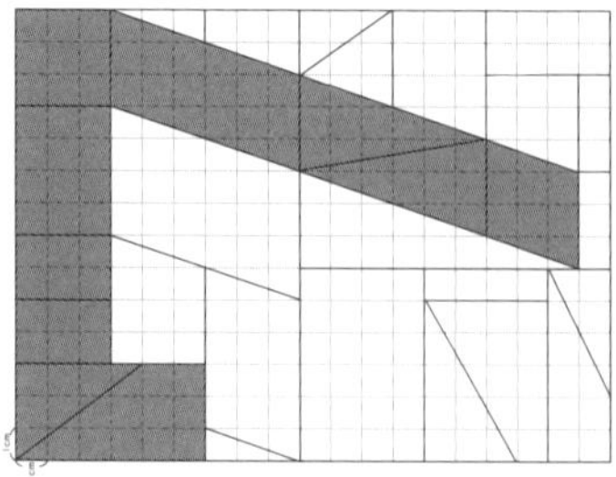

　（解答は，200 ～ 300%に拡大してお使い下さい。）

P190

算数あそび
四角形と三角形の面積 ②

月　日　名前

● 面積が4, 5, 6, 8, 12cm² の四角形や三角形に色をぬりましょう。

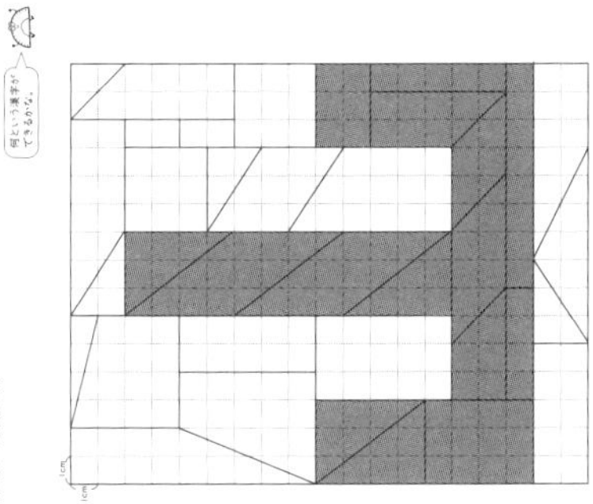

P191

算数あそび
四角形と三角形の面積 ③

月　日　名前

● 面積が5, 12, 18, 20, 24cm² の四角形や三角形に色をぬりましょう。

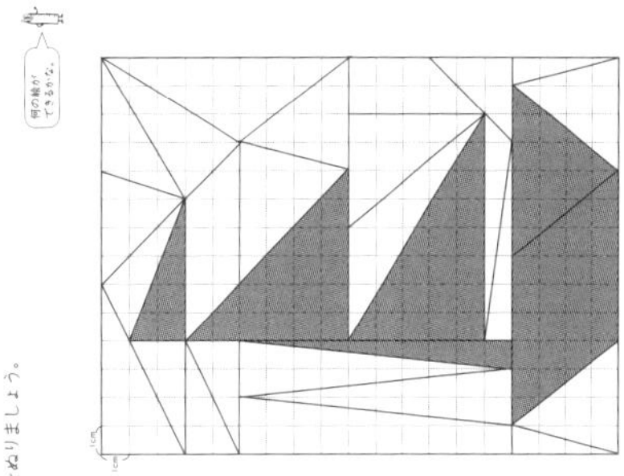

P192

算数あそび
四角形と三角形の面積 ④

月　日　名前

● 面積が6, 14, 17, 20cm² の四角形や三角形に色をぬりましょう。

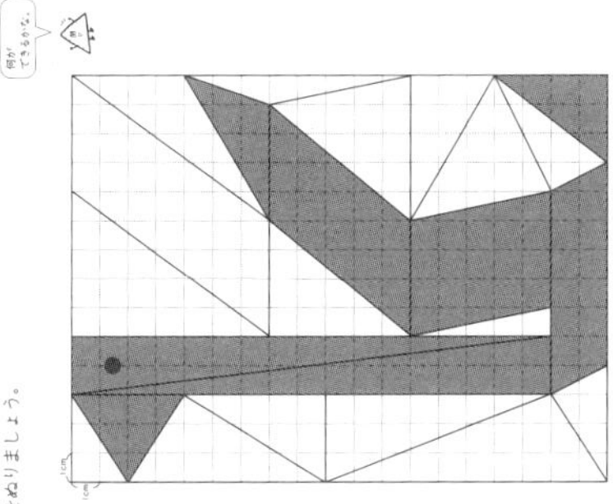

P193

割合 (1)
割合を求める ①

月　日　名前

1 5年生120人のうち，女子は72人でした。5年生の人数をもとにした，女子の割合《わりあい》を小数で求めましょう。

もとにする量　比べられる量

120人　72人
1　□
割合

式 72÷120=0.6

答え 0.6

2 面積が40m² の公園があります。公園の中には，10m² の池があります。公園の面積をもとにした，池の割合を小数で求めましょう。

40m²　10m²
1　□

式 10÷40=0.25

答え 0.25

割合 (2)
割合を求める ②

月　日　名前

1 かいとさんの学校の5年生90人のうち，63人は習いごとに通っています。5年生の人数をもとにした，習いごとに通っている人数の割合《わりあい》を小数で求めましょう。

もとにする量　比べられる量

90人　63人
1　□
割合

式 63÷90=0.7

答え 0.7

2 ゆきさんは本を50さつ持っています。そのうち15さつはマンガでした。ゆきさんが持っている本の数をもとにした，マンガの割合を小数で求めましょう。

50さつ　15さつ
1　□

式 15÷50=0.3

答え 0.3

P194

割合 (3)
割合を求める ③

月　日　名前

1 陸上部の人数は40人で，そのうち男子が24人です。男子の人数の割合を小数で求めましょう。

もとにする量　比べられる量

40人　24人
1　□
割合

式 24÷40=0.6

答え 0.6

2 しょうたさんの年令は10才で，お父さんの年令は40才です。お父さんの年令に対するしょうたさんの年令の割合を小数で求めましょう。

40才　10才
1　□

式 10÷40=0.25

答え 0.25

3 花だんに30本のチューリップがさいています。そのうち，12本は赤いチューリップです。赤いチューリップの割合を小数で求めましょう。

30本　12本
1　□

式 12÷30=0.4

答え 0.4

割合 (4)
割合を求める ④

月　日　名前

1 定員80人のバスに52人乗っています。定員に対する乗客の割合を小数で求めましょう。

もとにする量　比べられる量

80人　52人
1　□
割合

式 52÷80=0.65

答え 0.65

2 漢字のテスト50問のうち，42問が正解だったときの，正解の割合を小数で求めましょう。

50問　42問
1　□

式 42÷50=0.84

答え 0.84

3 5年1組35人のうち，メガネをかけている人は7人です。メガネをかけている人の割合を小数で求めましょう。

35人　7人
1　□

式 7÷35=0.2

答え 0.2

P195

割合 (5)
割合を求める ⑤

月　日　名前

1 牛肉は480円で，ぶた肉は264円です。牛肉に対するぶた肉のねだんの割合を小数で求めましょう。

式 264÷480=0.55　答え 0.55

2 もえかさんは500円持っています。160円のおかしを買いました。もえかさんが持っていたお金に対するおかしのねだんの割合を小数で求めましょう。

式 160÷500=0.32　答え 0.32

3 ある日の東京の最高気温は30°で，北海道の最高気温は21°でした。東京の最高気温に対する北海道の最高気温の割合を小数で求めましょう。

式 21÷30=0.7　答え 0.7

4 200ページの本があります。ゆうまさんは136ページ読みました。ゆうまさんが読んだページ数の割合を小数で求めましょう。

式 136÷200=0.68　答え 0.68

5 1.2L の牛にゅうがあります。まいさんはそのうち300mL 飲みました。まいさんが飲んだ牛にゅうの割合を小数で求めましょう。

1.2L=1200mL

式 300÷1200=0.25　答え 0.25

割合 (6)
割合を求める ⑥

月　日　名前

1 かずやさんは，先月は図書室で本を25さつ借りました。今月は15さつでした。先月借りたさっ数に対する今月借りたさっ数の割合を小数で求めましょう。

式 15÷25=0.6　答え 0.6

2 くじを12本ひいたところ，3本当たりました。当たったくじの割合を小数で求めましょう。

式 3÷12=0.25　答え 0.25

3 けんたさんの身長は152cmで，お母さんの身長は160cmです。お母さんの身長に対するけんたさんの身長の割合を小数で求めましょう。

式 152÷160=0.95　答え 0.95

4 16まいのクッキーがあります。そのうち6まい食べました。食べたクッキーの割合を小数で求めましょう。

式 6÷16=0.375　答え 0.375

5 6000円の買いものをしました。そのうち筆箱のねだんは750円でした。筆箱のねだんの割合を小数で求めましょう。

750÷6000=0.125　答え 0.125

P196

割合 (7)
比べられる量を求める ①

月　日　名前

1 定価400円の文ぼう具が，大売り出しで，定価の0.7の割合《わりあい》のねだんになりました。代金は何円になりますか。

もとにする量　比べられる量

400円　□円
1　0.7
割合

式 400×0.7=280

答え 280円

2 120本のくじのうち，当たりくじは0.15の割合であるそうです。当たりくじは何本ですか。

120本　□本
1　0.15

式 120×0.15=18

答え 18本

3 ゆまさんは本を40さつ持っています。妹はゆまさんの0.3の割合の本を持っています。妹は何さつ持っていますか。

40さつ　□さつ
1　0.3

式 40×0.3=12

答え 12さつ

割合 (8)
比べられる量を求める ②

月　日　名前

1 ひなたさんのクラスは全員で45人です。そのうち，クラスの0.4の割合《わりあい》が家でペットを飼っています。家でペットを飼っている人は何人ですか。

もとにする量　比べられる量

45人　□人
1　0.4
割合

式 45×0.4=18

答え 18人

2 ある町の図書館には2000さつの本があります。そのうち，英語の本の割合は全体の0.12です。英語の本は何さつありますか。

2000さつ　□さつ
1　0.12

式 2000×0.12=240

答え 240さつ

3 れんとさんは定価2500円の運動ぐつを定価の0.72の割合のねだんで買いました。代金はいくらでしたか。

2500円　□円
1　0.72

式 2500×0.72=1800

答え 1800円

P197

割合 (9)
もとにする量を求める ①

月　日　名前

1 たっ球クラブの入部希望者は18人で，これは，定員の0.6の割合《わりあい》にあたるそうです。たっ球クラブの定員は何人ですか。

もとにする量　比べられる量

□人　18人
1　0.6
割合

式 18÷0.6=30

答え 30人

2 たまねぎ1ふくろは280円で，このねだんはじゃがいも1ふくろのねだんの0.7の割合です。じゃがいも1ふくろは何円ですか。

□円　280円
1　0.7

式 280÷0.7=400

答え 400円

3 こころさんの学校の5年生の人数は96人で，これは全児童数の0.16の割合になります。全児童数は何人ですか。

□人　96人
1　0.16

式 96÷0.16=600

答え 600人

割合 (10)
もとにする量を求める ②

月　日　名前

1 あるスーパーでは，今日，トマトを153円で売っています。このねだんは，昨日のねだんの0.85の割合《わりあい》にあたります。昨日のトマトのねだんは何円ですか。

もとにする量　比べられる量

□円　153円
1　0.85
割合

式 153÷0.85=180

答え 180円

2 ある店の大売り出しで，ゆかさんはTシャツを1890円で買いました。買ったねだんは，定価の0.7の割合にあたるそうです。Tシャツの定価は何円ですか。

□円　1890円
1　0.7

式 1890÷0.7=2700

答え 2700円

3 水とうにお茶が275mL 入っています。これはやかんに入っているお茶の0.25の割合です。やかんにお茶は何mL 入っていますか。

□mL　275mL
1　0.25

式 275÷0.25=1100

答え 1100mL

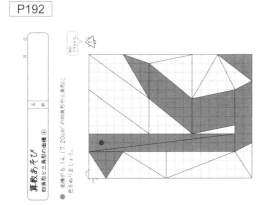

解答

児童に実施させる前に，必ず指導される方が問題を解いてください。本書の解答は，あくまでも１つの例です。

P198

割合（11） 割合・比べられる量・もとにする量を求める① 名前 月 日

① 計算のテスト 20 問のうち，17 問が正解だったとき，正解の割合を小数で求めましょう。
20問 17問 / 1 □
式 17÷20=0.85　答え 0.85

② 高さ 50m のビルが新しく建ちました。となりのビルは，この新しいビルの 0.74 の割合の高さです。となりのビルの高さは何 m ですか。
50m □m / 1 0.74
式 50×0.74=37　答え 37m

③ 5 年生 80 人のうち，陸上クラブに入っている人は 10 人です。陸上クラブの人数の割合を小数で求めましょう。
80人 10人 / 1 □
式 10÷80=0.125　答え 0.125

④ ゆうすけさんの学校の運動場の面積は 5200m² で，学校全体の面積の 0.65 の割合です。学校全体の面積は何 m² ですか。
□m² 5200m² / 1 0.65
式 5200÷0.65=8000　答え 8000m²

⑤ ブルーベリー 1 パックのねだんは 294 円で，このねだんはぶどう 1 パックのねだんの 0.7 の割合です。ぶどう 1 パックのねだんは何円ですか。
□円 294円 / 1 0.7
式 294÷0.7=420　答え 420円

割合（12） 割合・比べられる量・もとにする量を求める② 名前 月 日

① まこさんは図書室で借りた本を 144 ページ読みました。これは，その本の 0.75 の割合にあたります。本は全部で何ページですか。
□ページ 144ページ / 1 0.75
式 144÷0.75=192　答え 192ページ

② 定員 16 人のマイクロバスに 10 人乗っています。定員に対する乗っている人数の割合を小数で求めましょう。
16人 10人 / 1 □
式 10÷16=0.625　答え 0.625

③ サッカーの 1 試合めでは，ひろきさんのチームのシュート数は 20 本で，2 試合めのシュート数の割合は，0.8 でした。2 試合めのシュート数は何本でしたか。
20本 □本 / 1 0.8
式 20×0.8=16　答え 16本

④ 庭に白い花が 33 本さいています。33 本は，庭にさいている花の 0.3 の割合にあたります。庭には何本の花がさいていますか。
□本 33本 / 1 0.3
式 33÷0.3=110　答え 110本

⑤ さくらさんの町内で，日帰り旅行に行く人をぼ集したところ，25 人の定員に対して 21 人の希望者がいました。定員に対する希望者の割合を小数で求めましょう。
25人 21人 / 1 □
式 21÷25=0.84　答え 0.84

P199

割合（13） 割合・比べられる量・もとにする量を求める③ 名前 月 日

① 定員 40 人のバスに 0.8 の割合の乗客が乗っています。乗客は何人ですか。
40人 □人 / 1 0.8
式 40×0.8=32　答え 32人

② ともやさんは貯金が 6000 円ありましたが，1500 円のゲーム機を買いました。ゲーム機のねだんの割合を小数で求めましょう。
6000円 1500円 / 1 □
式 1500÷6000=0.25　答え 0.25

③ ある土地の面積は 250m² で，そのうち 210m² が花だんです。ある土地の面積をもとにした，花だんの面積の割合を小数で求めましょう。
250m² 210m² / 1 □
式 210÷250=0.84　答え 0.84

④ かいとさんは，9 月の体重測定で 35.7kg でした。これは，4 月にはかった体重の 1.05 の割合になるそうです。かいとさんの 4 月の体重は何 kg でしたか。
□kg 35.7kg / 1 1.05
式 35.7÷1.05=34　答え 34kg

⑤ かきがりで，なつきさんは 2.5kg とりました。弟はなつきさんの 0.48 の割合のかきをとりました。弟は何 kg のかきをとりましたか。
2.5kg □kg / 1 0.48
式 2.5×0.48=1.2　答え 1.2kg

割合（14） 割合・比べられる量・もとにする量を求める④ 名前 月 日

① バスケットボールで 20 回シュートをして 13 回入りました。入った数の割合を小数で求めましょう。
20回 13回 / 1 □
式 13÷20=0.65　答え 0.65

② あるレストランでは，おとな 1 人のごはんの量が 120g で，こどもの量はおとなの 0.75 の割合だそうです。こどものごはんの量は何 g ですか。
120g □g / 1 0.75
式 120×0.75=90　答え 90g

③ ようたさんの学校の女子の人数は 318 人です。この人数は，全児童数の 0.53 の割合にあたるそうです。全児童数は何人ですか。
□人 318人 / 1 0.53
式 318÷0.53=600　答え 600人

④ はるかさんは，工作で 120cm あった紙テープを 45cm 使いました。使った紙テープの割合を小数で求めましょう。
120cm 45cm / 1 □
式 45÷120=0.375　答え 0.375

⑤ あるお店の大売り出しでは，全商品を定価の 0.8 の割合で売っています。2560 円の品物の定価は何円ですか。
□円 2560円 / 1 0.8
式 2560÷0.8=3200　答え 3200円

P200

割合（15） 百分率① 名前 月 日

割合を表す小数や整数	1	0.1	0.01	0.001
百分率	100%	10%	1%	0.1%

① 割合を表す小数（整数）を百分率にしましょう。

(1) 0.05　5%　(2) 0.39　39%
(3) 0.6　60%　(4) 2.5　250%
(5) 1.03　103%　(6) 4　400%

② 百分率を小数にしましょう。

(1) 7%　0.07　(2) 28%　0.28
(3) 90%　0.9　(4) 53%　0.53
(5) 360%　3.6　(6) 109%　1.09

割合（16） 百分率② 名前 月 日

① 果じゅう 15%のジュースが 400mL あります。このジュースにふくまれている果じゅうは何 mL ですか。
400mL □mL / 1 0.15
式 400×0.15=60　答え 60mL

② あみさんの身長は 144cm で，これはお兄さんの身長の 90% にあたります。お兄さんの身長は何 cm ですか。
□cm 144cm / 1 0.9
式 144÷0.9=160　答え 160cm

③ 5 年生の人数は 80 人で，そのうちねこを飼っている人は 28 人です。ねこを飼っている人は何 % ですか。
80人 28人 / 1 □
式 28÷80=0.35　答え 35%

P201

割合（17） 百分率③ 名前 月 日

① 電車に 60 人が乗っています。これは定員の 80% にあたる人数です。この電車の定員は何人ですか。
□人 60人 / 1 0.8
式 60÷0.8=75　答え 75人

② 5 年生は，全員で 135 人です。そのうち，20% の人がかぜをひいています。かぜをひいている人は何人ですか。
135人 □人 / 1 0.2
式 135×0.2=27　答え 27人

③ こうきさんは，バスケットボールの試合を 20 回して 13 回勝ちました。勝った回数の割合は全体の何 % ですか。
20回 13回 / 1 □
式 13÷20=0.65　答え 65%

割合（18） 百分率④ 名前 月 日

① 5 年生 90 人のうち，ペットを飼っている人は 36 人です。ペットを飼っている人の割合は全体の何 % ですか。
90人 36人 / 1 □
式 36÷90=0.4　答え 40%

② さえさんの学校の今年の児童数は 525 人で 10 年前の児童数の 75% にあたります。10 年前の児童数は何人でしたか。
□人 525人 / 1 0.75
式 525÷0.75=700　答え 700人

③ あかりさんは，定価 3500 円のスカートを定価の 70% で買いました。代金はいくらですか。
3500円 □円 / 1 0.7
式 3500×0.7=2450　答え 2450円

P202

割合（19） 百分率⑤ 名前 月 日

① たいちさんの学年は全員で 96 人です。そのうち，インフルエンザで 24 人が欠席しました。欠席した人数の割合は全体の何 % ですか。
96人 24人 / 1 □
式 24÷96=0.25　答え 25%

② おじいさんは畑全体の 35% にあたる 14m² に種をまきました。この畑の全体の面積は何 m² ですか。
□m² 14m² / 1 0.35
式 14÷0.35=40　答え 40m²

③ 1 両の定員が 140 人の電車の車両に，定員の 85% の人が乗っています。この車両に乗っている人は何人ですか。
140人 □人 / 1 0.85
式 140×0.85=119　答え 119人

④ あるお店の大売り出しで，定価 2600 円の T シャツを，もとのねだんの 80% で売っています。代金はいくらになりますか。
2600円 □円 / 1 0.8
式 2600×0.8=2080　答え 2080円

⑤ ある電車の定員は 210 人です。この電車に 168 人が乗っています。定員をもとにした乗客数の割合は何 % ですか。
210人 168人 / 1 □
式 168÷210=0.8　答え 80%

割合（20） 百分率⑥ 名前 月 日

① えい画館に 120 人のお客さんが入りました。この人数は，このえい画館の定員の 80% にあたります。このえい画館の定員は何人ですか。
□人 120人 / 1 0.8
式 120÷0.8=150　答え 150人

② 定員 80 人のバスに 52 人乗っています。定員をもとにした，乗客の割合は何%ですか。
80人 52人 / 1 □
式 52÷80=0.65　答え 65%

③ パン屋さんで日曜日にパンが 360 個売れました。これは土曜日に売れた数の 90% にあたります。土曜日にパンは何個売れましたか。
□個 360個 / 1 0.9
式 360÷0.9=400　答え 400個

④ ゆうなさんの学校の 5 年生 160 人のうち，バドミントンクラブに入っている人は 24 人です。5 年生の人数をもとにした，バドミントンクラブの人数の割合は何 % ですか。
160人 24人 / 1 □
式 24÷160=0.15　答え 15%

⑤ あるジュースは全部で 800mL です。このうち，果じゅうが 20% ふくまれています。このジュースにふくまれている果じゅうは何 mL ですか。
800mL □mL / 1 0.2
式 800×0.2=160　答え 160mL

P203

割合（21） わりびき 名前 月 日

① 定価 2500 円のセーターを 10% びきで買いました。代金はいくらですか。
式 2500×(1−0.1)
=2250
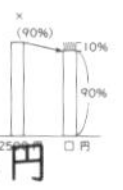

答え 2250円

② かばんが 1500 円で売られています。これは定価の 25% びきのねだんです。このかばんの定価はいくらですか。
式 1500÷(1−0.25)
=2000
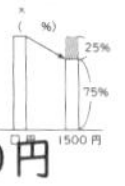

答え 2000円

③ 定価 40000 円のカメラを 30% びきで買いました。代金はいくらですか。
式 40000×(1−0.3)
=28000
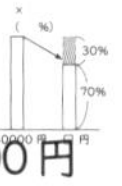

答え 28000円

割合（22） わり増し 名前 月 日

① 120g 入りのジャムが 25% 増量で売られています。ジャムは何 g 入りになっていますか。
式 120×(1+0.25)
=150
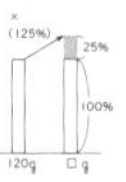

答え 150g

② これまで 3000 円だった水族館の入館料が 20% ね上がりしました。入館料はいくらになりましたか。
式 3000×(1+0.2)
=3600
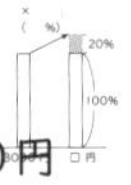

答え 3600円

③ 中身の量が 15% 増えた 920g 入りのシャンプーがあります。増える前のシャンプーの量は何 g ですか。
式 920÷(1+0.15)
=800
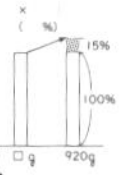

答え 800g

P204

割合（23） わりびき・わり増し① 名前 月 日

① あるおかしが，期間限定で内容量を 10% 増量して 88g 入りで売っています。増量する前は何 g 入りでしたか。
式 88÷(1+0.1)
=80　答え 80g

② 2500 円のサッカーボールを 20% びきで買うことができました。何円で買いましたか。
式 2500×(1−0.2)
=2000　答え 2000円

③ 3 色ボールペンの仕入れねは 450 円です。利益を 40% 加えて売ります。売るねだんはいくらですか。
式 450×(1+0.4)
=630　答え 630円

④ 5000 円のリュックを 25% びきで買いました。何円で買いましたか。
式 5000×(1−0.25)
=3750　答え 3750円

⑤ バスタオルの仕入れねは 1600 円です。利益を 35% 加えて売ります。売るね
式 1600×(1+0.35)
=2160　答え 2160円

割合（24） わりびき・わり増し② 名前 月 日

① 15000 円の時計があります。消費税（10%）を加えると，いくらになります
式 15000×(1+0.1)
=16500　答え 16500円

② 900 円で仕入れたスイカに 45% の利益を加えて売ります。売るねだんはいくらですか。
式 900×(1+0.45)
=1305　答え 1305円

③ ある畑のトマトのとれ高は，去年 500kg でした。今年は大雨で 24% 減りました。今年のとれ高は何 kg ですか。
式 500×(1−0.24)
=380　答え 380kg

④ 定価が 3000 円のポーチを 30% びきで買いました。何円で買いましたか。
式 3000×(1−0.3)
=2100　答え 2100円

⑤ 1 箱 3500 円のみかんを 20% びきで買うことができました。何円で
式 3500×(1−0.2)
=2800　答え 2800円

P205

割合（25） 歩合① 名前 月 日

割合を表す小数や整数	1	0.1	0.01	0.001
歩合	10割	1割	1分	1厘

① 割合を表す小数を歩合で表しましょう。

(1) 0.4　4割　(2) 0.71　7割1分
(3) 0.829　8割2分9厘　(4) 0.65　6割5分
(5) 0.307　3割7厘　(6) 0.062　6分2厘

② 歩合を小数で表しましょう。

(1) 5割　0.5　(2) 1割8分　0.18
(3) 6割3分9厘　0.639　(4) 2割4厘　0.204
(5) 9分1厘　0.091　(6) 4割8分5厘　0.485

割合（26） 歩合② 名前 月 日

① バスケットボールの試合で 12 本シュートしたうち，3 本入りました。入ったシュートの割合を歩合で求めましょう。
式 3÷12=0.25　答え 2割5分

② ある遊園地のチケットのねだんは，おとな 4000 円で，こどものチケットは，おとなの 6 割のねだんです。こどものチケットは何円ですか。
式 4000×0.6=2400　答え 2400円

③ ペンキを 18m² のかべにぬり終えました。これは，まだかべ全体の 4 割 5 分です。かべ全体の面積は何 m² ですか。
式 18÷0.45=40　答え 40m²

（解答は，200 ～ 300%に拡大してお使い下さい。）

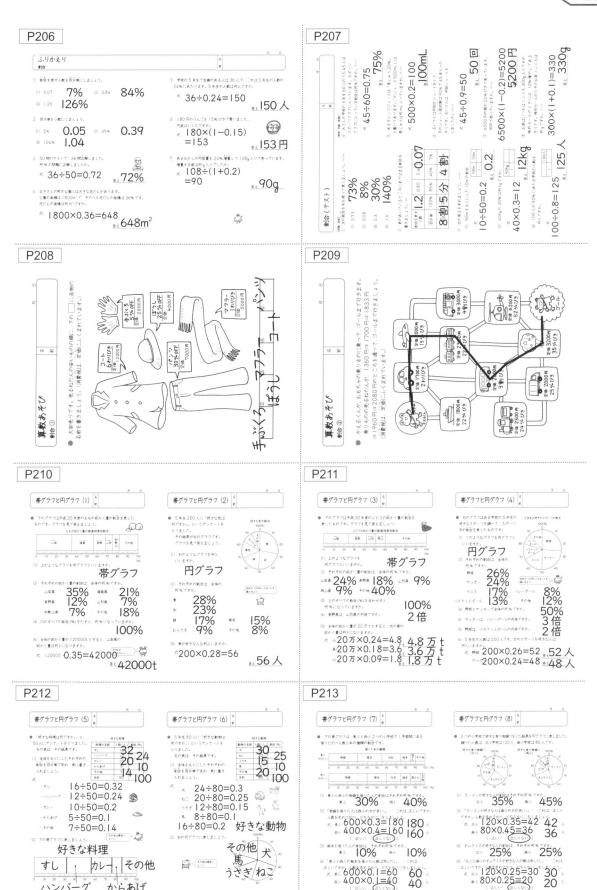

P206

ふりかえり
割合

名前　　月　日

1 割合を表す小数を百分率にしましょう。
(1) 0.07　7%　(2) 0.84　84%
(3) 1.26　126%

2 百分率を小数にしましょう。
(1) 5%　0.05　(2) 39%　0.39
(3) 104%　1.04

3 50問のテストで，36問正解しました。何％の問題に正解しましたか。
式 36÷50=0.72　答え 72%

4 まきさんの町の公園には大きな花だんがあります。公園の面積は1800m²で，そのうち花だんの面積は36%です。花だんの面積は何m²ですか。
式 1800×0.36=648　答え 648m²

5 学校の5年生で虫歯のある人は36人で，これは5年生の人数の24%にあたります。5年生の人数は何人ですか。
式 36÷0.24=150　答え 150人

6 180円のりんごを15%びきで買いました。代金はいくらですか。
式 180×(1−0.15)=153　答え 153円

7 あるおかしが内容量を20%増量して108g入りで売っています。増量する前は何g入りでしたか。
式 108÷(1+0.2)=90　答え 90g

P207

割合（テスト）

名前　　月　日

【知識・技能】
1 次の割合を%を使って表しましょう。(4×4)
(1) 0.73　73%
(2) 0.08　8%
(3) 0.3　30%
(4) 1.4　140%

2 表のあいているところにあてはまる割合を書きましょう。(10)

割合を表す小数	1.2	0.85	0.4	0.07
百分率	120%	85%	40%	7%
歩合	1割2分	8割5分	4割	7分

3 次の答えを求めましょう。(4×6)
(1) 50mをもとにした10mの割合
式 10÷50=0.2　答え 0.2
(2) 40kgの30%は何kgですか。
式 40×0.3=12　答え 12kg
(3) 100人が80%にあたる学校の人数は何人ですか。
式 100÷0.8=125　答え 125人

【思考・判断・表現】
4 Aさんの学校の5年生60人のうち45人は，スポーツクラブに入っています。スポーツクラブに入っている割合は何%ですか。(5×2)
式 45÷60=0.75　答え 75%

5 あるオレンジジュースは「果じゅう20%」と書いてあります。このジュース500mLには，果じゅうは何mL入っていますか。(5×2)
式 500×0.2=100　答え 100mL

6 るいさんは何回かシュートをして，そのシュート成功率は90%で45本入ったそうです。るいさんは，何回シュートをしましたか。(5×2)
式 45÷0.9=50　答え 50回

7 6500円の服が20%びきで売っています。何円で売っていますか。(5×2)
式 6500×(1−0.2)=5200　答え 5200円

8 お茶はいつもは1ふくろ300g入りですが，特別セールのときには，10%増やしてあるそうです。特別セールのときのお茶1ふくろは何gですか。(5×2)
式 300×(1+0.1)=330　答え 330g

P208

算数あそび
割合 ①

名前　　月　日

● 大安売りです。売るねだんの安いものの順に，下の□に品物の名前を書きましょう。（消費税《しょうひぜい》は，定価《ていか》にふくまれています。）

コート 6わりびき 定価12000円
手ぶくろ 5%OFF 定価2000円
ぼうし 25%OFF 定価4000円
パンツ 30%OFF 定価7000円
マフラー 1わりびき 定価5000円

① 手ぶくろ　② ぼうし　③ マフラー　④ コート　⑤ パンツ

P209

算数あそび
割合 ②

名前　　月　日

● かえるくんが，おもちゃの乗りものに乗って，ゴールまで行きます。乗りものの売るねだんが，1360円⇒1700円⇒1833円⇒1960円⇒2080円のところを通って，ゴールまで行きましょう。（消費税《しょうひぜい》は，定価《ていか》にふくまれています。）

定価1700円 2わりびき
定価1800円 22%びき
定価2500円 24%びき
定価2000円 25%びき
定価3200円 35%びき
定価4200円 52%びき
定価3000円 4割びき
ゴール

P210

帯グラフと円グラフ (1)

● 下のグラフは平成30年度のももの収かく量の割合を表したものです。グラフを見て答えましょう。

(1) 上のようなグラフを何グラフといいますか。　帯グラフ
(2) それぞれの収かく量の割合は，全体の何%ですか。
山梨県 35%　福島県 21%
長野県 12%　山形県 7%
和歌山県 7%　その他 18%
(3) (2)のすべての割合(%)をたすと，何%になっていますか。　100%
(4) 全体の収かく量が120000tとすると，山梨県の収かく量は何tになりますか。
式 120000×0.35=42000　答え 42000t

帯グラフと円グラフ (2)

● 5年生200人に「好きな色は何ですか。」というアンケートをとりました。その結果が右の円グラフです。グラフを見て答えましょう。

(1) 右のようなグラフを何といいますか。　円グラフ
(2) それぞれの割合は，全体の何%ですか。
青 28%
赤 23%
緑 17%　黄色 15%
むらさき 9%　その他 8%
(3) 青が好きな人は何人いますか。
式 200×0.28=56　答え 56人

P211

帯グラフと円グラフ (3)

● 下のグラフは平成30年度のぶどうの収かく量の割合を表したものです。グラフを見て答えましょう。

(1) 上のようなグラフを何グラフといいますか。　帯グラフ
(2) それぞれの収かく量の割合は，全体の何%ですか。
山梨県 24%　長野県 18%　山形県 9%
岡山県 9%　その他 40%
(3) 上のすべての割合(%)を合わせると，何%になっていますか。　100%
(4) 長野県は，山形県の何倍ですか。　2倍
(5) 全体の収かく量が20万tとすると，次の県の収かく量は何tになりますか。
式 山 20万×0.24=4.8　答え 4.8万t
長 20万×0.18=3.6　答え 3.6万t
山 20万×0.09=1.8　答え 1.8万t

帯グラフと円グラフ (4)

● 右のグラフはある学校の5年生の好きなスポーツを調べて，スポーツ別の割合を表したものです。

(1) このようなグラフを何グラフといいますか。　円グラフ
(2) それぞれの割合は，全体の何%ですか。
野球 26%
サッカー 24%
テニス 17%　バレーボール 8%
バスケットボール 13%　その他 12%
(3) 野球とサッカーで全体の何%ですか。　50%
(4) サッカーは，バレーボールの何倍ですか。　3倍
(5) 野球は，バスケットボールの何倍ですか。　2倍
(6) 5年生の人数は200人です。次のスポーツを好きな人は何人いますか。
式 野球 200×0.26=52　答え 52人
サッカー 200×0.24=48　答え 48人

P212

帯グラフと円グラフ (5)

● 「好きな料理は何ですか。」と，50人にアンケートをとりました。右の表は，その結果です。

好きな料理

料理の名前	人数(人)	割合(%)
すし	16	32
ハンバーグ	12	24
カレー	10	20
からあげ	5	10
その他	7	14
合計	50	100

(1) 全体をもとにしたそれぞれの割合を百分率で求め，表に書き入れましょう。
式
・すし 16÷50=0.32
・ハンバーグ 12÷50=0.24
・カレー 10÷50=0.2
・からあげ 5÷50=0.1
・その他 7÷50=0.14
(2) 下の帯グラフに表しましょう。
好きな料理
すし｜ハンバーグ｜カレー｜からあげ｜その他

帯グラフと円グラフ (6)

● 5年生80人に「好きな動物は何ですか。」というアンケートをとりました。右の表は，その結果です。

好きな動物

動物の名前	人数(人)	割合(%)
犬	24	30
ねこ	20	25
うさぎ	12	15
馬	8	10
その他	16	20
合計	80	100

(1) 全体をもとにしたそれぞれの割合を百分率で求め，表に書き入れましょう。
式
・犬 24÷80=0.3
・ねこ 20÷80=0.25
・うさぎ 12÷80=0.15
・馬 8÷80=0.1
16÷80=0.2
(2) 右の円グラフに表しましょう。
好きな動物
犬｜ねこ｜うさぎ｜馬｜その他

P213

帯グラフと円グラフ (7)

● 下の帯グラフは，東小と西小2つの小学校で1学期間に本を借りたのべ人数と本の種類の割合を表したものです。

借りた本の種類
東小（600人）：物語｜歴史｜伝記｜絵本｜図かん｜その他
西小（400人）：物語｜歴史｜伝記｜絵本｜図かん｜その他

(1) 東小と西小の物語を借りた人の割合はそれぞれ何%ですか。
東小 30%　西小 40%
(2) 「物語を借りた人は西小の方が多い。」…これは，正しいですか。人数を求めて比べ，どちらかに○をしましょう。
式 東小 600×0.3=180　180人
西小 400×0.4=160　160人
（正しい，正しくない）→ 正しくない
(3) 絵本を借りた人の割合は，それぞれ何%ですか。
東小 10%　西小 10%
(4) 「東小と西小の絵本を借りた人数は同じだ。」…これは，正しいですか。人数を求めて比べ，どちらかに○をしましょう。
式 東小 600×0.1=60　60人
西小 400×0.1=40　40人
（正しい，正しくない）→ 正しくない

帯グラフと円グラフ (8)

● 2つの小学校で好きな食べ物調べをした結果を円グラフに表しました。調べた人数は，北小学校は120人，南小学校は80人です。

好きな食べ物調べ（北小）　好きな食べ物調べ（南小）

(1) ラーメンが好きな人の割合はそれぞれ何%ですか。
北小 35%　南小 45%
(2) 「ラーメンが好きな人は南小の方が多い。」…これは，正しいですか。人数を求めて比べ，どちらかに○をしましょう。
式 北小 120×0.35=42　42人
南小 80×0.45=36　36人
（正しい，正しくない）→ 正しくない
(3) オムライスが好きな人の割合は，それぞれ何%ですか。
北小 25%　南小 25%
(4) 「北小と南小のオムライスが好きな人の数は同じだ。」…これは，正しいですか。人数を求めて比べ，どちらかに○をしましょう。
式 北小 120×0.25=30　30人
南小 80×0.25=20　20人
（正しい，正しくない）→ 正しくない

解答

児童に実施させる前に，必ず指導される方が問題を解いてください。本書の解答は，あくまでも１つの例です。

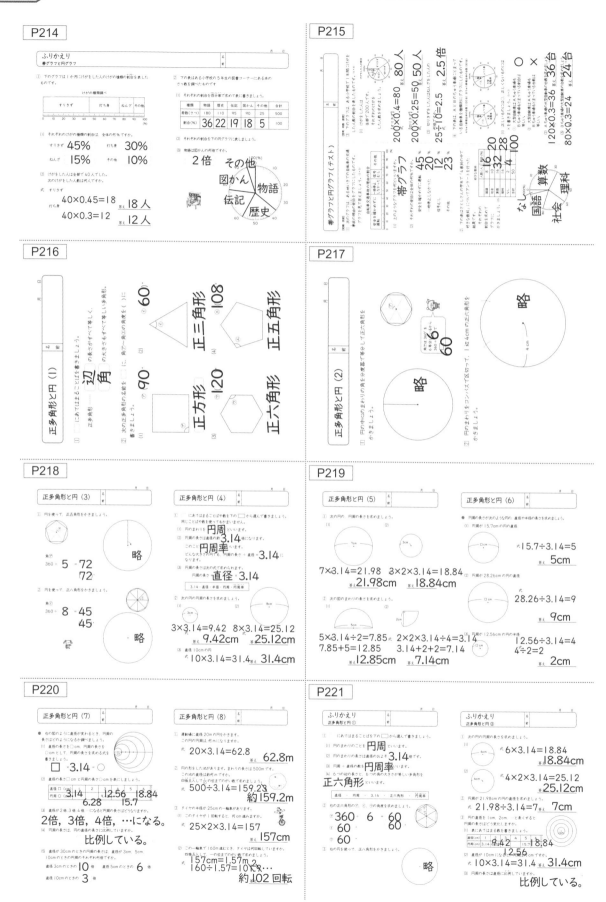

P214

ふりかえり　帯グラフと円グラフ

１　下のグラフは１か月にけがをした人のけがの種類の割合を表したものです。

けがの種類調べ

すりきず	打ち身	ねんざ	その他

(1) それぞれのけがの種類の割合は，全体の何％ですか。

すりきず　45%　　打ち身　30%

ねんざ　15%　　その他　10%

(2) けがをした人は全部で40人でした。次のけがをした人数は何人ですか。

式　すりきず　40×0.45=18　答え　18人

打ち身　40×0.3=12　答え　12人

２　下の表はある小学校の５年生の図書コーナーにある本のさっ数を調べたものです

(1) それぞれの割合を百分率で求めて表に書きましょう。

種類	物語	歴史	伝記	図かん	その他	合計
冊数(さつ)	180	110	95	90	25	500
割合(%)	36	22	19	18	5	100

(2) それぞれの割合を下の円グラフに表しましょう。

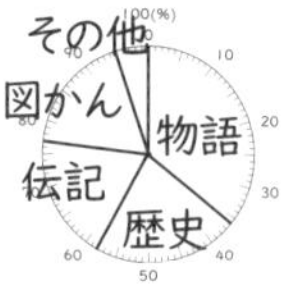

(3) 物語は図かんの何倍ですか。

2倍

P215

帯グラフと円グラフ（テスト）

１　上のような帯グラフ

帯グラフ

(2) それぞれの割合は全体の何％ですか。

安全を確かめずに運転　45%

一時停止しなかった　20%

信号むし　12%

その他　23%

３　(1) $200×0.4=80$　80人

$200×0.25=50$　50人

(2) $25÷10=2.5$　2.5倍

４　(1) ○　×

(2) $120×0.3=36$　36台

(3) $80×0.3=24$　24台

２　好きな教科

国語	算数	社会	理科	なし	合計
8	10	16	2	4	
16	20	32	28	4	100

P216

正多角形と円（１）

１　□にあてはまることばを書きましょう。

正多角形……辺の長さがすべて等しく，角の大きさもすべて等しい多角形。

２　次の正多角形の名前を□に，角㋐～㋓の角度を（　）に書きましょう。

(1) 正方形　㋐ 90°

(2) 正三角形　㋑ 60°

(3) 正六角形　㋒ 120°

(4) 正五角形　㋓ 108°

P217

正多角形と円（２）

１　円の中心のまわりの角を分度器で等分して正六角形をかきましょう。

角は360°を6等分　360÷6で60

略

２　円のまわりをコンパスで区切って，１辺４cmの正六角形をかきましょう。

略

P218

正多角形と円（３）

１　円を使って，正五角形をかきましょう。

角㋐　360÷5=72　72°

略

２　円を使って，正八角形をかきましょう。

角㋑　360÷8=45　45°

略

正多角形と円（４）

１　□にあてはまることばや数を下の□から選んで書きましょう。同じことばや数を使ってもかまいません。

(1) 円のまわりを円周といいます。

(2) 円周の長さは直径の約3.14倍になります。この3.14を円周率といいます。どんな大きさの円でも，円周の長さ÷直径=3.14になります。

(3) 円周の長さは次の式で求められます。円周の長さ=直径×3.14

3.14・直径・半径・円周・円周率

２　次の円の円周の長さを求めましょう。

(1) $3×3.14=9.42$　答え　9.42cm

(2) $8×3.14=25.12$　答え　25.12cm

(3) 直径10cmの円　$10×3.14=31.4$　答え　31.4cm

P219

正多角形と円（５）

１　次の円の，円周の長さを求めましょう。

(1) $7×3.14=21.98$　答え　21.98cm

(2) $3×2×3.14=18.84$　答え　18.84cm

２　次の図のまわりの長さを求めましょう。

(1) $5×3.14÷2=7.85$　$7.85+5=12.85$　答え　12.85cm

(2) $2×2×3.14÷4=3.14$　$3.14+2+2=7.14$　答え　7.14cm

正多角形と円（６）

●　円周の長さが次のような円の，直径や半径の長さを求めましょう。

(1) 円周が15.7cmの円の直径　式　$15.7÷3.14=5$　答え　5cm

(2) 円周が28.26cmの円の直径　式　$28.26÷3.14=9$　答え　9cm

(3) 円周が12.56cmの円の半径　$12.56÷3.14=4$　$4÷2=2$　答え　2cm

P220

正多角形と円（７）

●　右の図のように直径が変わるとき，円周の長さはどのようになるか調べましょう。

(1) 直径の長さを□cm，円周の長さを○cmとして，円周の長さを求める式を書きましょう。

□×3.14=○

(2) 直径の長さ□cmと円周の長さ○cmを表にしましょう。

直径□(cm)	1	2	3	4	5	6
円周○(cm)	3.14	6.28	9.42	12.56	15.7	18.84

(3) 直径が2倍，3倍，4倍，…になると円周の長さはどうなりますか。

2倍，3倍，4倍，…になる。

(4) 円周の長さは，円の直径に比例しています。

比例している。

(5) 直径が30cmのときの円周の長さは，直径が3cm，5cm，10cmのときの円周のそれぞれ何倍ですか。

直径3cmのときの　10倍　直径5cmのときの　6倍

直径10cmのときの　3倍

正多角形と円（８）

１　運動場に直径20mの円をかきます。この円の円周は，何mになりますか。

式　$20×3.14=62.8$　答え　62.8m

２　円の形をした池があります。まわりの長さは500mです。この池の直径は約何mですか。四捨五入して$\frac{1}{10}$の位までのがい数で求めましょう。

式　$500÷3.14=159.23$　答え　約159.2m

３　タイヤの半径が25cmの一輪車があります。

(1) このタイヤが１回転すると，何cm進みますか。

式　$25×2×3.14=157$　答え　157cm

(2) この一輪車で160m進むとき，タイヤは何回転していますか。四捨五入して，一の位までのがい数で求めましょう。

式　157cm=1.57m　$160÷1.57=101.9$…　答え　約102回転

P221

ふりかえり　正多角形と円①

１　□にあてはまることばを下の□から選んで書きましょう。

(1) 円のまわりのことを円周といいます。

(2) 円のまわりの長さは直径のおよそ3.14倍です。

(3) 円周÷直径の数を円周率といいます。

(4) ６つの辺の長さと，６つの角の大きさが等しい多角形を正六角形といいます。

直径・円周・3.14・正六角形・円周率

２　右の正六角形の㋐，㋑，㋒の角度を求めましょう。

㋐ $360÷6=60$　60°

㋑ 60°

㋒ 60°

３　右の円を使って，正六角形をかきましょう。

略

ふりかえり　正多角形と円②

１　次の円の円周の長さを求めましょう。

(1) 式　$6×3.14=18.84$　答え　18.84cm

(2) 式　$4×2×3.14=25.12$　答え　25.12cm

２　円周が21.98cmの円の直径を求めましょう。

式　$21.98÷3.14=7$　答え　7cm

３　円の直径を1cm，2cm，…と長くすると円周の長さはどう変化しますか。

(1) 表にあてはまる数を書きましょう。

直径(cm)	1	2	3	4	5	6
円周(cm)	3.14	6.28	9.42	12.56	15.7	18.84

(2) 直径が10cmになると円周は何cmですか。

式　$10×3.14=31.4$　答え　31.4cm

(3) 円周の長さは直径に比例していますか。

比例している。

（解答は，200～300%に拡大してお使い下さい。）

P222

正多角形と円（テスト）

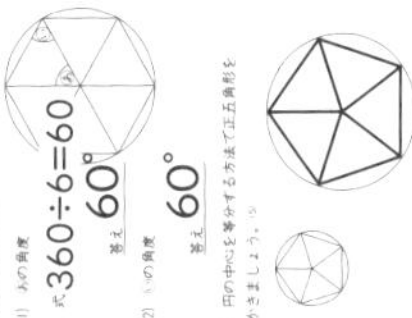

- (1) 式 360÷6=60　答え 60°
- (2) 答え 60°
- (3) (1) 8×3.14=25.12　答え 25.12cm
- (2) 2×2×3.14=12.56　答え 12.56cm
- (4) 50.24÷3.14=16　答え 16cm
- 1m=100cm　100÷3.14=31.84…　答え 約31.8cm
- 70×3.14×10=2198　2198cm=21.98m　答え 21.98m
- 150÷3.14=47.7…　答え 約48m

直径□(cm)	1	2	3	5	6
円周○(cm)			9.42	15.7	
		6.28	12.56	18.84	

- 2倍，3倍になる。比例している。
- ○＝□×3.14

P223

算数あそび　正多角形と円

● 図形のまわりの長さが 12.56cm ⇒ 14.28cm ⇒ 20.56cm ⇒ 28.56cm のところを順に通って，ゴールまで行きましょう。（円周率は3.14として計算しましょう。）

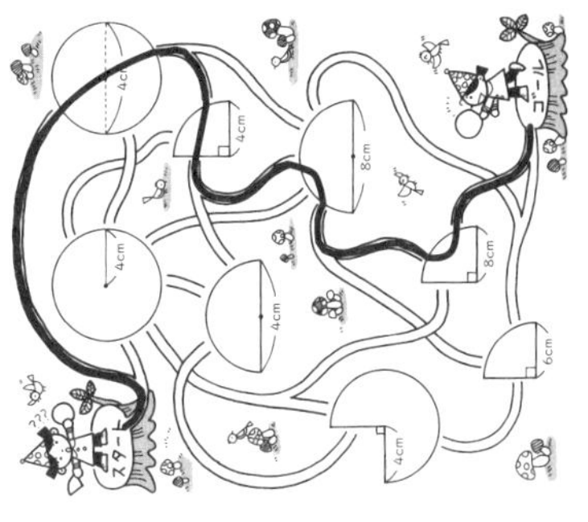

P224

角柱と円柱（1）角柱①

● 角柱の部分の名前を□から選んで　に書きましょう。

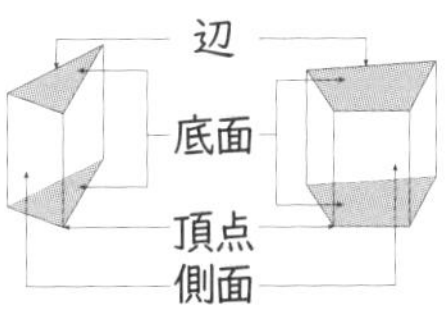

頂点《ちょうてん》・底面・側面・辺

角柱と円柱（2）角柱②

● 六角柱について　にあてはまることばを下の□から選んで書きましょう。

(1) 角柱の底面と側面は，たがいに **垂直** な関係になっています。

(2) 角柱の２つの底面は，**合同** な多角形で，たがいに **平行** な関係になっています。

(3) 角柱の側面の形は，**長方形** か正方形の形になっています。

合同・垂直《すいちょく》・長方形・平行・六角形

P225

角柱と円柱（3）角柱③

● １組の平行な面がある次のような立体について調べましょう。

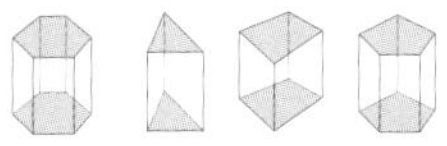

六角柱　三角柱　四角柱　五角柱

(1) 上の　に角柱の名前を書きましょう。

(2) 色のついた１組の平行な面を何といいますか。　**底面**

(3) 色のついていない面を何といいますか。　**側面**

(4) 色のついた面と色のついていない面は，どんな関係になっていますか。　**垂直**

角柱と円柱（4）角柱④

● 下の㋐〜㋓の立体について，調べましょう。

(1) ㋐〜㋓の立体の名前を書き，それぞれの形や数を表にまとめましょう。

	㋐	㋑	㋒	㋓
立体の名前	三角柱	四角柱	五角柱	六角柱
底面の形	三角形	四角形	五角形	六角形
側面の形	長方形	長方形	長方形	長方形
側面の数	3	4	5	6
頂点の数	6	8	10	12
辺の数	9	12	15	18

(2) 直方体や立方体は，㋐〜㋓のどれと同じなかまですか。　**㋑**

P226

角柱と円柱（5）円柱①

● 円柱について　にあてはまることばを下の□から選んで書きましょう。

(1) 円柱の向かいあった２つの面を **底面** といい，まわりの面を **側面** といいます。

(2) 円柱の２つの底面は，合同な **円** で，たがいに **平行** な関係になっています。

(3) 円柱の側面のように曲がった面を **曲面** といいます。

(4) 図の㋐のように，円柱の２つの底面に垂直な直線の長さを円柱の **高さ** といいます。

円・垂直・側面・曲面
高さ・底面・平行・平面

角柱と円柱（6）円柱②

● 下の円柱を見て，答えましょう。

(1) 　に円柱の部分の名前を書きましょう。

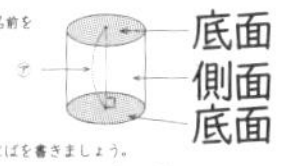

(2) 　にあてはまることばを書きましょう。

① 円柱では向かい合った２つの面を **底面** といい，それ以外のまわりの面を **側面** といいます。

② 円柱の２つの底面は合同な円の形で，たがいに **平行** な関係になっています。

③ 図の㋐のように，２つの底面に **垂直** な直線の長さを円柱の **高さ** といいます。

④ 円柱の底面と側面は，たがいに **垂直** な関係になっています。

⑤ 角柱の側面はすべて平面ですが，円柱の側面は **曲面** です。円柱は側面を平らにすると **長方形** になります。

P227

角柱と円柱（7）見取図①

● 次の立体の見取図をなぞり，底面に色をぬりましょう。

(1) 三角柱

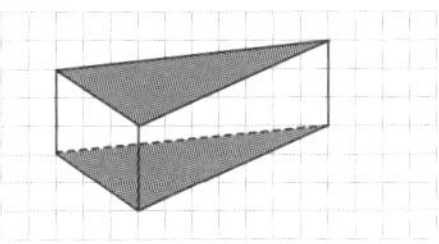

(2) 四角柱

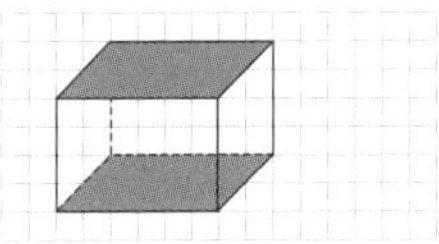

角柱と円柱（8）見取図②

● 次の立体の見取図をなぞり，底面に色をぬりましょう。

(1) 三角柱　(2) 円柱

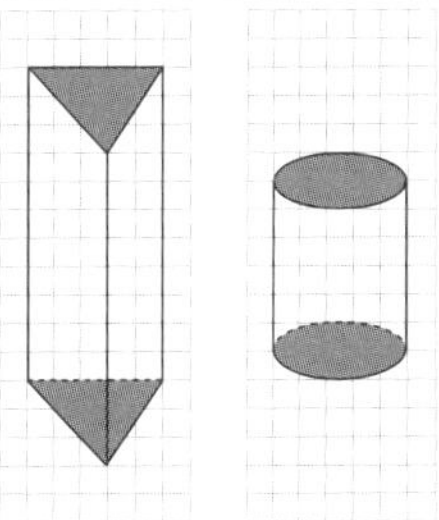

P228

角柱と円柱（9）見取図③

● 次の立体の見取図の続きをかき，底面に色をぬりましょう。

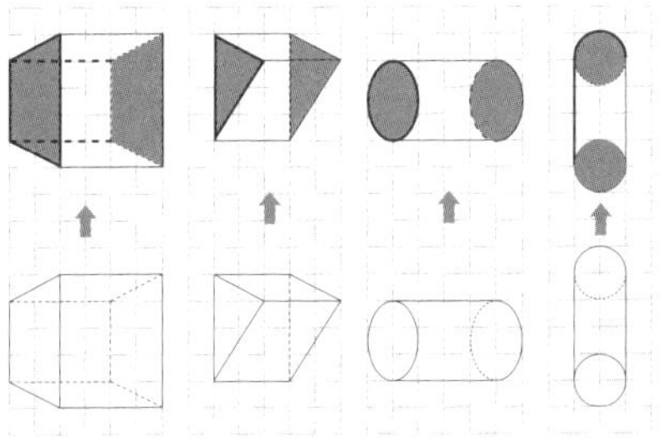

P229

角柱と円柱（10）展開図①

1 次の展開図を組み立てると，何という立体ができますか。　に名前を書きましょう。

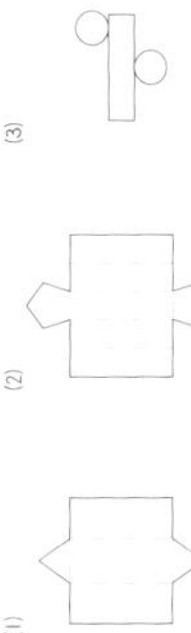

(1) **三角柱**　(2) **五角柱**　(3) **円柱**

2 次の三角柱の展開図の続きをコンパスも使ってかきましょう。

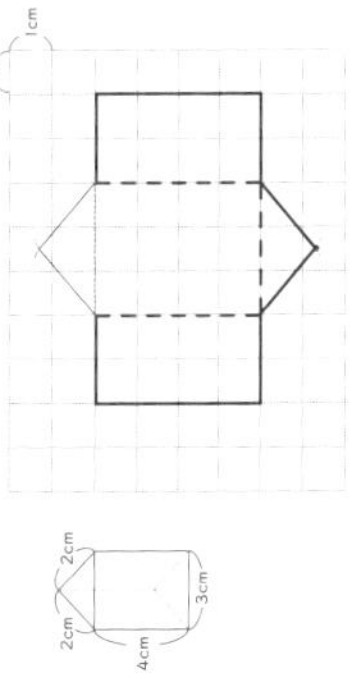

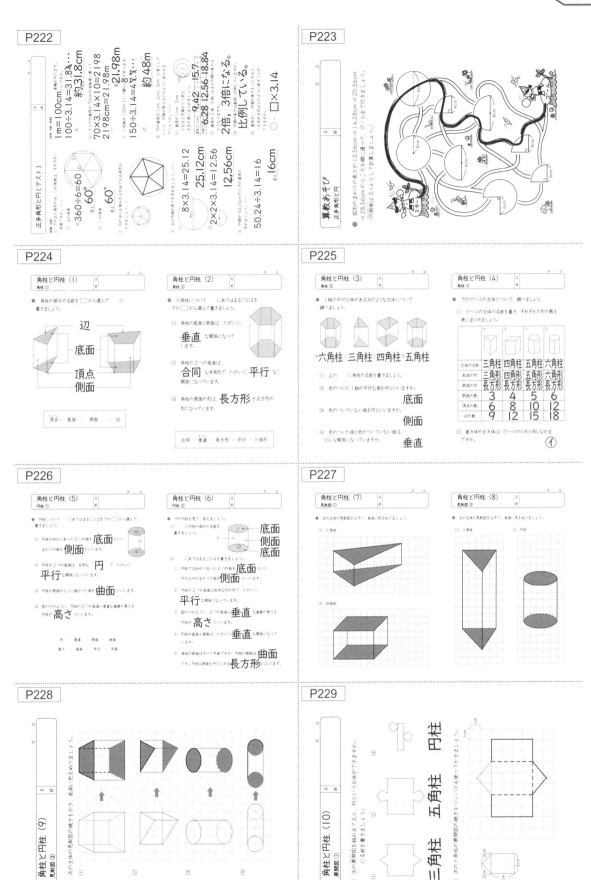

解答

児童に実施させる前に，必ず指導される方が問題を解いてください。本書の解答は，あくまでも1つの例です。

P230

角柱と円柱（11） 展開図②

● 次の三角柱の展開図の続きをかきましょう。

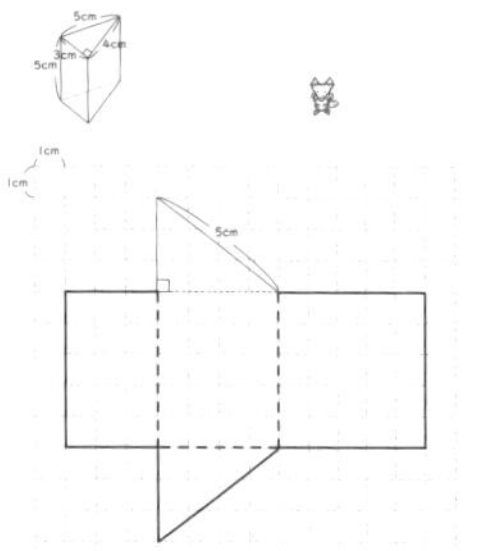

角柱と円柱（12） 展開図③

● 次の四角柱の展開図の続きをかきましょう。

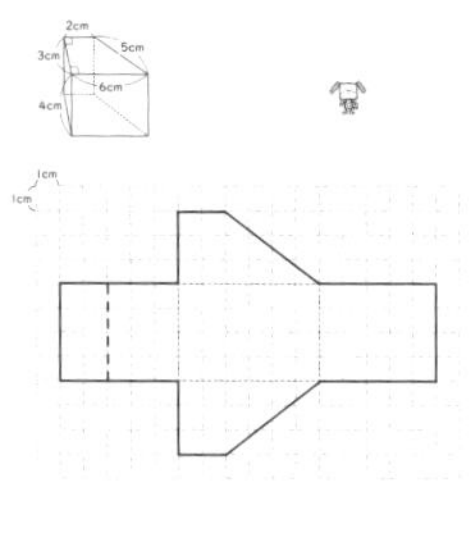

P231

角柱と円柱（13） 展開図④

● 下の円柱の展開図をかきます。

(1) 円柱の側面の展開図はどんな形ですか。 長方形

(2) 展開図の AB の長さは何 cm ですか。 4cm

(3) 展開図の AD の長さは底面の何の長さと同じですか。 円周

(4) 展開図の AD の長さを求めましょう。 4×3.14=12.56 答え 12.56cm

(5) 上の円柱の展開図の続きをかきましょう。

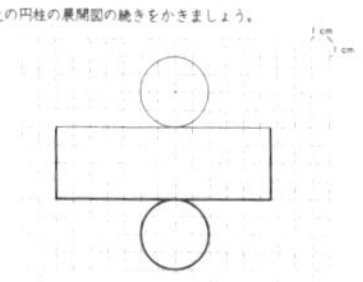

角柱と円柱（14） 展開図⑤

● 次の円柱の展開図の続きをかきましょう。

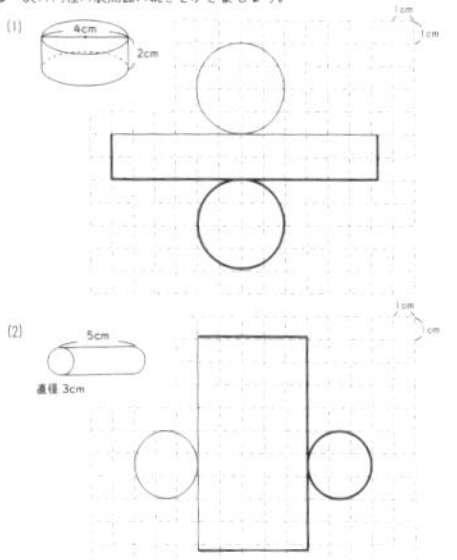

P232

角柱と円柱（15） 展開図⑥

● 下の三角柱の展開図をかきました。問いに答えましょう。

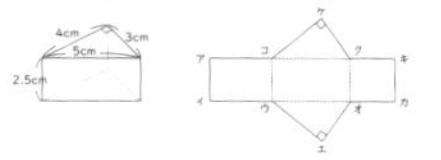

(1) 展開図の次の辺の長さは何 cm ですか。

① 辺アイ 2.5 cm ② 辺ウエ 4 cm

③ 辺ウオ 5 cm ④ 辺エオ 3 cm

(2) 展開図を組み立てたとき，次の点に集まる点をすべて書きましょう。

① 点イ 点 エ 点 カ

② 点ケ 点 ア 点 キ

(3) 展開図を組み立てたとき，次の辺に接する辺を書きましょう。

① 辺アイ 辺 キカ

② 辺エオ 辺 カオ

角柱と円柱（16） 展開図⑦

● 次の長方形と㋐～㋒のどの円を組み合わせれば，円柱ができますか。□に記号を書きましょう。

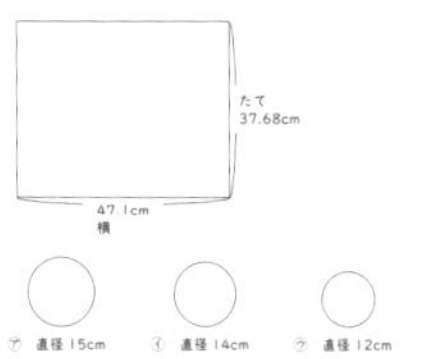

(1) 長方形のたてを底面に接するようにすると，底面はどれですか。 ㋒

(2) 長方形の横を底面に接するようにすると，底面はどれですか。 ㋐

P233

ふりかえり 角柱と円柱

① 次の㋐，㋑，㋒の立体について答えましょう。

三角柱 五角柱 円柱

(1) ㋐～㋒の立体の名前を□に書きましょう。

(2) □にあてはまることばを書きましょう。

① ㋐，㋑の側面はすべて平面ですが，㋒の側面は 曲面 です。

② ㋐～㋒の色のついた面を 底面 といい，それぞれ２つの底面は合同で，平行 になっています。

(3) 下の表にあてはまる数やことばを書きましょう。

	三角柱	五角柱
底面の形	三角形	五角形
側面の数	3	5
頂点の数	6	10
辺の数	9	15

② 下の四角柱の展開図の続きをかきましょう。

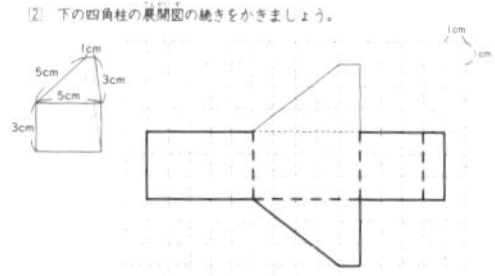

③ 下の円柱の展開図の続きをかきましょう。

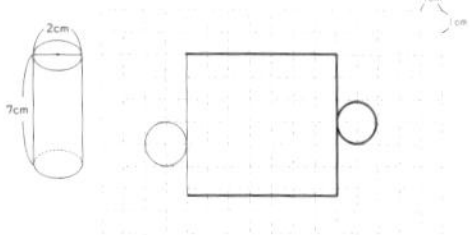

P234

角柱と円柱（テスト）

① 円柱について，□にあてはまることばを□から選んで書きましょう。

(1) 円柱の２つの底面の形は 円 です。同じ大きさで 平行 な関係になっています。

(2) 円柱の側面のように曲がった面を 曲面 といいます。

(3) 円柱の２つの底面に垂直になっている直線の長さを 高さ といいます。

高さ・曲面・平行・曲線・平面・長方形・円

② 角柱について表にまとめましょう。

立体の名前	三角柱	四角柱
側面の数	3	4
頂点の数	6	8
辺の数	9	12

③ 次の図の展開図の続きをかきましょう。

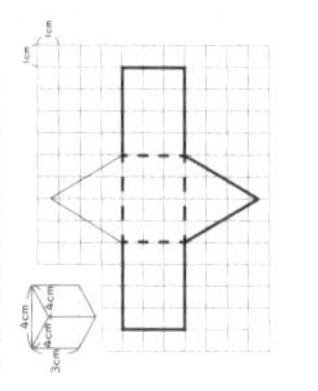

④ 下の円柱の展開図をかきます。

(1) 円柱の側面の展開図はどんな形ですか。 長方形

(2) 展開図の辺 AB の長さは何 cm ですか。 5cm

(3) 展開図の AD の長さは底面のどこの長さと同じですか。 円周

(4) 展開図の AD の長さを求めましょう。 5×3.14=15.7 答え 15.7cm

⑤ 四角柱の展開図をかきました。問いに答えましょう。

(1) 次の辺の長さは何 cm ですか。 辺アイ 4 cm 辺イク 3 cm 辺ウク 5 cm

(2) 展開図を組み立てたとき，点アに集まる点をすべて書きましょう。 点 ス 点 ケ

(3) 展開図を組み立てたとき，辺エオに接する辺を書きましょう。 辺 クキ

P235

対話して解決する問題（1） 整数と小数

● 次の㋐～㋓の数について答えましょう。

㋐ 10.001 ㋑ 10.101 ㋒ 10.011 ㋓ 9.909

(1) ㋐の例のように，それぞれの数を式を使って表します。□にあてはまる数を書きましょう。

(例) ㋐ 10.001＝10×1＋0.001×1

㋑ 10.101＝10×1＋0.1×1＋0.001×1

㋒ 10.011＝10×1＋0.01×1＋0.001×1

㋓ 9.909＝1×9＋0.1×9＋0.001×9

(2) ㋐の十の位の「1」は，小数第三位の「1」の何倍ですか。 1万倍

(3) ㋓の小数第三位の「9」は，一の位の「9」の何分の１ですか。 $\frac{1}{1000}$

(4) ㋓は，あと何をたせば10になりますか。 0.091

(5) ㋐～㋓の４つの数を10に近い順に並べましょう。

10.001→10.011→9.909→10.101

P236

対話して解決する問題（2） 直方体や立方体の体積

● 右のように，たて 20cm，横 30cm の長方形の４つのすみを正方形に切り取って入れ物を作ります。

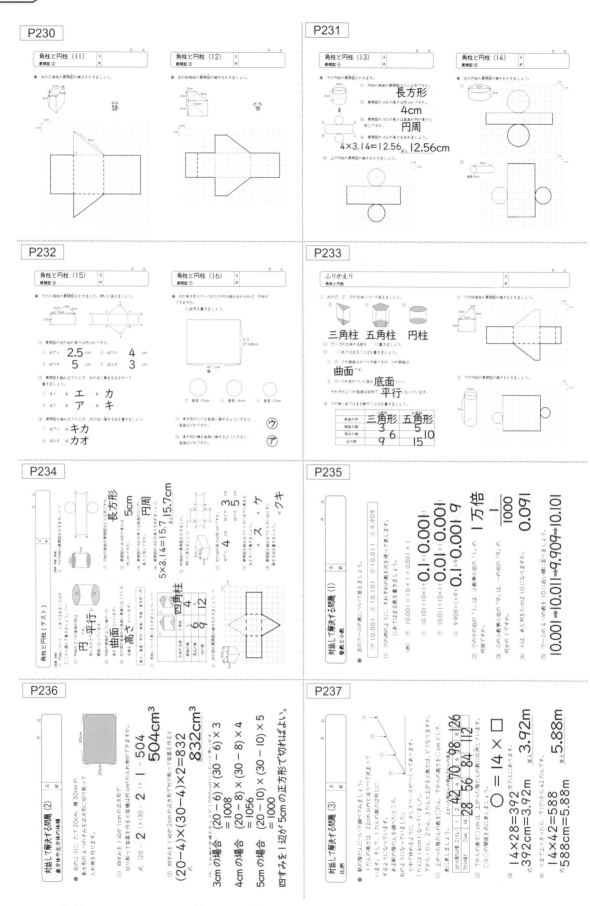

(1) 四すみを１辺が1cmの正方形で切り取って容器を作ると容積は何 cm³ の入れ物ができますか。

式 (20 − 2)×(30 − 2)×1＝504

504cm³

(2) 四すみを１辺が2cmの正方形で切り取って容器を作ると

式 (20−4)×(30−4)×2=832

832cm³

(3) いちばん容積が大きくなるのは，１辺が何cmの正方形で切り取ったときでしょう。

3cm の場合 (20 − 6)×(30 − 6)×3 ＝1008

4cm の場合 (20 − 8)×(30 − 8)×4 ＝1056

5cm の場合 (20 − 10)×(30 − 10)×5 ＝1000

四すみを１辺が 5cm の正方形で切ればよい。

P237

対話して解決する問題（3） 比例

● 駅の階だんについて調べてみましょう。

１だんの高さは，22cm 以内と法りつで決まっています。そして，１だんの高さは同じにするようになっています。

ある駅の階だんを調べたところ，右のようになっていました。

と中で休めるように，少しスペースがつくってあります。

１だんは１だん，２だん，３だんと上がると高さは，どうなりますか。

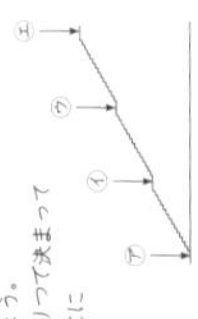

(1) 上がった階だんの数を□だん，下からの高さを○cmとして，表に表しましょう。

上がった階だんの数 □(だん)	1	2	3	4	5	6	7	8	9
下からの高さ ○(cm)	14	28	42	56	70	84	98	112	126

(2) 下からの高さ○cmは，上がった階だんの数に比例しています。□と○の関係を式に表しましょう。

○ ＝ 14 × □

(3) 28だんにあります。

式 14×28=392 392cm=3.92m 答え 3.92m

(4) ㋓まで上りきったら，下(㋐)から42だんです。

式 14×42=588 588cm=5.88m 答え 5.88m

　(解答は，200～300%に拡大してお使い下さい。)

P238

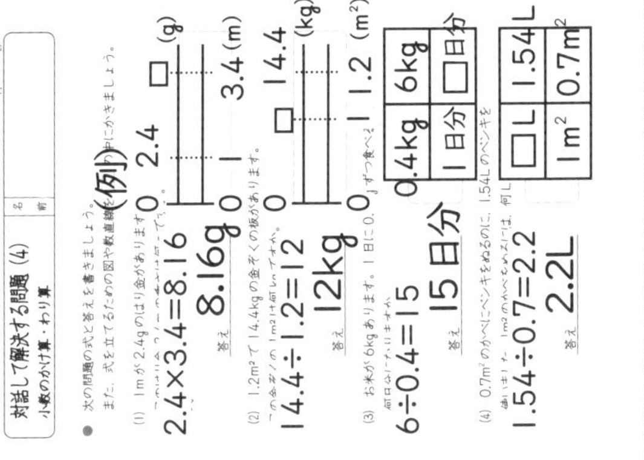

P239

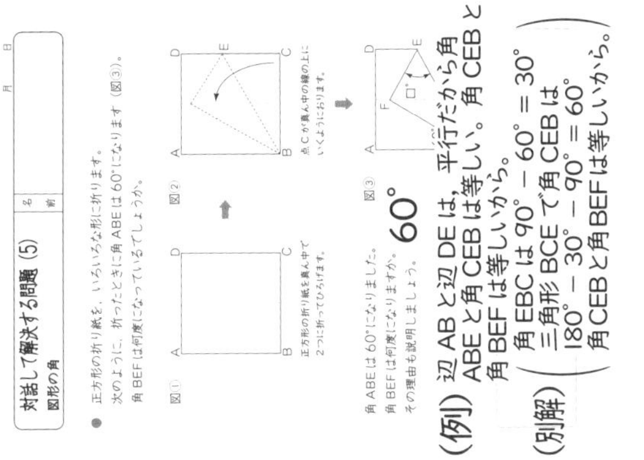

P240

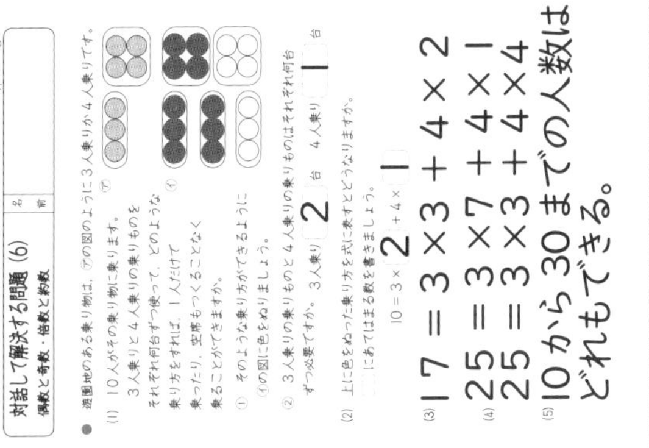

P241

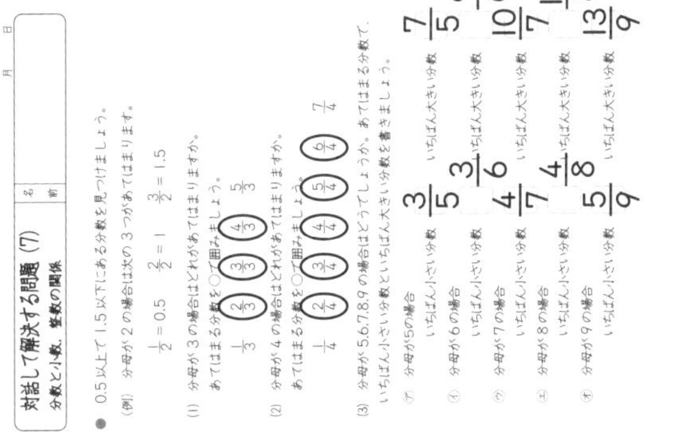

P242

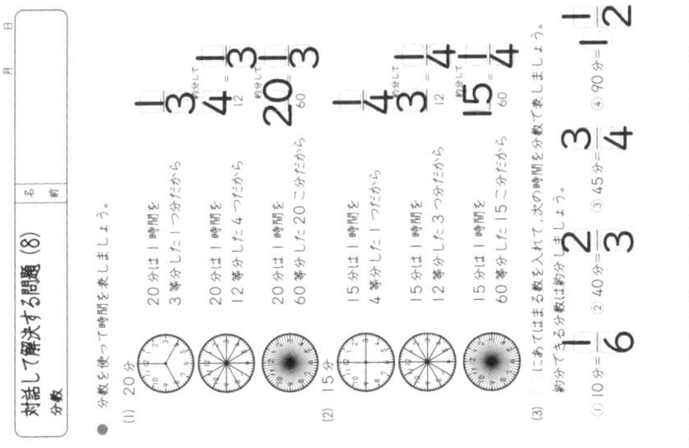

P243

P244

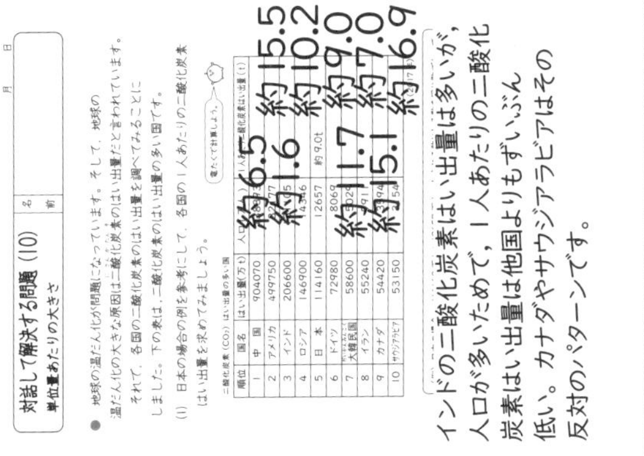

P245

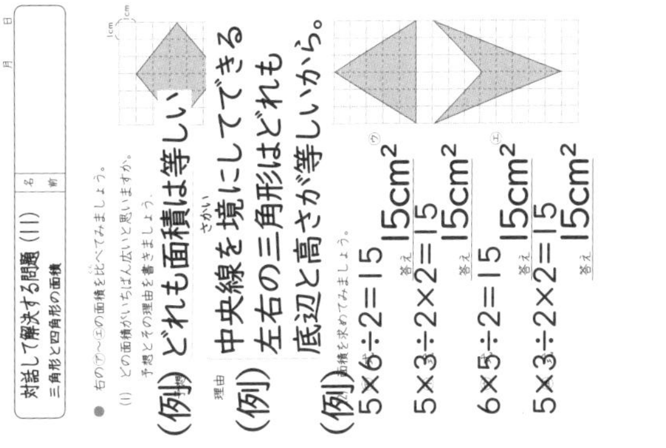

解答　児童に実施させる前に，必ず指導される方が問題を解いてください。本書の解答は，あくまでも1つの例です。

P246

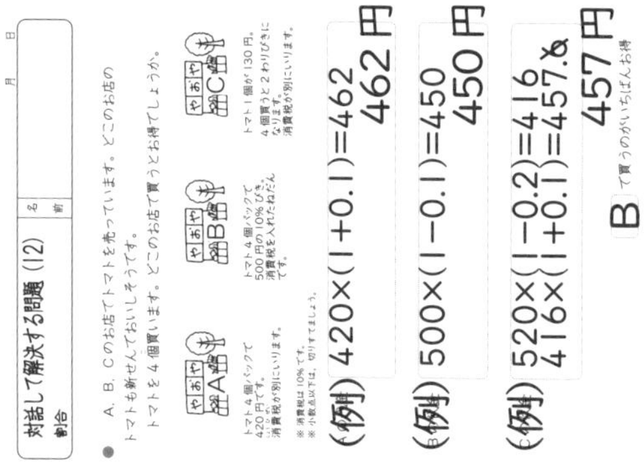

P247

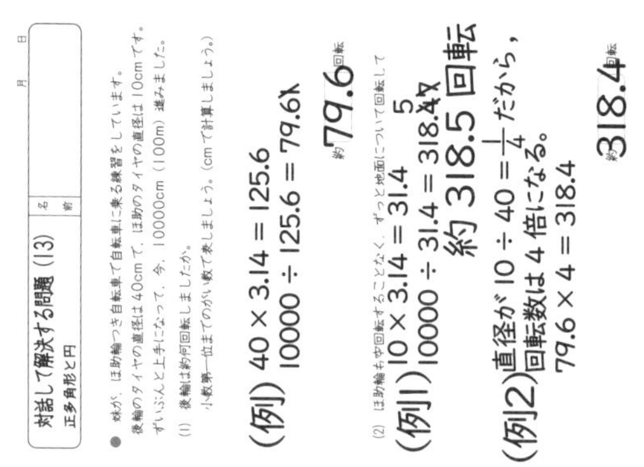

P248

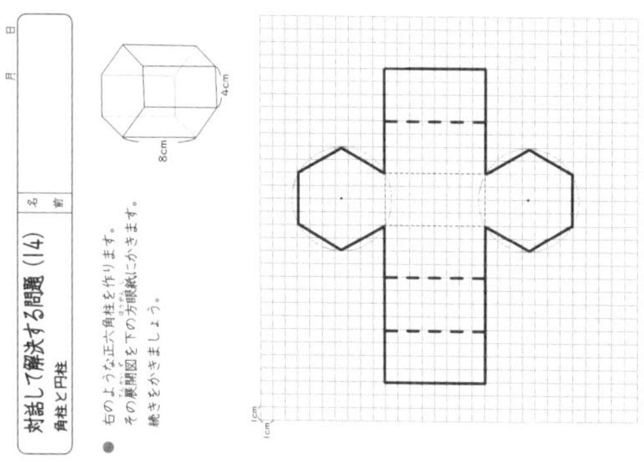

P249

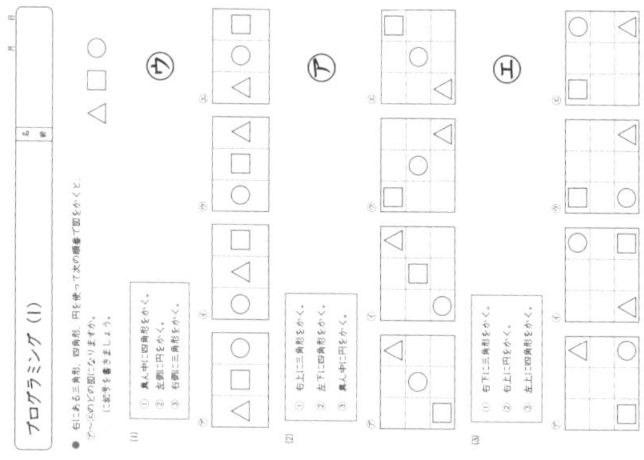

P250

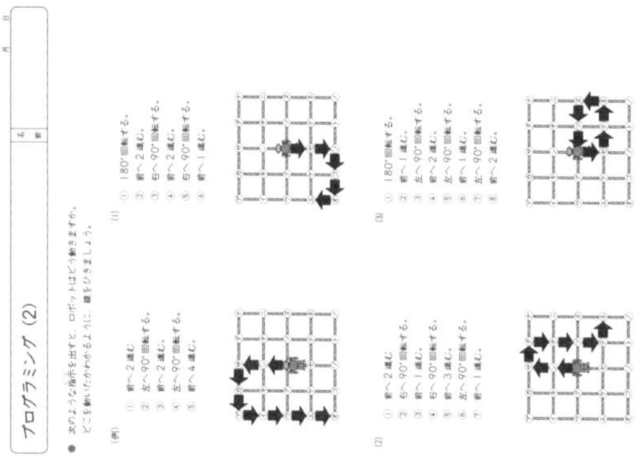

P251

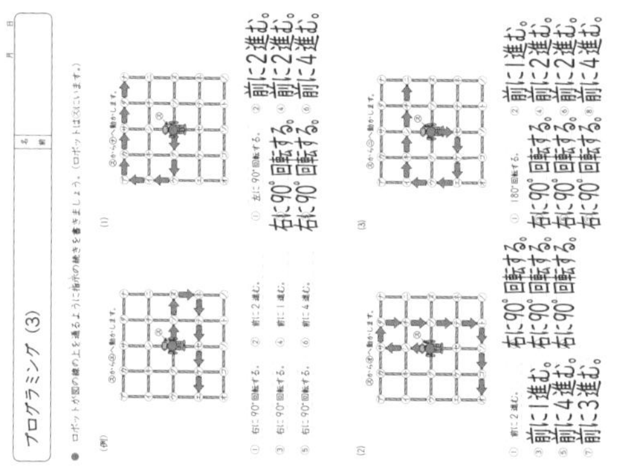

P252

P253

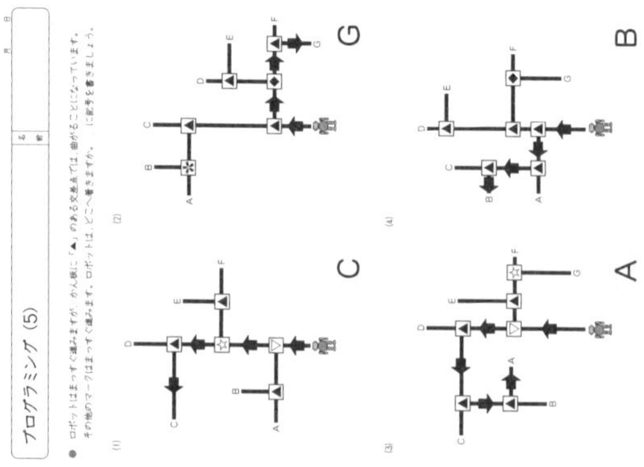

　（解答は，200～300%に拡大してお使い下さい。）

P254

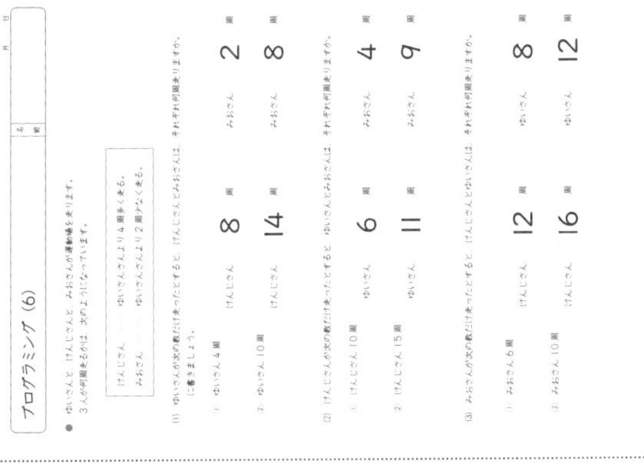

P255

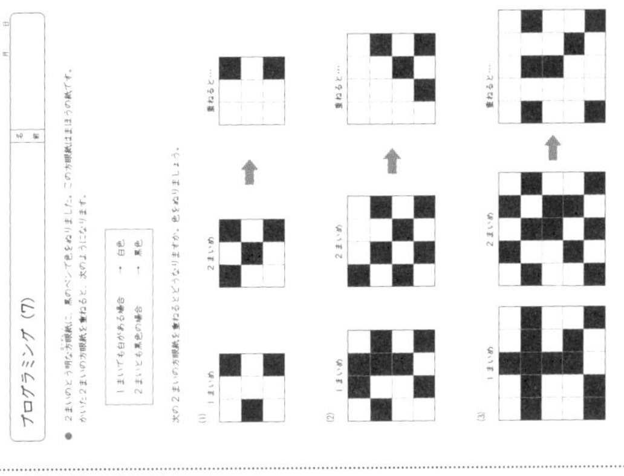

P256

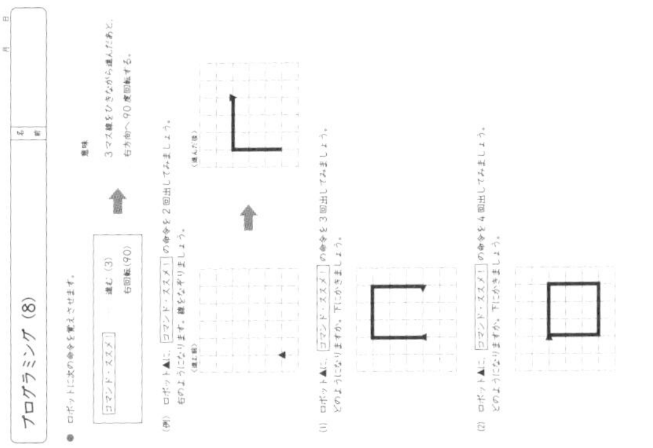

P257

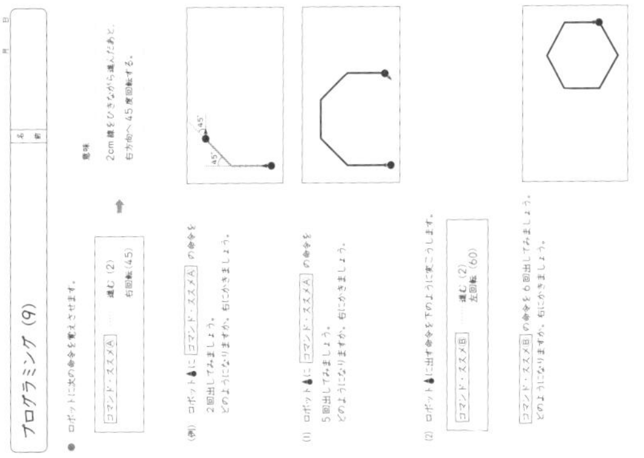

P258

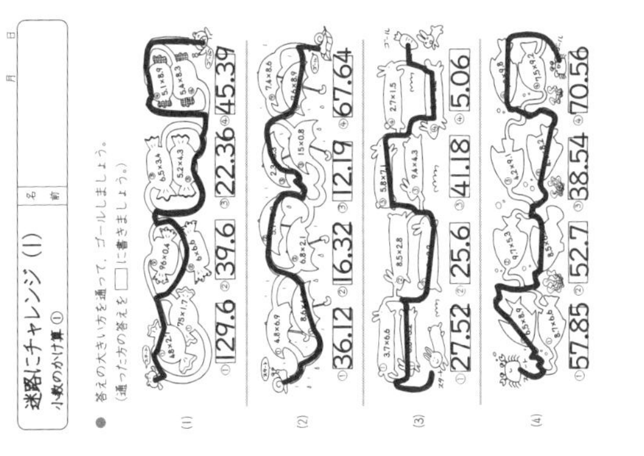

P259

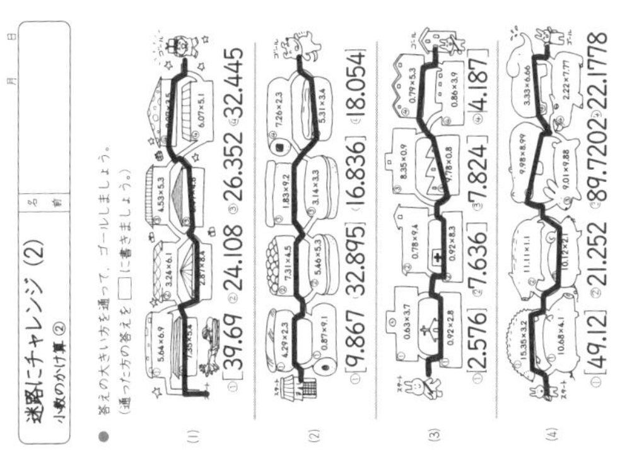

P260

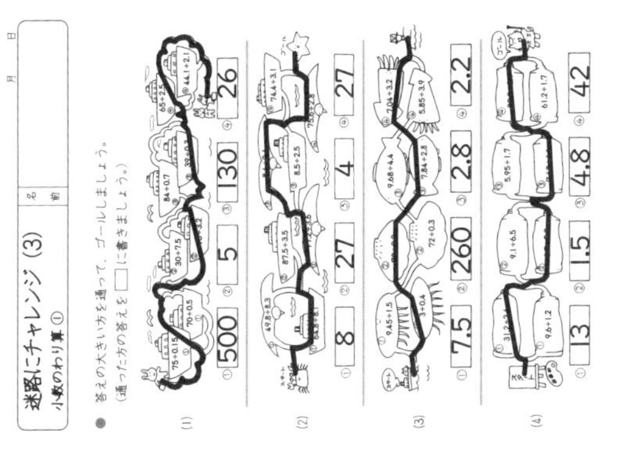

P261

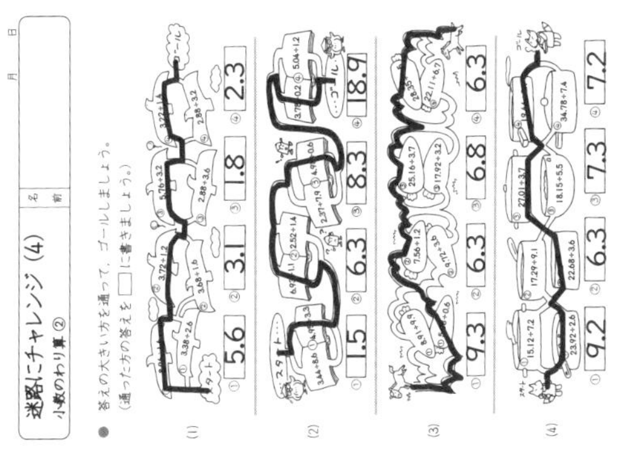

解答

児童に実施させる前に，必ず指導される方が問題を解いてください。本書の解答は，あくまでも１つの例です。
指導される方の作られた解答をもとに，本書の解答例を参考に児童の多様な考えに寄り添って◯つけをお願いします。

P262

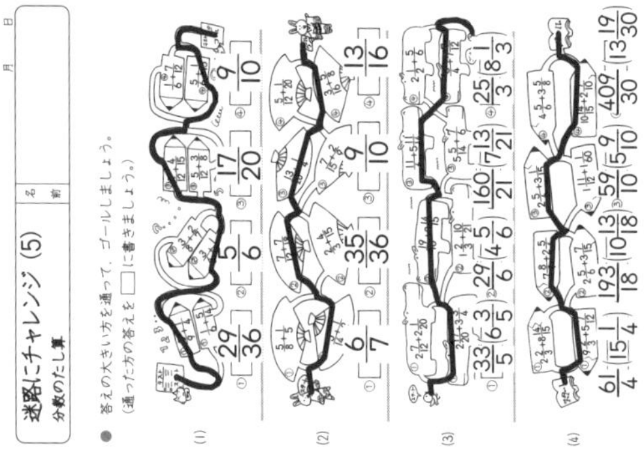

P263

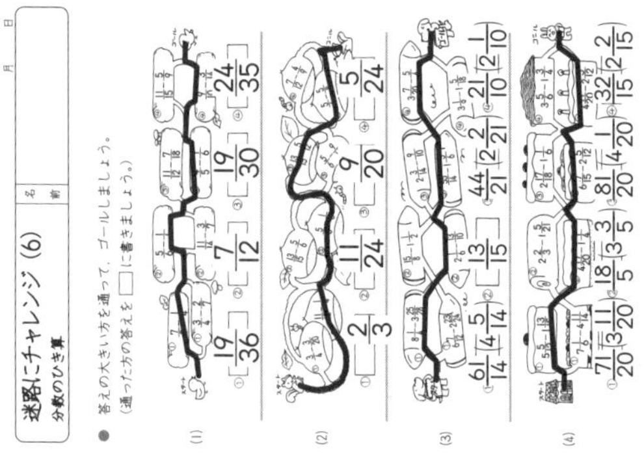

P264

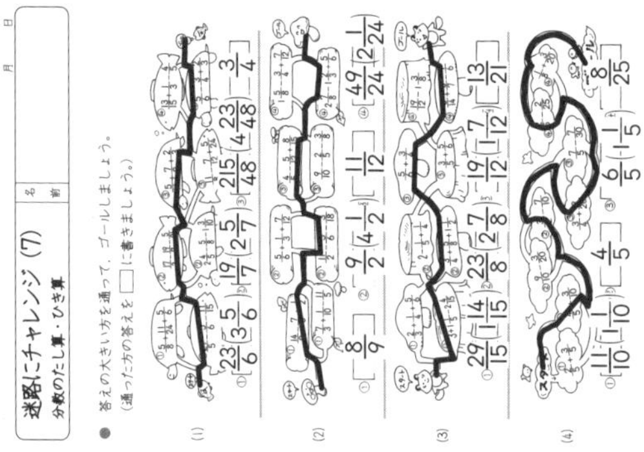

P265

計算にチャレンジ (1) 分数のたし算・ひき算　月　日　名前

● 次の３つの分数の中から２つの分数を使って，たし算とひき算をします。右のＡ～Ｅの答えになる式を作りましょう。
１つだけたりない答えがあります。その答えをＦの（ ）に書きましょう。

$\frac{1}{2}$ ・ $\frac{1}{3}$ ・ $\frac{1}{4}$

(例) ① C $\frac{1}{2}+\frac{1}{3}=\frac{5}{6}$
② A $\frac{1}{2}+\frac{1}{4}=\frac{3}{4}$
③ F $\frac{1}{3}+\frac{1}{4}=\frac{7}{12}$
④ B $\frac{1}{3}-\frac{1}{4}=\frac{1}{12}$
⑤ D $\frac{1}{2}-\frac{1}{3}=\frac{1}{6}$
⑥ E $\frac{1}{2}-\frac{1}{4}=\frac{1}{4}$

式ができたら印をつけておこう。
A $\frac{3}{4}$
B $\frac{1}{12}$
Ⓒ $\frac{5}{6}$
D $\frac{1}{6}$
E $\frac{1}{4}$
F 1つたりない答え ($\frac{7}{12}$)

計算にチャレンジ (2) 分数のたし算・ひき算　月　日　名前

● 次の３つの分数の中から２つの分数を使って，たし算とひき算をします。右のＡ～Ｅの答えになる式を作りましょう。
１つだけたりない答えがあります。その答えをＦの（ ）に書きましょう。

$\frac{1}{5}$ ・ $\frac{1}{6}$ ・ $\frac{1}{7}$

① B $\frac{1}{5}+\frac{1}{6}=\frac{11}{30}$
② C $\frac{1}{5}+\frac{1}{7}=\frac{12}{35}$
③ E $\frac{1}{6}+\frac{1}{7}=\frac{13}{42}$
④ F $\frac{1}{5}-\frac{1}{6}=\frac{1}{30}$
⑤ D $\frac{1}{5}-\frac{1}{7}=\frac{2}{35}$
⑥ A $\frac{1}{6}-\frac{1}{7}=\frac{1}{42}$

式ができたら印をつけておこう。
A $\frac{1}{42}$
B $\frac{11}{30}$
C $\frac{12}{35}$
D $\frac{2}{35}$
E $\frac{13}{42}$
F 1つたりない答え ($\frac{1}{30}$)

P266

計算にチャレンジ (3) 分数のたし算・ひき算　月　日　名前

● 次の３つの分数の中から２つの分数を使って，たし算とひき算をします。右のＡ～Ｅの答えになる式を作りましょう。
１つだけたりない答えがあります。その答えをＦの（ ）に書きましょう。

$\frac{1}{9}$ ・ $\frac{1}{8}$ ・ $\frac{1}{7}$

① A $\frac{1}{9}+\frac{1}{8}=\frac{17}{72}$
② D $\frac{1}{9}+\frac{1}{7}=\frac{16}{63}$
③ E $\frac{1}{8}+\frac{1}{7}=\frac{15}{56}$
④ C $\frac{1}{8}-\frac{1}{9}=\frac{1}{72}$
⑤ F $\frac{1}{7}-\frac{1}{9}=\frac{2}{63}$
⑥ B $\frac{1}{7}-\frac{1}{8}=\frac{1}{56}$

式ができたら印をつけておこう。
A $\frac{17}{72}$
B $\frac{1}{56}$
C $\frac{1}{72}$
D $\frac{16}{63}$
E $\frac{15}{56}$
F 1つたりない答え ($\frac{2}{63}$)

計算にチャレンジ (4) 分数のたし算・ひき算　月　日　名前

● 次の３つの分数の中から２つの分数を使って，たし算とひき算をします。右のＡ～Ｅの答えになる式を作りましょう。
１つだけたりない答えがあります。その答えをＦの（ ）に書きましょう。

$\frac{1}{7}$ ・ $\frac{1}{3}$ ・ $\frac{1}{9}$

① F $\frac{1}{7}+\frac{1}{3}=\frac{10}{21}$
② A $\frac{1}{7}+\frac{1}{9}=\frac{16}{63}$
③ B $\frac{1}{3}+\frac{1}{9}=\frac{4}{9}$
④ D $\frac{1}{3}-\frac{1}{7}=\frac{4}{21}$
⑤ E $\frac{1}{3}-\frac{1}{9}=\frac{2}{9}$
⑥ C $\frac{1}{7}-\frac{1}{9}=\frac{2}{63}$

式ができたら印をつけておこう。
A $\frac{16}{63}$
B $\frac{4}{9}$
C $\frac{2}{63}$
D $\frac{4}{21}$
E $\frac{2}{9}$
F 1つたりない答え ($\frac{10}{21}$)

P267

計算にチャレンジ (5) 分数のたし算・ひき算　月　日　名前

● 次の３つの分数の中から２つの分数を使って，たし算とひき算をします。右のＡ～Ｅの答えになる式を作りましょう。
１つだけたりない答えがあります。その答えをＦの（ ）に書きましょう。

$\frac{2}{3}$ ・ $\frac{3}{4}$ ・ $\frac{1}{2}$

① D $\frac{3}{4}+\frac{2}{3}=\frac{17}{12}$ ($1\frac{5}{12}$)
② C $\frac{3}{4}+\frac{1}{2}=\frac{5}{4}$ ($1\frac{1}{4}$)
③ E $\frac{2}{3}+\frac{1}{2}=\frac{7}{6}$ ($1\frac{1}{6}$)
④ B $\frac{3}{4}-\frac{2}{3}=\frac{1}{12}$
⑤ A $\frac{3}{4}-\frac{1}{2}=\frac{1}{4}$
⑥ F $\frac{2}{3}-\frac{1}{2}=\frac{1}{6}$

式ができたら印をつけておこう。
A $\frac{1}{4}$
B $\frac{1}{12}$
C $1\frac{1}{4}$
D $1\frac{5}{12}$
E $1\frac{1}{6}$
F 1つたりない答え ($\frac{1}{6}$)

計算にチャレンジ (6) 分数のたし算・ひき算　月　日　名前

● 次の３つの分数の中から２つの分数を使って，たし算とひき算をします。右のＡ～Ｅの答えになる式を作りましょう。
１つだけたりない答えがあります。その答えをＦの（ ）に書きましょう。

$\frac{3}{8}$ ・ $\frac{3}{7}$ ・ $\frac{5}{6}$

① B $\frac{5}{6}+\frac{3}{7}=\frac{53}{42}$ ($1\frac{11}{42}$)
② F $\frac{5}{6}+\frac{3}{8}=\frac{29}{24}$ ($1\frac{5}{24}$)
③ D $\frac{3}{7}+\frac{3}{8}=\frac{45}{56}$
④ C $\frac{5}{6}-\frac{3}{7}=\frac{17}{42}$
⑤ E $\frac{5}{6}-\frac{3}{8}=\frac{11}{24}$
⑥ A $\frac{3}{7}-\frac{3}{8}=\frac{3}{56}$

式ができたら印をつけておこう。
A $\frac{3}{56}$
B $1\frac{11}{42}$
C $\frac{17}{42}$
D $\frac{45}{56}$
E $\frac{11}{24}$
F 1つたりない答え 1($\frac{5}{24}$)

P268

計算にチャレンジ (7) 分数のたし算・ひき算　月　日　名前

● 次の３つの分数の中から２つの分数を使って，たし算とひき算をします。右のＡ～Ｅの答えになる式を作りましょう。
１つだけたりない答えがあります。その答えをＦの（ ）に書きましょう。

$\frac{6}{7}$ ・ $\frac{4}{9}$ ・ $\frac{5}{8}$

① D $\frac{6}{7}+\frac{5}{8}=\frac{83}{56}$ ($1\frac{27}{56}$)
② C $\frac{6}{7}+\frac{4}{9}=\frac{82}{63}$ ($1\frac{19}{63}$)
③ E $\frac{5}{8}+\frac{4}{9}=\frac{77}{72}$ ($1\frac{5}{72}$)
④ F $\frac{6}{7}-\frac{5}{8}=\frac{13}{56}$
⑤ B $\frac{6}{7}-\frac{4}{9}=\frac{26}{63}$
⑥ A $\frac{5}{8}-\frac{4}{9}=\frac{13}{72}$

式ができたら印をつけておこう。
A $\frac{13}{72}$
B $\frac{26}{63}$
C $1\frac{19}{63}$
D $1\frac{27}{56}$
E $1\frac{5}{72}$
F 1つたりない答え ($\frac{13}{56}$)

計算にチャレンジ (8) 分数のたし算・ひき算　月　日　名前

● 次の３つの分数の中から２つの分数を使って，たし算とひき算をします。右のＡ～Ｅの答えになる式を作りましょう。
１つだけたりない答えがあります。その答えをＦの（ ）に書きましょう。

$\frac{5}{8}$ ・ $\frac{5}{6}$ ・ $\frac{3}{4}$

① C $\frac{5}{6}+\frac{3}{4}=\frac{19}{12}$ ($1\frac{7}{12}$)
② F $\frac{5}{6}+\frac{5}{8}=\frac{35}{24}$ ($1\frac{11}{24}$)
③ E $\frac{3}{4}+\frac{5}{8}=\frac{11}{8}$ ($1\frac{3}{8}$)
④ D $\frac{5}{6}-\frac{3}{4}=\frac{1}{12}$
⑤ A $\frac{5}{6}-\frac{5}{8}=\frac{5}{24}$
⑥ B $\frac{3}{4}-\frac{5}{8}=\frac{1}{8}$

式ができたら印をつけておこう。
A $\frac{5}{24}$
B $\frac{1}{8}$
C $1\frac{7}{12}$
D $\frac{1}{12}$
E $1\frac{3}{8}$
F 1つたりない答え 1($\frac{11}{24}$)

P269

計算にチャレンジ (9) 分数のたし算・ひき算　月　日　名前

● 次の３つの分数の中から２つの分数を使って，たし算とひき算をします。右のＡ～Ｅの答えになる式を作りましょう。
１つだけたりない答えがあります。その答えをＦの（ ）に書きましょう。

$\frac{3}{4}$ ・ $\frac{5}{6}$ ・ $\frac{7}{8}$

① F $\frac{7}{8}+\frac{5}{6}=\frac{41}{24}$ ($1\frac{17}{24}$)
② D $\frac{7}{8}+\frac{3}{4}=\frac{13}{8}$ ($1\frac{5}{8}$)
③ C $\frac{5}{6}+\frac{3}{4}=\frac{19}{12}$ ($1\frac{7}{12}$)
④ E $\frac{7}{8}-\frac{5}{6}=\frac{1}{24}$
⑤ B $\frac{7}{8}-\frac{3}{4}=\frac{1}{8}$
⑥ A $\frac{5}{6}-\frac{3}{4}=\frac{1}{12}$

式ができたら印をつけておこう。
A $\frac{1}{12}$
B $\frac{1}{8}$
C $1\frac{7}{12}$
D $1\frac{5}{8}$
E $\frac{1}{24}$
F 1つたりない答え 1($\frac{17}{24}$)

計算にチャレンジ (10) 分数のたし算・ひき算　月　日　名前

● 次の３つの分数の中から２つの分数を使って，たし算とひき算をします。右のＡ～Ｅの答えになる式を作りましょう。
１つだけたりない答えがあります。その答えをＦの（ ）に書きましょう。

$\frac{3}{5}$ ・ $\frac{1}{6}$ ・ $\frac{8}{9}$

① E $\frac{8}{9}+\frac{3}{5}=\frac{67}{45}$ ($1\frac{22}{45}$)
② A $\frac{8}{9}+\frac{1}{6}=\frac{19}{18}$ ($1\frac{1}{18}$)
③ D $\frac{3}{5}+\frac{1}{6}=\frac{23}{30}$
④ B $\frac{8}{9}-\frac{3}{5}=\frac{13}{45}$
⑤ C $\frac{8}{9}-\frac{1}{6}=\frac{13}{18}$
⑥ F $\frac{3}{5}-\frac{1}{6}=\frac{13}{30}$

式ができたら印をつけておこう。
A $1\frac{1}{18}$
B $\frac{13}{45}$
C $\frac{13}{18}$
D $\frac{23}{30}$
E $1\frac{22}{45}$
F 1つたりない答え ($\frac{13}{30}$)

（解答は，200 ～ 300%に拡大してお使い下さい。）

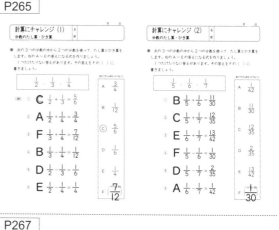

編者

原田　善造　学校図書教科書編集協力者
わかる喜び学ぶ楽しさを創造する教育研究所・著作研究責任者
元大阪府公立小学校教諭

コピーしてすぐ使える
3分 5分 10分で できる　算数まるごと５年

2020年4月2日　初刷発行
2024年2月1日　第3刷発行

企画・編著：原田　善造（他12名）
執筆協力者：新川　雄也・山田　恭士
編集協力者：岡崎　陽介・田中　稔也・南山　拓也
イラスト：山口　亜耶・白川　えみ 他
編集担当者：川瀬　佳世
発行者：岸本　なおこ
発行所：喜楽研（わかる喜び学ぶ楽しさを創造する教育研究所）
〒604-0854 京都府京都市中京区二条通東洞院西入仁王門町 26－1
TEL　075-213-7701　FAX　075-213-7706
HP　https://www.kirakuken.co.jp
印刷：株式会社イチダ写真製版

ISBN 978-4-86277-301-2　Printed in Japan